各级领导者应对和处置
突发事件
必备手册

GEJI LINGDAOZHE
YINGDUI HE
CHUZHI TUFASHIJIAN BIBEI SHOUCE

应对突发事件课题研究组 / 编写

中国商业出版社

图书在版编目(CIP)数据

各级领导者应对和处置突发事件必备手册/应对突发事件课题研究组编写. —北京:中国商业出版社,2012.3

ISBN 978-7-5044-7540-4

Ⅰ. ①各… Ⅱ. ①应… Ⅲ. ①突发事件—处理—中国—干部教育—学习参考资料 Ⅳ. ①D63

中国版本图书馆 CIP 数据核字(2011)第 261187 号

责任编辑:龚凯进

中国商业出版社出版发行

010-63180647 www.c-cbook.com

(100053 北京广安门内报国寺 1 号)

新华书店总店北京发行所经销

香河宏润印刷有限公司印刷

*

787×1092 毫米 16 开 38.25 印张 480 千字

2012 年 5 月第 1 版 2012 年 5 月第 1 次印刷

定价:88.00 元

* * * *

(如有印装质量问题可更换)

前 言

当前,我国正处于工业化、城镇化快速发展时期,各种传统的和非传统的、自然的和社会的风险、矛盾交织并存,公共安全和应急管理工作面临的形势较以往任何历史时期都更加严峻。如何在当今形势下做好各类突发事件的应对和处置工作,已成为摆在我们面前的一项重要课题。可以说,做好各类突发事件的应对和处置工作,不仅是贯彻落实科学发展观、实现经济社会又好又快发展的客观需要,也是构建社会主义和谐社会、维护社会秩序和谐稳定和保障人民生命财产安全的基本前提,更是全面履行政府职能、建设人民满意政府的必然要求,而且对于提高党政干部执政能力、建设高素质干部队伍也是一种严峻的政治考验。能否做到科学妥善处置各类突发事件,既是检验各级政府执政能力的实战镜鉴,也是检验各级党政干部综合素质的重要指标。

党政领导干部及企事业领导干部作为政府和企事业单位的管理主体,其素质决定着政府管理和企事业单位管理的水平和效率,其言行受到公众的普遍关注,并很容易产生重大或严重的社会影响,其应对和处置突发事件的能力,更是充分体现着对政府及企事业单位的责任意识和管理水平。如何使我们的社会和各项事业处于一个相对稳定和相对安全的状态,有效防控灾害,避免或减少各类突发事件带来的损失,大幅度地提高突发事件管理水平是形势所迫,也是当务之急。为此,各级领导干部和公务员应该把应对突发事件工作当成一件大事来抓,时刻加强学习,不断更新知识,努力提高自己的思想政治素质和应对突发事件的工作能力,为维护社会的稳定发展,为消除社会的危机隐患,为构建社会主义和谐社会,提供重要的政治保证、组织保证和人才保证。

不管是各级领导者或管理者,还是普通公务员或一般工作人员,都应该具备应对和处理各类突发事件的能力。对这一能力进行有系统的培养和训练,目前尚无专门的培训教材和培训模式。有鉴于此,笔者针对这一重大课题进行了多年的专题性探讨和系统性研究,并根据国家颁布的有关应对突发事件的法律法规，特为各级各类领导者和公务员就如何及时、迅速、科学、有效地应对和处理突发事件问题，量身打造了这套适时、适用、适讲、适学的培训教材。

本书全面地、系统地阐述了突发事件的性质、特征、类别、应对方法、应急预案以及相关法律法规，特别对我国的“一案三制”的应急管理体系建设这一核心框架给予了更多的思考和阐述，并借助实际案例进行分析和演练，其中既有实战经验和教训的科学归纳与总结，也有经典理论、原则、方法和技巧的深入剖析与指导。全书融科学性、实务性、指导性和实际可操作性于一体，内容全面，结构严谨，语言流畅，深入浅出，既可作为一般公务员提高通用能力和应急管理素质的学习教程，也可作为各级领导者应对和处理突发事件的实战宝典和行动指南！

作　者

2012 年 2 月于北京

目　录

上篇　突发事件的基本知识

第三章　应对突发事件的基本原则

第四章　应对突发事件的一般程序

第五章　应对突发事件的保障体系

第六章　应对突发事件的应急决策方法

第七章　应对突发事件的一般做法

第八章　应对突发事件的必备能力

第十二章　群体性突发事件的处置程序与工作规范

中篇　我国“一案三制”应急管理体系建设解读

第一章　预案建设方面的学习与培训内容

——不断规范应急管理的预防预控措施

第二章 应急体制建设方面的学习与培训内容

——不断健全应急管理的组织架构体系

第三章 应急机制建设方面的学习与培训内容

——不断增强应急管理的协调配合功能

下篇　应对突发事件必知法规及相关文献汇编

上篇

突发事件的基本知识

- 突发事件概述
- 突发事件的级别标准
- 应对突发事件的基本原则
- 应对突发事件的一般程序
- 应对突发事件的保障体系
- 应对突发事件的应急决策方法
- 应对突发事件的一般做法
- 应对突发事件的必备能力
- 应对突发事件的日常防范
- 应对突发事件的政策保障
- 应对突发事件的善后工作
- 群体性突发事件的处置程序与工作规范

第一章 突发事件概述

我国正处在经济社会发展的重要战略机遇期、关键期和转型期，同时又处在社会矛盾凸现期和高发期，努力提高预防和应对各类突发事件的能力，是各级党委、政府、领导干部、普通公务员和各行业各部门管理者面临的重大公共管理课题，也是实现"促发展、保稳定"目标的重要条件。发展是政绩，稳定也是政绩，没有稳定，就没有国家的长治久安，经济社会就不能实现又快又好的发展。针对当前在一些领导干部和公务员队伍中存在的思想认识不足、源头预防不够、理论路径不明、管理方法不高，干部作风不实、舆论引导不力、事件处置不当等问题，提高领导干部、国家公务员和各级管理者预防和应对突发事件能力，是当前干部队伍建设和干部培训工作的重要课题之一。

突发事件应急管理在近年来业已引起了党中央和国务院的高度重视，并成为社会关注的热点和焦点，同时也成为法制建设和政策安排的核心内容之一。据统计，近 10 年来，我国每年因突发事件造成的非正常死亡超过 20 万人，伤残超过 200 万人，每年仅因为公共安全问题造成的经济损失约达 6500 亿元人民币。但国内外学界对突发事件应急管理的研究也不过是近几年的事情，无论从现有的理论还是从以往的实践上来看，还有很多方面包括方法、技术、应用和规程等等都需要进一步深化、强化、制度化、规范化和标准化。我国学者对突发事件应急管理的充分关注和系统研究，应该说是从 2003 年的 SARS 事件开始的。由于研究该课题的历史较短，至今尚无一套系统完善和权威成熟的理论培训和实践指导教程。本书在研究、综合和归纳现有理论和实践经验方面力求有更高的水准，更高的突破，争取做到更全面、更系统、更前沿、更科学、更实用和更富有指导性。

早在 2003 年 5 月，我国在抗击非典的背景下公布和实施了《突发公共卫生事件应急条例》，将应对突发公共卫生事件纳入了法制化轨道。

2003 年 11 月，我国人事部出台了《国家公务员通用能力标准框架（试行）》，第一次对应对突发事件能力作了科学的表述："应对突发事件能力，即有效掌握工作相关信息，及时捕捉带有倾向性、潜在性问题，制定可行预案，并争取把问题解决于萌芽之中；正确认识和处理各种社会矛盾，善于协调不同利益关系；面对突发事件，头脑清醒，科学分析，敏锐把握事件潜在影响，密切掌握事态发展情况；准确判断，果断行动，整合资源，调动各种力量，有序应对突发事件。”这一能力标准框架为各级领导者有效提高应对和处理各种突发事件的能力提供了具体可行的方法指导。

2004 年 9 月，党的十六届四中全会明确提出了建立健全社会预警体系和应急机制的要求，并把这项任务作为提高执政能力的一个重要方面。

2006 年 1 月，国务院发布《国家突发公共事件总体应急预案》。

2006 年 2 月，国家安全生产应急救援指挥中心成立。

2006 年 7 月，国务院发布《关于全面加强应急管理工作的意见》。

2006 年 10 月，中共中央在《关于构建社会主义和谐社会若干重大问题的决定》中提出要“提高危机管理和抗风险能力”。

2007 年 8 月，第十届全国人民代表大会常务委员会第二十九次会议通过的《中华人民共和国突发事件应对法》，并于当年 11 月 1 日起施行。该法高度浓缩了我国应急管理的经验和教训，并将其以法律的形式固定下来，使我国对突发事件的应急管理做到了有法可依，有章可循，有理可资，有据可查。

2007 年 10 月，党的十七大明确提出了“完善突发事件应急管理机制”的要求。

2008 年 6 月，国家相关部委下发了《关于在全国行政机关公务员中开展突发事件应对法培训的通知》，此项培训将作为公务员考核的内容之一，要求结合本地区、本部门的“一案三制”，即应急预案，应急管理工作体制、机制和法制，重点学习突发事件应对法确立的应急管理体制、预防与应急准备制度、监测与预警制度、应急处置与救援制度、事后恢复与重建制度等。

2009 年 10 月，国务院办公厅下发了《关于加强基层应急队伍建设的意见》，要求各地要在全面加强各专业应急救援队伍建设的同时，重点加强基层防汛抗旱队伍组建工作；加强气象灾害、地质灾害应急队伍建设；推进公用事业保障应急队伍建设；强化卫生应急队伍建设；加强重大动物疫情应急队伍建设。通过努力，县级综合性应急救援队伍基本建成。

2010 年 11 月，国务院安委会下发的《进一步加强安全生产应急救援体系建设的实施意见》首次明确，我国将建设 7 个国家矿山应急救援队，力争到

2011年底前全部建成。国家矿山应急救援队建设将充分利用企业现有资源和条件，突出特长和特色，重点投入，配备国际国内先进的尤其是高精尖的应急救援装备，在搞好本企业、本地区事故救援的同时，满足跨地区、重特大且抢险救援复杂、难度大事故的快速高效救援工作的需要。从现在起到“十二五”期末，国家（区域）矿山、危险化学品应急救援队将全部建成，其他重点行业（领域）应急救援队伍建设将进一步加强，各省（区、市）、市（地、州）、重点县（市、区）安全生产应急管理（救援指挥）机构将全部建立。这是我国针对矿山企业安全事故类突发事件的救援工作提出的最具组织性和建设性的应急管理措施，也是我国应急管理工作逐步走向专业化队伍建设最具开创性和突破性的步骤。

2010年11月国家安全监管总局、国家煤矿安监局召开了建设完善煤矿井下安全避险“六大系统”会议。会议要求，建设完善煤矿井下安全避险“六大系统”，是煤矿安全生产的一项重点工作，各煤矿企业要把煤矿井下安全监测监控、人员定位、压风、供水和通信等五个煤矿已有系统纳入安全避险系统，向符合安全避险的要求延伸，加以完善，并与井下紧急避险设施有效对接，共同构成井下整体安全避险系统。要切实建设好紧急避险系统，统筹规划、因地制宜，积极稳妥地推进，以满足突发紧急情况下所服务区域人员紧急避险需要为原则，优先建设避难硐室。要加强煤矿井下安全避险“六大系统”的管理维护和培训演练，确保入井人员熟悉和掌握安全避险“六大系统”，发挥其中应急避险中的作用。这将使我国煤矿企业安全事故类突发事件应急管理的科学化和制度化水平得到了空前的提高，并获得了政策性保证。

据统计，我国目前已经制定的涉及应对突发事件的法律法规70多件，相关文件100件以上，已经制定的各级各类应急预案130多万件。很显然，随着国家应对各类突发事件法律、制度、措施的不断出台和完善，全社会已经形成了有效应对各类突发事件的良好局面。有关如何应对突发事件的理论培训和学习活动也在全国范围内陆续展开，这对各级领导、国家公务员和各行业管理人员尽快提高应对突发事件的认识和能力将会起到积极的推动作用。

一　突发事件的概念

目前学界对突发事件的定义尚未达成完全统一的共识标准。国际上对突发事件有代表性的定义是欧洲人权法院对“公共紧急状态”(PublicEmergency)的解释，即“一种特别的、迫在眉睫的危机或危险局势，影响全体公民，并对整个社会的正常生活构成威胁”。

在《英国政府关于鉴别突发事件的意见》中，“突发事件(Emergency)”被定义为：“使健康、生命、财产或环境遭受直接危害的情况”。

突发事件在美国又被称为紧急事件，根据罗伯特·史塔福“灾难缓和及紧急援助法案”(Source: Robert. Stafford Disaster Reliefand Emergency Assistance Act, asamended by Public Law, 106 - 390, October30, 2000)美国对突发事件的定义可概括为：“在任何场合、任何情景下，由美国总统宣布的在美国任何地方发生的需联邦政府介入，提供补充性援助，以协助州和地方政府挽救生命、确保公共卫生、安全及财产或减轻、转移灾难所带来威胁的重大事件”。

不同国家对突发事件的范围和概念的界定并不一致，突发事件、紧急事件、紧急状态、应急管理、危机管理等概念被交叠使用，其意义有时相同或相近，有时有所侧重或有所混淆。

我国《突发事件应对法》在制定初期也曾被称之为《紧急状态法》，早在2003年12月就被列入全国人大常务委员会立法规划中，但在后来的立法过程中，《紧急状态法》的制定转换为《突发事件应对法》，做出此种转换的原因之一就在于立法资源的配置必须着眼于社会发展的急迫需求。紧急状态一般是指在一定范围和时间内因出现重大的自然灾害、公共卫生事件、事故灾难和社会安全事件而形成的一种临时性严重危急状态。为了切实保障公民、法人和其他社会组织的合法权益，保证国家机关依法行使紧急权力进行有效控制和有效治理，将突发事件造成的社会危害和影响降低到最低程度，并力求迅速恢复经济与社会的正常秩序，而专门用以应对和处置紧急状态的法律规范和原则的总和，就是人们通常所理解的紧急状态法。很显然，紧急状态法与后来出台的《突发事件应对法》在具体调整范围上具有相同或相近的意义指向。

关于紧急状态法的具体调整范围，各国在理论概念和立法实践上目前尚难获得统一：有些国家采用“广义紧急状态说”，认为只要有扰乱社会正常秩序的事情发生，统统称之为紧急状态，并将紧急状态分出轻重等级，轻则将受到普通刑事犯罪行为威胁的区域都视为紧急状态区域，重则将政变、内战、对外抵抗入侵的战争状态也都列为紧急状态的范围之中；还有些国家只采用“狭义紧急状态说”，其所界定的紧急状态概念仅指发生在全国或其局部的、通过国家行政权就能够加以控制的危险事态,而把战争则列为一种独立的状态,原因在于其性质、对抗处置的措施和手段与其他突发事件存在明显的差异;还有一些国家另将戒严、总统临时管制等紧急处置制度与紧急状态相并列,不在紧急状态法的具体调节范围之内,可见即便在紧急状态的狭义理解中,也存在着理论概念和调整范围宽窄程度上的差异。

2006 年 1 月 8 日我国国务院发布的《国家突发公共事件总体应急预案》中,突发事件被定义为:“突然发生,造成或者可能造成重大人员伤亡、财产损失、生态环境破坏和严重社会危害,危及公共安全的紧急事件”。

为了统一人们对于突发事件这一概念的理解和使用,2007 年 8 月第十届全国人民代表大会常务委员会第二十九次会议通过的《中华人民共和国突发事件应对法》明确规定:“突发事件,是指突然发生,造成或者可能造成严重社会危害,需要采取应急处置措施予以应对的自然灾害、事故灾难、公共卫生事件和社会安全事件。”

当然,也有一些专家对这一概念进行了狭义和广义两方面的解释。狭义的解释为:突发事件是指在一定区域内突然发生的,规模较大且对社会产生广泛负面影响的,对生命和财产构成严重威胁的事件和灾难。广义的解释为:突发事件是指在组织或者个人原定计划之外或者在其认识范围之外突然发生的,对其利益具有损伤性或潜在危害性的一切事件。

突发事件是一种显性社会不稳定现象,如何界定突发事件,无论是在理论上,还是在实践上,目前尚未形成一个统一而无争议的概念。著名的管理学家西蒙认为,突发事件的实质,是非程序化的决策问题。

二　突发事件的特征

要确定一个事件是否为突发事件,必须看其是否具备三个条件:一是突然发生,难以预料;二是问题重大,事关安危,必须马上处理;三是首次发生,无章可循。三者缺一不可。一般而言,突发事件具有如下基本特征。

1. 突发性

突发性是突发事件的首要特征。从哲学上讲,任何事件都有一个由量变到质变的发生发展过程,在这个过程中,内在矛盾是一种逐渐的、不显著的变化，似乎既不影响事件的相对稳定性，也不改变事件的根本性质，因而具有可以认识、可以把握的必然趋势，从这一意义上说，突发事件也是可以预防的。但是，生活本身所包容的并不是一种单一的哲学，突发事件作为一种质的突变，是事件渐进过程的突然中断，是通过一定契机诱发的偶然现象。而这种契机以什么方式出现，在什么时候出现，以及爆发的程度等情况则是不确定的。这就决定了突发事件发生的具体地点、时间、规模、态势和影响深度等等都是难以预料的。比如汶川地震这样的自然灾害，在事前无明显征兆的情况下突然发生，震级瞬间达到 8 级，持续时间仅为 22 秒，但给震区人民群众的生命财产造成的损失却是巨大的。因其发生突然，不但针对突发事件建立相应的预防机制困难重重，而且也加大了事后组织有效紧急处理的难度，这也是突发事件所具有的基本特征决定的共性问题。

2. 隐蔽性

不管是人为的、有目的的突发事件，还是非人为的突发事件，都是极为复杂的矛盾运动的特殊产物，都具有难以预知的隐蔽性特征，一般人看不见，看不准，说不清，不可预测。人为的突发事件因为带有不可告人和不敢告人的目的，往往策划周密，组织精密，伪装严密，难以识破；非人为的突发事件也大都潜伏于日常生活和日常工作的常规管理习惯和思维习惯之中，不会轻易被人的感官所预知。正因为这种不可被轻易洞察的隐蔽性，才使得人们对突发事件的发生常常缺乏必要的思想准备。如发生在美国的“9.11“事件，恐怖分子策划十分周密，具有很强的隐蔽性，直到事件发生之后，很多人对事件的起因和策划过程还是一头雾水。

3. 复杂性

突发事件的出现一般都出乎人们的正常思维习惯之外，不在生活常理之中，其起因十分复杂，有的是自然性因素，有的是政策性因素，有的是经济性因素，有的是社会性因素，有的是领导者的行为因素，甚至是这几种因素相互交织在一起，很难加以区分。有些突发事件还形成“多米诺骨牌效应”或“裂变反应”，起因仅仅是一个因素，但很快会蔓延，导致很多方面的问题发生，甚至失控，一个看似简单的问题变成了难以驾驭的复杂问题。比如 2010 年舟曲泥石流自然灾害，起因很复杂，第一有地质地貌原因：舟曲一带是秦岭西部的褶皱带，山体分化、破碎严重，大部分属于炭灰夹杂的土质，非常容易形成地质灾害；第二可能有汶川地震原因：舟曲是“5·12”汶川地震的重灾区之一，地震导致舟曲的山体松动，极易垮塌；第三有气象原因：该地区此前遭遇严重干旱，这使岩体、土体收缩，裂缝暴露出来，遇到强降雨，雨水容易进入山缝隙，进而形成地质灾害。

4. 危害性

不论什么性质和规模的突发事件，都必然会不同程度地给国家造成政治、经济上的破坏，给人民的生命财产安全造成重大损失，甚至对社会正常秩序和核心价值体系带来严重危害和威胁。因为由一种稳定状态变为另一种不稳定状态，必然会改变原有的进程和秩序而带来损失，而由不稳定再到新的稳定，肯定要花费大量的人力、物力、资源，造成很多不必要的付出、浪费和牺牲，其中有些损失是难以弥补的。突发事件造成的损害有直接损害和间接损害。这种损害性不仅体现在人员的伤亡、组织的消失、财产的损失和环境的破坏上，而且还体现在突发事件对社会心理和个人心理所造成的破坏性冲击，进而渗透到社会生活的各个层面上。

比如2004年印度洋海啸受灾国家多达13个（印度尼西亚、斯里兰卡、印度、泰国、马达加斯加、马尔代夫、马来西亚、缅甸、塞舌尔、索马里、坦桑尼亚、肯尼亚、孟加拉国）；死亡近30万人；受伤51万人；沦为灾民者200多万人；造成经济损失数额逾50亿美元。巨大的损失不仅影响了当地民众的正常生产、生活秩序，而且也不同程度地影响了当地的社会稳定、经济发展，其危害性是难以用简单的数字估价的。

5. 紧急性

紧急性是指突发事件所反映的问题极端重要，关系到社会、组织或个人的安危，需紧急采取特别措施及时有效地处理。随着突发事件的发展、演变，它所造成的损失可能会越来越大。因此，对突发事件的反应越快，应对决策越准确，突发事件所造成的损失就会越小。国际著名危机管理理论权威专家罗森塔尔（prof. Uriel Rosenthal）认为，突发事件是对社会系统的基本价值和行为结构产生的严重威胁，并且在时间压力和不确定性很强的情况下必须对其作出紧急性决策的事件。因其事关安危，破坏性强，问题极端严重，在处理时间上具有不可怠慢的紧迫性。突发事件大都事出偶然，发展迅速，在出现之初既已造成了一定的后果，必须及时采取应对措施，迅速控制事态发展，有效缓解事态升级，全力防止损失扩大，因而必须在第一时间迅即作出决定。即使相关信息不充分、资源十分有限的条件下，也要快速果断作出决策，千万不可反应迟钝，贻误战机。比如2004年吉林市中百商厦“2.15”火灾。由于商场空间大，空气对流快，可燃物多，火势蔓延非常迅猛。受困的100多人竟没有任何人及时报警，导致救援时机延误。直到半小时后一位路人发现商场冒烟，才报了火警。4分钟后，消防人员带5台消防车赶到现场。此时整个大楼已被浓烟笼罩，虽然后来到场的消防车多达60台，并有1100多名干警抵达现场进行抢险，但由于错过了最佳救援时机，致使火灾造成54人死亡，70人受伤，直接经济损失400多万元。可见，应对突发事件具有紧急性的特点，一旦错过最佳救援时机，就可能会造成无法挽回的损失。

6. 连锁性

突发事件的发生很多时候并不是一个单独、孤立的事件，而往往是有其十分复杂的深层次原因，包括自然的原因或社会的原因。突发事件出现后，也常常同其他事物发生直接或间接的联系，如果处理不当，可能会使一个小的突发事件成为引发一个大的社会危机的第一张“多米诺骨牌”，以致产生一系列连锁性的负面效应，这是在应对突发事件之初就应该引以为戒的。比如1996年在湖南常德发生的三株口服液事件，原本属于个案事件，即退休船工陈伯顺服用8瓶三株口服液后，发生体征变化，送医院经救治无效身亡。家属认为三株口服液是老人治病身亡的罪魁祸首，于是诉诸法律，致使三株公司一审败诉。本来一起民事官司或输或赢也没有什么大惊小怪的，偏偏三株公司名声大，有记者把这个“人命官司”捅到了媒体，以“8瓶三株喝死一老汉”、“谁来终结三株”等醒目标题进行报道，三株有质量问题，喝三株不安全等传闻广为流传，这对以质量和信誉支撑的保健品公司来说无疑是致命的一击。审判后第二个月，三株口服液销售额直线下降，从上年同月2亿元下降到几百万元，至第二年15万人的营销大军，13万人整体下岗，官司给三株造成经济损失高达40亿元，200多家子公司关闭。尽管在1999年3月25日湖南省高级人民法院作出二审判决推翻了原判，但最终却挽救不了三株口服液淡出市场的厄运。常德老人喝三株口服液后，发病身亡，按说不应该会把一个正在蓬勃发展中的“三株帝国”推向灭亡，但事件不断向前推进，法院判决或许也不至于宣判一个公司破产倒闭，媒体曝光，或许也无意于让一个有发展前景的公司被舆论淹死，但这一切连锁事件却把一个好端端的公司推向了死胡同，从此淡出市场，回天乏力，这个教训实在是太大了。如果三株公司在最初“事起于忽微”之时便采取及时有效的息事宁人策略，那么今天的三株将会成为怎样的商业帝国，就很难预测了。再如 1994 年—1995 年发生于墨西哥的金融危机，1994 年 12 月 20 日，墨西哥突然宣布本国货币比索对美元汇率的波动幅度将被提高至 15%，此举很快触发市场信心危机，致使人们纷纷抛售比索，至 1995 年初，比索贬值 30%，随后股市也应声下跌，而且比索的贬值又引起了输入的通货膨胀，为了稳定货币墨西哥政府不得不宣布大幅度提高利率，结果导致国内需求减少，企业大量倒闭，失业人口剧增，引发了一场空前的经济危机。所以在应对突发事件时一定要考虑到与之相关的连锁效应。

7. 群体性

大多数突发事件都为公共管理领域的群体性事件，涉及多人或在较大人群范围内具有较大影响。即便是自然灾害类突发事件，也同样涉及公共利益和群体活动，也同样对社会公共秩序产生相当大的影响。所以，处理突发事件必须考虑到在群众中可能产生的各种影响问题。群体性至少可以从三个方面进行解读：一是事件本身的群体性，即事件发生的原因、过程或结果涉及到多数人的利益，可能有多数人是事件的发起人或有多数人成为事件的受害者；二是事件影响的群体性，即事件本身可能起因于某一个人，最初或许仅仅是来自社会的个案事件，但事件的影响大，引起了广泛的关注，因而也由此产生了群体性；三是事件应对的群体性，即应对事件的人数多，调动的力量大，社会影响坏，从而也使事件具有了群体性意义。比如 2008 年 6 月发生于贵州瓮安的突发事件。事件的起因比较简单：一些人对瓮安三中一名 17 岁女学生李树芬的死因鉴定结果不满，聚到瓮安县政府、县公安局、围堵政府部门，直至实施打、砸、烧，烧毁和砸坏办公房屋 160 多间，烧毁车 54 辆，导致 150 多人受伤，造成直接经济损失 1600 多万元。瓮安事件直接挑战的是政府的合法性，关系到社会稳定，影响极坏。本来一个人溺水身亡，家属为了查明真相，按正当程序办事就行了。但想不到问题并不这么简单，包括各种传言、猜疑皆不胫而走，引起了公众的不满，以至后来在县公安局大楼门前及周边集聚群众上万人，由最初无序的游行演变成冲击政府部门的群体性事件。瓮安事件的发生看似偶然，实则必然。许多群体性突发事件的发生都是群众的合理诉求与不合理或不合法表达方式的结合。政府对于社会矛盾不能采取“鸵鸟政策”，小事拖大，大事拖难，难事拖乱，而应该有居安思危，防微杜渐的意识，防止社会矛盾发生质变。同时，在解决矛盾的过程中政府更戒以武力进行打压，而应该实行亲民、爱民政策，坚决维护社会的公平和正义，千方百计地把社会矛盾消灭在萌芽状态。

8. 公共性

突发事件的公共性首先体现在突发事件涉及公共利益，即对公共财产、公共安全、公共秩序产生影响（通常是消极的、负面的影响）上。其次，突发事件的公共性还体现在调动、支配和整合全社会的人力、物力、信息等公共资源和力量上，这不仅意味着行政系统内部不同部门之间的协调和配合，同时意味着政府与社会组织及公民个人的合作与沟通，在高度信息化、利益关系复杂化的现代社会里尤其如此。最后，突发事件的公共性还体现在公共权力的多方介入上。没有公共权力的介入，应对突发事件很难形成组织规模效应，很难创造高效率、高秩序的奇迹。比如 2008 年发生在雪域高原的“3. 14”拉萨骚乱。当年的 3 月 14 日，一群不法分子在西藏自治区首府拉萨市区的主要街道实施打砸抢烧等违法行为，烧毁过往车辆，追打过路群众，冲击商场、电信营业网点和政府机关等公共部门，给人民群众生命财产造成重大损失，使当地的社会秩序、生活秩序、生产秩序遭受严重破坏，对国家安全和公共安全构成严重威胁。事件发生后，西藏自治区迅速组织公安、武警和其他有关力量，扑灭了着火点，救治受伤人员，加强了对学校、医院、银行和政府机关的安全保卫，最后使事件很快得到了有效的控制。可见，事件中被破坏的大多是公共财产、公共安全和公共秩序，应对和处置的力量也大多来自于公共资源、公共力量和公共权力。所以，公共性也是大多数突发事件所具有的特性之一。

9. 不确定性

突发事件不但是其发生地点、时间、形式、规模等不可确定，而且其发展方向、演变速度、波及范围、影响效应、处理结果等也同样不可确定。因为存在这些不确定性，所以应对处理不当极易恶化升级，引起连锁反应。正因为其发展的不确定性，所以才决定了突发事件的实质是非程序化决策问题，其管理属于应急管理范畴，其应对处理办法和程序一般无先例可循。突发事件发生后，常常超出纯粹的经济、政治和文化范畴，变成一种含有多项内容的综合性社会危机。比如2008年初的南方暴风雪，元旦刚过，纷纷扬扬的雪花给一向很少降雪的南方各省带来了惊喜，人们争相观看雪景。但是时间不长，持续的低温，使美丽的雪景变成来一场空前的灾难：暴雪、冻雨等极端天气分4个波次袭击了我国南方的大部分地区，其中湖南、湖北、贵州、广西、江西、安徽等省区受灾最为严重。多个城市基础设施运行几近崩溃，造成大面积停电、公路铁路运输封闭受阻、班机停航、大批人员货物滞留、供水管线冻裂、通信不畅、公众必需品匮乏，导致社会生产、生活秩序陷于混乱。按照常理，南方地区大面积遭受暴风雪袭击的概率极低，不但使适宜温暖气候条件下生长的农作物遭受了灭顶之灾，而且由于南方冬季素无取暖设施，人们的御寒条件和应对暴雪、冻雨的经验也显得不足，加上适逢春运高峰，大批旅客因交通受阻而滞留在寒冷的天气之中，如果不能及时妥善应对，很容易造成公众情绪激动，影响社会稳定。这是由于极端反常天气的不确定性造成的突发事件，令人始料未及，猝不及防。加之致灾因素具有突出的连锁性、耦合性与叠加性，表现出链状群发甚至网状群发的特点，影响范围和影响深度不断加重，并迅速向社会扩散，如果不加以及时、果断、有效的处置，后果就会变得越来越严重。对此，党中央、国务院统一领导、高屋建瓴，迅速做出了“保交通、保供电、保民生”的三保应急决策，切中问题的要害，并及时成立了抢险救灾与煤电油运指挥部，做到一手抓抗灾救灾，一手抓物质保障，面对灾难，思路清楚，决策及时，措施得当，有效驾驭了复杂的局势。

三　突发事件的科学分类

对突发事件进行科学的分类，不仅可以提高对突发事件的理论认识高度，而且更有助于科学地把握突发事件的属性，制定科学的应急方案，及时有效地做出正确的决策，明确分工责任，提出有针对性的应对措施。因为不同类别的突发事件，在孕灾环境、致灾因子、承灾体和灾害发生发展规律方面都呈现出不同的特点，在处置方法、经验和人力物力等的组织调配和应对机制、体制、法制等方面也都有明显的差异。所以，不论从理论研究的角度，还是从实践应对的角度，都应该明确突发事件的类型，从而在突发事件袭来之时能够做到心中有数，从容应对，举措得当，成效显著。当前有关突发事件应急处置的实务与研究，多停留在“情景——预案——决策——应对”的应急处置范式上，而忽略了不同类别的突发事件由于其特征不同而应采取不同的应急处置范式。在现实的应急处置中，每一种类型的突发事件，都应当有最适合的应急处置范式与之相对应。因而，针对不同类型的突发事件，应采取不同的应急处置范式。目前学界对突发事件的分类多有不同，这主要缘于分类的标准各异，研究角度和目的迥然，但理论的研究要尽可能服务于应对实践。

1. 我国对突发事件的分类方法

我国《国家突发公共事件总体应急预案》和《中华人民共和国突发事件应对法》根据事件发生过程、性质和机理将突发事件共分为四类，现分别介绍如下。

(1) 自然灾害

主要指那些由于自然原因而导致的突发事件，包括水旱灾害、地震灾害、地质灾害、海洋灾害、生物灾害和森林草原火灾等。

(2) 事故灾难

主要指人为原因造成的紧急事件，包括那些与人类活动或者人类发展所导致的计划之外的事件或事故。主要包括工矿商贸等企业的各类安全事故、交通运输事故、公共设施和设备事故、环境污染和生态破坏事件等。

(3) 公共卫生事件

主要指病菌病毒引起的大面积的疾病流行等事件。包括传染病疫情，群体性不明原因疾病，食品安全和职业危害，动物疫情，以及其他严重影响公共健康和生命安全的事件。

(4) 社会安全事件

主要指由人们主观意愿产生的、并危及社会安全的突发事件。包括恐怖袭击事件、经济安全事件和涉外突发事件等。

2. 突发事件其他分类方法介绍

根据不同的看问题的角度、不同的理论研究目的和不同的判断标准，人们对突发事件的分类也具有很大的不同。我们在这里从国内外学界和政界的多个视角归纳了其他一些比较具有典型意义的类型划分方式。

(1)五分法划分的突发事件类型

①按照发生领域划分的五种类型：一是政治性突发事件，如战争、政变、政治骚乱、大规模政治变革、大规模恐怖主义活动等；二是社会性突发事件，如社会骚乱、游行示威、罢工、小规模的恐怖主义活动(如杀人、放火、抢劫、绑架、投毒、劫持飞机等运输工具)；三是宏观经济性突发事件，如恶性通货膨胀或紧缩(如物价突然暴涨)、国际汇率的巨幅波动、股票市场的大幅度振荡、利率的大幅度变化等；四是生产性突发事件，如工作场所安全事故、导致人身伤亡的职业病、产品安全事故、生产设施或生产过程安全事故等；五是自然性突发事件，如干旱、洪水、地震、台风、海啸、流行性传染病、虫灾等。

②按照时间段划分为五种类型：一是处于潜伏期的突发事件，二是处于爆发期的突发事件，三是处于高潮期的突发事件，四是处于缓解期的突发事件，五是处于消退期的突发事件。

③根据突发事件的发生过程、性质和机理，我国有的学者也将突发事件分为五种类型：一是自然灾害；二是事故灾难；三是公共卫生事件；四是社会安全事件；五是经济安全事件。这与我国《国家突发公共事件总体应急预案》和《中华人民共和国突发事件应对法》中的分类标准基本一致，只是将经济安全事件从社会安全事件中单独分立出来，体现了一种更细化的思想方法。

(2)四分法划分的突发事件类型

①美国一些学者根据突发事件具有无规则、突发性、规模大、后果严重的特点，将突发事件大致分为四种类型：一是自然灾害，如地震、洪水、飓风等；二是技术发展型灾害，如化学毒物泄露、恶性传染性疾病、爆炸、对信息网络的攻击等；三是社会秩序型灾害，如战争、投毒、恐怖活动、社会动荡、大型聚会骚乱等；四是大规模毁灭性武器，如生化武器、细菌武器、核武器等。

②加拿大紧急状态法将突发事件分为四类：一是公共福利类突发事件，主要是由已经发生或即将发生的火灾、洪水、干旱、风暴、地震及其他自然因素，人类和动物植物疾病、事故或污染等所引起的事件；二是公共秩序类突发事

件，是指严重威胁社会安全和利益的事件；三是国际突发事件，是指由恐吓、威胁行为或者重大武力、暴力的使用或即将使用而引起的，涉及加拿大和一个以上其他国家的事件；四是战争类突发事件，是指由已经发生或即将发生的战争或武装冲突所引起的，涉及加拿大或其任何盟国的事件。

③国际著名危机管理学家罗森塔尔根据危机发展和终结的速度将突发事件分为四类：一是龙卷风型危机，这类危机来得快去得也快，例如劫持人质危机；二是腹泻型危机，这类危机往往酝酿时间很长，但爆发后结束得也快，例如刚果（金）的千人大屠杀事件；三是长投影型危机，这类危机往往突然爆发，但影响深远，例如马丁·路德·金被刺事件引发的危机；四是文火型危机，是来得慢去得也慢的危机，例如巴以冲突。

④有的学者按照事件性质分为四类：一是突发政治事件，如政变、政治动乱等政治失序现象；二是突发经济事件，如金融危机等；三是突发民族宗教事件，如教派冲突、种族骚乱等；四是突发生态事件，如沙漠化、核泄漏、疯牛病等。

⑤根据罕见性和不确定性等因素将突发事件分为四类：一是罕见性高且不确定性高的突发事件。由于事件具有罕见性，其发生时往往没有任何预兆，决策主体也没有任何心理准备或心理准备不足。同时，由于这类事件不确定性高，事件决策主体对事件的演变趋势难有预料，加之没有先例可循，因此给应急决策带来困难。比如2008年初我国南方发生的低温雨雪冰冻灾害。二是罕见性低而不确定性高的突发事件。因为此类事件发生的不确定性高，使得决策主体对其演变趋势把握不准。不过由于发生频次较高，人类在一定程度上对其发生、发展规律有一些基本认识，且有先前的应对和处置经验可供借鉴。这类事件的典型代表是一些频发的自然灾害，如南方每年的水灾和各地发生的地震灾害。三是罕见性高但不确定性低的突发事件。由于罕见性高，难以预知前兆，且无以往经验可供借鉴，因此会使决策主体感到猝不及防，无所适从。但由于这类事件不确定性低，使得决策主体很容易识别出其发生、发展规律，进而探寻出应对策略和处置方法，一般经过短期调整后，待到决策主体认清事件的起因和发展规律之后，事件往往会得到有效处置。四是罕见性低且不确定低的突发事件。由于罕见性低，发生频次相对较高，且不确定性又低，因此，处置难度一般不高。比如煤矿企业发生的瓦斯爆炸事件。

(3)三分法划分的突发事件类型

①美国伊利诺大学刑事司法教授戈登·马斯纳划分的三种类型:一是因自然灾害造成的突发事件;二是因工业技术原因引起的突发事件;三是因社会与政治原因引起的突发事件。

②英国国内民防法将突发事件分为三种类型:一是人民福利类突发事件,包括人类疾病,对财产造成损害,对食物、水源、能源、燃料的供应造成损害,对通讯系统、交通设施或卫生设施造成破坏等方面的事件或情况;二是环境类突发事件,包括对土壤、水源、或空气造成污染,供水,对动植物生命造成破坏或毁灭等方面的事件或情况;三是安全类突发事件,包括战争、武装冲突以及恐怖事件等。

③有的学者按照影响范围划分为三种类型:一是地方性突发事件,指的是事件只发生在很有限的范围内,影响范围较小;二是区域性突发事件,指的是影响范围一般是一个国家或一个大的地区;三是世界性突发事件,指的是影响范围更广,同时包括两个或两个以上的国家。

④武警北京指挥学院编写的《突发事件处置勤务教材》从武警部队经常参与和可能参与处置的各类突发事件的性质上,也大体分为三种类型:一是突发性暴力事件;二是严重社会治安事件;三是重大灾害性事故。

(4)二分法划分的突发事件类型

①美国有学者按照紧急程度将突发事件分为两类:一是一般紧急事件,包括火灾、车祸、骚乱等;二是特殊紧急事件,包括自然灾害(如地震、火山爆发、飓风、洪水、龙卷风、森林大火等)、人为灾害(如危险品运输、空难、建筑事故、公共卫生事件、大规模杀伤性武器以及大规模恐怖活动等)。

②俄罗斯联邦紧急状态法将突发事件分为两类:一是暴乱类突发事件,包括武装暴动、大规模骚乱、恐怖行动等;二是自然原因或技术原因造成的突发事件,人畜流行病、灾难、自然灾害及其他灾害引起的事件。

③法国紧急状态法将突发事件分为两类:一是公共秩序类突发事件;二是社会灾难类突发事件。

④我国学者袁辛奋根据事件诱因将突发事件分为两类:一是自然性的危机,是由自然界不可抗力造成的危机事件;二是人为性的危机,是因为人为的原因导致的危机事件。人为性同时也即社会性,因此以上划分也可称之为自然性的突发事件和社会性的突发事件,当然,也有人据此另称为天灾型突发事

件和人祸型突发事件。

⑤按照可否防控的标准可将突发事件分为两类：一是可防控突发事件，二是不可防控突发事件。前者大多是人为因素引起的，在一定程度上说具有可控性，如骚乱、暴力、劫持等等；后者大多是由自然力量引起的，因而常常缺乏可控性，如地震、海啸、泥石流等等。

⑥按照影响范围可将突发事件划分为两类：一是突发性国际事件，如爆发于1997—1998年的亚洲金融危机，影响所及从东南亚各国蔓延至世界其他很多地区。二是突发性国内事件，如2008年1月中旬至2月初的暴风雪灾害，使我国南方14个省的广大地区遭受了历史罕见的损害，对国内经济社会的运行造成了严重的影响。

⑦根据诱发因素可将突发事件分为两类：一是内生型突发事件，如泡沫性经济崩溃；二是外生型突发事件，如恐怖袭击等。

⑧根据对社会核心价值影响程度分为两类：一是结构良好型突发事件，如游行、请愿、罢工等；二是结构不良型突发事件，如地方暴乱等。

⑨根据对事件主体态度可将突发事件分为两类：一是一致型突发事件，如1998年全民抗洪救灾；二是冲突型突发事件，如美国推翻萨达姆政权等。

⑩按照显露程度可将突发事件分为两类。一是显性突发事件，即已经爆发或爆发的势头已经成为必然的突发事件；二是潜在突发事件，即尚未表露的仍处于隐藏和潜伏状态的突发事件。与显露突发事件相比，它更能迷惑人、麻醉人，因而也具有很大的危害。

⑪按照影响程度可将突发事件分为两类。一是轻微型突发事件，即对社会和公众产生局部影响或轻度危害的突发事件；二是重度型突发事件，即对社会公众产生全面影响的严重突发性事件，并使政府形象和公众利益受到严重损害的事件。

⑫按照利益可将突发事件分为两类：一是“生活型”突发事件，是指人们因生活困难而引发的突发事件；二是“劳动型”突发事件，是指人们因劳动条件、用工制度、劳动时间等劳动方面的权益受到侵害而引发的突发事件。

第二章　突发事件的级别标准

将突发事件按照一定标准分级，有利于识别突发事件的严重程度，有利于调整相应的预警标识，有利于拿出相应的预案有针对性地做好应对准备和应急处置工作。

在国务院2006年1月8日颁布并实施的《国家突发公共事件总体应急预案》中，根据各类突发事件的性质、严重程度、可控性和影响范围等因素，将突发事件分为四级：I级（特别重大）、II级（重大）、III级（较大）和IV（一般）。预警标识按I、II、III、IV级分为“红橙黄蓝”四级。法律行政法规或者国务院另有规定的，从其规定。突发事件的分级标准由国务院或者国务院确定的部门制定。

一　I级（特别重大）

《国家安全生产事故灾难应急预案》1.3适用范围：I级即特别重大安全生产事故灾难是指：

造成30人以上死亡（含失踪），或危及30人以上生命安全，或者100人以上中毒（重伤），或者需要紧急转移安置10万人以上，或者直接经济损失1亿元以上。

《国家突发公共卫生事件应急预案》中，I级即特别重大突发公共卫生事件主要包括：

肺鼠疫、肺炭疽在大、中城市发生并有扩散趋势，或肺鼠疫、肺炭疽疫情波及2个以上的省份，并有进一步扩散趋势；发生传染性非典型肺炎、人感染高致病性禽流感病例，并有扩散趋势；涉及多个省份的群体性不明原因疫病，并有扩散趋势；发生新传染病或我国尚未发现的传染病发生或传入，并有扩散趋势，或者我国已消灭的传染病重新流行；发生烈性病菌株、毒株、致病因子等丢失事件；周边以及与我国通航的国家和地区发生特大传染疫情，并出现输入性病例，严重危及我国公共卫生安全的事件。

国务院卫生行政部门认定的其他特别重大突发公共卫生事件。

《国家地震应急预案》中，I 级即特别重大地震灾害是指：

造成 300 人以上死亡，或直接经济损失占该省（区、市）上年国内生产总值 1% 以上的地震；发生在人口较密集的地区 7.0 级以上地震，可初判为特别重大地震灾害。

《国家处置重、特大森林火灾应急预案》所称 I 级即“重、特大森林火灾”是指：

燃烧蔓延超过 72 小时没有得到控制的森林火灾；受害森林面积超过 300 公顷尚未扑灭的森林火灾；造成 10 人以上死亡或造成重大影响和财产损失的森林火灾；威胁或烧毁林区居民地及重要设施的森林火灾；国外火场距我国界或实际控制线 5 公里以内，并对我境内森林构成较大威胁的火灾。

《国家突发环境事件应急预案》中，I 级即特别重大环境事件是指：

发生 30 人以上死亡；或中毒（重伤）100 人以上；

因环境事件需疏散、转移群众 5 万人以上，或直接经济损失 1000 万元以上；

区域生态功能严重丧失或濒危物种生存环境遭到严重污染；

因环境污染使当地正常的经济、社会活动受到严重影响；

利用放射性物质进行人为破坏事件，或 1、2 类放射源失控造成大范围严重辐射污染后果；

因环境污染造成重要城市主要水源地取水中断的污染事故；

因危险化学品（含剧毒品）生产和贮运中发生泄漏，严重影响人民群众生产、生活的污染事故。

卫生部《群体性不明原因疾病应急处置方案》中群体性不明原因疾病是指：

一定时间内（通常是指 2 周内），在某个相对集中的区域（如同一个医疗机构、自然村、社区、建筑工地、学校等集体单位）内同时或者相继出现 3 例及以上相同临床表现，经县级及以上医院组织专家会诊，不能诊断或解释病因，有重症病例或死亡病例发生的疾病。

将群体性不明原因疾病事件分为三级。I 级特别重大群体性不明原因疾病事件是指：

在一定时间内，发生涉及两个及以上省份的群体性不明原因疾病，并有扩散趋势；或由国务院卫生行政部门认定的相应级别的群体性不明原因疾病事件。

《国家突发地质灾害应急预案应急响应》I 级即特大型地质灾害险情和灾情是指：

受灾害威胁，需搬迁转移人数在 1000 人以上或潜在可能造成的经济损失 1 亿元以上的地质灾害险情为特大型地质灾害险情。

因灾死亡 30 人以上或因灾造成直接经济损失 1000 万元以上的地质灾害灾情。

二　II 级（重大）

《国家地震应急预案》中，II 级即重大地震灾害是指：

造成 50 人以上，300 人以下死亡，或造成一定经济损失的地震；发生在人口较密集的地区 6.5 ~7.0 级地震，可初判为重大地震灾害。

《国家突发环境事件应急预案》中，II 级即重大环境事件是指：

发生 10 人以上、30 人以下死亡，或中毒（重伤）50 人以上、100 人以下；区域生态功能部分丧失或濒危物种生存环境受到污染；因环境污染使当地经济，社会活动受到较大影响，疏散转移群众 1 万人以上、5 万人以下的；1、2 类放射源丢失、被盗或失控；因环境污染造成重要河流、湖泊、水库及沿海水域大面积污染，或县级以上城镇水源地取水中断的污染事件。

卫生部《群体性不明原因疾病应急处置方案》中，II 级即重大群体性不明原因疾病事件是指：

一定时间内，在一个省多个县（市）发生群体性不明原因疾病；或由省级卫生行政部门认定的相应级别的群体性不明原因疾病事件。

《国家突发地质灾害应急预案应急响应》中，II 级即大型地质灾害险情和灾情是指：

受灾害威胁，需搬迁转移人数在 500 人以上、1000 人以下，或潜在经济损失 5000 万元以上、1 亿元以下的地质灾害险情为大型地质灾害险情。

因灾死亡 10 人以上、30 人以下，或因灾造成直接经济损失 500 万元以上、1000 万元以下的地质灾害灾情为大型地质灾害灾情。

三　III 级(较大)

《国家地震应急预案》中,III 级即较大地震灾害是指:

造成 20 人以上、50 人以下死亡,或造成一定经济损失的地震;发生在人口较密集的地区 6.0 ~6.5 级地震,可初判为较大地震灾害。

《国家突发环境事件应急预案》中,III 级即较大环境事件是指:

发生 3 人以上、10 人以下死亡,或中毒(重伤)50 人以下;因环境污染造成跨地级行政区域纠纷,使当地经济、社会活动受到影响;3 类放射源丢失,被盗或失控。

卫生部《群体性不明原因疾病应急处置方案》中 III 级较大群体性不明原因疾病事件是指:

一定时间内,在一个省的一个县(市)行政区域内发生群体性不明原因疾病;或由地市级卫生行政部门认定的相应级别的群体性不明原因疾病事件。

《国家突发地质灾害应急预案应急响应》中,III 级即中型地质灾害险情和灾情是指:

受灾害威胁,需搬迁转移人数在 100 人以上、500 人以下,或潜在经济损失 500 万元以上、5000 万元以下的地质灾害险情为中型地质灾害险情。

因灾死亡 3 人以上、10 人以下,或因灾造成直接经济损失 100 万元以上、500 万元以下的地质灾害灾情为中型地质灾害灾情。

四　IV 级(一般)

《国家地震应急预案》中,IV 级即一般地震灾害是指:

造成 20 人以下死亡,或造成一定经济损失的地震;发生在人口较密集地区 5.0 ~6.0 级地震可初判为一般地震灾害。

《国家突发环境事件应急预案》中,IV 级即一般环境事件是指:

发生 3 人以下死亡;因环境污染造成跨县级行政区域纠纷,引起一般群体性影响的;4、5 类放射源丢失、被盗或失控。

《国家突发地质灾害应急预案应急响应》中,IV 级即小型地质灾害险情和灾情是指:

受灾害威胁，需搬迁转移人数在100人以下，或潜在经济损失500万元以下的地质灾害险情为小型地质灾害险情。

因灾死亡3人以下，或因灾造成直接经济损失100万元以下的地质灾害灾情为小型地质灾害灾情。

第三章　应对突发事件的基本原则

应对和处置突发事件一定要坚持原则,这是提高领导者应对和处置突发事件能力的前提。突发事件的种类繁多,不管是自然灾害还是人为事故往往是由一系列不同的阶段组成的,而且突发事件的每一个阶段往往都有着各自的特点。因而,领导者应对突发事件时要因时、因势利导,千万不可因循惯例、墨守成规。但从总体上来看,领导者应对和处置突发事件依然蕴涵着一些普通性、规律性的原则。

一　准确定性原则

突发事件发生后,领导者必须迅速作出反应,及时准确定性,及时准确判断事件的性质,以便统一认识、统一思想、统一目标,并依次作出正确的应对决策。美国"9·11"事件发生后,布什对其性质判断迅速而准确,从而赢得了反恐战争的主动权。

二　生命第一原则

处置突发事件要想赢得人心,赢得广大群众的支持,必须始终把人的生命安全放在首位。突发事件构成人员伤亡和生产、生活设施、基础建设、服务等各方面财产的破坏、损失,扰乱了正常的生活秩序,打破了正常的组织界限,使社会机制的正常运转受到了严重妨碍,安全和救助成为人们的第一需要。但是,危机管理的目标往往不止一个。在突发事件爆发及隔离阶段,当我们要确立救援工作的优先次序时,必须牢固树立"生命第一"的原则,始终把突发危机事件对人的影响放在优先次序选择的首位加以考虑。这也符合突发危机状态下公民权的维护和保障的原则。

三　把握主要矛盾原则

任何突发事件都蕴藏着很多矛盾，其中必有一个牵动全局的主要矛盾，而主要矛盾的焦点就是事件的关键点。因此，领导者应把应对工作放在抓住关键部位上，因为抓住关键，整个事件的解决就有了主动权。对于关键问题的解决，必须集中优势人员去攻克难关。认准制约整个事件的根本矛盾，从而找到整个事件的“总闸门”。

对于自然灾害类突发事件，关键是要控制火头和水源；

对于社会政治类突发事件，必须全力控制和解决首要人物。

四　重视信息传播原则

这是一个信息传播迅捷的时代，封锁信息往往是徒劳的，而且会让谣言、错误的信息和观点占领传播媒介的阵地，在公众中制造混乱。所以，在突发事件出现以后，为了求得公众的准确了解、深入理解、全面谅解，必须向广大公众传播有关准确信息，从而通过信息控制舆论导向。

五　机动权变原则

领导者作为行为主体，一定要根据突发事件的变化而不断作出适当的调整。突发事件决策具有很大的风险性和不确定性。这就要求领导者处理这类事件的过程要机动权变，要把处置突发事件的决策权最大限度地放到现场，使在现场的领导者根据千变万化的情况，进行随机决策。机动权变的原则还要求领导者在处置突发事件时要留有余地，比如，在领导出场、力量调度、语言表述方面，不要一下子就达到极点，再无协调的余地。

六　协调作战原则

突发事件的复杂性、综合性和艰巨性，要求处置手段必须突出一个“合”字。任何一起突发事件都会涉及社会各领域、各行业、各层面，如交通、通信、消防、搜救、食品、物资支持、医疗服务以及军队、武装警察官兵等。突发事件发生后，只有在领导者的统一指挥下，各相关部门协同配合，才能高屋建瓴、准确全面把握突发事件的性质和症结，及时形成和贯彻科学的决策，迅速控制事件的发展。

七　科学处置原则

科学处置主要是针对那些因工业技术而引起的灾害以及由自然灾害而造成的危机事件。其中，前者包括：危险物品、辐射事故、水坝决堤、资源短缺和大面积建筑物着火等；后者包括：干旱、海啸、森林大火、山崩、泥石流、雪崩、暴风雪、飓风、龙卷风、洪水和火山爆发等。对于这种突发事件，在处置中一定要注意科学性、技术性，多征求特定技术领域内专家的意见，千万不能盲目蛮干。

第四章　应对突发事件的一般程序

任何突发事件都有一个由隐到显、从小到大的发生发展过程，所以应对突发事件也必然是一个动态过程，这个过程一般包括识别并隔离危机、迅速启动相关预案、及时汇报与公布真相、果断处理各种问题、动员社会力量和引导舆论、做好善后和危机转化工作、总结评估事件与应对等环节。正是从这些环节的逻辑对接中，我们可以总结出应对突发事件的一般程序。

一　识别危机并迅速隔离险境

当发现突发事件发生后，首先要求有关人员在第一时间准确识别危机，鉴别危机的性质和严重程度，并预测可能的后果，从而做到早发现、早预防，早报告，早准备，早拿出预案，早采取措施。这是有效控制突发事件发生和发展的关键环节。如果这个环节做得好，整个局势就有可能转危为安、化险为夷。反之，如果错失处理危机的最佳时机，就会使危机蔓延扩大，甚至造成难以控制的被动局面。

识别危机的直接目的是为了确定事件的性质和级别。这是采取科学应对措施、妥善处理事件的基础和依据。这就要求做到，一是要尽可能全面准确地了解突发事件的各种现象，包括正面的，也包括反面的，包括直接的，也包括间接的，都要全面地掌握和汇总；二是由现象看本质，在全面掌握突发事件各种现象的基础上，潜心分析、认识和判断各种现象间和现象背后的因果联系，去伪存真，去芜存菁，由此及彼，由表及里，透过各种表面现象，把握事件的内在本质；三是在认识和把握各种联系和关系的基础上，通过认真比较和筛选，找出促发、影响和制约突发事件的根本矛盾，从而拨云见日，找到突发事件的"总闸门"和"关键点"，由此确认突发事件的性质，并据此拿出科学有效的处置措施。

突发事件发生后，要组织群众迅速隔离险境是处置危机事件的第一步。

事件的突发性，要求处理工作必须突出一个“快”字。要快速反应，快速发现，快速报告；快速出动，快速到位；快速展开，快速介入，以便抓住先机，争取主动。

迅速切断危机与外界的联系，阻止事态的蔓延，以免造成更大的损失。面对突发事件险境，主要做好两个方面的隔离工作。一是对人员的隔离。坚持人道主义原则，把人的生命安全放在首位。应对突发事件的第一步就是救护伤员，防止人员伤亡继续扩大。这里需要注意的是突发事件中的人员隔离不仅包括对受灾人员的隔离，还包括对参与救助人员的隔离，这样既可以保证救助人员的救助时间和精力，也可以更有效地保证事故不再继续发展和蔓延。二是对现场的隔离。对危机现场的隔离，第一步要及时发出隔离报警的信号。公众听到报警信号后就会知道事故的发生，参与救助的人员也会知道事发现场在何处，该往何处集中。第二步要让公众明确危机隔离的范围。事故发生后，事发现场一般都要拉警戒线或者是警戒标志，不允许非现场处理人员进入，这样尽可能减少事故的危害和影响，也便于事态的控制和事件的处理。当然，对于一些十分严重或波及范围甚广的突发事故来说，警戒线的作用可能就会变得十分有限，移民搬迁可能会成为让公众隔离险境的主要措施。

要尽快控制事态发展，可以根据具体情况成立临时专门机构或突发事件处理小组。在处置突发事件的过程中，可以把所辖机构分成突发事件决策机构和处置机构两部分，决策机构以及人员主要是对事件发展情况进行预测，制定有关解决事件的策略和步骤，对全面工作进行指挥。事件处置机构以及人员负责掌握动向，反馈信息，贯彻决策机构意图，对事件进行具体处理。把决策层和执行层分开，既有利于各司其职，各负其责，又有利于保证组织内其他部门正常运转。

二 全面调查研究

当突发事件暂时被控制住后，应对者应马上进入第二阶段，即探寻突发事件产生的原因。事件的原因和实质一般都很复杂，不是一眼就能看得出来的，它常常隐含在各种现象之中，只有大量全面地收集突发事件的各种信息，才能从中分析出事件的原因及实质。所以，应对者在突发事件面前要做全面调查研究，准确地掌握大量的事实材料，要总览各种现象，建立新的调研机制，比如建立突发事件调查委员会，及时组织人员，深入公众，了解突发事件的各个方面情况，收集关于突发事件的综合信息，并形成基本的调查报告，为处置突发事件提供基本依据。对突发事件的调查，在内容上强调针对性和相关性，收集事件发生的时间、地点、背景、人员伤亡、财产损失、事态发展、控制措施、相关部门和人员的态度以及公众在事件中的反应；在方法上强调灵活性和快速性。

在应对突发事件的第二阶段——即调查研究阶段，应对人员要与突发事件的见证人保持密切联系，收集与事件有关的各种信息，并形成基本的调查报告。调查报告的内容一般包括：

①突发事件的基本情况，包括事件发生的时间、地点、环境、危害程度等。

②突发事件的目前状况和发展趋势，包括事态现状、事态发展趋向、采取了哪些措施、应对措施的实施情况、控制到什么程度等。如果事件仍在发展中，还应调查事件恶化的原因、控制事态的发展应采取的措施，以及将可能造成什么后果和影响等。

③事件产生的原因和影响，包括引发事件的原因、人员伤亡和财产损失的数量及价值，事件涉及的范围，以及在经济、社会甚至政治方面带来哪些影响等。

④突发事件涉及的公众对象及其反应，包括直接和间接受害者、相关的社会组织和个人、与处置突发事件相关的机构包括新闻界说法和群众舆论等等。

对突发事件的信息收集工作可以通过以下几个途径展开：

①大众传媒。对突发事件的调查研究工作一定要借助信息化时代的传媒优势，大众传播网络是获取文献资料信息的主要手段，关于各种灾难事故的报道、评论，大量电子化的学术性文献等，都可以通过大众传媒获取各种有用的信息。

②事故及隐患鉴定报告。这些鉴定报告对各种突发事件一般都进行了系统的归类，并有相应的解决办法和补救措施。在查阅事故及隐患鉴定报告的同时，也应参考其他社会研究人员的调查纪实、研究报告和公共管理机构、社会组织与团体的相关文件与档案资料。

③实地调研与考察。可以通过到实地现场和相关部门调研并有针对性地组织一些座谈会、交流会等方法，听取各方面人士的看法和意见，包括群众的意见、专家的意见、组织管理者内部的意见以及有关部门的意见。实地调研的具体操作方法即可以采取公开调查方法，也可以采取隐蔽调查法或间接调

查法。

三　迅速启动应急预案

在识别危机性质、级别和隔离危机险境后，接下来要迅速启动相关应急预案，将突发事件对整个社会的损害减少到最低程度。在调查研究的基础上，在对事件进行准确定性之后，重新明确组织机构的职责范围和目标，突出工作重点，迅速会同有关职能部门，进行分析、决策，并制定出几套可行的处置事件的总体方案。

作为突发事件处置的决策者及参与处置的人员可依应急预案行事，预案是应对和处置各类突发事件的基本程序，如发生情况向谁报告，报告什么信息，应该采取哪些应急措施。应急预案不仅起到程序安排作用，也起到应对方法的提示作用。按照预案行事，使应对工作能够做到反应及时，按部就班，有条不紊，措施得力，科学有效，制止事态向深度发展。

应对突发事件小组在到达突发事件现场后，应该对突发事件进行充分的了解与核实，如发现与汇报不符之事实或情节，必须立即报告并有针对性地调整处置计划，如发现与汇报的事实或情节基本相符则按应预案程序和原计划进行。

四　及时汇报与公布真相

突发事件发生后，相关信息必须及时汇报与公开。及时准确地汇报有利于上级机关尽快掌握第一手资料和正确地指导应对工作。信息公开是为了满足公众的知情权，防止和遏制虚假信息和各种谣言的传播，避免造成其他不良的社会影响。需要公开的信息主要分为两类，一是有关突发事件自身事态发展的信息，二是应急处置工作进展的信息。在突发事件爆发之后，及时公布事态发展真相有利于人们作出正确的选择，有利于避免人们的恐慌和盲目，而来自政府的信息无疑具有最大的权威性。所以，对事态信息进行及时准确的发布是政府的职责。应对突发事件的最主要力量是政府，政府如何实施应急处置措施将直接决定整个应急工作的效果，人们对此也十分关心和迫切需要了解。对于这些信息的公开，既有利于增加公众对政府的信心，也有利于支持与配合政府的应急行动。

在突发事件发生后，政府要保证信息发布内容准确无误。如果新闻媒体或者其他个人发布虚假信息，从而造成社会危害，那么，行政机关或者司法机关应当及时介入，发布准确信息以正视听，并追究造谣惑众者的法律责任。

五　科学决策和果断处理各种问题

突发事件具有连锁性，一种危机可能会激发或者促发其他危机。作为应对突发事件的领导者或公务机关必须在第一时间组织各方面的力量，依法及时采取有力措施控制事态发展，开展应急救援工作，避免突发事件发生连锁反应或发展上升为特别严重的事件，努力减轻和消除其对人民生命财产造成的损害。以下十个方面值得特别注意：

一是在人员救助方面，政府应当立即组织营救和救治受害人员，疏散、撤离并妥善安置受到威胁的人员，同时还必须保证参加营救工作人员的生命安全。

二是在生活保障方面，要立即投入力量抢修被损坏的交通、通信、供水、排水、供电、供气、供热等公共设施；向受到危险的人员提供临时避难场所、生活必需品、医疗救护、卫生防疫等保障措施；对燃料、食品、药品等基本生活必需品的生产、运输、供应、价格等采取特殊的管理措施。

三是在物资和人员征调方面，要保证有应对突发事件的相应物资储备，并广泛动员和组织各种力量参与救援。

四是在稳定市场秩序和社会治安方面，政府应当采取措施，稳定市场价格，维护市场秩序和社会治安，依法从严惩处乘突发事件之危垄断资源、欺行霸市、囤积居奇、哄抬物价、制假售假或者哄抢财物，干扰破坏应急处置工作等扰乱市场秩序、社会治安的行为。

五是在处理突发事件本身问题的同时，还要处理好舆论导向问题。如果突发事件已由媒介公开并已造成广泛影响，政府要将媒介的舆论报道引到正确的方向上来。对传播媒介的引导，主要方式是让媒介了解事件真相，引导其客观公正地报道和评价事件。

六是根据危机事件大小，合理确定应急队伍及其装备。应急处理工作并不是人越多越好，或者设备越多越好，只要人员精干，设备精良，组织得当，方法正确，往往会起到事半功倍的效果。

七是根据事件爆发的特点及影响，合理确定应急防范的范围。应急防范的范围并非越大越好，范围大虽然可以起到更好的保护作用，但也会给应急工作带来巨额成本。

八是应对方法要灵活机动。突发事件具有一定的复杂性，处置过程要注意灵活机动，针对不同情况采取不同措施。既要按照预案行事，又不要被预案钳制。要把握火候，审时度势，灵活机动地处理各种问题。

九是跟踪校正。在贯彻实施阶段，组织结构的好与坏，决策制定是否周密，都会很明显地反馈出来。反馈的结果如果符合实际，就应继续实行，如果有问题，就应跟踪校正，准备一些防范措施和应急措施，以减少潜在问题出现的可能性和危害性。

十是要进行积极的社会心理救助。要运用心理医生和专门的心理诊所，灾后为患者和涉及此类心理问题的人提供心理服务。包括进行心理缓解、进行心理引导和进行心理抚慰。救助人员要公开坦诚，不要遮遮掩掩，要善于表明自己的希望和担心，这样可以增进对方的信任感，使感情距离拉近。诚实的态度容易赢得社会公众的尊重，削弱公众的消极乃至对抗心理。

六　动员社会力量和引导舆论

应对突发事件不仅要依靠一定的组织来维持社会秩序，而且还需要让公众了解危机的社会危害性、局势的进展情况、处置突发事件的政策、策略和措施，以便唤起公众对政府行为的广泛支持。因此，在突发事件发生时，政府应当做好对社会各种力量的动员工作。

面对突发事件，没有社会力量参与应对是不可想象的。社会力量的参与，使信息通道不再堵塞，政府决策的可信度和可参与度得到有效提高，这不但可以缓解危机在公众中产生的副作用，使公众更快地准确地了解事实真相，消除因危机而产生的流言、恐慌心理等，在客观上起到稳定社会、恢复秩序的作用，而且还可以降低政府应急和救治的成本，降低政府政策的制定和执行成本。所以处置突发事件，不但要依靠政府的力量，还要广泛动员社会力量，调动各方面资源积极有序地参与到突发危机的处理工作中来。

舆论导向直接关系到突发事件的影响效果和应急处置工作的顺逆成败。

所以在应对突发事件过程中,引导社会舆论是政府处置危机工作的重要环节。某虚假信息的编造与传播,不但会造成公众的集体恐慌,而且还可能会造成危机的大规模蔓延,极大地影响应急处置工作的有效开展。一般情况下,在突发事件发生后,社会上很容易产生各种“小道消息”,加上处于危机中的社会公众的心态极不稳定,在面对传言或谣言时,常常是宁愿信其有、不愿信其无,这些都为传言或谣言的传播提供了温床。特别是在手机短信、网络论坛等现代传播技术极为发达的当今时代,谣言产生和传播的速度之快,辐射范围之广,传播方式之隐蔽,往往令人防不胜防。因此,作为政府相关部门除了及时准确发布真实可靠的相关信息外,以法律形式惩处散布和传播虚假信息者也是迅速处置突发事件的必要之举和有效措施。

七　做好善后和危机转化工作

突发事件的波峰过去之后,为尽快恢复社会的正常秩序,一定要尽最大努力做好善后处理工作。一是妥善处理与突发事件有关的政治影响、社会影响和经济秩序的恢复性问题,二是要总结经验教训,以便进一步修正和校正组织的日常决策和应急处理系统,为日后处理类似事件提供保证。

突发事件的恢复工作,是指在危机事件得到有效控制之后,政府为了恢复正常的状态和秩序所进行的各种善后工作。主要措施包括:启动恢复计划,提供灾后救济救助,安抚民众心理,重建被毁设施,尽快恢复正常的社会生产秩序,进行灾害和管理评估等善后工作。此期间的工作重点主要是:①要强调市政、民政、医疗、保险、财政等部门的介入,尽快做好灾后重建恢复工作;②进行客观的灾后评估,分析总结应急管理的经验教训,促进制度和管理革新,化危机为转机。突发事件的恢复工作做得好,不但可以消除突发事件产生的不良影响,而且还可以增强公众对政府组织的信心,重建良好形象。恢复工作主要包括以下几个步骤:一是成立恢复工作小组。在突发事件得到初步控制之后,即应该着手建立恢复工作小组以指导灾难过后的恢复工作。二是确定恢复目标。恢复目标主要是在调查危害程度和收集相关信息的基础上确定的。恢复小组要组织专人进入灾害现场调查评估破坏程度,综合几方面的信息和结果,对各种危害损失进行分门别类的整理和归纳,由此研究方案,确定切实可行的恢复目标,三是制定恢复计划。恢复与重建规划的编制一般应该与事前制定的恢复预案相结合。参与制定恢复计划的人员除了恢复工作小组成员，还应该包括组织各个部门的代表、部分危机应对人员、评估专家、利益相关者的代表及相关专家等。恢复计划一般包括恢复对象及其排序，所需资源及其来源，所需人员及其来源与待遇，实施时间表等；危机恢复的预算；具体恢复工作的实施政策。四是争取援助，组织重建。制定好恢复计划之后，恢复工作小组应根据有关专家指导意见，迅速调集社会资源，着手基础建设的恢复或重建工作，全面引导被破坏的工业生产和商业经营秩序步入正轨，稳定社会生活，稳定社会心理。必要时请求政府、社会甚至国际组织给予人力、财力、物力上的援助。

应对突发事件人员要协助民众放开危机转化工作的长远眼光。危险和机遇并存，危机之中往往孕育着转机。应对突发事件要善于化危机为转机。要学会在应对突发事件中看到机遇，看到希望，最大限度地发挥政策效应，积极面对困难，勇担风险，勇担责任，破解难题，破旧立新，利用好一切有利条件，牢牢掌握应对突发事件的主动权，使危机向有利的方向转化，使悲观向乐观的方向转化。

八　认真评估总结

在突发事件得到控制之后，并不意味着整个处理过程的结束。在恢复重建工作展开之后，也不意味着对突发事件的处置工作已经万事大吉。还有一个重要环节就是对整个事件的过程进行评估，总结经验教训，进行查缺补漏，以便杜绝类似事件再次发生。一是注意从社会效应、经济效应、心理效应和形象效应诸方面，评估有关措施的合理性和有效性，并实事求是地撰写出详尽的突发事件处置报告，为以后处置类似的事件提供参照性文件依据。二是要认真分析突发事件发生的深刻原因，总结规律，反思工作中的漏洞是什么，以便寻求改进。

此一阶段对危机损失评估的结果，即伤亡人数、经济损失、环境污染、对社会正常秩序等造成的损失数目会给公众带来很深刻的印象，这就会更大地提高民众的警惕性和预防心理，从而做到防微杜渐，避免事故再次发生。同时在总结过程中还可以及时发现潜在的问题，有针对性地改进和提高，从而进一步完善硬件及软件配备，以便避免重蹈覆辙。除此之外，评估总结工作还有助于有关管理部门对信息统计管理和存档,以便进行经验交流和预防教育工作,也有利于突发事件管理专家制定预案和完善预警机制的建设工作。

损失评估一般要统计以下几个方面的内容:一是物质损失。如供水、供热设备、桥梁、公用建筑物等公共设施的损失,企业设备、厂房和公共住宅区、农村房屋倒塌、作物淹没等损失。二是经济损失。如使用GDP数值可以衡量一个损失数据,其中包括工业(停产)损失、商业(停业)损失和随之而来的就业率、居民收入的下降等。三是心理创伤损失。突发事件对受害者甚至救援者的心理冲击也是很大的,尤其对妇女儿童造成的心理疾患,更需要社会长期予以关注。此类创伤难以给予量化评估,但可根据心理疾患的影响面和严重程度结合临床实践加以评估。四是其他损失,包括人员和环境损失。人员损失一般使用简单的统计方法就可完成,参照赔偿和抚恤的标准也可以较为准确地计算,但环境损失一般难以评估,常常需要专业的方法和机构加以完成。

对突发事件的事后总结与报告工作分为调查、总结、报告三个阶段,当突发事件发生后,履行统一领导职责的人民政府就应当尽快开展调查,及时查明原因,并对突发事件发展的全过程进行跟踪记录。当突发事件应对工作结束后,应当及时进行总结,并形成书面报告,上报上级人民政府。一般来说,总结内容应当包括突发事件发生发展的全过程和应对处置的全过程,甚至也包括恢复重建的过程。所以,一份完整的工作总结应当在恢复重建工作步入正轨之后完成。

应对突发事件的事后总结与报告一般包括以下内容:一是突发事件发生的经过与原因。包括发生的时间、地点、严重程度、外在表现、造成的损失、产生的影响等各项要素,要在客观描述的基础上,通过各种技术手段及各类统计方法分析突发事件从发生到消除的整个过程以及引起突发事件变化的各项自然因素、人为因素和处置措施及其效果。二是应对工作中的经验教训。履行统一领导职责的人民政府应当对突发事件的全过程进行总结、分析和报告,包括对突发事件的应急反应、制定的应急预案、采取的应急措施和必要的应急准备及其效果,还要总结和报告监测、预警系统是否及时到位、应急处置措施和恢复重建措施是否合理合法、组织体系是否运转良好等。除此还要包括为防止发生次生、衍生事件而采取或者继续实施的各种必要措施及其有效性。三是制定改进措施,完善应急管理。针对应对工作中存在的问题,要提出改进方案,制定改进措施,完善应急管理,为以后工作中提供教训启示和方法指导。

九　重新塑造形象

突发事件可能会使领导及其所在组织的形象受到比较大的损害。而且，这些不利影响还可能在今后一个相当长的时期内表现出来。因此，在突发事件处理后，领导者要采取一定措施，进一步完善管理体制，调整组织机构使之更科学、更规范、更完善，让群众看到改善的效果，重振领导和组织的威信。

当然，针对不同特点的突发事件，以上九个程序也不是一成不变的。突发事件本身就属于“非程序化管理”问题，这里的所谓“程序”，不过是一个宏观的指导性框架，具体到某个特定的突发事件，还需要机动处理，灵活把握。

领导干部处置突发事件的步骤及技能见表1－1。

表1－1　处置突发事件的步骤及技能

步骤	具备的知识以及相应的技能
1. 识别危机并迅速隔离险境	· 识别危机性质和严重程度（级别） · 从现象看本质，准确快速定性 · 找到事件关键点并拿出处置措施 · 做好公众、财产的隔离 · 推行强制性的决策，突出一个“快”字 · 征用车辆运送受伤者 · 为挽救生命，占有必需的药品或食物 · 可进入民宅或建筑物，取出用于救生的设备，进行救援或保护工作 · 利用社会力量参与突发事件的处理 · 增强社会凝聚力和得到公众支持 · 将媒体报道和公众反应集中于对伤亡人员的救助
2. 全面调查研究	· 收集事件发生的时间、地点、背景、人员伤亡、财产损失、事态发展、控制措施，相关部门、人员的态度以及公众在事件中的反应 · 直接调查 · 间接调查

步骤	具备的知识以及相应的技能
3. 迅速启动应急预案	·按照事件性质和级别,迅速启动应急预案 ·明确组织机构的职责范围和目标 ·突出重点,会同有关部门进行分析、决策,并制定几套可行方案 ·按照预案程序行事,如发现与汇报不符之事实,应有针对性地及时调整处置方案
4. 及时汇报与公布真相	·相关信息必须及时汇报与公开,包括事件自身发展信息和处置工作进展信息 ·迅速开放传播通道 ·有效控制新闻走向 ·大力消除谣言 ·掌握对外报道的主动权 ·既要如实报道,又要注意时效性,还要加强导向性
5. 科学确定对策	·制定对组织内部、对社会公众、对其他相关部门采取的对策 ·对策具有可行性 ·进行多种方案选择 ·重视专家的意见 ·不求完美,但求实效 ·多种准备,不简单从事
6. 正确实施方案	·调整自己的心态,公开坦诚 ·工作中果断、精练 ·原则性与灵活性结合 ·注重公众的反应,做好说服工作
7. 尽量争取外援	·既要防止外国干涉内政,又要争取国际同情和外援 ·绝对的自力更生并不总是解决突发危机的聪明选择
8. 认真评估总结	·评估有关措施的合理性和有效性 ·总结规律,反思工作中的漏洞 ·切实改进工作

步骤	具备的知识以及相应的技能
9. 重新塑造形象	· 进一步完善管理体制，调整组织机构使之更科学、更规范 · 以诚实和坦率的态度安排各种交流活动 · 及时告诉公众突发事件后的新局面、新进展

第五章 应对突发事件的保障体系

应对突发事件必须有一定的条件作保障,必须建立一整套科学完善的保障体系,这个保障体系是一个平战结合的系统,是人、财、物、智、时、空、信息等诸因素的集成。主要包括人财物保障、基本生活和医疗保障、公共设施和服务保障、人员防护和治安保障等。

一 人力保障

应对突发事件必须完善应急救援队伍的建设,县级以上人民政府应当统筹应急队伍,整合应急人力资源,建立健全综合与分工相结合、专业与非专业相结合、专职与兼职相结合的应急救援保障体系,并加强对应急队伍的培训和演练。

应急救援队伍主要由政府牵头组建,具体人员可以由成年志愿者组成。其他各单位也都应该建立具有适应本单位特点的应急队伍,如企业、事业单位、人民团体等,可以建立由本单位职工组成的专职或者兼职应急救援队伍。县级以上人民政府应当组织和督促应急救援队伍的培训和演练。专业救援队伍与非专业救援队伍各有所用,各有所长,相得益彰。县级以上人民政府应当组织两者联合培训、联合演练,提高合成应急、协同应急和统一应急的合作能力。

通常我们所说的应急准备,最主要的准备就是"人"的因素,就是应急救援队伍的建设问题,这是在突发事件发生后负责执行营救、抢修等应急措施的能动性保障。应急救援队伍可以分为综合性应急救援队伍和专业应急救援队,两者各有所需,各有所用。综合性应急救援队伍一般是由各级人民政府通过整合本地区各部门、各领域的应急资源,建立或者确定的涵盖多个领域的应急救援队伍,它不仅解决了各部门、各领域协调配合的问题,而且由当地人民政府统一领导、统一部署、统一指挥。专业应急救援队伍是为应对某一领域突发事件而临时组建的具有一定专业能力和专业分工的应急救援队伍，如在矿山、消防、核工业、水上搜救、铁路、民航、森林病虫害等行业和领域，我国已初步建立了专业性应急救援指挥机构和救援队伍。这类救援队伍一般由政府各部门在自己所管辖领域分别建立，其优势在于反应迅速、专业能力较强、人员需求相对固定。

综合性应急救援队伍和专业应急救援队伍，都属于政府依法建立、专门从事本行政区域内应急救援工作的队伍。但为了防止出现突发事件发生后救援人手不足的问题，县级以上人民政府及其有关部门还可以根据本地实际，通过招募形式建立成人志愿者应急救援队伍。除此之外，各单位还要根据本单位的实际建立本单位内部的应急救援队伍，用于应对本单位内部突发事件。单位内部应急救援队伍可以由本单位职工专职担任或者兼职担任。

志愿者应急救援队伍和单位内部的应急救援队伍都属于相对业余的应急救援队伍，一般远不如政府组建的综合性应急救援队伍或专业应急救援队伍更具有实战能力，后者专门从事应急救援，大都经过专业训练，在技术素养、设施配备、应急能力上都具有较高的专业水平和应急技能。因此，政府应当加强和组织专业性应急救援队伍和业余应急救援队伍之间的合作，通过联合培训、联合演练的方式，提高各类应急救援队伍协调配合的能力，提高应急救援工作的整体水平。

二　财力保障

应对突发事件必须有足够的财力保障，这是针对突发事件应急准备的重要内容。目前我国应对突发事件的资金主要由三部分构成，即财政资金、社会捐助资金和商业及政策保险赔付资金。财政经费是应对突发事件的主要资金来源，少量来自社会捐助资金和商业及政策保险赔付资金是一种重要的补充。保护人民生命财产安全，维护国家安全，是政府的责任。公共财政在保证突发事件应对的资金需求上是责无旁贷的。我国法律明确规定了县级以上人民政府财政保证突发事件应对的经费需求的职责。

突发事件发生时，各级财政部门要秉着“生命第一，分类分级，战时联动，适时监督”的原则，做到财政拨款及时到位，力争将损失最小化。中央及其以下各级财政部门要根据突发事件的影响范围并结合各自的管辖范围，确立一个应急指挥中心,统一部署、分工协作,协调各方资源保证应急所需资金。要简化应急拨款流程。及时性是突发事件处理的重要原则,而目前我国财政资金的划拨流程则显得有些缓慢,层层协商可能会延误灾难处理的时机,"特事特办"制度虽能一定程度上解燃眉之急,但终不是长久之计,必须简化突发状态下的财政资金划拨流程。同时要推行公助、共助、自助、寻求国际援助的防灾、抗灾财政分担政策。

(1)公助

公助是指上级政府对下级政府或政府对企业、个人实施转移支付。主要有直接拨款、低息或无息贷款、减免税收等。当某种灾害造成外部不经济时,政府应当实行资源重新配置。比如抗击"非典"中,中央和地方及时制定、实施了公助的相关政策。公开宣布所有疑似病例、确诊病例的费用由中央和地方财政承担,从根本上杜绝患者、医院和地方政府由于经济上的顾虑和困难而产生的延误,切断了传染源;根据疫情的严重程度和地方经济情况,中央安排了专项补贴;对一些行业适当减免了税收。公助对于维护社会的稳定,保障公民的生命财产和生活,具有重要的现实意义。

(2)共助

政府在实施公共财政供给的同时,一般也提倡公民发扬互助精神,呼吁民间团体相互支持,树立助人为乐的先进典型,营造互相关心、支持和帮助的社会气氛。在抗击"非典"中,众多企业捐款、捐物,做到群防群治、防微杜渐,才使得疫情得到了快速有效控制。从经济学来看,社会群对共助的供给和需求,都是不可预测的,这种不确定性会导致社会经济效益低下。因此,在发达国家,一般是国家通过保险制度(法律强制社会广泛认同、接受而实施的)来达到共助效果。政府介入对风险的规制,尽管不能将风险消弭于无形,但能通过制度化的社会共助安全防护机制的实施,将风险在共助网内分担出去,可以有效减轻公助的财政压力。

(3)自助

民众个人不能太过依赖于政府、社会团体的救助,也要增强自我约束、自我解决的能力。加强风险意识,对自己的风险管理系统进行自检,判断自身的风险保障规划是否完善,有无自助能力。购买保险也是寻求共助的自助表现,通过保险给自己增加保障的选择行为。

(4)寻求国际援助

一般可根据灾情的严重程度和经济损失寻求国际援助。国际援助分紧急援助、灾害预防、研究开发三种。寻求国际援助,在缓解国内财政压力的同时,也促进政府和非政府组织之间的国际交流。目前我国应对突发事件的财力保障是有法可依的。如我国《预算法》规定:“各级政府预算应当按照本级预算支出额的百分之一至百分之三设置预备费,用于当年以上执行中自然灾害救灾开支及其他难以预见的特殊开支。”财政预备费作为包括可以用于应对突发事件在内的意外开支,目前我国各级政府财政都将其列入当年预算,一般占本级财政收入的百分之一到百分之五,此项资金主要用于政府的意外开支,其中当然也包括应对处置突发事件的资金支持。《国家突发公共卫生事件应急预案》规定,政府应当保障突发公共卫生事件应急基础设施项目建设经费,按照规定落实对突发公共卫生事件应急处理专业技术机构的处置补助政策和突发公共卫生事件应急处理经费,应根据需要对边远贫困地区突发公共卫生事件应急工作给予经费支持。《防震减灾法》规定:“地震重点监视防御区的县级以上地方人民政府应当根据实际需要和可能,在本级财政预算和物质储备中安排适当的抗震救灾资金和物资。”国务院有关部门和地方各级人民政府应积极通过国际国内等多种渠道、多种形式筹集和募捐资金,用于突发事件应急处理工作。

除此之外,《国家突发公共事件总体应急预案》、《突发公共卫生事件应急条例》、《破坏性地震应急条例》、《核电厂核事故应急管理条例》等行政法规,也都规定了用于突发事件的预防与应急准备、监测与预警等方面的应急管理费用,并根据预算法的有关规定,列入财政预算。

我国部门预算是按照基本支出和项目支出进行编报的,应对突发事件的日常经费列入基本支出,通过基本支出解决。对一些重大灾害的应急救援工作可以通过申报项目支出解决,类似专款专用。在设立充足的财政预备费的基础上,应对突发事件的财政经费支持还可以通过发行短期国债、向中央银行或者国际金融机构借款、动用外汇储备等其他方式解决。

三　物资保障

“兵马未动,粮草先行。”这句话表明应对突发事件的物资保障的重要性。

突发事件的紧迫性和多变性,以及巨大的损害性特征使得应急管理面临着越来越大的物资保障压力。在2003年抗击"非典"、近年的禽流感、2008年初南方大面积低温雨雪冰冻灾害、四川汶川大地震、2010年甘肃舟曲特大泥石流等突发事件防治和处置中,暴露出我国在物资保障方面的不足,成为影响我国应急管理有序进行的重要障碍。

在应对突发事件过程中需要大量的物资用于预警防备、危机应对、抗灾救灾、恢复秩序、重建家园等,因此物资储备是应对突发事件工作的重要环节。应急物资可以由负责突发公共事件应对的政府职能部门提供和管理,也可以由社会甚至公民个人提供。从这一意义上说,应急物资是一个很综合的概念,它的来源、内容、形态、使用以及管理等内涵是复杂不定的。应急物资是一个综合性集合体,具体可划分为几类:一是保障人民生活的物资,主要指粮食、食油和水等;二是工作物资,主要指处理危机过程中专业人员所使用的专业性物资,工作物资一般对某一专业队伍具有通用性;三是特殊物资,主要指针对一些特殊事故处置所需特定的物资,这类物资储备储量较少,但针对性强,如一些特殊药品、特殊救援设备。

应对突发事件的物资管理是指对突发事件应对过程中所需要的物资保障性储备和管理,包括预测、采购、存储、调用、配送、更新、监督以及评估等一系列基本过程的管理。各级政府对应急物资的储备和管理必须根据可能发生的突发事件的性质、发生的概率、影响的范围、可能造成损失的大小、应急工作的复杂程度等提前做好准备。做到未雨绸缪,有备无患,以"备"应变。

应对突发事件的物资储备是各级人民政府为了解决突发事件物资资源供应问题而建立的一项制度安排。目前在我国范围内建立了许多救灾物资储备中心,专门储存用于紧急抢救、转移、安置受灾群众和安排受灾群众生活的各类物资。这些物资主要有三类:第一类是简单救生类物资,包括救生舟、救生船、救生艇、救生圈、救生衣、探生仪器、担架、急救箱、破拆工具、顶升工具、小型起重设备等;第二类是生活类物资,包括衣被、帐篷、方便食品、净水器械、净水剂、蜡烛等;第三类是应急设备和设施类,包括无线和有线通讯设备、交通工具、照明装备、防护装备(如防毒面具、防护服)、医疗急救器械和急救药品、消防设备、危险物质泄漏控制设备、个人防护设备、通讯联络设备、急救电力设备(如备用发电机)、重型设备等。

应对突发事件的物资储备原则是"统一规划、分级储备、确保急需、突出重点、品种齐全、动态储备”。应确保应急所需物资和生活用品的及时供应、补充、更新,加强物资储备的监督、管理。

为实现应急资源的综合利用、整合和共享的管理目标,需要构建一套科学的物资保障系统。具体工作主要包括:

1. 资源配置与储备管理

按照指挥调度系统提供的资源评估与优化配置方案,根据突发事件的特点,科学地配置资源,并保障系统在平时的正常运行。

2. 资源维护与更新管理

建立完备的资源维护与更新制度,在突发事件未发生之前,即对现有资源和储备资源进行定期维护,排除隐患,确保资源安全可靠。当资源的保有量出现短缺或需要更新时,根据资源评估结果应及时进行补充或更新。

3. 资源信息库管理

资源信息库管理主要指资源信息库的建立、维护与更新。具体包括基础设施、传输通路、系统设备、主要备件、应急设施和其他与安全相关资源在配置、数量、性能及其维护与更新等方面的主要信息的管理,使资源信息数据与资源现状保持一致。当重要资源信息发生变化时,应及时报告所属指挥调度系统,因为总指挥调度系统必须全面掌握重要资源的分布情况。

4. 资源调用和补偿管理

资源调配工作是有一定程序的,一般由实施处置系统根据需要向指挥调度系统提出,由指挥调度系统统一协调指挥和调度。资源调度要坚持有效利用原则和区域就近原则,指挥调度系统一般要根据资源的分布、配置情况,制定操作性强的快速调用程序。根据国家法律法规制定有关资源使用后的相关规定,应急资源在调配使用后,应该按有关规定给予归还或补偿。

5. 资源运输和采购管理

资源的运输和采购一般要坚持便利性原则、就近性原则和快捷性原则。

管理者要预先联系好所需物资的购买点及运输工具，一般而言，快捷性是优于成本等其他特性的优先考虑因素。其中交通运输设施及能力恢复、救灾物资的运输应该是首要考虑方案，紧急情况下的交通工具征用和管制、工程抢险和生命线的抢救和恢复等方面的物资，可设立应急专项经费进行物资采购、运输、储备、管理和调配。

6. 资源征用和救援管理

在处置突发事件过程中出现物资资源短缺时，如有必要可以进行行政征用。征用的主体是履行统一领导职责或者组织处置突发事件的人民政府，而征用的对象是有关单位和个人，征用的内容是应急救援所需设备、设施、场地、交通工具和其他物资。应急救援还可以借助另外两种途径，一是向其他人民政府请求支援；二是要求生产、供应生活必需品和应急救援物资的企业提供相应的救援服务。

《国家突发公共事件总体应急预案》按照分工负责的原则，对应急物资的保障和储备管理工作进行了明确规定：

①发展改革委员会具体负责国家应急物资储备的综合管理工作，商务部及国务院有关部门按照职能分工，负责基本生活用品的应急及重要生活必需品的储备管理工作。

②发展改革委员会同国务院有关部门建立健全国家重要应急物资监测网络、预警体系和应急物资生产、储备、调拨及紧急配送体系，完善应急工作程序，确保应急所需物资和生活用品的及时供应，并加强对物资储备的监督管理，及时予以补充和更新。

③地方各级人民政府应根据有关法律、法规和应急预案的规定，做好物资储备工作。

④国务院有关部门提出国家应对突发事件物资储备计划，报国务院批准后，按地区有计划进行储备。在保证一定数量的必需救灾物资储存的基础上，发展改革委员会和商务部等有关部门通过政府采购等方式，建立生产、加工能力储备体系，以及物资生产流程的技术储备方案，做到救灾物资动态储备，保证应急物资及时供给。

⑤各有关部门要建立健全救灾物资储存、调拨和紧急配送体系，培育和发展物资捐助和经济动员能力，确保救灾所需物资和生活用品的应急供应，并加

强对储备物资的监督管理，及时予以补充和更新。

⑥地方各级人民政府应根据当地实际做好相应的应对突发事件的物资储备。

为应对突发事件所建立的应急物资保障体系具有如下一些特点：

①储备的超前性。应急物资储备要做到未雨绸缪，有备无患。因此应急物资储备管理必须具有超前性的特点。根据突发公共事件发生的概率、影响范围、可能造成的损失以及应对工作的复杂程度来储备应急物资，以备不虞之事，不时之需。

②统筹的科学性。除了根据突发事件的性质科学地储备应急物资之外，还要按照应急处置要求，在数量、品种、规格、储备地点以及各个管理环节上应做到统筹规划，科学管理，充分保证在应对突发事件的过程中有物可调、有物可用的基础上，还应避免应急物资储备管理工作低效、无序和资源浪费等现象的发生。

③管理的动态性。突发公共事件具有动态性和连锁性，随时可能发生各种变化，这就要求对突发事件要有动态应对的准备，作为应急管理物资保障基础的应急物资储备管理也必须适应突发事件的特点和应对工作的需要，做到动态化管理。力求做到：不论突发事件如何发展变化，应急工作如何迂回复杂，都能提供有效的应急物资保障。

④联络的信息化。运用信息技术应对突发事件，有利于更快捷、更有效、更准确地把握突发事件的特点和现状，对事件的沟通与联络。作为应对突发事件工作必须将信息技术纳入到物资保障体系之中，依托信息技术的支撑实现系统化、网络化和信息化，以便实现高效整合资源、快速应对突发事件的功效。

四　基本生活和医疗保障

发生突发事件，尤其是突发公共卫生事件、自然灾害类事件或安全事故，常常会严重影响人民群众的正常生活和生命安全。作为应对突发事件的决策者必须要做好受灾群众的基本生活和医疗保障工作，设法让灾区群众在衣食住行医等方面都能获得基本供应。相关的保障措施必须跟上，做到救援人员及时到位，应急资金及时到位，运输设备及时到位，物资供给及时到位，安全措施及时到位，事发地要及时启动应急预案，综合汇总各种信息，根据政策法规和应急需要，及时提出对灾区人员基本生活保障工作的措施和建议，组织召开以人员基本生活保障和重大群体死亡人员处理工作为主要内容的综合协调会，有效保证食品、饮用水、燃料等基本生活必需品的供应，指导民间组织、基层群众积极参与相关工作，负责发起并组织社会捐赠，做好接收和捐赠款物拨付工作。各级卫生部门要组建医疗卫生应急专业技术队伍，根据需要及时赶赴现场，开展医疗救治、疾病预防控制工作，及时为受灾地区提供药品、器械等卫生和医疗设备；必要时还可以动员红十字会等社会卫生力量参与医疗卫生求助工作。

五　基础设施和科技保障

突发事件发生后，要切实抓紧抓好煤电油气水等基础设施的检查和维护，对特定区域内的建筑物、交通工具、通信工具、设备、设施以及燃料、燃气、电力、水的供应进行控制，对于受损的部位要加紧抢修，确保正常运行。

畅行无阻的交通是有效应对突发事件的重要保证。应对突发事件的决策者要及时成立应急运输保障指挥部，将部分市直客运、货运企业、维修部门组织为应急运输保障部门，负责处置突发事件过程中的社会车辆和驾驶人员的征用工作，要求客运、货运企业、维修企业明确应急运输保障车辆、驾驶员。设立应急运输保障值班电话，接受各方面的预警和上级指令，及时向上级汇报，确保有效完成应对发生突发事件的交通运输保障任务。上述部门和人员要积极配合做好模拟运输应急保障演练，提高协同能力和快速反应能力。

方便快捷的通信可以为处理突发事件的联系沟通提供便利保证，无论是有线通信还是无线通信，可以使人们快速掌握信息并及时采取应对措施。因此，通信保障对及时有效地处理突发事件至关重要。各级人民政府应当采取有效措施保证应急通信网络畅通无阻。为了“建立健全国家通信保障和通信恢复应急工作机制，提高应对突发事件的组织指挥能力和应急处置能力，保证应急通信指挥调度工作迅速、高效、有序地进行，满足突发情况下通信保障和通信恢复工作的需要，确保通信的安全畅通”，我国于 2006 年 1 月出台了《国家通信保障应急预案》。一些地方人民政府也出台了相应的通信保障应急预案，如北京市于 2007 年 7 月出台了《北京市应急通信保障预案（专网）》、抚顺市于2007年7月出台了《抚顺市通信保障应急预案》。我国应急通信建设本着“平战结合”的指导思想，在确保非常时期党政军等重要机关和重要部门通信安全的同时，已将服务延伸到社会更多领域、更多部门，并成为促进经济持续协调健康发展、保证社会良性稳定运行的一支重要力量。

科学技术既是生产力也是战斗力，在应对各类突发事件工作中，科学技术的作用显得尤为重要。《国家突发公共事件总体应急预案》要求各地区、各有关部门要组织各领域的专家学者，积极开展公共安全领域的科学研究，根据应对各类突发事件的实际需要，有针对性地研发危险源识别、预防、监测、预警、危险控制、应急处置与救援等各环节的核心技术，致力于突破生产安全、信息安全、食品安全、核安全、反恐怖袭击等各领域的技术屏障，不断提高应急处置装备、设备设施和工具的技术水平。各级政府要着力发挥企业在公共安全领域的研发作用，制定积极的税收激励政策和财政金融支持政策，加快研究成果的转化和利用，力求让科学技术成为应对各类突发事件的关键力量。

六　人员防护和治安维护

应对和处置突发事件，首先要坚持人本原则，把人员防护工作视为第一要务。任何一场突发事件的发生，原有的社会秩序和生活秩序常常会遭受巨大的破坏，产生社会动荡，造成社会不安，甚至由此引发不可预料的连锁事件，不但会影响公众的正常生活，有时还会危及公众的生命和财产安全，这就使得在应对突发事件过程中的治安维护工作也显得比平时尤其重要。

英国著名经济学家亚当·斯密就曾说过：政府主要要承担保卫国防和私人财产、建设和维持公共工程和公共事业的责任，充当“守夜人”的角色。所以，在处置突发事件时，尽最大可能挽救和保护每一个人的生命安全，维护社会秩序，确保社会治安环境和谐稳定，应该是政府不可推卸的责任。针对突发事件，在人员防护和治安维护方面的具体要求是：

①坚持以人为本的原则，在应对突发事件中，应将保障公众健康和生命安全作为首要任务，将尽一切可能减少突发事件造成的人员伤亡和危害，这一点应该成为各级政府应对突发事件的基本指导原则。

②抓好安全教育和应急知识教育，增强每一个人的自我安全保护意识和自救互救能力。《突发事件应对法》有专条规定教学内容应包含应急知识教

育，政府部门还应作出相应的规定和安排，从制度上保证每个学校都开设应急知识教育课程，同时给予学校资金、技术和物资方面的支持，并进行必要的监督、指导和检查，以确保这项工作落到实处。

③人人都应该接受安全防护。根据突发事件的不同类型、不同特点，政府有关部门要组织专家和技术人员，制定不同的防护要求和防护标准，购置和准备相关的防护设备和防护工具，为涉险人员和应急救援人员提供符合要求的安全防护装备和必要的防护措施，严格按照程序开展应急救援工作，确保人人都能够处于安全防护之中。

④合理设置应急疏散通道和避难场所。现代政府及其规划部门在城市布局和城市建筑规划方面基本都要求设置了必要的应急疏散通道和避难场所，以便在发生突发事件时，能够按照紧急撤离、就近疏散、及时避险的要求，完成救援任务。政府对避难场所的建设还制定了相应的标准，并予以监督、检查和落实。要求避难场所必须具备两条以上的应急疏散通道，并时刻保持畅通，且必须具备应急供水、供电、住宿等生命保障基本设施，同时应急疏散、避难场所还应当设立应急标志。

⑤公安部门要迅速组织事发现场的治安警戒和治安管理工作。突发事件发生后，最先到达现场的常常是警察和治安维护人员。公安部门要根据突发事件的特点，在事发现场设立警戒区和警戒哨，维护好现场秩序，依法严惩趁机打劫、煽风点火和制造事端的犯罪行为，尤其要加强对重点地区、重点场所、重点人群和重要物资设备的检查和保护，必要时甚至可以依法采取有效管制措施，及时疏散相关人员等。同时，还可以组织、动员和指导社会力量积极参与维护社会治安行动，以便使事发地的事态得到有效控制。

第六章　应对突发事件的应急决策方法

突发事件是非程序化决策问题。由于突发事件具有突发性、扩张性、危害性、隐蔽性、连锁性和不确定性的特点，在应对突发事件危机紧急情境时，管理者必须在大量压力下进行正确决策，要求决策者在有限的时间、资源、人力和信息不准确、不充分的条件下完成突发事件的应对措施，因而与一般常规决策相比，突发事件的应急决策属于非程序化决策，突发事件的实质就是非常规决策，它具有与一般决策不同的特点和要求。

一　应急决策的特点

①以控制事态为目标。由于突发事件具有突发紧急的特点，并且事态恶化会带来严重后果，因而，应急决策的首要目标是控制事态发展。这在某些时候可能与决策的长期、最终目标不一致。

②时间紧迫性。由于事件突然爆发，演变急速，形势紧迫，只有有限的反应时间，要求决策者在短时间内作出决策。时间制约是应急决策首要因素之一。

③信息不完全、不及时、不正确。危机状态下，由于事件本身发展的随机性和不确定性，决策者不可能在有限的时间内掌握和控制所有的事态发展信息。由于常规秩序被打乱，信息的传播、获取出现障碍，往往造成信息传递不及时和信息失真。

④资源紧缺。面对突发事件，来不及对决策所需的人力、物力、财力进行充分准备，使决策可选择方案较少，并判断有明显缺陷。

⑤决策方法和过程简化。面对突发事件往往可能采取直觉判断、个人决策，决策过程大为简化，选择相对可行决策方案。

二　对决策者应急决策能力的要求

①良好的心理素质能力。面对突发事件，最大的忌讳就是仓皇失措。它要求决策者具备良好的心理素质和较强的自制力。能在巨大压力下，沉着应对，遇事不慌，思路清晰，有条不紊。

②敏锐的洞察能力。不确定状态下的应急决策，要求决策者具有敏锐的洞察力，在信息不完全、不及时甚至不准确的情况下，恰当判断形势变化。正确把握事态发展趋势，对危机未来发展提出应对预案，尽最大可能控制危机的蔓延和升级。

③果敢决断的胆识能力。突发事件的不确定性和风险性，使应急决策者承受巨大决策压力。由于事件的突发性、严峻性和时间的紧迫性，使决策者很难借助常规程序和方法进行充分研讨，决策权力高度集中于决策者个人，在很大程度上要靠自己的智慧和直觉进行决策，相应承担更多责任，这就要求决策者具备果断决策的胆识，敢于决策，勇于负责。

④良好的沟通协调能力。良好的信息沟通是保证决策得到有效贯彻的重要前提。突发事件升级的重要原因是信息沟通受阻碍。政府是信息沟通的权威机构，领导者良好的沟通协调能力，恰当与媒体等沟通，维护政府信息的权威性，获得公众信任与支持是应急决策能否取得效果的重要保证。

⑤周到细致的执行能力。领导者处在突发事件应对管理的第一线，往往既是决策者，又是执行者，需要直接面对公众，亲自处理危机。因此，必须具有周到细致的具体操作执行能力。大到总体计划拟定，小到细节处理解释，都需要亲历亲为。良好的执行力是保证决策效果的关键。

三　应急决策的简便流程

由于决策问题和决策环境的不同，突发事件应急决策在决策价值取向、约束条件、程序方法、实际效果等方面都与常规决策不同。其中，最主要的区别之一就是要求快速反应。图1－1提供了应急情境下快速决策的简便流程。

流程一：确认问题		流程二：分析环境		流程三：拟定和选择方案		流程四：实施及反馈
1. 判断问题结构是良性的还是恶性的 2. 确认问题类型、范围、程度 3. 找出问题的主要威胁及冲突点	⇨	1. 系统搜索事实信息 2. 确认内外部优势及威胁 3. 确定价值准则、决策目标和行动战略	⇨	1. 所需条件是否具备或有无变化 2. 比较备选方案的优缺点 3. 实施、监控及防止意外事故的附加计划	⇨	1. 如何降低成本和风险 2. 是否保持良好信息沟通 3. 意外问题和困难 4. 根据反馈信息调整、修正原方案

图 1－1　应急情境快速决策的简便流程

四　应急决策方法

由于突发事件紧急性、不确定性和信息不充分性的特点，因而，应急决策一般都是非程序化决策、不确定型决策、风险型决策及半定量化的决策，是在突发危机的各种约束条件下寻找相对“满意决策”的过程。

1. 科学决策法

科学决策法是指在科学决策观念和决策理论指导下，以定性为主，定性与定量相结合的一种快速决策方法。

(1) 目标排序法

由于突发事件复杂性和不确定性的特点，应急决策常常面临多目标选择问题。多目标选择的难点是各个目标的相对重要性，决断出第一位目标、第二位目标，排出一个顺序。如果有 N 种方案可供选择，经济效益为第一目标，环境效益为第二目标，社会效益为第三目标等等。

流程一，用经济效益标准衡量所有方案，此时只考虑第一目标，共有 N 个备选方案，其中发现不合标准的备选方案有 m 个，则淘汰不符合第一标准方案，备选方案还有$(N-m)$个。

流程二，用环境效益标准去衡量剩余的$(N-m)$个备选方案，此时只考虑第二目标，发现不符标准方案有 r 个，则淘汰不符合第二标准的方案，备选方案还剩$(N-m-r)$个。

流程三，用社会效益标准衡量流程二入选的$(N-m-r)$个方案，淘汰不合标准的方案。

如此继续下去，目标越多淘汰轮次越多，符合标准的方案数量越来越少，质量越来越高，直到最后只剩一个满意方案。

(2)综合评分法

根据目标、准则的多少把每个备选方案分成若干个项目，再依次评判每个项目符合目标、准则的程度来确定一个分数，最后把各项得分相乘(或相加)，得到备选方案的综合分数，分数高者被选中。用加法和乘法各有其优缺点。

现假设有两个备选方案，每个方案有四个评测项目，其中一个方案四项得分分别为 A：1，0.6，0.7，0；另一个方案的四项得分分别为 B：1，0.5，0.4，0.2。若用加法计算综合得分：

$A=1+0.6+0.7+0=2.3$

$B=1+0.5+0.4+0.2=2.1$

$A>B$

用加法所得综合分数第一方案大于第二方案，按理应选择方案 A，但方案 A 有一项得分为 0，说明有一个目标它完全不能实现，所以不应入选，而用加法得到的综合分数掩盖了这一重要缺陷。但用乘法计算这两个备选方案的综合分数，则结果大不相同：

$A=1\times0.6\times0.7\times0=0$

$B=1\times0.5\times0.4\times0.2=0.04$

$A<B$

用乘法所得的综合分数第二方案大于第一方案，故选第二方案。用乘法求的综合分数能较为全面反映备选方案符合目标情况。乘数中只要有一个为 0，则积必为零。与之对应，只要有一个目标通不过，则整个方案通不过。

(3)风险型决策和非确定型决策法

风险型决策是指决策者面临两种或两种以上的自然状态(客观因素)，且已确认各种自然状态(客观因素)出现的可能性。决策者有明确的决策目标,多个备选方案存在决策者能控制的多种自然状态,各种自然状态出现的概率是可以测算的(更多是决策者根据实际情况和经验主观决断的),这样便可得出不同状态下各方案实施的结果。决策树法是风险型决策最常用的方法。不确定型决策的决策者同样面临两种或两种以上的自然状态(客观因素),但无法预知各种自然状态(客观因素)出现的可能性。非确定型决策常用的方法有:等概率法、小中取大法、乐观系数法、后悔值法等等。由于突发事件风险性和不确定性强的特点,决策者面临自然状态很难准确决断,且多不便量化的状态,所以,在突发事件紧急的自然状态(客观因素)应对中,难以进行精确测算,在有限的时间,更多的是凭经验、直觉直接判断或借助"外脑"进行决策。

2. 经验决策法

(1) 直觉经验判断法

是指面临突发事件,决策者综合运用自己的知识和经验,并凭借自己的直觉判断能力作出决策。决策者往往无法解释出整个决策依据过程,或是无法说明判断决策是否正确的根源,所以,表面上看似一种"不合逻辑"的决策,但在直觉决策快速判断决策的背后,是长期的知识和经验积累的结果,绝不是盲目的冲动或一时心血来潮的决断。

(2) 先例经验判断法

是指突发事件可以参照外地的、以往的、其他不同类型问题处理结果进行类比决策。如某地突发地震时的人员疏散方案,就可以参照火灾或突发群体冲突事件时人员疏散方案处理。

(3) 规则经验判断法

是指依据国家相关处理紧急事态的法律法规规定、方针和政策规定,结合突发事件的具体情况,首先按照国家法律法规一般政策处理。规则经验判断法要求决策者熟练掌握国家相关法律规定,又要机动灵活,避免教条主义。

3. 外脑决策法

(1) 头脑风暴法

也称智力激励法,是由现代创造学奠基人美国奥斯本提出的,是一种借助外脑，寻找富于创造性解决方案的快速集体决策法。它把一个组的全体成员都组织在一起，让每个成员都无所顾忌地发表自己的观点和看法，既不怕别人的讥讽，也不怕别人的批评和指责，是一个吸纳每个人提出的大量新观念、创造性地解决问题的最佳方法。头脑风暴法的关键是产生思维共振，智力互补，激发讨论者毫无顾忌地进行创造性思维。

(2)专家智囊咨询法

是指突发事件紧急情境下决策者并不具有相关决策的充分信息，他们的处理能力有限，甚至往往缺乏处理特定突发危机事件的专业技术知识。所以，很多情况下，应急决策者有必要借助“外脑”——专家智囊机构来帮助决策。

目前我国可以借助的专家智囊机构主要有以下三种：

①内部系统信息咨询机构。是指在各级党政组织序列中设置的参事室、政策研究室、信息室等专门从事信息搜集、政策研究的机构。

②半官方思想库、研究所等。是指以独立或介于官方和民间之间的以政策研究为目标的研究机构，例如大学的研究所、兰德公司等。他们往往可以在某类政策问题上提供非常专业、科学的帮助，他们在政府决策中扮演“思想库”角色，在很多决策中都发挥了相当重要的作用。

③民间机构、专家学者。它包括一些协会、公司研究和调查咨询机构和一些相对独立的专家学者。他们在政府决策咨询中也扮演非常重要的角色。

在突发危机决策中，专家智囊机构主要有以下几方面的作用：

第一，提供危机预警作用，为突发事件应急决策提供信息、科学预测，充当政府决策“望远镜”。

第二，运用他们的专业知识和经验，提供技术指导、支持和帮助，充当“辅导员”。

第三，发挥专业特长，提出决策供选方案，辅助政府对可行方案进行综合分析、评估。

第四，是发挥其置身事外的优势，独立开展研究与监督。

第七章　应对突发事件的一般做法

一旦发生突发事件，主要领导干部要立即赶赴现场，快速掌握情况，及时制定措施，果断应对处置；要周密组织、科学调度，建立上下贯通、军地协调、全民动员、区域协作的工作机制，迅速组织各方救援力量赶赴灾区，紧急调集救灾物资运往灾区，精心部署受灾群众安置工作，及时推动灾后恢复重建；要区分不同情况，抓住主要矛盾，因事循法，因情施策，因人制宜；要查明原委、掌握政策、讲究方法，决不能消极观望、逃避责任、贻误时机；要顶得住压力，放得下架子，经得起冲击，拿得出办法。下面我们从以往的经验入手，总结一下应对突发事件工作的一般做法。

一　以人为本，保全人民的生命财产安全

“以人为本、执政为民”这是我们党和政府在应对和处置突发事件过程中始终坚持的基本理念，把保障公众健康和生命财产安全作为首要任务，最大限度地减少突发事件及其造成的人员伤亡和危害。我国《突发事件应对法》把保护人民群众生命财产安全作为重中之重加以阐述和规范。自然灾害、事故灾难或者公共卫生事件发生后，履行统一领导职责的人民政府可以采取下列一项或者多项应急处置措施，其中第一项措施就是“组织营救和救治受害人员，疏散、撤离并妥善安置受到威胁的人员以及采取其他救助措施”其他几项也大都是事关人民群众生命财产安全的保护性措施。在具体执行中，各级决策者也都把人民群众生命安全放在首位。比如2006年重庆市在抗击特大干旱中提出了“确保群众生活用水，确保不渴死大牲畜，确保不出现重大森林火灾，确保战斗在生产和救灾一线的干部群众的生命安全，确保完成全年经济社会发展目标任务”的“五个确保”总体目标，也鲜明体现出重庆市党委和政府对广大人民生命和财产的高度重视，并得到了群众的支持和好评。“以人为本”思想正在成为各地处置突发事件中日益深入人心和始终不渝的执政

理念。

二　领导亲自挂帅,现场指挥

突发事件发生后,各级党委和政府领导应该高度重视,亲临现场,督导应对工作,在人员安排、资金调拨、物资运输、部门协作等方面发挥领导作用。实行主要领导负总责,分管领导负专责,有关部门负实责,相关部门负连责,有力有序有效应对突发事件,确保群众生命财产安全,确保社会稳定。领导重视和亲临一线,既可以鼓舞士气、形成压力、带来动力,提高应急队伍应对突发事件的决心和信心,也有助于打破日常管理中的部门壁垒对突发事件应对的各种妨碍和拖延,更快地形成部门联动,同时又可以动员和调动区域内的多种资源。所以领导重视和靠前指挥,是有效应对和处置突发事件的有力保证。

三　党委领导、政府主导、部门协作、军地协同

突发事件具有紧急性、衍生性、关联性等特点,影响范围大、造成危害重,防范处置工作往往涉及多地区、多部门。应对突发事件,关键是要实行党委领导、政府主导、部门协作、军地协同、合力作战,从而实现统一指挥、分级负责、协调配合、科学应对的运行机制。在应对南方部分地区低温雨雪冰冻、四川汶川特大地震等灾害中,国务院都及时成立了相应的指挥机构,建立了上下贯通、军地协调、全民动员、区域协作的工作机制,周密组织、科学调度,保障了抗灾救灾工作有力有序有效进行。突发事件后果的复杂性和广泛性要求在具体处置过程中必须坚持部门协同应对的做法,这一点也成为各地有效应对突发事件的重要经验。一是要建立和完善突发事件应急联动机制,加强各地、各部门、各类应急管理机构的协调联动,积极推进资源整合和信息共享。二是要建立应急管理办事机构联动工作机制,明确应急管理各环节主管部门、协作部门、参与单位及其职责,实现预案、队伍、信息、物资联动。三是要建立部门单位间的协调机制,要按照部门职能和各类应急预案细化应急处置职责,形成各部门快速反应、协同配合的应急管理格局,除此还建立了形势分析机制、工作交流机制、信息会商机制、协调处置机制等应急机制,定期会商,及时研究解决基层应急管理工作中的重大问题。

四　聘请专家，科学应对

在突发事件的应对中，要充分重视专家的作用，重视运用科学的手段和措施来处置和解决问题，这也是应急管理中的共同经验和一贯做法。专家的技术专长能为危机决策和危机处置提供非常宝贵的指导。如 2005 年湖南省在防控禽流感疫情中，政府部门坚定地依靠专家，分别成立了禽流感防控专家组、禽流感诊治专家组，为疫情的有效防控奠定了坚实的技术保障；坚持科技创新，科学选择适合该省实际、技术成熟的禽流感灭活疫苗，制定了各级诊断技术指标体系，界定了高风险区域，构建了疫病传播扩散模型和扑疫效果评价模型，充分发挥了科技对防控工作的支撑作用，保证防疫工作收到了实效。

五　严格督查，责任落实

应对突发事件不仅要有政策措施保障，而且要有不折不扣的贯彻执行。《孟子·离娄上》一书讲道："徒法不能以自行。"就是说空置的法律是不会生效的。所以，我们说决策措施的生命在于执行，执行的保障在于督查。督促检查工作的出发点和落脚点是推动各项应急决策和应急措施的落实。各级政府在应急管理中都非常重视应对环节的督查和责任追究工作。

2006 年，温家宝总理在《政府工作报告》中提出："建立健全行政问责制，提高政府执行力和公信力。"从近几年各方面反馈的情况看，督促检查工作和责任追究工作在抗击非典、抗震救灾和应对国际金融危机冲击等大事、要事、难事中都发挥了重要作用，很多地方政府针对各类突发事件都进行了专门的立项督查和责任追究工作。比如四川省在防控猪链球菌疫情的处置期间，要求各县区和市级各部门如无特殊需要，停止一切与疫情无关的会议和检查活动；加强责任追究工作，严格督查防控措施是否到位，要求各地严格落实"五包四不两补贴一无害"等应急处置措施（五包即市包县、县包乡、乡包村、村包社、社包户；四不即对病死猪不宰杀、不食用、不售卖、不转运；两补贴即感染病人治疗补贴、病死猪处理补贴；一无害即对病死猪无害化处理）。层层落实，责任到人，组织工作组深入各乡（镇）、村社督查，及时调查处理防控不力的单位和个人，确保政令畅通，令行禁止，对于处置疫情失职者就地免职，对于各区县和各有关部门分管领导不及时、不准确上报疫情、影响疫病防控工作的，严肃追究责任。这些严格的督查和责任追究措施使控制疫情的各项处置措施得到了有效落实。

六　广泛动员，认真组织

在突发事件处理过程中，如果政府行为能够得到广大公众的理解和支持，那么应对突发事件的效率和成功率就会大大提高。突发事件的控制和处理不仅要依靠一定的组织来完成，同时还要唤起公众对政府行为的广泛支持和积极参与。因此，在突发事件来临之际，广泛开展社会动员是非常重要的。

在一个开放、多中心治理的社会，没有社会力量的参与管理是不可想象的。社会力量的参与，一方面可以缓解突发事件在民众中产生的副作用，使民众了解真相，消除因危机而产生的流言、恐慌与不理智行为，起到稳定社会、恢复秩序的作用；另一方面由于信息渠道不再堵塞，政府决策的可信度和可参与度得到提高，降低了政府决策的制定和执行成本，从而降低政府救治的成本，使之致力于突发事件防范与预警机制的建立。政府作为应对突发事件的主体，应该相信社会的力量、拓宽社会参与渠道、发挥民间组织和社会个人的作用。在突发事件发生之后，政府应当鼓励和支持各类专业组织和民间社团积极行动起来，以各种有效的方式，动员和组织全社会的参与。比如在抗击“非典”期间，自 2003 年 4 月 26 日北京市民政局开通 24 小时“防治非典、奉献爱心”社会捐助热线以来，社会各界捐赠款物数额直线上升，这些捐赠有力缓解了防治“非典”初期的资金启动难题。社会总动员是应急决策得到全面落实的强大后盾；要注意做好民众的思想政治工作，讲究动员的策略与艺术，积极调动其参与意识，激发参与行为；突发事件具有综合性的复杂色彩，要求在应对手段上突出一个“合”字，涉及社会各方面力量如交通、通信、消防、食品与物资供给、医疗服务以及军队、武装警察等人力物力财力，都要求在统一领导下协同配合，才能形成合力，形成有效应对和处置突发事件的围歼战。

七　开展应急预案演练，提高应急反应能力

开展应急演练是对预案及应激反应能力的有效检验，而且对于发现应急

工作中的薄弱环节，提高应急处置水平具有重要意义。

应急预案演练必须由相应的演练筹备与管理机构来承担完成，一般由主管应急的部门为核心，组织相关人员参加。其中指挥组负责演练的总体指挥与协调，方案组负责设计演练方案、准备相关背景信息、场景模拟资料和演练注入信息，控制组负责演练全过程的控制与管理，评估组负责参演人员的演练效果评估，支持组负责演练过程的后勤保障和安全保卫工作。

演练计划是否合理是演练成败的关键，演练设计组在演练中也应处于核心地位，在实际演练进程中还要充当控制组的角色。因此演练前应对演练计划进行制定和讨论，形成较为完善的演练计划，给出演练的目的、内容、日程安排等。

根据规模等级，应急演练可分为局部演练、区域性演练。局部演练针对特定地区选择特定的突发事件，如某种具有区域特性的自然灾害，演练一般不涉及多级协调；区域性演练针对某一特定区域，演练设定的突发事件可以较为复杂，如某一灾害或事故形成的灾难链，往往涉及多级、多部门的协调。

根据演练的内容，应急演练可分为单项演练和综合性演练。单项演练可以模拟某一灾害现场的某项救援设备的操作或针对特定建筑物废墟的人员搜救等，也可以是某一单一事故的处理过程的演练。综合演练相对复杂，一般包括应急反应的全过程，涉及大量的信息注入，包括对实际场景的模拟、单项实战演练、对模拟事件的讨论解决等。

根据演练形式的不同，应急演练还可分为模拟场景演练、实战演练和模拟与实战相结合的演练。模拟场景演练，主要以桌面练习和讨论的形式对应急过程进行模拟和演练，一般针对应急管理高级人员，可作为实战演练的预演。实战演练，可包括单项或综合性的演练，涉及实际的应急、救援处置等；模拟与实战结合的演练形式则是对前两者的综合。

应急演练应根据规模合理设置组织机构、人员组成。演练的安全是一个非常重要而且容易忽略的问题，在演练前应制定安全计划，设定安全小组。防止人员伤亡等意外事件。安全计划应包括个人安全事项、演练保卫事项等。演练方案中的后勤保障计划应该考虑演练所需物品的准备、场景的搭建、交通运输等。

演练的方案，应包括突发事件总体过程的描述、插入突发事件的描述、参演人员应做出的合理反应的概略描述等。演练方案是控制整个演练过程的关键,也为演练评估提供了基本的参考。

演练后的工作包括演练的评估和总结、预案的修订等。

演练的评估是对参演人员表现的总结,包括任务层面、职能层面和演练总体层面的评估。任务层面主要针对演练中的某个具体任务的完成情况进行评估,职能层面针对某个部门的实际职能职责的完成情况进行评估,演练总体层面是对演练的总体完成情况进行评估。演练评估的内容应包括演练过程中的正确反应程序和存在的不足。

演练评估的过程一般包括评估计划的制定、数据收集、数据分析和评估报告的编写几个步骤。演练实施前,评估组应制定适当的评估计划。演练过程中,评估组应收集演练进行情况的资料并进行分析。结束时,评估组应给出针对演练的评价,并编写评估报告。

演练的目的是检验预案,发现工作中的薄弱环节,提高应急人员的反应能力、协调能力和处置技能。因此在演练结束后应编写演练总结报告,对演练进行描述,总结合理的应急反应程序及存在问题,并进一步修改预案,提高其可操作性和合理性。

第八章　应对突发事件的必备能力

应对突发事件的能力,是各级领导者和公务员的一项基本能力,也是各级党委和政府的一项基本职责。一场危机的到来,既是对党和政府执政能力的考验,也是对各级各部门公务员应急能力的考验。危机带来危险,危险带来压力。面对压力,处于危机之中的公务员特别是领导者会感觉到重任在肩,责任重大,一旦处理不好,就会造成巨大的危害和损失。面对突发事件,因为时间紧迫,信息不确定,很容易出现惊慌失措的现象,甚至造成决策失误、局面失控的不良后果。所以,作为应对突发事件的决策者一定要具备良好的自控能力、理性的沟通能力、冷静的决策能力和正确的指挥能力。

一　各级党委应对突发事件的必备能力

应对突发事件是加强党的执政能力建设的重要内容,也是对执政党的执政能力和执政水平的一大考验。共产党的执政能力建设搞得好不好,共产党员干部的执政能力强不强,都可以从其应对和处置突发事件中体现出来。党委对突发事件的快速反应,更能见证党的执政宗旨,见证党的执政为民的政治理念。近十多年来,中国共产党多次及时稳妥地处理了相继发生的对国家影响较大的多起突发事件,保证了国内政局的稳定和经济的快速发展。回顾并认真总结这些年共产党应对突发事件的历程和丰富经验,为我们今后从容应对危机、驾驭复杂多变的国际国内局势,提高党的执政能力具有一定的现实意义。面对各类突发事件,各级党委的执政作用主要可以体现在以下几个方面:

第一,充分发挥了党委的领导核心作用,这是应对突发事件的坚强组织保证。在突发事件发生时,各级党委快速反应、果断决策、有力指挥,充分发挥了领导核心作用。同时各级党委还不断建立健全统一领导、统一指挥、大力协调、密切合作的领导机制,始终把保护人民生命财产安全作为压倒一切的核心工作来抓。坚强有力团结的领导班子,是应对突发事件的核心力量。

第二，充分发挥了领导干部的带头表率作用。灾情就是命令，党员领导干部临危不惧，身先士卒，以身作则，亲临一线，进行指挥和投入应急工作，关键时刻，领导干部率先垂范，出现在灾情最严重的地方、受灾群众最集中的地方、救灾困难最大的地方，为群众树立光辉的榜样。这就极大地提高了党在百姓心目中的形象和威望，凝聚了党心和民心。

第三，充分发挥了党员的先锋模范作用。面对各类突发事件，基层党组织勇担重任，组建各类"党员突击队"、"党员抢险队"，形成了一个个坚强战斗堡垒。面对严峻的考验。很多党员挺身而出、身先士卒，在危难时刻做到了豁得出来、冲得上去，充分发挥了先锋模范带头作用。许多党员把生的希望留给群众，把死的威胁留给自己，用鲜血和生命保卫群众安全；许多党员强忍失去亲人的悲痛，舍小家、顾大家，以非凡的坚强意志投身应急工作之中。共产党员的英勇行为集中展现了新时期共产党人的光辉形象，彰显了共产党员的先进性。

二　各级政府应对突发事件的必备能力

加强应急管理，是关系国家经济社会发展全局和人民群众生命财产安全的大事，是全面落实科学发展观、构建社会主义和谐社会的重要内容，是各级政府坚持以人为本、执政为民、全面履行政府职能的重要体现。当前，我国现代化建设进入新的阶段，改革和发展处于关键时期，影响公共安全的因素增多，各类突发公共事件时有发生。但是，我国应急管理工作基础仍然比较薄弱，体制、机制、法制尚不完善，预防和处置突发公共事件的能力有待提高。要尽快推进国家应急平台体系建设，要统筹规划建设具备监测监控、预测预警、信息报告、辅助决策、调度指挥和总结评估等功能的国家应急平台。加快国务院应急平台建设，完善有关专业应急平台功能，推进地方人民政府综合应急平台建设，形成连接各地区和各专业应急指挥机构、统一高效的应急平台体系。应急平台建设要结合实际，依托政府系统办公业务资源网络，规范技术标准，充分整合利用现有专业系统资源，实现互联互通和信息共享，避免重复建设。积极推进紧急信息接报平台整合，建立统一接报、分类分级处置的工作机制。

各级政府应对各类突发事件的能力主要体现在如下几个方面：

1. 对各类突发事件的预防预警能力

各级政府要树立科学发展观，增强政府危机意识。对各类突发事件要坚持预防为主，常备不懈，防范与处置并重、常态与非常态结合等工作原则。提高全社会对突发事件的防范意识，落实各项防范措施，做好人员、技术、物资和设备的应急储备工作。对各类可能引发突发事件的情况要及时进行分析、监测、预警，做到早发现、早报告、早处理。各级政府要以人文关怀、法治、科学相统一的原则进行政府职能的转变，实行组织、资源、信息三者统一的综合管理，从过去重视已发生灾害的应对，向预防、处置和善后全过程管理的转变。培养各级政府的危机意识，提高风险意识，并把这种意识贯彻到政府工作的方方面面和各个环节，充分利用和开发社会上一切可供利用的公共危机防范资源，为应付突发事件提供全方位的服务。

2. 对突发事件应急体系的建设规划能力

编制并实施突发公共事件应急体系建设规划。依据《国民经济和社会发展第十一个五年规划纲要》(以下简称"十一五"规划)，编制并尽快组织实施《"十一五"期间国家突发公共事件应急体系建设规划》，优化、整合各类资源，统一规划突发公共事件预防预警、应急处置、恢复重建等方面的项目和基础设施，科学指导各项应急管理体系建设。各地区、各部门要在《"十一五"期间国家突发公共事件应急体系建设规划》指导下，编制本地区和本行业突发公共事件应急体系建设规划并纳入国民经济和社会发展规划。城乡建设等有关专项规划的编制要与应急体系建设规划相衔接，合理布局重点建设项目，统筹规划应对突发公共事件所必需的基础设施建设

3. 对突发事件"一案三制"的贯彻执行能力

各级政府要建成覆盖各地区、各行业、各单位的应急预案体系；健全分类管理、分级负责、条块结合、属地为主的应急管理体制，落实党委领导下的行政领导责任制，加强应急管理机构和应急救援队伍建设；构建统一指挥、反应灵敏、协调有序、运转高效的应急管理机制；完善应急管理法律法规，建设突发公共事件预警预报信息系统和专业化、社会化相结合的应急管理保障体系，形成

政府主导、部门协调、军地结合、全社会共同参与的应急管理工作格局。

要健全应急管理法律法规。要加强应急管理的法制建设，逐步形成规范各类突发公共事件预防和处置工作的法律体系。抓紧做好突发事件应对法的立法准备工作和公布后的贯彻实施工作，研究制定配套法规和政策措施。国务院各有关部门要根据预防和处置自然灾害、事故灾难、公共卫生事件、社会安全事件等各类突发公共事件的需要，抓紧做好有关法律法规草案和修订草案的起草工作，以及有关规章、标准的修订工作。各地区要依据有关法律、行政法规，结合实际制定并完善应急管理的地方性法规和规章。

要加强应急预案体系建设和管理。各地区、各部门要根据《国家总体应急预案》，抓紧编制修订本地区、本行业和领域的各类预案，并加强对预案编制工作的领导和督促检查。各基层单位要根据实际情况制订和完善本单位预案，明确各类突发公共事件的防范措施和处置程序。尽快构建覆盖各地区、各行业、各单位的预案体系，并做好各级、各类相关预案的衔接工作。要加强对预案的动态管理，不断增强预案的针对性和实效性。狠抓预案落实工作，经常性地开展预案演练，特别是涉及多个地区和部门的预案，要通过开展联合演练等方式，促进各单位的协调配合和职责落实。

要加强应急管理体制和机制建设。国务院是全国应急管理工作的最高行政领导机关，国务院各有关部门依据有关法律、行政法规和各自职责，负责相关类别突发公共事件的应急管理工作。地方各级人民政府是本行政区域应急管理工作的行政领导机关，要根据《国家总体应急预案》的要求和应对各类突发公共事件的需要，结合实际明确应急管理的指挥机构、办事机构及其职责。各专项应急指挥机构要进一步强化职责，充分发挥在相关领域应对突发公共事件的作用。加强各地区、各部门以及各级各类应急管理机构的协调联动，积极推进资源整合和信息共享。加快突发公共事件预测预警、信息报告、应急响应、恢复重建及调查评估等机制建设。研究建立保险、社会捐赠等方面参与、支持应急管理工作的机制，充分发挥其在突发公共事件预防与处置等方面的作用。

4. 对应急队伍的组织建设能力

各级政府要尽快加强应急救援队伍建设。落实“十一五”规划有关安全生产应急救援、国家灾害应急救援体系建设的重点工程。建立充分发挥公安消防、特警以及武警、解放军、预备役民兵的骨干作用，各专业应急救援队伍各负其责、互为补充，企业专兼职救援队伍和社会志愿者共同参与的应急救援体系。加强各类应急抢险救援队伍建设，改善技术装备，强化培训演练，提高应急救援能力。建立应急救援专家队伍，充分发挥专家学者的专业特长和技术优势。逐步建立社会化的应急救援机制，大中型企业特别是高危行业企业要建立专职或者兼职应急救援队伍，并积极参与社会应急救援；研究制订动员和鼓励志愿者参与应急救援工作的办法，加强对志愿者队伍的招募、组织和培训。

要坚持专业化与社会化相结合，着力提高应急队伍的应急能力和社会参与程度；坚持立足实际、按需发展，兼顾政府财力和人力，充分依托现有资源，避免重复建设；坚持统筹规划、突出重点，逐步加强和完善应急队伍建设，形成规模适度、管理规范的应急队伍体系。危机管理是一项专门性的工作，需要相应的知识、技术和经验。有些突发事件的处理需要高度重视科学性、技术性，因此要建立专业化与非专业化相结合的紧急救助队伍。首先要建立健全专家咨询制度，充分发挥专家在突发公共事件的信息研判、决策咨询、专业救援、事件评估等方面的作用。其次各级政府都应该培养一批能胜任危机管理工作的领导人才和技术人员。有关部门要建立各类应急救援专业队伍，完善应急救援专业队伍的管理机制。最后要加强人才培养和引进，加快形成一支高素质的应急管理队伍。

5. 对应急资源的储备管理能力

各级政府要加强各类应急资源的管理。建立国家、地方和基层单位应急资源储备制度，在对现有各类应急资源普查和有效整合的基础上，统筹规划应急处置所需物料、装备、通信器材、生活用品等物资和紧急避难场所，以及运输能力、通信能力、生产能力和有关技术、信息的储备。加强对储备物资的动态管理，保证及时补充和更新。要建立国家和地方重要物资监测网络及应急物资生产、储备、调拨和紧急配送体系，保障应急处置和恢复重建工作的需要。合理规划建设国家重要应急物资储备库，按照分级负责的原则，加强地方应急物资储备库建设。充分发挥社会各方面在应急物资的生产和储备方面的作用，实现社会储备与专业储备的有机结合。加强应急管理基础数据库建设和对有关技术资料、历史资料等的收集管理，实现资源共享，为妥善应对各类突发公共事件提供可靠的基础数据。

6. 对应急处置和善后的评估分析能力

各级政府要全力做好应急处置和善后工作。突发公共事件发生后，事发单位及直接受其影响的单位要根据预案立即采取有效措施，迅速开展先期处置工作，并按规定及时报告。地方各级人民政府和国务院有关部门要依照预案规定及时采取相关应急响应措施。按照属地管理为主的原则，事发地人民政府负有统一组织领导应急处置工作的职责，要积极调动有关救援队伍和力量开展救援工作，采取必要措施，防止发生次生、衍生灾害事件，并做好受影响群众的基本生活保障和事故现场环境评估工作。应急处置结束后，要及时组织受影响地区恢复正常的生产、生活和社会秩序。灾后恢复重建要与防灾减灾相结合，坚持统一领导、科学规划、加快实施。健全社会捐助和对口支援等社会动员机制，动员社会力量参与重大灾害应急救助和灾后恢复重建。各级人民政府及有关部门要依照有关法律法规及时开展事故调查处理工作，查明原因，依法依纪处理责任人员，总结事故教训，制订整改措施并督促落实。

7. 对危机评估和统计分析能力

在突发事件结束后，要做好加强评估和统计分析工作。建立健全突发公共事件的评估制度，研究制订客观、科学的评估方法。各级人民政府及有关部门在对各类突发公共事件调查处理的同时，要对事件的处置及相关防范工作做出评估，并对年度应急管理工作情况进行全面评估。各地区、各有关部门要加强应急管理统计分析工作，完善分类分级标准，明确责任部门和人员，及时、全面、准确地统计各类突发公共事件发生起数、伤亡人数、造成的经济损失等相关情况，并纳入经济和社会发展统计指标体系。突发公共事件的统计信息实行月度、季度和年度报告制度。要研究建立突发公共事件发生后统计系统快速应急机制，及时调查掌握突发公共事件对国民经济发展和城乡居民生活的影响并预测发展趋势。

8. 对各职能部门的应急协调能力

政府要加强对应急管理工作的领导。地方各级人民政府要在党委领导下，建立和完善突发公共事件应急处置工作责任制，并将落实情况纳入干部政绩考核的内容，特别要抓好市（地）、县（区）两级领导干部责任的落实。各地区、各部门要加强沟通协调，理顺关系，明确职责，搞好条块之间的衔接和配合。建立和完善应对突发公共事件部际联席会议制度，加强部门之间的协调配合，定期研究解决有关问题。各级领导干部要不断增强处置突发公共事件的能力，深入一线，加强组织指挥。要建立并落实责任追究制度，对有失职、渎职、玩忽职守等行为的，要依照法律法规追究责任。同时要注重相关机构建设，使得政府在应对突发事件时具备高度的组织能力和协调各部门的能力。参与突发事件应对的人员和力量来自各个方面，包括解放军、武警官兵、医疗救护、交通、通讯、消防、民政以及媒体、志愿者等等；这就要求政府在突发事件到来时，能及时迅速协调不同职能部门，统筹全局，优化整合各种社会资源，发挥整体优势，保证救援的时效性，将突发事件造成的损失降到最低限度。

9. 对社会力量的整合动员能力

要构建全社会共同参与的应急管理工作格局。全面加强应急管理工作，需要紧紧依靠群众，军地结合，动员社会各方面力量积极参与。要切实发挥工会、共青团、妇联等人民团体在动员群众、宣传教育、社会监督等方面的作用，重视培育和发展社会应急管理中介组织。鼓励公民、法人和其他社会组织为应对突发公共事件提供资金、物资捐赠和技术支持。积极开展基层公共安全创建活动，树立一批应急管理工作先进典型，表彰奖励取得显著成绩的单位和个人，形成全社会共同参与、齐心协力做好应急管理工作的局面。

各级政府要培养公众危机治理参与意识，提高社会整体应急能力。应急管理的根本目的是保障公民权益免遭灾难侵害。在应急管理中，公民不是被动的管理对象，而是积极的管理主体。政府必须学会与公众协商一致、共同应对危机的艺术，充分发挥集体的智慧和力量去应对各种危机。面对突发事件，政府要力求取得防灾救援的最后胜利，就必须最广泛的调动一切积极因素，应急防御体系决不仅仅是由政府部门组成的，它更应该是一个全民参与的，平战结合的立体的网络。建立全民参与机制，重视社区和其他民间组织合作共同抗御灾害，是提高社会整体应急能力建设的重要途径。

10. 对应急知识的宣传普及能力

大力宣传普及公共安全和应急防护知识。加强应急管理科普宣教工作，提高社会公众维护公共安全意识和应对突发公共事件能力。深入宣传各类应急预案，全面普及预防、避险、自救、互救、减灾等知识和技能，逐步推广应急识别系统。尽快把公共安全和应急防护知识纳入学校教学内容，编制中小学公共安全教育指导纲要和适应全日制各级各类教育需要的公共安全教育读本，安排相应的课程或课时。要在各种招考和资格认证考试中逐步增加公共安全内容。充分运用各种现代传播手段，扩大应急管理科普宣教工作覆盖面。新闻媒体应无偿开展突发公共事件预防与处置、自救与互救知识的公益宣传，并支持社会各界发挥应急管理科普宣传作用。

加大应急管理知识宣传普及力度，形成全社会共同参与防范处置突发事件的良好局面。首先，应进行突发事件的警示宣传，使公民树立正确的危机意识；其次，对普通民众开展突发事件管理知识和技能培训，增强公民自救互救能力，形成较强的社会整体危机应对能力；最后，组织开展突发事件的应对演习，提高整体防控突发事件的能力，逐步形成全民动员、预防为主、全社会防灾减灾的良好局面；抓好社区、农村、企业、学校、医院等基层和重点部位的预案建设和应急知识普及宣传。

11. 对应急信息发布和舆论引导能力

要做好信息发布和舆论引导工作。要高度重视突发公共事件的信息发布、舆论引导和舆情分析工作，加强对相关信息的核实、审查和管理，为积极稳妥地处置突发公共事件营造良好的舆论环境。坚持及时准确、主动引导的原则和正面宣传为主的方针，完善政府信息发布制度和新闻发言人制度，建立健全重大突发公共事件新闻报道快速反应机制、舆情收集和分析机制，把握正确的舆论导向。加强对信息发布、新闻报道工作的组织协调和归口管理，周密安排、精心组织信息发布工作，充分发挥中央和省级主要新闻媒体的舆论引导作用。新闻单位要严格遵守国家有关法律法规和新闻宣传纪律，不断提高新闻报道水平，自觉维护改革发展稳定的大局。

危机治理的不确定性和情况的复杂性，使危机治理对信息的依赖性非常强，政府信息化能力的高低与危机治理效能的高低关系极为密切。健全的信息沟通机制可以保证信息准确、及时地传递，以便政府快速制定突发事件应对的政策。为此，政府要正确引导媒体的舆论导向，要让公众对危机事件有正确的认识，降低对事态的臆想和猜测，事件一旦发生，政府部门应迅速率先发布事件的过程，以防小道消息满天飞而混淆视听，政府要重视和发挥媒体在突发事件管理中的积极作用，与媒体作深入的沟通、协调与合作，使媒体在政府的正确引导下充分介入到突发事件中，让公众了解事件真相。要充分利用网络技术，建立各级政府的电子政务网，实现信息交流的无纸化。要加强政府与公众、与新闻媒介之间的沟通，建立制度化的信息公开和发布制度，以增强透明度，提高政府的公信力。

12. 对国际组织的交流合作能力

要善于开展国际交流与合作。加强与有关国家、地区及国际组织在应急管理领域的沟通与合作，参与有关国际组织并积极发挥作用，共同应对各类跨国或世界性突发公共事件。大力宣传我国在应对突发公共事件、加强应急管理方面的政策措施和成功做法，积极参与国际应急救援活动，向国际社会展示我国的良好形象。密切跟踪研究国际应急管埋发展的动态和趋势，参与公共安全领域重大国际项目研究与合作，学习、借鉴有关国家在灾害预防、紧急处置和应急体系建设等方面的有益经验，促进我国应急管理工作水平的提高。

三　基层单位应对突发事件的必备能力

中国人民大学行政学系教授毛寿龙认为，从层次上来讲，突发事件的责任机制可以划分为若干个层次，主要是中央一个层次，然后地方一个层次，企业事业单位也是一个层次。层次之间关系是中央统一领导、各级分级管理，以属地管理为主。所以中央主要是负责协调和领导，真正去处理的还是以地方为主，以基层单位为主，事件发生在哪里，哪里的行政机关就需要承担行政责任。基层单位是突发事件的直接面对者，因此，基层单位要切实加强应急机构、队伍和应急救援体系、应急平台建设，整合各类应急资源，建立和健全统一指挥、功能齐全、反应灵敏、运转高效的基层应急机制；要做好各基层应急预案的培训和演练工作，不断提高各基层领导干部、管理人员、应急救援人员的指挥水平和专业技能,提高基层预防和处置突发事件的管理自救能力。

提高基层应急管理能力。要以社区、乡村、学校、企业等基层单位为重点,全面加强应急管理工作。充分发挥基层组织在应急管理中的作用,进一步明确行政负责人、法定代表人、社区或村级组织负责人在应急管理中的职责,确定专(兼)职的工作人员或机构,加强基层应急投入,结合实际制订各类应急预案,增强第一时间预防和处置各类突发公共事件的能力。社区要针对群众生活中可能遇到的突发公共事件,制订操作性强的应急预案,经常性地开展应急知识宣传,做到家喻户晓;乡村要结合社会主义新农村建设,因地制宜加强应急基础设施建设,努力提高群众自救、互救能力,并充分发挥城镇应急救援力量的辐射作用;学校要在加强校园安全工作的同时,积极开展公共安全知识和应急防护知识的教育和普及,增强师生公共安全意识;企业特别是高危行业企业要切实落实法定代表人负责制和安全生产主体责任,做到有预案、有救援队伍、有联动机制、有善后措施。地方各级人民政府和有关部门要加强对基层应急管理工作的指导和检查,及时协调解决人力、物力、财力等方面的问题,促进基层应急管理能力的全面提高。

针对应急工作,基层单位最主要的任务是建设一支反应灵敏、运转高效的应急救援队伍。

1. 加强基层综合性应急救援队伍建设

针对我国突发事件频发的局面,要求应急救援队伍要建设到基层单位,不仅包括县级政府,也包括乡镇、街道、企业等基层组织和单位,应急志愿服务要进一步规范,基本形成统一领导、协调有序、专兼并存、优势互补、保障有力的基层应急队伍体系,应急救援能力基本满足本区域和重点领域突发事件应对工作需要,为最大限度地减少突发事件及其造成的人员财产损失、维护国家安全和社会稳定提供有力保障。街道、乡镇要充分发挥民兵、预备役人员、保安员、基层警务人员、医务人员等有相关救援专业知识和经验人员的作用,在防范和应对气象灾害、水旱灾害、地震灾害、地质灾害、森林草原火灾、生产安全事故、环境突发事件、群体性事件等方面发挥就近优势,在相关应急指挥机构组织下开展先期处置,组织群众自救互救,参与抢险救灾、人员转移安置、维护社会秩序,配合专业应急救援队伍做好各项保障,协助有关方面做好善后处置、物资发放等工作。同时发挥信息员作用,发现突发事件苗头及时报告,协助做好预警信息传递、灾情收集上报、灾情评估等工作，参与有关单位组织的隐患排查整改。街道办事处、乡镇政府要加强队伍的建设和管理，严明组织纪律，经常性地开展应急培训，提高队伍的综合素质和应急保障能力。

2. 完善基层专业应急救援队伍体系

在全面加强各专业应急救援队伍建设的同时，各基层单位要组织动员社会各方面力量重点加强以下几个方面工作：

(1)加强基层防汛抗旱队伍组建工作

水旱灾害常发地区和重点流域的县、乡级人民政府，要组织民兵、预备役人员、农技人员、村民和相关单位人员参加，组建县、乡级防汛抗旱队伍。防汛抗旱重点区域和重要地段的村委会，要组织本村村民和属地相关单位人员参加，组建村防汛抗旱队伍。基层防汛抗旱队伍要在当地防汛抗旱指挥机构的统一组织下，开展有关培训和演练工作，做好汛期巡堤查险和险情处置，做到有旱抗旱，有汛防汛。充分发挥社会各方面作用，合理储备防汛抗旱物资，建立高效便捷的物资、装备调用机制。

(2)深入推进森林草原消防队伍建设

县乡级人民政府、村委会、国有林(农)场、森工企业、自然保护区和森林草原风景区等，要组织本单位职工、社会相关人员建立森林草原消防队伍。各有关方面要加强森林草原扑火装备配套，开展防扑火技能培训和实战演练。要建立基层森林草原消防队伍与公安消防、当地驻军、预备役部队、武警部队和森林消防力量的联动机制，满足防扑火工作需要。地方政府要对基层森林草原消防队伍装备建设给予补助。

(3)加强气象灾害、地质灾害应急队伍建设

县级气象部门要组织村干部和有经验的相关人员组建气象灾害应急队伍，主要任务是接收和传达预警信息，收集并向相关方面报告灾害性天气实况和灾情，做好台风、强降雨、大风、沙尘暴、冰雹、雷电等极端天气防范的科普知识宣传工作，参与本社区、村镇气象灾害防御方案的制订以及应急处置和调查评估等工作。地质灾害应急队伍的主要任务是参与各类地质灾害的群防群控，开展防范知识宣传，隐患和灾情等信息报告，组织遇险人员转移，参与地质灾害抢险救灾和应急处置等工作。容易受气象、地质灾害影响的乡村、企业、学校等基层组织单位，要在气象、地质部门的组织下，明确参与应急队伍的人员及其职责，定期开展相关知识培训。气象灾害和地质灾害基层应急队伍工作经费，由地方政府给予保障。

(4)加强矿山、危险化学品应急救援队伍建设

煤矿和非煤矿山、危险化学品单位应当依法建立由专职或兼职人员组成的应急救援队伍。不具备单独建立专业应急救援队伍的小型企业，除建立兼职应急救援队伍外，还应当与邻近建有专业救援队伍的企业签订救援协议，或者联合建立专业应急救援队伍。应急救援队伍在发生事故时要及时组织开展抢险救援，平时开展或协助开展风险隐患排查。加强应急救援队伍的资质认定管理。矿山、危险化学品单位属地县、乡级人民政府要组织建立队伍调运机制，组织队伍参加社会化应急救援。应急救援队伍建设及演练工作经费在企业安全生产费用中列支，在矿山、危险化学品工业集中的地方，当地政府可给予适当经费补助。

(5)推进公用事业保障应急队伍建设

县级以下电力、供水、排水、燃气、供热、交通、市容环境等主管部门和基础设施运营单位，要组织本区域有关企事业单位懂技术和有救援经验的职工，分别组建公用事业保障应急队伍，承担相关领域突发事件应急抢险救援任务。重要基础设施运营单位要组建本单位运营保障应急队伍。要充分发挥设计、施工和运行维护人员在应急抢险中的作用，配备应急抢修的必要机具、运输车辆和抢险救灾物资，加强人员培训，提高安全防护、应急抢修和交通运输保障能力。

(6)强化卫生应急队伍建设

县级卫生行政部门要根据突发事件类型和特点，依托现有医疗卫生机构，组建卫生应急队伍，配备必要的医疗救治和现场处置设备，承担传染病、食物中毒和急性职业中毒、群体性不明原因疾病等突发公共卫生事件应急处置和其他突发事件受伤人员医疗救治及卫生学处理，以及相应的培训、演练任务。城市医疗卫生机构要与县级或乡镇医疗卫生机构建立长期对口协作关系，把帮助组建基层应急队伍作为对口支援重要内容。卫生应急队伍的装备配备、培训、演练和卫生应急处置等工作费用由地方政府给予支持。

(7)加强重大动物疫情应急队伍建设

县级人民政府建立由当地兽医、卫生、公安、工商、质检和林业行政管理人员，动物防疫和野生动物保护工作人员，有关专家等组成的动物疫情应急队伍，具体承担家禽和野生动物疫情的监测、控制和扑灭任务。要保持队伍的相对稳定，定期进行技术培训和应急演练，同时加强应急监测和应急处置所需的设施设备建设及疫苗、药品、试剂和防护用品等物资储备，提高队伍应急能力。

3. 完善基层应急队伍管理体制机制和保障制度

应对突发事件的体制机制建设要纵向到底，深入到基层，不留死角，不留空白，不留缺憾。并为此制定出相应的保障制度，以便使基层应急工作得到正常正确和有序有效的运转。

(1)进一步明确组织领导责任

地方各级人民政府是推进基层应急队伍建设工作的责任主体。县级人民政府要对县级综合性应急救援队伍和专业应急救援队伍建设进行规划，确定各街道、乡镇综合性应急救援队伍和专业应急救援队伍的数量和规模。各有关部门要强化支持政策的研究并加强指导，加强对基层应急队伍建设的督促检查。公安、国土资源、交通、水利、林业、气象、安全监管、环境、电力、通信、建设、卫生、农业等有关部门要明确推进本行业基层应急队伍建设的具体措施，各有关部门要按照各自职责指导推进基层应急队伍组建工作。

(2)完善基层应急队伍运行机制

各基层应急队伍组成人员平时在各自单位工作，发生突发事件后，立即集结到位，在当地政府或应急现场指挥部的统一领导下，按基层应急管理机构安排开展应急处置工作。县乡级人民政府及其有关部门要切实加强基层综合队伍、专业队伍和志愿者队伍之间的协调配合，建立健全相关应急预案，完善工作制度，实现信息共享和应急联动。同时，建立健全基层应急队伍与其他各类应急队伍及装备统一调度、快速运送、合理调配、密切协作的工作机制，经常性地组织各类队伍开展联合培训和演练，形成有效处置突发事件的合力。

(3)积极动员社会力量参与应急工作

通过多种渠道，努力提高基层应急队伍的社会化程度。充分发挥街道、乡镇等基层组织和企事业单位的作用，建立群防群治队伍体系，加强知识培训。鼓励现有各类志愿者组织在工作范围内充实和加强应急志愿服务内容，为社会各界力量参与应急志愿服务提供渠道。有关专业应急管理部门要发挥各自优势，把具有相关专业知识和技能的志愿者纳入应急救援队伍。发挥共青团和红十字会作用，建立青年志愿者和红十字志愿者应急救援队伍，开展科普宣教和辅助救援工作。应急志愿者组建单位要建立志愿者信息库,并加强对志愿者的培训和管理。地方政府根据情况对志愿者队伍建设给予适当支持。

(4)加大基层应急队伍经费保障力度

县、乡两级综合性应急救援队伍和有关专业应急救援队伍建设与工作经费要纳入同级财政预算。按照政府补助、组建单位自筹、社会捐赠相结合等方式,建立基层应急救援队伍经费渠道。

(5)完善基层应急队伍建设相关政策

认真研究解决基层应急队伍工作中的实际困难,落实基层应急救援队员医疗、工伤、抚恤,以及应急车辆执行应急救援任务时的免交过路费等政策措施。鼓励社团组织和个人参加基层应急队伍,研究完善民间应急救援组织登记管理制度,鼓励民间力量参与应急救援。研究制订基层应急救援队伍装备标准并配备必要装备。对在应急管理、应急队伍建设工作中做出突出贡献的集体和个人,按照国家有关规定给予表彰奖励。开展基层应急队伍建设示范工作,推动基层应急管理水平不断提高。

四　人民群众应对突发事件的必备能力

人民群众在应对突发事件过程中,既可能是受灾者,也可能是自救者,还有一种可能就是互救者或救援者。所以,在应急管理体系建设中,政府的应急努力很重要,全社会每个成员的积极参与更重要。

1.增强危机意识,普及应急知识

突发事件是一种意外事件,每个人都时时处在意外的危机、危险和威胁之中。人们在平常的工作、生活当中必须树立危机意识,要想到随时可能会出哪些事、出了事应该怎么做?一旦发生了突如其来的自然灾害或意外事件,作为普通个人,应该怎样有效地去应对?平时又该如何注意防范?这是关系到每一个人的切身利益甚至生命安全的大事。所以人们要时刻树立危机意识和防范意识,增强自我保护心理,并有意识地学习应急知识,普及应急法规,识别各类突发事件的性质、特征、危害,掌握有效应对突发事件的常识和方法。各级应急指挥机构的一项重要工作就是对群众进行应急知识的普及和宣传。现在很多地区都编了一些有关应急的手册,并派发到一些群众手中,其中系统地介绍了一些如何应对常见突发事件的知识。另外，还有一些专业应急机构，比如三防办、民防办、森林防火办等等，也都在做一些应急宣传教育方面的工作。比如深圳一度山火比较频繁，曾经在一天内发生4场大火，而且基本上都是人为造成的。所以有关部门就加强了森林防火宣传，在一些主要山坡地带，特别是在节假日市民喜欢搞登山活动的地方，都树起了很多牌子，提醒民众上山一定不能带火种，要注意安全等。通过这些宣传教育引导工作，大大提高了群众的安全防范意识。政府的危机管理也特别注重建立预防机制，做到防患于未然，并采取一些预防措施，如经常搞一些防空演习或者重大事故处置演习等，提醒群众注意公共安全、防止危机发生。再比如你要到海外去旅行，哪些国家比较安全，哪些国家有危险，应该注意些什么，政府都会从公共安全的角度来提出一些具体措施，帮助你搞好安全预防，这样就可以减少或者避免危机事件的发生。此外，如果真的发生危机事件，我们应该把它作为一个契机，有效转化为教育的资源、管理的资源，使得以后不让类似事件再次发生，这样就会形成一个良性循环。

2. 采取积极行动，开展自救互救

应对突发事件，作为社会个体，也应该采取积极的行动，一方面要配合政府，积极参与防灾救灾工作，一方面要根据情况采取有效的行动，开展自救互救，在保护自己的同时也要主动实施对他人的救助。在平时的工作和生活中还应该积极参与防灾或者应急演习，学习应急知识，提高应急技能。各地政府有时还开展一些“突发事件自救互救”的自救互救常识讲座，涉及地震、火灾、溺水、触电、交通事故以及地铁、商场等发生意外事故的危害和逃生、救护方式，人们在社会上一旦遇到意外，就会使自救和互救变得更为科学有效。特别是在互救方面，更需要一些救助常识。

比如搬运伤员时，一定要根据突发事件危害程度、伤情、地形等情况，灵活地运用不同工具和方法，迅速地将伤员搬到安全处包扎急救。搬运伤员应注意：

①搬运前，做好初步急救处理；

②搬运动作要轻快，避免不必要的震动，尽量减轻伤员痛苦；

③搬运过程中要随时注意伤情变化，如出现面色苍白、头昏、眼花、脉搏细弱等，要立即送到最近医疗站进行急救或就地抢救，待伤情好转后再继续

转送；

④冬季护送时肢体应注意保暖，防止冻伤和坏死；

⑤利用担架或门板转送，伤员应头在后，便于后面担架员观察伤情；上坡时头在前，下坡时头在后，等等。

所以，如果不懂得自救和互救的基本常识，就会失去了救助的意义。

第九章　应对突发事件的日常防范

大家知道,应对各类突发事件必须遵循“预防为主,常抓不懈”的原则,这就要求预防工作要做在平时,要成为一项日常性工作。将突发事件消灭在萌芽之中是对突发事件最好的应对和处置措施。这就要求我们在日常工作中首先要做好应急管理培训和心理培训工作,普查和严查各种安全隐患,监测和监控各种事故风险,坚持信息报告和预警制度,落实好各项安全防范措施,建立和健全应对突发事件的防范体系,这是应对各类突发事件的基础性保证,也是提高政府公务员特别是各级领导干部处理突发事件能力的常规手段,更是增强公众公共安全意识、社会责任意识和自救、互救能力的基本教育方式,同时还是最大程度预防和减少突发事件发生及其各种损害的根本途径。

一　加强风险隐患普查与监控工作

各级政府和主管部门要认真开展对各类突发公共事件风险隐患的普查和监控工作。各地区、各有关部门要组织力量认真开展风险隐患普查工作,全面掌握本行政区域、本行业和领域各类风险隐患情况,建立分级、分类管理制度,落实综合防范和处置措施,实行动态管理和监控,加强地区、部门之间的协调配合。对可能引发突发公共事件的风险隐患,要组织力量限期治理,特别是对位于城市和人口密集地区的高危企业,不符合安全布局要求、达不到安全防护距离的,要依法采取停产、停业、搬迁等措施,尽快消除隐患。要加强对影响社会稳定因素的排查调处,认真做好预警报告和快速处置工作。社区、乡村、企业、学校等基层单位要经常开展风险隐患的排查,及时解决存在的问题。

二　加强安全防范措施的落实工作

要促进各行业和领域安全防范措施的落实工作。地方各级人民政府及有关部门要进一步加强对本行政区域各单位、各重点部位安全管理的监督检查，严密防范各类安全事故；要加强监管监察队伍建设，充实必要的人员，完善监管手段。各有关部门要按照有关法律法规和职责分工，加强对本系统、本行业和领域的安全监管监察，严格执行安全许可制度，经常性开展监督检查，依法加大处罚力度；要提高监管效率，对事故多发的行业和领域进一步明确监管职责，实施联合执法。上级主管部门和有关监察机构要把督促风险隐患整改情况作为衡量监管机构履行职责是否到位的重要内容，加大监督检查和考核力度。各企业、事业单位要切实落实安全管理的主体责任，建立健全安全管理的规章制度，加大安全投入，全面落实安全防范措施。

三　加强信息管理报告与预警工作

各级政府和各单位要加强突发公共事件的信息报告和预警工作。特别重大、重大突发公共事件发生后，事发地省级人民政府、国务院有关部门要按规定及时、准确地向国务院报告，并向有关地方、部门和应急管理机构通报。要进一步建立健全信息报告工作制度，明确信息报告的责任主体，对迟报、漏报甚至瞒报、谎报行为要依法追究责任。在加强地方各级人民政府和有关部门信息报告工作的同时，通过建立社会公众报告、举报奖励制度，设立基层信息员等多种方式，不断拓宽信息报告渠道。建设各级人民政府组织协调、有关部门分工负责的各类突发公共事件预警系统，建立预警信息通报与发布制度，充分利用广播、电视、互联网、手机短信息、电话、宣传车等各种媒体和手段，及时发布预警信息。

四　加强应急培训和心理教育工作

各地区、各有关部门要积极开展应急管理培训。要制订应急管理的培训规划和培训大纲，明确培训内容、标准和方式，充分运用多种方法和手段，做好应急管理培训工作，并加强培训资质管理。积极开展对地方和部门各级领导干部应急指挥和处置能力的培训，并纳入各级党校和行政学院培训内容。加强各单位从业人员安全知识和操作规程培训，负有安全监管职责的部门要强化培训考核,对未按要求开展安全培训的单位要责令其限期整改,达不到考核要求的管理人员和职工一律不准上岗。各级应急管理机构要加强对应急管理培训工作的组织和指导。

第十章　应对突发事件的政策保障

为了有效应对突发事件,必须制定和建立突发事件应对政策措施保障体系,使突发事件的应对工作拥有一个良好的政策环境。这是有效应对突发事件的基础和出发点,决定着应对突发事件的政策的变化和发展方向,界定了应对突发事件政策的目标和内容选择。可采取的具体措施主要有:建立强大的经济后盾,为突发事件创造物质保障;大力发展公共安全技术和产品,为公共安全应急提供救援和防护保障;建立公共安全科技支撑体系,为突发事件应急处置提供技术保障,从而在硬件设施上加强政府的危机管理水平。为此,国家特别制定了全面加强应急管理政策措施的指导原则。

一　加大对应急管理的资金投入力度

根据《国家总体应急预案》的规定,各级财政部门要按照现行事权、财权划分原则,分级负担公共安全工作以及预防与处置突发公共事件中需由政府负担的经费,并纳入本级财政年度预算,健全应急资金拨付制度。对规划布局内的重大建设项目给予重点支持。支持地方应急管理工作,建立完善财政专项转移支付制度。建立健全国家、地方、企业、社会相结合的应急保障资金投入机制,适应应急队伍、装备、交通、通信、物资储备等方面建设与更新维护资金的要求。建立企业安全生产的长效投入机制,增强高危行业企业安全保障和应急救援能力。研究建立应对突发公共事件社会资源依法征用与补偿办法。

二　大力发展公共安全技术和产品

在推进产业结构调整中,要将具有较高技术含量的公共安全工艺、技术和产品列入《国家产业结构调整指导目录》的鼓励类发展项目,在政策上积极予以支持。对公共安全、应急处置重大项目和技术开发、产业化示范项目，政府给予直接投资或资金补助、贷款贴息等支持。采取政府采购等办法，推动国家公共安全应急成套设备及防护用品的研发和生产。加强对公共安全产品的质量监督管理，实行严格的市场准入制度，确保产品质量安全可靠。

三　建立公共安全科技支撑体系

按照《国家中长期科学和技术发展规划纲要》的要求，高度重视利用科技手段提高应对突发公共事件的能力，通过国家科技计划和科学基金等，对突发公共事件应急管理的基础理论、应用和关键技术研究给予支持，并在大专院校、科研院所加强公共安全与应急管理学科、专业建设，大力培养公共安全科技人才。坚持自主创新和引进消化吸收相结合，形成公共安全科技创新机制和应急管理技术支撑体系。扶持一批在公共安全领域拥有自主知识产权和核心技术的重点企业，实现成套核心技术与重大装备的突破，增强安全技术保障能力。

第十一章　应对突发事件的善后工作

任何事情都有一个发生、发展和结束的过程。善后工作是处理突发事件的重要组成部分,也是应对突发公共事件的尾声,更是新生活的开始。善后工作做好了,才能说事件已经被彻底地解决了。否则,一些问题不仅会久拖不决,而且易于发生连锁事件或次生灾害事件。善后工作的内容有很多,主要包括:一是要认真找出我们工作的缺点,并从根本上采取措施认真改正。由于条件不具备而一时难于改进的,一方面应向群众说清楚,另一方面要制定出切实可行的改进计划,公布于众,在各方监督下逐渐实施;二是要深入群众,做好思想政治工作,解决实际问题,安抚消极情绪,调动起群众的积极性;三是查明突发事件的发生经过和原因,总结突发事件应急处置工作的经验教训,制定改进措施,并向上一级人民政府提出报告,同时要教育干部群众提高认识,分清是非,努力消除不安定因素,避免类似事件的再度发生。要做好这一阶段的工作,就必须认真地进行评估和统计分析,分清突发公共事件的责任,实行严格的奖惩制度,抚恤和补偿受害者,恢复和重建家园。查明突发事件的发生经过和原因,总结突发事件应急处置工作的经验教训,制定改进措施,并向上一级人民政府提出报告。

一　危机评估与统计分析

危机评估与统计分析,就是对危机事件的危害后果进行估测、统计、评价、分析和总结,并在此基础上制定危机恢复计划,实施恢复与重建、赔偿、补偿和救济、心理干预与精神抚慰等工作。突发公共事件年度统计分析和评估工作,是应急管理工作的重要内容,是全面准确反映应急管理工作开展情况、为决策者提供翔实基础资料的重要途径。

1. 危机评估

评估，就是估量和评价，显然，评估工作既包括对事物作出估量，也包括对事物进行评价，其结果是要依据一定的标准对事物作出成败优劣的判定。危机评估需要地方政府对突发事件的危害后果和应对行为与效果进行大量的实地调查和复杂的材料统计，其特点是客观、快速、准确，并为做好突发事件的善后工作提供科学依据。

（1）评估分析的主要内容

①基本情况。

按照自然灾害、事故灾难、公共卫生事件和社会安全事件四大类，分别汇总总体情况及其所包含分类别的具体情况。主要包括年度内各类突发事件发生起数、伤亡人数、经济损失、与往年比较情况，以及特别重大、重大、较大三个级别的有关情况等，并对各类突发事件发生的主要特点进行分析。

②工作评估。

对照本地区本单位突发公共事件总体应急预案以及相关的专项预案和部门预案，重点围绕抗洪抢险、抗旱救灾、森林防火、防御台风和强对流灾害性天气、防范危险化学品事故、处置交通和火灾事故、处置环境污染事件、应对食品药品安全事件、防控传染病和高致病性禽流感疫情以及处置群体性事件等工作，从组织领导、预案编制、应急演练、应急队伍建设、物资资金准备、监测预警预报、应急防范处置，以及恢复重建、调查处理和科普宣教等方面情况进行全面的分析和评估。既要认真总结防范处置工作中好的经验和做法，又要深刻分析存在的问题和薄弱环节。

③趋势分析及工作建议。

对自然灾害、事故灾难、公共卫生事件和社会安全事件四大类及其所包含的分类别突发事件的发展趋势进行分析，应对可能发生的突发事件将采取的主要对策和工作重点，提出进一步提高防范处置突发事件能力的意见和建议，以预防和减少突发事件的发生，降低和减轻突发事件造成的危害，改进和推动应急管理工作。

④典型案例分析。

根据点面结合的原则，按照自然灾害、事故灾难、公共卫生事件和社会安全事件四大类，对影响面大和处置突发事件有借鉴意义的事件，各选择1—2

个案例,从应急处置工作的各个环节进行深入评估分析,以利于总结经验,吸取教训,完善预案,改进工作。

(2)评估分析的组织工作

按照自然灾害、事故灾难、公共卫生事件和社会安全事件四大类组成四个评估分析组。由牵头单位会同参加部门共同编写本部门突发事件应对工作评估报告;请各级政府负责提供本地区典型类别突发事件(四大类中的一类或几类)防范处置工作有关总结分析材料;各组牵头部门在各地、各有关单位评估报告和总结分析材料基础上汇总形成该类别突发事件评估报告。各有关单位分组如下:

①自然灾害组:由市民政局牵头,市国土房管局、交委、水利局(三防办)、农业局、林业局、地震办、气象局协助。

②事故灾难组:由市安监局牵头,市经贸委、公安局、建委、交委、水利局、农业局、国资委、环保局、市政园林局、市容环卫局、林业局、质监局、旅游局、海事局、供电局协助。

③公共卫生事件组:由市卫生局牵头,市经贸委、农业局、林业局、工商局、质监局、食品药品监管局、检验检疫局协助。

④社会安全事件组:由市公安局牵头,市发改委、经贸委、教育局、民族宗教局、民政局、人事局、劳动保障局、国土房管局、建委、外经贸局、文化局、国资委、规划局、市政园林局、体育局、物价局、工商局、旅游局、外办、侨办、金融办、信访局、台办,警备区、武警支队协助。

(3)评估分析的有关要求

①各地、各有关单位要高度重视突发事件年度评估分析工作。牵头部门要做好组织协调和计划安排,各地、各有关单位要组织精干力量积极参与,全面、准确、深入地进行总结分析并按时保质保量地完成任务。

②要做好各方面基础数据统计和材料汇总工作,各项数据的统计要规范、细致,避免重复和疏漏。要按照定性与定量、文字与图表(各单位可根据工作实际进行补充)、概括描述与案例分析相结合的原则进行评估分析,做到语言精炼、层次清晰、内容充实并配以典型实例。

③各地区各单位按照政府有关文件要求和精神,组织开展本区域突发公共事件应对工作的评估分析,以促进应急管理能力的不断提高。

④各组牵头单位应于规定时间将经负责人审定后的分析评估报告及电子

文档逐级报政府应急办。

(4)评估分析的基本方法

评估的角度不同,标准不同,评估的内容、侧重点和用途也有所不同。从评估机构的地位上看,有内部评估和外部评估;从危机的发生和处置过程上看,有事前评估、执行评估和事后评估三个阶段;从评估工作的组织活动形式上看,有正式评估和非正式评估。

①内部评估与外部评估。

内部评估是行政机构内部的评估者所完成的评估。一般分为两种,一是由操作人员自己实施的评估,一是由专职评估人员实施的评估。各级政府机关主要采用这种评估方式对部门、机关和工作人员的工作情况进行评估;外部评估是由行政机构外的评估者所完成的评估。它既可以是由行政机构委托营利性或非营利性的研究机构、学术团体、专业性的咨询公司、大专院校进行评估,也可以由投资或立法机构组织的或由报纸、电视、民间团体等其他各种外部评估者自己组织评估。内部评估占有资料翔实的优势,但不利于客观评估;外部评估虽能比较客观地对政府的工作进行评估,但不容易获得政府内部的资料,不易全面掌握政府的工作状况。因此,在实践中,要把内外评估结合起来,取长补短,综合分析。

②正式评估与非正式评估。

正式评估指由确定的评估者事先制定完整的评估计划和方案,并严格按规定的程序和内容而进行的评估。其结论可以作为政府部门开展后续工作和改进处置工作的主要依据。非正式评估指对评估者、评估形式、评估内容没有严格规定,对评估的最后结论也不作严格要求,人们根据自己掌握的既有资料和信息,从自身看问题的角度,对突发事件发生的原因及处置过程做出评估。非正式评估有的是来自一些民间组织的评估,也有的是来自公众利用网络媒体进行的评估,它是一种自发的、非政府行为性的评估,但是各级政府和主管部门却不能忽视这样的评估,因为它有时也可以影响舆论的走向,引起社会群体的震荡。

③事前评估、事中评估、事后评估。

事前评估、执行评估和事后评估是一种以时间为序的评估方法。事前评估是在对突发事件和危机进行处置之前采取的一种带有预测性质的评估;执行评估是在执行过程中对突发事件和危机处置情况的评估,就是具体分析应急方案或处置措施在实际执行过程中的情况,以确定方案是否得到严格的执行,并判定执行的效果;事后评估是突发事件和危机结束后进行的评估,主要是对整个处理过程进行客观的分析和评价,以便于总结经验教训。

④事件进程评估、组织行为评估。

按照评估的不同取向,还可以分为事件进程评估和组织行为评估。

a. 事件进程评估,主要是按照事件的发生发展进程所进行的评估。这里参考卢涛的评估模式,可以分为事前、事中和事后三个阶段进行评估。

· 事前评估

危机有没有预警信号? 危机预警起没起到应有作用?

有没有危机应对计划? 执行状况如何?

是否进行过相关的演习和演练?

危机发生的原因是什么,导火索是什么,深层次原因是什么?

谁是危机的当事人?

谁是危机的受害者?

谁是危机责任人?

· 事中评估

危机升级的原因在哪里?

是否建立了危机管理小组?

危机管理小组发挥作用如何?

危机政策是否有效?

应急措施是否合法? 有无过度反应?

危机管理者的反应如何,处理效率如何?

危机的媒体控制状况如何,有没有专人处理此类事件?

危机的应对措施是否及时、有效?

危机媒体政策效果如何?

· 事后评估

危机资源利用情况;

危机影响的范围和深度;

危机造成损失数额是多少?

危机潜在影响有哪些?

有没有恢复计划,执行状况如何?

危机应对的经验和教训有哪些？

b. 组织行为评估。主要是从应急决策者、应急组织机构的工作反应与绩效等方面进行评估。

·对突发事件和危机处置领导者的评估。主要是看领导者是否亲临一线，是否以身作则，是否对事件的性质有准确的认知和判断，采取的处置方式、方法是否恰当，对可能出现的问题是否有清醒的认识和准备等。

·对突发事件和危机处置机构的评估。包括机构的设置是否合理、完备，组织人员是否配备到位，在对突发事件和危机的处置过程中这些组织和机构是否发挥了应有的作用，经费和物资的保障如何，组织内部的沟通是否顺畅，各部门的分工协调是否有效，资源配置是否合理，是不是一个高绩效的组织等。

·对突发事件和危机处置预案的评估。主要是看相关的政府部门是否提前做了处置预案的准备，所做预案是否符合需要，是不是较好地解决了问题，预案是否对可能发生的问题做了准备，预案是不是得到了严格的执行，不能执行的原因是什么。

评估工作要坚持客观性、科学性和准确性的统一，不管是采用定性与定量的方法，还是采用文字与图表、概述与案例的方法，都离不开对相关数据和材料的统计和分析，都必须建立在实事求是的基础之上。

2. 统计分析

统计分析可以采用数据分析统计法。该方法就是对在突发事件处理过程中的一系列工作情况进行收集、整理，并进行量化核算和比较，将其和组织形象、公众的认可及社会利益结合起来，通过统计、换算、比较，寻求工作中成功的经验和失败的教训。统计分析工作一般包括以下内容：

①人员状况的统计分析。即要统计在突发事件中死亡和受伤的人数、需要救援和安置的人数，并对遇难者的安葬工作、受伤人员的救治工作以及受灾人员的安置等工作进行必要的统计和分析。

②设施设备的统计分析。即要统计突发事件中各种设施、设备的损失情况，如道路的破坏情况，水、电、气等公共基础设施的破坏情况，以及广播电视、通讯设施和居民房屋的破坏情况等，并对各种设施的紧急抢修工作进行统计、分析和评价，为今后的紧急抢修工作的安排和布置提供依据。

③财物损失的统计分析。即要统计公私财物的损失情况。统计在突发事件和危机中造成的直接损失和间接损失，包括在进行突发事件和危机应急管理时，为了保护更大的利益而牺牲较小的利益，造成对部分公民财产的侵害，危机后应对这些侵害进行补偿或赔偿。

④投入力量的统计分析。即要统计在处置突发事件过程中所动用的人力、物力和财力情况。

⑤应急成本的统计分析。要统计在应对突发事件工作中所耗费的人力、物力和财力情况。

二　责任追究与奖惩激励

为科学地应对各类突发事件，我国目前已经初步建立了“统一领导、综合协调、分类管理、分级负责、属地管理”为主的应急管理体制，从而使应急工作的每一个环节都实行了目标管理责任制，也使政府成为一个服务的政府和责任的政府。有责任就要有承担责任的人，在对突发事件处理过程中要明确各个部门和个人的责任，只有这样才能保证对应对突发事件工作的有效管理，才能最大限度地解决问题，才能真正起到奖优罚劣、鼓励先进的作用。

1. 落实行政问责制

行政问责制是各级政府对本级政府各部门的工作人员和下级政府的行政主要负责人在所管辖的部门和工作范围内，由于故意或者过失，不履行或者不正确履行法定职责，以致影响行政程序和行政效率，贻误行政工作，或者损害行政管理相对人合法权益，给行政机关造成不良影响和后果的行为，进行内部监督和责任追究的制度。主要在各级政府机关、公务员和其他负有领导责任的行政管理人员中推行。推行行政问责制必须坚持依法行政、依法办事的原则，权力和责任相统一的原则，对上级负责与对下级负责相一致的原则和奖励与惩罚并重的原则。必须依据国务院印发的《全面推进依法行政实施纲要》、《中华人民共和国公务员法》、中共中央办公厅印发的《党政领导干部辞职暂行规定》、国务院办公厅《关于推行行政执法责任制的若干意见》（国办发〔2005〕37号）和中共中央、国务院《关于实行党风廉政建设责任制的规定》、《关于深化行政管理体制改革的意见》等法律法规进行。

2. 实行责任追究制

应对突发事件，责任到位，责任到人，要严格执行有关应急法律、法规和制度，认真排查隐患，加大对煤矿、危险化学品、交通、消防等重点领域的监督和整治力度。坚决落实安全生产责任追究制，对发生的安全责任事故，要按照“四不放过”的原则，一查到底，严格追究有关人员的责任，构成犯罪的要依法追究刑事责任。政府有关职能部门要认真履行职责，对安全生产工作依法实施监督管理，落实监督管理责任。凡因政府工作人员失职、渎职导致重特大事故的，要严肃追究其行政责任。针对突发事件，根据《中华人民共和国突发事件应对法》的有关条款，对违反法规的行为进行处罚。

(1)地方各级人民政府和县级以上各级人民政府有关部门违反法律规定，不履行法定职责的，由其上级行政机关或者监察机关责令改正。有下列情形之一的，根据情节对直接负责的主管人员和其他直接责任人员依法给予处分：

①未按规定采取预防措施，导致发生突发事件，或者未采取必要的防范措施，导致发生次生、衍生事件的；

②迟报、谎报、瞒报、漏报有关突发事件的信息，或者通报、报送、公布虚假信息，造成后果的；

③未按规定及时发布突发事件警报、采取预警期的措施，导致损害发生的；

④未按规定及时采取措施处置突发事件或者处置不当，造成后果的；

⑤不服从上级人民政府对突发事件应急处置工作的统一领导、指挥和协调的；

⑥未及时组织开展生产自救、恢复重建等善后工作的；

⑦截留、挪用、私分或者变相私分应急救援资金、物资的；

⑧不及时归还征用的单位和个人的财产，或者对被征用财产的单位和个人不按规定给予补偿的。

(2)有关单位有下列情形之一的，由所在地履行统一领导职责的人民政府责令停产停业，暂扣或者吊销许可证或者营业执照，并处五万元以上二十万元以下的罚款；构成违反治安管理行为的，由公安机关依法给予处罚：

①未按规定采取预防措施，导致发生严重突发事件的；

②未及时消除已发现的可能引发突发事件的隐患，导致发生严重突发事件的；

③未做好应急设备、设施日常维护、检测工作，导致发生严重突发事件或者突发事件危害扩大的；

④突发事件发生后，不及时组织开展应急救援工作，造成严重后果的。

前款规定的行为，其他法律、行政法规规定由人民政府有关部门依法决定处罚的，从其规定。

(3)违反法律规定，编造并传播有关突发事件事态发展或者应急处置工作的虚假信息，或者明知是有关突发事件事态发展或者应急处置工作的虚假信息而进行传播的，责令改正，给予警告；造成严重后果的，依法暂停其业务活动或者吊销其执业许可证；负有直接责任的人员是国家工作人员的，还应当对其依法给予处分；构成违反治安管理行为的，由公安机关依法给予处罚。

(4)单位或者个人违反法律规定，不服从所在地人民政府及其有关部门发布的决定、命令或者不配合其依法采取的措施，构成违反治安管理行为的，由公安机关依法给予处罚。

(5)单位或者个人违反法律规定，导致突发事件发生或者危害扩大，给他人人身、财产造成损害的，应当依法承担民事责任。

(6)违反法律规定，构成犯罪的，依法追究刑事责任。

3. 完善激励奖惩制

在严格行政执法过错责任追究制的同时，要促进履行职责与行政问责的有机结合，将履职情况同个人切身利益直接挂钩，奖勤罚懒、奖优罚劣。对履行职责认真、绩效突出的单位和人员要给予表彰奖励，对不作为、乱作为的要严肃追究责任。对失职、渎职造成严重后果的领导干部，要依据《中华人民共和国公务员法》和《党政领导干部辞职暂行规定》的有关条款责令辞职或本人引咎辞职。对犯类似错误的其他公务员也要给予相应处理。

三　抚恤和补偿

突发事件发生后，常常会给人民群众带来包括身体和心理在内的各种伤害，为了稳定民心，安抚受害者，减轻灾害对社会和民众带来的心理创伤和物质损失，尽快摆脱危机造成的不利影响，增强群众生产自救的能力和信心。受突发事件影响地区的人民政府应当根据本地区遭受损失的情况，制定救助、补偿、抚慰、抚恤、安置等善后工作计划并组织实施，妥善解决因处置突发事件引发的矛盾和纠纷。这样做既是维护当地生产生活秩序、维护社会稳定的现实需要，更是体现党的“执政为民”理念的必然要求。

按照规定，县级以上人民政府为应对突发事件，必要时可依法征用单位和个人的财产。财产征用人员不得少于2人，并署名备查，征收组应当有公证人员参加。

征用时应当向被征用的单位或者个人签发应急处置征用令并做好登记造册工作。征用令包括征用单位名称、地址、联系办法、执行人员姓名、征用用途、征用时间以及征用财产的名称、数量、型号等内容。被征用的单位或者个人拒不执行应急处置征用令的，征用执行人员在情况紧迫并且没有其他替代方式时可以强制征用。

被征用的财产使用后，实施征用的人民政府应当返还被征用人。财产被征用或者征用后毁损、灭失、不能继续使用、无法归还的，应当给予合理补偿。

在突发事件严重影响经济正常运行、社会秩序稳定时，省人民政府可以采取临时性区域财政、价格和物资管制等应急措施，保障人民群众的基本生活需要。

受突发事件影响地区的人民政府应当根据本地区遭受损失的情况，制定救助、补偿、抚慰、抚恤、安置等善后工作计划并组织实施，妥善解决因处置突发事件引发的矛盾和纠纷。各级政府应将相应的资金需求纳入公共财政的范围之内予以考虑解决。对于不足部分还可以动员社会各种力量和社会资金作为补充，以满足必要的资金需求。

公民参加应急救援工作或者协助维护社会秩序期间，其在本单位的工资待遇和福利不变；表现突出、成绩显著的，由县级以上人民政府给予表彰或者奖励。

县级以上人民政府对在应急救援工作中伤亡的人员依法给予抚恤。

四　恢复和重建

这是应对突发事件管理工作的最后一个阶段。突发事件的威胁和危害得到控制或者消除后，履行统一领导职责或者组织处置突发事件的人民政府应当在组织对突发事件造成的损失进行评估和组织受影响地区尽快恢复生产、生活、工作和社会秩序之后，制定恢复重建计划，并向上一级人民政府报告。受突发事件影响地区的人民政府应当及时组织和协调公安、交通、铁路、民航、邮电、建设等有关部门恢复社会治安秩序，尽快修复被损坏的交通、通信、供水、排水、供电、供气、供热等公共设施；开展恢复重建工作需要上一级人民政府支持的，可以向上一级人民政府提出请求。上一级人民政府应当根据受影响地区遭受的损失和实际情况，提供资金、物资支持和技术指导，组织其他地区提供资金、物资和人力支援；国务院根据受突发事件影响地区遭受损失的情况，制定扶持该地区有关行业发展的优惠政策。

恢复与重建工作要在事故发生之前的基础上有新的发展和超越，要在总结事故经验和教训的基础上，站在更高的起点上进行恢复和重建，以避免同样灾害事故的再次发生或减少同样灾害事故造成的损失。因此，各级政府要将恢复与重建工作当成一个发展契机精心计划安排，周密组织实施，使恢复和重建工作更上一个新的台阶，让人民满意，让社会发展，让平安永驻。恢复与重建工作主要包括如下四方面内容：

(1)秩序方面的恢复和重建

主要是指法律秩序、社会秩序、生活秩序和生产秩序的恢复和重建。突发事件和危机常常会给社会造成巨大的冲击，社会正常的法律秩序、生活秩序、生产秩序也会在危机应急管理阶段受到不同程度的破坏和影响，为了战胜危机，避免更大损失，政府有时甚至会宣布进入紧急状态。由一些社会原因造成的对立和冲突性危机，往往会造成一定程度的法律失效、社会秩序混乱。因此，当应急管理状态结束时，各级政府的首要任务就是要尽快恢复该地的法律秩序、社会秩序、生活秩序和生产秩序，加强社会治安，维护社会稳定，保障人民群众的生命和财产安全，只有这样，其他方面的恢复和重建工作才能够正常开展。

(2)物质方面的恢复和重建

主要是指人们生产和生活方面的各种设施和生活需求性物质的恢复和重建。突发事件发生后在物质方面的恢复与重建主要有如下四个方面：一是紧急安置和救助，包括居民临时住宅的修建和提供，受伤人群的搜寻与救助；二是公共服务设施及其供给的恢复与重建，如水、电、气、通讯、电视等事关民众和社会发展的生活必需品与服务供给；三是住房、交通和商业设施等的恢复和重建，主要是对受到破坏的建筑物、道路桥梁、通讯设施等进行恢复建设，以保障人们正常工作、生活和经济往来；四是通过重建改善当地居民的聚居环境，促进地方政治经济健康有序发展，其中也包括增加预防突发事件和危机的各项措施与设备。恢复与重建工作要在对灾害事故全面调研的基础上，统筹规划，统一组织，将恢复生产作为一项紧迫的工作来对待；要坚持先急需和先重点和先易后难的原则，首先恢复生命线工程，如供水、供电、医院和与国家建设、人民生活密切相关的大型厂矿企业；先恢复破坏较轻的厂矿企业和农业等，然后逐步将恢复重建工作全面展开。

(3)精神方面的恢复和重建

主要是对社会公众特别是危机当事人与受灾者提供精神和心理救助，使其尽快恢复到原有的健康状态。有专家认为，与物质方面的损失相比，公众的心理和精神所受到的伤害可能更为严重。在突发事件发生之后，很多人都会不同程度地受到了一定的心理伤害和精神摧残，严重者甚至影响到了其今后的正常生活。对于这种影响并非所有人都能够进行有效的自我调适和自我解脱，有些人必须借助外力的帮助才可能从危机的心理阴影和精神打击中走出来，这说明，危机当事人或受灾者不仅需要物质的援助，还需要心理上的救助。因此，政府所肩负的恢复与重建工作，既要恢复与重建灾区的生活家园，也要恢复与重建灾民的精神家园，既要恢复生活秩序，又要重建生活信心。

(4)组织机构的恢复和重建

突发事件不仅会使原有的社会秩序发生震撼和断层，甚至也会使组织机构的正常运转发生错位和转变。突发事件发生后，政府的行政运作突然间由常态管理进入了非常态管理，原有的程序化决策一下子进入了非程序化决策，待到突发事件应对工作结束后，非常态管理状态还必须尽快恢复到日常的常态管理状态。对在突发事件及其应急处理过程中因公殉职或受伤的一些领导人、工作人员或毁坏的办公设施，及其所造成的某些业务停顿和组织功能的丧失的情况，也需要补充人员，补充设施，尽快恢复业务运转和组织功能。这也是危机管理中恢复与重建工作的重要内容。

第十二章　群体性突发事件的处置程序与工作规范

处置群体性突发事件是一项复杂而敏感的政治工作,也是各级政府维稳工作的首要内容之一。为了积极预防和妥善处置群体性事件,规范处置行为,提高处置能力,切实维护人民群众的合法权利,维护社会稳定大局,中共中央办公厅、国务院办公厅转发了中央处理信访问题及群体性事件联席会议《关于积极预防和妥善处置群体性事件的工作意见》的通知精神,为正确处置群体性突发事件提供了指导思想和工作原则。

预防和处置群体性事件,要按照构建社会主义和谐社会的要求,正确处理新形势下的人民内部矛盾,正确把握依法维护社会公共秩序和维护人民群众合法权益的关系,明确职责分工,健全工作机制,加强协调配合,采取有效措施,力争做到对群体性事件发现得早、化解得了、控制得住、处置得好,切实把问题解决在萌芽状态、解决在当地,解决在基层。

一　群体性突发事件的定义

所谓群体性突发事件,就是指突然发生的,由各种社会矛盾引起,由多人参与,以满足某种需要为目的,使用扩大事态、加剧冲突、滥施暴力等手段,扰乱、破坏或直接威胁社会秩序,危害公共安全,侵犯公民人身安全和财产安全,应予立即处置的群体性事件。其中也包括违反国家法律、法规、规章,采取非法集会、游行示威、上访请愿和聚众围堵,冲击党政机关、堵塞交通等行为,以及严重影响社会稳定的罢工、罢课、罢市的行为。

近年来,由于社会处于历史转型期和发展期,由各种矛盾诱发的群体性突发事件数量不断增多,不少群体性突发事件呈现出空前的尖锐性和复杂性,对这类事件的处置不仅牵制了党政部门和相关机关的很大精力,而且已成为影响区域社会稳定的重要因素之一。因此,增强危机意识,加强对群体性突发事件成因、特点、对策的针对性分析与把握，提高预测和化解矛盾的能力，有效控制事态发展，既是认真落实科学发展观，维护区域社会稳定，为经济建设创造良好治安环境的现实需要，也是摆在各级领导和公务人员面前的一个重大课题。所以，各级领导干部和公务员应尽快提高群体性突发事件的应对能力，把握处置分寸和法律尺度，灵活运用应对艺术，妥善处理好各类群体性突发事件。

二　群体性突发事件的类型

对群体性突发事件进行科学分类，不仅有利于我们以不同的标准和视角更全面地认识群体性突发事件的特点、成因和性质，而且有助于在处置群体性突发事件时采取有针对性的措施和具体可行的应对方法，有效解决矛盾，平息事态，控制局势。根据不同的标准可以对群体性突发事件进行分类。

1. 按照发生行业和内容性质划分

根据群体性突发事件发生行业和内容性质不同，大致可以分为如下六种类型。

(1)经济性群体事件

这是与经济活动和经济利益直接相关、参与主体为满足一定经济利益需要而引发的突发性群体事件。这类群体性突发事件主要起因于劳资纠纷、下岗职工困难、农民负担过重和土地使用纠纷、金融风暴损害股民利益、贫富差距拉大导致心态失衡等。如因土地、水源、山林、矿山的归属以及为了工资、福利、待遇等而引发的事件。这类事件针对的客体主要是相关的经济部门。在社会转型期，这类群体性突发事件在所有类型中所占比例最大。

(2)政治性群体事件

这是与公共权力活动及其政治利益相关、参与主体为实现某种政治目的而引发的群体事件。这类事件一般是以政治诉求为特定目的，事件客体多是党和政府及干部，表现形式多为非法的游行示威、静坐、冲击党政机关等。这一类事件在转型期偶有发生，但只是极少数，并且政治性色彩不浓厚，不是以夺取政权为目的，而是对那些贪污腐败以及某些官僚主义严重的政府部门发泄不满。

(3)社会性群体事件

这是指事件主体针对某些社会问题,为促成有关部门或社会重视而引发的群体性突发事件。一般是与各种社会活动及其公民权益相关的事件。如失业、教育、环保、交通、食品卫生、社会保障等方面的问题。这一类群体性突发事件在社会转型期间比较常见。随着公民意识的觉醒,其利益诉求和公共参与的愿望和要求不断加强,一旦其合法权利益受到侵害,加之缺乏通畅的利益表达渠道和机制,往往容易引发群体性突发事件。

(4)民族性群体事件

这是由民族因素和民族问题所引发的群体性突发事件。主要源于两个方面原因造成的民族感情和习惯受到伤害和影响。外在原因是境内外敌对势力煽动蛊惑制造民族不和、民族分裂,内在原因则在于某些地方在某些民族政策的执行中工作不细致或不尊重民族习惯从而引起的利益、生活习俗等方面的误会等。我国是一个多民族的国家,各少数民族都有着自己独特的文化,在经济文化、生活方式、风俗习惯等诸多方面存在着一定的差异性,这些差异性在共同的社会生活和频繁的交往过程中不可避免地就会产生一些不和谐的情况,出现一些矛盾冲突,这些矛盾冲突积聚到一定程度就会引发群体性突发事件。

(5)宗教性群体事件

这是由宗教信仰和习惯问题而引发的群体性突发事件。主要是宗教信仰和习惯没有得到很好的尊重;宗教管理工作的疏漏以及国内外宗教反动势力企图煽动信徒抗拒法律、推翻政府等。当然,上述各类群体性突发事件往往不是孤立的,而总是在以一种类型为主要特征的同时,往往还纠结其他方面的问题。

(6)涉外性群体事件

这是指事件的主体或侵犯的客体至少有一方是涉及外国。涉及性群体事件涉及不同国家之间的关系,需要通过双边或多边协调解决。涉及性群体事件的社会影响,乃至国际影响较大,往往关涉国家声益和政府形象,大多数涉外性群体事件的处置需要通过外事外交途径,具有较强的外事政策性。

(7)文化性群体事件

这是指由城乡文化差异、民族文化差异、宗教信仰风俗习惯等文化因素所引发的群体性事件。主要在于城乡居民的文化生活要求得不到满足;城镇化过程中外来人口与本地文化习俗之间的冲突；特定群体或民族的语言、生活习惯等受到主流文化的冲击和挤压等等。我国是一个多民族的宗教信仰多样化的国家，随着民族意识的觉醒和强化，在一定外在条件的刺激下，有的文化差异、争议往往会成为诱发群体性突发事件的因素。

2. 按照事件主体的规模差异划分

根据群体性突发事件主体的规模差异，可以分为如下三种类型。

(1) 个体型突发事件

一般把单个人极端的行为方式直接刺激和强化所引发的突发事件称之为个体型突发事件。这类事件虽然是由一个人所引起的，但这个人的特定需求，特殊目的，或者这个人的特殊的行为方式，往往引起了某些社会群体的反响、认同或同情，甚至引起多人的响应、声援、支持和参与。此类个体型事件常常具有很强的社会示范、诱导和刺激作用，这是由个体性引发转化成群体性突发事件的前提条件和导火索。

(2) 小群体型突发事件

一般把50人以下的小群体所引发的突发事件称之为小群体型突发事件。根据小群体的关系又可以分为混合型小群体与结合型小群体突发事件。混合型小群体突发事件是指由基于共同需求和心埋特征临时组成的小群体所引发的突发事件。在社会转型期，这种混合型小群体大多以上访人员构成，他们之间虽然动机、目的不同，但其基本境遇及其指向的目标具有一致性，并且其人数的多少具有较大的变化性。结合型小群体突发事件是指由社会交往密切、具有一定内聚力的人员结合而成的小群众所引发的突发事件。这种群体成员间具有较强的群体意识的凝聚力，其所引发的事件往往具有一定的预谋性。

(3) 大群体性突发事件

一般把50人以上的群体所引发的较大规模的突发事件称之为大群体型突发事件。根据这种群体组成人员及群体活动的不同形态又可以分为偶然聚集型、偶然聚集合成型的混合型群体突发事件。

①偶然聚集型突发事件。这是指由偶然因素聚集在一起的人数众多的群体所引发的突发事件。这类事件容易在人群聚集的文化体育广场所等地方发生，虽是偶然聚集，但其群体的情绪感染性、迁移性和波动性强，在刺激因素的激发下影响范围会迅速扩大，群体成员间的约束性小，其危害性严重，甚至导

致难以控制的局面。

②合成型突发事件。这是指由关系密切的单位、社区中的人数众多的人员所组成的较大规模的群体所引发的突发事件。此类事件群体的目标集中、内聚力强、行动一致，有较强的组织性，有一定的策划者、组织者和指挥者，事件持续的时间长、影响广，处置难度大。这类事件常常源于政府部门政策的偏差或者工作失误所导致，矛盾交织，情况错综复杂，群情激愤，如果处置不当，往往会造成群体自身失控，导致更加严重的混乱和危害。

③混合型突发事件。这是指来自于不同的单位、部门、社区的人员就某共同的需求经过串联、声缓、煽动而组成的大型群体所引发的突发性事件。此类事件组成人员的成分复杂，所指向的目标和需要容易随事态的发展呈现分化，事件的蔓延性、扩散性、破坏性较大。

3. 按照准备情况和目的划分

根据群体性突发事件的发生是否有准备来进行划分，可以分为如下两种类型。

①预谋性群体性突发事件，是指在事件发生之前，事件的发动者经过了一定的谋划、准备，是有组织、有计划、有预谋地策动造成极大影响的事件。这类事件的组织者在群体中往往具有一定的威信，在外界看来是突发性的，但实际上却是某些人经过较长时期的预谋策划、组织准备的结果，一旦他们认为时机成熟，就会突然发难，制造出影响极大的事件。

②偶然性群体突发事件，是参与者在事件发生之前没有明显的动机和策划准备过程，而由突然遇到的偶然事件在精神和心理上受到强烈刺激所导致感情冲动失去理性而引发的事件。这类事件的主要特点是事件的临时刺激而引发的行为引起了多人的共鸣和呼应，由此而引起了群体的波动性和连锁性骚乱。国外发生的多起踩踏事故大都属于偶然性群体突发事件。

4. 按照表现形式和影响划分

依据群体性突发事件的表现形式和影响来划分，可以分为如下两种类型。

①暴力型群体性突发事件，是指事件的参与者采取爆炸、绑架、杀人、抢劫、打砸抢烧等对抗形式的暴力手段，企图强行实现其要求或发泄其不满情绪

的事件。这类事件在社会转型期比较少见，但与过去相比有逐渐增多的趋势。

②非暴力型群体性突发事件，是指事件的参与者在群体性事件是主要采取集会、游行、静坐、请愿、罢工、罢市、罢课、罢运、堵塞交通、煽动演说、呼喊口号等非暴力形式，提出诉求，寻求对话，以通过扩大影响的方式实现其特定目的和要求。

5. 按照区域现状和特点划分

根据我国目前群体性突发事件发生的区域现状和特点情况，大致可分为如下三种类型：

①有关城市问题的群体性突发事件，主要是指城市中因企业改制、职工下岗、拖欠工资和养老金、再就业、大中专毕业生安置和分配、地方性乱摊派、乱收费、干部违纪、供水供暖、供电供气、城市拆迁安置、城市管理、社会治安等问题而引发的群体性事件。其特点是有一定数量的城镇居民参与，为了实现某种利益要求，采取围攻、静坐、游行、聚会等方式对抗党政机关乃至破坏社会公共财物和威胁人身安全，扰乱社会秩序。具体表现为集体请愿、上访、非法集会、游行、冲击党政机关、阻塞交通、罢工罢课、聚众械斗，少数还伴有打、砸、抢行为。

②有关农村问题的群体性突发事件，主要是指农村由于土地纠纷、土地征用、水源林地之争、村级换届选举的原因引发的矛盾冲突，其中，经济利益矛盾是农村各类矛盾的主导矛盾。由于我国正处在社会转型时期，经济生活和社会关系正在发生深刻的变化，社会经济成分、经济利益以及社会生活方式、社会组织形式、社会阶层都具有多样化和变数多的特点，生产关系诸方面和利益格局不断调整，给农村带来了巨大的影响，由此引起各种矛盾冲突碰撞，并导致人民内部矛盾尖锐，如果处理不好或处理不及时，就不可避免地会引发农村群体性突发事件。

③有关民族宗教问题的群体性突发事件，主要是指我国各民族相互交往过程中因利益关系、生活习俗、宗教信仰等方面原因引起的误会、摩擦和冲突、并由此引发的涉及民族宗教问题的群体性事件。随着改革开放的深入发展，由人民内部矛盾凸显和境内外敌对势力的政治渗透、挑唆而引发的涉及民族、宗教问题和民族地区事务问题的群体性突发事件已经成为当前影响社会政治稳定的又一突出问题。具体表现以大规模集体上访、静坐、示威为主，并伴有

围攻宗教管理部门,或对党政领导进行围攻,要挟政府等。同时,暴乱、骚乱、暴力等活动也时有发生。这些群体性突发事件,严重破坏了我国的社会秩序,削弱了政府的权威,损伤了和谐团结的民族关系,在国内外造成了极坏的影响。

三 群体性突发事件的特点

群体性事件的发生,是社会各种矛盾的集中性爆发。在某种程度上反映了某些群众共同的思想感情,或共同的利害关系,因而在语言上比较容易沟通,感情上容易接近,思想上容易形成共识,产生共同的意愿和要求,因而引发共同的行动。当前我国群体性突发事件主要具有以下一些特点:

1. 参与的群体性

群体性事件的发生,是不同社会矛盾的集中反映,有一定的群众基础。在某种程度上反映了某些群众共同的思想感情,或共同的利害关系,因而在思想语言上比较容易沟通,感情上容易接近,形成共识,产生共同的意愿和要求。

2. 行为的突发性

群体性事件往往在短时间内形成,出乎人们意料而突然发生,带有一定的偶然性、临时性和不可预见性及整体的组织性。群体性事件往往有一人出头,百人呼应,极易产生连锁反应,并且近年来的群体性事件组织化程度越来越高。

3. 诱因的多样性

群体性突发事件的诱因十分复杂:既有现实的情势,又有历史的渊源;既有群体间利益的冲突纠纷,也有干群关系、警民关系恶化的因素;既有国内的原因,也有国际的影响。转型期群体性突发事件的发生有的是因为经济社会的贫困落后、资源匮乏、观念陈旧所引发的,有的却是由于经济社会的发展而带来的利益意识、民族意识、权力意识、平等意识等的觉醒而引发的,是传统社会与现代社会、农业社会与工业社会及后工业社会、现代性与后现代性等多种因素相互交织、相互作用的结果。正如美国政治学家亨廷顿所说的,“现代性孕育着稳定,而现代化过程却滋生着动乱”。

4. 事件的多发性

近几年来,群体性突发事件呈现出多发态势,涉及的范围和人数也比较广泛,小则几十人,几百人,多则上千人。一些群体性突发事件现已波及到大多数省、区、市的城市、农村、厂矿、机关、学校等众多行业和领域。

5. 主体的多元性

主要表现在行为人目的的多层次性及参与对象的多层次性。参加者包括在职和下岗失业职工、房屋被拆迁居民、失业农民、农民工、库区移民、出租车司机、环境污染受害者、个体业主、外资企业和私营企业的权益受损职工、复转军人、教师、学生乃至干部等各阶层人员,呈现出参与主体多元化的态势。这种参与主体的多元化,一方面说明了广大公民权力意识、平等意识、利益意识、维权意识的觉醒和强化;另一方面也表明了我国民主政治、法治建设还不能满足人们的基本需求,利益表达、民意诉求渠道和机制尚未得到健全与完善。

6. 利益的主导性

对物质利益和精神利益的追求和满足是人的一种本性。“人们奋斗所争取的一切,都是同他们的利益有关”。我国正处在社会转型期,利益平衡关系不断被打破,利益矛盾冲突日渐增多。如下岗失业人员再就业、土地征收补偿、城市房屋拆迁安置、土地承包流转、村务管理、矿产开采、企业破产改革、企业出售、拖欠农民工工资、非法集资、债权债务、经济赔偿等。在群体性事件中,参与者最关心的往往是一些与其切身利益息息相关的看得见摸得着的具体利益问题。这些事件的起因大多涉及相当一部分人的利益受到损害,并且大多数的利益诉求都有一定的合理性,容易得到社会上许多人的同情与支持。共同的利益诉求将许多人聚集在一起,形成共同的目标。同时这类事件又极易得到利益相关者的响应,使得聚集的群体不断扩大,事态日趋严重。可以说,利益在群体性突发事件中占据着主导地位。

7. 行为的对抗性

群体性突发事件的矛头往往针对党政机关,其主要原因在于群众认为是党政机关没有尽到公共服务的责任,同时,社会转型期权力制约机制不足导致腐败现象蔓延,引起群众的强烈不满,严重影响了党群关系、干群关系。加之一些领导机关和干部队伍中官僚主义严重,处理问题的方式方法简单,甚至躲避群众,致使群众产生怨气。一般来说,群体性突发事件绝大多数是由非对抗性的人民内部矛盾所引起的,虽然处于社会转型期的人民内部矛盾的对抗性因素在增强,行为趋于激烈,对抗性加剧,但这不过是指矛盾的表现形式和解决方式的激烈程度,并没有改变群体性突发事件在性质上仍然属于人民内部矛盾的基本判断。在群体性突发事件中,参与者行为的偏激性主要表现为:

①围堵和冲击党政机关。如在政府机关及主管部门门前聚集、静坐;有的在政府大楼前自焚、自杀;有的事态迅速升级,甚至打伤工作人员、砸坏办公设施和交通工具、纵火焚烧办公大楼。对于公安民警的介入,群体性事件的参与者常常怀有强烈的抵触情绪和抗拒心理,甚至激化矛盾,火上加油,辱骂殴打公安民警,推翻、砸毁、焚烧警车,表现出明显的对抗性因素。

②阻塞公路,卧轨拦截火车,砸毁机车,制造交通瘫痪,有的人认为"找单位不如找政府,找政府不如堵公路、上铁路",明目张胆封桥堵路,要挟党政部门。

③武装械斗,造成严重人员伤亡。例如少数农村地区因地界、资源纠纷和宗教等矛盾久拖不决,引发规模较大的群体械斗。群体性事件作为当前人民内部矛盾的集中反应,往往是有明显的二重性。在很大程度上,群体性事件行为中既有人民群众相信党和政府的主观倾向,又有持众要挟的无理要求,甚至扰乱正常的工作和社会秩序的行为。

8. 处置的复杂性

群体性事件的处置难度相对较大。因其参与人员的错综复杂,行为方式的非正常化,甚至非法化,无形中增加了处置的难度,稍有不慎,就会激化矛盾,造成事态扩大,产生不良社会影响。群体性突发事件往往是历史与现实问题相交织,眼前利益与长远利益、个人利益、群体利益与局部利益、全局利益矛盾相交织，多数人的合理要求与少数人的无理要求相交织，多数人的过激行为与少数人的违法行为相交织，常常使得事件解决难以当机立断，一旦应对不当，极易激化矛盾，使事态扩大。这种复杂性还表现在这几个方面：一是由于主客体矛盾积怨大，事件一旦爆发，若不能及时处置，就会迅速蔓延扩大，很容易失控，很容易失去把矛盾冲突解决在当地、解决在基层的良机。二是由于事件诱因的复杂性、累积性、潜伏性、敏感性、连带性、涉外性，事件发生后，若不能及时果断加以处置，就会牵五挂六，迅速扩展，极易造成国际影响，并使事件的性质和表现形式也因此发生变异，甚至产生更大的连锁反应。三是由于群体性事件有的是历史遗留问题，有的是新出现的问题，有的是历史问题与现实问题的结合，有的问题跨地区、跨部门，甚至跨国界的，处理起来比较棘手，协调难度大。四是群体性事件往往是由多种矛盾纠集交织的特定产物，对这些矛盾的处置，关系到各族群众的政治经济等方面的切身利益，有的还会涉及某些国际问题。因此，对这些事件的处置是一项具有较强的政治性、政策性、理论性、实践性、群众性、战略性、策略性的复杂的系统工作，把握不好，处置不当，往往难以自圆其说。五是有很多参与者众多的事件是有领导、有组织的，其聚散进退均受骨干分子影响和操纵。比如有的上访请愿由有一定知名度的人士担当组织者和骨干，影响力和号召力较大，甚至还聘请有律师。这也极大地增加了处置事件的复杂性和艰巨性。

9. 过程的渐进性

任何突发事件都有酝酿、发展、蔓延、爆发的过程。任何突发性事件都是相对地突发，不可能没有前兆，没有准备过程。事件规模越大，涉众越多，其准备的过程就越长。因而，我们一定要高度地关注不同群体性矛盾发展变化的状况，及时发现闹事苗头，发现不安定因素，掌握“风吹草动”，做到“月晕知风，础润知雨”，提高未雨绸缪的能力，及时将各类突发事件解决在萌芽状态。

10. 事态的多变性

由于引发矛盾的因素具有多层次性、多发性，因而新形势下群体性矛盾呈现出内容多变，形式多变的特点。如个别性矛盾、个体性矛盾由于化解不及时就可能变成群体性矛盾；群体性矛盾由于处理不及时、不妥当，就可能转化、激化，成为突发性事件；突发性事件由于处置不当，就可能由非政治性问题转化为政治问题，如果有国外敌对势力的渗入，还有可能转化为带有国际性的问题。因而，我们要注重群体性矛盾的多变性，针对不同领域、不同层次不断化解矛盾，采取不同的方法予以妥善解决。

四　群体性突发事件的成因

处于社会转型期的群体性突发事件成因十分复杂，既有社会转型本身的原因，包括体制性、经济性、政治性、政策性、民族性、国际性、管理性等方面的宏观因素，也包括个体与群体心理、观念、意识、情感、思想、见识等方面的微观因素。群体性突发事件的产生是社会转型过程中多种因素相互作用的结果，是各种社会矛盾冲突的集中体现。认识和把握转型期群体性突发事件的成因有助于按图索骥，寻找有效处置群体性突发事件的良方，以便对症下药，因事施法，因人施教，从根本上把握处置群体性突发事件的总体对策和思路。

陈晋胜从宏观上把群体性事件的成因分为五类：

①政治成因。随着改革开放的不断推进，人民群众的政治意识和民主观点有了显著提高，但政府职能和领导观点并没有适时而变，仍然奉行全能政府的理念，管了许多不该管、管不了的事，在缺乏利益表达渠道机制的情况下，认为自身利益受到损害的群众为了维护和实现自身的利益，以求快速解决或彻底解决，就通过非正常的方式向党政部门施加压力。同时，各种利益集团之间的矛盾在一定范围内长期存在，国际上敌对势力的煽动和影响，民族与宗教被国内极少数别有用心的人和国际反华势力所利用，封建宗教势力的影响等也是不可忽视的外部原因。

②经济成因。由于社会经济发展的不均衡，不同利益群体的分化、整合与形成，导致各种不同经济利益群体之间产生错综复杂的利益矛盾。在市场经济发展不完善、社会保障体系不健全、改革措施不到位、多样的利益群体和悬殊的个人收入这些深层次的原因的影响下，一旦有直接的原因诸如个人或群体利益的引导下，就会爆发群体性事件。

③法治成因。群体法治意识的强烈性和不良性、社会控制中预设的救济渠道不畅通、诉求渠道不畅通、资源的稀缺性和资源分配的非连续性等等，群众合理的需求、合理的请求和合理的诉求未能及时得到解决，少数群众对政策

法律法规学习不够,知之甚少,甚至是曲解、错解和误解,他们往往只要权利不要义务,一出现不利于己的问题时就埋怨政府,埋怨社会,以至盲目采取集体上访、聚众上访等非法的维权形式。

④文化成因。传统文化中的人治传统、权力崇拜传统、"法不责众"传统和厌诉传统,现代文化中民主意识的普及、权力意识的觉醒和主体意识的增强也在影响群体性事件的发生。

⑤社会成因。随着现代开放意识、利益意识和独立意识的融合,一方面由于社会结构的变迁和社会制度的变迁,社会流动逐渐加快,社会分层逐渐明晰,社会强势群体和弱势群体逐渐形成;另一方面,由于相对宽松的政治环境、法治环境、自主的经济环境和自由的文化环境的存在。而我国社会正在从传统型向现代型转变,其间社会阶层的日益分化使得弱势群体在社会格局中处于被动地位,弱势群体受到社会排斥,结果导致社会心理严重失衡。在社会改革的未确定性、个人风险的难以预测性、社会"安全阀"机制和社会保障体系的缺失的这些因素影响下,一旦有"导火索"的引发,就会爆发群体性事件。

五　处置群体性突发事件的基本原则

一旦发生群体性突发事件,事发地政府以及各级公务人员要迅速做出决策、及时采取措施,避免事态恶化。处置群体性突发事件应该坚持的基本原则如下:

1. 坚持预防为主防患未然的原则

要在充分考虑最广大人民的根本利益、考虑群众的理解和支持的基础上制定和出台政策措施,从源头上预防涉及群众切身利益的群体性事件发生。要建立健全社会利益协调机制和社会稳定的预警工作机制,做到早发现、早报告、早控制、早解决,及时消除诱发群体性事件的各种因素。

2. 坚持正确区分矛盾性质的原则

在对待群体性突发事件的问题上,判断矛盾的性质十分重要。从性质上说,中国的群体性突发事件绝大多数属于人民内部矛盾,而且多数是与群众的经济利益相关,由经济原因引起的。但也有少数属于敌我矛盾。对于人民内部的矛盾,应在法律、政策规定的范围内,运用说服教育的方法、批评的方法去解决,而不能动辄采取压服的方法去解决。而对于不属于人民内部矛盾的,则要采取严厉的手段加以打击,从而防止事态的扩散。

3. 坚持真正关心群众利益的原则

要从根本上解决群体性突发事件的发生,各级政府和公务人员应该树立科学的发展观、正确的政绩观、科学的人才观和立党为公、执政为民的理念,统筹兼顾,在正确把握好各方面的利益平衡关系的基础上,要真正关心群众的利益,始终把群众的利益放在首位,要心里装着群众,凡事想着群众,一切为了群众。为群众诚心诚意办实事,尽心竭力解难事,始终不渝做好事。要关心群众疾苦,体察群众情绪,做好新形势下的群众工作,团结群众,带领群众,在群众中树立良好的形象,赢得群众的信赖和支持。

4. 坚持团结多数打击少数的原则

团结大多数,是因为作为人民内部矛盾,大多数人都是自己人,都是可以争取的正面力量;打击极少数,是因为群体性突发事件大都有极少数人在背后策动和谋划,必须对这些极少数人进行严密控制,不仅事先要运用政治、法律、教育的手段,迫使其立即放弃非法组织、策动行为,而且在事件中要设法将其同参与事件的群众分离开来,使其失去"龙头"作用,更应在事后对其进行严肃处理,以儆效尤。同时,对那些乘机插手事件的敌对分子、敌对势力和具有犯罪行为的个别人员,要及时予以揭露,依法进行坚决果断的打击,以起到震慑人心和控制事态的作用。对绝大多数受蒙蔽或者胁迫的群众,只要未参与犯罪行为,不论在事前、事中还是事后都应该采取说服教育的方法,使其尽快明白自己的错误行为,最终重新团结在党和政府的周围。

5. 坚持可散不可聚、可导不可激、可解不可结的原则

要注意工作方法和策略,综合运用政策、法律、经济、行政等手段,采取教育、协商、调解等方法处置群体性事件,加强对群众的说服教育、引导群众以理性合法的方式表达利益要求,解决利益矛盾,防止矛盾激化和事态扩大。由于

群体性突发事件具有对立性、抗争性、突发性等特点，要求现场公务人员要积极配合有关责任单位，通过说服、教育、疏导的工作方法，晓之以理，动之以情，明之以法，行之以礼，安抚劝慰，缓解群众的情绪，并力求站在群众的立场上，为他们提供政策帮助、法律帮助、方法帮助，引导他们通过其他合法的程序，合法的途径，合法的诉求渠道解决问题，尽量把矛盾化解在初始阶段，不使事件扩大，不使其形成大规模的上访请愿乃至冲击党政机关、阻塞交通、集会游行或群体械斗的事实。并通过有理有节的工作促使群众逐步接受行政机关为维护现场秩序而提出的一些要求，争取掌握控制现场的主动权。有关单位及其领导同志也要及时跟进工作，对群众提出的一些合理要求尽快作出明确答复，对现场群众的人气、情绪、矛盾要坚持“可散不可聚、可导不可激、可解不可结”的处置原则，尽快把群众劝离现场，不到迫不得已，不得采用警力阻止和强行驱散的措施。

6. 坚持调动一切积极因素及时化解矛盾的原则

社会转型时期出现的群体性事件大多属于人民内部矛盾，属于利益关系的诉求或者思想认识偏差的问题，一般不具有对抗性。因此，最合适的解决方式，应该是通过和平的方式，化解矛盾、理顺情绪，平息事态，既要达到为政府解除干扰的目的，又要到达为群众排忧解难的目的。事件发生后，政府公务员应迅速作出反应，以积极的姿态，调动一切积极因素，真正把群众当成自己人，诚心诚意与群众平等对话，多作调解、劝解、和解工作，并协调各部门帮助群众寻求解决问题的最佳途径。要通过耐心细致的思想工作，使矛盾缓解，使群众分散，使事件平息。对于重大事件，领导干部要召集各方专家，包括经济、政治、法学、心理、传媒、社会学等方面的专家和学者参加的应急处理决策管理，尽快拿出平息事件的最佳解决方案与对策。

7. 坚持快速反应，重点解决的原则

由于群体性突发事件发展迅速，容易大规模扩大和蔓延，参与处置的工作人员一定要快速做出反应，时间快一步就会主动一步，时间慢一步就会被动一步。群体性突发事件的处置，一般涉及的部门较多，因此，不同部门之间的统一合作、协同作战至为重要，要集中优势力量解决群众最为关心的重点、焦点、

热点问题，并对这些问题做出明确答复，使主要矛盾得到化解，这样，参与处置的工作人员既为政府平息了事端，也为群众办了实事，事态也就自然降了温，余下的问题也就比较容易解决了。

8. 坚持慎用警力的原则

慎用警力、慎用强制措施、慎用警械和武器。要根据群体性事件的起因、规模、影响以及现场情势和危害程度，决定是否动用处置性警力，是否采取强制性措施以及采取何种强制性措施，是否使用警械以及使用何种警械。既要防止警力和强制措施使用不当而激化矛盾，也要防止当用不用而使事态失去控制。公安机关在群体性突发事件爆发以后，应该而且必须及时派出警力参加处置。但如何使用警力却需慎重对待。贸然使用警力，很容易激化矛盾，延迟使用警力，又担心事态扩大。对于一般事件，公安机关切忌派警力直接赶赴现场处理，只能通过情报网络收集信息，并向上级领导机关反映情况，为领导机关决策当好参谋；对于对立程度比较严重的群体突发事件，公安机关为了防止事态扩大，必须派出足够警力直接予以处置。特别是对于集体冲击党政机关、非法阻断交通、集体强行卧轨断路或者集体械斗、集体打砸抢等事件，应该不分起因如何，公安机关都要立即组织警力，采取强制措施，及时果断加以处置，并对其中的首要分子坚决惩处打击。同时，还要准备足够的预备队，机动待命，以防备更加严重的事件发生。

9. 坚持妥当善后原则

当群体性突发事件平息之后，应当积极妥当地处理好与事件相关的善后事宜，如总结原因，改进工作，兑现承诺，既要解决群众关心的实际问题，又要解决工作自身存在的实际问题等。事态平息，并不意味着事件本身所反映的许多深层次矛盾和问题问题得到了全面彻底的解决。要善于从自身的工作中找原因，切实改进工作作风，而不单单是从群众中找原因，不要盯着群众的毛病不放。只有从根本上消除引发群体性突发事件的因素，才能使处置工作真正结束。对于群众提出的要求和问题，对于政府承诺的事项，能解决的马上解决，不能马上解决的，要制定切实可行的方案和计划，并及时公布于众。对事件过程中发生的违法行为，要进行广泛的法制教育宣传，使广大群众认识到违法行为的危害性，引导和教育群众处理好合理要求与违法行为之间的辩证关系。对管理不善、工作失职而引发和激化群体性突发事件的相关责任人员，应当进行必要的责任追究和处罚，强化各级公务员的基层意识和责任意识。要建立健全人民群众向领导机关反映意见和建议的正常渠道，明确接待人员的职责范围和信息传输程序，使民情民意得以合理顺畅的表达，避免类似突发事件再度发生。

六 处置群体性突发事件的运行机制

处置群体性突发事件，既是对各级政府执政能力提出的严峻挑战和考验，也是各级领导者和公务人员面临的一项紧迫任务。随着改革开放的深入和经济关系的调整，经济和社会生活中的各种矛盾，出现了不少新情况和新变化，其中涉及一些群众切身利益的矛盾比较突出。对人民内部矛盾，要区别不同情况，正确运用经济、行政和法律手段加以处理，防止矛盾激化。处理群体性突发事件要完善如下机制建设：

1. 建立预警防范机制

任何具体事物都处在特定的因果链条中，每一个群体性矛盾，都有它孕育的原因、产生的端倪；广泛而大量的群体性矛盾，自有它产生和发展的规律性，对其规律的探索和把握就能有效地进行预警，有效地坚持“调访结合，以防为主”的方针，凡事预则立，不预则废，准确预测群体性矛盾的发生及其发展过程，就能有的放矢地进行预防和化解相关的群体性突发事件。只有这样，才能摆脱“防不胜防”的被动局面。第一，将防范关口前移，提高责任意识，提高危机意识，加大对重大矛盾纠纷的调处力度，对涉及群众重大利益的问题要建立限期化解制度。第二，将防范重心下移，做到有预有防，以备无虞，要着力加强基层组织建设，建立和完善县区、乡镇（街道、企业）、居委会（村委会）三级矛盾纠纷调节防范工作网络。第三，将防范时间延伸，使防范工作做到日常化和经常化。在重大活动和重要时期，要认真开展对重大矛盾纠纷排查调处工作。要知道，群体性事件的矛盾、问题，都是平时积累起来的。所以要坚持抓早、抓小，常抓不懈，及时察觉并解决一些倾向性的苗头问题，防止矛盾的聚积和扩大。第四，将工作方式下接，即要经常下访。干部下访不仅有利于改进工作作风,直接与群众交流沟通,密切干群关系,党群关系,了解群众关心的实际问题,避免错误决策,还有利于及时化解和解决发生在基层群众中的问题和矛盾,避免和减少群众盲目上访,而且还能通过实践历练,提高干部综合素质,增强干部执政能力。建立预警防范机制,形成信息网络和排查制度,预测和排查可能发生的群体性矛盾,提出预防和化解出现的群体性矛盾的政策和措施,组织得力人员靠前,把群体性矛盾化解在萌芽状态。

2. 健全矛盾释放机制

群体性突发事件发生的原因一般都源于群众的某种诉求得不到根本解决,在其发生初期,大都表现为一种隐性的、个别的状态。倘若缺乏合适的释放和宣泄渠道,那么这些隐性的、个别的不满情绪就会积聚成大量的、集中的社会不安定因素。所以,健全社会矛盾释放机制极为重要。所谓释放矛盾,就是给社会成员提出问题、发表意见、发泄不满的场所。从制度上保证有一个上情下达、下情上达的通道,即“矛盾释放口”。有了这一通道,社情民意才能得以充分体现。作为政府部门有必要完善疏通不满情绪、排放冲突因素的运行机制。如民主议政,民主评议党员干部、与群众直接对话、领导直接接待群众来访、设立投诉电话、在网上社里投诉平台或议政参政平台等形式,让群众畅所欲言,使不满情绪和各种抱怨心理通过经常的、小规模的沟通与交流,得以逐步缓解,不至于因积聚日久而产生过激行动。建立预警机制还应该知道社会上哪些因素事关稳定,对此必须有一个清醒的认识。要从社会、经济、政治、文化、教育、医疗各方面研究和确定若干与社会稳定有密切关系的核心预警指标,根据“轻警”与“重警”状况之间各个指标的临界指数,确保社会运行处于“安全”状态。通过及时收集和定期反映各项指标,判定社会运行总体状况及其趋势,为各级领导提供科学的决策依据。一旦发现突发事件发生的苗头,就应当采取必要的措施予以化解,避免事件和影响的扩大。陈月生对控制危机苗头提出了“五个不能”,即“不能视而不见、不能见而不闻、不能闻而不报、不能报而不研、不能研而不作”,这“五个不能”可以作为对突发事件在酝酿期的应急处置原则。

3. 抓好信息报告机制

各有关政府及其部门应当加大对社会群体性突发事件情报信息的搜集和

开发力度，做到早发现、早预警、早防备、早处置。一旦发生群体性突发事件，有关政府及其部门要尽量争取在第一时间报送有关信息，对因迟报、谎报、瞒报、误报、漏报而导致丧失处理问题最佳时机并造成严重后果的有关人员，要严肃追究其责任。在重大活动和重要节日前后等敏感时期，更要着力加强社会安全事件紧急信息报告制度，一经发现事发苗头，有关政府要提前介入，及时、妥善地把问题解决在当地，把矛盾化解在萌芽状态。有关部门要对不稳定事端和社会安全事件的动态信息及时收集、研究，迅速向当地党委、政府和上级部门报告，并通报涉事单位及其主管部门，及时做好防范、化解和处置工作。对涉及社会安全事件的信息瞒报、迟报、谎报、瞒报、漏报或者对有关方面上报的信息扣压不报的各级政府部门和当事人，将严肃追究责任。

4. 明确事件处理机制

群体性突发事件的性质大多为人民内部矛盾。且可以分为暴力型和非暴力型两种。对于非暴力型事件，要牢牢把握“慎用警力、慎用警械、慎用强制措施”和“可散不可聚，可解不可结，可导不可激”的原则，以缓和化解矛盾、疏导教育为主，设法稳定群众情绪，劝阻过激行为，安排人员分散撤离。在劝阻无效时，可以适当采取制造威慑气氛的方法加以驱散。若威慑方法仍然无效，且事态渐有向恶性转化的态势，方可采取必要的强制措施。对于暴力型事件，则不论原因如何，必须立即采取强制手段加以干预和制止，不姑息，不迁就，坚持以公安处置为主。其基本步骤是：第一，果断采取有效措施，控制局面和事态发展，把社会危害减至最小。根据事件的规模、范围、危害程度划定警戒区，对相关人群实行分离，对使用器械相互对抗或者以暴力行为参与冲突的当事人要进行强制隔离，并及时疏散围观群众，妥善解决现场纠纷和争端，防止出现混乱及打、砸、抢等违法行为。第二，要封锁有关场所、道路，查验现场人员的身份证件，检查现场可疑人员和物品，限制有关公共场所内的活动。第三，要对特定区域内的建筑物、交通工具、设备、设施以及燃料、燃气、电力、水的供应进行控制。第四，要对党政机关要害部位实行警戒，出现围堵和冲击党政机关行为的，要加强对大门的控制，防止不法分子混入机关内部。第五，要在发生严重危害社会治安秩序的情况时立即依法出动警力，根据具体情况依法采取相应的强制性措施，违法要处理，犯罪要打击，对此绝不能心慈手软、姑息迁就。第六，要做好取证工作，对严重危害社会治安的首要分子，及时掌握证据，依法惩处,有力震慑违法犯罪分子的嚣张气焰。第七,在发生大规模恐怖袭击事件后,县级以上人民政府及其有关主管部门应当依据有关法律、行政法规和国家有关规定采取相应的处置措施。

5. 形成网络监控机制

在网络、手机、短信这个信息时代,人们能够以更加开放的思维方式、更加多元的价值观念、更加包容的思想参与传播,这是人类文明发展的新成果,应当给予支持、参与、理解。从总体上说,在网络上有些情绪的宣泄,在一定程度上反映了民众的意见和呼声。因此,应对网络发展的新趋势,一方面,必须加以正确引导和及时应对,以推动正面声音,引导中间声音,化解负面声音,形成网络的正面宣传强势和秩序的形成,一靠法制,二靠宣传,三靠技术保障。另一方面,在汹涌而来的各种信息面前,必须善于独立思考,千万不可盲从,凡事多问几个为什么,理智地决定取舍。对那些利用网络构成犯罪的,要依法追究其刑事责任。

6. 实现社会公平机制

不公平则心不平,心不平则气不顺,气不顺则难稳定。社会主义和谐社会不是没有差别的社会。社会公平和正义是相对的、具体的、长期的,在构建和谐社会中,逐步建立以权利公平、机会公平、规则公平、分配公平以主要内容的社会保障体系,协调好、兼顾好各方面的利益关系,坚持把最广大人民的根本利益作为制定和贯彻党的路线方针政策的基本着眼点,正确反映和兼顾不同地区、不同部门、不同方面群众的利益,完善协调利益机制、分配公平机制、竞争公平机制、社会福利机制等,化解因收入不平等所带来的社会压力和冲突。

7. 加强民主法制机制

妥善处理群体性矛盾,法制宣传必须走在前头。群体性突发事件的出现,多半与群众对法制政策的一知半解有关。因此,使群众知法懂法是处理好群体性矛盾的关键。所以,在开展与群众利益相关的任何一项工作时,一方面要扩大民主,实行民主议事、民主决策,增强决策透明度,引导群众自我管理、自我教育、自我约束、自我调节。另一方面要多渠道、多层次、多形式地把法律、政策规定向群众进行反复宣传解释,努力把教育引导做在前、做上门、做到家、做到位,使群众少一点误会,多一些理解;少一些隔阂,多一点融洽;少一点矛盾,多一些团结,提高群众的法制观念和法律意识,理性看待问题,理性表达诉求。

8. 完善综合治理机制

妥善处理群体性突发事件是一个系统工程,必须多渠道、多方式、多角度、多方面开展综合治理,立足于形成一个齐抓共管、多管齐下的综合治理的立体化工作网络。一是树立群体性纠纷无小事的观念,把群体性纠纷的处理作为综合治理的一项重要内容切实抓好。二是按照“属地管理”、“谁主管,谁负责”的原则,制定工作方案,一级抓一级,层层抓落实。三是完善信访网络、法治网络、调解网络、援助网络,做到“想早一步,抓早一步,做细一步”,多管齐下化解群体性矛盾。四是各职能部门既要明确在化解群体性突发事件中的职责,又要相互通气,相互协调,对一些“老大难”问题,要运用媒体、调解、经济、行政、司法等综合手段,综合治理,形成合力,共同做好疏导工作。

9. 理清矛盾化解机制

各类社会矛盾能不能得到有效化解,党的执政能力强不强是关键。联系当前实际,应提高六个能力:一是提高科学判断形势的能力。对新形势下可能出现的各种矛盾要通盘细致考虑。二是提高驾驭市场经济的能力。在各项改革措施出台前,首先对可能出现的矛盾考虑充分,把配套措施落实到位,尽量不出或少出漏子,提高抗震能力。三是提高应对复杂局面的能力。把处理复杂情况的主动权掌握在自己手中。四是提高依法执政的能力。严格依法执政,不滥用权力,从而最大程度地减少社会矛盾。五是提高党组织总揽全局的能力。做到民主决策,科学决策,议大事办大事,抓好监督落实。六是提高基层党组织的凝聚能力。深入抓好“固本强基”工程,强化基层党组织的影响力、控制力,通过党的工作的全覆盖,依靠广大党员的共同参与,把矛盾解决在基层。

10. 保证跟踪解决机制

要建立群体性突发事件平息后进行后期的问题跟踪解决机制。群体性突发事件的平息不过是暂时化解了事件的矛盾,但并不意味着问题就已经完全解决了,如果群众的切实利益在事件发生后和平息后仍然无法引起政府部门的重视,仍未得到有效的和负责任的解决,也许还会引发更加严重的事件。所以政府部门应该对事件中的群众进行跟踪调研,弄明所反映问题的原委,提出各方都能接受的解决方案和办法,然后尽快落实,并将处理方式和结果告知参与事件的群众;如果涉及到政府执政问题的,还应当进行必要的改革和改进,纠正过错和失误,让各项政策和具体工作方法与执政为民的理念实现全方位对接,这才算从根本上摘除了群体性突发事件的因子,这样既维护了政府的公信力和权威,也维护了人民群众的根本利益。

七　处置群体性突发事件的基本方法

群体性突发事件一方面源自于社会各种矛盾,另一方面也与各级公务人员特别是领导干部执政为民的理念以及工作作风有着密不可分的关系。近年来,各类群体性突发事件数量不断呈现上升趋势,对这些事件的处置不仅牵制了党政部门和相关机关的很大精力,而且已成为影响区域社会治安稳定的重要因素之一。要减少或避免群体性突发事件的发生,一方面要构建各级公务员特别是领导干部维稳工作的责任制度,另一方面也要确实改进公务员的工作作风,克服官僚主义,减少腐败现象,切实履行职责,树立全心全意为人民服务的思想,认真检查各种关系到人民群众切身利益的重大政策的落实情况,建立健全群众情绪释放和宣泄渠道,疏通和排放冲突与不满、意见与呼声的良性运行机制,进一步提升领导干部的科学决策水平、执行政策力度,做到一切为了群众,一切依靠群众,从群众中来,到群众中去,这样才能从源头上避免群体性突发事件的发生。同时,针对已发生的各类群体性突发事件,各地政府和公务员在维稳工作实践中总结出了许多灵活机动、行之有效的处置方法和艺术。具体说来,主要有以下七种:

1. 及早介入控制法

"山雨欲来风满楼"。群体性突发事件在即将到来和爆发之前绝非一潭波澜不惊的死水，其间总有一些迹象征兆和蛛丝马迹显示出来，作为各级公务员一定要多留心、多观察，要有警惕意识，要注意多方面收集相关信息，发现异常后，一定要快速反应，做到早发现、早报告、早控制、早解决，争取掌握处置工作的主动权，把事件消灭在萌芽阶段，将其可能造成的危害控制在最小限度。群体性突发事件具有不确定性的特点，其发生的诱因、时间、地点和规模都难以把握，这就给应对和处置增加了难度。这就需要各级公务员要广辟信息渠道，广泛收集情报，多方了解和掌握各种社情民意和社会动向，及时发现可能导致群体性突发事件的苗头、诱因，及早介入，及早控制，及时化解矛盾，消除事件发生的可能性。及早介入法要求群体性突发事件发生前或发生后，要尽可能及早作出反应，及早采取措施，及早付诸行动，及早控制事态，尽量把事态化解于初始阶段，化解于基层，化解于当地。为了化解矛盾，在方法上可以打破常规和工作程序，特事特办，急事急办，防止事态紧张、局势恶化。但对一些不合理不正当的要求也要防止无原则地迁就，不能让群众产生"不闹不解决、小闹小解决、大闹大解决"的思维惯性。

2. 教育疏导化解法

群体性突发事件绝大多数属于人民内部矛盾，尽量不能用对抗性的方法去解决，而应采取积极的教育疏导方法，正确化解矛盾，妥善处理纠纷。当事件发生之后，有关领导应该及时出面，认真倾听群众的意见和呼声，解答群众的问题和疑虑，阐明政府的态度和诚意，与群众开展开诚布公的直接对话，做到既是政策讲解员，又是法律宣传员，既是是工作勤务员，也是事件调解员。要相信群众既有感性的一面，也有理性的一面，动之以情，晓之以理，明之以法，寓之以事，就会得到群众的理解和信任，消除误解和对立情绪。实践表明，在很多情况下，冲突和冲突升级是因为沟通渠道不畅、交流程度不够而产生的误会和误解所致。各级公务人员若能以良好的工作作风、积极负责的态度回应群众的呼声和要求，增进彼此信任和了解，大多数问题都是不难解决的。

3. 综合协调化解法

在化解群体性突发事件上，有关部门、有关人员要相互积极配合，各司其职，群策群力，发挥整体作战的合力，共同协调解决问题。群体性突发事件中的矛盾冲突一般涉及的问题比较复杂，牵涉的部门比较多，处置事件时，要多方面了解情况，收集情报，认真听取群众的要求、意见和反映，找到问题的症结所在，除了党政主要领导要亲自出面协调之外，问题涉及到哪个部门，哪个部门的负责人就应该积极出面参加处置工作，针对群众提出的合理要求，部门之间要通过综合协调，确定解决问题的整体方案和具体措施。针对规模较大的群体性事件，还要紧急约请召集有关经济、公安、法律、心理等方面的专家成立咨询班子，与决策部门一道，尽快制定出平息事件的整体方案和对策，确保关键环节和专业问题不出漏洞、不出失误、不出偏差。同时还应该制定出多套备选方案，做好多种准备，以备不虞之急。

4. 职责归口化解法

对各种社会矛盾原因引起的群体性突发事件，要坚持归口处置原则，即由相关主管部门出面，发挥情况清、政策明、专业熟等优势，有针对性地做好处置工作。群体性突发事件的起因多种多样，涉及政治、经济、医疗、教育、文化、民族、宗教等诸多行业或领域的问题，按照职责对口和职责归口的原则，涉及到哪个部门，哪个部门就应该成为该项矛盾的主要责任人和主要化解人，要做到理性正视矛盾，积极面对矛盾，而不能逃避矛盾，更不能激化矛盾。要尽量理解群众的抱怨和不满，而决不能对群众抱怨和不满，主管部门掌握行业政策和法规，掌握部门情况和业务，有条件把问题解释得更好，有能力把问题解决得更好，因此，相关部门出面解决事关本部门的群体性突发事件，更容易抓住矛盾的本质，切中问题的要害，更容易掌握群众的心理，把握群众的情绪。从某种意义上说，作为群体性突发事件相关部门可能既是诱发矛盾的责任者，也应该是处置事件的主导者，所以，想方设法处理好与本部门工作相关的群体性突发事件也是责有攸归和责无旁贷。

5. 转移重点化解法

为避免事态扩大和进一步恶化，现场指挥员一定要处乱不惊，审时度势，果断施策，灵活处置。各类群体性突发事件不但起因不同，而且参与者的出发点和目的也常常是“各怀心腹事”，对事件组织者或主要人物的追随度及其通盘计划也并非尽然言听计从。换句话说，这个“闹事”的群体，可能在多数情况下不过是一个组织涣散和纪律松懈的队伍，处置者可以采取转移重点、转移视线或转移群体注意力的多种办法，分散和瓦解这个临时的队伍。比如2000年杭州一家锁具工业公司，因资不抵债破产，有上百名认为自己利益受损的职工挟持厂长准备步行到市政府上访，途中竟将厂长推至马路中央，致使围观群众激增，造成交通严重堵塞。公安人员赶赴现场进行劝说，维护现场秩序。为防止事态扩大，局领导当即果断决策，实施调虎离山之计，将被围困的厂长强行带离现场，此计果然转移了上访职工的注意力，职工们纷纷追赶厂长从而使当地交通即时得到了恢复。同时，民警们一边耐心劝阻上访职工回厂协商解决问题，一边与公司上级主管部门负责人联系，商请派领导出面与职工会谈，从而有效地控制了事态恶化，使这一突发事件迅速成功地得到化解。

6. 以冷制热化解法

群体性突发事件通常是一只炽热的炉子，有事其内部表现气火正旺，炽热十足，如若以热制热，往往会起到火上浇油的作用。在这种情况下，处置者也要讲究一点“冷处理”的艺术，这就是“以冷制热化解法”。具体说来，可以从以下几个方面来理解：第一，到了事发现场后，面对情绪激烈的事件参与者，要表现得不急不躁，不慌不忙的沉稳大气之色，先稳住自己的阵脚，稳住自己的情绪，以静制动，以冷制热，让对立方看不出处置方有任何对立的表示，这在一定程度上也会缓解和降低一下对立方的对立情绪，让他们感觉到“事情有人管、有人负责，犯不上用情绪化的办法解决”，从而逐渐恢复理智，恢复平心静气的状态。第二，冷处理还表现在，在事件现场，尽量不要跟情绪高昂、出言激烈的当事人交涉，而应该找心态平和、理智冷静的当事人问话和沟通，让情绪高、脾气大、火气盛的当事人感觉到暂时被“冷落”在一边。第三，冷处理还可以表现在把某些群众认为重要的问题技巧地装入“冰箱”程序，冷冻一下，一方面表现出对问题很重视，一方面又表现出不能马上拿出解决方案的苦衷，但这个“冰箱”应该是一个解决问题的程序，让群众真正看到希望。第四，面对群体某些过激言行要轻拿轻放，尽量做到理解、包容、善待，不可过分纠缠，不可抓着群众的错误不放，要善于熄火、而不要另寻枝节去点火，要以和谐至上，稳定至上，这样就会更便于使群众的矛盾热点冷下来，给问题的妥善处理留足更多的回旋空间。

7. 依法严肃处置法

在处置群体性突发事件中，坚持分清矛盾性质，对混杂在人群中别有用心煽动闹事的违法犯罪分子，要严格依法办事，坚决予以打击，以法慑众，以儆效尤。处置群体性突发事件要树立牢固的法制观念，一方面，各级领导和公务人员要以身作则，所言所行必须符合法律的要求，决不能侵犯公民的民主权利和人身权利。要坚持依法办事，严格依法行政的原则。另一方面，群体性突发事件往往伴随有不同程度的违法行为，在处置过程中，不能对群众的一般过激行为都一律采取法律行动，也不能对个别人的严重违法行为姑息迁就，视而不见。一般而言，群体性突发事件大多属于人民内部矛盾，且大多事出有因，大多数要求也是合理的，由于相当一部分群众缺乏法制观念，特别是在法不责众的心理驱动下，参与非法行为者带有随从性、盲目性。比如那些采取集会静坐、请愿游行、围堵机关、阻塞交通等方式，事先并未报请有关主管部门的批准同意，客观上对正常的社会秩序和工作生活秩序造成一定程度影响，有的甚至形成较为激烈的对峙状态，具有程度不同的违法性质。这就要求各级公务员在依法处理群体性突发事件时，既要维护法制和秩序，又要切实保护群众合法利益。对于打砸抢等暴力违法或暴力抗法的严重违法者，要坚决打击，严肃处理。事件发生后，对采用合法形式参与事件的，有关部门应该认真对待，高度重视，依法解决群众关心的热点问题；对参与方式违反法律规定的，要向参与者明示违法后果及应当采取的正当合法形式，设法将群体性行为导入法制化轨道，使无序变为有序，从对抗变为对话，从非法变为合法。

八　处置群体性突发事件的基本策略

处置突发性群体事件必须讲究策略，讲究方法。群体性突发事件充满各种变数，而策略和方法都是灵活可变的，以变应变，机动权变，就能控制事态逐渐向好的方向转变。一般来说，有如下六字方针可作为应对和处置群体性突发事件的基本策略，即“快、稳、化、活、合、清”六字方针，也可称之为“六字策略”。

1.“快”字策略

所谓“快”就是要快速反应发现，快速介入。群体性突发事件，事发突然，情况紧急，战机稍纵即逝。快速出动是把突发事件缩小到最小范围、消灭在萌芽状态的重要保证。突发性群体事件，事发突然，情况紧急。因此，对事态的驾驭要及时果断，尽可能及早介入，及早控制事态的发展，不能因为反映迟，行动慢，使矛盾走向激化对抗。要快速制胜应当做到三点：一要快速发现，快速报告；二要快速出动，快速到位；三要快速展开，快速介入，以便抓住先机，争取主动，尽快控制事态的发展。

2.“稳”字策略

所谓“稳”就是要稳定群众情绪，稳住关键人物，稳控事态发展，稳妥处置，稳便行事。在突发性群体事件发生时，秩序混乱，人心混乱，信息传播混乱，由于群众心理状态的失衡以及情绪的波动，很容易偏听偏信，很容易受传闻和谣言的蛊惑，很容易产生非理性行为。因此，必须一方面揭露谣言，控制信息的混乱传播，稳定人心，以稳妥的分寸和方法，稳定群众情绪，稳住关键人物，稳控事态发展，另一方面及时披露事实真相，正确地引导公众的注意力，防止事态的进一步扩大。

3.“化”字策略

所谓“化”就是在处理突发性群体事件时要坚持协调和化解矛盾的原则。突发性群体事件属人民内部矛盾，解决矛盾的方式不是一方“吃掉”另一方，也不是矛盾双方“同归于尽”，而应该是使矛盾双方协调发展，最后达到对立双方的融合。即采取化解矛盾、平息事态、解决问题的方法。即使一些矛盾的激化确因极少数别有用心的人在后面挑拨，有一部分群众短时间内难以觉悟，我们也要始终立足于团结、争取大多数群众，孤立、打击少数敌人，坚决防止用敌我矛盾的方法来处理人民内部矛盾。

4."活"字策略

所谓"活"就是弄清事件起因,分类处置,灵活施策。在群体性事件中,大部分群众反映的问题都有一定的合理因素,不可简单地动用警力和采取强制措施去解决。处理群体性事件时,务必要弄清事件爆发的原因、群众心态和现场情况,慎重决策,要注意方法的灵活性和策略的灵活性,要具体情况具体分析,灵活把握。对思想认识问题,做好宣传解释工作,帮助群众明晰事理。对于有关部门因工作失误而引发的突发性群体事件,要敢于承担责任,吸取教训,重新决策。对符合政策,但长期得不到解决的问题,要想方设法帮助解决,切忌敷衍推诿。对于群众要求基本合理,但采取的方法过激,甚至违法的突发性群体事件,处置中对当事的群众既要动之以情,晓之以理,明之以法,开展强有力的法制宣传教育,使广大群众明辨是非,提高觉悟。对有的群众的不合理要求,要介绍政策,晓以大义。对于极少数别有用心利用政府或部门工作失误和部分群众存在的不满情绪挑起事端的幕后策划者、煽风点火者、拒不听劝阻者则要适时、适当地采取强制措施,及时严肃处理。对纯属敌我矛盾范畴的打砸抢事件、政治动乱、暴乱,必须态度坚决,措施果断,充分动用法律手段予以严厉控制和打击。

5."合"字策略

所谓"合"就是协同配合,形成合力。群体性突发事件涉及到社会各领域、各行业、各层面,只有在党委政府的统一领导下,各相关部门协同配合,形成合力,才能全面准确地把握事件的性质和症结,及时达成共识,形成决策,迅速解决事件。要建立各部门联动机制,密切配合,合力共谋,要站在维护社会稳定的高度,从全局出发,克服狭隘的部门主义和小集团利益,涉及到哪个部门,哪个部门的主要负责人就必须亲临现场,积极配合。

6."清"字策略

所谓"清"就是分清是非、理清头绪、查清原因、清除隐患。这是全面总结经验教训的过程。当事件被平息后,要进一步搞清楚事件中的是是非非,理出问题的头绪,查清矛盾发起的原因,彻底清除复发隐患。要做好善后工作,及时总结经验教训,举一反三,从中探求规律性的东西,彻底清除同类或相近事件发生的根源。

总的来说,要想正确处理好新时期群体性突发事件,必须进一步完善体制机制法制建设,改善工作作风,改进工作方法,既要清除存在于群众中的事件隐患,也要弥补存在于我们自身工作中的隙漏和缺欠,这才是杜绝各类群体性突发事件发生的根本途径。

九　处置群体性突发事件的基本步骤

群体性突发事件是社会矛盾和冲突的表现形式之一,反映着不同利益主体之间的异常性较量。国家政府作为社会矛盾的总体协调者和控制者,需要在对各类群体性突发事件进行深入研究分析的基础上,逐步建立和完善应急处置机制,以确保社会整体秩序的和谐有序和社会生活的良性运转。各级政对群体性突发事件的处理,一般采用如下三个步骤:

1. 事前积极防范阶段

防范贵于应对,防范的成本永远小于应对的成本。事前防范阶段是应对群体性突发事件的重要环节,保证不出事才是确保社会和谐和保持社会稳定的基础。事前预防的功夫在平时,功夫在地方,功夫在基层,功夫在群众中,深入群众,依靠群众,为了群众,才能发现问题,发现矛盾,并解决问题和化解矛盾,使问题和矛盾消灭在萌芽状态。事前预防既要注意全面,又要突出重点。这就要求各级领导和公务人员要做到:一是心中有数。有什么数?就是要知道哪些问题、那些地点、那些时间、哪些领域、哪些人群、哪些活动,易发和多发群体性事件,要对此列出“清单”,做到心中有数,并从时间、空间、主体等方面进行重点防范。二是见微知著。任何群体事件都是许多因素交互作用的结果,也都有一个酝酿的过程,有一个由小到大的发生发展过程,有一些蛛丝马迹提前会让人有所感知,作为各级务员要勤于观察、善于观察,要能因小见大,见微知著,从一种表象看出一种可能的结果,从一种征兆看出潜在的事端,从一种苗头看出一种内在的趋向。三是责任明确。处置群体性突发事件事前防范也应该实行责任制,责任制可以分片负责,分事负责,分人负责,分行业负责，分单位负责。事前责任制成本低，效果好，事后责任制虽然也是必要的，但毕竟成本甚高，并已对社会造成了不利影响甚至留下了某种社会创伤。

2. 事中妥善处理阶段

群体性突发事件发生后，事情便正式进入了事中处置阶段。这个阶段，各级领导和公务人员首先要赶赴现场，直接面对群众，直接面对矛盾，并以引导群众、教育群众、答复群众、疏散群众和化解矛盾、缓和情绪、控制事态为主要工作。能否把事件处理好，关键是现场领导和公务员的工作方法和工作艺术，包括工作态度、工作作风、业务素质、策略措施。首先要冷静观察，看清形势。正确估计群体性突发事件可能导致的危机规模、形式、强度和发展趋向，认清诱因和根源，找出问题的关键点，从而拿出能够让群众接受和认同的解决方案。处置者应该处变不惊，不乱方寸，切不可自己失态、失言、失礼和失理，更不可采取过火行为，尽量避免激化矛盾。其次要诚恳说服，耐心引导。对群众说话要有诚意、善意，要耐心细致地说服群众，稳定群众，引导群众，疏散群众，控制事态，控制局势，做事件冲突的缓冲器，做问题矛盾的调控器，做群众情绪的灭火器。最后要采取措施，恢复秩序。处置群体性突发事件，交涉矛盾不可胶着，处理问题不可优柔，控制事态不可迁就，感觉事情不妙时，局势恶化时，要及时采取果断措施，依法恢复正常的社会秩序。

3. 事后反思总结阶段

群体性突发事件在当今社会转型期是一种易发多发事件，前一个事件的处理总能为后一个事件的处理提供经验教训。所以，待事件结束之后，一定要进行一次全面认真的反思总结，首先要把事件的后续工作做好，答应群众的事要及时办，赶早办，彻底浇灭事件的引信。其次要进行自我检讨，查找自身工作是否有漏洞、欠缺、不足，看看到底是由于哪些工作做得不到位，才诱使群众产生不满情绪，从而消除自身可能存在的官僚主义和不良工作风，改进工作方法，进一步增强执政为民的理念，把群众的事当成大事，真正解决好群众中存在的各种问题，从源头上根除同类事件再度发生的诱因。三是总结工作方法，对处理工作进行评价，看哪些方面做好了，哪些方面做得不理想，还有没有更好的办法，并注意与其他事件进行比较，从中探求规律性的东西，找出处理类似事件的最佳路线图，从中总结处理群体事件的工作经验，为以后处置同类事件提供指导。四是要善于运用典型事件对各级公务员、群众进行教育，使干部群众从中明辨是非，自觉维护改革、发展、稳定的大局。五是进行责任追究，按照规定对公务员队伍中由于工作渎职或工作不善而引发群体事件或处理事件不善而致使事态蔓延扩大的人给予相应处罚，依法对个别借助群体性事件而严重违法者给予应有的处罚。

十　处置群体性突发事件的基本经验

各级党和政府在维稳与维权相结合的实践中，为化解新形势下人民内部矛盾，妥善处理群体性突发事件，总结了许多有益的经验，有益的方式和有益的途径，为保持社会稳定、促进经济社会持续发展作出了积极贡献。群体性突发事件虽然起因各异、方式迥然、规模不同，但观其有效之处置方式却有很多共同点，即由谁决策、由谁出面、从何处入手、采取何种措施、运用何种方法，确有一定的规律可循。

1. 加强领导，措施到位

领导是化解群体性突发事件的关键。历届上海市委、市政府一贯高度重视化解群体性突发事件，成立了由市委分管领导任组长的应急指挥部。各区县、委办和街道、乡镇均建立了由党政一把手为责任人的领导小组，党委、政府、综治、组织、信访和有关部门负责人参加了化解群体性突发事件领导小组。市委、市政府先后制订了“矛盾纠纷排查调处制度”、“领导干部直接接待来访群众制度”、“重要信息报送和责任追究制度”、“维护社会稳定政绩考核评比制度”等一系列有效制度。群体性突发事件发生后，领导亲自到场，果断指挥，明确责任，归口化解，分流疏导，做到政治敏感、信息灵敏、性质断准、领导到场、策略对头、标本兼治，牢牢掌握了化解群体性突发事件的主动权。

2. 依靠群众，共同参与

化解群体性突发事件必须相信群众、依靠群众，特别是充分发挥共产党员和积极分子的带头作用，这是一条十分重要的途径和经验，必须坚信大多数群众是拥护党的路线、方针、政策的，是关心社会稳定的，是通情达理的，是不愿看到社会混乱和动荡不安的，只要我们向群众讲明事实真相，阐明政策，宣传法制，以理服人，大多数群众能给予理解和支持，群体性的突发事件就会得以妥善解决。目前，上海全市每个社区都建立了社区矛盾调解中心，选拔和建立起首席人民调解员制度，设立人民调解法庭，规范人民调解文书，这也是依靠群众，共同参与的有效措施，使许多群众在家门口就能讨个说法，就能吐口怨气，使矛盾化解在基层，化解在萌芽状态。

3. 以块为主，多方配合

化解群体性事件，必须坚持“条块结合，条包块管，以块为主，属地管理，分级负责，归口办理”的原则，针对群体性突发事件的特点和规律，强调维护稳定、化解群体性矛盾一定要以块为主，但在涉及到条的问题时，条要尽快给予解决，配合块做好工作，这样，条块在化解群体性突发事件时才能真正形成合力，改变以往相互推诿、相互扯皮、互不关心的被动局面。

4. 重视信息，快速反应

重视信息、及时捕捉和抓准信息，是有效化解群体性突发事件的首要环节，也是预防、控制群体性矛盾发展、蔓延的有效手段。近年来，在维护稳定、化解群体性突发事件中，一是强化信息意识，落实责任，建立了纵横有序、畅通灵敏的信息网络，做到事先有预报、处理有反馈。二是针对社会热点、难点问题、特别对周期性、反复性的突出问题，有专人跟踪深入调查，随时掌握准确信息，做到心中有数，未雨绸缪，改变了疲于应付的被动局面。三是一旦获取引发政治性不安定因素，做到快速反应，上下沟通，立即组织力量，采取应急措施，稳定事态，防止蔓延和发展，进而有效进行化解。

5. 思维创新，方法多元

当今的群体性突发事件涉及领域多，范围广，矛盾多样复杂，不能照套一种模式，必须思维创新，采用多元方法。近年来，有的单位总结了群体性突发事件的“四宜四不宜”的有效方法，既：宜疏不宜积，宜解不宜结，宜散不宜集，宜缓不宜急。有的单位在化解群体矛盾时注意处理局部与全局的关系、现象与本质的关系、稳定和激化的关系、合理与合法的关系，还有的提出了化解群体性矛盾必须“区分情况、讲究策略、把握时机、严格执法、稳定处置的原则”和“帮、教、疏、控、快、敢、稳”方针，这些多元方法，贯穿着一个核心，这就是教育疏导、多策并用、妥善处理。

十一　处置群体性突发事件的职责分工

各级党委、政府要切实加强对预防和处置群体性事件工作的领导，建立健全联席会议机制，落实工作责任制，抓好督促检查。各有关部门和单位要明确工作分工，认真履行职责，加强协作配合，形成整体合力。

1. 党委政府职责

①坚持科学决策、民主决策、依法决策，确保政策措施切合实际，符合人民群众利益，避免因决策不当或者失误而侵害群众利益，避免因此导致群体性事件发生。

②强化工作指导和督促检查，确保各有关部门正确有效地执行相关法律法规和政策措施，避免因法律法规和政策措施不落实或执行中存在违法违纪行为而侵害群众合法利益，避免引发群体性事件。

③加强对新形势下人民内部矛盾的分析、研究，把握化解人民内部矛盾内在规律，建立健全妥善处置群体性事件的工作机制，指定责任部门研究、拟定有关预案，依法及时处理群众反映的各种问题。

④对存在重大群体性事件潜在诱因的重点地区、重点单位和重点人群，指定责任部门预先落实有关措施，提前化解矛盾。

⑤对已经发生的群体性事件，统一组织领导现场处置工作，并按照有关规定决定是否出动处置性警力、使用必要的强制措施和警械等重大措施。

⑥总结群体性事件预防和处置的经验教训，加强对有关工作人员的培训，不断提高预防和处置群体性事件的能力和水平。

2. 公安机关职责

①收集、研究、判断不稳定事端和群体性事件动态信息，迅速向当地党委、

政府和上级公安机关报告,并通报涉事单位及其主管部门,及时做好防范、化解和处置群体性事件工作。

②维护群体性事件现场治安秩序、交通秩序,协助有关部门、单位维护正常的信访秩序,保护党政机关等重点部位及现场工作人员的人身安全,搜集并固定群体性事件发生现场违法犯罪行为的证据。

③在处置群体性事件时,依法采取相应的强制措施,控制局势。平息事态,恢复正常秩序;对群体性事件中违法犯罪的人员依法打击处理。

3. 部门单位职责

①严格执行国家法律法规和政策,特别是对涉及群众切身利益的有关规定必须坚决贯彻落实,避免因落实不力,执行不当而引发群体性事件。

②定期排查、及时化解本部门本单位存在的不稳定因素和群体性事件苗头,做好群体性事件的早期预防工作。

③对因本部门本单位的问题引发的或者其主体是本部门本单位人员的群体性事件,在按照规定上报的同时,单位主要领导必须在第一时间赶赴现场开展面对面的劝解疏导工作,控制事态。

④对党委、政府要求限期解决的涉及群众利益的问题,要采取有效措施,指定专人负责,按时解决。各级信访、行政复议、纪检、监察以及检察、审判机关,要按照职责和管辖权限,依法受理人民群众的申诉、举报、检举、控告或者行政复议、行政诉讼的申请,依法办理,充分发挥调解、仲裁在化解社会矛盾中的作用。各有关职能部门在作出涉及群众利益的具体决定时,应当告知当事人,当事人有异议时,应引导当事人通过合法途径反映自己的诉求。对有特殊困难的群体,应加大法律援助力度。

十二　处置群体性突发事件的现场处置

群体性突发事件要做到视稳定如瑰宝,避祸乱于无形。当发生群体性突发事件之后,相关责任人要及时赶赴现场,眼观六路,耳听八方,查明原因,预测事态趋势,控制事态发展,并抓住主要矛盾,依法处置群体性突发事件,事态平息后,还要做好后续工作。

1. 做好工作，控制事态

涉事单位、行为发生地党委政府及其有关主管部门的负责人对下列群体性行为，要及时、主动赶赴现场，做好工作，化解矛盾，避免事态扩大。

①出现不稳定事端和群体性事件苗头，群体性事件尚处在酝酿过程中的；

②聚集上访尚未发生堵门、堵路、拦截车辆、围攻殴打国家机关工作人员或者严重影响交通、治安秩序或者党政机关工作秩序等严重违法违规行为的；

③发生在单位内部的表达共同意愿的小范围聚集事件，尚未发生行凶伤人、扣押人质或者打、砸、抢、烧等违法行为的；

④其他由人民内部矛盾引起、尚未出现过激行为，可以由有关主管部门现场开展工作、化解矛盾的群体性行为。

2. 领导出面，直接指挥

群体性事件一旦发生，事件发生地党委、政府主要领导和涉事单位及其主管部门领导必须在第一时间迅速赶赴现场直接指挥处置工作。按照“宜散不宜聚，宜解不宜结，宜顺不宜激”的要求，党委、政府以及有关部门主要领导要带头面对面地做群众的工作，诚恳听取群众的意见，及时疏导化解矛盾和冲突，尽快平息事态。对群众提出的要求，符合法律法规和政策规定的，要当场表明解决问题的态度；不能当场明确表态解决的，要责成相关部门或者单位限期研究；对确因决策失误或者工作不力而侵害群众合法利益的，要据实向群众讲明情况，公开承认失误，尽快予以纠正；对群众提出的不合理要求，要讲清道理，耐心细致地做好说服教育工作。

异地群众聚集形成群体性事件的。群众来源地的党委、政府和涉事单位及其主管部门，要指派有关负责人率领工作组赶赴现场，开展疏导、化解和接返工作。事件发生地的有关部门、单位要积极配合、协助做好异地群众的教育和送返工作。

党委、政府以及有关主管部门、单位负责人在现场做工作时，公安机关应当派便装人民警察或者少量着装人民警察到现场掌握情况、维持秩序，同时做好随时出警处置的准备。

3. 出动警力，维护秩序

群体性事件现场发生围堵、冲击党政机关和重点要害地区、部位，进入城区非法集会、游行、示威，拦车、阻断交通要道，械斗、骚乱以及呼喊、张挂诽谤性口号、标语等严重情况以及发生打、砸、抢、烧等违法行为，或者存在即将发生上述严重违法情形的，公安机关应根据相关规定，立即出动处置性警力进入现场，并根据现场情况依法采取相应的强制性措施，使用必要的警械，尽快平息事态，恢复正常秩序。

对组织、煽动、串联、挑起群体性事件的为首人员和骨干分子，公安机关应当予以训诫，责令其停止违法活动；拒不改正，继续进行违法活动的，依法给予治安管理处罚；构成犯罪的，依法追究刑事责任。无论在现场还是事后抓捕群体性事件中的涉嫌违法犯罪人员，都要注意把握时机，讲究策略，防止激化矛盾。

4. 落实承诺，取信于民

群体性事件现场事态平息后，党委、政府或者有关部门、单位对已经承诺解决的问题，必须尽快解决到位，不得搞虚假承诺或者久拖不决。对法律法规和政策有明确规定而没有落实到位的，要加强监督检查，督促有关部门、单位不折不扣地加以落实；对群众因不了解有关规定而存在误解的，要做好深入细致的宣传解释工作；对有关规定不够完善的，要及时修改完善。要坚决避免违背承诺、失信于民，重新引发群体性事件的发生。

5. 考核工作，追究责任

各级党委、政府及有关部门要始终坚持立党为公、执政为民，坚持稳定压倒一切的方针，正确处理改革发展稳定的关系，努力把改革的力度、发展的速度和社会可承受的程度统一起来，高度重视解决和处理好改革发展中出现的各种矛盾和问题，努力从源头上消除诱发群体性事件的因素，切实履行好维护社会稳定的职责。各级领导干部和有关工作人员要努力学习和掌握国家相关法律法规和政策，主动深入群众调查研究，按照处置群体性事件预案的要求，尽职尽责，讲究方法，积极有效地开展开。组织人事部门、纪检监察部门要将预防和处置群体性事件工作情况作为党政干部特别是领导干部政绩考核的重要内容，进行定期考察和专项检查。对预防和处置群体性事件工作成绩突出的单位和个人，予以表彰奖励；因工作不力造成不良后果的单位和个人，予以通报批评并追究有关人员责任。

国家工作人员在预防和处置群体性事件中有下列情形之一的，依照有关规定给予相应的党纪、政纪处分。构成犯罪的，依法追究刑事责任。

①对党中央、国务院关于维护稳定和预防、处置群体性事件的有关规定不执行或者贯彻不力，侵害群众利益，作出错误决策，引发群体性事件或者致使群体性事件升级的。

②对本地区本部门和本单位存在的可能引发群体性事件的人民内部矛盾、纠纷不认真解决，失职、渎职，甚至怂恿群众到上级机关集体上访，致使群体性事件屡有发生或者发生重大群体性事件的。

③因泄露国家秘密或者违反工作纪律等行为，导致群众集体上访或者引发群体性事件的。

④群体性事件发生后不及时报告，不及时采取有效措施，处置失当，甚至压制有关部门、单位及时如实上报情况和及时处置，导致可以避免的影响和损失而未能避免的。

⑤在预防和处置群体性事件过程中有其他违纪违法行为，造成严重后果的。

各级领导者应对和处置
突发事件
《必备手册》

《中 篇》

我国“一案三制”应急管理体系建设解读

- **预案建设方面的学习与培训内容**
  ——不断规范应急管理的预防预控措施
- **应急体制建设方面的学习与培训内容**
  ——不断健全应急管理的组织架构体系
- **应急机制建设方面的学习与培训内容**
  ——不断增强应急管理的协调配合功能
- **应急法制建设方面的学习与培训内容**
  ——不断完善应急管理的法律框架规制

GEJI LINGDAOZHE
YINGDUI HE
CHUZHI TUFASHIJIAN BIBEI SHOUCE

第一章　应急预案建设方面的学习
——不断规范应急管理的预防预控措施

突发事件应急预案是指政府、企事业单位或其他社会组织针对可能发生的各种突发事件，为确保迅速、有序、高效地开展应急处置与救援行动，减少人员伤亡和经济损失，在风险分析与评估的基础上，预先制定的计划和方案。应急预案是应急管理的基础和重要组成部分，是政府和公众管理危机、应对突发事件的行动方案，行动准则、行动指南、行动向导。

应急预案是应急管理体系建设的“龙头”，是“一案三制”的起点，具有应急规划、纲领和指南的作用，是应急理念的载体，是应急行动的宣传书、动员令，是应对突发事件的原则性方案，是处置突发事件的基本规则，是突发事件应急与响应的具体操作指南，是应急管理部门实施应急教育、预防、引导、操作等多方面工作的程序化安排，是根据突发事件的性质、特征、类别、级别以及事前事中事后的各种可能性和影响程度，预先对应急机构职责、人员、技术、装备、设施、物资、救援行动及其指挥与协调等方面做出的具体部署，从而明确了在突发事件发生之前、发生过程中以及结束之后，每一环节由谁负责做什么、何时做、怎么做，以及相应的策略和资源准备等。制订突发事件应急预案的意义在于早想到、早知道、早发现、早报告、早预警，这是及时做好应急准备、有效处置突发事件、减少人员财产伤亡与损失的基本前提。

编制应急预案，是把应对突发事件的科学预想、合理步骤、基本程序、成功经验、有效做法规范化、制度化，形成工作指南，明确今后如何预防和处置突发事件。这对于有效实施应急管理、提高干部队伍应对复杂局面和突发事件的能力，具有十分重要的指导性和基础性作用。目前，我国突发事件应急预案体系已经基本建立。对预案的编制，应该坚持立足我国国情，地区特点，行业领域特点，遵循客观规律，总结历史经验与教训，借鉴国内外成功做法，充分征求、吸收各方面意见，集思广益，博采众长，科学民主决策，从而使预案具有科学性、指导性和实际可操作性。同时，在应急演练或实践探索中，还应该对预案体系进行不断完善和充实。

一　世界各国对突发事件应急预案建设的基本思路

联合国方面针对突发事件制定了《联合国军民协调官现场工作手册》、《联合国灾害评估与现场协调工作队现场工作手册》、《国别指南》等。这些手册详细规定了军民现场协调的工作内容和操作流程，简单实用，可操作性极强，能起到让每位工作人员拿来即用的作用。美国是使用应急预案较早的国家之一。在20世纪50年代之前，应急救援还被看作是受灾人的邻居、宗教团体及居民社区的一种道德责任，而不是政府的责任。1967年，美国开始统一使用“911”报警救助电话号码。20世纪60~70年代，美国地方政府、企业、社区等开始大量编制应急预案，不过，尽管如此，大约20%的地方政府到1982年还没有正式的应急预案。1992年，美国发布《联邦应急预案》（Federal Response Plan）。9·11之后的2002年，将FEMA包括在内的美国国土安全部（Department of Homeland Security，DHS）成立。2004年，美国发布了更为完备的《国家应急预案》（National Response Plan）。日本和德国也先后制定了各种针对突发事件的应急预案。如日本中央防灾会议制定的防灾基本计划包括下列事项：防灾的综合、长期计划、确定防灾重点、制定防火业务计划及地区防灾计划的标准。防灾基本计划必须附带下列资料：国土现状及气象概况、防灾所需设施及设备的配备概况、从事防灾业务的人员状况、防灾所需物资的供求情况、防灾所需运输或通讯的情况，以及其他必要事项。日本行政机关、公共机关的首长以及其他根据法令规定对实施灾害预防负有责任的人员，必须根据法令或者防灾计划的规定实施灾害预防，包括完善防灾组织，组织防灾训练，做好防灾物资和材料的储备、配备与检查以及防灾设施、设备的配备与检查，改善在灾害发生时会成为实施灾害应急对策障碍的状况等。

德国从联邦到各州、各级机构和企业都编制了突发事件应急预案。在联邦层面，2002年12月通过的《民事保护新战略》明确规定由联邦和各州共同承担消除严重危险的责任。各州结合本地实际，制定了灾难救助预案，并针对具体事件制定了专项应急预案。企业结合自身特点制定了预防火灾、恶性事故等方面的应急预案。大型活动以及高校、商场、影剧院等公共场所也都有各自应对突发事件的预案。从而形成了覆盖面广、数量大的应急预案体系。仅柏林市就制定了1300多个各类应急预案。

突发事件的应急管理既是非程序化管理，也是综合性管理。世界各国政府将应急管理工作作为由预防、准备、反应和恢复四个阶段组成的完整过程，而且政府在各个不同阶段应当采取相应的应对措施。一般而言，其做法大体如下：

1. 预防阶段

突发事件的预防是指在突发事件发生前，通过政府主导和动员全社会参与，采取各种有效措施，来消除突发事件隐患，避免突发事件发生。预防是整个应急管理过程的第一个阶段，在某种程度上，如何避免危机事件发生和如何避免危机事态升级或扩大比单纯的应对和处置某一特定危机事件更加重要，所以，著名管理学家戴维·奥斯本（Osborne）和特德·盖布勒（Gabler）都认为，政府管理的目的是“使用少量钱预防，而不是花大量钱治疗”。与危机过程中其他阶段相比较而言，通过有效预防而避免危机发生是一种既经济又简便的方法，只是我们还没有建立起真正以预防为主的应对突发事件的观念系统，在一般领导者或管理者的观念中，只有到了危机事件已经发生且不可挽回了，方才高度重视起来，并绷紧神经加大了应急管理力度，而在危机事件尚未发生之前，通常可能未引起充分足够的警惕，这一时期往往是口头与形式的重视多于扎实有效的实际管理行动。

世界各国也都非常重视作为应急管理基础的预防预警工作。如美国著名的联邦应急计划规定了在预警无法避免危机的情况下，针对紧急状态如何调动资源、化解危机；法国特别强调预防原则，遵循预防原则是政府的职责。普遍来看，各发达国家贯彻“预防为主”的原则大致是从以下几方面推进的：

(1)进行危机宣传教育，提高危机管理意识

危机教育主要侧重两个方面，一是更新观念，培育主动预防危机意识，二是宣传应急知识，提高自我保护能力，以使在全社会树立正确的应急管理意识，并形成完善的应急管理观念体系。以美国的联邦应急管理署（FEMA）为例，联邦应急管理署（FEMA）隶属国土安全部，总部设在华盛顿，在全国各地建有办事处，4000人随时待命应对灾害。联邦应急管理署（FEMA）的中心任务是为了保护国家免受各种灾害，减少财产和人员损失，并最终形成一个建立在风险基础上的综合性应急管理系统，涵盖灾害预防、保护、反应、恢复和减灾各个领域,除了危机处理的功能,其另一个重要职能就是全民教育。联邦应急管理署(FEMA)对所有的美国地方官员进行培训,市长和地方政府官员、消防人员,每年一万人,由联邦政府出钱集中培训。

(2)构建预警机制,推行公示措施

预警一词最早来源于军事。在应急管理工作中,预警特指政府根据有关危机现象过去和现在的数据、情报、资料和各种相关信息,运用逻辑推理和科学预测的方法技术,对某些危机现象出现的约束性条件、未来发展趋势和演变规律等做出估计与推断,并发出确认的警示信号或信息,使政府和民众提前了解事态发展的状态,以便及时采取应对策略,防止、消除或减少各种不利后果的一系列活动。目前,美国、日本、英国、以色列等一些国家均建立了发达的预警系统,监测全球、区域、国内的稳定状况和动乱热点,为其战略决策、安全体系、外交政策、经济发展、政策绩效评估、危机综合应对等进行全方位服务。比如,美国在“9·11”事件后,建立了一套五级国家威胁预警系统,并用绿、蓝、黄、橙、红五种颜色代表从低到高五种威胁程度。日本的危机预警系统尤其值得借鉴,日本气象厅2007年引入一套“昂贵”的地震预警系统,经由观测最先到达的地震波提前15秒左右预报地震,使民众有30秒左右的时间躲在桌下、关闭燃气或戴上头盔。日本广播协会电视台(NHK)通常会与这套系统联动,接到地震预报后立即经由电视和广播告知民众。日本地球科学和灾害预防国家研究所研究员井上博史(音译)说:“日本有全球最先进的地震预警系统。”多数日本人谙熟防震演练流程:家门口放一个背包,装入瓶装水、压缩或罐头食品、急救包、现金、衣物、收音机、手电筒和多节新电池。地震频发、台风频仍,海啸频袭、火山活跃,促升日本人的危机感和防灾意识。“如果说全球有任何地方对这样规模的灾害有准备,那是日本。”美国乔治敦大学战略与国际问题研究中心研究员斯泰茜·怀特说,“灾难显示,可靠预警机制、高抗震标准的基础设施和有效的政府应对能够拯救许多生命。”试想,同样是里氏9.0级地震引发的海啸,为何日本大海啸的伤亡人数会远远小于2004年印尼大海啸的伤亡人数(将近30万人)?其中一个重要的原因就是日本有完善的地震和海啸预警系统,而印尼缺乏这样的系统,许多游客和居民在不知情的情况下被海啸吞噬。2011年3月11日宫城大地震发生之后,第一时间启动了海啸信息发布程序,各大电视台自动切换电视画面,滚动播发海啸警报;地震海啸发生仅5分钟,日本首相官邸就设立了官邸对策室,并在之后的内阁会议成立紧急对策部,协调指挥全国的地震和海啸灾害应对工作;沿海居民按照既定的应急手册有序撤离,核电站、新干线、机场等重要基础设施紧急关闭。日本的海啸预警能力最高,但在此次海啸中仍难以避免巨大损失,主要原因是此次地震震中离大陆很近,海啸在很短时间就来到,来不及预警。但日本这一次地震预警系统和民众防灾减灾应急训练还是发挥了很大的作用,纯地震的灾害损失也已经减少到比较低的水平。

(3)提前准备预案,科学应对危机

危机预警是对危机未发生之前或发生之后抢在第一时间而进行的有效防范,但并不是所有的突发危机事件都能在事先通过危机预警得以避免,很多危机是无法准确预测的。几乎所有的个人或者组织都可能遇到危机和遭遇危机带来的各种损害,而预先对危机有应变计划的组织或者个人,遭受的损失总是要相对少得多。这说明提前编制和准备应急预案的必要性和重要性绝不可低估。

2. 准备阶段

应急准备是指在突发事件来临前,做好各项充分准备,包括思想准备、预案准备、组织机构准备、技术措施准备、应急队伍准备、应急物资保障准备等,以防止突发事件升级或扩大,最大程度地减少突发事件造成的损失和影响。落实应急准备工作,目的是做到有备无患。一旦发生各类有可能危及公众、危及社会的突发事件即能迅速、及时地组织力量,最大限度地快速处理、控制和减少危害面。应急准备一般包括三个层次,即平时准备、战时转换、战时准备。迅速做到平战结合与平战转换,是能否有效应对突发事件的关键所在。世界各国都高度重视应急准备工作,2003 年 12 月 17 日,美国布什总统发布国土安全第 8 号总统令:“国家应急准备”。国土安全第 8 号总统令的目的是制定政策,以加强美国预防和应对针对美国本土的恐怖袭击(或威胁)、巨大灾难和其他突发事件的应急准备。国土安全第 8 号总统令要求国土安全部长协调其他有关联邦部门和机构的领导人,并与州、地方和部落政府磋商,制定应对各种危险事件的国家应急准备目标(简称目标)。国家应急准备目标确定了愿景、能力和重点,以利于指导、加强国家应急准备工作。国家应急准备目标的愿景是:动员联邦、州、地方和部落政府,及其私营机构和非政府组织合作伙伴和普通公众参与重大突发事件的预防、抵御、应对和恢复活动,达到并保持防范、化解危险的目标能力水平，把重大突发事件对生命、财产和经济的影响降到最低程度。

国家应急准备目标的愿景建立在“国家应急准备就是分担责任”这一基本认识的基础上。每个参与者所起的作用与其权力和资源相一致。政府机构负责领导其范围内的工作，必要时吸收私营机构、非政府组织和公民个人参加。国家应急准备目标愿景指出，应急准备工作包括预防、抵御、应对和恢复四个方面的任务，灾害减轻工作包含在这四个方面的任务中。国家应急准备目标愿景强调的是重大突发事件，包括恐怖袭击事件、巨大灾害和其他突发事件。国家应急准备目标的愿景还认为国家应急准备不仅要达到，而且要保持最大程度的管理风险、降低风险影响的目标能力水平。

应急准备阶段中的一个必不可少的环节是危机情景模拟练习，即通过模拟危机情势，认识危机特点，不仅可以为公众培养危机意识，而且还能进一步完善危机预警与监控系统。从美国地方政府的实践来看，就应急预案所进行的演习并不见得是真正规模上的大演习。许多市政府每年进行数次演习，而且都是“桌面演习”（TabletoPExercise）。即在假设的紧急情况下，在所有的指挥人员及当地的媒体都毫不知情的情况下，将他们紧急召集到应急中心，以测验指挥系统和各部门之间信息交换的效率，并由此总结经验，完善应急机制建设。

他山之石，可以攻玉。一些发达国家都建立了比较成熟的政府危机管理体系。日本从上到下都设有专门的全民危机警报系统；法国建立了明确的灾害救援步骤，并在宪法中规定了紧急状态制度，保障政府有效地行使行政紧急权力；美国完成了国家应急反应计划，确保政府有效应对突发事件。

一笔笔高昂的学费，一次次成功的经验，让中国社会从上到下形成了一个共识：编制应急预案，建立应急机制，确保百姓的生命财产安全和社会的正常秩序，是中国需要尽快补上的一课。

二　我国应急预案体系的构建历程

应急预案指面对突发事件如自然灾害、重特大事故、环境公害及人为破坏的应急管理、指挥、救援计划等建立的应对方案和行动指南，它一般建立在综合防灾规划上。其几大重要了系统为：完善的应急组织管理指挥系统；强有力的应急工程救援保障体系；综合协调、应对自如的相互支持系统；充分备灾的保障供应体系；体现综合救援的应急队伍等。我国应急框架体系，以2006年国务院发布《国家突发公共事件总体应急预案》为总纲，25件国务院专项预案、80件国务院部门预案和31个省区市总体预案的出台为标志，表明我国应急预案体系也已初步形成，并呈快速延伸发展趋势。国家总体预案明确了各类突发公共事件分级分类和预案框架体系，规定了国务院应对特别重大突发公共事件的组织体系、工作机制等内容，是指导预防和处置各类突发公共事件的规范性文件。

我国1949年以后，开始经历了单项应急预案阶段，直到2001年才开始进入综合性应急预案的编制使用阶段。

在我国的煤矿、化工厂等高危行业，一般会有相应的《事故应急救援预案》和《灾害预防及处理计划》；公安、消防、急救等负责日常突发事件应急处置的部门，都已制定各类日常突发事件应急处置预案；20世纪80年代末，国家地震局在重点危险区开展了地震应急预案的编制工作，1991年完成了《国内破坏性地震应急反应预案》编制，1996年，国务院颁布实施《国家破坏性地震应急预案》；大约在同一个时期，我国核电企业编制了《核电厂应急计划》，1996年，国防科工委牵头制定了《国家核应急计划》。2001年开始，上海市编制了《上海市灾害事故紧急处置总体预案》。

应急概念是对应于特重大事故灾难的危险问题提出的。危险包括人的危险、物的危险和责任危险三大类。首先，人的危险可分为生命危险和健康危险；物的危险指威胁财产和火灾、雷电、台风、洪水等事故；责任危险是产生于法律上的损害赔偿责任，一般又称为第三者责任险。其中，危险是由意外事故、意外事故发生的可能性及蕴藏意外事故发生可能性的危险状态构成。

应急预案是应急管理的重要基础，是中国应急管理体系建设的首要工作。2003年11月，国务院办公厅成立应急预案工作小组。2004年1月，国务院召开了国务院各部门、各单位制定和完善突发公共事件应急预案工作会议。4月6日和5月22日，国务院办公厅分别印发《国务院有关部门和单位制定和修订突发公共事件应急预案框架指南》和《省（区、市）人民政府突发公共事件总体应急预案框架指南》。6月3日至12月14日，国务院领导分别主持召开专项应急预案审核会，并审阅了105件专项预案和部门预案。2005年1月26日，国务院召开常务会议，审议并原则通过了《国家突发公共事件总体应急预案》。2月25日，国务委员兼国务院秘书长华建敏受国务院总理温家宝委托，向十届全国人大常委会第十四次会议报告应急预案编制工作，并表示：“全国应急预案框架体系已初步形成。”4月17日，国务院印发《国家突发公共事件总体应急预案》。5月至6月，应对自然灾害、事故灾难、公共卫生事件和社会安全事件四大类25件专项应急预案、80件部门预案，共计106件陆续发布。基本覆盖了中国经常发生的突发事件的主要方面，其中大多是根据经济社会发展变化和客观形势的要求新制定的。按照不同的责任主体，我国的应急预案体系设计为国家总体预案、专项预案、部门预案、地方预案、企事业单位预案以及大型集会活动预案等六个层次。到2005年底，地方总体应急预案的编制工作也陆续完成，许多市、区（县）也制定了应急预案，全国应急预案框架体系初步建立。2006年6月15日，新华社受权发布《国务院关于全面加强应急管理工作的意见》；同年7月7日至8日，国务院在北京召开全国应急管理工作会议强调，各级政府要全面贯彻科学发展观，进一步完善和落实应急预案，增强应急管理能力，切实做好各类突发公共事件的预防和处置工作，促进社会和谐稳定。据统计，截至2009年11月，全国已制订各级各类应急预案240多万件，所有的省一级政府、市级政府、县级政府都已经编制了总体应急预案，同时还因地制宜地编制了大量专项及部门的预案，全国“纵向到底、横向到边”的应急预案体系基本形成。这些应急预案既参照借鉴了包括美国、日本、俄罗斯等国家和联合国等国际组织在内的各种突发事件应急规划、预案和指南的内容，也加入了许多适合我国国情特点的、超前的、创新的内容。

三　我国应急预案及其体系的基本内容

应急预案及其内容体系是在立足中国国情、认真总结实践经验、吸收借鉴国外成熟做法、广泛听取各方面意见的基础上形成的。建立健全应对自然灾害、事故灾难、公共卫生和社会安全等方面的社会预警体系，形成统一指挥、功能齐全、反应灵敏、运转高效的应急机制，提高保障公共安全和处置突发事件的能力，是政府全面履行职能，特别是加强社会管理和公共服务职能的一项重要工作，也是构建和谐社会的一项重要任务。到目前为止，国家突发公共事件总体应急预案、105个专项和部门预案、省级及以下各级应急预案编制均已基本完成并发布，全国应急预案框架体系也已经初步形成。

1. 我国应急预案的内容

应急预案应当根据国家有关法律、法规的规定，针对突发事件的性质、特点和可能造成的社会危害，具体规定突发事件应急管理工作的组织指挥体系与职责和突发事件的预防与预警机制、处置程序、应急保障措施以及事后恢复与重建等内容。具体包括5个方面：组织指挥体系与职责、预防与预警机制、处置程序与措施、应急保障措施、恢复与重建措施。

(1) 应急组织指挥体系与职责

主要是描述突发事件应对组织指挥体系的框架及职责要求。根据处置突发事件实际需要设立应急组织指挥机构，明确核心领导者及组成人员，明确指挥职责和权力。明确应急组织指挥机构涉及的部门，各部门的职责、权利和义务。以突发事件应对全过程为主线，明确各类突发事件预测、预警、报警、响应、处置、结束、善后和恢复重建等环节的主管部门、协作部门和参与单位及其职责；以应急准备及保障机制为主线，明确有关部门的职责。

(2) 预防与预警机制

主要是对突发事件及其后果的预测、辨识、评估、分析及其预防预警要求。突发事件的预防工作主要通过对风险隐患的普查和监控来完成。普查就是全面掌握本行政区域、本行业和领域各类风险隐患情况。监控是对具有各类风险隐患地点或设施，实行长期管理、监控和检查，及时排除风险隐患。预警是对各类风险隐患信息进行综合、科学的风险分析后，就有可能发生或即将发生的突发事件情况及时发布预警信息。一是预防预警信息，包括突发事件类别、预警级别（一般分为4级：特别严重的为Ⅰ级、严重的为Ⅱ级、较重的为Ⅲ级、一般的为Ⅳ级，依次用红色、橙色、黄色、蓝色表示）、起始时间、可能影响范围、警示事项、应采取的措施和发布机关等内容。确定预防预警信息监测、收集、报告和发布的方法、程序，建立信息来源与分析、常规数据监测、风险分析与分级等制度。二是预防预警行动，包括明确预防预警方式方法、渠道以及监督检查措施和信息交流与通报程序，预警期间采取的应急措施及有关应急准备。三是预警支持系统，包括建立预警体系即相关技术支持平台、信息监测系统、载体、网络及技术设施等，以及使用、维护、改进系统的要求。四是预警级别发布，包括明确预警级别的确定原则、信息确认与发布程序等。

(3)处置程序与措施

主要是构建突发事件基本的响应程序及措施。应急预案对处置程序和措施一般包括明确应急预案启动的等级及条件、明确各有关部门的职责及相互关系、明确专家咨询和辅助决策机制、保证畅通的信息沟通渠道等。一是信息报告。建立突发事件快速应急信息系统,明确常规信息、现场信息采集的范围、内容、方法、报送程序和时限要求。二是先期处置。突发事件发生后,事发地政府在报告突发事件信息的同时,根据职责和规定的权限启动相关应急预案,及时、有效地进行处置,控制事态。三是应急响应。首先要明确应急响应级别。按照突发事件可控性、严重程度和影响范围,原则上按一般Ⅳ、较重Ⅲ级、严重Ⅱ级、特别严重Ⅰ级的四级级别启动相应预案。其次要明确应急响应行动。根据突发事件级别确定响应主体,明确预案启动级别和条件,明确相应级别指挥机构工作职责、权限和要求。阐明突发事件发生后通报的组织、顺序、时间要求、应急响应及处置过程等,同时避免突发事件可能造成的次生、衍生和耦合事件。再次要强化指挥和协调。现场应急指挥机构负责现场的应急处置工作,按照属地为主的原则进行应急救援和处置。明确指挥机构的职能和任务,建立决策机制,报告、请示等制度,信息分析、专家咨询、损失评估等程序。最后还要制定详细、科学的突发事件处置技术方案,以及在突发事件发生时保护生命、财产和环境安全的处置措施,明确各级指挥机构调派处置队伍的权限和数量,队伍集中、部署的方式,未用设备、器械、物资、药品的调用程序,不同处置队伍间的分工协作程序等。四是应急结束。明确应急状态解除或紧急响应措施终止的发布机构及程序,并注意区别于现场抢救活动的结束。

(4)应急保障措施

主要是对实施应急预案所需资源的说明。应急预案所需资源包括,一是人力资源保障;二是财力保障;三是物资保障;四是基本生活保障;五是医疗卫生保障;六是交通运输保障;七是治安保障;八是人员防护保障;九是通信保障;十是公共设施保障;十一是科技支持。

(5)恢复与重建措施

主要是对应急处置结束后的工作安排。恢复与重建措施包括以下内容:一是善后处置;二是调查评估;三是恢复重建;四是信息发布。

2. 我国应急预案体系的内容

总体预案是全国应急预案体系的总纲,是指导预防和处置各类突发公共事件的规范性文件。应急预案几大重要子系统为:完善的应急组织管理指挥系统;强有力的应急工程救援保障体系;综合协调、应对自如的相互支持系统;充分备灾的保障供应体系;体现综合救援的应急队伍等。国家应急预案体系的内容包括:

(1) 总体应急预案

总体应急预案是全国应急预案体系的总纲。主要包括突发事件分级分类和预案框架体系,国务院应对特别重大突发事件的组织体系、工作机制等内容,也是国务院应对特别重大突发事件和指导各级政府处置突发事件的规范性文件,由国务院制定发布,国务院办公厅组织实施。

(2) 专项应急预案

专项应急预案是国务院及其有关部门为应对某一类或几类突发事件而制定的涉及数个部门职责的应急预案,主要包括某类突发事件分级分类,以及应对方针、政策措施、处置程序和应急组织指挥机构等内容,由国务院有关部门牵头制定,报国务院批准,由牵头的主管部门会同相关部门组织实施。

(3) 部门应急预案

部门应急预案是国务院有关部门根据总体应急预案、专项应急预案和部门职责为应对突发事件制定的预案。主要包括某种具体的特定类型的突发事件的分级分类,以及应对的组织机构、行动原则和处置措施等内容,由国务院有关部门制定印发,报国务院备案,由制定部门负责实施。

(4) 地方应急预案

地方应急预案是下级政府根据上级政府的总体应急预案、专项应急预案、部门应急预案而制定的应急预案,具体包括省区市级、地州市级、县市区级政府突发事件总体应急预案、专项应急预案和部门应急预案,以及各基层政权组织的应急预案。

(5) 企事业单位应急预案

各企事业单位根据有关法律、法规,结合各单位的特点和实际情况制定应急预案。

(6)重大活动应急预案

重大活动应急预案是承办或者举行大型会展、经济商贸和文化体育等重大活动的单位根据有关法律、法规和上级政府的总体应急预案、专项应急预案、部门应急预案,结合自身实际而制定的应急预案。重大活动应急预案,按照“谁主办,谁负责”的原则,由组织承办单位负责制定,报公安机关批准后实施,并报当地政府及有关部门备案。

四　我国应急预案体系的特点

我国应急预案体系从纵向上与我国以前编制的各种应急规划相比,更科学,更严谨,更细化,更具操作性,涉面更宽广,重点更突出,表现出了明显的进步;从横向上与世界其他国家应急规划或预警体系相比,不但汲取了国外应急管理的有益经验,同时也结合我国的国情特点,在具体编制的针对性和操作性等方面具有一定的超前性和创新性。

①编制部门齐全,预案种类繁多。我国应急预案几乎覆盖了各个部门,预案种类也涉及到了突发事件的各种类型。

②预案出台顺势应时,弥补前期规划不足。应急应急预案作为指导应急行动的具体方案,弥补了我国应急规划的不足,在方法和措施上提高了我国政府的应急管理能力。与其他发达国家的防灾或者应急规划相比,我国过去出台的诸多应急规划不够详细,框架简单,措施不具体,在实践中往往缺乏实际可操作性。

③预案强调预防为主,应急侧重防控结合。近年编制的应急预案不限于规定应急处置的流程、程序、原则,也突出强调了以预防为主和防控结合的重要性,要求各地区、各部门在先期应急处置方面,尽力预防突发事件,及时控制、消除其影响,尽可能防止一般突发事件演变成重特大突发事件。

④预案坚持以人为本,应对坚持科学原则。人最高贵,编制突发事件应急预案必须以人为中心,必须把救人、助人、护人作为第一要务,在具体应对工作中也必须充分发挥人的力量,发挥人的主体性和能动性;同时在各个应急环节上要处处坚持科学,按照客观规律办事。

⑤预案明确属地管理,应急目标条块结合。在编制应急预案时,要在坚持“属地管理、条块结合”的应急体制下明确应急责任和应急目标分解。

⑥应急预案具有超前性和创造性。我国近年来编制的各类应急预案不但弥补了应急规划的不足,也弥补了有关法律的不足,其中大量补充性的规定,为我国今后进一步完善有关法律制度提供了重要参考。

五　我国应急预案建设的基本要求

"凡事预则立,不预则废",针对我国各地区频发的各类突发事件的特点,建立和健全应急预案体系,保证迅速、有序、有效地开展应急处置与救援行动,降低突发事件破坏性后果的严重程度,是各级政府、企事业单位或其他社会组织的重要工作之一。建立健全突发事件应急预案体系的主要目的,一方面在于发生突发事件后,能够及时启动应急预案予以有效处置,另一方面是要根据预案有关预防与应急准备等方面的规定,把功夫用在平时,用在突发事件发生前的"事前"防范和"事前"准备上,做到有备无患、防患于未然,及早排查和化解可能导致突发事件发生的各种风险隐患,力求把突发事件消灭在萌芽状态,而当不可避免的突发事件发生后,及时启动应急预案则可以最大程度地减少人员伤亡和损失,并能做到迅速、有序、有效地开展应急处置工作。

1. 应急预案的基本定位

危机管理过程论认为,危机管理可以分解为如下两个层面和两个阶段:危机前对策——预防减灾和事前准备;危机后对策——快速应对和恢复平常。基于此,从时间脉络上可将公共危机应急管理分为预警阶段、准备阶段、应急处置阶段、评估恢复阶段这四个阶段。我们也依据此处理流程设计了系统的整体框架功能,同时也据此为应急预案的编制工作给出了基本定位。

制定应急预案主要基于两个前提,一是突发事件可能发生,一是突发事件肯定发生或已经发生。应急管理工作也必然要贯穿在这两个方面的前提之下,一是事件预防,二是应急准备、应急响应、现场处置和善后工作,但一般应急预案的基本定位大都偏重于后者,偏重于应急响应阶段,即使是应急准备工作也是强调针对事件肯定发生的准备。应急预防是公共安全管理的基本原则,并非应急预案的主要特点、工作目标和重点内容。尽管如此,但完善的应急预案应覆盖预测、预警、报警、响应、处置、结束、善后和恢复重建全过程。具体内容包括组织指挥体系与职责、预防与预警机制、处置程序与措施、应急保障措施、恢复与重建措施。

突发事件大都是在难以预见的情况下突然爆发的，而且具有不断扩大、蔓延和激变的潜力，一旦失控可能会转化为严重的危机，对国家政治、经济、社会秩序和人民生命财产安全构成威胁，形成冲击。应急预案的对象不是日常工作中的一般性管理问题，而是用常规管理无法应对的不可预见和具有破坏性的顶级事件。根据国外应急管理经验和近年来我国“一案三制”的管理工作实践，普遍认为应急预案不仅注重应急响应工作，还应包括应急准备和应急恢复重建这两部分重要内容，而且为了突出“第一反应”和“属地为主”的原则，应急响应活动须明确划分为初级响应和扩大应急两个阶段。

应急预案的重点是应急响应的指挥协调，即组织指挥体系与职责的构建。应急预案的对象是来势凶猛的突发事件，对应对者来说，是一个特殊的“怪物”，甚至是人们通常未曾见过的“庞然大物”，它构成复杂，诡异多变，发展迅速，破坏力强，不好控制，不好驯服，非群策群力而不能应对，而且，在其活动时间和空间分布范围上也难以把握。几乎每起重大事件应急响应活动都涉及到几十个部门、上百个单位，少则百人，多则数千人、数万人，还可能出现跨地区，甚至跨国境的复杂情况。这就需要有一个能够快速、高效运行的指挥协调系统，需要提前建立和完善组织指挥体系与职责，以便于事发后实现多机构的联合指挥与协调，从而形成统一、有序、高效的应对机制。

应急指挥的核心是控制。对突发事件应急管理工作来说，核心目的是及早控制事态，控制局势。控制可以分为纵向控制与横向控制。纵向控制主要是对自上而下的指挥系统的控制，保证指挥系统上传下达、令行禁止以及信息传递与反馈的灵敏、有序和有效；横向控制主要是指对各地区、各机构、各部门的横向协调系统的控制，保证各种应急力量和资源的及时调配和有效利用。从系统动力学观点看，公共安全事件的诱发、发展和演变是一个“能量”转换的动力过程。应急指挥的核心就是应用反馈机制，合理利用一切有效力量和资源，尽早切断事故效应链，采取常规与非常规紧急管理措施，强化控制力度，防止事件扩大和蔓延，并对已出现的危机，尽量将其破坏力和影响范围控制在最低程度。

应急预案是应急体系建设规划的一部分。应急预案是应急活动的行动指南，应急活动必须是以既有能力和资源为基础，尽量发挥现有力量和整合存量资源为应急活动服务，这应该是应急预案编制与实施的基本原则。未来规划内容和建设目标不应列在应急预案中。

2. 应急预案的分级分类

应急预案的类型划分主要来自于三个角度，一是来自于预案编制与执行者的角度，即预案编制与执行主体的角度；一是来自于突发事件客体的角度，即针对突发事件不同类型和不同级别的角度；三是来自于预案本身的角度，即预案本身适用范围和功能的角度。从不同角度编制的预案在针对性上、适用性上、操作性上、侧重点上都会有所不同。但不管是从哪个角度编制的应急预案，都必须结合实际，结合本地区本行业本单位可能面对的突发事件的特点，突出重点，强调实用性、指导性和可操作性，并上下一贯，左右呼应，保证各类预案之间能够随时实现无缝连接。

目前我国应急预案是按照如下方法分类的：按行政区域可划分国家级预案、省级预案、市级预案、区（县）级预案和企业预案；按突发事件的类型，可划分为自然灾害、事故灾难、公共卫生事件和社会安全事件预案；按预案适用范围和功能进行分类，即将城市的应急预案划分为综合预案、专项预案和现场预案（见图2－1）以及单项预案，以保证预案文件体系的层次清晰和开放性。

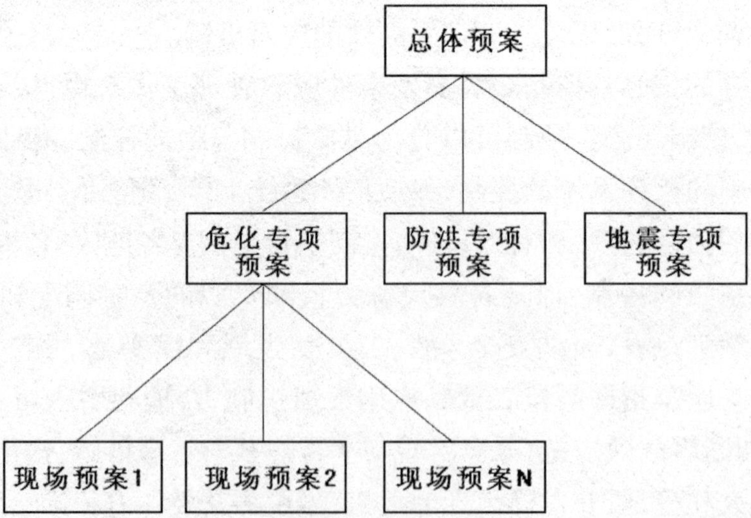

图2－1　按应急预案适用对象范围分类

下面重点谈一谈按照应急预案适用范围和功能划分的四种类型。

①总体应急预案（第一级），是预案体系的顶层设计，从总体上阐述城市

的应急方针、政策，分析一个行政辖区的危险源、应急资源、应急能力，并明确应急组织体系及相应职责，应急行动的总体思路、责任追究等。通过综合预案可以很清晰地了解城市的应急体系基本构架及预案的文件体系，可以作为本部门应急管理工作的基础，即使对那些没有预料的紧急情况也能起到一般的应急指导作用。

②专项应急预案（第二级），是针对某种具体、特定类型的紧急事件，比如防汛、危险物质泄漏及其他自然灾害的应急响应而制定；是在综合预案的基础上充分考虑了某种特定危险的特点，对应急的形式、组织机构、应急活动等进行更具体的阐述，有较强的针对性。

③现场应急预案（第三级），也叫现场处置方案，是在专项预案基础上，根据具体情况需要而编制，针对特定场所，通常是风险较大场所或重要防护区域所制定的预案。比如，危化品事故专项预案下编制的某重大危险源的场内应急预案，公共娱乐场所专项预案下编制的某娱乐场所的场内应急预案等。现场应急预案有更强的针对性和对现场具体救援活动具有更具体的操作性。与事故预想有点类似，但更具体、更具操作性、描述更规范。例如《地震灾害事故预案》是专项应急预案，是针对地震发生后出现的问题而编制的现场处置方案；《发生地震灾害后风力发电设备的处置方案》是专项应急预案，是针对发生地震灾害后风电场建筑物可能受到破坏而编制的处置方案。现场应急预案的特点是针对某一具体现场所存在的该类特殊危险，结合可能受其影响的周边环境情况，在详细分析的基础上，对应急救援中的各个方面做出具体、周密而细致的安排，因而现场预案具有更强的针对性和对现场具体救援活动的指导性。现场应急预案的编制以达到应急管理目标和效果为目的，形式可以更加灵活，比如有的针对事故现场应急管理设计了四种预案类型：一是应急行动指南或检查表，即针对已辨识的危险制定应采取的特定的应急行动。指南简要描述应急行动必须遵从的基本程序，如发生情况向谁报告，报告什么信息，采取哪些应急措施。这种应急预案主要起提示作用，对相关人员要进行培训，有时将这种预案作为其他类型应急预案的补充；二是应急响应预案，即针对现场每项设施和场所可能发生的事故情况，编制的应急响应预案。应急响应预案要包括所有可能的危险状况，明确有关人员在紧急状况下的职责。这类预案仅说明处理紧急事务的必需的行动，不包括事前要求（如培训、演练等）和事后措施；三是互助应急预案，即相邻企业为在事故应急处理中共享资

源，相互帮助制定的应急预案。这类预案适合于资源有限的中、小企业以及高风险的大企业，需要高效的协调管理；四是应急管理预案，即是综合性的事故应急预案，这类预案详细描述事故前、事故过程中和事故后何人做何事、什么时候做，如何做。这类预案要明确制定每一项职责的具体实施程序。应急管理预案包括事故应急的4个逻辑步骤：预防、预备、响应、恢复。

④单项应急预案（临时性）是针对大型公众聚集活动（包括政治、经济、文化、体育、民俗、娱乐、集会等活动）和高风险的建筑施工活动（例如城市大型施工、人口高密度区建筑物的定向爆破、水库大坝合龙、城市生命线施工维护等活动）而制定的临时性应急行动方案。预案内容主要是针对活动中可能出现的紧急情况，预先对相应应急机构的职责、任务和预防措施做出的安排。

应急预案还可以有其他很多种分法，比如按照责任来划分，可以分为企业预案和政府预案，企业预案由企业根据自身情况制定，由企业负责，通常完整的企业级应急预案由总预案、程序文件、指导说明书和记录四部分构成。政府预案由政府组织制定，由相应级别的政府负责；根据事件影响范围来划分，可以分为现场预案和场外预案，现场预案又可以分为不同等级，如车间级、工厂级等，而场外预案按事件影响范围的不同，又可以分为区县级、地市级、省级、区域级和国家级；按照行业来划分，几乎各行各业都制定了适合于本行业的应急预案，比如安全生产应急预案、建筑行业应急预案、烟草行业应急预案、交通运输行业突发事件应急预案、危险品运输行业应急预案、旅游行业应急预案、信息安全应急预案，等等。行业应急预案具有更强的针对性，因而也具有更强的可操作性。

六　我国突发事件应急预案建设的基本架构体系

我国近年来根据国家总体应急预案的规定，突发事件应急预案体系大体可分为六大类：一是总体应急预案，二是专项应急预案，三是部门应急预案，四是地方应急预案，五是企事业单位应急预案，六是重大活动应急预案。以下我们对这六大类预案分别加以阐述。

1. 突发事件总体应急预案

总体应急预案是全国应急预案体系的总纲，明确了各类突发公共事件分级分类和预案框架体系，规定了国务院应对特别重大突发公共事件的组织体系、工作机制等内容，是指导预防和处置各类突发公共事件的规范性文件。

编制总体应急预案的目的是为了提高政府保障公共安全和处置突发事件的能力，最大程度地预防和减少突发事件及其造成的损害，保障公众的生命财产安全，维护国家安全和社会稳定，促进经济社会全面、协调、可持续发展。

根据国家总体应急预案的论述，突发事件是指突然发生，造成或者可能造成重大人员伤亡、财产损失、生态环境破坏和严重社会危害，危及社会公共安全的紧急事件，分为自然灾害、事故灾难、公共卫生事件、社会安全事件四类。

①自然灾害。主要包括水旱灾害、气象灾害、地震灾害、地质灾害、生物灾害和山林火灾等。

②事故灾难。主要包括工矿商贸等企业的各类安全事故、交通运输事故、公共设施和设备事故、核与辐射事故、环境污染和生态破坏事件等。

③公共卫生事件。主要包括传染病疫情、群体性不明原因疾病。食品安全和职业危害、动物疫情以及其他严重影响公众健康和生命安全的事件。

④社会安全事件。主要包括恐怖袭击事件、民族宗教事件、经济安全事件、涉外突发事件和群体性突发事件等。

按照各类突发事件的性质、严重程度、可控性和影响范围等因素，突发事件可分为四级，即Ⅰ级（特别重大）、Ⅱ级（重大）、Ⅲ级（较大）和Ⅳ级（一般），依次用红色、橙色、黄色和蓝色表示。

根据国家总体应急预案的要求，预防和处置突发事件，各级政府必须遵循以下原则：

①以人为本，减少危害。要切实履行政府的社会管理和公共服务职能，把保障公众健康和生命财产安全作为首要任务，最大程度地减少突发事件及其造成的人员伤亡和危害。

②居安思危，预防为主。要高度重视公共安全工作，常抓不懈，防患于未然。增强忧患意识，坚持预防与应急相结合，常态与非常态相结合，做好应对突发事件的各项准备工作。

③统一领导，分级负责。在党中央国务院的统一领导下，建立健全分类管理、分级负责，条块结合、属地管理为主的应急管理体制，在各级党委领导下，实行行政领导责任制，充分发挥专业应急指挥机构的作用。

④合法规范，加强管理。依据有关法律和行政法规，加强应急管理，维护

公众的合法权益，使应对突发事件的工作规范化、制度化、法制化。

⑤快速反应，协同应对。加强以属地管理为主的应急处置队伍建设，建立联动协调制度，充分动员和发挥乡镇、社区、企事业单位，社会团体和志愿者队伍的作用，依靠公众力量，形成统一指挥、反应灵敏、功能齐全、协调有序、运转高效的应急管理机制。

⑥依靠科技，提高素质。加强公共安全科学研究和技术开发，采用先进的监测、预测、预警、预防和应急处置技术及设施，充分发挥专家队伍和专业人员的作用，提高应对突发事件的科技水平和指挥能力，避免发生次生、衍生事件；加强宣传和培训教育工作，提高公众自救、互救和应对各类突发事件的综合素质。

为了使更多的人知晓突发事件信息，从而能够及早做好相关的应对和准备工作，国家总体应急预案强调，突发性公共事件信息的发布、调整和解除要通过广播、电视、报刊、通信、信息网络、警报器、宣传车或组织人员逐户通知等方式进行。对老，幼、病、残、孕等特殊人群以及学校等特殊场所和警报盲区，要视具体情形采取有针对性的公告方式。

这就是说，突发事件特别是Ⅰ级或Ⅱ级事件发生后，各级政府有关部门要在第一时间向社会发布，信息发布要积极主动，准确把握，避免猜测性、歪曲性报道。保证在整个事件处置过程中，始终以权威、准确、正面的舆论引导公众。信息发布的原则是及时、准确、客观、全面。在第一时间发布后，随后还要发布初步核实情况、政府应对措施和公众防范措施等，并根据事件处置情况做好后续发布工作。

对于信息报告，国家总体应急预案对各级政府的第一要求就是“快”。为了做到“快”，国家总体应急预案强调，特别重大或者重大突发事件发生后，省级人民政府、国务院有关部门要在4小时内向国务院报告，同时通报有关地区和部门。应急处置过程中，要及时续报有关情况。在报告的同时，事发地的省级人民政府或者国务院有关部门必须做到“双管齐下”，根据职责和规定的权限启动相关应急预案，及时、有效地进行处置，控制事态。对于迟报、谎报、瞒报和漏报突发事件重要情况或应急管理工作中有其他失职渎职行为，要依法对有关责任人给予行政处分；构成犯罪的，依法追究刑事责任。

对于特别重大、重大突发事件或者事件发生在敏感地区、敏感时间，可能演化为特别重大、重大突发事件的情况，事发地人民政府或有关部门接到信息后，应当在30分钟内上报上级政府。对可能属于I级、II级预警信息的，应当及时（最迟不超过1小时）报告上级政府。特殊情况下，事发地基层单位和政府及有关部门值班人员可越级向上级政府报告。

国家总体应急预案明确规定，在党中央的领导下，国务院是突发事件应急管理工作的最高行政领导机构。在国务院总理领导下，由国务院常务会议和国家相关突发事件应急指挥机构负责突发事件的应急管理工作；必要时，派出国务院工作组指导有关工作。设国务院应急管理办公室，履行值守应急、信息汇总和综合协调职责，发挥运转枢纽作用；国务院有关部门依据有关法律、行政法规和各自职责，负责相关类别突发事件的应急管理工作。

地方各级人民政府是本行政区域突发事件应急管理工作的行政领导机构。同时，根据实际需要聘请有关专家组成专家组，为应急管理提供决策建议。这样就形成了“统一指挥、分级负责、协调有序、运转高效”的应急联动体系，可以使日常预防和应急处置有机结合，常态和非常态有机结合，从而减少运行环节，降低行政成本，提高快速反应能力。

在明确了突发事件的领导机构后，国家总体应急预案强调，突发事件发生后，事发地的省级人民政府或者国务院有关部门在报告特别重大、重大突发事件信息的同时，要根据职责和规定的权限启动相关应急预案，及时、有效地进行处置，控制事态。

如果事态有扩大趋势，事发地人民政府不能有效控制事态发展，或依靠自身资源、能力不能及时予以处置，要及时报告上级人民政府，要求上级人民政府处置，并同时做好先期处置工作。对于事发地人民政府来说，做好先期处置，就是要：

①实施紧急疏散和救援行动，组织群众开展自救互救。

②紧急调配本行政区内的应急资源用于应急处置。

③划定警戒区域，采取必要的管制措施。

④实施动态监测，进一步调查核实情况。

⑤向社会发出避险警告或预警信息。

⑥在有可能波及其他行政区域的情况下，要相互通报。

在应急处置结束后，各级人民政府还要积极稳妥、深入细致地做好善后处置工作。对突发事件中的伤亡人员、应急处置工作人员，以及紧急调集、征用有关单位及个人的物资，要按照规定给予抚恤、补助或补偿，并提供心理及司法援助。有关部门要做好疫病防治和环境污染消除工作。保险监管机构督促有关保险机构及时做好有关单位和个人损失的理赔工作，并同时做好恢复重建工作。

对于省级及省级以下人民政府来说，做好善后处置和恢复重建，就是要：

①妥善做好人员安置。在短期内要迅速恢复受难者的生命支持系统，保障食物和水的供应、搭建临时住房、恢复电力等，达到最低的生活保障。当地人民政府要迅速调查、核实突发事件造成的损失情况，制定救助方案，依法给予救助，及时解决受害群众的生产生活困难，维护社会稳定。对致残、致病、死亡人员，按照国家有关规定，给予相应的补助和抚恤。

②妥善做好污染物收集处理和现场清理。突发事件事发地的后期现场清理和污染物清除，由事发地市、县人民政府及其相关部门组织专业队伍实施，省人民政府有关部门应当提供专业人员和技术支持，要防止次生、衍生和耦合事件发生。

③迅速组织群众开展生产自救，恢复生产、生活、工作和社会秩序。

④组织专家科学评估重建能力和可利用资源以及突发事件造成的损失情况，制定恢复重建计划，落实资金、物资和技术保障，做好后期重建工作。

应当引起注意的是，在处置突发事件期间，征用单位和个人的财产要及时归还，无法归还或造成损毁的应当按有关规定给予补偿。行政机关采取应急处置措施致使公民、法人或者其他组织的合法权益受到损害的，应当及时予以补偿。

在自然灾害频繁发生，社会矛盾不断凸现的时期，对于各级人民政府来说，贯彻落实总体应急预案，就是要：

①坚持预防为主，关口前移。完善本地应急预案体系，发挥平时预防作用，尽量化解风险，减少灾害事故。

②坚持立足基层、依靠群众。要建立覆盖城乡基层的应急管理体系，切实贴近群众，让群众掌握应急知识，参与应急管理，充分发挥广大人民群众的作用。

③坚持信息先行、快速反应。要及时准确地了解、把握突发事件的苗头信息和趋势动向，为科学发展决策提供可靠依据，掌握应对突发事件的主动权。

④坚持整合资源、强化能力。集合各方面力量，加强物资和能力储备，实现资源的优化配置，提高紧急动员能力。

⑤坚持统一指挥、协同应对。要建立统一的应急指挥机构和协调联动机制，充分发挥各专业部门的作用和优势，保证突发事件应对工作及时、有序、高效。

⑥坚持政府主导、社会参与。充分发挥政府的主导作用，依据法律法规，综合运用各种手段，科学组织，合理调度，形成强大的应急动员能力和工作整体合力。

应当特别强调的是，在各级政府的总体预案中，虽然没有明确规定普通民众应该如何去做，但在危机中普通民众也要积极地采取行动，配合政府处理突发事件。在处理突发事件的时候，政府是核心，因为政府有很大的优势：有组织优势、信息优势、强制权力的优势，更重要的是，政府的管理是普遍性的，对所有人都是有效的，所以在处理突发事件的时候，如果没有政府，在危机面前群众就会处于混乱的无政府状态。

在这个过程当中，普通民众应该定位好自己的角色。一是要积极配合政府，帮助政府处理突发事件。二是根据自己的情况采取有效的行动，在保护自己的同时又帮助政府。对广大人民群众来说，最重要的就是保护自己，保护好自己就等于帮助了国家。三是平时要多了解和掌握应对突发事件的正反两方面的案例，使自己能在遭遇突发事件时，临危不乱。灵活运用自救互救知识配合政府救援，增强“思危有备，有备无患”的防灾意识，提高应对突发事件的综合素质。

2. 突发事件专项应急预案

专项应急预案主要是各级人民政府及其相关部门为应对某一类型或某几种类型突发事件而制定的涉及数个政府部门职责的应急预案。由各级人民政府有关部门牵头制定，报本级人民政府批准后，由本级人民政府和人民政府办公室印发实施。根据总体应急预案对突发事件的分类，专项应急预案也分为四类，即自然灾害专项预案、事故灾难专项预案、公共卫生专项预案、社会安全专项预案。

编制专项应急预案，目的是规范某一类型或某几种类型突发事件的应急管理和应急响应程序，及时有效地实施应急救援工作，最大程度地减少人员伤亡、财产损失，维护人民群众的生命安全和社会稳定。专项应急预案依据国家相关法律和各级人民政府总体应急预案编制。

各类专项应急预案都有各自的适用范围，如安全生产、地震、铁路行车事故、森林火灾，都规定有各自的适用范围。例如，《国家安全生产事故灾难应急预案》的适用范围是：

①造成30人以上死亡（含失踪），或危及30人以上生命安全，或者100人以上中毒（重伤），或者需要紧急转移安置10万人以上，或者直接经济损失1亿元以上的特别重大安全生产事故灾难。

②超出省（区、市）人民政府应急处置能力，或者跨省级行政区、跨多个领域（行业和部门）的安全生产事故灾难。

③需要国务院安全生产委员会（以下简称国务院安委会）处置的安全生产事故灾难。

在适用范围明确后，各专项应急预案对应急响应都有规定。从国家发布的专项应急预案的总体情况来看，应急响应一般都是分级响应，各专项应急预案都有自己的分级响应规定。如《国家处置重、特大森林火灾应急预案》对分级响应的规定就是：

①I级响应。

当出现受害森林面积1000公顷以上，火场仍未得到有效控制；造成30人以上死亡或造成重大影响和财产损失；严重威胁或烧毁城镇、居民地、重要设施和原始森林；以及需要国家支援的森林火灾等四种火情之一时，国务院可根据有关省（区、市）人民政府或国家林业局的请示，授权国家林业局局长组织协调指挥火灾扑救工作。如出现特殊情况需要采取进一步措施时，国家林业局另行请示国务院。

②II级响应。

当出现火场持续72小时仍未得到有效控制；受害森林面积300公顷以上；造成10人以上、30人以下死亡或重大财产损失；威胁居民地，重要设施和原始森林，或者发生在省、自治区、直辖市交界地区、危险性较大的森林火灾；国外大面积火场距我国界或实际控制线5公里以内，并对我境内森林构成较大威胁的火灾等五种火情之一时，国家林业局立即进入紧急工作状态，及时向国务院和有关支持保障部门报告（通报）情况，拟订扑救方案，调动扑火力量，下达扑救任务，国家林业局工作组人员立即赶赴火场。

③III级响应。

发现火情，当地森林防火部门立即组织扑救。县级森林防火指挥部必须在火场设立扑火前线指挥部;24 小时后火场没有得到控制,市级扑火前线指挥部要组建到位;48 小时后火场还没有得到控制或需要跨区支援扑救的火场,要建立省级扑火前线指挥部,进行规范化的调度和科学的组织指挥。

对于应急准备,不同的专项应急预案有不同的要求和规定。如《国家自然灾害救助应急预案》的规定是:

①资金准备。民政部组织协调发展改革委、财政部等部门,根据国家发展计划和《中华人民共和国预算法》规定,安排中央救灾资金预算,并按照救灾工作分级负责、救灾资金分级负担、以地方为主的原则,督促地方政府加大救灾资金投入力度。

②物资准备。中央要整合各部门现有救灾储备物资和储备库规划,分级、分类管理储备救灾物资和储备库。各省、自治区、直辖市及灾害多发地、县建立健全物资储备库、点。各级储备库应储备必需的救灾物资。

③救灾装备准备。中央各有关部门应配备救灾管理工作必需的设备和装备。民政部、省级民政部门及灾害频发市、县民政局应配备救灾必需的设备和装备。

④人力资源准备。完善民政灾害管理人员队伍建设,提高其应对自然灾害的能力。建立健全专家队伍。组织民政、卫生、水利、气象、地震、海洋、国土资源等各方面专家,重点开展灾情会商、赴灾区的现场评估及灾害管理的业务咨询工作。建立健全与军队、公安、武警、消防、卫生等专业救援队伍的联动机制。培育、发展非政府组织和志愿者队伍,并充分发挥其作用。

⑤社会动员准备。建立和完善社会捐助的动员机制、运行机制、监督管理机制,规范突发自然灾害社会捐助工作。完善救灾捐赠工作应急方案,规范救灾捐赠的组织发动、款物接收和分配以及社会公示、表彰等各个环节的工作。在已有 2.1 万个社会捐助接收站、点的基础上,继续在大中城市和有条件的小城市建立社会捐助接收站点,健全经常性社会捐助接收网络。完善社会捐助表彰制度,为开展社会捐助活动创造良好的社会氛围。

⑥宣传、培训和演习准备。开展社区减灾活动,利用各种媒体宣传灾害知识,宣传灾害应急法律法规和预防、避险、避灾、自救、互救、保险的常识,增强人民的防灾减灾意识。每年至少组织 2 次省级灾害管理人员的培训。每两年至少组织 1 次地级灾害管理人员的集中培训。省或地市级民政部门每年至少组织 1 次县级及乡镇民政助理员的业务培训。不定期开展对政府分管领导、

各类专业紧急救援队伍、非政府组织和志愿者组织的培训。每年在灾害多发地区，根据灾害发生特点，组织1－2次演习，检验并提高应急准备、指挥和响应能力。

对于响应措施，不同的专项应急预案也有不同的要求和规定。如《国家自然灾害救助应急预案》的规定是：

①由减灾委副主任组织协调灾害救助工作。

②民政部成立救灾应急指挥部，实行联合办公，组成紧急救援(综合)组、灾害信息组、救灾捐赠组、宣传报道组和后勤保障组等抗灾救灾工作小组，统一组织开展抗灾救灾工作。

③灾情发生后24小时内，派出抗灾救灾联合工作组赶赴灾区慰问灾民，核查灾情，了解救灾工作情况，了解灾区政府的救助能力和灾区需求，指导地方开展救灾工作，紧急调拨救灾款物。

④及时掌握灾情和编报救灾工作动态信息，并在民政部网站发布。

⑤向社会发布接受救灾捐赠的公告，组织开展跨省(区、市)或全国性救灾捐赠活动。

⑥经国务院批准，向国际社会发出救灾援助呼吁。

⑦公布接受捐赠单位和账号，设立救灾捐赠热线电话，主动接受社会各界的救灾捐赠每日向社会公布灾情和灾区需求情况；及时下拨捐赠款物，对全国救灾捐赠款物进行调剂；定期对救灾捐赠的接收和使用情况向社会公告。

对于自然灾害救助，不同的专项应急预案也有不同的规定。如《国家自然灾害救助应急预案》的规定是：

①县级民政部门每年调查冬令(春荒)灾民生活困难情况，建立需政府救济人口台账。

②民政部会同省级民政部门，组织有关专家赴灾区开展灾民生活困难状况评估，核实情况。

③制定冬令(春荒)救济工作方案。

④根据各省、自治区、直辖市人民政府向国务院要求拨款的请示，结合灾情评估情况，会同财政部下拨特大自然灾害救济补助费，专项用于帮助解决冬春灾民吃饭、穿衣等基本生活困难。

⑤灾民救助全面实行“灾民救助卡”管理制度。对确认需政府救济的灾民，由县级民政部门统一发放“灾民救助卡”，灾民凭卡领取救济粮和救济金。

⑥向社会通报各地救灾款下拨进度，确保冬令救济资金在春节前发放到户。

⑦对有偿还能力但暂时无钱购粮的缺粮群众，实施开仓借粮。

⑧通过开展社会捐助、对口支援、紧急采购等方式解决灾民的过冬衣被问题。

⑨发展改革、财政、农业等部门落实好以工代赈政策、灾歉减免，粮食部门确保粮食供应。

对于善后处置，不同的专项应急预案有不同的要求和规定。如《国家地震应急预案》的规定是：

①因救灾需要临时征用的房屋、运输工具、通信设备等应当及时归还；造成损坏或者无法归还的，按照国务院有关规定给予适当补偿或者作其他处理。

②搞好社会救助。民政部门负责接受并安排社会各界的捐赠。

③搞好保险理赔监管。保险监管机构依法做好灾区有关保险理赔和给付的监管。

④搞好调查总结。由中国地震局负责对地震灾害事件进行调查，总结地震应急响应工作并提出改进建议，及时上报。

对于保障措施，不同的专项应急预案也有不同的要求和规定。如《国家地震应急预案》的规定是：

①做好通信与信息保障。

②做好应急支援与装备保障。

③做好交通运输保障。

④做好电力保障。

⑤做好医疗卫生保障。

⑥做好治安保障。

⑦做好物资保障。

⑧做好经费保障。

⑨做好技术储备与保障。

⑩做好宣传、培训和演习。

对于紧急处置，不同的专项应急预案有不同的要求和规定。如《国家处置铁路行车事故应急预案》的规定是：

①发生铁路行车事故需要启动本预案时，铁道部、国务院有关部门和地方

人民政府分别按权限组织处置。根据事故具体情况和实际需要调动应急队伍,集结专用设备、器械和药品等救援物资,落实处置措施。公安、武警对现场施行保护、警戒和协助抢救。

②铁道部应急指挥小组根据现场请求,负责紧急调集铁路内部救援力量、专用设备和物资,参与应急处置;并通过国家处置铁路行车事故应急救援领导小组,协调组织有关部委的专业救援力量、专用设备和物资实施紧急支援。

③涉及跨省级行政区域、影响严重的事故紧急处置方案,由铁道部提出并协调实施;必要时报国务院决定。

对于医疗救护,不同的专项应急预案也有不同的要求和规定。如《国家处置铁路行车事故应急预案》的规定是:

①行车事发地人民政府负责现场组织协调有关医疗救护工作。

②卫生部门根据铁道部应急指挥小组的请求,负责协调组织医疗救护、医疗专家、特种药品和特种救治装备进行支援,协调组织现场卫生防疫有关工作。

③事发地铁路运输企业按照本单位应急预案中确定的医疗救护网点,迅速联系地方医疗机构,配合协助医疗部门开展紧急医疗救护和现场卫生处置。

④对可能导致疫病发生的行车事故,铁路运输企业应立即通知卫生防疫部门采取防疫措施。

总之,专项应急预案是总体应急预案的专门化和具体化,是总体应急预案的深入贯彻和具体展开,在国家应急预案体系中占有极其重要的地位。总体应急预案之所以需要专门化和具体化,是因为:

①突发事件种类较多,而总体应急预案是对应急响应、应对措施和保障条件等的原则性、概括性规定,单靠总体应急预案,无法保证事件能够得到有效处置。

②对于许多突发事件来说,应对需要相应的专业化知识和技术,而总体应急预案不可能对这些都作出详细的规定,需要制定相应的专门应急预案。如果可以把总体应急预案看成是应对突发事件的"宪法",那么专项应急预案就是贯彻"宪法"的"部门法"。

③专项应急预案是总体应急预案的横向展开,根据应对突发事件"横向到边和纵向到底"的要求,随着专项应急预案体系的不断丰富和扩展,我国将会形成一个完整的应对突发事件的预案体系,这将有助于我们预防和处置突

发事件。

3. 突发事件部门应急预案

部门应急预案是各级人民政府有关部门根据总体应急预案、专项应急预案和自身职责，为应对突发性公共事件而制定的应急预案，部门应急预案报本级人民政府批准和备案。和总体应急预案、专项应急预案一样，部门应急预案同样包括总则、应急指挥体系及职责、预防预警机制、应急响应、善后工作、应急保障、监督管理、附件等方面。

部门应急预案和专项应急预案的区别在于：

①制定主体不同。专项应急预案由各级人民政府的综合部门牵头制定，涉及多个相关部门的工作职责；而部门应急预案由各级人民政府的职能部门自己制定，只涉及自身的工作职责。

②法规效力不同。专项应急预案由政府综合部门牵头制定；体现着一级人民政府的意志，其法定效力比部门应急预案要高，毕竟部门应急预案只体现了部门的意志。

③编制依据和适用范围不同。如卫生部编制的《人感染高致病性禽流感应急预案》，其编制依据是《中华人民共和国传染病防治法》《突发公共卫生事件应急条例》《国家突发公共卫生事件应急预案》《卫生部应对流感大流行准备计划与应急预案(试行)》，适用范围是：我国各级卫生行政部门及各级各类医疗卫生机构开展的人禽流感防治应对准备及应急处置工作。这和《国家突发事件医疗卫生救援应急预案》不同。

部门应急预案对组织机构的规定是“部门性”的，如《人感染高致病性禽流感应急预案》对组织机构的规定是：

各级卫生行政部门在本级政府统一领导下，成立人禽流感防控工作领导小组，统一指挥、协调系统内的人禽流感防控工作。

各级各类医疗卫生机构实行人禽流感防控工作主要领导负责制、防控工作责任制和责任追究制，明确任务、目标和责任。

县级及以上卫生行政部门成立由临床、流行病学和实验室检验等相关专业人员组成的人禽流感防控技术专家组。

县级及以上医疗卫生机构成立人禽流感疫情应急处置小组，根据职责分工和卫生行政部门指派，负责开展本单位或本地区的人禽流感疫情应急处置工作。

农村乡镇(村)和城市社区卫生机构在上级疾控机构和医疗机构的指导下,开展本地区的人禽流感防控工作。

一般来说,部门应急预案规定的部门职责与部门的原有职责一致或相近。如陕西省子长县重大沙尘暴灾害应急预案对有关部门工作职责的规定是:

气象局:负责沙尘暴天气的监测、预报工作,在发现沙尘暴灾害征兆时,要及时作出预报,并向政府相关部门提供监测信息,为防灾抗灾和灾害应急做好服务。

畜牧局:指导畜牧业生产灾前预防、灾后自救工作,帮助灾区恢复畜牧业生产。

农业局:指导农业生产灾前预防、灾后自救工作,帮助灾区恢复农业生产。

环保局:负责监测沙尘暴发生的大气环境质量状况,并向县政府相关部门提供监测信息,为灾害应急提供服务。

民政局:负责组织抗灾救灾,参与灾情调查,组织管理和发放救灾款物并监督使用,组织指导救灾捐赠。

卫生局:在灾害造成人员伤亡时,负责组织医疗救护队伍和卫生防疫人员对灾区伤员进行抢救并做好灾区卫生防疫工作,防止灾区疫情、疾病的传播、蔓延。

4. 突发事件地方应急预案

地方应急预案是下级人民政府根据上级人民政府的总体应急预案、专项应急预案而制定的相应应急预案,这些应急预案在上级人民政府的领导下,按照分类管理、分级负责的原则由本级人民政府制定,完成之后报上级人民政府备案。其基本构成层次是:

①总体应急预案。省总体应急预案是全省应急预案体系的总纲,是省政府应对特别重大、重大突发事件的规范性文件。

②省专项应急预案。省专项应急预案是省政府及其有关部门为应对某一类型或某几种类型突发事件而制定的涉及多个部门职责的应急预案。

③省级部门应急预案。省级部门应急预案是省政府有关部门根据总体应急预案、专项应急预案和部门职责为应对突发事件制定的预案。

④市县应急预案。在省政府的领导下,按照分类管理、分级负责的原则,

由市县两级政府及其有关部门分别制定。

⑤企事业单位应急预案。由有关单位根据有关法律、法规制定。省属重点单位的应急预案,报省级有关应急管理部门备案。重点单位由有关应急管理部门确定并实施动态管理。

⑥单项活动应急预案。较大规模的集会、节会、庆典、会展等活动安全的应急预案,按照“谁主办、谁负责”的原则,由组织承办单位负责制订,报同级政府审定。

地方应急预案与国家应急预案在基本构成、编制依据、工作原则、组织机构、应急处置等方面的规定基本相同,如在组织机构方面,许多省级应急预案的规定基本上是相同的。以省级总体应急预案为例,一般规定为以下几个方面:

①领导机构。省政府是全省突发事件应急管理工作的行政领导机构。在省长的领导下,研究决定、部署和推动全省特别重大、重大突发事件应急管理工作。省政府办公厅是突发事件应急管理的办事机构,设省政府应急管理办公室,履行应急值守、信息汇总、综合协调和督促检查职能。

②指挥机构。省级成立的各类应对突发事件的非常设领导小组。委员会、指挥部等机构为相关突发事件的应急指挥机构。目前相关应急指挥机构尚未涵盖的突发事件发生时,根据省各相关专项预案的规定,启动预案时自动组成相关应急指挥机构。如果不属于专项预案的范畴,由省长或省政府常务会根据事件性质和工作需要,指定应急指挥机构负责人及成员;或省政府直接派出工作组指导有关应急处置工作。

③工作机构。省政府有关部门为突发事件应急处置的工作部门。根据突发事件的类型以及部门职责确定一个应急主管部门和若干参与部门,其构成在相应应急指挥机构或省专项预案中明确。

④市、县机构。市、县级政府是本行政区域突发事件应急管理工作的行政领导机构,负责本行政区域各类突发事件的应对工作,做好本行政区域各类较大、一般突发事件应急处置的组织领导工作。

⑤专家组。省政府和各类应急指挥机构及有关部门可根据实际需要聘请有关专家组成专家组,为应急管理提供决策咨询和工作建议,必要时参与现场应急处置工作。

对于预警预测,许多地方应急预案的规定不仅与国家应急预案基本相同,相互之间也基本上是相同的。以《四川省突发事件总体应急预案》为例，这一预案对突发事件的预警预测规定是：

①各级政府、有关部门要针对各种可能发生的突发事件，完善预测预警机制，开展风险分析，防患于未然，做到早发现、早报告、早处置。

②各级政府、有关部门要按照各自职责范围加强对监测工作的指导、管理和监督，明确监测信息报送渠道、时限、程序。

③通过对监测信息的分析研究，对可能发生突发事件的时间、地点、范围、程度、危害及趋势作出预测。

④对可能引发特别重大、重大突发事件的预测预警信息，必须在3小时内报省政府。

⑤根据监测和预测分析结果，对可能发生和可以预警的突发事件进行预警。

⑥预警信息包括可能发生的突发事件类别、预警级别、起始时间、可能影响范围、警示事项、应采取的措施和发布机关等。

⑦预警信息的发布、调整和解除，可通过广播、电视、报刊、通信网络等公共媒体和组织人员逐户通知等方式进行。对老、幼、病、残、孕等特殊人群以及学校等特殊场所应当采取有针对性的公告方式。

对于应急队伍建设，各地方应急预案的规定也基本上相同，一般来说，主要有以下几个方面：

①公安（消防）、卫生、安全生产监管、食品药品监督、环保、水利、林业、地震、畜牧等应急任务繁重的部门和高危行业、企业（如矿山、危险化学品、林场等）应组建相应的专业或预备应急队伍，加强业务培训，强化应急配合功能。

②水、电、油、气等工程抢险队伍是应急救援的专业队伍，要提高装备水平，增强救援能力。

③军队、武警、预备役部队和民兵是处置突发事件的骨干和突击力量，按照有关规定参加应急处置工作。

④积极调动机关团体、企事业单位、公益团体和志愿者队伍等社会力量，建立各类社会化、群众性应急队伍。

5. 突发事件企事业单位应急预案

企事业单位的应急预案依照有关法律、法规，参照政府应急预案，根据企业自身实际制定，报本级人民政府批准后，由本级人民政府有关部门印发实施。

企事业单位编制应急预案十分必要。国务院有关规定指出：企业要建立预案的评估管理、动态管理和备案管理制度，根据有关法律、法规、标准的变动情况，应急预案演练情况，以及企业作业条件、设备状况、产品品种、人员、技术、外部环境等不断变化的实际情况，及时评估和补充修订完善预案。企业应急预案按照“分类管理、分级负责”的原则报相应的地方政府主管部门和上级单位备案，并告知相关单位。企业应急预案是一个系统，由不同的具体应急预案组成。

企业应急预案的构成与政府应急预案不完全相同，它一般由以下部分组成：

①编制目的。

②危险性分析。

③应急组织机构与职责。

④预防与预警。

⑤应急响应。

⑥附则。

⑦附件。

企业应急预案的制作，必须遵循一定的步骤，这些步骤从共性的角度看，主要包括以下方面：

①明确组织机构及其职责。

②搞好危害辨识与风险评价。

③确定通告程序和报警系统。

④明确应急设备与可用设施。

⑤评估评价能力与可用资源。

⑥明确保护措施程序。

⑦做好信息发布与公众教育。

⑧明确事故后的恢复程序。

⑨搞好培训与演练。

⑩做好应急预案的维护。

企业应急预案预警机制的确认，也有着明显的企业特色：

①确定报警系统及程序；

②确定现场24小时的通告、报警方式，如电话、警报器等；

③确定24小时与政府主管部门的通讯、联络方式，以便应急指挥和疏散居民；

④明确相互认可的通告、报警形式和内容；

⑤明确应急反应人员向外求援的方式；

⑥明确向公众报警的标准、方式、信号等；

⑦明确应急反应指挥中心怎样保证有关人员理解并对应急报警做出反应。

对应急设备的确认，企业应急预案也有许多具体的要求：

①明确可用于应急救援的设施，如办公室、通讯设备、应急物资等；

②列出有关部门，如企业现场、武警、消防、卫生防疫等部门可用的应急设备；

③描述与有关医疗机构的关系，如急救站、医院、救护队等；

④描述可用的危险监测设备；

⑤列出可用的个体防护装备；

⑥列出与有关机构签订的互援协议。

对贯彻应急预案来说，应急演练是十分重要的环节。对于企业的应急演练，国务院的要求是：各企业要从实际出发，有计划地组织开展预案演练工作。高危行业企业要针对生产事故易发环节，每年至少组织开展一次预案演练。要加强对演练情况的总结分析，及时发现问题，不断改进应急管理工作。

事业单位应急预案的编制目的与企业基本相同，都是为了更好地预防和处置突发事件。事业单位应急预案的构成与政府基本一致，主要包括：

①编制目的。

②编制依据。

③适用范围。

④组织机构与职责权限。

⑤防范重点、防范设施及防范措施。

⑥应急响应。

⑦善后处置。

⑧保障措施。

⑨宣传、培训与学习。

⑩附则。

事业单位特别是学校应急预案编制的原则是：

①学校应急预案要囊括学校安全管理的主要内容。原则上参照学校安全应急预案参考样本进行编制。

②预案编制要体现简洁性和实用性特点，按照符合实际、职责清晰、简明扼要、可操作性强的要求进行编写。语言表达要求通俗易懂，开门见山。

6. 重大活动应急预案

所谓重大活动应急预案，就是可能组织承办重大活动的单位根据有关法律、法规和上级政府及政府部门总体预案和专项预案，结合自身实际而制定的应急预案。

根据国家有关文件精神，较大规模的集会、节会、庆典、会展等重大活动的应急预案，按照“谁主办、谁负责”的原则，由组织承办单位负责制定，按照有关规定，报公安机关批准后实施，并报当地人民政府备案。

编制重大活动应急预案的意义在于积极预防和妥善处置在重大活动中可能出现的突发事件，最大限度地保护人民群众的生命和财产安全，最大限度地维护社会和谐和稳定。

重大活动应急突发事件主要包括：安全保卫、防爆、防火、防盗、防投毒、防疫、防交通事故、防群体性事件及其他危及公共安全的紧急事件。

按照节假日和重大活动期间安全事故伤亡的程度，重大活动突发事件可划分为四级、三级、二级、一级，分别表示一般、较大、重大、特别重大。四级为一般安全事故，死亡不足3人。三级为较大安全事故，死亡3~9人。二级为重大安全事故，死亡10~29人。一级为特别重大安全事故，死亡30人以上。

编制重大活动应急预案，应当明确，不同的重大活动和节假日活动有不同的应急指挥机构，如某市的应急组织指挥机构就是这样确定的：

成立市节假日和重大活动期间安全事故应急指挥部（以下简称市指挥部），由市政府主管副市长任指挥长，市政府办公室主管副主任、市公安局政委任副指挥长，市政府相关部门主管负责同志为成员。

市指挥部办公室设在市公安局，指挥部下设情报信息、事故处置、新闻宣传、政策法规等四个专门工作组。

现场指挥部:事发地乡镇长或主管副乡镇长为现场指挥长,其他相关部门负责人为成员,负责现场指挥。

其工作职责是:

①市指挥部。负责对节假日和重大活动期间安全事故处置的统一领导和指挥;决定采取救援、疏散、交通管制等重大措施;负责审定新闻报道意见和宣传报道口径,对市内新闻报道稿件审核把关;市指挥部根据需要可直接参与现场指挥。

②市指挥部办公室。负责市指挥部的协调和保障工作,综合整理情况信息,拟定决策建议,传达指示和命令,协调各专门工作组和有关单位开展工作,检查监督各项工作的落实情况,根据市指挥部的授权做好新闻发布的相关工作。

③情报信息组。成员单位有市公安局、武警中队、市旅游局、市商务局,负责搜集节假日期间公园、绿地、大型购物场所、公共复杂场所及大型活动中人员聚集密度、环境复杂状况等安全事故隐患的情报信息,进行预测分析,提出工作建议。

④事故处置组。成员单位有市公安局、武警中队、市交通局、市卫生局,负责研究、拟定现场紧急疏散、救援的行动方案,并组织实施。

⑤新闻宣传组。成员单位有市委宣传部、市广播电视局,负责提出宣传报道意见,拟定报道口径,全面搞好宣传报道工作。

⑥政策法规组。成员单位有市政府法制办、市公安局,负责为处置工作提供法律服务和支持。

⑦现场指挥部。具体负责安全事故现场的处置工作,落实市指挥部下达的各项工作指令。

重大活动极容易引发重大突发事件,因此,政府必须重视预防重大突发事件的发生。如果事件不幸发生了,也应该按事先确定处置流程,采取相应的应急处置措施予以处置:

①及时确定事故的原因和危害程度。事故发生后,事发地人民政府应迅速判断事故的原因和严重程度,立即采取应急措施,同时报告上级人民政府指挥部。上级人民政府在接到上报信息后,应根据管理权限确定事故级别,提出相应处置建议,并建立或责成下级人民政府建立相应指挥机构。

②制止混乱,及时疏散群众。指挥部迅速发布通告,通报公众紧急危险情

况，告知公众保持冷静，及时打开疏散通道，迅速、有序疏散现场群众。

③根据情况实行区域性交通管制，分流无关车辆、行人，确保救援通道畅通。根据事故严重程度和人员拥挤程度，经指挥部决定，由政府发布命令，实行区域交通管制，防止人员过度拥挤，确保人员疏散和救援通道畅通。

④及时救护、救援。迅速组织力量对受伤人员现场救护或送往医院救治。对处于危险境地的人员组织力量全力解救。

⑤维护社会秩序。设置警戒带，划定警戒区域，维护社会秩序，确保社会稳定。

⑥做好新闻报道工作。在指挥部统一领导下，由新闻宣传组提出新闻报道意见，拟定宣传报道口径，协调解决新闻报道中遇到的问题。宣传报道要及时主动，准确把握，本着有利于维护人民群众切身利益，有利于事件的妥善处理的原则，注重社会效果，正确引导舆论。

对在重大突发事件应急处置中表现突出的单位和个人，政府应依据有关规定给予奖励。奖励的依据是：

①出色完成应急处置任务，成绩显著的。

②应急处置事件有功，使国家、集体和人民群众的财产免受损失或者减少损失的。

③对应急救援工作提出重大建议，实施效果显著的。

④有其他特殊贡献的。

而在重大活动应急处置中有下列表现之一的单位和个人，政府应依据有关规定给予惩罚：

①不按照规定制定事故应急预案，拒绝履行应急准备义务的。

②不按照规定报告、通报事故真实情况的。

③拒不执行重大活动应急预案，不服从命令和指挥，或者在应急响应时临阵脱逃的。

④盗窃、挪用、贪污应急工作资金或者物资的。

⑤阻碍应急工作人员依法执行任务或者进行破坏活动的。

⑥散布谣言，扰乱社会秩序的。

⑦有其他危害应急工作行为的。

惩罚按照法律、法规及有关规定进行。对有关责任人员视情节和危害后果，由其所在单位或者上级机关给予行政处分；其中对公务员和国家行政机关任命的其他人员，分别由任免机关或者监察机关给予行政处分；属于违反治安管理行为的，由公安机关依照有关法律法规的规定予以处罚；构成犯罪的，由司法机关依法追究刑事责任。

七　四大类突发事件应急预案编制思路

我国将突发事件共分为四类，即自然灾害事件、事故灾难事件、公共卫生事件、社会安全事件。对于这四大类突发事件的应对和处置当然都必须有相应的预案支持。由于这些事件的类型不同，属性不同，起因不同，形式不同，特点不同，影响不同，其应对方式和措施也有明显的不同。这就要求编制者要根据不同类型的突发事件有针对性地编制相应的应急预案，以保证预案的科学性、客观性、有效性、指导性和实际可操作性。

1. 自然灾害类应急预案编制思路

自然灾害是指给人类生存带来危害或损害人类生活环境的自然现象，包括水旱灾害、气象灾害、地质灾害、海洋灾害、生物灾害和森林草原火灾等。

为了保证自然灾害类突发公共事件应急管理工作协调、有序、高效地进行，最大程度地减少人民群众的生命和财产损失，维护灾区社会稳定，我国于2006年1月10日发布了5件自然灾害类突发公共事件专项应急预案，分别是：国家自然灾害救助应急预案，国家防汛抗旱应急预案，国家地震应急预案，国家突发地质灾害应急预案，国家处置重、特大森林火灾应急预案。编制自然灾害类专项应急预案，是为了保证自然灾害类突发公共事件应急管理工作协调、有序、高效进行，最大程度地减少人民群众的生命和财产损失，维护灾区社会稳定。灾害应急预案是政府应对重大自然灾害整体的紧急行动方案，应急工作要逐渐由以往单纯在灾后采取被动补救措施，开始逐渐转变为在灾前有准备地制定和采取各种主动性防灾措施，一旦灾害即将发生或突然发生，政府和有关部门可按照预定方案有针对性地进行应急抢险和救灾。因此，应急预案必须具有广泛性、科学性和可操作性。

(1) 国家自然灾害救助应急预案

全预案共8部分，包括了救助应急的工作原则、启动条件、准备、响应、灾后救灾以及恢复重建等各个主要应急环节。适用于凡在我国发生的水旱灾害，台风、冰雹、雪、沙尘暴等气象灾害，火山、地震灾害，山体崩塌、滑坡、泥石流等地质灾害，风暴潮、海啸等海洋灾害，森林草原火灾和重大生物灾害等自然灾害及其他达到启动条件的突发公共事件。预案规定，国家减灾委员会为国家自然灾害救助应急综合协调机构。在具体实施中，民政部组织协调国家发展改革委员会、财政部等部门，安排中央救灾资金预算，并按照救灾工作分级负责、救灾资金分级负担，以地方为主的原则，督促地方政府加大救灾资金投入力度。要整合各部门现有救灾储备物资和储备库规划，分级、分类管理储备救灾物资和储备库。要完善民政灾害管理人员队伍建设，提高其应对自然灾害的能力，并规范突发自然灾害社会捐助工作。

(2)国家防汛抗旱应急预案

全预案共7部分，总括了防汛抗旱工作的体制、机制和预警、应急、保障、善后等各个主要应急环节，提供了分级操作的准则和规范。适用于全国范围内突发性水旱灾害的预防和应急处置。预案规定，有防汛抗旱任务的县级以上地方人民政府设立防汛抗旱指挥部，在上级防汛抗旱指挥机构和本级人民政府的领导下，组织和指挥本地区的防汛抗旱工作。当江河发生洪水时，水文部门应加密测验时段，及时上报测验结果，雨情、水情应在2小时内报到国家防总，重要站点的水情应在30分钟内报到国家防总，为防汛抗旱指挥机构适时指挥决策提供依据。

(3)国家地震应急预案

全预案共10部分，包括了工作原则、组织指挥体系、预警和预防机制、响应、后期处置、保障措施等各个主要应急环节，适用于地震灾害事件(含火山灾害事件)的应急处置。预案明确，地震灾害事件发生后，有关各级人民政府立即自动按照预案要求，实施对本行政区域地震灾害事件的应急处置。省级人民政府是处置本行政区域重大、特别重大地震灾害事件的主体。必要时，由国务院实施国家地震应急处置，国务院有关部门和单位按照职责分工密切配合、信息互通、资源共享、协同行动。

(4)国家突发地质灾害应急预案

全预案共9部分，包括了工作原则、组织体系、预防与预警机制、响应、保障等各个主要应急环节。适用于处置自然因素或者人为活动引发的危害人民生命和财产安全的山体崩塌、滑坡、泥石流、地面塌陷等与地质作用有关的地质灾害。预案明确，要建立健全按灾害级别分级管理、条块结合、以地方人民政府为主的管理体制。发生地质灾害或者出现地质灾害险情时，相关市、县人民政府可以根据地质灾害抢险救灾的需要，成立地质灾害抢险救灾指挥机构。省级人民政府结合本地实际情况成立相应的地质灾害应急防治指挥部。超出事发地省级人民政府处置能力时，国务院可以成立临时性的地质灾害应急防治总指挥部，负责特大型地质灾害应急防治工作的指挥和部署。

(5)国家处置重、特大森林火灾应急预案

全预案共7部分，包括了基本原则、组织指挥体系、预警、检测、火灾扑救、后期处置以及综合保障等各个主要应急环节。适用于我国境内发生的重、特大森林火灾的应急工作。预案规定，在国务院统一领导下，国家林业局负责制订和协调组织实施本预案，本预案在具体实施时应遵循统一领导、分级负责的原则，落实各项责任制。扑救森林火灾由当地人民政府森林防火指挥部统一组织和指挥。如果出现火场对林区居民地、重要设施构成极大威胁，造成重大人员伤亡或重大财产损失，以及地方政府请求救助或国务院提出要求等情况时，立即成立"国家林业局扑火指挥部"，具体承担应急处置重、特大森林火灾的各项组织指挥工作。

2. 事故灾难类应急预案编制思路

事故性灾难应急预案是针对工矿商贸等企业的各类安全事故、交通运输事故、公共设施和设备事故、环境污染和生态破坏事件等灾难所做的应急管理计划或措施。包括安全生产事故灾难应急预案、电网大面积停电事件应急预案、通信保障应急预案、铁路行车事故应急预案、民用航空器飞行事故应急预案、海上搜救应急预案、城市地铁事故灾难应急预案、核应急预案、突发环境事件应急预案等，为事故性灾难的处置提供了有力的保障。

《中华人民共和国安全生产法》要求："生产经营单位对重大危险源应当登记建档，进行定期检测、评估、监控，并制定应急预案，告知从业人员和相关人员在紧急情况下应当采取的应急措施"；"县级以上地方各级人民政府应当组织有关部门制定本行政区域内特大生产安全事故应急救援预案，建立应急救援体系"。主要依据事故的严重程度、责任区域和应急救援能力可将事故灾难类应急预案分为：I级（企业级）应急预案，II级（县、市/社区级）应急预案，III级（地区、市级）应急预案，IV级（省级）应急预案，V级（国家级）应急预案。按预案的适用对象范围进行分类，可划分为综合预案、专项预案和现场预案。预案的分类可保证预案文件体系的层次清晰和开放性。

预案的基本内容一般包括总则、组织体系及相关机构职能、预警和防预机制、应急响应、附录、附则。

(1)总则

总则的基本内容一般包括编制目的、编制依据、适用范围和工作原则。

①编制目的。

为了规范事故性灾难的应急管理应急响应程序,积极有效地实施应急救援工作,最大程度地减少人员伤亡、财产损失,维护人民群众的生命安全和社会稳定。

②编制依据。

生产事故灾难应急预案一般依据《中华人民共和国安全生产法》、《国家突发公共事件总体应急预案》、《国务院关于进一步加强安全生产工作的决定》等法律法规及有关规定编制。各级政府机构及企事业单位应急预案依据国家及辖区内有关规定及相应预案编制。

交通事故灾难应急预案一般依据《中华人民共和国道路交通安全法》、《中华人民共和国安全生产法》、《中华人民共和国道路交通安全法实施条例》、国务院《关于特大安全事故行政责任追究的规定》等法律法规及有关规定编制,各级政府机构及企事业单位应急预案依据上一级相关规定及预案编制,各级政府机构及企事业单位应急预案依据国家及辖区内有关规定及相应预案编制。

③适用范围。

·I级(企业级)应急预案:事故的有害影响局限在一个单位(如某个工厂、火车站、仓库、农场、煤气或石油输送加压站/终端站等)的界区之内,并且可被现场的操作者遏制和控制在该区域内。这类事故可能需要投入整个单位的力量来控制,但其影响预期不会扩大到社区(公共区)。

·II级(县、市、社区级)应急预案:所涉及的事故及其影响可扩大到公共区(社区),但可被该县(市、区)或社区的力量,加上所涉及的工厂或工业部门的力量所控制。

·III级(地区、市级)应急预案:事故影响范围大,后果严重,或是发生在两个县或县级市管辖区边界上的事故,应急救援需动用地区的力量。

·IV级(省级)应急预案:对可能发生的特大火灾、爆炸、毒物泄漏事故,特大危险品运输事故以及属省级的特大事故隐患、省级重大危险源应建立省级事故应急反应预案。它可能是一种规模极大的灾难事故，也可能是一种需要用事故发生的城市或地区所没有的特殊技术和设备进行处理的特殊事故。这类意外事故需用全省范围内的力量来控制。

·Ⅴ级（国家级）应急预案：对事故后果超过省、直辖市、自治区边界以及被列为国家级事故隐患、重大危险源的设施或场所，应制定国家级应急预案。

④工作原则。

一般的工作原则包括：以人为本，安全第一；统一领导，分级负责；条块结合，属地为主；依靠科学，依法规范；预防为主，平战结合；快速反应，整合资源；依法管理，责权统一等原则。无论什么样的工作原则，总是要围绕编制的目的"最大程度地减少人员伤亡、财产损失，维护人民群众的生命安全和社会稳定"这一工作重心展开。

（2）组织体系及相关机构职能

事故灾难应急预案的组织体系一般包括应急领导机构、综合协调指挥机构、专业协调指挥机构、应急支持保障部门、应急救援队伍和生产经营单位等。严谨而充分的应急准备可以降低紧急状况时的未知因素，为正确处置突发事件提供保障。如图2－2所示，从两个方面即事故灾难的应急管理组织体系和

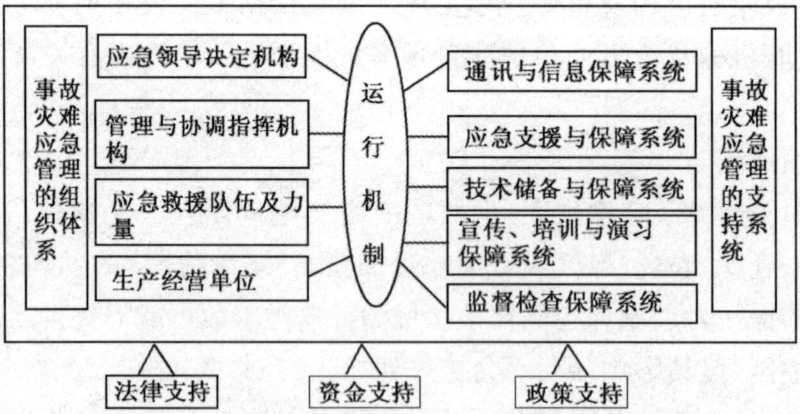

图2－2　事故灾难应急管理系统结构图

支持保障系统对事故灾难应急管理系统进行了详细说明。应急管理组织体系和支持保障系统是安全生产事故灾难应急管理系统框架的基础。如何把各类灾难事故应急管理以及应急过程中的各个环节联系组织起来，实现整个社会

资源的有效协同和优化配置，控制事故灾难，最大限度地减少人员伤亡、经济损失和社会影响，尽快实现恢复和重建，是在预案编制过程中值得深入研究和认真解决的问题。

①国家级事故灾难应急预案的组织体系及职能。

国家安全生产事故灾难应急领导机构是国务院安全委员会，综合协调指挥机构为国务院安全委员会办公室，国家安全生产应急救援指挥中心具体承担安全生产事故灾难应急管理工作，专业协调指挥机构为国务院有关部门管理的专业领域应急救援指挥机构。应急救援队伍主要包括消防部队、专业应急救援队伍、生产经营单位的应急救援队伍、社会力量、志愿者队伍及有关国际救援力量等。国务院安全委员会各成员单位按照职责履行本部门的安全生产事故灾难应急救援和保障方面的职责，负责制订、管理并实施有关应急预案（图2－3）。

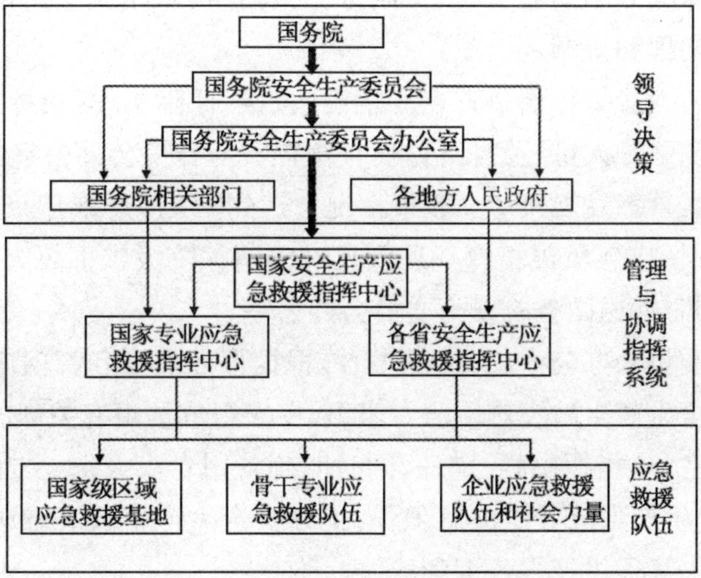

图2－3　全国安全生产应急反应体系图

②省级事故灾难应急预案的组织体系及职能。

省安全委员会（以下简称安委会）为全省安全生产事故灾难应急领导机构，领导、组织、协调全省安全生产应急管理和事故灾难应急救援工作，下设办公室。省安全委员会办公室作为省安委会的办事机构和安全生产事故灾难应急救援综合协调机构，设在省安全生产监督管理局（以下简称省安监局）。省安全委员会办公室设立省安全生产事故应急救援指挥中心(以下简称省指挥中心),具体承担全省安全生产事故灾难应急工作。各相关部门及其专业指挥机构为省政府相关部门及其管理的专业领域应急指挥机构。

现场应急救援指挥以属地为主。按应急响应的级别和职责,事发地政府成立现场应急指挥部,指挥现场应急救援。

应急救援队伍主要包括消防队伍、各行业和部门的专业应急救援队伍、生产经营单位的应急救援队伍、民兵、预备役部队、社会力量及志愿者队伍。必要时,包括人民解放军和武警部队。

生产经营单位依据单位自救和政府实施救援相结合的原则,采取预防和预警措施,落实安全生产责任制和行业安全管理规定,建立应急机制,编制应急预案,做好应急准备。

省安全委员会各成员单位应履行本部门的安全生产事故灾难预防、应急救援及应急保障方面的职责,负责制订、管理并实施相关应急预案,接受省安全委员会的指挥和协调。

现场应急救援指挥部负责现场抢险、救援、保障工作,指挥现场所有参与应急救援的队伍和人员,及时向省政府及省安全委员会办公室(省指挥中心)报告事故灾难事态发展及应急救援情况。达到Ⅰ级应急响应级别的安全生产事故灾难,现场应急救援指挥部还应及时向国务院报告事故灾难事态发展及救援情况,同时抄送国务院安全委员会办公室。

省安全委员会办公室(省指挥中心)根据事故类别和部门应急救援职责,组织成立安全生产事故灾难应急专家组,专家组成员由有关部门推荐,省安全委员会办公室(省指挥中心)聘任,同时明确备用专家人选。专家组主要职责是:参与安全生产事故灾难应急工作;指导安全生产事故灾难应急处置工作;负责为应急决策提供技术咨询和建议。

③市、县级事故灾难预案的组织体系及职能。

市、县安委会成立安全生产事故灾难应急救援指挥部,由市、县安委会主任和副主任担任总指挥和副总指挥,成员由市、县安监局、经济局、公安局、卫生局等部门组成,负责统一领导和指挥全市、县安全事故灾难应急处置工作,并对重大应急救援事项做出决策。市、县安全事故灾难应急指挥部办公室设在市、县安监局(安委会办公室),负责指挥部的日常工作。

现场应急救援指挥由市、县人民政府负责组织成立现场应急救援指挥部,负责指挥所有参与应急救援的队伍和人员，并及时向市、县人民政府报告事故灾难事态发展及救援情况。

涉及多个领域、跨县（市）行政区或影响重大的事故灾难，根据需要由市、县安委会或市、县直接相关部门组织成立现场应急救援指挥部。

各类事故灾难的处置工作通常在国家、省、市、县安委会的统一领导下进行，按照各部门的职能分工，目前已确定的安全生产事故灾难的应急指挥协调部门一般构成如下：

·工矿（非煤矿山）、商贸等行业的安全生产事故应急救援工作由国家安全生产监督管理总局、省（市、县）安全生产监督管理局指挥协调；

·煤矿生产安全事故应急救援工作由国家煤炭工业管理局、省（市、县）煤炭办指挥协调；

·民用爆炸物品生产事故应急救援工作由国家安全生产监督管理总局、市（县）安全生产监督管理局指挥协调；

·建设工程安全事故、城市公用事业事故应急救援工作由国家住房和城乡建设部、省建设厅、市（县）安监局与建设局指挥协调；

·道路交通、火灾等事故应急救援工作由国家（省、市、县）公安部门、交通部门、安全生产监督管理部门指挥协调；

·铁路运输事故应急救援工作由铁路部门指挥协调；

·水上交通事故应急救援工作由国家（省、市、县）公安部门、交通部门、安全生产监督管理部门指挥协调；

·农机、农药等事故应急救援工作由危险化学品事故灾难应急预案、农业部门指挥协调；

·特种设备事故应急救援工作由质量技术监督局指挥协调；

·电网大面积停电等事故应急救援工作由经济管理部门、电业管理部门指挥协调；

·通信、信息网络安全事故应急救援工作由通信管理部门、安全生产监督管理部门指挥协调；

·环境事故应急求援工作由环保管理部门指挥协调；

·危险化学品事故灾难应急救援工作由安全生产监督管理部门指挥协调；

·应急救援的通信保障由通信管理部门负责组织协调；

·应急救援的治安保卫、交通管制等工作由公安部门负责，武警部队负责协助维护社会治安和转移群众工作；

·应急医疗救援和卫生防疫工作由卫生部门负责组织协调；

·安全生产应急救援体系建设资金由发展改革部门负责保障，安全生产应急救援体系运行经费由财政部门负责保障；

·应急救援物资保障由发展改革部门、经济部门和商务部门负责协调组织；

·应急救援交通运输保障由交通部门、铁路部门负责协调组织；

·事故灾难后的工伤保险等相关事宜由劳动和社会保障部门负责协调；

·气象监测和气象预报工作由气象部门负责；

·事故现场环境监测工作由环保部门负责组织协调；

·新闻发布工作由宣传部门负责统一协调。

(3)预警和防预机制

①事故灾难监控与信息报告。

国务院有关部门和省(区、市)人民政府应当加强对重大危险源的监控，对可能引发特别重大事故的险情，或者其他灾害、灾难可能引发安全生产事故灾难的重要信息应及时上报。

特别重大安全生产事故灾难发生后，事故现场有关人员应当立即报告单位负责人，单位负责人接到报告后，应当立即报告当地人民政府和上级主管部门。中央企业在上报当地政府的同时应当上报企业总部。当地人民政府接到报告后应当立即报告上级政府，国务院有关部门、单位、中央企业和事故灾难发生地的省(区、市)人民政府应当在接到报告后2小时内向国务院报告，同时抄送国务院安全委员会办公室。

自然灾害、公共卫生和社会安全方面的突发事件可能引发安全生产事故灾难的信息，有关各级、各类应急指挥机构均应及时通报同级安全生产事故灾难应急救援指挥机构，安全生产事故灾难应急救援指挥机构应当及时分析处理，并按照分级管理的程序逐级上报，紧急情况下，可越级上报。

发生安全生产事故灾难的有关部门、单位要及时、主动向国务院安全委员会办公室、国务院有关部门提供与事故应急救援有关的资料。事故灾难发生地安全监管部门提供事故前监督检查的有关资料，为国务院安全委员会办公室、国务院有关部门研究制订救援方案提供参考。

②预警行动。

各级、各部门安全生产事故灾难应急机构接到可能导致安全生产事故灾难的信息后，按照应急预案及时研究确定应对方案，并通知有关部门、单位采取相应行动预防事故发生。

单位负责人接到事故报告后，要在1小时内如实报告当地人民政府和安全生产监管部门。当发生Ⅱ级及以上事故，且需救援的，应当立即报告当地政府和安全生产监管部门。省直属企业在报告当地政府的同时还应上报省安全生产监管局和上级主管部门，同时按本单位应急救援预案组织开展救援工作。

事发地政府及安全生产监督管理部门接到报告后，应当立即核实有关情况，迅速启动本级预案组织救援，并按有关规定逐级上报，每级上报时间不得超过2小时。当发生Ⅱ级及以上事故，且需启动本预案救援的，报省灾难应急指挥部办公室时间不得超过1小时。

省事故灾难应急指挥部办公室接到报告后，要对有关情况进行跟踪核实，并立即报告指挥部办公室领导和省应急指挥部总指挥，同时，按领导指示和有关规定向上级报告。省事故灾难应急指挥部总指挥根据情况发布启动应急预案和响应级别命令。

做好信息报告的同时，事发地的各级政府或者有关部门必须做到“多管齐下”。根据职责和规定的权限启动相关应急预案，及时、有效地进行应对和处置，尽早控制事态。

当对特别重大事故采取应急处置仍未能控制紧急情况，尤其是出现跨区域大面积灾难或可能发展成为严重危害的态势时，由省事故灾难应急指挥部请示省政府启动省政府突发公共事件应急预案，并统一指挥全省安全生产事故灾难的应急处置工作。

当事故发展到省政府难以控制和处置时，由省事故灾难应急指挥部或省政府向国务院安委会办公室或国务院报告，请求支援，或提请启动相应的上一级应急预案。

安全生产事故灾难涉及或影响省内其他同级行政区域时，由事发地上一级政府向相关同级行政区域人民政府通报，涉及外省区时由省应急指挥部办事机构或省安全生产监督管理部门通报。事故中若有外籍人员和台港澳地区人员伤亡、失踪、被困或对国（境）外产生影响，需向有关国家或地区通报时，在省外事、外宣、台港澳事务机构的指导下进行。若需要国际社会援助，由省政府报请国务院决定。

(4)应急响应

①先期处置。

突发安全生产事故灾难发生后,事发单位应当迅速组织人员开展自救;事发地政府、当地有关部门和单位在及时上报突发安全生产事故灾难情况的同时,要对事故灾难进行先期应急处置,并及时组织群众开展自救互救。

②分级响应。

按照《生产安全事故报告和调查处理条例》(国务院493号令)规定,安全生产事故分为四级:

I级(特别重大事故):是指可造成30人以上死亡,或者100人以上重伤(包括急性工业中毒、下同),或者1亿元以上直接经济损失的事故;

II级(重大事故):是指可造成10人以上30人以下死亡,或者50人以上100人以下重伤,或者5000万元以上1亿元以下直接经济损失的事故;

III级(较大事故):是指可造成3人以上10人以下死亡,或者10人以上50人以下重伤,或者1000万元以上5000万元以下直接经济损失的事故;

IV级(一般事故):是指可造成3人以下死亡,或者10人以下重伤,或者1000万元以下直接经济损失的事故。

V级标准是安全生产事故信息报告和分级应急响应与处置的依据。

特别重大事故应急响应由国务院、国家安全监督总局或国务院有关部门组织实施,省应急救援指挥部启动本预案全力以赴组织和配合救援工作,并及时向上级报告救援工作进展情况。

重大事故应急响应行动由省政府和省政府有关部门组织实施。事发单位和事发地各级政府组织成立现场应急救援指挥部,全力以赴组织救援并及时上报省政府、省安全生产监督管理局和主管厅局。省政府接到事故灾难报告后启动安全生产事故灾难应急预案。省应急救援指挥部启动专项预案,派人赶赴现场,协调指导应急救援工作。当事故灾难超出重大事故应急救援处置能力时,及时报请省政府和国家安监总局启动上一级应急救援预案。

较大及一般事故应急响应行动由省辖市政府或省政府有关部门组织实施。省辖市、县(市、区)政府或省政府有关部门根据事故灾难或险情的严重程度启动相应的应急预案,超出其应急救援处置能力时,及时报请上一级应急救援指挥机构启动上一级应急预案实施救援(图2-4)。

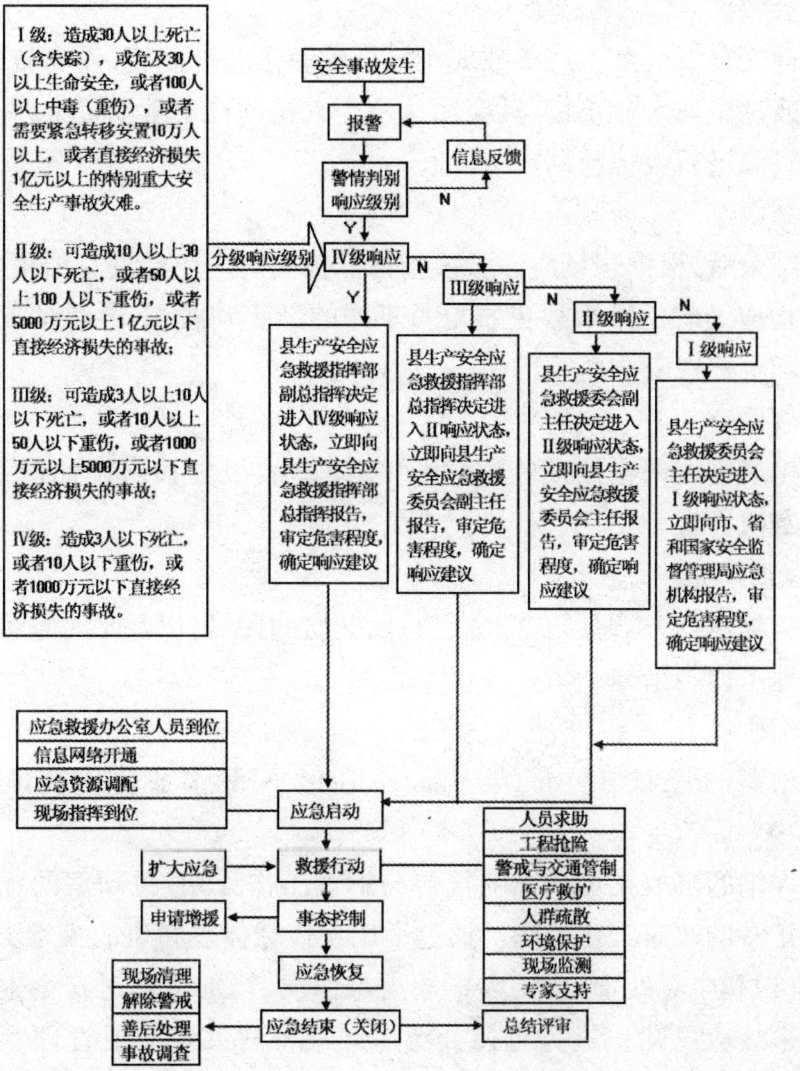

图2-4 县级(Ⅳ级)生产安全事故灾难应急救援响应流程图

(5)后期处理

①善后处置。

事发地省辖市政府或省政府有关部门要积极稳妥、深入细致地做好善后处置工作，包括人员安置、安抚，征用物资补偿，污染物收集、清理与处理，调拨救助资金和物资等事项。

②保险。

安全生产事故灾难发生后，及时报告保险机构，并根据保险合同的约定，做好受灾单位和个人损失的理赔工作。

③社会救助。

建立健全突发安全生产事故灾难社会性救济救助制度,设立救助基金,积极提倡和鼓励企业事业单位、社会团体及个人捐助社会救助资金,积极鼓励和利用社会资源进行救济救助。

④总结备案。

应急结束后,根据现场应急救援指挥部提交的应急救援总结报告,各级应急救援机构应及时总结事故灾难抢救工作的经验和教训,并将情况书面报送同级政序和上一级安全监管部门。

⑤事故调查。

安全生产事故调查处理依据《生产安全事故报告和调查处理条例》和当地相关规定执行。

(6)保障措施

保障措施包括人、财、物、技术、信息、交通的保障,以及平时宣传、培训、演习及监管等工作与措施。

(7)附则

包括预案的管理与更新、奖励责任追究、国际沟通协作及预案的发布时间。

制订详细的事故灾难预案的宣传与解读工作计划,将预案的宣传与解读工作纳入正常的政府工作范围。通过运用宣传载体发布事故灾难类的相关预案、应急常识和应对处置重、特大事故灾难情况,特别是要对安全生产事故灾难和交通事故应急知识进行宣传介绍。开展事故灾难应急管理专题知识讲座。宣传介绍国家、地区事故灾难救援工作的情况;开展相关应急预案的宣传解读、应急常识和技能的宣讲活动。加强各种演习的落实,提高公众预防、避险、自救、互救和减灾等能力和民众对事故灾难救援的技能。各有关部门要加大监督检查力度,切实保障预案宣传、教育、培训与演习工作的顺利进行。

3. 公共卫生事件类应急预案编制思路

公共卫生突发事件是由于生物、化学、物理等因素突然造成或可能造成社会公众健康严重损害的重大传染病疫情、重大动物疫情、群体性不明原因疾病、重大食物中毒、重大食品安全和职业危害,以及其他严重影响公众健康和生命安全的公共卫生事件。近年来随着经济的发展、市场流通的多样化和贸易的国际化，各种新兴的公共卫生事件层出不穷，包括突发重大动物疫情、大规模有害动物侵袭、国境口岸突发公共卫生事件、医疗用品及药品或疫苗的安全事件、生活日用品伤害事件、微生物实验室病源生物外泄事件、生物恐怖袭击等，均给突发卫生事件的预警、评价和应急处置带来了极大的困难。

公共卫生事件类应急预案包括《国家突发公共卫生事件应急预案》、《国家突发公共事件医疗卫生救援应急预案》、《国家重大食品安全事故应急预案》、《国家突发重大动物疫情应急预案》。预案的主体框架基本相同，主要包括总则、应急组织体系及职责、预警与报告、应急响应和终止、救援的保障、善后处理和附则。

(1)总则

包括编制目的和依据、适用范围、工作原则和事件分级。各个预案的事故分级主要参照《国家突发公共事件医疗卫生救援应急预案》内的相关内容，分为特别重大(Ⅰ级)、重大(Ⅱ级)、较大(Ⅲ级)和一般(Ⅳ级)四级。特别重大事件(Ⅰ级)主要指在一次事件出现特别重大人员伤亡事件、发生地省级人民政府或有关部门请求国家在医疗卫生救援工作上给予支持的突发公共事件或跨省(区、市)的有特别严重人员伤亡的突发公共事件或者国务院及其有关部门确定的其他需要开展医疗卫生救援工作的特别重大突发公共事件。此外，突发公共卫生事件预案内将一些烈性传染病流行以及群体性不明原因疾病的暴发也包括在Ⅰ级事件中，比如肺鼠疫、肺炭疽在大、中城市发生并有扩散趋势，或肺鼠疫、肺炭疽疫情波及2个以上省份或发生传染性“非典”型肺炎、人感染高致病性禽流感病例并有进一步扩散趋势等。重大事件(Ⅱ级)指一次事件死亡和危重病例超过5例的突发公共事件或跨市(地)的有严重人员伤亡的突发公共事件或省级人民政府及其有关部门确定的其他需要开展医疗卫生救援工作的重大突发公共事件。较大事件(Ⅲ级)指一次事件死亡和危重病例3～5例的突发公共事件或市(地)级人民政府及其有关部门确定的其他需要开展医疗卫生救援工作的较大突发公共事件。一般事件(Ⅳ级)指一次事件死亡和危重病例1～3例的突发公共事件或县级人民政府及其有关部门确定的其他需要开展医疗卫生救援工作的一般突发公共事件。

(2)应急响应组织体系及职责

一般根据事件等级不同，应急响应级别和组织体系的设置层次也不同。Ⅰ级响应：发生Ⅰ级事件主要由国务院领导国家卫生部组织实施、协调、部署救援工作，事件发生地的省（区、市）人民政府卫生行政部门在国务院卫生行政部门的指挥下，结合本行政区域的实际情况，组织、协调开展突发公共事件的医疗卫生救援；II 级响应：II 级事件的应急响应主要由省人民政府和卫生行政部门组织实施；III 级响应：II 级事件的应急响应主要由市（地）级人民政府和卫生行政部门组织实施州级响应：IV 级事件的应急响应主要由县级人民政府和卫生行政部门组织实施。

各级人民政府对应急响应主要采取行政手段进行组织和领导工作，包括组织协调有关部门参与突发公共卫生事件的处理；调集本行政区域内各类人员、物资、交通工具和相关设施、设备参加应急处理工作；划定控制区域和重大疫情封锁区域；采取相应的疫情控制措施；管理流动人口；实施交通卫生检疫；信息发布；开展群防群治；维护社会稳定等。卫生行政部门主要在技术层面开展应急预案的具体实施工作，包括组织医疗机构、疾病预防控制机构和卫生监督机构开展调查与处理；组织专家咨询委员会对事件进行评估，提出需启动应急处理的级别；采取应急控制措施；督导检查；发布信息与通报；制订技术标准和规范；普及卫生知识；进行事件评估。各级医疗卫生的专业机构主要在卫生行政部门的组织领导下开展医疗救治、疾病防控、卫生监督、检验检疫、科研攻关等技术工作（图 2－5）。

（3）预警与报告

按照突发事件的严重性、紧急程度和可能波及的范围将预警分为四级，级别由低到高，依次为蓝色、黄色、橙色和红色预警。根据事态的发展情况和采取措施的效果，预警颜色可以升级、降级或解除。蓝色预警由县级人民政府负责发布，黄色预警由市（地）级人民政府负责发布，橙色预警由省级人民政府负责发布，红色预警由事件发生地省级人民政府根据国务院授权负责发布。不同的突发卫生事件报告的要求和时限也不同，一般地方政府和相应部门在接到事故报告后应当在 2 小时内向省（区、市）人民政府报告；相关部门、事故发生地的省（区、市）人民政府在接到重大食品安全事故报告后，应当在 1 小时内向国务院报告。

（4）应急响应的终止

突发公共卫生事件应急反应的终止需符合以下条件：突发公共卫生事件的隐患或相关危险因素消除，或末例传染病病例发生后经过最长潜伏期无新的病例出现。

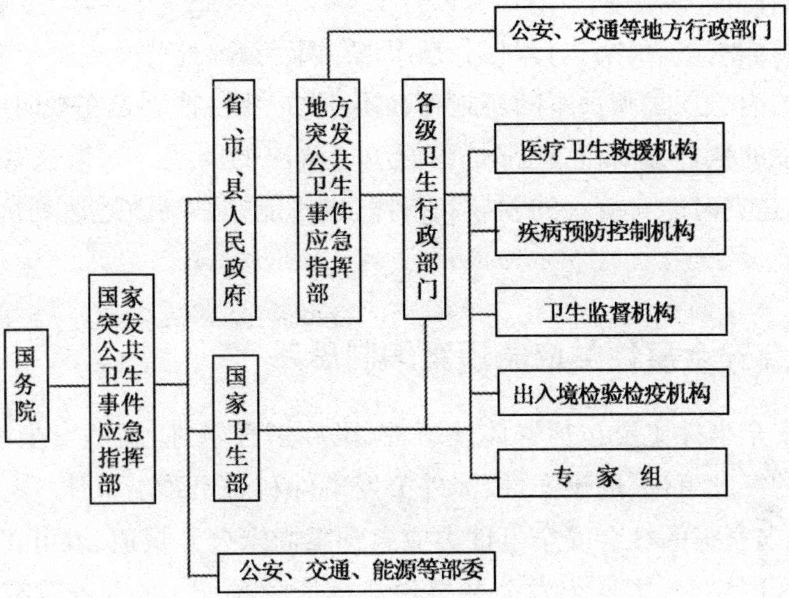

图2－5　我国突发事件应急响应组织体系

特别重大突发公共卫生事件由国务院卫生行政部门组织有关专家进行分析论证，提出终止应急反应的建议，报国务院或全国突发公共卫生事件应急指挥部批准后实施。

特别重大以下级别突发公共卫生事件由地方各级人民政府卫生行政部门组织专家进行分析论证，提出终止应急反应的建议，报本级人民政府批准后实施，并向上一级人民政府卫生行政部门报告。上级人民政府卫生行政部门要根据下级人民政府卫生行政部门的请求，及时组织专家对终止突发公共卫生事件应急反应的分析论证提供技术指导和支持。

(5)救援的保障

救援保障涉及的范围较广，主要包括技术保障、人员保障、物资保障、经费保障、通信与交通保障、法律保障、治安保障、社会公众的宣传教育等。国务院有关部门、地方各级人民政府和卫生行政部门通过互相协调配合，完成对突发公共卫生事件的应急保障任务。

(6)善后处理

主要包括灾后评价、奖励和惩罚、法律和行政责任追究、补偿和抚恤、保险与理赔、恢复生产与灾后重建等。

(7)附则

包括名词术语、预案执行时间、预案的制定与修订。

我国的应急预案和预案的实施存在不小的差距,特别是在平时的重视、预防和经常性的教育方面,这些都是我们亟待解决的问题。如果这些问题得不到解决,就是灾时能有统一的领导和指挥,也不能非常高效地达到抗灾和救灾的目的。

4.社会安全事件类应急预案编制思路

社会安全事件主要包括群体性事件、民族宗教事件、经济安全事件、影响市场稳定的突发事件、刑事案件、涉外突发事件和恐惧袭击事件。

目前,国家级的社会安全事件类应急预案尚未公开报道,或可正在研制当中。各地区可根据《国家突发公共事件总体应急预案》、《国务院有关部门和单位制定和修订突发公共事件应急预案框架指南》和《省(区、市)人民政府突发公共事件总体应急预案框架指南》以及其他各类突发事件应急预案的编制思路,并结合中共中央办公厅、国务院办公厅转发的《中央处理信访问题及群体性事件联席会议〈关于积极预防和妥善处置群体性事件的工作意见〉的通知》精神,确定编制社会安全事件类应急预案的指导思想、工作原则和内容要素等,其中结构体系大体分为总则、组织指挥体系、预防预警机制、分级响应、信息报告与处理、应急保障、附则等。针对不同事件的预案在结构体系上稍有变通,但基本都是按照事件特点、事件进展和事件处置的内在逻辑与时间顺序来安排的。具体编制思路可参考如下示例。

广东省大规模群体性事件应急预案

1 总则

1.1 编制目的

建立健全我省大规模群体性事件应急处置机制,推进应急处置工作的法制化、科学化、制度化建设,提高处置能力,最大程度地预防和减少大规模群体性事件的发生,降低事件造成的危害和影响,切实维护国家安全和我省社会稳定。

1.2 编制依据

依据《中华人民共和国刑法》、《中华人民共和国集会游行示威法》、《中华人民共和国治安管理处罚法》、《中华人民共和国突发事件应对法》、《中华人民共和国集会游行示威法实施条例》、《信访条例》,《广东省突发公共事件总体应急预案》等法律法规和有关规定,制定本预案。

1.3　适用范围

本预案适用于我省大规模群体性事件的应急处置工作。涉及暴乱、动乱或严重骚乱的应对工作,按照有关法律法规和党中央、国务院的有关规定办理。大规模群体性事件主要是指严重危害人民群众生命财产安全、扰乱社会治安秩序的群体性行为,以及造成重大社会影响的群体性行为。

1.4　工作原则

(1)统一指挥,分级负责。在党中央、国务院的统一领导下,省人民政府对发生在我省行政区域内大规模群体性事件的处置工作负总责。具体处置过程中,坚持“分级响应、条块结合、属地管理”和“谁主管、谁负责”的原则,落实岗位责任制。

(2)预防为主,化解矛盾。坚持预防为主的工作方针,落实科学发展观和正确政绩观,正确处理改革发展稳定的关系,在充分考虑最广大人民群众的根本利益、取得人民群众理解和支持的基础上制定和出台政策措施,加强并规范信访工作,从源头上防止涉及人民群众切身利益的大规模群体性事件发生。建立健全社会利益协调机制和社会稳定的预警工作机制,做到早发现、早报告、早预防、早控制、早解决。

(3)依法处置,防止激化。切实维护法律法规的权威性和政策的严肃性。注意工作方法和策略,综合运用法律、行政、经济等手段和宣传、协商、调解等方法,加强对人民群众的说服教育,引导人民群众以理性、合法的方式表达利益诉求,防止矛盾激化和事态扩大。

(4)快速反应,相互配合。大规模群体性事件发生后,各级人民政府及时启动应急预案,严格落实应急处置工作责任制,省有关单位及时给予配合和支持。地级以上市人民政府和省有关单位要相互协作、相互配合,并确保信息收集、情况报告、指挥处置等各个环节的紧密衔接,在最短的时间内控制事态;切实加强沟通和交流,实现信息资源共享,为科学决策提供可靠依据。

(5)加强教育,正确引导。预防和处置群体性事件,要将法制宣传、教育疏导工作贯穿整个过程。要通过新闻媒体、现场广播、印发通告等方式,广泛宣传有关法律法规和政策,教育人民群众遵守法律法规,依法维护自身合法权益,通过合法、正当渠道和方式反映问题。对境内外的歪曲性报道或谣言应及时予以驳斥和澄清,正确引导舆论。

2　大规模群体性事件分级

根据事件的紧急程度、形成的规模、行为方式和激烈程度、可能造成的危害、可能发展蔓延的趋势等划分为特别重大(Ⅰ级)、重大(Ⅱ级)、较大(Ⅲ级)三个等级。

3 组织指挥体系

3.1 省处置大规模群体性事件应急总指挥部

3.1.1 在大规模群体性事件发生后,省委、省政府根据工作需要成立省处置大规模群体性事件应急总指挥部(以下简称省应急指挥部),在省社会安全事件应急领导小组直接领导下,统一组织、指挥、协调事件的处置工作。

3.1.2 省应急指挥部办公室

省应急指挥部办公室设在省公安厅,负责日常工作。办公室根据工作需要,视情况下设综合组、情报信息组、行动处置组、后勤保障组,并按职责分工开展工作。

3.1.3 有关应急支持保障单位

各有关应急支持保障单位根据各自职责,积极参与处置工作。

3.2 地级以上市人民政府应急指挥部

较大群体性事件发生后,事发地地级以上市人民政府设立事件处置应急指挥部,明确负责人、办事机构和成员单位,及时向省委、省政府,省应急指挥部报告处置的有关情况。

3.3 现场应急指挥部

事件发生后,由事发地人民政府组成现场应急指挥部,当地人民政府主要负责人担任总指挥,成员由当地有关单位负责人组成。发生跨行政区域的大规模群体性事件,由上级应急指挥部确定现场应急指挥部的设置地点及负责人。

4 预防预警机制

4.1 预防预警信息收集

4.1.1 各地、各有关单位要制定针对大规模群体性事件的有效的预防、预警和处置措施,建立高效、灵敏的情报信息网络,加强对社会不稳定因素的掌握和研判,逐步形成完善的预警工作机制。对可能发生大规模群体性事件的信息,特别是苗头性信息进行全面评估和预测,做到早发现、早报告、早预防、早控制、早解决。

4.1.2 对可能属于特别重大(Ⅰ级)、重大(Ⅱ级)、较大(Ⅲ级)群体性事件的预警信息,各地、各有关单位在获取信息后应立即报告省人民政府,最迟不得超过两小时。

4.1.3 各级人民政府应当避免因决策不当或者失误而侵害群众利益,导致群体性事件的发生。要及时总结群体性事件预防和处置的经验教训,加强对有关工作人员的培训,加强对新形势下人民内部矛盾的分析、研究。各级信访部门和基层组织及相关社会团体,要认真开展矛盾纠纷排查调处工作,开展相关咨询,提供必要的法律援助,及时化解矛盾和不安定因素,从源头上防止群体性事件的发生。

4.2 预警行动

各地、各有关单位接到预警信息后应迅速核实情况。

4.2.1　情况属实的，事发地地级以上市人民政府及省有关单位在迅速上报信息的同时，要根据职责和规定的权限启动各自的应急预案，立即拟订相应工作措施，及时、有效地开展先期处置工作，控制事态发展，尽量将事件消除在萌芽状态。要根据防控情况及时调整措施，并视情况安排人员、物资、资金和技术装备，防止事态扩大。

4.2.2　情况无法迅速核实的，事发地地级以上市人民政府及省有关单位应积极通过各种渠道进行核查，必要时上报省人民政府。

5　分级响应

5.1　特别重大群体性事件（Ⅰ级）响应

5.1.1　启动响应程序

（1）特别重大群体性事件发生后，各级政府、各有关单位迅速启动各自应急预案，开展先期处置工作。

（2）成立省应急指挥部。省有关单位按照职责分工，承担省应急指挥部的情报信息、行动处置、新闻宣传等职责，并加强协作沟通。

5.1.2　现场处置

现场应急指挥部人员进入事发现场后，按照职责分工迅速开展处置工作。

5.1.2.1 事发地人民政府主要任务是：统一组织领导事件现场的处置工作，统一调用有关资源，决定重大处置措施；指令有关单位到现场开展相关工作；主要负责人迅速赶赴现场，直接指挥现场处置工作，并与有关单位的负责人面对面地做群众工作，及时疏导化解矛盾和冲突，尽快平息事态。

5.1.2.2　事件涉及单位主要任务是：主要负责人迅速赶赴现场直接与群众代表对话；开展疏导、劝解工作，解疑释惑，表明态度，并告知当事人相应的救济渠道及正当的申诉方式，通过合法手段和途径维护自身合法权益；迅速研究当事人的合理要求，提出解决方案，努力化解矛盾；对当地政府要求限期解决的涉及群众利益的问题，要采取有效措施，指定专人按时解决。

5.1.2.3　公安机关可依法行使下列职权：维护现场治安秩序、交通秩序；控制现场事态的发展；保护党政机关等重点部位及现场工作人员的人身安全；搜集并固定事件发生现场违法犯罪行为的证据；适时采取强制性措施，控制局势，平息事态，恢复正常秩序。

调动使用警力、武警部队参与处置群体性事件，应当严格按有关程序办理。

5.1.3　后期处置

（1）事发地人民政府应指挥、协调各有关单位，及时开展对大规模群体性事件中伤亡人民群众的救治及其他善后处理工作,积极恢复社会秩序。

(2)事件平息后,事发地人民政府要继续做好人民群众工作,并加强跟踪和督查,防止事件反复。

(3)事发地应急指挥机构应组织开展事件的损失评估工作,认真剖析引发事件的原因和责任,总结经验教训,并形成专门报告上报。

(4)根据事件处置过程中暴露出的有关问题,事发地人民政府、参与事件处置的省主管单位应提出整改措施,修改完善各自预案。

5.2 重大群体性事件(Ⅱ级)响应

Ⅱ级响应处置参照Ⅰ级响应处置程序。发生重大群体性事件(Ⅱ级)时,省应急指挥部视情况启动本预案,组织、指挥、协调各有关地方政府和成员单位开展处置工作。

5.3 较大群体性事件(Ⅲ级)响应

Ⅲ级响应处置参照Ⅰ级响应处置程序。发生较大群体性事件(Ⅲ级)时,省有关主管单位派出工作组前往事发地,指导、协调有关地方党委、政府做好处置工作。

6 信息报送和处理

6.1 信息报送

(1)信息采取分级报送的原则。特别重大(Ⅰ级)、重大(Ⅱ级)、较大(Ⅲ级)群体性事件信息应立即上报省人民政府,省人民政府接报后,在两小时内上报国务院。对于个别情况特殊难以在发生后两小时内向省人民政府报告的特别重大(Ⅰ级)、重大(Ⅱ级)、较大(Ⅲ级)群体性事件,应在地级以上市人民政府主管部门、县(市、区)人民政府及有关部门接到事件报告后1小时内将原因报省人民政府。

(2)事发地地级以上市人民政府和省有关单位应及时派员赶赴现场,核查、了解、研究并续报有关信息。

(3)信息收集和报送应做到及时、客观、全面、准确。

(4)信息报送形式:可先通过电话口头初报,随后采用专用信息报送系统、传真、计算机网络、视频系统等方式及时报送书面报告和现场音像资料。

6.2 信息发布及新闻报道

信息发布及新闻报道工作,严格按照国家和省有关规定执行。

信息发布及新闻报道应坚持实事求是、及时准确、把握适度、遵守纪律的原则,正确引导境内外舆论。

7 应急保障

7.1 信息通信保障

(1)建立、健全并落实群体性事件信息收集、传递、处理、报送各环节的工作制度，完善各有关单位已有的信息传输渠道，保持信息报送设施特别是现场应急通信系统性能完好，并配备必要的应急备用设施和技术力量，确保信息报送渠道的安全畅通。

(2)有关电信运营企业做好应急过程中的通信保障工作。

7.2　物资保障

各地应建立处置大规模群体性事件物资储备制度。有关设备、器材实行专人保管和维护，满足处置需要。储备物资应存放于安全、交通便利的区域。

7.3　资金保障

预防和处置大规模群体性事件及疏散、安置参与人员所需经费纳入各级财政预算。各级财政部门按照财政分级负担原则，为应急处置工作提供必要的资金保障。

7.4　人员保障

各地应组建处置大规模群体性事件应急预备队伍。应急预备队伍具体实施应急处置工作。应急预备队伍由当地公安民警、武警、医疗卫生人员及有关专家等组成。

7.5　培训保障

积极组织开展应对大规模群体性事件现场指挥人员及队伍的指挥和技能培训，定期进行应急模拟综合演练，提高各单位协同处置、合成作战和快速有效反应能力，进一步增强对大规模群体性事件的预防和应急处置能力。形成比较完善和规范的处置大规模群体性事件工作机制。要充分做好公安机关、武警部队处置力量的培训保障工作。

7.6　法律保障

及时提出修订处置大规模群体性事件涉及的地方性法规，为处置工作提供法律支持。

8　附则

8.1　奖励与责任追究

对在预防和处置大规模群体性事件工作中作出突出贡献的集体和个人，根据有关规定给予奖励。对违反有关规定或失职、渎职的有关责任人，要按有关规定严肃追究责任；构成犯罪的，依法追究刑事责任。

8.2　预案解释部门

本预案由省府办公厅负责解释。

8.3　预案实施时间

本预案自印发之日起施行。

八 我国应急预案的基本结构

应急预案按照不同的分类角度,即上文提到的编制者级别角度、突发事件类型与级别角度和预案本身适用范围和功能角度,可以划分不同的类型,其内容在详略程度和侧重点上会有所差别,但不管哪种类型的应急预案,都可以采用基于应急任务或功能的"1+4"预案编制结构(见图2-6),即一个基本预案,加上应急功能设置、特殊风险预案、标准操作程序和支持附件构成,以保证各种类型预案之间的协调性和一致性,这个结构即是编制各类应急预案的基本结构。按照这个基本结构,应急预案需要编制的内容也就做到层次明确、条理清晰了。

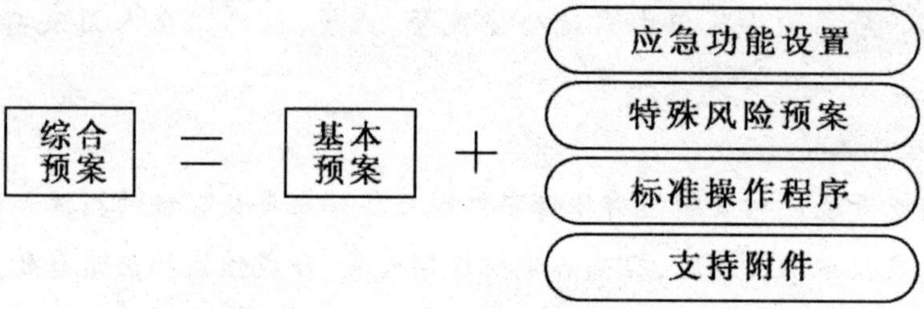

图2-6 预案的基本结构

1. 基本预案

基本预案是该应急预案的总体描述。主要阐述从各类应急管理工作中高度抽象出来的共性问题,包括应急预案所要解决的紧急情况、应急的组织体系、方针、应急资源、应急的总体思路并明确各应急组织在应急准备和应急行动中的职责,以及应急预案的演练和管理等规定。基本预案的具体内容可以包括:预案发布令;各应急机构的署名页;术语与定义;相关法律法规授权和依据;方针、原则与适用范围;危险分析与环境综述;应急资源的管理和综述;机构与职责;分级响应机制;教育、培训与演练规定;与其他应急预案的关系;有关互助协议的签订;预案的制定、更新、评审、发布等管理规定;其他,如分发记录和修改记录等。

2. 应急功能设置

应急功能是对在各类重大事故应急救援中通常都要采取的一系列基本的应急行动和任务而编写的计划,如通讯保障、人群疏散、人群安置、医疗等。它着眼于城市对突发事故响应时所要实施的紧急任务。

各类重大事故尽管起因各异,但其后果和影响却是大同小异。例如,地震、洪灾和飓风等都可能迫使人群离开家园,都需要实施“人群安置/救济”,而围绕这一任务或“功能”,可以基于城市共同的资源在综合预案中制定共性的计划,而在专项预案中针对每种具体的不同类型灾害,可根据其爆发速度、持续时间、袭击范围和强度等特点,只需对该项计划作一些小的调整,从而避免重复的编制工作。而关键是要找出和明确应急救援过程中所要完成的各种应急任务或功能,并明确其有关的应急组织,确保都能完成所承担的应急任务。

由于应急功能是围绕应急行动的,因此它们的主要对象是那些任务执行机构。针对每一应急功能应明确其针对的形势、目标、负责机构和支持机构、任务要求、应急准备和操作程序等。应急预案中包含的功能设置的数量和类型因地方差异会所不同,主要取决于所针对潜在重大事故危险类型,以及城市的应急的组织方式和运行机制等具体情况。比较典型的应急功能包括:

接警与通知;指挥与控制;警报和紧急公告;通讯;事故态监测与评估;警戒与治安;人群疏散;人群安置;医疗与卫生;公共关系;应急人员安全;消防和抢险;泄漏物控制;现场恢复等。

为直观地描述应急功能与相关应急机构的关系,可采用应急功能矩阵表(见下表)。

应急机构 / 应急功能	消防部门	公安部门	医疗部门	应急中心	新闻办	广播电视	…
警报	S	S		R		S	
疏散	S	R	S	S		S	
消防与抢险	R	S		S			
…							

注:R:负责机构　　　　S:支持机构

3. 特殊风险预案

特殊风险预案是基于城市潜在重大事故风险辨识、评价和分析的基础上，针对每一种类型的可能重大事故风险进行基本的描述，明确其相应的主要负责部门、有关支持部门及其相应的职责，并为该类专项预案的制定提出有关的特殊要求和指导。可能包括的特殊风险有：

地震；洪水；火灾；暴风雪；台风；长时间停电；空难；重大工程事故；重大交通事故；危险化学品事故；核泄漏事故；中毒事故；突发公共卫生事件；社会突发事件；极度高温或低温天气；大型社会活动；其他，如敏感日期等。

4. 标准操作程序

按照在基本预案中的应急功能设置，各类应急功能的主要负责部门和支持机构须制定相应的标准操作程序，为组织或个人履行应急预案中规定的职责和任务提供详细指导。标准操作程序应保证与应急预案的协调和一致性，其中重要的标准操作程序可作为应急预案的附件或以适当的方式引用。标准操作程序的描述应简单明了，一般包括目的与适用范围、职责、具体任务说明或操作步骤、负责人员、有关附件（检查表、附图表等）等等。标准操作程序本身应尽量采用活动检查表形式，对每一活动留有记录区，供逐项检查核对时使用。已做过核对标记的检查表，成为应急活动记录的一部分。标准操作程序可以保证在事件突然发生后，即使在没有接到上级指挥命令的情况下可在第一时间启动，提高应急响应速度和质量。

5. 支持附件

主要包括应急救援支持保障系统的描述及有关附图表，包括：通讯系统；信息网络系统；警报系统分布及覆盖范围；重大危险源登记及分布图；重大事故灾难影响范围预测图；重要防护目标一览表、分布图；应急机构、人员通讯联络一览表；消防队等应急力量一览表、分布图；应急装备、设备（施）、物资一览表；应急物资供应企业名录；医院、急救中心一览表；外部机构通讯联络一览表；战术指挥图；疏散路线图；蔽护及安置场所一览表、分布图；电视台、广播电台等新闻媒体联络一览表；技术参考（手册、后果预测和评估模型及有关支持软件等)；专家名录等。

九　编制应急预案的思考要点

编制一个完善的有效的应急预案必须考虑很多因素，我们从这些因素中抽取出了七个方面的要点，应该算作编制预案不可或缺的思考要点和不可跳过的重要环节。把这些要点问题和环节问题考虑全面了，并都解决好了，一个好的预案也就顺理成章、顺利出笼了。一般而言，编制预案应考虑如下七个因素，即七个思考要点：情景、客体、主体、目标、条件、措施、方法，缺少任何一个或几个因素或要点的预案都是不完善的。

1. 情景

情景是指在编制预案时必须实地考察和理性预想的一切有关突发事件的情境和背景的总和。所以，情景按照虚实划分，可分为实际情景和预想情景。实际情景是通过实地考察和搜集与汇总相关信息而获得的现实情况、图景，预想情景是在实际情景的基础上，通过理性分析、逻辑判断、推理而预想的可能性情况或状况。情景按照形成方式划分，可分为自然性情景和人文情景，人文情景又可以分为工程性情景和非工程性情景。自然性情景主要是指地理、地质、水文、气象、生物等自然性因素及其构成情况。所谓工程性情景主要是指通过人文手段而建造的各种工程建筑，包括堤坝、库渠、水塘、楼宇、道路等各种工程设施及其情况。所谓非工程性情景，则主要是指政府重视程度、舆论宣传深度、组织动员力度、公众忧患意识、防灾能力、预警系统功能保障能力、应对突发事件的法律建设现状、灾害研究状况、救援队伍建设及素质等等。编制预案者可以将以上这几种情景综合在一起，形成一个既符合客观实际又符合发展趋势、既有静态描述又有动态分析的情景联动系统，这个通过情景描摹形成的情景联动系统是突发事件发生和处置的基本背景，编制应急预案必须在这个基本背景上展开。

2. 客体

客体即应急预案实施的对象，主要指突发事件本身及其所造成的危险、危害、损害、损毁等各方面涉及的对象。客体的内容既可能是受灾的人,也可能是受损的财产,也包括地点、范围、建筑、田地、河流等。客体是突发事件发生的直接对象和现状,编制预案必须对这个可能发生、肯定发生或已经发生的客体进行风险估计和识别,从而做到心中有数,使所编制的预案能够因地制宜,因事制宜,对症下药,拿出最科学、最有效、最及时的办法和措施予以应对。

3. 主体

主体指的是应对突发事件的决策者、组织者和执行者等组织或个人,也是应急预案的具体实施者和执行者。在各类主体中,应对突发事件的决策者是最重要的主体,也是应急指挥系统的司令部,是应急体制的最高机关。其他主体还包括应急队伍、协同部门、应急志愿者等,在编制预案时,必须考虑应急主体的专业能力、技术素质、实战水平、重视程度和协同配合程度等因素。从这一意义上来说,编制者本身也是主体之一,也必须站在主体的角度编制应急预案。

4. 目标

目标是指应对突发事件所要达到的目的或效果,也是编制应急预案和实施应急预案的良好初衷和预期愿景。应急预案的目标也是应急管理的目标,即在突发事件发生后,最大限度地减少人民群众的生命财产损失。其中第一目标就是以人为本,保证人的生命安全,其他目标都排在这个目标之后,对于目标的具体抉择必须因时因地因事因情景的不同而定。由于突发事件的复杂性和紧迫性原因,目标和目标之间既有关联性也有矛盾性,实现甲目标的同时可能会失去实现乙目标的机会,有时看似对某个点位有益的目标,但对于另一个点位却未必有益,有时甚至需要局部做出牺牲以实现全局目标。所以,编制预案时既要制定目标抉择原则和顺序,又要处理好目标之间的辩证关系。

5. 条件

应对突发事件离不开一定的条件。针对某一类突发事件,要考虑应对的条件因素,包括人力条件、物资条件、技术条件、体制条件、机制条件、法制条件、自然条件,等等,哪些为有利条件、哪些为不利条件、哪些为既有可利用条件、哪些为既有但难于起用的条件、哪些为匮欠但可以争取的条件、哪些为便利条件、哪些为必要条件、哪些为充分条件。条件为应对主体所支配，所使用，主体必须做好各项条件准备，这是主体决策者和组织者有效应对突发事件的重要保障。

6. 措施

措施即是指应对突发事件时所采取的方式和手段，也是预案实施过程中的具体战略和战术。措施分为物理性措施和非物理性措施。物理性措施主要指物质性手段和工程性手段，物质性手段如机器设备，物理工具等，工程性手段如建立库、渠、塘、井、堤、墙、洞等各种工程设施；非物理性措施则主要指应对者的重视程度、警惕意识、培训程度、处置经验、专业素质、技术能力等等。编制预案一定要把各种措施考虑全面，明确每一种措施的必要性和可行性，并对每一种措施何时用、怎么用提供程序和方法上的指导和规范。

7. 方法

方法是对应急措施的具体分解，是执行或落实应急措施的基本要领，是增强和提高应急措施可行性的操作技巧。从这意义上说，措施是宏观的粗放性安排，方法是微观的细节性对接。只有措施而没有方法，就会影响应急质量、应急效率和效果。应对一场突发事件往往需要多种措施，如在应对公共卫生突发事件时，需要采取保护、救治、消毒、隔离等措施，这些措施相互之间存在着一定的逻辑关系和时间顺序，需要采用项目管理的方法落实各项措施；在采取调配应急资源的措施时，也需要具体方法来保障在最短的时间内将所需的资源运送到指定地点。所以，在编制预案时应该为应对突发事件过程中落实各种应急措施的人员提供或提示多种有效的和有针对性的方法选择备案，以增强预案的实用性和具体可操作性。

十　应急预案的基本要素

应急预案的基本要素是指制定应急预案所应该涉及到的基本内容和重要方面，是在总则（即用来说明编制预案的目的、工作原则、编制依据、适用范围等)的指导下,设定有效保证应急体制架构合理、应急机制运转灵活的人事要素、物质要素和措施要素,及有效整合各种人力和物力资源,并充分发挥其整体应急功能的联动性条件和有机性安排。概括起来有"十要素"。

1. 组织机构及其职责

应急反应组织机构、参加单位、人员及其作用;应急反应总负责人,以及每一具体行动的负责人;本区域以外能提供援助的有关机构;政府和企业在事故应急中各自的职责。

2. 危害辨识与风险评价

可能发生的事故类型、地点;事故影响范围及可能影响的人数;按所需应急反应的级别,划分事故严重度。

3. 通告程序和报警系统

报警系统及程序;现场24小时的通告、报警方式(如电话、警报器等);24小时与政府主管部门的通讯、联络方式(便于应急指挥和疏散居民);相互认可的通告、报警形式和内容;应急反应人员向外求援的方式;向公众报警的标准、方式、信号等。

4. 应急设备与设施

可用于应急救援的设施,如办公室、通讯设备、应急物资等;有关部门如企业、武警、消防、卫生、防疫等部门可用的应急设备;与有关医疗机构(急救站、医院、救护队等)的关系;可用的危险监测设备、个体防护装备(如呼吸器、防护服等)。

5. 能力与资源

决定各项应急事件的危险程度的负责人;评价危险程度的程序;评估小组的能力;评价危险所使用的监测设备;外援的专业人员。

6. 保护措施程序

可授权发布疏散居民指令的负责人；决定是否采取保护措施的程序；负责执行和核实疏散居民（包括通告、运输、交通管制、警戒）的机构；对特殊设施和人群（学校、幼儿园、残疾人等）的安全保护措施；疏散居民的接收中心或避难场所；决定终止保护措施的方法。

7. 信息发布与公众教育

各应急小组在应急过程中对媒体和公众的发言人；向媒体和公众发布事故应急信息的决定方法；为确保公众了解如何面对应急情况所采取的周期性宣传以及提高安全意识的措施。

8. 事故后的恢复程序

决定终止应急、恢复正常秩序的负责人；确保不会发生未授权而进入事故现场的措施；宣布应急取消、恢复正常状态的程序；连续检测受影响区域的方法；调查、记录、评估应急反应的方法。

9. 培训与演练

对应急人员进行培训、确保合格者上岗；年度培训、演练计划；对应急预案的定期检查；通讯系统检测的频度和程度；进行公众通告测试的频度和程度及效果评价；对现场应急人员进行培训和更新安全宣传材料的频度和程度。

10. 应急预案的维护

每项计划更新、维护的负责人；每年更新和修订应急预案的方法；根据演练、检测结果完善应急计划。

总之，设定应急预案的各项要素的目的，就是要保证应急工作要做到早发现、早报告、早控制、早解决，要具有很强的实用性和可操作性。

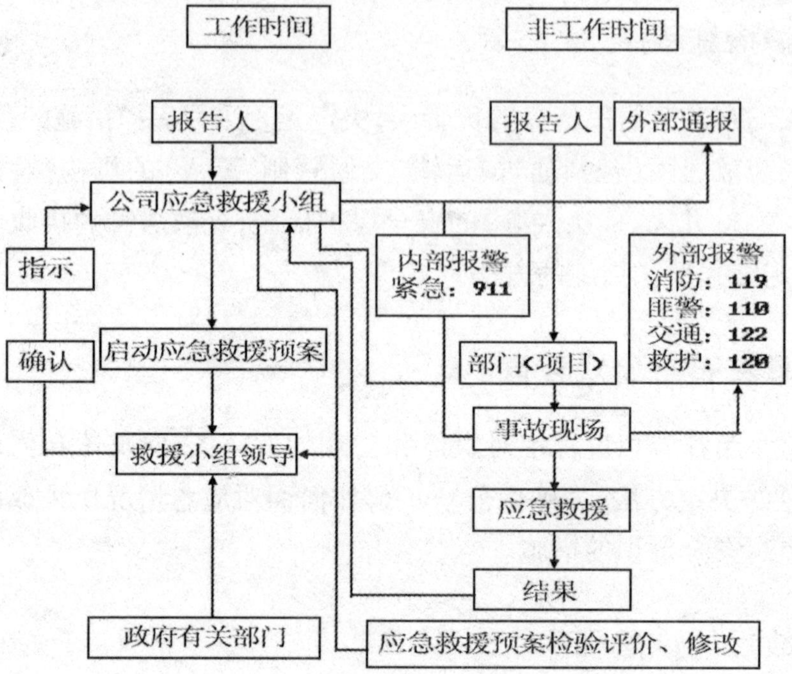

图 2－7　应急准备与响应流程图

十一　应急预案的编制步骤

应急预案的编制是一个复杂的过程，无论其政策性和法规性，还是专业性和指导性都很强，加之应急管理工作属于非常规化管理范畴，这就给应急预案的编制工作带来很多难点，虽然国家在这方面制定了相应的指导性文件，但对于大多数没有实际应急管理工作经验和应急实战训练的编制者来说，也不啻一种专业考验。世界上一些发达国家的应急预案编制工作已有几十年的历史，从形式和内容上大致可划分为三个发展阶段：第一个阶段是二战之后，以个别场所和单种事件为对象，强调过程控制为主的个例预案；第二个阶段是20世纪90年代后，以确保社会安定为目标，以防灾、减灾为主要内容，在建立监测和预警基础上，以联合指挥协调为特征的综合性预案；第三个阶段是从20世纪末到21世纪初以来，由于政府对危机管理认识的快速提高和信息技术的巨大进步，应急预案进入到以国家危机应对体系为核心的标准化和数字化阶段，使应急预案更加注重全局意识，更加简便、实用和高效。我国应急预案工作在最近几年已取得了历史性和突破性的进步，为建立现代应急预案体系奠定了良好的基础，其中标准化和数字化也应该成为我国应急预案未来的发展方向。为保证应急预案编制工作顺利展开，我国应急管理专家专门为预案管理设计了基本的编制步骤。

1. 成立应急预案编制小组

这是应急预案编制工作的重要环节，应急预案本身的作用，侧重于应急过程中的实用性和可操作性。由于应急预案的内容常常涉及诸多领域和行业，各领域各行业各部门必须进行积极协作与交流，各种观点和意见应该在应急预案中达成共识，形成统一。预案编制小组的成员一般应包括：地区、行业、企业或单位首长或其代表，应急管理部门，消防、公安、环保、卫生、市政、医院、医疗急救、卫生防疫、邮电、交通管理等有关部门；广播、电视等新闻媒体；法律顾问、有关企业以及上级政府或应急机构代表和技术专家等。预案编制小组的成员确定后，须确定编制计划，明确任务分工，保证预案编制工作的科学有序。

应急预案本身的作用，最重要的是在应急过程中的实用性和可操作性。由于应急预案的内容涉及诸多领域，包括工艺过程方面的危害辨识、设备维护管理及风险评价、作业场所环境、危险化学品、应急劳动保护品的选用、医疗救护、消防与治安等多个方面。组织应急预案的编制工作，首先要成立应急预案编制小组，由专人或小组负责应急管理计划的编制。同时还要给予时间和必要的经费保证。

2. 危险分析和应急能力评估

风险分析和应急能力的评估是应急预案编制的基础，这是从应急管理的客体和主体两个方面把握问题所必不可少的环节和步骤。应急管理的客体是突发事件本身，只有对这个客体做出了比较准确、客观的分析判断，才能对应急管理做出对症下药和因事制宜的应急计划和安排；应急管理的主体是应对者本身，包括应对人员、资源及其协同配合能力，只有对这个主体的应急能力做出了符合实际的评估，才能拿出量力而行和适得其所的应急方案和措施。要建立危害辨识与风险评价程序，使危险分析工作规范化。

风险分析结果不仅有助于明确应急工作的紧急程度，确定应急工作重点，为正确划分预案编制优先级别提供依据，而且也为应急准备和应急响应提供必要的信息和资料。风险分析包括危险识别、脆弱性分析和风险评估。

危险识别是对危险有害因素的辨识，其目的是识别可能存在的重大危险因素，从而进行有效控制。危险识别需要分析本地区的地理、气象等自然条件，工业和运输、商贸、公共设施等的具体情况，总结本地区历史上曾经发生的重大事故，来识别出可能发生的自然灾害和重大事故等突发事件。

脆弱性分析要确定的是一旦发生危险事故，最可能出现波动或激变的危险环节，以及最容易受到冲击破坏的地区或单位。脆弱性分析结果应提供下列信息：可能导致事故灾难激变或扩大的危险环节；受事故或灾害严重影响的区域，以及该区域的影响因素（如地形、气象、交通、风向等）；预计位于脆弱带中的人口数量和类型（如居民、职员或医院、学校、疗养院、托儿所等处所中的特殊人群）；最需要保护的地区、单位和人群；可能遭受的财产破坏，包括基础设施和运输线路；可能的环境影响。

风险评估是指根据脆弱性分析的结果，评估突发事件发生时，造成破坏（或伤害）的可能性，以及可能导致的实际破坏（或伤害）程度。通常可能会选择对最严重的情况（顶级事件）进行分析。风险评估可以提供下列信息：发生事故和环境异常的可能性，或同时发生多种紧急事故的可能性；对人造成的伤害类型（急性、延时或慢性的）和相关的高危人群；对财产造成的破坏类型（暂时、可修复或永久的）；对环境造成的破坏类型（可恢复或永久的）。一般而言，风险评估大致要考虑以下六个要素：

①历史情况。以往是否发生过类似的紧急事件的情况。

②地理因素。所处地理位置与重大危险源的距离等。

③技术问题。某工艺或系统出现故障可能产生的后果，如火灾、爆炸和危险品事故，安全系统失灵，通讯系统失灵，计算机系统失灵，电力故障，加热和冷却系统故障等。

④人为因素。人为失误可能是因为下列原因造成的：责任心不够，培训不足，错误操作，疲劳等。

⑤物理因素。考虑设施建设的物理条件，如危险工艺和副产品，易燃品的贮存，设备的布置，照明，紧急通道与出口，避难场所邻近区域等。

⑥管制因素。彻底分析紧急情况，考虑如下情况的后果：交通管制、出入禁区、电力故障、通讯电缆中断、燃气管道破裂；水害、烟害、结构受损、空气或

水污染、爆炸、建筑物倒塌、化学品泄漏等。

应急能力评估是指依据风险分析的结果，对已有的应急资源和应急能力进行评估，包括城市和企业应急资源的评估，明确应急救援的需求和不足。应急资源包括应急人员、应急设施（备）、装备和物资等；应急能力包括体制和机制运行状况与人员的技术、经验和接受培训而获得的素养等，应急能力评估还应注意发现应急体系中的缺陷和不足。编制预案时，应当在评价与潜在危险相适应的应急资源和应急能力的基础上，因地制宜、因人制宜、因事制宜地选择最现实、有效的应急策略。

3. 编写应急预案

应急预案的编制必须基于各类突发事件特别是重大事故风险的分析结果、参考应急资源需求和现状以及有关法律法规要求。此外，预案编制时应充分收集和参阅已有的应急预案，汲取同类预案的成功做法和经验，尽可能地减小工作量和避免应急预案的重复和交叉，并确保与其他相关应急预案的协调和一致。

4. 应急预案评审与发布

为保证应急预案的科学性、合理性以及与客观情况的符合性和实际可操作性，应急预案必须经过评审，包括组织内部评审和专家评审，必要时请上级应急机构进行评审。应急预案经评审通过和批准后，按规定程序进行正式发布和备案。

5. 应急预案实施

应急预案的实施是在应急预案发布后而进行的宣传、讲解、培训和演练，是应急管理的重要工作内容之一。应急预案实施包括：开展预案宣传，进行预案培训，落实和检查各个有关部门职责、程序和资源准备，组织预案演练，使应急预案有机地融入到公共安全保障工作之日程中，真正将应急预案所规定的要求落到实处。

实践证明，开展应急演练是提高综合应急能力的有效途径，是提高各行各业实战水平的有力措施，可以达到检验预案、锻炼队伍、磨合机制和宣传教育的目的。可以说,平时多演练,事发少损失。应急演练要做到“三要、三不要”。一要突出重点,不要求大求全。要针对本地区、本单位可能发生的、危害较大的突发事件组织演练,不能一味地照搬照套。二要注重实效,不要流于形式。通过演练进一步排查各种安全隐患,明确相关责任,修订完善预案,真正把各项安全措施落实到位。三要厉行节约,不要铺张浪费。要高效实用地组织开展桌面推演、实战演练等多种形式的应急演练,力求做到花钱少、效果好。演练的一个重要功能,就是发现问题。演练搞得万无一失不一定是好事,哪个环节存在问题,要通过演练来发现和纠正,否则到实战中再改就来不及了。

(1)应急预案培训和演练的原则和范围

应急救援培训与演习的指导思想应以加强基础、突出重点、边练边战、逐步提高为原则。应急培训的范围应包括:

①政府主管部门的培训。

②社区居民的培训。

③企业全员的培训。

④专业应急救援队伍的培训。

(2)应急培训的基本内容

基本应急培训主要包括以下几方面:

①报警。

②疏散。

③火灾应急培训。

④不同水平应急者培训。

在具体培训中,通常将应急者分为5种水平,即初级意识水平应急者;初级操作水平应急者;危险物质专业水平应急者;危险物质专家水平应急者;事故指挥者水平应急者。

(3)训练和演习类型

根据演习规模可以分为桌面演习、功能演习和全面演习。根据演习的基本内容不同可以分为基础训练、专业训练、战术训练和自选科目训练。

在每一次演练和应急响应后,应认真进行评审和总结,针对实际情况的变化以及预案中所暴露出的缺陷和不足,对应急预案应及时进行修改、更新和升级,不断地更新、完善,以持续地改进应急预案文件体系。

当预案需要修改、更新和升级或已达到预案修订期限，则应对预案进行重新修订。预案的修订过程应急采取与预案编制相同的程序，包括从成立预案编制小组到预案的评审、批准和实施全过程。预案经修订重新发布后，应按原预案发放登记表，收回旧版本预案，发放新版本预案并进行登记。

十二 应急预案的启动与中止

在出现突发事件的情况下，当实际的灾害情况满足预案中给出的启动条件时，应急预案才可以启动。

国家的总体应急预案中对于启动的规定是："突发公共事件发生后，事发地的省级人民政府或者国务院有关部门在报告特别重大、重大突发公共事件信息的同时，要根据职责和规定的权限启动相关应急预案，及时、有效地进行处置，控制事态。"这个规定就相对原则性，而有些具体的预案可能会规定得非常细致。例如，"在24小时内的降雨超过45毫米时，启动城市排水应急预案"，或"降水量超过每小时20毫米，即启动城区道路排水应急预案"。

根据对以往预案启动情况的了解与分析，可以发现有时候尽管没有达到预案启动的物理条件，但事件却已经造成了很严重的破坏性后果，此时，如果按照预案启动条件的要求，是不能够启动预案的，但事情却又非常紧急。因此，应该在预案中设置不同的启动条件，包括定量化的条件和很难定量化的后果条件，满足启动的条件之一，即可启动应急预案。

预案也应该在适当的时候予以终止。终止条件一般在预案中有事先的规定，通常会是当前的灾害发展态势已经被遏制，或者已被限制在一定的范围内，此时，一般性的应对措施就足以完成对事件的控制，并有望在比较短的时间内消除事件，进入全面恢复阶段。特别重大突发公共事件应急处置工作结束，或者相关危险因素消除后，现场应急指挥机构也应该予以撤销。

十三 编制应急预案的基本经验

我国的应急预案体系是在认真总结历史经验基础上建立的。特别是在抗击"非典"实践中形成的依靠法制、依靠科学、依靠群众的经验，依靠党的领导、发挥政治优势和组织优势的经验，依靠民主决策、依靠群策群力的经验。

将这些经验汇总起来主要体现在如下三个方面：

1. 集思广益、科学民主的经验

国务院在编写总体预案过程中，坚持集思广益、科学民主的原则，先后组织召开了各地区、各有关部门工作会议，广泛听取了各方面的意见。并聘请了20多位专家学者组成专家咨询组，多次召开专家座谈会，广开言路，听取意见。总体应急预案（征求意见稿）形成后，还专门向各地区、各有关部门发函征求意见，并组织召开了专题座谈会，听取有关部门主要负责人和一些省（区、市）政府负责人的意见。25项专项预案分别由国务院主管部门负责起草，在具体起草过程中，也先后多次征求了相关部门和专家的意见和建议。

2. 依法行政、科学管理的经验

编制应急预案要以有关法律、法规为依据，以国家总体应急预案为指导，以政府规范性文件为发布形式，这是政府及其有关部门履行处置突发事件职责、实施应急管理的基本工作制度。这样做既可以与有关应急法律、法规相互衔接，又对应急法律、法规加以具体化、实务化。

3. 理论与实践相结合的经验

在国家总体应急预案发布以后，各地本着因地制宜的原则，积极开展省级总体应急预案及省级以下各级应急预案的编制工作。预案出台以后，各地区各部门按预案程序精心组织应急培训和实战演练，在突发事件到来时能够及时启动现有应急预案加以有效处置和应对，在减少灾害损失、保障人民群众生命财产安全和维护社会稳定等方面发挥了重要作用，产生了良好的社会反响和社会效果，并使相关应急预案的可操作性和具体指导性得到了检验，为进一步修订和完善应急预案功能、建立健全应急管理体系提供了理论与实践的双重依据。

编制应急预案工作是一项理论性、实践性、科学性和预测性很强的工作。回顾近几年我国预案编制和实践应用工作，可以说，编制预案的过程是一个提高危机意识、深化应急认识、总结应对经验、积极探索创新的过程，是把过去几代人、把世界几个国家的成功经验综合起来，形成一个科学预案体系的过程，也是一个在实践中检验、在检验中完善、在完善中提高的过程。

十四　编制应急预案的注意事项

在我国,编制应急预案仅仅是近几年的事,在编制经验上必然还存在许多不足之处,在实践操作上也必然存在某些脱节或虚化之处。我国目前制定的应急预案突出表现为两大层阶:一是高层阶预案,主要指国家和省两级应急预案,这两层阶应急预案在一定程度上已经成为应急法律体系的一部分,也是对省级以下地区或单位编制应急预案的规范性指导文件;二是低层阶预案,主要指省级以下应急预案,这些低层阶应急预案种类繁多,但大部分来自于对高层阶应急预案的过度模仿和照本宣科,因而可能会存在与本地区本行业实际特点脱节甚至被虚化的危险。

1. 高层阶预案具有应急法律规范的属性

《国务院有关部门和单位制定和修订突发公共事件应急预案框架指南》指出,应急预案的制定、修订应“紧紧围绕应急工作体制、工作运行机制和法制建设”等方面进行。高层阶预案在事实上创制了一系列重要的应急管理制度,诸如规定了各类应急管理机构——包括应急指挥机构及其办事机构、专家咨询机构、应急救援队伍的设立和职责。对这些制度的创设,也恰恰被认为是编制此类预案的核心目标。这些高层阶预案对某些法律上没有完整设定的权利义务作出了重要补充,比如对突发事件分级标准和危机预警分级标准的确定。考察发现,当前绝大多数高层阶预案的可操作性依然尚有欠缺,很难在突发事件应对实践中作为工作方案充分满足使用,尽管如此,但其对应急管理特别是预案管理的规范和指引功能却不可低估。

2. 低层阶预案因过度模仿而存在的虚化现象

低层阶预案在编制过程中,在编制方式、编制技术、框架结构等方面对高层阶预案有所沿用,甚至照猫画虎,如法炮制,在所难免。我国突发事件应对法虽然提出了建立健全突发事件应急预案体系的要求,但并未对预案编制和修改的程序与方式作出明确规定。在实践中,应急预案的编制人员遵循了自上而下、层层效法的路径。此种情况的出现,既与下级机关业务相对陌生、专业水平有限或积极性不高等有关,可能也在一定程度上与预案编制的指导方针不够明确和具体有关。

根据2004年《国务院有关部门和单位制定和修订突发公共事件应急预案框架指南》的规定,有关部门和单位制定、修订相关预案时应该参考该框架指南,使得我国的许多高层阶预案成为应急法规范的一部分,其规范指引功能远大于实战操作功能。这种"以案代法"的过渡性安排实为当前应急管理工作的现实需要,从这一点上说,高层阶预案在可操作性上的欠缺也就变得相对情有可原了。但对于省级以下的低层阶预案来说,由于其已不具备创制或补充法律制度的空间,因而应定位为具体操作方案似更具有实际意义。

各编制主体虽然可以"根据突发公共事件的性质、类型和自己的实际情况,可以适当增减或修改相应内容,调整结构",但在该指南作为参照物指导下而编制出来的各层阶预案,在结构、内容和体系上便难免大同小异。国务院及其部门编制应急预案之后,又以该预案为模板,提出了地方各级政府及其部门应急预案的编制框架,让后者照例行事。由于应急管理乃非常规化管理,很多公务员没有实际应对经验,所以下级机关在制定应急预案时,往往对本地区和本行业特殊性的考虑严重不足,而是照搬照抄上级预案的编制指南,造成低层阶预案的模式化现象和与实际情况脱节现象严重。

尽管各级应急预案都是执行应急法的具体实施方案,在法律性质和作用原理上是相同的,只是在所应对的突发事件在类型、起因、级别、规模上有所不同。从积极的方面来看,低层阶预案对高层阶预案的适度沿用和模仿有利于促进上下层阶预案间的衔接与协同,但从消极方面来看,低层阶预案对高层阶预案过度沿用和模仿的后果,可能会直接造成其自身功能的虚化和弱化,使其可操作性受到严重损害,在一定程度上背离了建立应急预案体系的良好初衷。

3. 高低层阶预案的功能分解

在国家应急管理体系中,我们可以从宏观视角上看到两个界面,最上边的界面是应急法律法规,最下边的界面是应急管理实践。而应急预案则是应急法律规范和应急管理实践之间的"媒介"。但在我国,应急预案体系的建设是在应急法律规范体系尽管已取得长足发展但仍有待进一步完善的背景下进行的。正是这一特殊背景决定了高层阶预案为弥补法律缺位所留下的真空地带，以至不得不暂时“上升”为应急法律规范的一部分，替代后者发挥着必要的规范和指引功能。但作为省级以下的低层阶预案编制应该在应急法律法规的框架规范下，突出具体可操作性功能，使应急预案真正做到下沉归位：下沉到地方，下沉到基层，下沉到具体的事件上，下沉到应对工作的具体操作技术、方法和流程上，这就要求在充分认识高层阶预案与低层阶预案不同功能定位的基础上，有差别地设计两者的编制框架、编制程序和编制技术，切实实现低层阶预案的具体操作功能。

因此，现有的大多数低层预案都面临着大量进一步修订和完善的任务。修订和完善的核心问题就在于增强其可操作性。鉴于低层阶预案可操作性不足或不佳的原因大多在于对高层阶预案的模仿和效法上，所以，修订与完善的关键是要根据突发事件的不同诱因、不同类型、不同规模、不同资源保障情况，有针对性地编制出适合于本地区、本行业、本单位特点应急预案，并在编制主体、编制过程和编制技术等方面，可以打破被高层阶预案限定的条条框框和被固定的思维形式，在一定程度上摆脱高低两层阶应急预案之间“一仍旧贯”的因袭关系。具体说来，在编制省级以下的各类预案时可以采取如下举措：

（1）应急预案编制主体“经验化”

为了确保低层阶预案切实适合本地区本行业本单位应急管理实践需要，增强具体操作功能，在预案的编制过程中，应该由有应急实战管理经验的公务员参加编制工作，并充分吸收预案启动后可能涉及的各类主体参与讨论和征求意见。参加预案编制工作的主体应当包括编制机关的行政首长或代表、应急管理机构的工作人员、关联部门的工作人员、参加过应急管理实践的工作人员、应急救援组织（企业、专家）、相关领域技术专家、法学和管理学专家、企事业单位代表、志愿者（组织）代表、相关非政府组织代表，等等。

（2）应急预案编制程序“分阶化”

对各级应急预案要进行分阶管理和分阶编制，每一层阶的编制程序的制定要按照本层阶面对和应对某类突发事件的客观规律进行安排，而不是仅仅按照高层级预案照葫芦画瓢，而应结合实际，科学高效，有所创新。这就要求在《国务院有关部门和单位制定和修订突发公共事件应急预案框架指南》及各类《应急预案编制导则》的宏观指导下，对省以下的各级各类各层阶预案，要分别编制专门的框架指南、编制导则和程序安排。

（3）应急预案内在结构“具体化”

突发事件到来时，大部分人可能都处于惊慌失措、不知所往的状态，有必要在应急预案中制定适合于在不同事件和不同境遇中的不同人员的具体行动指南。可以考虑将低层阶预案的内容进一步区分为基本实施方案和具体操作方案。其中，基本实施方案与当前各地所制定的低层阶预案现状基本相当，且具有确定性的部分，用于应对突发事件中必然遭遇的确定性问题，其核心是权责配置和资源分配；其目的在于贯彻各类应急法律规范的要求及针对各类突发事件的相关注意事项；具体操作方案则以具体操作为主，加重各类人员的行动指导功能，且具有灵活性的部分，用于应对突发事件中的不确定性问题，其核心是危机分析和危机决策，让事件中的每一个人都能知道在某种境遇中应该做什么、怎么做，还应包括各类突发事件应对措施之间的逻辑顺序，每项措施的执行人职责及执行技术与操作要领。另外，低层阶预案还可以针对不同诱因、不同规模、不同受害群体、不同救援主体制定多种备选方案，供在实际事件发生时选择使用。

（4）应急预案操作标准“简单化”

简单就是快速，简单就是高效。对于追求可操作性的低层阶预案而言，对其操作标准的描述应当尽量做到简单清晰，不但字句表述简单清晰，操作程序和操作标准也应该简单清晰。具体应该包括适用范围、职责界定、具体任务目标说明、操作步骤和办法、负责人员等要素，这个具体操作方案可以作为组织或个人履行应急预案所规定的职责和执行具体任务时的详细指导。此等操作方案在突发事件发生后，即便在尚未接到或无条件接到上级命令，或者在领导缺位的情况下，各类应对主体甚至受灾人员仍可在第一时间启动预案，从而提高应急响应和自救互救的速度和质量。

（5）各层阶预案的质量分析

预案是应急管理工作的行动纲领，能否发挥其应有的功能和效用是预案的生命线。基层应急预案更应该切合实际、效验显著，千万不能搞形式主义，虚应故事，做表面文章。

由于我国应急体系建设工作起步较晚，在应急预案编制过程中也存在一些问题，主要表现在：一些预案格式、内容雷同，千篇一律，过度模仿，脱离本部门实际；预案文档冗长，多则可达数百页，查询使用困难；不同层次、不同类型、不同行业预案之间连接融合性不够，缺乏标准化交互程序和效能；预案过于注重文本文件形式，而忽视培训、演练等预案管理的实务性内容；一些预案科技水平较低，先进技术方法应用不够。这些问题在今后预案编制、更新、修订工作中应引起注意。

预案按照技术形式和手段划分，还可以分为文本预案、数字预案、智能预案三种。本书所讨论的应急预案，基本上是指文本预案而言。文本预案是以文本为表现形式的突发事件应急预案，是应急预案的直观表现形式，也是目前应急预案的主要形式。在文本预案中，以文本的形式规定了突发事件应急处置方法与步骤，明确了各部门的职责，使各部门在事件发生后有条不紊和按部就班地开展应急工作，提高了应急处置的效率和指导性。文本预案更便于各部门平时演练，可以大大提高各有关部门与人员对于突发事件应急处置的认识度和熟悉度。在应对突发事件时，如果有一个事先预定好的救援方案作为参考，再结合事件现场的实际情况作适当的调整和修正，应急人员就可以按照预案更快速、更科学地指挥应急行动。这就是文本预案的特有功用。

同时也应该看到，文本预案也存在着不方便的地方。比如形式呆板，表现不够直观形象；操作、查询不便，不能快速有效地提取所需信息；形式单一，不能根据事件发展情况自动链接有直接针对性的处置内容和方法；无法直接获得数据库的支持，难以有效利用大量与事件或应急有关的数据；不能帮助决策者进行信息筛选与整合，应该变通的行动方案无法方便地从应急预案基础上形成，行动方案与应急预案的关联性和对接性完全依赖于应急方案制订者对预案的把握程度，由不同决策者提出的行动方案与应急预案之间也会存在各种各样的大小差异。

有鉴于此，有必要开发一种既继承文本预案的优点，又能改善其使用方便性的应急预案系统就显得至关重要，这也是数字预案系统被提出来的根本原因。所谓数字预案系统是依据文本预案，在职责规定、步骤安排、资源调集、信息发布流程等重要环节严格遵循文本预案规定的前提下建立的软件预案系统。当突发事件发生后，根据事件信息和其他与之相关的数据信息，借助于应急平台提供的信息化手段，快速生成直观、有效的行动方案，并可以对方案进行实时调整。

预案制定过程中通常要进行事件发展过程和后果的假设性预想，但由于实际现场因素通常非常复杂，预案的假设不可能完全与事件实际发展状况吻合，因此，用于事件现场处置的行动方案不可能对应急预案亦步亦趋地直接地加以应用，而必须要根据已有经验、以往案例、现场状况、科学模型对事件发展状况进行新的分析、判断、推断和调整，对文本预案已有的处置方法进行改进和修正，进而形成更适用于突发事件处置实际的行动方案。由于科学模型和科学决策技术以及案例分析结果都具有明显的灵动性、机变性、直观性和便捷性，这种新的应急方案称为智能方案。

文本预案是当前应急预案采用的主要形式，但在具体应急事件处置过程中还存在如何提高其使用效率等问题。数字预案是以文本预案为基础的，可以提高应急预案的实用性、便捷性和可操作性，使应急预案可以更好地发挥作用，是应急预案的发展趋势，目前才刚刚起步，相关标准和专业规范仍处于探索研究阶段。智能方案是数字预案系统最终生成的结果，是指导具体应急工作的智能化行动方案。文本预案、数字预案与智能方案有着内在的联系：数字预案是文本预案的延伸，智能方案是数字预案的结果；文本预案还需进一步完善，数字预案还有待推进。因此，对于突发事件应急预案系统的应用，仍然有许多工作要做。

提高预案质量要对症下药，在全面排查的基础上，针对短期难以消除的隐患要在编制预案中设法设定解决方案。预案就是行动方案，要做到职责明确清晰、程序清晰，明确谁来做、做什么、怎么做、做到什么程度。编制预案在征求专家意见的同时，还要充分尊重群众的意见，让群众参与编制，最好组织群众自己编制，使预案编制的过程同时成为宣传教育、动员群众的过程。要做好预案管理和衔接工作。突发事件的关联性、耦合性以及不确定性，要求各项应急预案之间务必能够做到有机衔接。

十五　应急培训与演习

编制应急预案不是做表面文章，不是走形式走过场，而是让它真正有用，真正发挥应急管理工作的指导性作用。按照国家的要求，各地区、各部门要有计划、有重点地组织有关部门对相关预案进行演练，要求各部门要通过图书、报刊、音像制品和电子出版物、广播、电视、网络等，广泛宣传应急法律法规和预防、避险、自救、互救、减灾等常识，增强公众的忧患意识、社会责任意识和自救、互救能力。各有关方面要有计划地对应急救援和管理人员进行培训，提高其专业技能。另外开展应急培训和演练还是对预案质量和效果的有效检验，而且对于发现应急工作中的薄弱环节，提高应急处置能力具有重要意义。

1. 应急预案培训

应急预案培训是应急管理特别是应急预案管理不可或缺的重要环节，其目的是为了落实应急预案的内容和原则，提高危机意识，增强应急救援能力和实战技巧，为应对各类突发事件做好准备。应急预案培训的指导思想是以加强基础、突出重点、边练边战、逐步提高为原则。

(1)确定培训人员

· 政府主管部门管理人员的培训。

· 社区居民的培训。

· 企业全员的培训。

· 专业应急救援队伍的培训。

(2)应急培训的基本内容

· 报警。

· 疏散。

· 火灾应急培训。

· 鉴别异常情况并及时上报的能力与意识。

· 对待各种事故如何处理。

· 自救与互相救护的能力。

· 使用各种应急器件、工具的技能与知识。

· 应急任务的目的和如何完成任务。

· 与上下级联系的方法和各种信号的含义。

· 施工作业场所具有哪些危险隐患。

· 防护用品的使用和自制简单防护用具的方法。

· 紧急状态下如何行动。

在具体培训中，通常将应急者分为5种水平，即初级意识水平应急者；初级操作水平应急者；危险物质专业水平应急者；危险物质专家水平应急者；事故指挥者水平应急者。

2. 应急预案演练

当预案编制完成以后，或许有人会问：“这东西能管用吗？当突发事件爆发之后,编制的预案到底能起到多大的作用?”由于只有在实践中检验过的预案才能准确回答这个问题,所以在没有爆发突发事件之前,要回答这个问题只能通过演练来解决。

(1)应急预案演练准备

应急预案演练准备是在具备较为完善的应急预案和开展理论培训的基础上进行的,演练前的准备工作包括演练规划、类型选择、演练方案编制和演练方案培训。

①应急演练规划。

演练必须由相应的演练筹备与管理机构来承担完成,一般由主管应急的部门为核心,组织相关人员参加。其中指挥组负责演练的总体指挥与协调;方案组负责设计演练方案、准备相关背景信息、场景模拟资料和演练注入信息;控制组负责演练全过程的控制与管理;评估组负责参演人员的演练效果评估;支持组负责演练过程的后勤保障和安全保卫工作。

演练计划是否合理是演练成败的关键,演练设计组在演练中也应处于核心地位,在实际演练进程中还要充当控制组的角色。因此演练前应对演练计划进行制定和讨论,形成较为完善的演练计划,给出演练的目的、内容、日程安排等。

②演练类型选择。

根据规模等级,应急演练可分为局部演练、区域性演练。局部演练针对特定地区选择特定的突发事件,如某种具有区域特性的自然灾害,演练一般不涉及多级协调;区域性演练针对某一特定区域,演练设定的突发事件可以较为复杂,如某一灾害或事故形成的灾难链,往往涉及多级、多部门的协调;根据演练的内容与尺度,应急演练可分为单项演练和综合性演练。单项演练可以模拟某一灾害现场的某项救援设备的操作或针对特定建筑物废墟的人员搜救等,也可以是某一单一事故的处理过程的演练。综合演练相对复杂,一般包括应急反应的全过程,涉及大量的信息注入,包括对实际场景的模拟、单项实战演练、对模拟事件的讨论解决等;根据演练形式的不同,应急演练可分为模拟场景演练、实战演练和模拟与实战相结合的演练。模拟场景演练,以桌面练习和讨论的形式对应急过程进行模拟和演练,一般针对应急管理高级人员,可作为实战演练的预演。实战演练,可包括单项或综合性的演练,涉及实际的应急、救援处置等。模拟与实战结合的演练形式则是对前两者的综合。

除了以上演练类型和方式之外，还有一种应急仿真演练。应急仿真演练通过对各类灾害数值模拟和人员行为数值模拟的仿真，在虚拟空间中仿真灾害发生、发展的过程，以及人们在灾害环境中可能做出的各种反应；并在演练平台上，在最大限度仿真实际灾害的条件下，开展应急演练。在此基础上，制定各类企事业单位的数字化应急预案。应急仿真演练系统可以用来训练各级决策与指挥人员、事故处置人员，发现应急处置过程中存在的问题，检验和评估应急预案的可操作性和实用性，提高应急能力。系统可以使企事业单位能够运用现代化手段，加强协调能力和应急能力，使应急演练科学化、智能化、虚拟化。我们把这种数字化、智能化和虚拟化的仿真演练看作一个系统，这个系统中还可以设计多个子系统，如虚拟演练模式子系统和虚拟演练模块子系统。

一是虚拟演练模式子系统包括两种训练模式：预案训练模式和突发事件训练模式。

预案训练模式是指受训者按照预案规定的内容，各司其职，完整地按照预案执行救援的全过程。预案训练将预案变得可以执行，并形成了一个考核手段。

突发事件训练模式就是在训练的过程中，由系统操作人员进行干预操作，比如：突然设置一次“爆炸”，突然改变“风向”等等。突发事件的训练是对突发事件的反应和指挥能力。

二是虚拟演练模块子系统主要包括以下模块：场景任务设置模块、角色训练模块、数据查询模块、训练控制模块、记录/编辑模块、考核模块。

a. 场景任务设置模块

根据不同的训练目标和任务，为训练提供一个虚拟的训练场景，并在场景内设置相应的灾害或突发事故现象，形成一个逼真的虚拟演练环境。

b. 角色训练模块

演练系统提供针对不同角色进行训练的功能。根据登陆的不同角色，系统提供不同的能力和权限。根据在应对灾害时职责和所需能力的不同，角色主要包括以下几类：群众、社会救援力量、现场专业救援力量，指挥中心等。

c. 数据查询模块

在训练过程中产生大量数据，查询模块目的是方便决策者查询、观看和使用这些数据。系统提供各种工具和功能，可方便对训练的全过程进行全方位观看和数据查询。

d. 训练控制模块

演练环境是由“场景及任务设置模块”初始化设置确定的。但为了提高对突发事件处理能力的训练效果,需要在训练的途中,添加各种突发事件。为此系统提供在训练过程中,提供人为添加和改变演练环境的功能。具体功能包括:天气(外部环境)状况调整、灾情状况调整、救援力量调整、新任务下达、其他突发事件等。

e. 记录/编辑模块

记录并能回放整个训练过程,包括所有的事件细节、处理过程、通讯语音录音等。该模块为训练总结、处置预案生成等提供手段。

f. 考核模块

考核分为预案演练考核和突发事件演练考核。

预案演练考核是根据预案演练的结果,对比已有预案,并产生考核结果。考评结果与演练记录均可进行保存、分发和查询。

突发事件演练考核是在训练过程中或结束后,可由参加演练评审专家进行实时或事后点评,提供点评和记录工具。考评结果与演练记录均可进行保存、分发和查询。

③演练方案编制。

在演练方案的设计上,虽然桌面演练、职能演练相对简单,但从各项内容与综合性的实战演练是相近的,只是在某些方面可能内容相对简单。演练方案应包括以下内容:

a. 演练基本情况

演练的基本情况,即演练的总体概述、演练的目的、演练的规模、演练的主要内容等。演练的目的应给出演练要达到的实际目标。演练的规模应给出演练持续的时间、演练的场地分布、参演人员的数量及部门组成等。演练的内容应概要地描述事件的基本背景、主要应急反应工作内容等。

b. 演练组织与保障

应急演练应根据规模合理设置组织机构、人员组成。演练的安全是一个非常重要而且容易忽略的问题,在演练前应制定安全计划,设定安全小组,防止人员伤亡等意外事件。安全计划应包括个人安全事项、演练保卫事项等。演练方案中的后勤保障计划应该考虑演练所需物品的准备、场景的搭建、交通运输等。

c. 演练方案

演练的方案，应包括突发事件总体过程的描述、插入突发事件的描述、参演人员应做出的合理反映的概略描述等。演练方案是控制整个演练过程的关键，也为演练评估提供了基本的参考。

d. 演练的实施过程

应急演练实施过程是对实际突发事件应急处置过程的模拟，演练实施过程包括陈述、设施准备、实施等。

④演练的陈述。

演练实施前应向演练控制组和演练人员进行必要的陈述。向演练控制组的陈述应包括主要安全事项、演练要求、演练场景描述、方案的推演、各组职责等。向演练人员的陈述应包括演练要求、突发事件规模、演练目的、初始条件、安全事项、模拟角色的识别、演练的协调管理与后勤保障等。需要注意的是，演练的陈述对象必须有指挥者、信息发布者、各种不同的职能团队、需要救助者等等。

（2）设施的准备

演练实施前必须完成一切演练所需的场地等基本设施的准备。

①桌面演练的准备。

桌面演练的准备需求很小，主要包括满足要求的会议室、投影仪、白板、贴纸、彩笔等。

②实战演练的准备。

实战演练所需准备的物品较多，针对不同类型的演练差别较大。一般需要准备的设施与物品包括事故现场设施、模型或角色扮演人员、关键事项检查、安全事项检查等。

（3）实施的过程

①桌面演练的实施。

桌面演练一般设会议主席控制整个的演练集成。首先由会议主席宣布演练开始并给出演练突发事件的基本描述，之后不断地注入信息，并设置讨论题目。主席应对分组讨论的结果进行阶段评述，控制整体演练进程。

②实战演练的实施。

实战演练的实施过程总体上应保持演练的自然发展，减少过多的干预，但必须采取必要的措施保证演练的顺利进行。演练启动后，应保持演练人员具有较大的自主性，根据突发事件背景和注入的信息或插入事件，自主地根据预案做出及时的反应。

③应急预案演练结束。

演练后的工作包括演练的评估和总结、预案的修订等。

(4)演练评估

演练的评估是对参演人员表现的总结，包括任务层面、职能层面和演练总体层面的评估。任务层面主要针对演练中的某个具体任务的完成情况进行评估，职能层面针对某个部门的实际职能职责的完成情况进行评估，演练总体层面是对演练的总体完成情况进行评估。演练评估的内容应包括演练过程中的正确反应程序和存在的不足。

演练评估的过程一般包括评估计划的制定、数据收集、数据分析和评估报告的编写几个步骤。演练实施前，评估组应制定适当的评估计划。演练过程中，评估组应收集演练进行情况的资料并进行分析。结束时，评估组应给出针对演练的评价，并编写评估报告。

(5)演练总结与评估

演练的目的是检验与评估预案，发现工作中的薄弱环节。因此在演练结束后应编写演练总结评估报告，对演练进行描述，总结合理的应急反应程序及存在问题，以便进一步修改预案，提高其可操作性和合理性。

第二章　应急体制建设方面的学习
——不断健全应急管理的组织架构体系

应急体制也叫应急管理体制，不是政府的常态管理体制，而是在应对突发事件前后的特殊时期临时发挥作用的机构设置模式。为了明确应急管理体制的内涵，我们不妨先从体制讲起。体制，是国家机关、企事业单位在机构设置、领导隶属关系和管理权限划分等方面的体系、制度、方法、形式等几个方面的总称。从形式逻辑上讲，由于应急管理体制是行政管理体制的下属概念，而行政管理体制是体制的下属概念，因而，揭示应急管理体制的基本构造必须从“体制”和“行政管理体制”这两个基本概念的内涵入手。那么，何为行政管理体制？学界的主流观点认为，它是政府的机构设置、职能配置、与职能相应的事务管理制度及权力运行机制的总称。这就是说，行政管理体制是由机构、职能与运行机制等要素所构成的。据此，我们可将应急体制或称为应急管理体制界定为由应急性机关、应急性权力和应急性机制三个要素所组成的制度体系。这三个要素即是应急管理体制的基本构造。建立健全应急管理体制必须明确现代应急管理体制的设计、架构，以及应急管理体制中的行政责任与社会责任系统、事件响应与评估恢复系统、资源支持与技术保障系统，以及防御避难与救护援助系统的内容和功能，并了解这四个系统之间的相互关系和作用。应急性行政机关指具有行政主体资格，根据国家宪法、法律、法规或规章处置突发公共事件，行使应急性行政权力的政府机构，主要指中央和地方政府及其职能部门。应急性行政权力是指应急性行政机关在应对各类突发公共事件中，依法享有并行使的各类抽象的或具体的职权和职责。如发布紧急命令、制定应急性法规或实施应急行政征用或征收等。应急性运行机制是指应急性行政机关能够依法、高效行使应急性行政权力以便处置突发公共事件，从而恢复社会正常秩序的机理。如应急响应机制、预警机制、信息公开机制等等。这三个基本要素在应急管理体制中都具有相对独立的功能或地位，相互之间不能代替。

一　世界各国应急管理体制建设的基本思路

应急体制实际上是专门用来应对突发事件的核心指挥系统。在应急管理体制方面，大到一些国际组织，小到一个国家和地区，都不同程度地建立了一整套应急管理体制。比如联合国专门成立了军民协调办公室（简称 UN—CM-Coord），负责协调军队参加非战争的人道主义救援工作。此后还成立国际搜救咨询团（INSARAG）负责建立各国救援队的标准工作体系，促进大灾发生后各国的国际救援队在现场开展有效救援。在特大灾害现场，赋予了联合国灾害评估与现场协调工作队（UNDAC）负责协调各国救援队的职能，包括在海关和机场设立接待中心、建立联合国现场协调中心、快速调查核实并与各方共享灾情信息、帮助受灾国向国际社会申请援助、指导各国救援队开展救援等工作。另外，北约成员国组织也建立了应急救援体制，1998 年北约成员国部长会议决定切实增强成员国之间的国际灾害救援领域合作，并在位于布鲁塞尔的总部成立了民事应急规划司（CEPD）和北约灾害应急协调中心（EAD-RCC）。该协调中心的主要职责是在欧洲 - 大西洋区域协调北约和成员国之间应对地震、洪水、森林火灾等 25 种灾害与灾难的应急处置。欧盟及其 27 个成员国在应急管理体制上力求解决军地协调的问题。他们组建一个由部队和政府各部门联合办公、联合应急值守的专业应对突发事件的机构——民事保护部。该部在突发事件发生后往往由总理授权，协调调度军队和政府各种资源开展应急处置。

就世界各国的情况来看，针对突发事件所建立的应急管理体制大体可分为三种：一是建立综合性协调机构，如美国应对各类突发事件的中枢指挥系统是总统和国家安全委员会，其本身就具有综合协调功能，对于重要的危机所设立的反应机构包括联邦紧急事务管理局、美国国土安全部、美国陆军工程师团、美国联邦调查局、美国中央情报局、美国安全委员会、美国疾病控制与预防中心等等，每一个机构都能够行使专门的职权；此外，美国州与地方也设立了应急机构，在行使职权方面也都各有特点，国家安全委员会的危机管理决策主要分为三个层次：总统级、部长级、副部长级，总统级是由总统主持的管理决策，部长级是由国家安全事务助理主持的部长级会议，副部长级是由国家安全事务副助理主持的副部长级会议。除此之外，美国还专门设立了联邦危机管理局，该组织对各类天灾人祸无所不管，尽管其实际权力和地位比较有限，但与其他管理部门互为补充，各自发挥不同的作用和功能。当然有时为了应对某一类突发事件，美国可能还会单设一个特别的综合协调机构，如“政府有关部门处理恐怖活动对策委员会”，该委员会由国务院领导，国家安全会议、联邦调查局、中央情报局、国防部、联合参谋部、财政部、交通部、司法部等部门的人员组成。一旦政策确定，协调功能自现其中，只须各个部门分头执行即可；俄罗斯应对各类突发事件的中枢指挥系统是总统和俄罗斯联邦安全会议；日本应对各类突发事件的中枢指挥系统是由内阁首相任最高指挥官，内阁官房（负责各省厅间的协调，相当于办公厅）负责总体协调，通过安全保障会议和中央防灾会议组成应急管理体制；韩国应对突发事件的中枢指挥系统是由总统、总理及相关部长组成的国家安全保障会议；以色列应对突发事件的中枢指挥系统是由总理、安全内阁、国家安全委员会和国防部组成的应急管理体制。二是建立专门性处置机构。如法国巴黎的警察指挥中心、美国的特殊武器战术队、德国的第九边防警察大队等。三是建立临时应对机构。如 1988 年英国政府为处理球迷骚乱而成立“紧急内阁委员会”。

作为联邦制国家，美国各州政府具有独立的立法权与相应的行政权，一般都设有专门机构负责本州应急管理事务，具体做法不尽相同。以加利福尼亚州为例，该州通过实施标准应急管理系统，在全州构建 5 个级别的应急组织层次，分别为州、地区、县、地方和现场。其中，州一级负责应急管理事务的机构为州应急服务办公室，主任及副主任由州长任命。州应急服务办公室又将全州 58 个县划分为 3 个行政地区。同时，为了通过互助系统共享资源，又将全加州划分出 6 个互助区，将员工分派到不同行政区办公，以便协调全州 6 个互助区的应急管理工作。县一级机构主要是作为该县所有地方政府应急信息的节点单位和互助提供单位；地方一级主要是指由市政府负责管理和协调该辖区内的所有应急响应和灾后恢复活动；现场一级主要是指由一些应急响应组织对本辖区事发现场应急资源和响应活动的指挥控制。事实上，加州地区一级的应急仍然是由州政府机构来负责，而县一级的应急需要依托该辖区内实力较强的地方政府，如旧金山县依托旧金山市，洛杉矶县依托洛杉矶市。总体上讲，美国灾害应急组织体系由联邦、州、县和地方政府 4 级构成。当事故发生后，应急行动的指挥权属于当地政府，仅在地方政府提出援助请求时，上级政府才调用相应资源予以增援，并不接替当地政府对这些资源的处置和指挥权限,但是,上一级政府有权在灾后对这些资源所涉及的资金使用情况进行审计。应急救援队伍的中坚力量是消防、警察和医疗部门。在联邦应急反应体系中,参与救援的部门主要包括交通、通讯、技术工程、森林、联邦应急管理局、红十字会、卫生、环境、农业、国防等部门。

俄罗斯设立的联邦紧急情况部是俄联邦7个强力部门之一,直属总统领导,并在全国六个大区设立分支机构。俄联邦政府各部门都有与紧急情况部对口的局级或者处级机构,有的大型企业也设立了这类机构。此外,俄联邦政府及其有关部门、89个联邦主体、各市还设立了预防和消除突发事件委员会。联邦政府预防和消除突发事件委员会由紧急情况部部长任主任,成员包括有关部门的副部长。各联邦主体政府预防和消除突发事件委员会则由政府主要领导或者第一副职任主任,成员包括内务、卫生、桥梁隧道、检察院等部门的负责人。这类委员会为非常设机构,一般每月召开一次会议讨论重大问题,一般事务则交由紧急情况部处理。俄紧急情况部作为政府应对突发事件的日常管理机构,负责教育培训、收集分析信息、制订应急计划(预案)等突发事件的预防工作;发生突发事件后,负责统一指挥、协调有关方面的应急工作,向灾民提供各种帮助;负责消除灾害造成的影响,安置灾民,恢复秩序。

意大利在总理府设置民事保护总局,直属总理领导,并在各大区设立分支机构。意政府各有关部门也设立了与民事保护总局对口的局级或者处级机构。意民事保护总局的职责与俄紧急情况部的职责大体相同。日本危机管理体制以首相为最高指挥官,由内阁官房负责总体协调、联络。日本自1986年起在内阁设立安全保障会议,负责处理国防与国家安全等重要事宜,包括国家遭到武力攻击在内的紧急事态。安保会议由首相召集并任命议长,成员包括总务大臣、外务大臣、财政大臣、国土交通大臣、内阁官房长官、国家公安委员会委员长、防卫厅长官等。在日本的危机管理体制中,内阁官房发挥着十分重要的作用。内阁官房是首相的辅佐机构,由其负责危机管理,为的是在发生紧急事态时内阁能够迅速采取必要措施,做出第一判断。内阁官房还设有由首相任命的内阁危机管理总监,统一协调有关危机管理的事务,这就改变了以往各省厅在危机处理中各自为政、相互保留情报的局面,有利于更有效地处理危机。另外,日本还针对自然灾害频繁的情况设立了中央防灾会议。主席由首相担任,成员包括防灾大臣(一般由国家公安委员长兼任)及其他大臣等,其主要职能是制定《防灾基本计划》及《地区防灾计划》并推动其实施;在发生非常灾害时,制定紧急措施并加以实施。

目前,世界各国大多设立了统一领导应对突发事件的专门工作机构,负责突发事件防范处置的综合协调。其中,主要包括两种应急管理体制模式:一是单部门型,如俄罗斯 1994 年设置紧急情况部(全名为“俄联邦民防、紧急情况与消除自然灾害后果部”),美国 1979 年成立联邦应急管理署(FE. MA,2003 年并入新成立的国土安全部),法、德、印度等国成立内政部,瑞士成立民防局。二是综合协调型,如英国在内阁办公室成立国内紧急状态秘书处;日本设有常设性和临时性应急管理机构——常设性机构有安全保障会议、中央防灾会议、内阁应急事务和危机管理专门机构,在内阁增加安全保障会议的职能,在总理府新设相当于副部长级的风险管理总监和内阁风险管理中心,同时,针对各种原因产生的紧急事态一般都规定了建立相应的临时性应急管理机构。

二 我国应急管理体制的基本内容

我国对突发事件应急管理体制建设起步时间比较晚,需要根据本国国情并参照国外经验逐步加以完善。一般说来,突发事件应急管理遇到的首要问题不是技术问题,而是体制问题。发达国家积极倡导的综合型突发事件管理体制,要求设立综合性的专门机构,建立统一的信息处理和反馈系统,构建统一的应急指挥系统,组建专业化的职业队伍,制定相应的职责、权力和流程方案,把应急反应业务统一到一个平台上处理,提高各部门之间的协同程度和应急反应速度。同时,综合型突发事件管理体制,要求全社会共同参与,形成覆盖全社会的突发公共事件管理网络。同时,科学的决策指挥系统是突发事件应急管理的核心问题。在出现重大突发事件时,容易出现高层决策部门和一线指挥部门不协调,信息获取与协调指挥不匹配,形成了“信息孤岛”与“指挥孤岛”的错节,制约了应急管理的快速协调和处置能力。因此,必须构建一个统一多层次的指挥体系,包括具有权威的核心决策系统、承担基本的指挥职能的中心指挥系统、根据属地原则和专业原则建立的分中心指挥系统、处于一线事件的基层指挥系统,从而形成“纵向一条线、横向一个面”的科学管理体制格局。

体制是管理活动的载体,没有体制的管理只能是家长制管理。从这意义上说,体制也是公共权力和公共资源的载体,其间有一套相对固定的结构体系和制度模式支撑着这个载体进行有序的运动。这个运动着的结构体系和制度模式即是体制，只有融入了这个体制，管理活动才可能做到有章可循。

体制有时也称为“领导体制”、“组织体制”。应急管理体制（或称应急体制）也可称为行政应急管理体制，是行政管理体制的重要组成部分。通常是指应急管理机构的组织形式，也就是综合性应急管理机构、各专项应急管理机构以及各地区、各部门的应急管理机构各自的法律地位、相互间的权力分配关系及其组织形式等。应急管理体制是一个由横向机构和纵向机构、政府机构与社会组织相结合的复杂系统，包括应急管理的领导指挥机构、专项应急指挥机构以及日常办事机构等不同层次。

自2003年以来，在充分利用现有政府行政管理机构资源的情况下，一个依托于政府办公厅（室）的应急办发挥枢纽作用，协调若干个议事协调机构和联席会议制度的综合协调型应急管理新体制初步确立。2006年6月15日发布的《国务院关于全面加强应急管理工作的意见》提出，要“健全分类管理、分级负责、条块结合、属地为主的应急管理体制，落实党委领导下的行政领导责任制，加强应急管理机构和应急救援队伍建设”。2007年11月1日起开始施行的《中华人民共和国突发事件应对法》明确规定，“国家建立统一领导、综合协调、分类管理、分级负责、属地管理为主的应急管理体制。”2006年4月，设置国务院应急管理办公室（国务院总值班室），承担国务院应急管理的日常工作和国务院总值班工作，履行值守应急、信息汇总和综合协调职能，发挥运转枢纽作用。根据规定，中国把突发事件主要分为四大类并规定相应的牵头部门：自然灾害主要由民政部、水利部、地震局等牵头管理；事故灾难由国家安全监管总局等牵头管理；突发公共卫生事件由卫生部牵头管理；社会安全事件由公安部牵头负责。最后，由国务院办公厅总协调。

各部门、各地方也纷纷设立专门的应急管理机构，完善应急管理体制。例如，国家防汛抗旱、抗震减灾、森林防火、灾害救助、安全生产、公共卫生、通讯、公安、反恐怖、反劫机等专业机构的专业应急指挥与协调机构也进一步完善，军队系统应急管理的组织体系也得到了加强。目前，31个省区市和5个计划单列市相继成立了应急管理领导机构，组建或明确了办事机构。在城市应急管理体制建设方面，根据不同的需求状况和城市规模，南宁、北京、上海、广州、重庆等分别建立集权、代理、授权、网络等不同模式的应急管理体制。据统计，到目前，所有的省级政府和市级政府、县级政府均成立或明确了应急管理领导机构;所有的省级政府、市级政府、县级政府均成立或明确了应急管理办事机构。总的来看,中国目前正在建设的新型综合协调型应急管理体制,是建立在法治基础上的平战结合、常态管理与非常态管理相结合的保障型体制,具有常规化、制度化和法制化等特征,有利于克服过度依赖政治动员所导致的初期反应慢、成本高等问题。

根据《突发事件应对法》的规定,针对应急管理活动,我国已经初步建立起"统一领导、综合协调、分类管理、分级负责、属地管理为主"的应急管理体制。

1. 统一领导

所谓统一领导,是指我们的应急管理体制是在党中央、国务院的统一领导下,各级地方政府分级负责,依法按预案分析、组织、开展突发事件的应急管理工作。

第一,统一领导首先要理解为统一由党委领导,这是由中国目前的政治架构所决定的。从我国宪法和党章来看,党在国家政治生活中处于领导地位,政府的公共管理活动要在党委的统一领导之下运行,而对突发性事件的应急管理在政府各项管理活动中,已经成了其中的重要组成部分。这就是说,政府对突发事件的管理活动也应该在党委的统一领导下展开。党对突发性事件的领导能力也是新时期党的执政能力建设的重要方面。2005 年党的十六届四中全会在全面部署加强党的执政能力建设的各项任务时,把建立健全社会预警体系也同样当成了一项重要任务,并要求形成"统一指挥、功能齐全、反应灵敏、运转高效"的应急机制,提高保障公共安全和处置突发事件的能力。2007 年,党的十七大也再次明确做出完善突发事件应急管理的任务部署。党对突发性事件的领导主要包括三个方面,即政治领导、思想领导和组织领导。

统一由党委领导也是由我国现有的党政结构的现状所决定的。突发事件的管理之所以是应急管理,是因为这类事件大都是突然发生的、给社会广大公众的利益带来直接或间接重大损失的事件,这类事件要求处置者必须在最短的时间内,尽最大的努力制止事态的扩大和蔓延,而要实现这样的目的,很多时候是需要调动事发地的各方面资源来共同应对的,包括党的力量、政府的力量、社会的力量,甚至军队的力量,而只有党委部门才能担当此任。比如需要基层党组织的协助、需要党委宣传部门的介入,甚至需要当地军队的帮助等,而这些单靠政府领导者来协调是有一定困难的，从大量已经发生的突发事件中可以看出，绝大多数重大的突发事件的处置，也确实都是在各地的党委书记的统一领导下进行的。所以，统一在党委的领导下，不仅是我国应对突发事件的现实需要，也是由突发事件的处置中所需要的特殊条件所决定的。

第二，统一领导同时要理解为统一由中央政府即国务院来领导。在我国，中央与地方关系是单一制的，中央政府统一行使全部国家主权，统辖全国各级地方政府；地方政府的立法和行政权来自于中央政府的授权或委托，不得与中央法律和政令相抵触。这种中央与地方关系就决定了中央政府对各级地方政府的所有公共管理活动都拥有统一的管辖权，当然也包括对突发事件的应急管理。突发性事件所具有的起因复杂、牵涉部门多、影响范围广、发生次生和衍生事件的可能性大等特点也决定了很多突发事件，单靠事发地的地方政府是很难应对的，往往需要更广泛的人力、物力和财力的支持，而统一由国务院来领导也就成了突发事件应急管理工作的现实需要。

2. 综合协调

由于突发事件具有突发性、综合性和联动性等特点，一个部门甚至一个地方政府往往无法有效应对一个重大的突发事件，它需要多个部门在信息、技术、物资以及救援队伍等方面的相互协同与合作，整个管理活动很难完全局限在某一个职能部门的职责范围之内，因此，建立一个具有综合协调职能的应急管理机构就显得非常必要。从我们目前的应急管理体制来看，各级地方政府所设立的应急管理办公室就承担着这种综合协调的职能。当对一起突发事件进行处置时超出了某个应急管理机构或部门的职能范围时，各级政府的应急管理办公室就会根据他们所掌握的信息、资源和权限，在请求政府首长同意之后进行综合协调，以协调和整合各方面的资源来处置危机事件。具体来说，就是在本级行政领导的协助下，承担应急管理综合协调职能的应急管理办公室，不仅具有调动本级政府各职能部门的权力，同时还拥有调动社会各类资源和驻地方人民解放军以及武装警察力量的权力，或者说，承担综合协调职能的应急管理办公室在一级政府所辖的区域范围内，对所有的应急资源包括人力、物力和财力都拥有统一的协调调配权力。

3. 分类管理

为了发挥专业应急组织的优势，进一步明确部门职责和责任主体，以便在不同的专业应急领域内，形成一套集信息、指挥、救援队伍和物资储备于一体的应急管理系统，根据突发事件的类型、起因、特点、表现方式、涉及的范围和影响程度等的不同，对不同类型的突发事件必须进行分类管理。

《国家突发公共事件总体应急预案》将突发事件分为四类：自然灾害、事故灾难、公共卫生事件和社会安全事件。这四类突发事件因为其发生的过程、性质和机理不同，其对应的人力、技术、物资以及对专业知识的要求也都各有不同，所以，对不同类型的突发事件的日常管理应该分门别类，分别依托于相应的专业管理部门，由对应的专业管理部门收集、分析、报告信息，为政府应急管理机构提供有价值的决策咨询和建议。分类管理的具体含义就是：根据不同类型的突发事件，明确分级标准，确定管理职责，有针对性地开展预防与应急准备、监测与预警、应急处置与救援、事后恢复与重建等应对活动。此外，由于一类突发事件往往有一个或者几个相关部门牵头负责，因此分类管理实际上也是分类负责，以充分发挥诸如防汛抗旱、核应急、减灾、防震、防恐怖等指挥机构及其办公室在相关领域应对突发事件中的作用。同时对以上四大类突发事件的每一类，又都可以进行更详细的分类，如公共卫生事件中就包含食品安全、职业危害、传染病疫情以及动物疫情等不同的类别，而每一种不同的类别也都有很强的专业知识和专业技术的要求，没有相应的专业知识做支撑的应急机构，是不可能承担起有效应对责任的。这就是说不同类型的事件需要找不同专业的人，不同专业的人只能应对不同类型的事。所以，根据每种突发事件的类别，以及不同的专业知识要求，必须建立起相应对口的专业应急机构、救援体系和应急队伍，并主要由他们承担对不同类别的突发事件的应对工作，这就是我们所说的“分类管理”。

从目前我国应急管理的功能分工来看，在自然灾害类突发事件的应对中，地震灾害主要由国家地震局负责、地质灾害主要由国土资源部负责、气象灾害主要由国家气象局负责、水旱灾害主要由水利部负责、草原森林灾害主要由国家林业局负责；在事故灾难类突发事件的应对中，生产事故主要由行业主管部门负责、交通运输事故主要由交通部负责、公共设施事故主要由建设部负责、生态环境类事故主要由国家环保部负责；在公共卫生类突发事件的应对中，传染病疫情与中毒事件主要由卫生部负责、动物疫情主要由农业部负责;在社会安全类突发事件的应对中,治安事件和恐怖事件以及群体性事件主要由公安部负责、经济安全事件主要由中国人民银行负责、涉外事件主要由外交部负责。

4. 分级负责

根据《国家突发公共事件总体应急预案》的内容,按照各类突发事件的性质、严重程度、可控性和影响范围等因素,我国将突发事件分成了四级:I 级(特别重大)、II 级(重大)、III 级(较大)和 IV 级(一般)。分级负责,主要是指根据突发事件的影响范围和突发事件的级别不同,确定突发事件应对工作由不同层级的人民政府负责。一般来说,一般和较大的自然灾害、事故灾难、公共卫生事件的应急处置工作分别由发生地县级和设区的市级人民政府统一领导;重大和特别重大的自然灾害、事故灾难、公共卫生事件的应急处置工作由发生地省级人民政府统一领导,其中影响全国跨省级行政区域或者超出省级人民政府处置能力的特别重大的自然灾害、事故灾难、公共卫生事件由国务院统一领导。社会安全事件由于其特殊性,原则上也是由发生地县级人民政府组织处置,但必要时上级人民政府可以直接处置。需要指出,履行统一领导职责的地方人民政府不能消除或者不能有效控制突发事件引起的严重社会危害的,应当及时向上一级人民政府报告,请求支持。接到下级人民政府的报告后,上级人民政府应当根据实际情况对下级全民政府提供人力、财力支持和技术指导,必要时可以启用储备的应急救援物资、生活必需品和应急处置装备;有关突发事件升级的,应当由相应的上级人民政府统一领导应急处置工作。

我国是一个幅员辽阔、人口众多的大国,大部分突发事件既不可能由中央政府一统到底,也不可能由某一个层级的政府自行应对,因此,分级负责的管理体制也就显得更加必要可行了,而我国行政体制中现有的层级架构,正好为应对突发事件实施分级负责的管理体制提供了基本的组织保障。同时也应该看到,由于突发事件应对的时间要求很严,也只有事发地的地方政府才可能在第一时间就近取材,因地制宜,做出迅速反应,所以,对每一起突发事件的应对来说,原则上都应该首先由事发地的地方政府率先负起责任,当事发地的政府不能有效应对或力不能支时,才提请更高级别的政府担当起应对责任。对应急管理“分级负责”原则,具体可以从如下几个方面来理解:

中央政府主要负责那些涉及跨省级行政区域的，或超出事发地省级人民政府处置能力的特别重大突发事件的应急管理工作。当这类事件发生时，作为应急管理的最高行政领导机构——中央政府即国务院，要在总理的领导下，通过国务院常务会议研究、决定和部署对突发事件的应急管理工作；国务院其他副总理、国务委员按照业务分工和国家相关突发事件应急指挥机构中兼任的职务，对口负责相关类别突发事件的应急管理工作；国务院副秘书长协助国务院领导处理有关工作；根据实际需要，国务院可以特别设立国家突发事件应急指挥机构，负责对突发事件的应对指挥工作；在认为必要时，国务院还可以派出工作组指导有关应急管理工作。国务院办公厅是应急管理的办事机构，内设国务院应急管理办公室，负责应急值守、信息汇总和综合协调职责，发挥运转枢纽作用。国务院各有关部门也都可以作为国务院应急管理的工作机构，依据有关法律、行政法规和各自职责，负责相关类别突发事件的应急管理工作，包括负责相关类别的突发事件专项和部门应急预案的起草和实施；贯彻落实国务院的决定事项；承担相关或对口的应急指挥机构办公室的工作；及时向国务院报告情况和提出建议，指导和协助省级人民政府做好突发事件包括预防、应急准备、应急处置和恢复重建等在内的各项应急管理工作。

县级及县级以上地方各级人民政府，作为本行政区域内应急管理工作的行政领导机构，负责发生在本行政区域内各类突发事件应急管理工作，并分别设立由本级人民政府主要负责人、相关部门负责人、驻当地中国人民解放军和中国人民武装警察部队有关负责人组成的突发事件应急指挥机构和综合协调机构，统一领导、协调本级人民政府各有关部门和下级人民政府开展突发事件的应对工作。地方各级政府办公厅（室）和相关部门则履行应急管理办事机构和工作机构的职责。

对市级县级人民政府而言，当本地行政区内发生突发事件时，应当立即采取措施控制事态发展，组织开展应急救援和处置工作，并立即向上一级人民政府报告，如果事态紧急或严重，必要时可以越级上报。根据下级政府和部门的要求，上级政府和部门有责任在人力尤其是专业人员、物力和财力等方面提供帮助。按照《国家突发事件总体应急预案》的要求，“特别重大或者重大突发事件发生后，省级人民政府、国务院有关部门要在4小时内向国务院报告，同时通报有关地区和部门”。突发事件发生地的市、县级人民政府不能消除或者不能有效控制突发事件引起的严重社会危害的，应当及时向上级人民政府报告。上级人民政府应当及时采取措施，统一领导应急处置工作。如果突发事件属于特别严重的，按照《国家突发事件总体应急预案》的要求，由国务院有关部门对突发事件的应对工作负责，地方人民政府应当积极配合并提供必要的支持。

当突发事件的发生涉及到两个以上行政区域的，就由有关行政区域共同的上一级人民政府负责，或者由各有关行政区域的上一级人民政府共同负责。

上级人民政府主管部门应当在各自职责范围内，指导、协助下级人民政府及其相应部门做好有关突发事件的应对工作。

5. 属地为主

属地为主，就是针对突发事件的应对实行属地管理为主。这一方面表现在突发事件应急处置工作原则上由地方负责，即由事发地的县级以上地方人民政府负责，其中，又主要是由事发地的县级人民政府负责。另一方面，如果法律和行政法规，规定由国务院有关部门对特定突发事件的应对工作负责的，就应当由国务院有关部门管理为主。这时的“属地为主”就应该是国务院承担该事件应对职责的有关部门之“属”了。

国务院履行突发事件应对职责的管理体制的规定，主要有三方面内容：

①国务院在总理领导下研究、决定和部署特别重大突发事件的应对工作。在党中央领导下，国务院是突发事件应急管理工作的最高行政机关。

②设立国家突发事件应急指挥机构。这里的应急指挥机构既包括相关领域的突发事件应急指挥机构，如国家防汛抗旱指挥部，也包括综合性的应急指挥机构。

③国务院可以决定派出工作组指导有关工作。国务院派出工作组的情况通常是：发生在全国范围内的特别重大突发事件，比如防治“非典”；发生在一个或者多个区域内重大或者特别重大突发事件，比如某一流域发生特大洪水等；导致突发事件发生的原因专业性、技术性较强的，比如防治“禽流感”。国务院工作组的主要任务是指导地方有效开展应对工作，督促落实有关应对的法律和政策措施；对全国性的特别重大的突发事件需要国务院处置的，必要时还需要统一指挥或者指导有关地区、部门开展处置工作。这主要包括：组织协调有关地区和部门负责人、专家和应急队伍参与应急救援；制定并组织实施抢险救援方案；协调有关地区和部门提供应急保障；部署做好维护现场治安秩序

和当地社会稳定工作；及时向国务院报告应急处置工作进展情况。在这种情况下，事发地省级人民政府需要负责成立现场应急指挥机构，在国务院工作组的指挥或者指导下，负责现场应急处置工作。

上级人民政府主管部门应对突发事件的职责主要包括：一是人民政府主管部门（如卫生部门、安全生产部门等），依据相关法律、行政法规（如安全生产法、传染病防治法等）和各自的职责，负责相关类别突发事件的应急管理工作。二是人民政府主管部门应对突发事件的具体职责主要包括：负责相关类别的突发事件专项和部门应急预案的起草与实施，贯彻落实本级政府有关决定事项，承担相关应急指挥机构办公室的工作，及时向本级政府报告主要情况，指导、协助下级人民政府及其相应部门做好有关突发事件的预防、应急准备、应急处置、恢复重建等工作。

县级以上地方人民政府应急管理体制，主要包括：一是县级以上人民政府设立统一的应急指挥机构，以整合资源，统一领导、协调本级政府各有关部门和下属机构开展突发事件应对工作。该指挥机构应当由人民政府主要负责人负责，相关部门负责人、驻当地中国人民解放军和中国人民武装警察部队有关负责人组成，名称可以叫应急（突发事件应对）委员会，或者叫应急领导小组等，其办事机构是县级以上地方人民政府设立的应急办公室。二是如果实际需要，县级以上地方政府也可以设立相关类别突发事件应急指挥机构，组织、协调、指挥相应的突发事件应对工作。这里的实际需要，主要有两种情况，一种情况是某类突发事件专业性较强且影响比较单一；另一种情况是现场应急处置的需要。因此，这种相应类别的突发事件应急指挥机构，通常是由人民政府副职担任负责人的防汛抗旱指挥部、防震减灾指挥部等常设的议事协调机构，也可以是指挥现场应急处置工作的临时指挥机构。三是县级以上地方人民政府设立的应急指挥机构都是议事协调机构。原则上，县级以上人民政府的应急指挥机构应相对统一好。

条块结合、属地为主是在强调由事发地的地方政府统一组织实施应对工作的同时，还要充分发挥垂直应急指挥机构的作用，这样才能做到快速反应、协同应对。由于应急管理属于一种非常态状态下的管理活动，因此，它的应对工作既不可能完全按照现有的行政管理架构来进行，也不可能完全脱离现有的行政管理架构。因此，如何使我国的应急管理体制既依托于现有的行政管理架构，而不是完全另起炉灶，造成极大的物资和人员浪费，又能适应应急管理体制的要求，做到快速反应、协同应对，是我们在设计应急管理体制时必须要考虑的问题，而条块结合、属地为主的制度设计就可以很好地解决这一矛盾。

就条块管理而言，一般都是专业性较强的领域，他们也都拥有自己的专业应急队伍，地方政府在决策和应对该领域的突发事件时，必须得到来自专业应急队伍，包括专业人员、专业救援物资等的支持，所以，条块的配合是不可缺少的。就地方政府而言，由于它们身处事件发生地，更能准确把握事件发生所造成的影响范围和程度，并能在第一时间到达现场、了解事态发展情况，也能及时地进行人力、物力和财力的调配，以更迅速地展开应对工作。所以，条块结合、属地为主的制度安排可以有效发挥二者的优势。就我国目前的行政管理体制而言，由于我国实行的是中央集权的单一制体制，因此，中央政府的各职能部门与地方政府相应的各职能部门之间都有业务指导关系；同时，为了加强对某些专业管理部门的管理，我们在这些专业性管理部门如公安、交通、消防、森林防火、大型工矿企业等又实施了垂直管理体制，也就是说这些分布在各级地方政府管辖范围内的专业管理部门的直接领导者是其垂直的上级部门，而不是地方政府。这些专业部门基本上都是有关社会安全和国计民生的重要部门，也是发生突发事件较为集中的部门。在这些垂直部门的职能范围内发生了突发事件时，如果按照常规的行政管理体制，其分布在地方的部门应该首先向其垂直上级部门通报情况，并在必要时向上级部门请求人力、物力和财力的支持，但考虑到突发事件的紧迫性和破坏性等特点，这种常规的管理体制有可能因为垂直领导部门远离事发地，无法准确地把握事态的发展情况、不能及时地做出处置决策，并迅速调配应急资源等，以至最终贻误事件处理的最佳时机，而这里提出的条块结合、属地为主的制度安排则可以有效地防止这些问题的发生。条块结合、属地为主的制度安排就要求，当垂直部门业务范围内发生了突发事件时，垂直机构的地方部门不仅要在第一时间上报其上级领导部门，还应同时通报当地政府的相关部门，而且，由于对这类事件的应急管理，我们强调的是以属地管理为主，因此，在突发事件发生的时候，发生地的地方政府的应急管理机构应该迅速承担起对突发事件的应急管理工作。垂直机构的地方部门就应该听从地方政府的统一指挥，积极配合地方政府做好应急管理工作。

三　我国应急管理体制的体系框架

加强对各类突发事件的应急管理，必须建立健全应急管理工作的组织体系。当前我国各类突发事件时有发生。但是，我国应急管理工作基础仍然比较薄弱，体制、机制建设还有待进一步完善；预防和处置突发事件的能力也有待进一步提高，这就使建立健全应急管理上下贯通的组织体系成为一种现实需要。

在《国家突发事件总体应急预案》和《关于加强基层应急管理工作的意见》的指导下，我国已经基本形成由中央、省、市、县四级政府应急管理机构构成的应急管理组织体系。中央、省（直辖市、自治区）、市（州）、县四级均已组建应急管理委员会、应急管理指挥部、应急管理办公室和人民政府总值班室，根据规定的权限，负责预防和处置各类突发事件。

同时，根据专项应急预案、部门应急预案、地方应急预案、企事业单位应急预案和重大活动应急预案，各地、各部门、各行业和各单位基本上也组建了应急管理组织机构，进一步建立健全了应急管理组织体系。

在我国应急管理组织体系中，应急管理办公室和总值班室是预防和处置突发公共事件的日常办事机构；在应急管理中起着举足轻重的作用。应急管理办公室和总值班室属各级人民政府的二级机构，其行政级别和各级人民政府的职能部门相同。

总值班室的工作职责，各省（直辖市、自治区）、市（州）、县的规定虽然不完全一致，但共同的是：

①负责政务值班工作，确保信息畅通。

②认真接收上级紧急批示、电话和通知下级政府各部门。

③紧急情况的报告、请示。

④及时上报值班期间发生的紧急重大情况和突发事件。

⑤协助省（直辖市、自治区）政府领导处理突发事件和重大事故。

⑥负责监督检查各州（市）政府和省（直辖市、自治区）政府各部门的值班工作。

⑦安排省（直辖市、自治区）政府机关的值班工作。

⑧严格遵守秘书处各项规章制度。

应急管理办公室的工作职责则是：

①组织编制、修订突发事件总体应急预案，指导有关部门编制、修订突发事件专项预案。

②协调本行政区突发事件的应急处置工作，建立完善的信息报送和预测预警系统。

③做好安全隐患排查和整改工作。

④在公共事件发生时，做好先期处置和协助处置工作。

⑤协助做好恢复重建和教育、培训工作。

⑥指导协调下级人民政府开展应急处置工作。

⑦承办上级应急管理办公室和本级政府应急管理领导小组交办的工作。

为了进一步建立健全应急管理的组织体系，国务院办公厅下发了《关于加强基层应急管理工作的意见》的指导性文件，这个文件要求：

县级人民政府按照属地管理原则，全面负责本行政区域内各类突发事件的预防和应对工作；要明确领导机构，确定人员开展应急管理工作。街道办事处、乡级人民政府负责本行政区域内各类突发事件的预防和应对工作，可根据实际情况，明确领导机构，确定相关责任人员。居委会、村委会等基层群众自治组织，要将应急管理作为自治管理的重要内容，落实应急管理工作责任人，做好群众的组织、动员工作。基层机关、社会团体和企事业单位是本单位应急管理工作的责任主体，要根据实际情况建立健全应急管理组织体系，在属地政府的领导下开展应急管理工作。积极探索跨行政区域的单元化应急管理模式，完善相应的组织体系，明确相关责任。

根据《关于加强基层应急管理工作的意见》，完善县级人民政府的应急管理组织体系的具体要求是：

①健全应急管理领导机构。在县委领导下，县政府成立县突发事件应急处置指挥中心（以下简称县应急指挥中心），作为全县突发事件应急处置工作的领导指挥机构，统一领导全县突发事件的应急处置工作。县应急指挥中心的成员由相关部门的负责同志组成。协调武警和民兵预备役部队人员参加应急时，相应吸收相关方面领导进入县应急指挥中心领导机构，负责指挥武警和民兵预备役部队人员。县应对突发事件的各类非常设机构为县相关突发事件应急指挥机构，在县委、县政府领导下负责相关突发事件应急工作，总指挥一般由县政府分管领导担任。

②健全应急管理办事机构。县应急指挥中心下设应急管理办公室，为县应急指挥中心的日常办事机构。县应急管理办公室设在县政府办公室，主要职责是：履行值守应急、信息汇总和综合协调职责；负责接受和办理向县报送的紧急重要事项；承办县应急管理的专题会议，督促落实县应急指挥中心有关决定事项和县政府领导批示、指示精神；指导全县突发事件应急体系、应急信息平台建设；组织审核专项应急预案，指导应急预案体系建设；协调各类突发事件的预防预警、应急演练、应急处置、调查评估、信息发布、应急保障和宣传培训等工作；会同有关部门督促、检查、落实各镇（区）和县各部门及重点部位的应急管理日常工作。

③健全应急管理工作机构。县政府有关部门依据有关法律、法规、规章和各自的职责；负责相关类别突发事件的应急管理工作。具体负责相关类别的突发事件专项预案和部门应急预案的起草与实施，贯彻落实县政府有关决定事项；承担相关应急指挥机构办公室的工作；及时向县政府报告重要情况和建议，指导和协助镇（区）政府（管委会）做好突发事件的预防、应急准备、应急处置和恢复重建等工作。

④建立应急管理专家组。县应急指挥中心建立突发事件应急处置专家库，根据应急管理工作的需要；由县各专项应急机构负责聘请有关专家为应急管理提供决策建议和咨询服务，必要时选调有关专家成立专家组参加突发事件的应急处置工作。

在县级应急管理组织体系建立后，建立健全乡镇应急管理组织体系也很重要。一般来说，乡镇应急管理组织体系参照县级建立。建立之后，这个体系的工作职责是：

①履行值守应急职责，及时掌握和报告重大情况和动态，办理向县政府报送的紧急重要事项和县政府应急管理办公室交办事项。

②负责协调和督促检查本乡镇、本部门的应急管理工作，研究提出应急管理工作的建议和意见。

③负责组织编制和审核本乡镇、本部门应急预案，协调指导应急预案体系和应急体制、机制、法制建设；指导村、企业、学校等基层单位的应急体系、应急信息平台建设和应急值守等工作。

④协助政府处置特别重大突发事件，协助做好特别重大突发事件的预防预警、应急演练、应急处置、调查评估、信息发布、应急保障等工作。

⑤组织开展应急管理方面的信息调研和宣传工作。

⑥承办县应急管理办公室交办的其他事项。

四　我国应急管理体制的主要特点

我国传统的应急管理体制是一种建立在政治动员基础上的平战转换和部门分割型体制,存在临时性、模糊性、协调不畅等问题。由于责权利界定不清,我国应急管理长期缺乏综合性协调机构,多龙治水、上下不畅,不同地区和部门在信息、资源、人力调动上不能共享、难以有效整合,这不仅导致各种设备和人力资源重复投入或大量闲置,也使得在突发事件发生时各地区、各部门职责不明,甚至互相推诿,最终致使丧失最佳抢险救灾时机。在后 SAILS 时期,《国务院关于全面加强应急管理工作的意见》提出,要"健全分类管理、分级负责、条块结合、属地为主的应急管理体制,落实党委领导下的行政领导责任制,加强应急管理机构和应急救援队伍建设"。《突发事件应对法》第一章第四条明确规定,"国家建立统一领导、综合协调、分类管理、分级负责、属地管理为主的应急管理体制"。2006 年,国务院办公厅设置了国务院应急管理办公室(国务院总值班室),承担国务院应急管理的日常工作和国务院总值班工作,履行值守应急、信息汇总和综合协调职能,发挥运转枢纽作用。

此外,我国把突发事件分成四类,并规定了相应的牵头部门:自然灾害主要由民政部、水利部、地震局等牵头管理,事故灾难由国家安全生产监督管理总局等牵头管理,突发公共卫生事件由卫生部牵头管理,社会安全事件由公安部牵头负责,最后由国务院办公厅总协调。各部门、各地方也纷纷设立专门的应急管理机构,如国家成立了安全生产应急救援指挥中心,防汛抗旱、安全生产、减灾、抗震、海上搜救等专业指挥机构也进一步完善,外交部、铁道部、卫生部、民航总局、气象局等部门设立了专门的应急管理办事机构。31 个省(区、市)和 5 个计划单列市相继成立了应急管理领导机构,明确了办事机构。各地区、各部门也纷纷设立专门的应急管理机构,如北京成立了北京市突发公共事件应急委员会,统一领导全市突发事件应对工作,下设办公室(应急指挥中心),作为日常办事机构。在城市应急管理体制建设方面,南宁、北京、上海、广州、重庆等根据不同的需求状况和城市规模,建立集权、代理、授权、网络等不同模式的应急管理体制。同时,针对不同类型、不同领域的突发事件,我国也分别建立了相应的应急管理体制。例如,在气象灾害方面,各级政府及有关部门根据气象灾害应急的要求,明确了管理机构。国家气象部门建立了应急管理办事机构,由专职人员承担值班任务,负责协调气象部门应急工作,并指导省级气象部门处置气象灾害及相关突发事件的气象保障工作。在核安全领域,我国建立了国家、省市自治区和核电站三级管理体制。总的来看,我国目前正在建设的新型综合协调型应急管理体制,是以法治为基础的平战结合保障型体制,具有常态化、规范化和制度化等特征,有利于克服传统运动式和政治动员式应急管理体制所导致的初期反应慢、成本高等问题。

在实践中,突发事件的处置往往需要协调动用大量的社会资源来共同应对,所以,应急管理工作必须统一由党委来领导。各级党委在参与突发事件的应对过程中也确实充分发挥了领导作用。但就我国应急管理体制的特点来说,主要还是体现在如下几个方面:

1. 政府负责

在应急管理工作中,党对应急管理工作的领导,主要是政治领导、思想领导和组织领导。具体的应急管理工作还是由国家公共管理的主体——政府来承担的,并实行行政首长负责制。根据规定,各级政府的最高行政领导人在突发事件发生之时,有权指挥本行政区域各相关部门及各种资源和力量,包括驻地人民解放军、武装警察部队的力量和社会团体的力量等,进行统一行动,并由最高行政领导人对本行政区域内的应急管理工作全权负责。政府负责的主要表现就是,突发事件的应急指挥机构都是以行政领导人为核心而组成的,并负责具体的应急指挥工作。而一旦由行政领导组成的应急指挥机构因为应急管理不力或失误,而产生相应的责任,需要问责时,也主要是由行政领导人来承担。

由于突发事件的复杂性、规模和范围难以掌控等特点,应急管理工作通常不是一个政府部门就能够独立完成的,在很多情况下,都需要多个部门的协同配合。而且突发事件越复杂,涉及的政府部门越多,协调的难度也就越大。由于应急管理大都非常紧急,时间性极强,要想迅速调动所有相关部门协同行动,提高政府处理突发事件的能力,就必须建立一套日常的、随时可以启动的联动机制。这种联动机制能够保证应急指挥机构在极短的时间内,迅速调动应急管理所需要的各方面力量和资源,并做出有效反应,以使突发事件的损害降到最低程度。

在现有的突发事件应急管理过程中，各部门沿用的依然是日常的管理办法，由部门及其分管领导各自为政地应对突发公共事件，尽管各地在专业部门的应急建设和应急力量储备等方面都已经做得比较完备，但由于日常管理工作中所存在的部门分工和分管体制在非常规的应急管理工作中经常会阻碍部门之间的协作，使得在突发事件的处置过程中难以形成完全有效的合力。在遇到综合性突发事件，需要多部门联合行动的时候，这种各自为政的应急机制就会暴露出诸如相互推诿、各有打算、自作主张等导致运转低效甚至运转失灵的缺陷。虽然在实践中，各地也探索出了类似联席会议制度，或组建一个“一把手挂帅”的综合领导小组或指挥部等形式，用来打破部门之间存在的壁垒等做法，但这些做法往往是在前期各自为政未能有效应对的情况下甚至已经错失了处置良机之后而采取的补救措施，所以，建立一个日常的部门之间联动和协调机制就显得非常重要而且必要，这套机制可以根据突发事件的类型和性质来自动确定其指挥权和领导权的归属，以及各类特定突发事件处置的牵头和负责部门，以明确各部门在某类突发事件中所承担的责任和角色，做到责有所归，责无旁贷，责任到位，责任到人。

在很多情况下，发生在某个地方的突发事件事件可能会蔓延到其他地方政府的辖区，甚至蔓延到其他国家。而要防止这种负面的外部效应的蔓延和影响，尤其防止出现“以邻为壑”的现象，必须在国内建立某种政府间的协调联动机制。这种机制的建立将有助于对那些尚未受到危机事件影响的地方政府或者其他国家做好危机管理的准备。当危机具有外部效应时，协调联动机制利用可以使危机管理的结果依赖于所有的地方政府和相关的国家所采取的合作态度，即互相通报信息，分享经验，并且都对自己辖区内的危机处理负起责任。此时，只要有一个地方政府或者国家采取“不合作”的态度，那么，危机就很难得到最终的有效控制。在我国现有的行政管理体制中，以行政区域为管理单元实行相对封闭、自成一体的管理格局已经形成了一种惯性思维，无论是经济调控、市场监管还是公共服务等，基本上都是以某一行政区域为单元进行管理的，地方政府更多的是按照政府层级在垂直方向上发生关系，即自上而下或自下而上的信息传输，所以，在没有从属关系的地方政府之间缺乏一个日常的合作机制；再加上我国的应急管理体制中明确提出了以属地管理为主的原则要求，使得没有隶属关系的地方政府之间的联动就必然存在一些包括信息传输不畅等方面的问题。在这种情况下,一般要由两个区域政府所拥有的共同上级政府来协调和制衡,即通过上级政府的行政命令来实现协作。这种协调容易造成低效,甚至容易错过最佳处置时机,这与突发事件处置的应急性和紧迫性要求是相违背的。所以,不同区域地方政府之间的协调联动机制也是需要亟待解决的一个现实问题。

2. 专家参与

按照我国的分法,突发事件分为自然灾害、事故灾难、公共卫生和社会安全四大类,而每一类的管理和应对都需要由较高的专业知识和专业技能做支撑,这就使应急管理工作需要相应专家的参与。突发事件发生后,按照“属地为主”的原则,要求地方行政领导来负责指挥和处置,地方行政领导必须在突发事件发生之后尽可能短的时间内做出决策,但决策的做出必须依靠相关方面专家的参与,由专家提供专业技术支持。根据《国家突发公共事件总体应急预案》的要求,“国务院和各应急管理机构建立各类专业人才库,可以根据实际需要聘请有关专家组成专家组,为应急管理提供决策建议,必要时参加突发事件的应急处置工作”。所以,专家参与,发挥专业技术人员的优势,也是我国应急管理体制的一个特点。从以往的应急实践来看,在许多关键的处置环节中由于没有专家的介入,缺乏相关领域的专业知识指导,以致酿成了很多比事件本身影响更大的衍生灾害。比如2000年发生在吉林石化公司双苯厂的爆炸事件,爆炸本身造成的直接结果是5人死亡,1人失踪,70多人受伤,除此并没有引起很大的社会危害和影响。但由于在对爆炸引起的大火的扑灭工作中没有专家的参与,救火所用的消防用水中含有对人体和生物有害的苯,这些没有充分燃烧的苯,随着大量的消防用水直接流入了松花江而造成了松花江的大面积苯污染。从事后的分析中可以看出,苯不经过充分燃烧而直接融于水中是不能自动消解的,这属于化学领域的一个基本常识,而且对化学品的消防用水是不能通过化工厂的雨水管道直接流入大江大湖的,这一点对从事化工生产的专家来说,也应该是一个基本常识。假如针对这场由有毒化学物质爆炸而引起的大火,当初在决定用什么样的方法进行灭火的决策中,聘请了专家参与,那么这些消防用水就不会直接流入松花江,后来所导致的更为严重的松花江水污染事件就不会发生。松花江水污染所造成的损害要远远大于爆炸本身所造成的危害,它不仅造成了一个人口300万人的中等城市长达四天的停水和恐慌，还造成了很大的国际影响，对当地渔业和农业的影响更是短时间内所无法消除的。由此可见，在处置突发事件时有专家参与应该是一种不可或缺的重要制度安排，特别是在那些处置的专业性较强的突发事件领域，必须有专家的介入，才能使事件得到科学、规范和有效的处置。

3. 社会协同

突发事件大都是对广大的公众的利益造成危害的事件。公众本身可能既是事件的受害者，也是事件的应对者，一方面我们要坚持“以人为本”的原则，尽一切可能将突发事件对公众的危害降低到最小限度，一方面要对公众进行宣传教育，提高防灾意识和防灾能力，引导公众积极配合和参与对突发事件的应对工作，这样会使整个事件的应对效果大大提高。

社会组织和民间力量也是宝贵的应急资源之一，政府部门应该调动社会一切积极力量参与到全面应对突发事件的工作中来。《国家突发公共事件总体应急预案》中就明确规定，“动员社会团体、企事业单位以及志愿者等各种社会力量参与应急救援工作；增进国际间的交流与合作。要加强以乡镇和社区为单位的公众应急能力建设，发挥其在应对突发公共事件中的重要作用”。随着社会的进步和经济的发展，各种社会团体、企事业单位以及志愿者组织，包括一些国际性志愿者组织的力量也越来越强大，充分利用他们所拥有的专业知识和救援资源，可以有效地补充政府应对的疏漏和不足。这就要求政府部门要为各种社会力量，包括普通民众、各种社会组织（包括社会团体、企事业单位以及志愿者组织）等提供开放、通畅的参与渠道。

引导和倡导社会力量参与应急管理是许多西方国家一贯的做法。比如在美国，有一个由各种非政府组织及市民参与的危机管理社会网络，这个网络的成员包括民间自主救援团体、民间社区灾难联防体系、民间慈善团体和民间宗教组织等，在协助政府处理危机事件时都发挥了很大的作用。同时政府还常常为这些组织开展民间危机自救训练，使他们熟悉各种危机状况和救援技巧，提高这些组织的危机救援能力。美国联邦应急管理署还为公众提供了基本应变常识，并协助设计家庭应变计划，指导购买合适的灾难保险，并且呼吁危机发生时对老弱病残加以扶助，旨在提高个人的防灾能力。在社会层面，美国政府还建立了完善的募捐系统，用以保障救灾资源的有效汇集和统筹分配，并将赈灾物资及时送达灾民手中。日本的应急体制也非常重视民众的参与以及民众防灾意识的提升。在应急体制的推动下，日本民众具有较高的防灾意识和正确的防灾知识，民众具有很强的自护能力和自救互救能力，这得益于日本对防灾减灾宣传普及活动的高度重视，有许多制度化而又丰富多彩的形式，包括众多的宣传活动日、多样化的防灾训练、防灾教育等等。

五　我国应急管理体制的领导责任

我国的领导体制是党委领导下的行政领导责任制，也是应急管理体制的首要环节。建立党委领导下的行政领导责任制，首要的问题是明确领导责任形式。

从政治学和法学的角度来看，领导责任是领导人实施领导行为应当承担责任形式的总称；在具体认定时可细分为政治责任（一般指非法律责任）和行政责任（一般指法律责任，包括民事责任和刑事责任）两大类。在处置突发性公共事件中，党委负责人一般要承担政治责任，若有违反法律、需要承担民事责任或刑事责任的情况，政府负责人则承担行政责任、民事责任或刑事责任。

从我国国情来看，政治责任的形式主要有以下几类：

①个人责任。按照责任分工，领导干部对自己职责范围内的工作，应承担领导责任。

②集体责任。领导班子集体作出不当或错误决定的，应由主要领导和提议者承担直接领导责任，其他人员承担次要责任。

③直接领导责任。分管领导干部在职责范围内对分管的工作不负责任，不履行或不正确履行职责并造成损失的，负直接领导责任。

④主要领导责任。领导干部在职责范围内，对主管或参与决定的工作，不履行或不正确履行职责造成损失的，负主要领导责任。

而行政责任，根据《中华人民共和国公务员法》，主要有警告、记过、记大过、降级、撤职、开除六种。

追究领导干部的领导责任，首先要明确领导责任的认定依据。从法理学角度讲，领导职责是认定领导责任的根据。领导职责是对领导人“应为”内容的具体描述；是对行政领导人合法活动与违法行为的界限划定，因此成为有效制约领导权的制度设计。如果领导人未履行或未妥善履行领导职责，且这种未履行或未妥善履行的行为属于其主观意志能力范围内，就要承担相应的领导责任。

当法律法规明确界定领导人的职责时，有无违法的判断只需求证领导行为是否符合已有的规定。但大量不确定的领导职责，为领导责任的准确认定设置了障碍：某一具体领导行为，究竟是一种合理的裁量行为，抑或已经违反了领导职责，应该追究相应的行政责任？于是，对领导行为是否违法滥用领导权的判断，就存在自由裁量的领域，就表现为合理裁量与裁量瑕疵的分界。

那么，如何判断领导人是否滥用领导权呢？标准如下：

①实施领导行为的目的是否与授予领导职责的立法原意相左。

②领导行为的作出是否全面考虑相关的利益需求。

③领导行为的实施是否属于转嫁领导职责的举措。

④实施的领导行为是否违背了行政法的比例原则。

⑤领导行为的做出，是否侵害了平等对待的原则，损害了政府的权威形象。

根据上述五条标准，就可以追究党政领导的领导责任。但是，在实际工作中应当如何追究呢？从我国现实国情出发，党政领导责任追究的具体方法主要有以下几种：

①诫勉谈话、在一定范围内口头批评教育；

②责令作出书面检查；

③在一定范围内通报批评；

④取消参与当年各项评优资格；

⑤年终考核时不能评为合格；

⑥调离原领导岗位或改任非领导职务；

⑦给予组织处理；

⑧给予党纪处分；

⑨建议给予行政处分；

⑩涉嫌犯罪的，移交司法机关追究刑事责任。

追究党政领导的责任，应以相关法律法规为准绳，以党政领导在应对突发事件中的行为事实、情节为依据进行。

追究党政领导干部在预防和处置突发事件中的领导责任，还应当遵循一定的程序，没有程序，责任的追究就会是一句空话，或者陷入“人治”的怪圈。当前，对党政领导责任的追究，其基本程序是：

①在上级党委领导下，组成调查小组或委托下级党组织查清事实，分清责任，提出是否予以追究的意见。

②责令被追究人写出是否应承担责任或承担什么责任的理由。

③对被追究干部给予口头批评、通报批评、书面检查或组织处理，由上级纪委、监察、组织部门提出意见，报调查领导小组审定，由组织部门执行。对其中应给予党纪政纪处分的，由纪委、监察部门按规定程序执行。

④责任追究执行后，由执行部门书面报领导小组办公室和上级组织部门备案。

在我国现行政治体制下，追究党政领导干部的责任，允许有一定自由裁量的空间。党政领导责任追究的自由裁量，是说在领导责任追究过程中，根据被追究人的态度和行为表现，责任追究部门按法定权限对结果作出从重或从轻的判断。即在哪些情况下可以从轻、减轻或者免予追究，在哪些情况下可以从重或者加重处理。

根据责任人在预防和处置突发事件过程中的表现，从轻、减轻或者免予追究的条件一般是：

①在政治上、工作上一贯表现较好，能主动如实向组织说明情况并承担责任。

②采取积极措施减少损失，挽回影响。

③对发生的违法违纪行为不姑息、不护短，并能及时查处。

④发生问题后能及时报告，及时总结经验教训，认真进行整改，效果明显。

而从重、加重处罚的一般条件是：

①干扰责任追究工作的进行，情节严重、影响恶劣。

②明知错误，仍不采取补救措施，或者受到批评仍不改正，致使危害结果扩大。

③因未尽职责，致使责任范围内多次发生重大案件或严重问题的。

六　我国应急管理体制的完善目标

我国的应急管理体制虽然在近些年取得了长足的发展，但由于传统体制模式的潜在掣肘和管理方式的惯性思维，使得现有的应急管理体制依然存在灵敏度不高、联动性不强、信息资源不广等欠缺和不足，这就需要在以后的应急管理实践中应该不断总结和不断加以完善。

1. 完善联动体制建设

体制的完善程度直接关系到机制运转的灵敏程度。我国目前的应急管理体制建设虽然已经考虑到和照顾到了应急机制的高效运转问题,但在多个环节的联动性上依然有许多需要进一步加以完善的方面。在体制方面如何建立和健全更高效有序的联动机制是我国目前的应急管理体制中存在的最大问题之一,特别是横向的联动机制即各部门各地方之间的日常联动机制,尤其有待进一步完善。对这一点,可以考虑从以下六个方面着手:

(1)应急信息的相互联动

各级政府应急管理办公室应该承担起其职责定位中已经明确的信息汇总职能,通过与各专业应急部门、垂直部门以及相邻地方政府在应急信息方面的联网和对接,实现部门之间、条块之间和区域之间的信息汇总和信息共享。

(2)部门之间的相互联动

通过应急管理法律、法规和预案的要求,明确各种突发事件的主管部门、协助部门以及各自应履行的应急管理工作的权力、职责和程序等,一旦突发事件发生,相关部门就可以立即按规定自动进入相应的角色,并承担起相应的职责。

(3)条块之间的联动

所谓条块,可以把“条”理解为纵向的垂直关系,把“块”理解为横向的对接关系。按照应急管理的法律、法规和预案,建立垂直部门和属地政府之间在信息通报、应急响应、资源调配和技术支持等方面的联动机制,从而实现纵向的垂直联动和横向的对接联动,并实现纵与横的有效互动。

(4)相邻的地方政府之间的联动

中央政府积极鼓励和协助相邻的各地方政府之间通过协议的方式,建立跨区域之间的应急联动机制,比如日常应急信息的互报制度、应急物资和人员的互助制度等。

(5)党政之间的联动

这是针对对党委领导和政府负责的体制性联动考虑,比如可以设想在应急办上面再设立一个以党委书记为兼职主任,行政首长为兼职副主任,党委相关部门比如宣传部门、组织部门等和政府各职能部门的领导人员担任委员会成员的应急管理委员会，这个应急管理委员会可以作为本行政区域应急管理的最高决策咨询机构，并对本行政区域所有突发事件实施统一领导，而行政首长则以这个临时成立的应急指挥机构为载体，负责具体的应急指挥工作，各应急管理办公室就危机处置的情况要同时上报各应急委成员，而当应急委认为有必要介入或对政府的应急管理工作存在异议时可以向行政领导人提供咨询、警告或建议。这样，党委就会在第一时间了解事态发展的严重程度和基本趋势，并及时利用党委的权威性来调动各方面的资源，共同展开对突发事件的应对工作。

(6)不同层级政府之间的联动机制

在属地为主的管理原则指导下，凡属地政府可以自行处置的突发事件，均可由属地政府统一负责处置；当属地政府无力应对或受权力所限无法进行有效应对时，则需要更高一级政府的协助，这就需要建立以属地政府为主、上级政府协助的组织协调机制，上级政府可以予以人力、技术和物资援助等各方面的支持，保证属地政府进行及时有效的处置；当突发事件规模升级为跨区域的事件时，建立以上一级政府为主负责应急处置，各属地政府积极配合的分级响应机制；建立特别重大或跨地区、跨部门重大突发事件由国务院统一指挥、各地方政府积极配合的应急响应机制。要使这种联动机制灵敏高效，应该通过法律、法规和预案明确各级政府和各专业应急部门在每一种应急机制中的地位、权力和职责。

2. 完善应急资源信息库建设

突发事件应急管理尤其需要全面而准确的信息支持。建立全面而系统的应急资源信息库是各级政府应急管理办公室发挥枢纽作用的前提。如果应急办不能全面汇聚和准确把握本级行政区域内的应急资源信息，当发生突发事件需要调集相关力量和资源时，就会捉襟见肘，难以发挥其应有的综合协调功能。现代社会发达的信息网络平台为我们建立全面而系统的应急资源信息库提供了强大的技术支持和资源保障。在应对突发事件时，通过建立应急资源信息库，负责应急管理的决策者就可以一目了然地和方便快捷地知晓本行政区域内所拥有的应急人员、物资储备、交通状况等信息，并可以随时指挥调用。全面而系统的应急管理资源信息库一般应该包括如下几个子信息库：

(1)事故危险源信息库

即本行政区域内有可能导致发生突发事件的各种信息资源。各级政府应急管理办公室要根据突发事件的四大分类,分别进行深入的调查研究,广泛收集信息,全面掌握本行政区域内有哪些危险源,比如化工厂、工矿企业、大型商场和学校或因群众不满而可能导致的集体上访事件,以及各种可能的自然灾害等,对这些危险源要在日常管理中给予更多的关注,能消除危险隐患的,要想方设法消除隐患,不能消除隐患的,应该提前做好相应预案,储备好相应的应急物资,一旦发生危机事件,就可以有备无患地迅速启动预案进行及时有效处置。实践证明,很多突发事件的爆发都是有一些前兆的,对各类突发事件的潜在隐患和前兆,进行信息汇总和分析,按照潜在危险程度和可能发生的时间先后进行排列,是建设危险源信息库的主要内容之一。

(2)应急物资信息库

大多数突发事件的应急处置都离不开充分而必要的应急物资。这是有效应对突发事件的物质保障。当突发事件发生后,能否在最短的时间内,迅速调集应急管理所需要的物资是检验各级政府应急管理能力的一个标准,所以,各级应急管理办公室能否在事前全面掌握应急管理所需要的应急物资信息,是决定物资调配时效的关键因素。各级应急管理办公室要想在第一时间调集到足够的应急物资,尽管针对应急管理工作可能已具备一定的应急物资储备,但鉴于条件所限和顾虑到不必要的资源浪费,一般不可能把每种有可能发生突发事件的应急物资都储备得很充分,这就需要各级应急管理办公室在没有发生之前必须知道各类应急物资分布的地点、数量、质量、交通状况、管理方式、负责人及联系电话等信息资源。而要做到这一点就必须进行广泛深入细致的调查和收集相关信息工作,建立起系统的应急物资信息库。这个信息库里的物资不仅包括政府储备的各种应急物资,还要包括本行政领域的所有政府部门,所有的企事业单位、社会组织、志愿性社团体等所拥有的物资,这些信息都应该纳入政府的应急物资信息库,一旦需要,就可以以政府的名义调用和征用,这也是我国的《突发事件应对法》给予政府的权力。

(3)应急人员信息库

应急人员包括应急体制中的管理人员、专业应急队伍、有关专家、专业救援人员、社会救援团体等各方面可用来应急的人员。应急专业人员的信息要既有政府部门的专业救援队伍的信息,也应有来自社会组织的救援人员信息。

而由于政府部门的专业救援队伍信息相对固定，政府应急管理办公室收集起来也比较简单容易。目前，大多数地方应急管理办公室的主要工作，应该是对社会上这些救援人员信息的广泛收集和掌握。而且，随着我国各种自愿性社团的大量出现，一些具有救援能力的组织，在人员素质、技术装备等方面都有了很大的提升，对这些人员的信息，应急办也应该尽可能地进行收集，必要时，他们可能发挥出意想不到的作用。

应急人员信息库中最主要的是专家库。应急管理对专家的需要是由其管理中的紧迫性和对专业管理的特殊依赖性所决定的。突发事件发生后，各级应急管理办公室能否迅速找到了解突发事件所涉及专业知识的专家，是应急决策人员能否在第一时间内做出科学决策的前提。这就要求各级应急管理办公室必须建立一个涵盖各方面专家的信息库，在事发前就应该收集到各领域的专家姓甚名谁、单位何在、家住何方、专业特长、年龄性别、联系方式等，以便在危机事件发生后，当有对某方面专家的需求时，能迅速从专家库中了解到相关的专家信息，并及时调用。《国家突发公共事件总体应急预案》中虽然有对建立专家库的要求，但各级政府目前对这一工作的重视程度还很不够，或所建的专家库信息非常简单，或与国务院专家库里的专家信息大同小异，或仅仅局限于应急管理方面，而很少涉及更多具有专业知识的专家，比如医疗、危险化学品、核辐射、心理咨询、海上事故、矿山安全、防洪、地震、消防、铁路、民航以及水、电、油、气等方面的专家信息，更何况每类专家又可以细分为不同的专业，比如医疗专家，还可分为内科、外科、骨科和脑外科等方面的专家，这些都应该成为专家库里不可缺少的重要信息。另外，地方政府应急办所掌握的专家信息应该以地方为主，这样一旦危机事件发生，就可以迅速地找到他们。

当然，应急人员信息的获取应该坚持自愿的原则，相信只要政府应急管理部门把掌握这些信息的用途告知这些应急人员或自愿性社团，并为他们保守相关的秘密，他们中的大多数人一般还是会愿意进入政府应急信息库的。

关于应急信息系统的建设还远远不止于此，还有很多更细致的分类信息需要收集和整理，同时对这些信息还要进行定期的更新。应急信息库建设工作应该成为各级政府应急管理办公室的一项日常管理工作。要知道，信息越充分越完备，应急管理中我们的应对工作就会越从容，应急管理工作就会越完善和越有效。同时地方政府的应急资源信息库作为全国应急资源信息库的一部分，是建立全国性应急资源信息库的前提，地方政府的应急资源信息库的不断完善，将有助于通过联网形成一个更为系统的全国应急资源信息库。

（4）应急管理信息库

由于应对和处置突发事件的复杂性等特点，建立起中央与地方、地方与地方、部门与部门之间统一的应急管理信息库就势在必行了。这个信息库实际上也是一个集各种管理信息于一体的工作平台。这个平台应该是综合管理信息平台，应在国务院统一管理下，整合各属地政府之间、各垂直管理政府或部门之间以及跨区域的道路和大江大河的应急管理信息系统，建立起一个相互沟通、资源共享的应急管理信息互联网络，从而发挥更为灵敏高效的联动效果。要想做好这方面的工作，首先，各级政府应急管理办公室要真正承担起本行政区域内的应急管理信息汇总职能，这也是法律赋予各级应急办的基本职能之一。在本行政区域内，应急管理办公室有权指挥和协调其他专业危机处理机构，并争取获得这些机构的积极配合，负责好本行政区域内所有危机事件的信息汇总工作。中央政府应该鼓励和协助各地方政府之间在危机管理方面进行合作，各垂直管理部门的地方分支机构与地方政府之间也要实行信息资源共享，即使本部门所拥有的专业应急资源能够应对本领域发生的危机事件，垂直部门的应急管理机构也要把相关信息通报给地方政府应急管理办公室，并进行汇总。其次，垂直管理机构和部门的应急管理信息要实行本垂直系统内的上下联动和共享。垂直管理机构或部门本身也应该建立起统一的危机管理信息网络，在本系统内实现应急管理信息共享。再次，对一些特殊的跨区域的应急管理事件如交通道路和大江大河的危机管理，也要建立贯穿整个区域的信息共享网络。最后，要将以上各方面应急信息实现联网，以保持国务院与各地区、各部门之间的联络畅通和网络系统化，从而实现实时接报各类突发事件信息和现场图像，并具有预测预警分析、检测监控、信息报告、综合研判、指挥调度、进展趋势分析和异地会商的功能。这样，从中央到地方的各级应急管理办公室便可以真正成为应急信息资源大全和应急信息联动枢纽。

七　构建全社会共同参与的应急管理工作格局

我国的应急管理工作要求坚持政府主导、社会参与，坚持联防联控群防群控，积极调动社会各方面的资源，共同应对处置公共危机。要切实发挥工会、共青团、妇联等人民团体在动员群众、宣传教育、社会监督等方面的作用。要组织志愿者参与、支持应急管理工作。鼓励公民、法人和其他社会组织为应对突发事件提供资金、物资捐赠和技术支持,形成全社会共同参与、齐心协力做好应急管理工作的局面。

要想构建全社会共同参与、齐心协力做好应急管理工作的格局,就必须做到:

①依靠群众,军地结合,动员社会各方面力量积极参与。

②发挥工会、共青团、妇联等人民团体在动员群众、教育群众、社会监督等方面的作用。要发挥工会在应急管理中教育职工、引导思想、帮助维权、稳定社会、协调关系、缓解矛盾的作用;要发挥共青团在应急管理中的生力军和突击队作用,团结青年为应急管理服务、帮助党组织积极维护社会和谐稳定;注意发挥妇联在应急管理中的维护、团结、教育和服务作用。

③重视培育和发展社会中介组织,鼓励公民、法人和其他社会组织为应对突发事件提供资金、物资捐赠和技术支持。

④开展基层公共安全创建活动,培养和树立先进典型,表彰奖励取得显著成绩的集体和个人。

⑤注意发挥社会中介组织在应急信息管理、应急处置、应急善后和恢复重建中的重要作用。特别是在应急信息管理中,社会中介组织的优势作用主要表现为:

·社会中介组织网络覆盖全社会,征信系统较政府发达,更容易获得突发事件的详细信息。

·社会中介组织一般层级单纯,较少官僚作风;办事效率高,对危机信号能够做出敏感反应。

·社会中介组织(尤其是专业性的志愿性组织如公民自救协会)往往具有知识和技能优势,对危机信号的识别能力强。

·一些社会中介组织很可能是危机信号的第一接受者,甚至是现场目击者,它们所发出的信号可以减少信息传递过程的失真。

·目前社会中介组织在危机管理中只有道义责任,没有行政责任和法律责任,在对待危机信号时具有天然的诚实度,人为扭曲信号、操纵信号、阻碍信号传递的可能性小。

·开启社会中介组织的危机信号管理渠道,增加了信息的多渠道验证路径,多个外部信息渠道彼此验证;可以防止决策层对内部信息过分依赖,克服行政系统单纯依靠纸质媒介的局限。

在应急反应中,社会中介组织的作用主要表现为;

①熏陶、示范和带动作用。公民的责任意识和危机担当意识的养成,除了政府平时的宣传和教育外,在很大程度上是通过社会中介组织的熏陶、示范和带动作用而形成的。

②取信于民的优势作用。在培养公民相互信任、积极参与、合作互惠、自我服务等方面具有其他组织难以代替的优势。它们在危机现场能够迅速启动自发救助,这比凡事依靠政府命令、等待指示的政府救助更具有时效性。

在善后处置及恢复重建中,社会中介组织也起着重要的作用:

①在灾后救济和社会安抚中,社会中介组织可以参与救灾物品的筹集与分发,其非官方色彩和天然的亲和力便于和受害者进行沟通,安抚受难者及其家属的情绪,对受害者实施心理干预和心理调适,协助有关部门做好善后处理。

②在灾后评估中,社会中介组织可以监督评估工作是否客观公正,官员问责是否做到准确彻底。

③在启动恢复计划和重建被毁设施方面,社会中介组织可以进行危机信息调查、寻找公民代表、基层意见收集、价值取向判断。派出谈判代表、帮助政府迅速稳定社会秩序,恢复正常的社会生产生活。

第三章　应急机制建设方面的学习
——不断增强应急管理的协调配合功能

应急管理机制是指突发事件预防与应急准备、监测与预警、应急处置与救援以及善后回复与重建等全过程中各种制度化、程序化的应急管理方法与措施。

何谓机制？机制原本指机器的构造和运作原理，借指事物的内在运行方式，在社会动态的系统中指各组织或部分之间相互关系和相互作用的过程、方式及功能，应急管理机制则是针对各类突发事件、按照事件本身的运行机理以及应急制度的规范与应急体制的要求而确立的工作过程、建立的管理方式、形成的应急流程和发挥的整体功能与效率。目前还有一些人对机制、体制、制度三者的关系不甚明确，我们在此可以尝试加以说明。而所谓制度则是要求大家共同遵守的办事规程或行动准则，是形成条文的规章和法则，是指导人们行动的硬性框架体系，我国针对突发事件所制定的法律法规已经初步形成了一个规范性的制度体系，而机制是活的，是动态的运行系统，应急机制就是通过应急制度系统内部各组成要素、按照一定方式的相互作用实现其特定的功能。换句话说，应急机制必须在应急制度这个硬性的框架体系中运行并发挥功能才算是合理的和现实可行的；而体制是制度形之于外的具体表现和组织形式，是建立在一定制度规定性之上的架构或结构。如国家机关、企事业单位在机构设置、领导隶属关系和管理权限划分等皆属于体制方面的内容。应急机制必须在这个体制中运转并实现纵向与横向的互动，可以说应急机制是一定应急制度和应急体制所表现出来的方式、流程、功能和作用。如果我们把应对突发事件这项系统工程比喻为一列运行的火车，那么制度就是这列火车运行的轨道，体制就是对这列火车进行指挥的各类组织形式和权力配置的基本方式，包括归谁安排时刻表、归谁驾驶火车、归谁发出启动命令、归谁搬动道岔铁轨、归谁装卸货物以及火车以什么速度运行等等，机制则是就这列火车抵达目的地过程中纵向指挥与横向协调等各个环节和各个部分之间的相互关系、相互作用、配合方式和互动效果。制度可以看作是一个模式化的系统,体制可以看作是一个结构性的系统,机制可以看作是一个能动态的系统。前两个系统是相对固化的,后一个系统是相对动态的,这三个系统必须相容相合、互动互通,构成一个有机的整体,才能实现科学高效的良性运转,并最终抵达整体的管理目标。从应急管理的事前、事中、事后的三大过程来看,应急管理的运行机制主要包括监测与预警机制、信息发布机制、应急处置机制、恢复与重建机制等。

一 世界各国对突发事件应急管理机制建设的基本思路

为了有效应对各类突发事件,世界各国都根据本国的实际,建立了各种行之有效的应急管理机制:在组织建设、预报预警、指挥决策、资源调配、部门协同、信息共享等方面探索出了许多有效的办法,总结出了许多有益的经验,这对我国加快建立健全应急管理的快速有效机制制可以起到宝贵的借鉴和参考作用。

1. 联合国应对危机的协调机制

就应对突发事件的机制建设方面,我们可以从联合国和世界各国的经验中汲取有益的成分。联合国应对特大灾害的协调机制主要涵盖三方面的内容。

①信息共享方面,包括部门之间、国与国之间、军民之间都实现了信息共享、加强日常沟通、共同确定制约因素、共同建立维护灾害早期预警系统等。

②联合规划方面,包括联合评估灾情,共同准备增援请求报告、联合确定会谈议题、联合起草协议、联合培训、共同推进能力建设、制定联合互助策略、建立相关部门对接机制等。

③协调行动方面,包括联合经费保障、人员与资源共享、联合行动、联合起草总结报告等。

2. 欧洲应对危机的联动机制

欧洲国家建立了多个军地协调联动机制。2006 年欧洲议会出台了《关于进一步发展欧盟军地协调机制》。为了协调空军的民事行动,欧洲成立了军地协调联动机构(EUROCONTROL),由38个成员国组成。2009年7月EUROCONTROL正式发布了《突发事件应急预案指导意见》。为了加强欧盟成员国之间的联合应急行动,欧盟环境总司负责运行维护欧盟监测与信息中心(简称MIC),所有成员国都可以利用该技术平台发布预警和请求援助的信息,实现应对突发事件的快速反应和联动的目的。

3. 美国应对危机的反应机制

美国是因事建制的国家。为了进一步处理外国从冲突到重建的过渡,2004年美国在国务院成立了重建与安定协调办公室,实现了各部门的联合行动、制定联合规划。美国军队还出台了《联合作战纲要》,明确规定抢险救灾行动在美国总统或国防部长的指令下在美国本土地区、美国在海外的领地或海外地区进行计划和实施,并详细规定了美国北方总部、南方总部或太平洋总部的职能划分,确保部队在24小时内迅速启动应急反应机制。美国应急协调联动经验是,做好应急协调的关键是建立常态的联系机制、进一步完善信息共享机制、军地联合制定长期发展战略规划、在现场及时发现问题改进协调机制、鼓励联合提高救援能力等。俄罗斯走的是专业应急救援路线。突发事件应对主要由紧急情况部(简称EMERCOM)完成。紧急情况部主要由国家消防局、搜寻和救援局、民防部队和国家小型船只局四个基础部门组成。当突发事件升级需要调用大批军队时,可通过总理办公室请求获得国防部或内务部队的支持。2002年5月,沃顿公共行政与法律学院举办了突发公共灾害事件应急机制高级法务人报告会,美国FEMA对近百年来近百种防灾减灾法律规制制定的时代背景和实施效果进行了比较全面的回顾,列出了近年来业已修订和将要修改的应对突发事件主题清单,以便更加符合现时社会对应急管理工作的客观要求。

4. 日本应对危机的预警机制

日本法务省代表对近百年来政府制定的防灾减灾法律规制50余部的图表做了展示性说明,阐述了政府在自然灾害和人为技术灾害的领导、协调、制约、配置等方面的职权运转情况,同时对应急处置等方面的行政权力赋予地方权力机构和群防群治组织的相关经验做了介绍,并对以后在防灾减灾立法方面的问题提出了指导意见。

日本由于自然灾害频繁,其应急管理机制建设尤为先进,其值得学习的地方主要包括以下几个方面:

(1)危机监测网络化

对于地震发生,尽管日本目前还无法准确预报,但监测地震是多方投入、不惜成本。位于筑波科技城的日本防灾科学技术研究所,是隶属文部科学省的国立科研机构。该研究所共设立的监测网包括三级2000多个点。其一是有感地震监测网,在全日本有1000个点。其二是包括能测微小地震在内的24小时监测网,共有1000多个点,基本是20至25公里有一处。其三是强震监测网,主要用于分析和监测地震发生的原因,这个监测网在因特网上设有网页。在日本东海地区和关东南部地区30多个点的地下数十米深处,气象厅设置了监测岩石体积变化的感应器,相关数据随时被传送至气象厅,作为分析地震的重要资料。在新干线列车途经的东海地区,日本铁道东海公司在铁路沿线设置了"早期监测地震警报系统",以尽量保障行驶列车安全。

(2)灾害预防法制化

为及时有效应对地震灾害,日本不断完善相关法律。1978年12月开始实施《大规模地震对策特别措施法》,主要内容有:根据大规模地震相关信息,总理大臣发布紧急宣言,指定"地震防灾对策强化地区",指示地方政府采取紧急措施,努力减轻地震灾害等。1979年6月,根据中央防灾会议专家委员会的建议,在可能发生震度6级以上、20分钟内2米以上海啸可能波及范围,总理大臣指定静冈县及其相邻地区167个市町村为"地震防灾对策强化地区"。1995年1月阪神大地震发生后,为了健全地震调查研究体制,同年7月开始实施《地震防灾对策特别措施法》。该法律规定,"地震调查研究推进本部"设置在总理府,该推进本部负责全国地震调查研究的规划和协调,组成学者专家为主的政策委员会和地震调查委员会,制定关于地震活动的政府行政见解等。

(3)损失推算精确化

就可能发生在近畿和中部地区的内陆直下型地震,日本政府中央防灾会议的专门调查会2011年5月14日公布了建筑倒塌等造成的全年经济损失预测。预测称,受灾最为严重的近畿地区的经济损失将达74万亿日元(约合5万亿元人民币),中部地区为33万亿日元,虽均低于首都直下型地震所造成的106万亿日元经济损失，但近畿的损失数额比政府最初的2008年度预算仅少9万亿日元。上述预测以在冬季中午发生超出阪神大地震的里氏7.6级强震为假想案例。此外，近畿与中部地区震后第二天的避难人数预计分别达555万和250万人，两地暂时无法回家的受灾民众则分别为200万和96万人。垮塌的建筑将造成大阪府与爱知县西部几乎所有地面交通中断，恐将给救援与避难带来很大困难。专业调查会2010年11月的公布预测称，如果两地发生地震，预计近畿与中部地区将分别有4.2万与1.1万人罹难。不回避预计死亡人数的地震损失精确化，有利于官方和民众做到心中有数，有利于政府相关部门制定抗震救灾预案。

(4)避难场所分散化

地震发生后，受灾民众去哪里避难？如果是短时间的露天场所，就去附近的公园。日本城市公园的特点是整体数量多、单个面积小，人们可以就近紧急避难。日本城市在建设公园立项时，就考虑到地震时作为避难场所。如果是数日或长期的室内场所，受灾民众就去附近学校、市民会馆或体育馆等。避难人群必须考虑分散安置，过分集中将导致局部环境卫生条件下降，容易引发疾病。在日本，学校被看作儿童的主要活动场所，也是灾害发生时的疏散地。阪神大地震后，日本没有学生因地震死于学校。尽管如此，去年新潟县中越近海地震中约有300幢教学楼受损，有的因房顶坍塌而无法发挥避难作用。据文部科学省推算，全国共有约1万幢学校设施很可能在震度超过6强（日本标准）的大地震中倒塌。政府将从2008年度起，用5年时间强化抗震性能较弱的设施。

(5)防灾教育普及化

9月1日是日本的“防灾日”。每年这一天，日本社会各界都要举行防灾知识讲座、防灾演习、防灾新产品推介等丰富多彩的活动，各行各业为抗震救灾献计献策。

地震发生后，应该做什么？在校学生说，钻到桌底下；家庭妇女说，先关掉火源；公司白领说，别盲目向外跑。灾区以外的大学生说，去灾区当志愿者。

应对地震发生，企业做了什么？建筑公司说，临街窗户不能安装易碎玻璃；家具公司说，提醒消费者把高大家具固定好；通信公司说，设置专项服务应对震后出现拨打电话高峰。

地震发生前，个人能做什么？日本商店大都销售“常备灾害应急物品袋”,袋中有饮用水、压缩食品、收音机、常用药品、常用器械、简易帐篷、便携马桶等。购买并常备这种应急物品袋,一旦地震发生,短时间内可以不依赖救援。

二　世界各国危机管理机制遵循的基本原则

从世界各国应急管理实践可以看出,在危机处理过程中,各国政府往往会遵循一些基本原则,如时间性原则、协同性原则、程序性原则、适度性原则,等等。针对应对不同性质的危机,这些原则的优先性也会有所调整,有所变通,这些原则决定着危机处理过程中政府介入危机的时机、范围、程度和方式,也最终决定着危机处理的效率和效果。

1. 时间性原则

这是由突发事件所具有的突发性和紧急性特征所决定的。突发事件常常来势凶猛,整个事件的发展变化迅速,有时甚至无章可循或无先例参考,而且由于信息不畅或不全面,其发展与后果往往带有不确定性,连锁性,后果难以预料。因此时间因素就显得尤为重要。决策者必须在第一时间赶到事发现场,采取一系列紧急处置手段,及时控制事态发展,而且越快越好。应对危机初始阶段的应急措施,如果做到及时到位,就不会错过最佳处置时间,就能把危机所造成的损失控制在最小程度,就能够更快更好地处置整个事件。

2. 协同性原则

这是由突发事件所具有的复杂性和不确定性特征所决定的。突发事件爆发后,由于参与应对的人员和力量来自各个方面,包括交通、通信、消防、信息、公共设施、物资支持和政府其他部门,以及军队和警察等,因此,危机应对中协同一致就显得特别重要。突发事件的复杂性和不确定性,要求政府在事件发生后,必须做好不同职能管理部门之间的有效协同配合,优化整合各种应急资源,发挥整体功效,使危机损失降到最低限度。

3. 程序性原则

这是由突发事件的危害性特征所决定的。应急管理工作的展开,必须依据一定的评估标准和优先次序,根据危害大小和重要程度,确定现场控制及介入和处理程序。法律上有明确规定的,则首先要遵照法律的规定实施;对于社会性危机,及时控制事态,恢复正常社会秩序是首要的目标。因此,最先到达事故现场的处置人员,必须在简单的评估基础上有所选择地、有重点地抢救受害人员的生命、在保证人们最基本的生存条件外,其余的工作应该根据救援人员的实际救助能力,区分轻重缓急,安排处置程序。

4. 适度性原则

这是由突发事件的群体性特征所决定的。适度性原则要求在突发事件应对过程中要谨慎处置,合理应对。有时处置工作难免会在不同程度上破坏社会稳定,甚至造成某些群众的财产损失,因此,要谨慎、适度地行使应急管理权,并力争将这种破坏和利益损失降到最低程度,以免在群众中造成不利影响。无论是处置自然灾害类突发事件,还是社会安全类突发事件,都必须有效甄别主要危害物,谨慎行事,小心应对,对于群体性突发事件,应对时要把握争取多数、孤立少数的原则,掌握分寸,区分情况,严格把握政策界限。特别是在处理一些暴力型的突发事件过程中,更要把握火候,掌握尺度,一般以制服对方、解除其抵抗能力为限度,而不应采取过激过分的处置行动,一面激化矛盾,产生不利影响。

5. 恢复性原则

这是由突发事件的破坏性和社会影响性特征所决定的。危机的结束,并不意味着应急管理过程的终结,它只是表明应急管理已经进入了恢复或善后阶段。倘若前期应对阶段没有明显失误的话,那么危机善后和恢复阶段就可以"提供一个至少能弥补部分损失和纠正混乱的机会"。在危机善后阶段,对于危机造成的损失,各国政府往往立足于现实,明确未来的目标、任务和政策取向,着重开展两方面工作:一是以危机问题的解决为契机,在实施恢复重建和对受害群体进行安置的同时,进一步配套解决和控制与危机事件相关的,可能导致危机事态再度发生的各种社会问题,巩固应急管理的成果;二是从危机中总结经验,汲取教训,通过对危机发生原因和危机处理成效等工作进行评估和分析,提出在管理、技术、机构设置、组织协同和程序运作等方面的改进意见,进而进行必要的体制、机制法制和预案等方面的变革与完善。

三　我国应急管理机制建设的基本思路

我国在总结世界各国经验的基础上,也逐渐建立了针对突发事件的应急机制。我国学者认为,建立科学高效的应急管理机制既要以各类突发事件本身的运行机理为基础,又要在制度的规范和体制的特点与要求之内,并受制度和体制的整体约束。突发事件的应急管理机制首先必须要根据突发事件本身的机理来确立,这是建立突发事件应急管理机制的科学保障。应急管理机理基本上是由突发事件本身的内在机理决定的,二者之间存在着很强的关联性,且其中都包含着专业性机理和一般性机理两个方面。

因为每一类突发事件都有其专业领域内的特殊性,所以突发事件的专业性机理还可被理解为行业性或领域性机理。目前,我国把突发事件分为自然灾害、事故灾难、公共卫生事件、社会安全事件4类。而这4个类型的突发事件的专业性机理明显不同,比如地震灾害就需从地球物理学、力学等学科入手,方可解释其机理,而突发的传染病疫情则需要从病理学、分子生物学、传染病学等学科阐述其机理;单就某一类突发事件来看,其机理也都有一些特殊之处,比如泥石流和火山喷发同属于自然灾害,但其成因、发生及后果却大相径庭。所以突发事件应急管理机制的建立必须要考虑到各类突发事件专业领域内的特殊性。

突发事件的一般性机理是指事件发生、发展、传导的一般性规律,可以分为原则性机理、原理性机理、流程性机理和操作性机理4个类型;与此相对应,突发事件应急管理的一般性机理也同样包含这4个类型。原则性应急管理机理是指对突发事件特征及应对办法的简单描述;原理性应急管理机理则对整个事件过程和应急处理过程的规律性进行说明;流程性应急管理机理是对事件和应急处置过程前后逻辑给予释明;操作性应急管理机理是在事件本身的流程性机理基础上,对有效处置突发事件给出切实可行的措施的安排性表达。所以建立突发事件应急管理机制必须要在宏观上把握各类突发事件共有的一般性规律。

机制以其特有的动态性、流程性和操作性特点,会直接影响应急处置过程的效率。所以对突发事件而言,不论是预警机制、预控机制、决策机制、处置机制、重建机制,还是整体运行机制,都需要在掌握突发事件机理的基础上进行策划、设计和布局,否则,其机制设计方案就可能会脱离实际,缺乏效果和效率。

中国应对突发事件机制建设已经经过了从单一性到综合性,从临时性到制度化,从封闭性到开放性,从应对性到保障性等四个阶段,目前正在进入第五个阶段:从业余性到专业化。按照这个逻辑,应对突发事件专业队伍职业化建设问题必然会提到政府的议事日程上来。

针对各类突发事件必须构建统一指挥、反应灵敏、协调有序、运转高效的应急管理机制;建立和完善突发事件管理制度、突发事件预警预报信息系统;建立专业化、社会化相结合的突发事件管理保障体系,从而形成党委领导、政府主导、部门协调、军地结合、全社会共同参与的突发事件管理工作格局,这是应对和处置突发事件机制建设的基本框架和基本指导思想。

胡锦涛总书记、温家宝总理在2003年7月召开的全国防治非典工作会议上,提出了加快突发事件应急机制建设的任务。党的十六届三中、四中全会通过的有关决定,也都进一步对此提出了明确要求。国务院在安排2004年工作要点时,把加快建立健全突发事件应急机制,提高政府应对公共危机的能力,作为全面履行政府职能的一项重要任务来部署。进一步完善应急管理机制,既是政府有效履行社会管理职能、提供公共服务的基础性工作,又是政府自身建设的重要而紧迫的任务,同时也是检验政府行政能力的重要标志。

2006年7月,《国务院关于全面加强应急管理工作的意见》指出,要“构建统一指挥、反应灵敏、协调有序、运转高效的应急管理机制”。应急管理机制建设的目的,是实现从突发事件预防、处置到善后的全过程规范化流程管理。根据国家《突发事件应对法》的相关规定,结合应急管理工作实际来分析,我国应急管理工作一般涉及九方面联运性机制流程:一是预防与应急准备机制:通过预案编制管理、宣传教育、培训演练、应急能力和脆弱性评估等,做好各项基础性、常态性的管理工作,从更基础的层面改善应急管理。二是监测与预警机制:通过危险源监控、风险排查和重大风险隐患治理,尽早发现导致产生突发事件苗头的信息并及时预警,减少事件产生的概率及其可能造成的损失。

三是信息报告与通报机制:按照信息先行的要求,建立统一的突发事件信息系统,有效整合现有的信息资源,拓宽信息报送渠道,规范信息传递方式,做好信息备份,实现上下左右互联互通和信息的及时交流。四是应急指挥协调机制:通过信息搜集、专家咨询来制定与选择方案,实现科学果断、综合协调、经济高效的应急决策和处置。五是信息发布与舆论引导机制:在第一时间通过主动、及时、准确地向公众发布警告以及有关突发事件和应急管理方面的信息,宣传避免、减轻危害的常识,提高主动引导和把握舆论的能力,增强信息透明度,把握舆论主动权。六是社会动员机制:在日常和紧急情况下,动员社会力量进行自救、互救或参与政府应急管理行动,在应急处置过程中对民众善意疏导、正确激励、有序组织,提高全社会的安全意识和应急技能。七是善后恢复与重建机制:积极稳妥地开展生产自救,做好善后处置工作,把损失降到最低,让受灾地区和民众尽快恢复正常的生产、生活和工作秩序,实现常态管理与非常态管理的有机转换。八是调查评估和学习机制:遵循公平、公开、公正的原则,引入第三方评估机制,开展应急管理过程、灾后损失和需求等方面的评估,以查找、发现工作中的问题和薄弱环节,提出防范和改进措施,不断完善应急管理工作。九是应急保障机制:建立人财物等资源清单,明确资源的征用、调用、发放、跟踪等程序,规范管理应急资源在常态和非常态下的分类与分布、生产和储备、监控与储备预警、运输与配送等,实现对应急资源供给和需求的综合协调和与优化配置。

近年来,党中央、国务院和中央军委发布了很多有关具体应急管理机制建设的文件,涉及监测预警、信息报告、决策指挥、信息发布、恢复重建等多个方面。例如,在监测与预警方面,国家加强了气象、地震、水文、海洋、地质灾害、森林火灾、农林病虫害、煤矿瓦斯等灾害预测预警系统的建设,如乡镇的卫生院网络直报率已经由过去的30%增加到66.1%。2007年9月18日,国务院办公厅发出《关于开展重大基础设施安全隐患排查工作的通知》。在信息报告方面,2007年12月30日,国务院办公厅印发《关于突发公共事件信息报告情况通报办法(试行)的通知》。在信息发布方面,2004年2月11日,国务院召开第39次常务会议原则通过《关于改进和加强国内突发事件新闻发布工作的实施意见》。在军地协同方面,2005年6月7日,国务院、中央军委公布《军队参加抢险救灾条例》;20日,国务院办公厅发出《国务院中央军委关于〈军队参加抢险救灾条例〉实行中有关问题的通知》;2006年9月20日,国务院办公厅、中央军委办公厅联合发出《关于加强自然灾害信息军地共享机制建设的通知》。

四　我国应急管理机制建设的四大环节

应急管理机制可以界定为：突发事件预防与应急准备、监测与预警、应急处置与救援以及善后回复与重建等全过程中各种制度化、程序化的应急管理方法与措施。从内涵看，应急管理机制是一组以相关法律、法规和部门规章等为基础的政府应急管理工作流程；从外在形式看，应急管理机制体现了政府应急管理的各项具体职能；从功能作用看，应急管理机制侧重在突发事件防范、处置和善后处理的整个过程中，各部门和单位如何通过科学地组织和协调各方面的资源和能力，以更好地防范与应对突发事件。总的来看，应急管理机制以应急管理全过程为主线，涵盖事前、事发、事中和事后各个时间段，包括预防与应急准备、监测与预警、应急处置与救援、善后恢复与重建等四个关键环节。

1. 预防与应急准备机制

预防是突发事件应对过程中的第一阶段，从某种意义上说，事前预防比事后应对更重要，因为政府要的是“天下平安”，所以，防火重于救火，没有“出事”总比“出事”要好得多。换句话说，政府应急管理的目的是“使用少量的钱预防，而不是花大量的钱治疗”。在自然灾害、事故灾难、公共卫生事件和社会安全事件等四类突发事件中，自然灾害和公共卫生事件很多是由自然界中不可预测的因素引发的，一般难以避免其发生；而事故灾难和社会安全事件则主要是人为因素引发的，如果预防工作做得好，是完全可以避免的。即使是自然灾害和公共卫生事件，如果预防和应急准备工作充分，也能在更大的程度上有效减少人员伤亡和财产损失。因此，突发事件的预防与应急准备，是应对突发事件的基础性工作，并且可以在常态管理中进行。

建立健全突发事件预防与应急准备机制，不仅平时可以根据预案进行有效预防和做好应急准备等方面的工作，尽量及时化解可能导致突发事件的风险隐患，最大限度地避免、减少突发事件的发生，而且当不可避免的突发事件发生后，还可以及时启动预案予以处理，尽最大可能减少人员伤亡和财产损失。预防与应急准备机制主要包含以下5个小环节。

(1)预案编制

应急预案是在辨识和评估潜在重大危险、事件类型、发生的可能性及发生过程、事件后果及影响严重程度的基础上,对应急机构与职责、人员、技术、装备、设施(备)、物资、救援行动及其指挥与协调等方面预先做出的具体安排,它明确了在突发事件发生之前、发生过程中以及刚刚结束之后,谁负责做什么,何时做,怎么做以及其他相应的策略和资源准备与利用方式等。做好应急预案工作,就是要在常态条件下多思考非常态条件下可能发生的情况,预测可能会遇到哪些风险,哪些灾难,会产生哪些后果。应急管理要做到有预测、有预警、有预案。所谓有预测,就是要定期分析导致各类突发事件发生的自然、经济、社会等因素,准确把握国内外动态及其可能的威胁,力求做到防患于未然;所谓有预警,就是提前识别危机,并最大限度地缩短危机事件信息传输、反馈的时间。所谓有预案,就是一旦突发事件发生了知道如何处置,如何把突发事件造成的损失降到最小。可以说,“预案不是万能的,但没有预案是万万不能的”,因此,应急预案的编制应以危险源评价、事故灾难后果预测和应急能力评估为依据,作为预先制定的事件控制和抢险救灾方案,它是突发事件应急救援活动的工作规则和行动指南。一旦发生突发事件,由这些预案规定的流程和处置措施便会在第一时间派上用场。

回顾一下近年来各地处置突发事件的情况,有预案和没有预案的结果是大不相同的。

(2)风险评估

实践证明,大多数突发事件特别是很多事故灾难的发生,都是有一定先兆的,也都是由于对风险排查不及时、对隐患监控不到位、对危机认识不深刻导致的,而对事故灾难造成的社会危害未能给予及时有效控制、应急救援工作不得力,也大多是由于政府事先没掌握有关危险源的性质、特点和处置知识,对危险区域现场周边情况不熟悉,社会公众不知道危险源、危险区域的存在,没有掌握相关自救和互救知识造成的。而这一切,事实上都可以通过风险评估获得全面而准确的信息,从而可以有效避免事故的发生或尽可能将事故灾难降低到最低程度。风险评估主要包括以下内容:

①对危险源、危险区域进行调查、登记和风险评估。

各级政府对本行政区域内突发事件的应对工作全面负责,承担着预防和先期处置突发事件的重要职责,为履行这项职责,有必要全面掌握本行政区域内存在的各种危险源、危险区域及其性质、特点，以及可能引发的突发事件的种类、造成的社会危害及其性质、特点和影响。对危险源、危险区域进行调查、普查、登记，是突发事件预防与应急准备的基础性工作，也是为应急预案制定和建立应急信息共享的前期准备工作。同时，可以建立有关制度，要求在本行政区域内进行高风险作业的企事业单位，及时主动向所在地人民政府或者政府有关部门报告。科学地对危险源、危险区域发生突发事件的风险进行评估，可以为有效预防和正确处置可能发生的突发事件，优化资源配置，降低发生突发事件的风险等工作提供重要的科学依据。

②对本行政区域内的危险源、危险区域进行检查、监控并责令有关单位采取安全防范措施。

通过开展调查、登记和风险评估工作，可以摸清本行政区域内危险源、危险区域的基本情况，尔后，应当定期对这些危险源、危险区域进行检查，发现问题及时处理，以便消除引发突发事件的各种隐患，对一时难以消除的，要采取措施对这些危险源、危险区域进行全天候的监控。同时，还要对有关单位采取安全防范措施的情况进行监督，责令其根据有关法律、法规、规章或者安全生产规范的要求，完善监测、督察管理措施，确保安全无虞。

③及时公布登记的危险源、危险区域。

各级人民政府在将掌握的本行政区域内危险源、危险区域的基本情况，进行登记之后，还应该按照国家规定及时向社会公布。“按照国家规定”的意思包括两个方面：一是按照国家有关规定必须向社会公布的，应当及时向社会公布。二是按照国家有关规定应当予以保密的，不应公布。例如，按照目前的地震监测、预报水平，事先还难以得出准确的结论、作出准确的预报，在这种情况下，我国地震部门通过监测获得的有关信息，对某些地区发生地震的可能性进行风险评估的情况，就不能随便向社会公布，以免引起不必要的社会恐慌。

(3)城乡规划与应急管理

城乡规划是否科学合理，直接关系到突发事件预防和处置工作，有时会影响到人民群众生命财产安全。政府制定的城乡规划应当满足三方面要求：一是要符合突发事件预防和处置工作的需要。比如在制定乡村规划时，在容易发生山体滑坡、泥石流地带和水库大坝的下方，不应安排村民居住点；在制定城市规划时，一些高危险企业和单位如危险化学品企业、储气站、烟花厂等，应当安排在远离城市商业区和远离居民住宅区的地方。二是要根据应对有关突发事件的需要，统筹安排有关设备和基础设施建设。比如在城市低洼地带，要规划建设排水设备设施，规划建设饮用水设施。三是合理确定应急避难场所。比如在城市居民区附近要合理规划公园、城市广场、公共绿地、体育场等场所，并配备必要的设施，以使这些场所在发生地震等突发事件时可以临时用作避难场所，同时要考虑在城市商业中心等人群密集区规划建设这类设施。

(4)应急培训

应急管理是一门科学，突发事件应对和处置工作的专业性很强。各级政府和政府有关部门担负着组织、指挥和具体应对各类突发事件、确保公共安全的重要职责。所以政府有关部门的领导和工作人员必须首先掌握相应的应急管理知识，才能有效履行职责。

对行政机关有关工作人员定期进行突发事件应急管理知识的培训并建立相应的制度，是县级以上人民政府的职责。县级以上人民政府要按照该项要求，结合各自实际情况和需要，抓紧制定相应的办法予以落实。要制定具体培训规划，将应急管理知识培训纳入干部教育的课程体系；明确承担培训任务的单位，如各级行政学院、具备一定条件的高等学校；明确培训任务分工；根据不同岗位的要求，编写培训教材、建立多元化的培训课程体系。除此，还要对包括应急专业队伍、企业员工、社区居民等各方面人员进行应急培训。

(5)预案演练

编制预案出来之后还必须强调预案的培训、宣传和演练。针对预案目标与内容的培训、宣传和演练是应急预案管理的基础，在美国国家应急预案编制指南的前言中提出“没有经过培训和演练的任何预案文件只是束之高阁的一纸空文”；“预案不仅是让人看，更重要的是要在实践活动中切实应用”。应急预案中列入的所有功能和活动都必须经过培训演练，切实提高包括领导干部在内的各类应急工作人员的应急意识和能力，熟悉和掌握应急响应程序和方法。在培训和演练中发现的问题可以成为预案修改更新的参考。

提高全社会的危机意识和自救互救能力，也是应急管理工作的重要组成部分。鉴于我国目前社会成员的危机意识和自救互救能力普遍不够高的现状，各级政府有必要组织各方面力量在人民群众中普及公共安全知识、应急管理知识、防灾减灾知识和自救互救知识，提高群众参与应急救援和自救能力，所以开展预案演练活动，对提高政府和全社会预防和处置突发事件的综合能力，避免突发事件的发生和减轻的突发事件造成的人员伤亡和财产损失，具有非常重要的意义。具体做法如下：

①县级政府及其有关部门、乡级政府、街道办事处等基层行政机关要组织开展应急知识普及活动和必要的应急演练。基层的应急能力是应急管理工作的基础，人民群众的积极参与是国家应急管理体系建设的一部分。所以，预案演练是把应急管理落实到属地，落实到基层，落实到实践中去的最佳途径。

②群众自治组织和企事业单位要结合各自的实际情况开展有关突发事件应急知识的普及活动和必要的应急演练。开展好社区、农村、学校、医院、企事业单位的应急预案演练活动，提高基层单位和广大人民群众应对突发事件的能力，是加强应急管理建设的基础性工作。在日常生活和工作中，居民委员会、村民委员会、企事业单位直接与广大人民群众打交道，在应急知识普及、组织开展相关应急演练方面，有许多便利条件。可以采取定期举办讲座、宣传栏、宣传手册、组织参加演练活动等方式，向广大群众普及应急知识，提高应急能力。

③新闻媒体要无偿开展突发事件预防与应急、自救与互救知识的公益宣传。广播、电视、报纸等新闻媒体，在突发事件的预防与应急、自救与互救知识的普及方面，有着得天独厚的优势，其传播面广、影响大，还可以采取一些群众喜闻乐见的形式进行宣传。新闻媒体有义务免费刊登、播发突发事件警报，政府作出的与公众有关的突发事件预测信息和分析评估结果，可能受到突发事件危害的警告，避免、减轻危害的常识和咨询电话，有关采取特定措施避免或者减轻危害的建议、劝告，有关突发事件事态发展和应急处置工作的信息；新闻媒体有义务免费刊登、播发突发事件预防、应急、自救与互救知识。此外，新闻媒体也应当主动采取开设专门栏目、制作公益广告等方式，进行突发事件预防与应急知识的普及工作。

2. 监测与预警机制

对任何突发事件的有效预防都离不开必要的监测和预防。监测的目的是为了预防，而预防是应急管理工作中最关键的环节，也是应对突发事件成本最低、效果最好的手段。所以，建立健全监测和预防机制，是保障这项工作有效运转的基础和前提。为此，要完善以下三个方面的机制建设：

(1) 监测机制

建立信息监测机制的目的是通过对危机诱因、危机征兆等的严密观察，广泛收集和认真整理反映危机迹象的各种信息和信号。信息监测是预防突发事件的基础工作,也是处置突发事件的准备工作。加强监测制度建设,建立健全监测网络和体系,提高信息收集能力和检测水准,是做好突发事件预警工作的前提,也是及时预防和减少突发事件的发生,有效控制、减轻或消除突发事件引发的严重社会危害的基础。监测机制包括:

①突发事件的信息综合系统。

国务院已建立了全国统一的突发事件信息系统,同时要求县级及县级以上地方各级人民政府应当建立或者确定本地区统一的突发事件信息系统,目的是汇集、储存、分析、传输有关突发事件的信息,并与上级人民政府及其有关部门、下级人民政府及其有关部门、专业机构和监测网点的突发事件信息系统实现互联互通,加强跨部门、跨地区的信息交流与情报合作。

②突发事件的信息收集渠道。

县级及县级以上人民政府及其有关部门、专业机构应当通过多种途径收集突发事件信息。县级人民政府应当在居民委员会、村民委员会、主要社区和有关单位建立专职或者兼职信息报告员制度。获悉有关突发事件信息的公民、法人或者其他组织应当立即向所在地人民政府、有关主管部门或者指定的专业机构报告。

③突发事件的信息分析平台。

县级及县级以上地方各级人民政府应当及时汇总和分析各类突发事件隐患和预警信息,必要时应该组织相关部门、专业技术人员、专家学者进行会商,对发生突发事件的潜在性和可能性及其可能造成的影响进行分析与评估;认为可能发生重大或者特别重大突发事件的,应当立即向上级人民政府报告,并向上级人民政府有关部门、当地驻军和可能受到危害的毗邻或者相关地区的人民政府通报。

④突发事件的信息报告程序。

地方各级人民政府应当按照国家有关规定及时向上级人民政府报送突发事件信息。县级及县级以上人民政府有关主管部门应当向本级人民政府相关部门通报突发事件信息。有关突发事件的专业监测机构、监测网点和信息报告员应当及时向所在地人民政府及其有关主管部门报告突发事件信息。有关单位和人员报送、报告、通报突发事件信息,应当做到及时、客观、真实、全面,不得迟报、谎报、瞒报、漏报。

信息报告可分为纵向垂直关系信息报告、横向平行关系信息报告。纵向垂直关系信息报告以当地政府为基本层面，分为对上和对下两方面信息报告制度，对上而言，即是要加强地方各级政府与上级政府的信息报告；对下而言，即是建立社会公众信息报告和举报制度，鼓励社会层面中的任何单位和个人向政府及其有关部门报告危机事件隐患，拓宽信息报告渠道和信息反应渠道，如利用网络和手机开通网上论坛，设立专门的接待日、民情热线、直通有关领导的紧急事件专线连接等。横向平行关系信息报告主要指加强地方各级政府与当地驻军、相邻地区政府的信息报告、通报工作。通过纵向和横向两种信息报告制度的建立，不仅使危机信息能够在有效时间内传递到行政组织内部的各相应层级和相应层面，有效发挥应急预警的作用，而且还可以在全社会获得更多更新的危机信息，提高全社会的危机防范意识和危机防范功能。

⑤突发事件的信息监测制度。

国家要建立健全突发事件监测制度，并要求县级以上人民政府及其有关部门应当根据自然灾害、事故灾难、公共卫生事件和社会安全事件的种类、特点和潜在的可能情况，建立健全基础信息数据库，完善监测网络，划分监测区域，确定监测点，明确监测项目，并提供必要的设备、设施，配备专职或者兼职人员，对可能发生的突发事件进行认真监测。针对各种可能发生的突发事件，要不断完善监控方法和程序，要使事故隐患和危险源监控制度得到不断健全和完善，做到及时维护更新，确保监控质量。

建立基础信息监测数据库工作主要包括以下内容：

a. 建立健全突发事件基础信息库。所谓突发事件基础信息库，是指根据突发事件的种类和特点，建立应急管理工作所必备的有关危险源、风险隐患、应急资源（物资储备、设备及应急队伍）、应急避难场所（分布、疏散路线和容纳能量等）、应急专家咨询、应急预案、突发事件案例等基础信息的数据库。建立完备、可共享的基础信息库是应急管理、监控和辅助决策的必不可少的支柱。

b. 加强和完善监测网络系统建设。包括提供设备、设施，配备专职或者兼职人员，明确责任分工，划分监测区域，确定监测点，明确监测项目，对可能发生的突发事件进行检测并登记相关数据。完善监测网络系统，一是要在完善现有气象、水文、地震、地质、海洋和环境等自然灾害监测网的基础上，适当增加监测密度，提高技术装备和监测质量；二是要建立危险源、危险区域的实时监控系统和危险品跨区域流动动态监控系统;三是要在完善省市县乡村五级公共卫生事件信息报告网络系统的同时,健全传染病和不明原因疾病、动植物疫情、植物病虫害和食品药品安全等公共卫生事件监测系统。

(2)预警机制

预警机制是指根据对突发事件的预测信息和风险评估结果,依据突发事件可能造成的危害程度、紧急程度和发展趋势,确定相应预警级别,发布相关信息、采取相关措施的机制。其实质是根据不同情况提前采取针对性的预防措施,或减轻危机所造成的损害。突发事件的预警机制具有预报和警报的功能。具体包括如下内容:

①预警级别制度。

按照我国预警制度,对自然灾害、事故灾难和公共卫生事件的预警级别分为一级、二级、三级和四级,分别用红色、橙色、黄色和蓝色标示,一级为最高级别。可以预警的自然灾害、事故灾难和公共卫生事件的预警级别。针对不同突发事件的性质、机理、发展过程不同,各类突发事件预警级别在专项预案中规定了统一的划分标准。

预警机制是在突发事件发生之前对事件的预报、预测及提供预先处理操作的重要机制,主要包括以下内容:

a. 对预警范围的确定。需要严格规定监控的时间范围、空间范围以及监控对象范围。

b. 预警级别的设定及表达方法的规定。如香港对暴雨的预警分成了多个以不同颜色表示的级别。美国核安全管理委员会对突发事件制定了 5 种警戒级别,按照从轻微到严重的顺序,分别以 5 种颜色表示。

c. 紧急通报的次序、范围和方式的规定。发生突发事件之后,第一时间以及之后应该按照顺序通知的机构和人,以及通知的方式。

d. 突发事件领域与范畴预判。对突发事件涉及到的领域和范畴进行预判,初步对突发事件给出一个类别和级别,以便于与应对预案相匹配。

各类突发事件都应当建立健全预警制度。目前我国的预警级别设定还仅限于自然灾害、事故灾难、公共卫生事件。考虑到社会安全事件的特殊性,如社会敏感程度,紧急程度、发展态势和可能造成的危害程度不易预测的特点,未要求社会安全事件必须划分预警级别。预警级别并不等同于突发事件的分级，预警级别的确定往往是预测性的，并不是实际结果，一般是突发事件还处于未然状态，而突发事件的分级则是确定的，是基于突发事件已然状态的划分，预警级别和实际发生的突发事件的应急响应级别分级标准不一定一致，需要负责统一领导或者处置的人民政府根据实际情况及时进行调整和确定。另外，确定预警级别的依据主要是突发事件的紧急程度、发展态势和可能造成的危害程度，而突发事件的分级主要是按照社会危害程度、影响范围来划分。

②预警警报的发布制度。

原则规定，突发事件发生地的县级政府享有预警警报的发布权，但影响超过本行政区域范围的，应当由上级政府发布预警警报。确定预警警报的发布权应当遵守三项原则，即属地为主的原则、权责一致的原则、受上级领导的原则。

③不同级别预警警报发布后应采取的措施。

不同级别的预警警报代表了不同的危险警示程度和应该采取的相应预防措施。由于一二级预警级别高，发生灾难后所造成的危害大，相应采取的预防措施也更紧迫，要求也更高；三四级预警级别较低，相应采取的措施也要比二级预警幅度和急切程度小一些。下面我们分别就一二级预警和三四级预警各自应该采取的具体预防措施介绍如下：

a. 一二级预警

根据我国对突发事件预警级别的规定，一二级预警级别指的是“特别严重”和“严重”两个级别，分别用红色和橙色表示。发布一级、二级警报，意味着事态到了一触即发的态势，人民群众的生命财产安全即将面临威胁。针对这两个级别的预警，政府的应对措施主要是对即将面临的灾害、威胁、风险等做好早期应急准备，并实施具体的防范性、保护性措施。这些措施主要有：

——责令应急救援队伍、负有特定职责的人员进入待命状态，并动员后备人员做好参加应急救援和处置工作的准备；

——调集应急救援所需物资、设备、工具，准备应急设施和避难场所，并确保其处于良好状态、随时可以投入正常使用；

——加强对重点单位、重要部位和重要基础设施的安全保卫，维护社会治安秩序；

——采取必要措施，确保交通、通信、供水、排水、供电、供气、供热等公共设施的安全和正常运行；

——及时向社会发布有关采取特定措施避免或者减轻危害的建议、劝告；

——转移、疏散或者撤离易受突发事件危害的人员并予以妥善安置，转移重要财产；

——关闭或者限制使用易受突发事件危害的场所，控制或者限制容易导致危害扩大的公共场所的活动；

——法律、法规、规章规定的其他必要的防范性、保护性措施。

在这个阶段采取的应对措施，既有助于防止和减少灾害损失，又有助于防止和减少对公民权利和正常的生产生活秩序造成一定程度的负面影响。依据我国《突发公共卫生事件应急条例》的有关规定，国务院有关部门和县级以上地方人民政府及其有关部门，应根据突发公共卫生事件应急预案的要求，保证应急设施、设备、救治药品和医疗器械等物资储备；县级以上各级人民政府应当加强急救医疗服务网络的建设，配备相应的医疗救治药物、技术、设备和人员，提高医疗卫生机构应对各类突发公共卫生事件的救治能力；市级以上地方人民政府，应当设置与传染病防治工作需要相适应的传染病专科医院，或者指定具备传染病防治条件和能力的医疗机构承担传染病防治任务。根据《价格法》有关规定，当重要商品和服务价格显著上涨或者有可能显著上涨，国务院和省、自治区、直辖市人民政府可以对部分价格采取限定差价率或者利润率、规定限价、实行提价申报制度和调价备案制度等干预措施。这些制度和措施实际上都是在危机来临之前的应急反应，属于应对危机的预备措施，在很大程度上能够起到抑制危机爆发的作用。根据《银行业监督管理法》有关规定，银行业监督管理机构发现可能引发系统性银行业风险、严重影响社会稳定的突发事件的，应当立即向国务院银行业监督管理机构负责人报告；国务院银行业监督管理机构负责人认为需要向国务院报告的，应当立即向国务院报告，并告知中国人民银行、国务院财政部门等有关部门。

b. 三四级预警

根据我国对突发事件预警级别的规定，三四级预警级别指的是“较重”和“一般”两个级别，分别用黄色和蓝色表示。通过监测等措施，在比较准确地判断突发事件即将发生时，有关政府应当根据突发事件发生的紧急程度、发展态势和可能造成的危害程度，发布相应的预警级别。其中，三四级预警是比较低的预警级别。发布三四级预警级别后，预警工作的作用主要是及时、全面地收集、交流有关突发事件的信息，并在组织综合评估和分析判断的基础上，对突发事件可能出现的趋势和问题，由政府及其有关部门发布警报，决定和宣布进入预警期，并及时采取相应的预警措施，有效消除产生突发事件的各种因素，尽量避免突发事件的发生。

三四级预警级别发布后应该采取的措施基本是一些强化、预防、警示性和劝导性的措施，总体目的是为了强化日常应急工作，做好预防、准备工作和其他有关的基础性工作，力求将可能发生的危机损失减至最小。这些措施主要有：

——启动应急预案。采取有效措施加以应对，并指导全社会共同协作，共同应对危险局势。

——责令有关部门、专业机构、监测网点和负有特定职责的人员及时收集、报告有关信息；向社会公布反映突发事件信息的渠道，加强对突发事件发生、发展情况的监测、预报和预警工作，并对早期发现的潜在隐患以及突发事件可能发生的时间、规模、危害程度、发展态势，依照规定的程序和时限及时上报，为应急处置工作提供依据，做好准备。

——组织有关部门和机构、专业技术人员、有关专家学者，随时对突发事件信息进行分析评估，预测发生突发事件可能性的大小、影响范围和强度以及可能发生的突发事件的级别。这项工作不仅对有关部门和应急处理技术机构准确掌握危机事件的客观规律提供有益帮助，而且也为可能发生的突发事件的分级和制定应急处理工作方案提供可靠依据。

——定时向社会发布与公众有关的突发事件预测信息和分析评估结果，并对相关信息的报道工作进行管理。发布预报和预警信息是政府的一种权力，也是政府的一项重要责任。基于突发事件的紧迫性和对人民生命财产的重大影响性，及时准确发布灾害预报、预警信息，可以在一定程度上为挽救人民生命财产提供有效保障，这同时也是满足公民知情权的需要。另外也应该看到，我国目前虽然已经初步建立了预报、预警信息发布机制和体系，但缺乏明确的问责制度建设，难以实现对危机预警工作失职或失误的现象进行充分有效遏制，因此还应当加强对相关信息报道的管理。

——及时按照有关规定向社会发布可能受到突发事件危害的警告，宣传避免、减轻危害的常识，公布咨询电话。突发事件的来临和可能造成的危害一般都有一定的可预见性和可防范性，政府有责任向社会发布可能受到突发事件危害的警告，宣传应急和防止、减轻危害的常识。从而为提示全社会各方面提前做好应急准备和防范工作。

其中最重要的措施有三项:风险评估措施,即做好突发事件发展态势的预测;向公众发布警告,宣传避免、减轻危害的常识,公布咨询电话;对相关信息报道工作进行管理。

考察国际上一些发达国家应急预警的措施,主要包括如下内容:信息分享;细节性的演习;随着客观条件的变化而随时修改应急计划;在各个合作单位之间制订互助计划;准备和维持应急计划所需的人力、物力;对公众进行教育警示;使应急反应系统的工作人员和公众对现实以及将来的灾难有充分的了解和把握;综合制订并协调应急计划等。

c. 预警的调整和解除

针对突发事件的应急管理是属于非常状态下的非常规管理,而人们所希望的社会当然是常规管理状态下的正常社会。预警的调整和解除实质上是以常规社会状态为基本参照的调整性或恢复性管理措施。突发事件具有不可确定性,当紧急情势发生转变时,行政机关的应对行为应当适时作出调整并发布给公众知晓,这不仅是应对突发事件的现实需要,也是降低危机管理成本、保护行政相对人权益的有益举措。对任何突发事件的应对,不能只考虑行政机关的应急管理需要,还必须考虑要尽量避免行政紧急权力对现存国家体制、法律制度和公民权利的消极影响和冲击。行政紧急权力的设计和使用,应当受到有效性和正当性两方面的规范与制约,当突发事件的情势发生改变之后,如果政府方面还在继续采用紧急情势下的应急措施,不仅不能有效地应对危机,而且还会加大滥用行政紧急权力的可能性,并因此可能会引起社会的不满。这就要求有关应对机关应当根据危机状态的发展态势分别规定相应的应对措施,并根据事件的发展变化情况进行适时地调整,在突发事件平息之后要及时解除预警,恢复社会秩序。就是说,在应急预警阶段,预警级别的确定、警报的宣布和解除、预警期的开始和终止、有关措施的采取和解除,都要与紧急危险等级及相应的紧急危险阶段保持一致性和呼应性。即便是具有极其严重社会危害的最高级别的突发事件,也同样具有不同的发展阶段,并不需要在每一个阶段都采取同样严厉的应对措施。所以,当突发事件的事态发展一旦出现了变化,或者有事实证明不可能发生突发事件,或者认定危险已经解除的,发布突发事件警报的人民政府应当适时调整预警级别并重新发布,同时立即宣布解除相应的预警警报或者终止预警期,解除已经采取的有关措施。这不仅是有效应对突发事件、提高行政机关应对能力的要求，而且也是维护应急法治原则和公民权利的需要。

(3)信息发布机制

《中华人民共和国突发事件应对法》规定，履行统一领导职责或者组织处置突发事件的人民政府，应当按照有关规定统一、准确、及时发布有关突发事件事态发展和应急处置工作的信息。这就要求对可能发生和可以预警的突发事件要提前进行预警，在规范预警标识的基础上，制定相应的发布标准，并明确规定相关政府、主要负责单位、协作单位应当履行的职责和义务；其次要建立广泛的预警信息发布渠道，充分利用广播、电视、报纸、电话、手机短信、街区显示屏、互联网、板报宣传栏等多种形式发布预警信息，确保广大人民群众第一时间内掌握预警信息，使他们有机会采取有效防范措施，达到减少人员伤亡和财产损失的目的。同时还要确定预警信息的发布主体，作为预警信息发布主体的有关政府要及时发布预警信息，并保证信息发布的权威性和连续性，信息发布一定要做到及时、准确、客观、全面，要引导舆论导向，及时澄清谣言流传，安定民心，减少公众的疑虑，并及时更新有关危机事件的新信息，让公众随时了解事态的发展变化，以便主动参与和配合政府的应急管理，为彻底解决群体性事件创造良好的外部环境，这是由危机事件发展的动态性特点决定的。因此，当预警的突发事件即将发生或者发生的可能性增大时，有关政府应当依法发布相应级别的警报，决定并宣布有关地区进入预警期，同时向上一级政府、当地驻军和可能受到危害的毗邻或者相关地区的政府报告或通报。

3. 处置机制

处置机制的启动是在突发事件已然发生之后所要采取的应对措施，目的是最大限度地减少人员伤亡和财产损害，防止事态扩大、蔓延以及次生、衍生事件的发生。履行统一领导职责或者组织处置突发事件的人民政府应当针对其性质、特点和危害程度，立即组织政府有关部门、下级人民政府和其他有关单位，指挥和调动应急救援队伍和社会力量，根据实际情况与需要采取各类应急措施。

对突发事件的应急处置，应该遵循以下原则：

①分类分级原则。既包括对突发事件的分类分级，也包括对相应的保障机构的分类分级，并依据对这两方面的分类分级的结果进行合理调配，科学

处置。

②预案核心原则。需要根据应急预案来决定采取相应措施,按计划步骤、程序和方法进行处置。

③生命优先原则。在突发事件处理过程中,必须始终坚持"以人为本",救助和保护人的生存权为应急处理过程中第一要务。

④机构协同与依法授权。处置突发事件一般都需要机构、部门及社会组织的协同配合,要注意提高这种协同配合的合作效率,避免在应急状态下出现调动无力或相关救援组织未能获得合法授权等情况。

⑤特定处理原则。当有些突发事件涉及到国家安全等特定的问题时,还需要按照法律规定采取另外的处理措施。

当然,根据突发事件的类型、性质、特点、规模和危害影响程度等方面的不同,所采用的处置措施也会相应有所不同。以下是在应急处置环节上,针对不同突发事件的类型而应该采取的具体措施。

(1)自然灾害、事故灾难和公共卫生事件应急处置措施

突发事件发生后,承担处置突发事件职责的各级人民政府应当立即组织有关部门、下级人民政府和其他有关单位,针对自然灾害、事故灾难或者公共卫生事件的应急处置主要有如下一些措施:

①组织营救和救治受害人员,疏散、撤离并妥善安置受到威胁的人员以及采取其他救助措施;

②迅速控制危险源,标明危险区域,封锁危险场所,划定警戒区,实行交通管制以及其他控制措施;

③立即抢修被损坏的交通、通信、供水、排水、供电、供气、供热等公共设施,向受到危害的人员提供避难场所和生活必需品,实施医疗救护和卫生防疫以及其他保障措施;

④禁止或者限制使用有关设备、设施,关闭或者限制使用有关场所,中止人员密集的活动或者可能导致危害扩大的生产经营活动以及采取其他保护措施;

⑤启用本级人民政府设置的财政预备费和储备的应急救援物资,必要时调用其他急需物资、设备、设施、工具;

⑥组织公民参加应急救援和处置工作,要求具有特定专长的人员提供服务;

⑦保障食品、饮用水、燃料等基本生活必需品的供应；

⑧依法从严惩处囤积居奇、哄抬物价、制假售假等扰乱市场秩序的行为，稳定市场价格，维护市场秩序；

⑨依法从严惩处哄抢财物、干扰破坏应急处置工作等扰乱社会秩序的行为，维护社会治安；

⑩采取防止发生次生、衍生事件的必要措施。

(2)社会安全事件应急处置措施

社会安全事件是指由各种社会矛盾引发的，危害社会稳定，干扰正常的工作秩序、生产秩序、教学科研秩序和社会秩序，并形成一定的规模，造成一定社会影响的事件。针对社会安全事件应急处置应该采取如下一些措施：

①强制隔离使用器械相互对抗或者以暴力行为参与冲突的当事人，妥善解决现场纠纷和争端，控制事态发展；

②对特定区域内的建筑物、交通工具、设备、设施以及燃料、燃气、电力、水的供应进行控制；

③封锁有关场所、道路，查验现场人员的身份证件，限制有关公共场所内的活动；

④加强对易受冲击的核心机关和单位的警卫，在国家机关、军事机关、国家通讯社、广播电台、电视台、外国驻华使领馆等单位附近设置临时警戒线；

⑤法律、行政法规和国务院规定的其他必要措施。

当危害社会治安秩序的事件发生时，公安机关应当立即依法出动警力，根据现场情况依法采取相应的处置措施，尽快使社会秩序恢复正常；公安机关一方面要慎用警力，慎用强制性措施，一方面要看清形势，把握时机，掌握分寸，在出现严重危害事件或发现事件明显存在朝恶性方向发展的趋势时，应该坚决果断采取强制措施，以控制事态，恢复正常社会秩序。

(3)严重经济事件应急处置措施

所谓严重经济事件，主要指严重影响国民经济运行的突发事件，包括影响全国或某一局部地区的经济秩序稳定的事件，妨碍国民经济正常运行的事件，对社会经济安全构成威胁的各类经济危机事件。如银行挤兑、股市暴跌、技术故障、金融机构倒闭、境外金融冲击、金融危机、上市公司财务造假以及由其他突发事件导致的金融危机事件等。

严重影响国民经济运行的突发事件是一种比较复杂的社会经济危机现

象，具有较强的传染性和扩散性，一旦危机爆发，涉及范围往往从某点位迅速扩散至某个区域，某个国家或几个国家，甚至演变成全球性经济危机。这类事件对社会经济运行和发展具有巨大的破坏力和持久性，可以在更深层次上破坏整个市场经济秩序，甚至引发政治动荡和社会骚乱等其他各种社会性危机。其严重后果决不会低于某些自然灾害给人们带来的影响和冲击，所以，各国政府对此都高度重视，并就此采取了一系列应对措施。各国一般都采取财政、金融、价格管制、外汇管制等保障行和控制性应急措施，以有效维护社会经济安全，保障人民群众的基本生活需要和经济运作。需要强调的是，建立经济类危机事件的应急机制是一项复杂而艰巨的系统工程，这项工程的内容包括开展深化金融体制改革、完善金融技术系统、完善金融监管体系、建立统一的应急贷款机制和财政机制、加强国际合作等基础性工作。目前，我国正处于经济转型期，资本市场正处于发展的关键期，所以有必要总结发达国家和一些发展中国家和地区处置证券市场、金融市场危机的经验，逐步解决金融市场中的结构性问题，不断完善经济安全事件中的有关应急处置机制。

（4）应急处置和依法行政

我国应急预案、应急体制、机制和法制是在总结我国多年来的应急实践和借鉴国外先进经验的基础上建立起来的，虽然起步较晚，但在发展的速度和在集大成方面却占有一定的优势。我国的应急机制是在预案的推动下、在体制的保证下、在法制的规范下运行的。就是说，应急机制是一个贯穿突发事件整个应对工作的动态链条，这个链条的建立和运行是以应急预案作指导、以应急体制作保障，以应急法制做规范的运动系统，所以，在讨论应急机制包括应急处置机制时，必不可少的要涉及到应急预案、应急体制和应急法制建设问题。那么，我国的应急处置机制有哪些环节可以保证其始终能够在法律规范的轨道上做到统一、灵敏、高效地运行呢？

①应急处置工作要坚持“行政机关主导”的原则。

在突发事件应急发生后，国务院各部门、地方各级人民政府及其部门是履行应急处置职责的实际主体之一，承担着若干具体的实施工作。我国特有的行政机关的层级性、隶属性为有效应对突发事件提供了统筹协调、政令通畅的体制性保障，行政职能的统一和贯通等本质属性也决定了各级人民政府在突发事件处置方面具有较强的应急能力。我国应急法律中也明确规定了各级人民政府作为应急处置工作的责任主体，即在突发事件的应急处置工作中坚持

“行政主导、效率优先”的原则，强化了各级人民政府及其工作人员的责任意识，从而保证了应急处置机制的统一高效。

②应急处置工作要坚持“统一领导”的原则。

在突发事件应急处置工作中，当前世界各国的普遍做法是确立统一的领导和协调机制。我国也明确提出了坚持“统一领导”的原则。我国在应对突发事件方面，各种职责分属若干个不同部门，人力、物力、财力资源比较分散，而且各级政府之间的应急职权与责任划分不明，很容易导致依赖思想以及推诿扯皮等严重影响应急效率的现象发生。因为现场处置是整个突发事件应对过程中的关键环节，包括控制现场、抢救伤亡人员、保护财产、紧急决策、消除危害和危险源、善后处理等一系列重要工作，其紧急性、复杂性、艰巨性，更需要有一个坚强统一的领导机构，从而实施现场处置指挥和统筹安排的有效性。因此，法律规定了统一的突发事件领导和协调机制，要求履行统一领导职责或者组织处置突发事件的人民政府，应当立即组织有关部门，调动应急救援队伍和社会力量，整合各个方面的资源，及时、有效地采取应急处置措施。突发事件应急处置的“统一领导”，大大提高了应急快速反应能力，为应急处置机制的高效运转提供了体制性保障。

③应急处置措施要坚持“效率优先”的原则。

任何工作都要讲究效率，应急处置工作当然也不例外。应急工作的效率主要体现在两个方面，一是应急工作的处置进度，快速的处置进度既是突发事件紧急性、严重危害性和广泛影响性决定的必然要求，也是对各级政府应急能力的严峻考验。二是应急工作所付出的行政成本和社会成本。对突发事件的处置，要尽可能降低两方面成本，其一是要争取以尽可能低的行政成本达到有效平息事态的目的，其二是要以尽可能低的行政相对人的利益损害，来达到有效控制危机局面的目的，这两方面的成本指标也是衡量政府应急处置能力高低的重要标准。

④应急处置措施要坚持“于法有据”的原则。

应急处置工作是在两个层面的法律关系下进行的，在以应急法律法规为原则的前提下，尽可能尊重和维持常态法律法规的严肃性。政府所采取的应急处置措施一定要处理好相关法律法规之间的关系。一是要使每一项应急措施都要做到于法有据，依法行政。二是要解决好行政紧急权力实施过程中的具体法律规范问题，以保障各项应急处置措施的实施具有合法性，符合法定的行使主体、权限、程序、监督等具体规定,同时也应该尽可能减少行政相对人的利益损害,尽可能保证公民的基本权利不受或少受到应急工作的负面冲击和影响,这既是对各级政府坚持执政为民理念的一次检验,也是对各级行政主体法律素质的一次考评。

⑤应急处置工作要坚持“以预案为指导”的原则。

鉴于突发事件的复杂性、破坏性和紧迫性原因,使应急处置措施既要求做到快速高效,并要求做到合理、有效、有序。要保证合理、有效、有序,就应该首先要以应急预案作为工作指南,做到方寸不乱,行动不慌,措施合理、适度、有效。行政机关的紧急权力和紧急措施,是国家有效应对突发事件的主要手段,也是突发事件应对法的主要规范对象。应急法制建设和总体预案建设的重点之一,就是寻找和确定在应急环境下实行依法行政的基本平衡点,不但可以防止行政紧急权力滥用和保障公民权利不受损害,而且还可以使行政机关的紧急权力和紧急措施能够合理、有效、有序地控制和消除突发事件导致的危机状态。

针对各类突发事件的应急预案都是按照合理、有效、有序的原则编制的。在进入应急处置阶段,要做到合理、有效、有序地处置突发事件,必须把握好如下几个方面的问题。

a. 把握好应急处置与行政紧急措施性质的一致性

处置突发事件通常要采取非常规应急管理手段和行政紧急措施,这样就难免会打破日常社会秩序的常规,甚至打破常态法律所维持的原有社会关系基础。为了把握在处置突发事件的非常状态下的法律约束方式和约束程度,我们可以按照对公民权利影响的法律性质,将行政紧急措施分为五类:即应急救助和安置、应急控制、应急保障和保护、应急征用和征调以及应急限制和禁止。显然,前三类措施是政府为公众提供的利益和服务,强调政府应该而且必须履行的法律义务。后两类措施是非常状态下对公民义务的临时增加和对公民权利的临时限制,这就要求政府在行使紧急权力时必须谨慎把握尺度,并应当受到特别严格的法律约束,在行使紧急权力时要符合特别授权规定以及严格的适用条件、程序等要求。紧急权力是常态行政权在非常状态下的急剧扩张,必然迫使公民基本人权的被动克减,要解决这一矛盾问题,就必须处理好常态法律与应急法律之间的辩证关系。

b. 把握好应急处置与紧急危险程度的一致性

突发事件的危险程度往往决定使用处置措施的力度。我国对各类突发事件分为特别重大、重大、较大和一般四级，相应地，政府应对突发事件的控制力度和行动尺度也要有所差别，一般应根据依法确认的突发事件级别，采取适合于相应级别的行政紧急措施。例如戒严、宵禁、强制隔离、强制治疗等行政紧急措施是应急处置的较高形式，对公民的权利限制和约束也比较多，影响比较大，因此只能适用于社会危险性特别严重的突发事件。

c. 把握好应急处置与紧急危险阶段的一致性

任何一种突发事件都有一个发生、发展或扩大、蔓延的过程，或是由轻微到逐渐严重的过程，各阶段的危险程度是不一样的，与各阶段的危险程度相适应，应急处置措施也有一个由警示、引导、劝告、警戒、控制、隔离或采取其他强制手段的逻辑跟进，直到事件缓解和平息，应急措施也跟着松动或解除。因此，突发事件的应对过程可以划分为预警期、应急处置期和缓解期等不同阶段，在不同的阶段应当采取相应的行政紧急措施，决不能在每一个阶段都采取同样严厉程度的处置措施。

d. 把握好应急处置与紧急危险类别的一致性

任何一种突发事件对社会的危害范围和威胁程度都是不一样的，有的甚至可以迅速蔓延并影响社会的多个领域。哪一类突发事件危害大，影响范围广，哪一类突发事件危害和影响相对较小，各级政府和决策者应该做到心里有数，并根据危险类别和危险性质选择不同的应急处置措施。这就是说，采取行政紧急措施必须与突发事件的危险类别和危险程度相一致，这样才能避免行政紧急措施的误用和行政资源的浪费，也能避免引起不良的社会影响。发生地震或洪水等自然灾害事件时，政府的主要应急措施是帮助公民疏散并撤离危险区域，但这一措施却在一定程度上限制了公民居住地点的自由选择权利，显然，这种行政紧急权力只有在非常状态下才能使用，其使用条件是有严格限制的，是在常态法和应急法的双重规范下选择的一种平衡点。

4. 善后机制

突发事件的波峰过去以后，为尽快恢复正常秩序，弥补耽误的日常工作，就必须适时运用善后机制。善后机制是指突发事件的紧急情况被控制后，政府及其管理者致力于恢复与重建工作，尽力将社会财产、基础设施、社会秩序和社会心理恢复到正常状态的过程及其为此而采取的联动措施和办法。

建立突发事件的善后机制的主要目的是为了避免危机事件的次生、衍生和再生，开展好灾后恢复与重建工作，重新创造正常的生产、生活秩序并帮助灾民建立信心。

突发事件对社会或组织生存和稳定的破坏力大大超过了正常的水平，造成组织或社会整体或某一局部的失衡和混乱，一定范围内的人群失去了和谐安定的社会环境，生活在高度的不稳定之中。

特别是那些由于社会与政治原因而引起的灾难，如社会动乱、民族骚乱、恐怖活动等，政府方面往往派遣国家的武装力量、治安警卫系统及其他有关紧急救援的部门和单位参与处置，在突发事件的紧张时期动用军队实行宵禁，宣布国家或国家的某一地区处于紧急状态，有时会引发国家政治、经济和社会的动荡，造成社会结构和功能的畸形发展，甚至导致经济和社会发展的停顿。

因此，在突发事件事态得以完全被控制，或即将得到圆满解决的时候，为尽快恢复社会结构和功能的正常运转，政府及其他突发事件管理者应当根据特定的突发事件情势的发展，规定和限制政府及其他组织的突发事件管理权限，尽快结束公共紧急状态，取消非常态的控制方式、措施，如戒严、宵禁、军事管制等极端强制的手段。及时组织开展事后恢复与重建工作，减轻突发事件造成的损失和影响，尽快恢复生产、生活、工作和社会秩序，妥善解决处置突发事件过程中引发的矛盾和纠纷，要以突发事件的解决为契机，进行危机后的恢复重建与突发事件负责人的责任追究，恢复民众生活信心，巩固突发事件管理的成果，防止突发事件的重复与反弹。

(1)善后机制的主体构成

善后机制的主体构成要件主要包括以下五个系统：

①信息系统：继续追踪和掌握事态发展的有关信息，尤要注意观察势态有无反复迹象。

②体制系统：原有体制系统继续担负善后工作领导与指挥职责，统率相关系统开展扫尾工作。

③制度系统：按照相关法律法规和预案要求有规范有步骤地做好善后工作。

④执行系统：负责善后工作安排的具体落实与执行。

⑤监控系统：由有关领导、新闻舆论、相关社会组织和利益集团组成，密切关注善后工作，监督有关政策和措施的最后落实情况。

(2)善后机制的客体构成

善后机制的客体构成要件主要包括以下四个方面:

①善后人员的确定:大部分临时调集的人员撤离后,确定少数负责善后工作的人员。

②善后资源保障:为彻底解决相关问题而调用必要的相关资源。

③协议的执行:按照处置中已达成的有关协议,进行工作落实。

④责任的追究:着手追究有关组织和人员的相关责任。

(3)善后机制的联动措施

善后机制也必须是一个有机运行的联动系统,是一个环环相扣的运动链条,每一个环节和链条既有先后顺序和措施推动,又有规范程序和责任保障。善后机制一般包括以下几个环节的工作措施。

①停止应急处置措施。

突发事件的紧急情况被控制以后,意味着应急响应阶段已经过去,除了保留一些有必要继续执行的相关处置措施外,应停止执行有关应急响应阶段的处置措施。这就是说,为了应对突发事件,履行统一领导职责或者组织处置突发事件的人民政府启动响应与处置的措施应当及时,同时,终止决定也应当适时作出。这既是减少和避免行政成本产生不必要浪费的现实需要,也是尽快达到恢复社会秩序的必要保证。在实践中,需要根据突发事件的性质、特点、影响程度和实际情况,来确定停止执行应急处置措施的时间。需要说明的是,作出停止应急处置措施的决定后,应当以适当方式向社会公布,让人民群众普遍知晓,以利于恢复社会正常秩序和生活。

应急处置措施的停止并不等于应急处置工作已经完全终结,而是恢复原有社会秩序和创建新生活的开始。应急处置措施之所以要停止执行,是因为突发事件及其影响已经得到了有效的控制,继续执行这些措施已经没有必要,甚至是一种浪费。但这并不意味着导致突发事件的原因已经彻底消除,也不意味着与此相关的所有危险隐患已经被清除殆尽。为了巩固应急处置阶段的成果,在停止实施应急处置措施后,仍然应当根据实际情况需要继续采取有关必要措施,以防事件出现次生、衍生和再生的危险。

②及时开展评估工作。

在停止应急措施之后的第一步是首先做好评估工作,即对突发事件造成的损失进行评估,这是恢复重建工作的基础和前提,目的是要根据损失确定恢复重建什么、恢复多少内容,恢复重建到什么程度等等。评估内容可分为风险评估、损失评估、影响评估和管理评估等方面的内容。做好评估工作要把握好几个原则:

a. 及时评估原则,要在突发事件处置工作结束后,尽快组织人员进行评估,以便掌握最客观、最准确的信息。

b. 全面评估原则。评估工作要覆盖到突发事件所涉及的所有区域、所有人员与所有事项之中,既要包括直接损失,也要包括间接损失;既要包括物质损失,也要包括心理损害。

c. 客观评估原则。评估工作涉及到各方面的利益,只有做到客观才能做到公正,所以评估工作必须严肃评估纪律,防止弄虚作假。而且要不断改进评估方法,可以由独立的、有经验有信誉的评估机构进行评估。

d. 民主评估原则。在评估过程中,要充分发扬民主,要广泛听取包括专家和群众的意见和建议,自觉接受人民群众的监督。

③妥善做好安抚工作。

在评估工作结束之后要妥善做好安抚工作。安抚工作主要是制定实施救助、补偿、抚慰、抚恤、安置等安抚计划,妥善解决因处置突发事件引发的矛盾和纠纷,以利于安抚人心,尽快恢复人民群众的正常生活。

救助主要是指对突发事件导致的伤病人员给予的医疗、物质等方面的救济和帮助。因突发事件导致一些群众的生存状态和生活能力受到严重影响,有的还可能致伤致残,急需救助。地方人民政府要采取多种措施,保证人民群众最基本的生活条件和就医条件。对确有困难的,政府要根据实际情况和有关法律规定负担生活医疗费用和解决实际困难问题。

补偿主要分两种情况的补偿,一种是对应对突发事件时财产征用的补偿,一种是对依法采取的财产处分行为的补偿。按照法律规定,为了有效应对突发事件,有关人民政府及其部门可以征用单位和个人的财产。被征用的财产在使用完毕或者突发事件应急处置工作结束后,应当及时返还;财产被征用或者征用后毁损、灭失的,应当给予补偿。在实践中,首先要依照相关法律、法规和规章的规定进行补偿。如果没有明确规定的,通常应当按被征用财物等价或者是毁损实际价值补偿。需要说明的是,补偿一般不及于可得利益损失。对依法采取的财产处分行为的补偿,主要是指按照有关法律、法规规定,在发生特定公共卫生事件时,要时一些财物进行强制性处理,从而损害单位、个人的利益，需要给予补偿。

抚慰是指对受到突发事件影响的民众进行心理引导，帮助他们尽快摆脱恐惧心理及紧张状态。突发事件带给人类的不单单是物质损害，还包括心理损害。心理损害又分为短期损害（如恐惧、悲观、厌烦、埋怨、对抗等）和长期损害（心理创伤）。人们以前只是关注物质方面的恢复重建，不太关注受害群体的心理恢复与重建。这就需要政府部门要根据受害群体的心理损害程度、影响范围等实际情况，及时安排诸如心理医生、临床心理学家、心理治疗师、心理咨询员等亲临现场，对幸存者实施心理救助，缓解紧张焦虑情绪，抚慰精神创伤，重建生活信心。实践证明，注重事后心理引导，可以避免引发很多后遗症。

抚恤是针对在突发事件及其应对过程中的因公受伤或致残的人员，或因公牺牲以及病故的人员的家属进行安慰并给予物质帮助。抚恤分为伤残抚恤和死亡抚恤两种。应急处置工作结束后，应当按照包括《公务员法》、《军人抚恤优待条例》等在内的法律法规，给予有关人员以物质抚恤。

安置主要是指对那些在突发事件中失去住房的人员或家庭提供居住条件。在恢复重建工作中，首先应当及时为受灾人员提供临时居住场所。然后要尽快开展住房重建工作。重建住房，应当坚持以下几个原则；一是重建住房工作及时展开。居住是人类的基本保障，也是恢复重建工作的主要内容之一。二是重建费用要坚持灾民自救与政府补助相结合。要从实际出发，根据受灾程度、经济实力和评估结果等不同情况，合理确定灾民建房补助标准。三是科学规划，合理安排。要按照安全、就近、节约、适宜等原则，做好住房重建规划工作。比如重建住房的选址上要尽量选择不易受洪水或地质灾害等威胁的地方。四是要发挥灾民自身力量，调动灾民重建积极性。从规划、选址到建设，重建工作的每一个环节都离不开灾民的积极参与，要充分发挥灾民的自主性。

④落实恢复重建计划。

突发事件打破了原有的生产、生活秩序，使人们处在不稳定甚至不安全的状态之中。因此，应急处置措施结束后，善后工作的最大目标就是抓紧时间恢复生产、生活、工作和社会秩序，修复公共设施。政府在有效履行自身职责的同时，要鼓励、号召人民群众自力更生、克服困难。要积极组织、协调有关部门，修复被损坏的交通、通信、供水、排水、供电、供气、供热等公共设施。对因突发事件而陷入生产经营困境的企业，要根据实际情况给予必要的支持和帮助。

恢复重建计划的制定,应急处置措施停止执行后,在组织受影响地区尽快恢复生产、生活、工作和社会秩序的同时,要抓紧着手制定恢复重建计划。恢复重建计划的制定要遵循如下程序:

a. 确定恢复重建计划的制定人。恢复重建计划由履行统一领导职责的人民政府制定。

b. 撰写恢复重建计划的内容。恢复重建计划的内容一般包括三部分内容:第一部分是介绍应对突发事件的基本情况。第二部分是突发事件造成的影响和损失。第三部分是已经开展的工作和下一步的工作安排,包括基础设施和住房重建、事故善后处置、疫情防治补偿、心理干预、事故调查处理等。

c. 办理恢复重建计划的审查。重建恢复是经济社会生活中的一件大事,履行统一领导职责的人民政府应当将恢复重建计划报上一级人民政府审查。上一级人民政府在接到报告后,应当尽快进行审查并做出决定。重建恢复计划经上级人民政府批准后,履行统一领导职责的人民政府应当尽快做好组织实施工作。

⑤请求上级指导援助。

受突发事件影响地区的人民政府开展恢复重建工作需要上一级人民政府支持的,可以向上一级人民政府提出请求。上一级人民政府应当根据受影响地区遭受的损失和实际情况提供必要的援助。

⑥考虑申请优惠政策。

对于受灾比较严重的地区,在恢复重建和行业发展方面,可以考虑向国家申请优惠政策。国务院根据受突发事件影响地区遭受损失的实际情况,制定扶持该地区有关行业发展的优惠政策。

(4)应急工作总结

各级政府应急管理水平的不断提升常常得益于对已发生的各类突发事件的经验总结,总结的内容主要包括以下几个方面:

①突发事件发生的原因;

②突发事件的发生过程;

③突发事件应急情况,包括预案的启动情况、体制的运行情况、机制的联动情况、法制的执行情况等;

④突发事件应对中存在的问题和教训;

⑤恢复重建情况；

⑥加强和改进工作的考虑和建议。

履行统一领导职责的人民政府在对对突发事件处置工作进行全面总结后，应向上一级人民政府报告。

五　突发事件的媒体管理原则与措施

当今社会，媒体作为公众了解外界信息的主要渠道，直接涉及影响广大民众，成为一种不可忽视的重要力量，被称为立法、行政、司法之外的“第四种权力”。由于大众传播的公共效应，通常各国大众传媒都是作为公共部门而存在，信息传播权力也是公共权力的一部分，媒体强烈的社会公共色彩，使其承担着舆论导向和稳定社会的职责，成为社会心态的指示器。

由于突发事件的危机性特点极易引起媒体的关注，媒体的报道无疑会成为公众了解事件真相的主要渠道和手段，对公众产生重大影响，恰当处理媒体关系成为突发事件管理的重要内容。受媒体传播自身规律的影响，媒体介于政府和公众之间，形成一种三角互动关系，它既受政府制约，又一定程度上影响政府；既引导公众，又需要满足公众需求。媒体代表公众时刻关注、监视危机处理的进展，可以让公众了解突发事件真相，避免因臆想和谣言造成的恐慌和动荡，对突发事件进行适当控制。媒体通过对突发事件及政府解决危机的态度和举措的报道，不仅可以满足公众知情权需要，稳定公众心理，不致造成恐慌，而且代表政府传达声音，树立其形象，增加公众对政府危机管理措施的信任和支持，有效保障危机的顺利解决。

1. 危机的发展与舆论增长发展过程比较

由于危机与人们的切身利益密切相关，极易诱发舆论；舆论的不正当传播，如受到压抑、扭曲或被利用，也会诱发极端事件。突发事件的发展过程伴随着舆论的参与和推动，出现舆论危机是突发事件升级的标志。而有效引导控制舆论就掌握了突发事件管理的主动权。突发事件具有其生命周期，舆论亦然。

一般来说，突发危机事件的发展大致可以分为前兆、紧急、持久、解决四个阶段。清华大学新闻传播学院刘建明教授把舆论增长分为6个级差：潜在舆论、出现公议、形成舆论对立、舆论强势状态、舆论激化状态。爆发骚乱从舆论发展完整生命周期来说，这6个级差实际也可笼统分为产生、发展、高潮及消退四个阶段，为分析方便，也将舆论发展按此四阶段划分。危机事件发展周期和舆论消长过程可基本对应如下：

（1）前兆（潜在危机）阶段

前兆阶段是突发事件发生前各种危机潜在出现的阶段，如果潜在阶段处理的好，往往会避免危机的发生，否则，危机就会进入下一个阶段。然而，潜在危机大多不能被任何组织激励机制去消除，而有许多激励机制却能够解决危机。潜在危机不易被人发现看到，而危机处理则容易引人注目。政府官僚层级结构特点和代理制特性又往往会使事情发展到危机的程度，才引起高度的重视和得到有效管理。潜在的危机难以根除，这也是我国危机频发的原因之一。

舆论的初发阶段也表现为潜在舆论，人们往往以腹议、肢体意见等体态舆论表达观点或以个别秘议、暗语、牢骚等形式表现出来，此时的舆论为隐蔽性舆论——舆论潜伏状态。同理，潜在舆论也不易引起人们的关注。

（2）紧急阶段

此阶段是危机的快速增长阶段，关键性的事件已经发生，事件演变迅猛、出人意料。

此时舆论出现公议——群体舆论，舆论处于无序状态，出现强烈社会情绪，形成舆论对立、争议状态。这个阶段人们已经意识到危机发生，但此时舆论发展与危机事件发展往往并不同步。舆论容易受到不正当的压制，或被利用和操纵。

（3）持久阶段

此阶段危机事件得到一定控制，但没有得到彻底解决。此时舆论呈强势状态；如处理不当或无法控制，有时可能进一步激化，出现恐慌和动荡，引起聚众行为，如抢购、聚会、游行等，引发社会动乱。舆论处于高温阶段、激化状态。

（4）危机解决阶段

危机事件逐步得到解决，人们的危险感降低，舆论逐渐平息。

2. 舆论传播规律在突发事件管理中的应用

社会危机的发生发展是一个和舆论危机交互发展变化的过程，一些政府公共政策的出台,通常也是由于舆论压力推动的结果。要正确管理危机,减少危机发生和危机损失,达到维护公共利益与安全的危机管理效果,必须关注舆论,尊重舆论自身传播规律。所以,政府要正确应对突发危机威胁,找出解决问题的最佳方案、化解危机的公共政策,需注意以下几个问题:

(1)建立权威信息公开机制

在突发事件发展过程中,信息不对称、不公开造成小道消息及谣言盛行是问题升级的关键所在。对于事关人民切身利益的公共事件,应保障公众知情权,稳定民心,保持社会秩序的良好运转,是危机管理所追求的最佳效果。政府是目前我国社会信息的最大拥有者和权威发布者,所以拓宽政府信息公开的范围和领域,建立日常信息发布机制是关键。危急状态下,更要关注政府信息的及时性、准确性、权威性。重大事件高层领导应及时出面,增强和维护政府公信力,增加政府透明度。

(2)法制化管理

政府危机管理纳入法制化轨道,使政府信息发布有法可依、管理措施有规可循。目前我国并没有信息公开制度和危机管理法规,人治化危机管理较为明显,管理不规范、成本高,并由此引发了人权基本保障等问题。

(3)制度化管理

建立突发事件预警机制及日常危机化解机制。要及时捕捉舆论信号,尽量将危机消除在第一阶段,在日常工作流程中建立危机化解机制。

(4)建立政府与媒体互信关系

在当前信息来源渠道多元化条件下,政府不应将媒体仅看作党和政府的“喉舌”,更要学会建立政府媒体。公众的良性互动互信关系,既要促进新闻自由,又要保持政府信息发布权威。双方良性互动的核心是“互信”,政府应相信媒体具有相应的社会责任感和道德辨别力,不会出于经济利益而盲目炒作危机,并建立相应管理制约措施。媒体作为一种公共资源,理应最大限度地增进公共福利而发挥最大效益。在危机发生中作为政府和公众的代言人,完全可以沟通信心,疏导情绪,起到积极作用,而不是促使危机升级。

(5)迎接网络新媒体传播新挑战

随着互联网、手机短信等新型传播工具的出现,使信息传播更加便捷容易,大大加快了信息的传播速度和范围。政府再也不可能像以往那样控制和封闭信息。互联网等媒体的开放性、互动性、即时性的特征,使信息传播突破了传统媒体的界限，有了在大众间直接点对点、网状传播的可能，对政府信息管理和舆论控制提出了很大的挑战。2003 年春节广州“非典”期间手机短信转发量上亿条，“沈阳宝马撞人案”、“山东某地市长下跪案”等都是先在网上披露引起舆论大哗而后引起政府重视处理的。随着我国经济发展，互联网、手机等的迅速普及，网络等新媒体在传播中作用也越来越大，适应和善对新媒体传播的挑战是政府危机管理的一项重大课题。

3. 危机应对中的媒体传播原则

(1) 责任性原则

很多社会危机的发生，是与地方政府及其工作部门工作失误分不开的，或者说，有些危机的出现当地政府部门是负有直接责任的。因此，危机发生后，许多危机管理者都试图掩盖真相，逃避责任。一旦被公众发现，反而导致问题的升级。所以，危机出现后，政府坦诚承认自己的失误，虚心接受公众的批评，并采取积极有效的挽救和改进措施，取得受害者及社会公众的理解和支持、恢复政府公信力是危机管理的首要工作。这里媒体起着关键作用，承载着无数人的期盼，政府危机管理者应该明白，新闻媒体的公共性特征在某种程度上是代表公众的，真诚、坦率、勇于负责是政府与媒体交流的惟一正确态度，保障社会和公众的知情权是现代媒体责无旁贷的义务和责任。否则，逃避责任、掩盖真相、忽视大众的利益与权力，作为媒体代用品的传闻就会泛滥成灾，只会导致问题升级，甚至带来政府合法性的危机。

(2) 时效性原则

坚持时间第一原则，危机最新、最快信息应由政府或政府授权媒体发布，政府危机管理者要争取舆论主动权。为控制危机事态，稳定社会秩序，避免社会恐慌，危机管理者必须在第一时间发布有关信息，以平息舆论，防止谣言出现，防止媒体为抢独家头条新闻或提高报刊知名度而发表刺激危机局势的新闻消息，激化危机事态。

(3) 指导性原则

由于危机信息发布的敏感性，危机管理者必须有效控制新闻传播的导向，对危机信息发布的时序、方式、渠道等给予指导和控制，防止媒体传播不正确、不全面的信息，误导社会民众，或加剧社会恐惧心理，给危机解决增添不必要的障碍。尤其是在国际交往中，涉及很强的政治敏锐性，许多问题涉及媒体不可能了解的高层决策，把握不当，就有可能因小失大，或给未来事件解决带来不必要麻烦。

(4)真实性原则

真实是危机事件处理中的生命，只有真实的信息才能正确引导公众在危机事态中保持理性，不致产生过激反应和行为。反之，如果信息虚假，公开程度越高，造成的误导和伤害作用亦会越大，也越不利于危机的解决。为了争取民众的支持，恢复政府公信力，政府在向媒体披露数据和情况时，必须坚持真实诚信原则，言行一致，不能前后矛盾，不排除其后修正的可能，对于暂时无法确定或明确的事实，也要坦诚对待。突发事件管理者对于确实不宜公开的情况，要向媒体作出说明情况及原因，以争取其理解和支持。

(5)专业性原则

突发事件管理者不可能每个人都全面了解事态发展的最新信息，也不可能都了解媒体应对技巧。为确保危机信息传达的准确性和连续性，危机管理主体一般应设置专门危机新闻发言人，以保证信息的适时更新和危机信息的准确发布。为确保危机发言人信息的准确性和权威性，危机发言人必须保持与最高决策层的沟通，其本人应有权参与决策。

(6)良性互动原则

部分突发事件管理者对媒体采取怀疑态度，认为媒体把握不好新闻报道的“度”，其为了自身经济利益，会采取哗众取宠的报道方式，缺乏应有的社会责任感等；认为他们只会把事情搞糟。在突发危机事件发生后，个别地方政府、行政执法机关对负面信息采取新闻管制的方法不予报道，造成政府管理不到位，信用缺失，无法最低限度地满足公共利益要求，甚至损害公众利益时，将可能导致流言盛行，甚至将直接挑战其执政合法性。由于新闻媒体作为大众传播工具，有得到危机最新信息的强烈愿望，越是封锁消息，这种愿望越强烈。正规渠道得不到消息，他们就会诉诸其他渠道，反而增加了报道失实和谣言产生的概率，更加不利于问题解决。危机管理者应尊重媒体舆论监督的权力，采取积极的态度与媒体合作，尽快将事实真相和进展清楚及时呈现给公众，建立和媒体互信互动的良性关系，更有助于危机的解决。

4. 危机新闻发布办法与要领

危机发生后，管理者采取什么样的渠道和形式与新闻媒体进行互动沟通，怎样促使媒体作出客观公正的报道,将舆论引入危机解决轨道,是危机传播管理要考虑的核心问题。危机管理者应熟练掌握危机新闻发布的基本要求与实用技巧。一般说来,危机媒体沟通的主要形式有新闻通稿或组织声明、新闻发布会与接受媒体采访等形式。

(1)新闻通稿或组织声明

是指由发生危机的机构自己拟定的,用来宣布危机信息及组织立场、处理政策措施等的新闻稿件。它一般包含对危机事件的调查结果、事件最新进展、组织立场与处理政策以及有关善后处理措施等。新闻通稿或组织声明应经过危机管理高层研究,确定危机处理政策的总体原则,并在征求公关专家意见的基础上,通过正式渠道提供给相关媒体。新闻通稿应短小精悍、言之有物,同时注意措辞,应把公共利益放在第一位,坚持以人为本,树立诚恳负责的组织形象。新闻通稿具有信息准确、风格统一、易于控制的特点。新闻通稿可以确保信息真实,有利于组织说明真相,提供背景信息,争取公众信任和支持。

(2)新闻发布会

新闻发布会具有正规隆重、沟通活跃、方式优越的特点,既方便媒体有针对性了解自己感兴趣的信息,又为危机管理者提供了系统、全面向公众发布危机信息的机会。如果危机已经引起了公众的广泛关注,而社会关于危机信息明显失真时,组织应该考虑召开新闻发布会。是否召开、如何召开以及要达到何种效果是危机管理者必须慎重考虑的问题。

第一,是否召开新闻发布会。首先要考虑危机的性质、影响是否达到一定程度;其次要考虑危机信息传播是否正常,有无召开的必要;三是分析新闻发布会要达到什么目的,能不能由其他替代方式来达到这一目的;四是组织是否对要发布的问题达成了一致,明确了态度;五是考虑召开新闻发布会的时机是否成熟。选择好新闻发布会召开的时机很重要。危机管理者只有在危机性质严重、舆论传播失真、需要正式信息以正视听时,才应在充分调查了解了有关信息、确定了相关政策的基础上举办新闻发布会。

第二,选择好新闻发布会的时间。新闻发布会有定期发布和临时组织等形式。如果危机事件十分严重、持续时间较长、影响面较大时,应考虑采用定期,如每半月或每周举办一次的形式,对于重大突发事件或事件出现重大新情况、新进展,就应该及时举办新闻发布会。新闻发布会应避免与社会上重大节庆活动和纪念日冲突,以保证参会人数和宣传效果。在时段上,最好选择上午

10 点或下午 3 点。一般的新闻发布会，首先由新闻发言人发布预先准备好的新闻内容，时间一般不超过一个小时；然后，会留出一定的时间回答记者提问。有时会安排主要媒体记者的专访。新闻发布会时间确定后，一般应向主要媒体发出书面邀请，说明发布会基本情况，必要时要附参会回执，以便确认记者身份。

第三，新闻发布会的场地安排。新闻发布会的选址要与所发布新闻的性质及总体风格相协调，同时要考虑交通方便、电话、传真、网络等信息传递和通信设施是否完备便利等。会场布置应以庄重大方，体现组织文化和以人为本的理念，给记者或来宾留下良好第一印象。要预先做好会前准备工作。

第四，会场服务人员。要严格挑选会场服务人员，注重衣着严谨，男士宜着西装，女士宜着职业套装。服务人员一般应进行专门培训，熟悉会场分布及相关设备使用等，注意举止得体，言语礼貌。其主要工作有安排与会人员签到，引导与会者按指定地点就座，准备必要视听设备，分发宣传品资料，茶水供应等。会场一般还要安排一名摄影师专门拍摄会议影像，供存档或日后宣传之用。

第五，危机发言人。新闻发言人一般是指国家、政党、社会团体任命或指定的专职新闻发布人员，其职位一般是该部门中层以上的负责人。危机发言人是专业负责危机信息发布的人员，其职责是在一定时间内就突发危机事件的应对处理等问题，举行新闻发布会，或约见个别记者，发布有关新闻或阐述本部门的观点立场，并代表有关部门回答记者的提问。危机新闻发言人是组织形象的代表，其主要任务是通过发布新闻、接受采访等方式，发布信息、讲解政策、解疑释惑、澄清事实。作为一名危机发言人，既要熟悉相关政治性和政策性要求，了解危机处理应对的相关信息，又需要具备一定的专业知识和技巧，尤其是要有较强沟通能力和语言表达能力，一般需要经过专门的培养和训练。

(3) 媒体采访

是指组织负责人和危机管理者应对危机的重要方面。政府领导和新闻发言人是媒体要了解信息的最佳对象，值得关注的是，为获得全面、及时、准确的新闻素材，记者中往往会采用一些职业技巧来套取或挖掘他们感兴趣的信息，这就要求被访者具有高度的警觉和较强的语言表达技巧，并掌握应对记者的基本技巧。以下列出了应对媒体采访的基本原则和技巧。

第一,准备好充足的资料和信息。举行新闻发布会以前,危机发言人要尽可能了解有关危机的所有信息,明确组织对问题的基本态度立场和原则,对记者可能要提问的问题进行预先准备和演练,准备越充分越能轻松应对会场。

第二,拟定好有关原则问题的声明。被采访人应当熟悉自己谈话的主题内容,能游刃有余面对一切问题,要善于把话题引到自己圈定的轨道上。方法是主动提出问题,如“你提出的问题很有价值,但目前最重要的是……”“我认为你想问的是……”。

第三,在接受采访时,先用30秒的时间简短明了地阐明重要的立场。由于记者在写稿或录像时一般会将稿件分成三部分,先阐述最重要观点有助于记者理清重点,而编辑在发表新闻时,也会根据时间、版面情况,从后向前删减,首先阐明重要立场有助于保证重要信息的有效传播。

第四,要谈论“事实”而不是想当然的看法。被采访人要表现得坦率、诚实,集中谈论危机事件中正确、真实、确切的方面,而不能擅加预测。

第五,不要采取与媒体对立的立场。尽管媒体报道的消息可能不都是危机管理者想看到的东西,但被访者应尽量为记者采访提供便利,采取实事求是、乐于助人的立场,尽可能提供详细全面信息,尽量为记者采访提供便利,以建立和维护与媒体间良好的关系。

第六,必要时,可提供新闻通稿,发放给记者。采访后提供新闻通稿可以澄清有关事实,克服语言交流易失真的缺点。

第四章　应急法制建设方面的学习
——不断完善应急管理的法律框架规制

任何事情都必须做到合理合法,应对突发事件当然也不能例外。特别是在针对突发事件的非程序化决策和管理问题,更容易触及原有法律的神经。构建完备、统一的国家应急法制框架体系,就显得尤为重要。并应当将基本法、单行法、针对具体问题的法规和规章相互衔接、补充、配合,形成系统而规范的国家应急法制框架体系,注重预警、准备、应急处理、恢复、重建等阶段法律关系的处理。《中华人民共和国突发事件应对法》系统规定了紧急权力的配置,明确了其实体及程序要件,确定了应急管理的基本法律规范和法律程序,提高了政府应对突发公共事件的法律能力。为充分发挥其实效,把地方的应急管理工作做好,需要从实际出发,尽快制定与之相配套的地方性法规,使应对突发公共事件的组织架构、力量配置、救援体系、应急教育以及经费保障等规范化、制度化,从而形成应急管理法规体系,把应急管理工作提高到一个新的水平。

一　世界各国应对突发事件法制建设的基本思路

应急法制是指一个国家和地区针对突发事件及其引起的公共危机所制定或认可的,处理国家权力之间、国家权力与公民权利之间、公民权利之间的社会关系的法律原则和规则的总和。应急法制是一种特殊的法律现象,关系到一个国家或者地区民众的根本和长远的利益,关系到公民的基本权利。

大家知道,突发事件的发生没有固定的时间性和空间性,它可以发生在任何时间、任何国家、任何地区和任何人面前,所以应对突发事件是人类面临的共同挑战,也是世界各国面临的共同难题。对单个突发事件来说,绝非社会的常态,某一次应急处置也当然不是各国政府工作的常态。但是,就整个世界、整个国家或整个社会而言,突发事件的发生总是不可避免的,不是此地发生就是彼地发生,不是此时发生就是彼时发生,不是此政府应对,就是彼政府应对。从系统、全面和长久性上看,突发事件并不是一个"百年不遇"的怪现象,而是一个经常和必然要出现的正常现象。有鉴于此,应对和处置突发事件,就应当成为各国政府工作的一项必不可少的经常性内容,即实现非常态向常态的转变,这就将应急管理和应急法制建设提到了更高的认识平台。针对各类突发事件,联合国出台了《在救灾中使用外国军事和民防资源准则》(即《奥斯陆准则》)、《在紧急复杂情况下使用军事和民防资源支持人道主义行动的准则》、《复杂紧急情况下的军民联合委员会准则》等一系列指南和文件,以法制形式来规范应急状态下正确使用各种资源。其他各国也都根据本国情况制定了一系列行之有效的应对办法,其中在法制建设方面也不失高屋建瓴之策。正所谓"他山之石,可以攻玉。"借鉴世界各国应急法制建设的经验教训是非常必要的。这里不妨对国外的应急法制作一简要考察。

1. 美国的应急法制概况

美国应急法制和公共危机应对体系更具有相对广泛的代表性。其中美国宪法就包含着有关宣布紧急状态的权力分配、紧急状态下的公民权利、戒严法的宣布以及国会对行政机关的授权等应急法制内容,从而为美国的应急法制建设从源头上奠定了基本的宪政基础。美国的应急法制也经历了一个漫长的发展过程,到目前为止,其事关应急机制方面的反应体系、事关应急体制方面的机构职权体系、事关应急预案的预防与准备体系等诸多关键环节的法制建设已经发展到了一个较高的水平。具体表现在:一是其应急法制的基本反应体系已经日臻完善,既包括了对一般性紧急事件的处理、对灾难事件的紧急处理,也包括了重大灾难的宣布、紧急处理中政府及其他组织的角色与义务;二是其应急法制的主要立法已经基本建立,包括 1947 年《国家安全法》,1950 年《斯坦福法案》,1968 年《洪水保险法》,1973 年《洪水灾害防御法》,1974 年《灾害救助和紧急援助法》,1976 年《国家紧急状态法》,1977 年《国家地震灾害减轻法》,1990 年《美国油污法》,1992 年的《联邦应急计划》,《反恐怖主义法》等为核心的安全应急立法;三是其重要的危机反应机构已经相对成熟,包括美国国土安全部,国家安全委员会,联邦紧急事务管理局,美国联邦调查局,美国中央情报局,美国陆军工程师团,美国疾病控制与预防中心等等,这些机构各司其职,各行其权,相互配合,共同形成了协同配合、机敏联动的反应机构体系。

2. 加拿大的应急法制概况

加拿大应急立法思路基本上可以体现在《加拿大危机准备法》和《加拿大危机法》的各项规定中，包括对危机的界定和分类，以及危机管理过程及相关立法、管理机构及其职能。其应急法制基本贯穿于危机的预防、准备、宣告、命令、规制以及危机宣告的修改、延期和撤销、财政援助计划、补偿、国会监督等整个过程之中。其特征主要可以体现在四个方面：一是重视危机的预防和准备，并使危机管理实现了系统化；二是设有专门的机构全面负责；三是实行分权协同与联动性管理，体现国家辅助性作用和原则；四是重视国会的监督作用。

3. 澳大利亚的应急法制概况

澳大利亚应急机构主要分为国家应急管理中心和地方危机管理机构。澳大利亚应急法制建设的主要内容包括：联邦的职责，联邦反应计划和各级之间的合作，海外协助和国际计划中涉及澳大利亚的相关部分，地方危机管理制度等等。从澳大利亚应急法制的运行现状来看，其实际可操作性既有优越之处，也有不足之处。具体表现在：一是其危机管理具有较强的专业性。澳大利亚危机管理体系特别是制度建设体系经过多年实践的检验业已日趋完善，应急法制体系层级分明，梯次有序，内容健全；二是对于危机管理过程中所造成的侵害公民权利问题，已经提高了防范意识，并设定了相应的防范机制；三是针对突发事件尚缺乏一部统一的应对危机的专门法典，致使危机管理法制体系中还缺乏一整套必要的原则性条款。

4. 英国的应急法制概况

英国是实行不成文宪法的国家，但在危机管理方面却制定了较为完善的应急处置法律法规，建立了比较完善的应急法制，其中央层面的态度和做法、有关应急法制的立法、地方应急法制等方面都具有独到之处：一是中央层面对危机预防能力和灾后恢复能力建设及其规划日益受到越来越高的重视，早在1920年，英国就制定了《紧急状态权力法案》，主要针对罢工和自然灾害引发的突发公共事件。2004年，该法修改为《国内突发事件法》；二是地方政府应急规划受到了政治和公关部门的重视。英国的20世纪80年代被称为饱受灾难的十年，这使得主要是地方政府制定的危机规划立即受到了政治和公共部门的关注，英格兰和威尔士地区应急规划的制度设置和以伦敦为代表的英国大都市的城市应急法律制度也都既具特色又卓有成效；三是英国的危机管理立法框架体系已基本形成，目前，英国构建了以《国内突发事件法》为中心，《民防法》、《地方政府法案》、《国防法案》、《重大意外灾害控制法规》和《反恐、反犯罪和安全法案》等法规为配套的应急法制体系。按照法律规定，政府在应急处置过程中，可以通过命令的形式颁布法规，授予相关政府部门或其他人员必要的权力或责任，以确保生活必需品的供应和分发。必要时，政府有权控制价格、商品供应、贸易活动、进出口活动、金融交易以及船只活动。

建立应急法制的根本目的就是为了防止突发事件的巨大冲击力导致整个国家生活与社会秩序的全面失控，必须运用行政紧急权力并实施应急法律规范，来调整紧急情况下的国家权力之间、国家权力与公民权利之间、公民权利之间的各种社会关系，以有效控制和消除危机，恢复正常的社会生活秩序，维护和平衡社会公共利益与公民合法权益。简言之，危机管理+利益平衡，即是应急法制的基本功能。考察世界各国应急法制的建设思路，可以归纳为五个基本特征：

①权力优先性。即在非常规状态下，相比于国家立法权、司法权以及法定公民权，行政紧急权力具有一定的优先性和更大的权威性，例如可以临时限制或暂停宪定或法定公民权利中某些条款的正常行使。

②程序特殊性。即指在非常规状态下，行政紧急权力的行使为遵循效率原则，可以突破某些繁冗的法定程序，以便更快捷更有效地发挥应急作用，例如可通过简易程序紧急出台某些政令和措施，或者对某些政令和措施的出台临时设置更高的事中或事后审查门槛。

③紧急处置性。即指在非常规状态下，行政机关针对某种特殊情况可以临时超越某些法律限制而进行必要的紧急处置，以防止公共利益和公民权利受到更大损失。

④社会协同性。即指在非常规状态下，要求有关组织和个人有义务提供各种必要帮助，协同和配合行政部门的有效行使紧急权力。

⑤救济有限性。即指在非常规状态下，依法行使行政紧急权力，难免会造

成行政相对人合法权益受到损害，如果损害普遍而巨大，紧急权力机关提供的救济是有限的，在不违背基本公平的前提下只能进行适当补偿。

各国制定的应急法律法规统一规范了政府在应急处置中的职责和权力，明确了政府应急管理活动的原则、范围和界限，最大限度地维护政府应对突发公共事件的决策合法性和权威性。但这些在特殊时期行使的法定权力有时难免会产生与民众基本权利相冲突的情况，这些情况主要包括：

①公民权利限制。学理上称为紧急失权制度，即在发生紧急状态时，公民的基本权利需要受到比平时严格的限制，包括禁止迁徙、出境、集会、游行、限制人身自由或者财产自由等。例如，德国 1919 年魏玛宪法第 48 条规定联邦总统在宣布戒严时可以宣布停止公民的部分基本权利。西班牙宪法第 55 条第 1 款规定在依法宣布紧急状态时该法规定的部分公民权利中止。

②动员和征调。动员是指政府号召全体公民共同努力处理全国或者局部地区的战备、救灾抢险等紧急状态的措施；征调是指政府强制有关公民有偿提供一定劳务或者财物的措施。世界各国的法律对此都有规定。

③戒严和宵禁。是指政府动用军事力量实施的全国或者局部地区的紧急管制措施，包括禁止公民进入公共场所、实行通行证制度、断绝交通等，属于最为严厉的军事或者准军事管制措施，世界各国的法律对此都有规定。

④其他紧急措施。例如实施必需品供应、改变企业或者其他组织的工作计划、加强或者采取必要的检疫措施、限制交通、禁止妨害局势正常化的社团活动、限制通信、加强舆论监督等。法国《紧急状态法》第 8 条至第 11 条、前苏联《紧急状态制度法》第 4 条对此作了详细的规定。

鉴于以上法律法规中所存在的与公民基本权利冲突的问题，各国法律大都以制度性手段进行一些必要的限制，同时又不妨碍有效行使安全法赋予的权力。

二　我国应急法制建设的基本要求

法制一般分为广义与狭义两种。广义的法制是静态和动态的有机统一。从静态来看，法制是指法律和制度的总称，包括法律规范，法律组织，法律设施等。从动态来看，法制是指各种法律活动的总称，包括法的制定、实施、监督等。

狭义的法制是指建立在民主制度基础上的法律制度和普遍手法，严格依法办事的原则。

狭义的应急管理法制指应急管理法律、法规和规章，即在突发事件引起的公共紧急情况下处理国家权力之间、国家权力与公民权利之间、公民权利之间各种社会关系的法律规范和原则的总和，其核心和主干是宪法中的紧急条款和统一的突发事件应对法或紧急状态法。应急管理法律法规是一个国家在非常规状态下实行法治的基础，是一个国家应急管理的依据，也是一个国家法律体系和法律学科体系的重要组成部分。在现代法治国家，为防止重大突发事件的巨大冲击力导致整个国家生活与社会秩序的全面失控，需要运用行政紧急权力和实施系统配套的紧急法律规范来调整公共紧急情况下的各种社会关系，有效控制和消除突发事件造成的危害，恢复正常的生产、生活秩序和法律秩序，维护社会公共利益和公民合法权益。实际上，为有效应对各种突发事件，世界各国在应急管理中首先开展的工作就是制定相关的法律，统一规定政府在应急管理中的职权和职责，确定依法对抗紧急状态和危机情境的法治原则，如美国、英国、俄罗斯、土耳其、加拿大等国就制定了应对各种公共紧急状态的统一的《紧急状态法》。与常规状态下的法律运作机制相比，应急管理法制具有权力优先性、紧急处置性、程序特殊性、社会配合性、救济有限性等特点。

狭义的应急管理法制包括国家发布的与应急管理活动相关的各项法律、法规、规章。法制的优越性之一在于形成统一的行动，其主要目的是防止各自为政及保障令行禁止。在紧急状态下，政府的权力和措施将突破平常法制框架，超越平时法治要求，甚至暂停某些法律乃至某些宪法条款的执行或效力。非常法制实际上是一种预备法制，其建设应当成为民主法制建设的重要组成部分，《突发事件应对法》应成为宪政制度的重要内容。制定应急管理法律法规的目的，是明确紧急状态下的特殊行政程序的规范，对紧急状态下行政越权和滥用权力进行监督并对权利救济做出具体规定，从而使应急管理逐步实现常态化、规范化和制度化，并注意通过对实践的总结，促进法律、法规和规章的不断完善。长期以来，我国应急管理法制存在的主要问题是部门立法过多，统一法规欠缺，致使应急管理法制部门色彩浓厚。不过，该问题在 2003 年 SARS 危机结束之后得到政府部门的高度重视。2003 年，国务院法制办开始起草《中华人民共和国突发事件应对法》（时称《紧急状态法》）；2007 年 8 月 30

日，十届全国人大常委会第二十九次会议表决通过了《中华人民共和国突发事件应对法》，该法自2007年11月1日起施行。

广义的应急管理法制包括应急管理各种具体制度。应急管理制度建设内容十分丰富，包括日常工作制度、会议制度、民主决策制度、学习制度、廉政监督制度等等。规范化的制度一般包括三个部分：一是条件，即规定本制度的适用范围；二是规则，即规定应该做什么，应该怎样做，禁止做什么，禁止怎样做；三是制裁，即规定违反本制度必须承担的责任和后果。制度建设需要注意的是：一是与国家的相关法律法规相适应，在制度中明确组织机构和人员的权限。应急管理组织所制定的制度，不能和相关的法律法规相抵触。二是制度设置要注意符合本单位本部门的实际，具有可操作性，避免“墙壁上的制度”现象。三是各项制度的制定应发扬民主，鼓励组织成员积极参与讨论制定。四是制度面前人人平等，追究不遵守制度的行为，保证制度的落实，发挥制度的积极作用。

1. 我国应急法制体系的建设历程

自新中国建立以来，有关于应急法制方面的建设最早可以追溯到1954年规定的戒严制度。此后，一系列与处理突发事件有关的法律、法规相继出台，各地方根据这些法律、法规又颁布了适用于本行政区域的地方立法，从而初步形成了一个从中央到地方的应急法律法规体系。这些法律法规主要包括：

①战争状态法律规范。例如《兵役法》、《国防交通条例》、《民用运力国防动员条例》、《预备役军官法》和《人民防空法》。

②一般紧急情况法律规范。某些单行法涉及到紧急状态的法律规范，如《戒严法》第2条、《对外合作开采海洋石油资源条例》第26条、《公安机关人民警察内务条令》第21条、《专利法》第52条等等。此外在我国批准和签署的国际条约、协议中，涉及到一般紧急状态法的多达20余个。

③恐怖性突发事件法律规范。除了公安部2001年联合发布的《关于依法严厉打击恐怖犯罪活动的通知》以外，反恐怖规范主要体现于我国参加或缔结的国际条约、协议。

④骚乱性突发事件（群体性突发事件）法律规范。我国现阶段应对骚乱的主要法律是《戒严法》，还有《公安机关人民警察内务条令》第13条、《民兵战备工作规定》第39条等等。

⑤灾害性突发事件法律规范。灾害性突发事件法主要包括地震灾害法律、洪灾法律、、环境灾害法律、地质灾害法律。

⑥事故性突发事件法律规范。我国关于事故防治的立法主要包括交通事故法律、核事故法律、公共卫生事故法律、火灾事故法律、生产安全事故法律等。

⑦公民权利救济法律规范。包括行政复议、行政诉讼、国家赔偿和补偿方面的法律规范。

中国近几年应急管理工作最突出的特点，就是在深入总结群众实践经验的基础上，制订了各级各类应急预案，形成了应急管理体制机制，并且最终上升为一系列的法律、法规和规章，使突发事件应对工作基本上做到有章可循、有法可依。据统计，在2007年11月1日《突发事件应对法》施行前，中国已经制定涉及突发事件应对的法律35件、行政法规37件。但这些法律法规只适用于特定领域突发事件的应对工作，部门性强，不具广泛的指导意义。在“非典”疫情暴发初期，原有立法提供的法制资源严重不足，导致政府反应速度慢、信息不畅、协调不力、低效无序、无法可依。2003年5月12日《突发公共卫生事件应急条例》的出台，标志着中国卫生应急处理工作纳入法制化轨道，卫生应急处理机制进一步完善。

2003年11月，清华大学公共管理学院和上海市法制办分别接受国务院法制办委托，着手起草《紧急状态法》立法草案。2004年3月，十届全国人大二次会议通过宪法修正案，将现行宪法中规定的“戒严”修改为“进入紧急状态”，确立了我国的紧急状态制度，为《紧急状态法》立法提供了宪法依据。2006年5月31日，第138次国务院常务会议专题讨论并原则通过《突发事件应对法(草案)》。2006年6月24日，十届全国人大常委会第二十二次会议首次审议了《突发事件应对法》。2007年8月30日，十届全国人大常委会第二十九次会议审议通过《突发事件应对法》，这是新中国第一部应对各类突发事件的综合性法律。它的施行标志着我国规范应对各类突发事件共同行为的基本法律制度也已确立，为有效实施应急管理提供了更加完备的法律依据和法制保障。

尤其是近年来，我国着眼实现应对突发事件法制建设的目标，应急法制建设取得长足进步。据统计，党的十六大以来的5年间，国务院制定了《突发公共卫生事件应急条例》、《重大动物疫情应急条例》等应对突发事件的单行法律和行政法规60多部,全国人大常委会分别组织修订了《传染病防治法》、《动物防疫法》等法律;北京等地也出台了相关的地方应急管理法规和规章。我国目前已基本建立了以宪法为依据、以《突发事件应对法》为核心、以相关单行法、行政法规、行政规章、应急预案等为依托的应急法制体系,使得应急管理工作逐渐进入了制度化、规范化、法制化的轨道。

2. 我国应对突发事件法制体系概说

截至目前,我国已初步建立以《突发事件应对法》为基本法、众多单项立法与之并驾齐驱的应急管理法律体系。其中法律层面的专门性单项立法很多,包括《防洪法》、《防沙治沙法》、《防震减灾法》、《气象法》、《国境卫生检疫法》等;同时也应该看到,大多数单项立法并非只针对突发事件预防和应对的专门性立法,只是其中有部分条款与突发事件的预防与应对相关,内容显得不够细化,相对比较简单,但由于是相关部门的专项立法,具有针对性强的优点。如自然灾害类的《气象法》、《森林法》、《环境保护法》;事故灾难类的《安全生产法》、《劳动法》、《消防法》、《煤炭法》;公共卫生事件类的《食品卫生法》、《传染病防治法》、《动物防疫法》;社会安全事件类的《国家安全法》、《国防法》、《兵役法》、《人民防空法》等;行政层面分布的专门性条例规章数量更多,包括《破坏性地震应急条例》、《地质灾害防治条例》、《森林防火条例》、《突发公共卫生事件应急条例》、《重大动物疫情应急条例》、《核电厂核事故应急管理条例》、《军队参加抢险救灾条例》等;除此各省市自治区为贯彻上级法律法规,结合本地区实际而制定了一系列地方性法规或规章,其中大多数属于实施性立法;另外,从国务院到地方各级人民政府有时还以《意见》、《通知》等形式下发了大量具有指导性或规范性的内部文件,如《国务院关于全面加强应急管理工作的意见》、《国家安全监督管理总局关于建设国家矿山危险化学品应急救援基地的通知》、《民政部关于加强突发灾害应急救助联动工作的通知》、《辽宁省锦州市人民政府关于印发锦州市自然灾害救助应急预案的通知》等等。

由于我国幅员辽阔,地质结构复杂,人口众多,几乎囊括了世界上所有种类的突发事件,各类突发事件由于各自的成因不同、发生发展方式不同,应对方法既有共性,也有特性,既有综合性,也有专业性。因此,一般法之外所制定的大量针对特定事件的单行法也就具有了存在的必要性;突发事件的应对工作同时又具有阶段性的特点,预防和准备、应对与处置、恢复和救助三个不同阶段所要解决的问题和拟采取的应对措施存在很大差别,所以,在一般法之外还应该有针对突发事件不同阶段而制定的阶段性立法,这将使应对突发事件的法律更具有明确具体的指导性和可操作性。

2007年8月30日公布的《突发事件应对法》结束了我国突发事件预防与应对无基本法的历史,是我国应急法律制度走向法制统一的标志,也是我国对各类突发事件应对工作的各个领域和各个环节首次进行全面系统的规范性文件,为突发事件应对工作全面走向法律化和制度化轨道提供了最基本的规范平台。不过迄今为止,我国尚无在宪法中规定统一的紧急状态法律制度,也缺少一部统一的紧急状态法,但却根据"一事一法"的原则制定了包括戒严法、国防法、防洪法、防震减灾法和传染病防治法等法律在内的单行法律,在一定程度上使紧急状态下的应对工作做到了有法可依,这些法律从不同的管理角度规定了政府在不同的紧急状态时期可以采取的紧急措施,以及公民在紧急状态时期受到限制的权利和应当履行的义务。但其中也难免存在一些问题,如紧急状态法律制度不统一,有的相互交错,叠床架屋,浪费法律资源。有的对政府采取紧急措施的规定界限不够清晰,特别是有一些必要的行政程序不全面或不严谨,这可能会为政府随意扩大行政紧急权力留下法律上的漏洞,也有的对公民的权利保障缺少一定的底线,很容易造成公民的权利在紧急状态时期遭受各方面的侵害而无法获得法律上的有效救济和保障。所以,鉴于国外紧急状态立法的经验,我国在宪法中也应该明确规定紧急状态制度,或制定统一的紧急状态法,真正贯彻法治原则,保障政府在紧急状态时期也能够依法行政。

在《突发事件应对法》的基本法之外,我国特有的数量众多的单项立法可以说已经覆盖了突发事件的各个领域。《突发事件应对法》将突发事件大体分为自然灾害、事故灾难、公共卫生事件和社会安全事件。四大类事件之下又可以细分为诸多种类,如自然灾害包括洪水、地震、泥石流、台风、冰雪等等,事故类就更多了。几乎每一个类别,都对应着一个单行法律文本。这种一事一制的立法形式虽然具有针对性强的优点,但往往不利于整合突发事件的应对平台,甚至造成整体应对资源的浪费。

3. 我国建立应急法制体系的重要意义

加强应急管理法制建设既是应对突发事件的现实需要，也是依法治国的基本方略。我国应急法制建设的目标是：在实施依法治国方略、全面推进依法行政的新形势下，把突发事件应急系统纳入法制化轨道，按照宪政和行政法治的要求完善应急法律规范，更有效地调整紧急情况下的各种社会关系，稳健地维护我国经济社会发展和人权保障所需的法律秩序，确保公民权利（特别是基本权利）获得更有效的法律保护，公共权力（特别是行政权力）能够更有效地依法行使，二者能够兼顾协调持续发展。我国应急法制建设的重点是：尽快完善各层次、各领域的应急法律规范，关键是制定出作为龙头的我国的紧急状态法；此外还要通过完善相应的法律规范，逐步健全与重大突发事件应对机制密切相关的法律制度，包括行政程序法制、行政强制法制、政府信息公开法制，行政征用（征收）法制，行政指导法制、紧急刑事法制、纠纷解决法制、国家赔偿（补偿）法制。应急法制的核心和主干规范包括：宪法中的紧急条款、统一的紧急状态法。应急法律规范体系中还包括单行的部门应急法、部门应急法的实施细则及针对应急法制某一独立环节的专门立法等。从而使我国的应急管理工作很快就会走向规范化、制度化、法制化轨道。

社会常态管理需要法治，社会非常态下的应急管理也需要法治。以《中华人民共和国突发事件应对法》为“龙头”、以其他应急专项法为依托的应急法制体系建设填补了我国非常态下的应急管理法律缺陷，为我国各级政府和机构应对和处置各类突发事件奠定了坚实的法律基础。其意义主要体现在以下几个方面：

①建立应急管理法制体系使应对突发事件工作实现了从经验化到法制化的进步。

突发事件和通常事件的不同，决定了政府所应该采取的管理措施也必然存在不同。一些常态管理措施在非常状态下运用起来是苍白无力的。应对突发事件，不但个人经验与能力的重要性显得格外突出，而且在具体操作中采取非常规手段对人力和资源的调动等情况进行特殊的决策指挥和处置也显得尤为重要。个人经验可能是有效的，但不一定符合法律法规。因此，建立健全应急管理法制体系是实现科学应对、依法应对突发事件的有效保障。实践中应对突发事件的具体经验做法和规律性认识，应该通过制度建设予以规范和升华,以便更好地指导实际工作。近年来应急管理工作在深入总结群众实践经验的基础上,各级政府制订了各类应急预案,逐渐完善了应急管理体制机制建设,并最终上升为一系列的法律法规和规章制度,使突发事件应对工作基本上实现了有章可循、有法可依,实现了从经验化到法制化的进步与飞跃。

②建立应急管理法制体系使应对突发事件工作实现了从人治化到法制化的进步。

健全应急管理法制是实现依法治国基本方略、坚持依法行政、建设法治政府的重要体现。在现代法治原则的支配下,国家生活的各个方面包括应急状态的处置与应对都应纳入法制化轨道。应急法制主要涵盖三个方面内容,一是行政职权法定。大家知道,行政权力属于国家强制力,具有法定性、单方性、扩张性、优益性、强制性和权威性等特点,极易被人过度使用或者滥用,因此必须对其进行有效的规范和约束;二是行政行为合法。一般来说,行政行为合法包括行政权限合法和行政行为内容合法,行政行为的内容主要包括决策和执行两个基本环节。在应急管理过程中,要求行政机关及其决策和执行人员不可擅自行事,擅作主张,必须严格按照法定权限和程序行使职权、履行职责。要注意依法保障行政权力相对人的权益,防止发生侵权行为;三是法律责任明晰。应对突发事件的法律法规使每一个应对主体都相应承担一定的法律责任。法律责任就是因违法行为而必须承受的不利法律后果。,应急法制的建立将政府及其工作人员如何应对和处置突发事件置于公众监督之下,并要求在应对突发事件过程中要依法行事,依法行政,依法追究责任。

③建立应急管理法制体系使应对突发事件工作实现了从指令化到法制化的进步。

法制化有利于实现突发事件应急管理中各方力量从分散化到联动化协调。应急管理工作涉及到部门协同、资源调动以及各种应急处置措施的具体实行,其指令性和动作性都很强,这就需要坚持依法决策、科学决策和民主决策的原则,从而使应急决策克服了行政指令和执行动作的盲目性。我国法律规范,应对突发事件实行的是统一领导、综合协调、分类管理、分级负责、属地管理为主的应急管理体制。即中央政府统一指挥,省级以下政府实行属地管理,公安、安监、卫生、民政、气象、水利、农业(畜牧)、新闻等政府部门各司其职,各负其责。各级党委工作部门也应该在本职工作范围内,积极参与应急管理过程。这样,就使各方力量的分散化实现了集成化和联动化。

三 我国突发事件应急管理的立法现状

自建国以来,党和国家高度重视突发事件应急管理工作,并采取了一系列措施,建立了许多应急管理制度。特别是改革开放以来,我国各类应急管理法律法规得到了不断健全和完善。据相关资料显示,我国目前已经制定涉及突发事件应对的法律40多部、行政法规40多部、部门规章60多个,有关文件100多个。2007年正式颁布实施的《突发事件应对法》,着眼于应对突发危机行政措施的有效性和合法性。一方面立法需要授予政府足够的权力以有效地控制和克服危机,另一方面还要依法规范行政机关应急权力的行使,使国家和社会应对危机的代价降到最低限度。该法全面总结了我国和世界各国应急管理实践和理论创新成果,紧紧围绕突发事件的应对和处置,明确了政府、公民、社会组织的权利、义务和责任,确立了应对各类突发事件的各项行为规范和基本准则,为科学、有效和快速实施应急管理提供了更加完备的法律依据和法制保障。

下面根据我国对突发事件的科学分类,分别就针对不同类型突发事件的法律法规做一次系统的归纳,为总体把握我国应急管理法制体系提供一个基本的认识平台和思考方法。

1. 应对自然灾害的法制建设

根据自然灾害的种类和应对特点,我国采取了具有明确针对性的立法模式。如针对洪水灾害的《防洪法》、国务院批转的《蓄滞洪区安全建设指导纲要》,针对气象灾害的《气象法》,针对地震的《防震减灾法》、《破坏性地震应急条例》、《地震灾情速报规定》、《地震监测设施和地震观测环境保护条例》和《地震灾情上报暂行规定》,针对森林草原火灾的《森林防火条例》和《草原防火条例》,针对生物灾害的《进出口动植物检疫法》、《进出口动植物检疫法实施条例》、《动植物检疫法》、《植物检疫条例》、《农业转基因生物安全管理条例》等。

根据以上法律、法规、部门规章,我国各地方从本行政区域实际情况出发,制订了各种有关自然灾害应对方面的制度。比如,北京市实施《中华人民共和国防震减灾法》办法等。这些地方性应急法律法规也是我国自然灾害应急法制的重要组成部分。

2. 应对事故灾难的法制建设

随着工农业等各方面生产建设的飞速发展，我国已逐步建立健全了应对各种事故灾难特别是核事故、核辐射事故、矿山安全事故、工程建设重大质量安全、民航运输安全等事故灾难的应急法律制度。一是，安全生产事故类应急法律主要包括：《安全生产法》、《安全生产许可证条例》、《消防法》、《企业职工伤亡报告和处理规定》；二是矿山事故类应急法律主要包括：《矿山安全法》、《矿山安全法实施条例》、《特别重大事故调查程序暂行规定》、《国务院关于特大安全事故行政责任追究的规定》、《煤炭法》、《煤矿安全监察条例》等；三是危险品事故类应急法律主要包括：《危险化学品安全管理条例》、《核事故医学应急管理条例》、《核电厂核事故应急演习规定》、《核事故辐射影响越境应急管理规定》、《核电厂核事故应急报告制度》、《核电厂核事故应急管理条例》、《烟花爆竹安全管理条例》等；四是环境污染灾难类应急法律主要包括：《环境保护法》、《水污染防治法。《大气污染防治法》、《淮河流域水污染防治暂行条例》、《水污染防治法实施细则》、《渔业水域污染事故调查处理程序规定》、《黄河重大水污染事件报告办法（试行）》、《黄河重大水污染事件应急调查处理规定》等；五是交通类应急法律主要包括：《海上交通安全法》、《道路交通安全法》等。

3. 应对公共卫生事件的法制建设

针对应对公共卫生领域不同种类的突发事件，我国迄今已颁布了多部法律。比如《传染病防治法》、《动物防疫法》、《食品卫生法》、《国境卫生检疫法》、《执业医师法》、《职业病防治法》等；除此，国务院还颁布的一系列有关于应对公共卫生事件的行政法规，主要包括《突发公共卫生事件应急条例》、《重大动物疫情应急条例》、《艾滋病防治条例》、《血吸虫病防治条例》、《国内交通卫生检疫条例》、《进出境动植物检疫实施条例》、《医疗事故处理条例》、《使用有毒物品作业场所劳动保护条例》等；卫生部作为国务院卫生行政主管部门，还发布了各类规章，比如《传染病防治法实施办法》、《结核病防治管理办法》、《食物中毒事故处理办法》、《传染性“非典”型肺炎防治管理办法》、

《性病防治管理办法》、《艾滋病检测管理的若干规定》、《国境卫生检疫法实施细则》、《消毒管理办法》、《防止沥青中毒办法》、《传染病病人或疑似传染病病人尸体解剖查验规定》等。

4. 应对社会安全事件的法制建设

自 1954 年颁布戒严制度以来，针对应对和处置社会安全类突发事件，我国已经颁布了数十部法律法规、规章条例等，从中央到地方，已经基本上形成了针对社会安全突发事件的应急法制体系。主要内容有：《兵役法》、《民兵战备工作规定》、《预备役军官法》对平时征兵、士兵的现役和预备役、军官的现役和预备役以及战时兵员动员、民兵的战备任务等都做出了规定。1995 年的《国防交通条例》，对战时如何保证国防交通顺畅做出了规定，并且规定了特殊情况下的交通管制措施和运力动员与运力征用。1997 年颁布的《国防法》，对战争状态和国防动员进行了专章规定。有 2004 年颁布的《民用运力国防动员条例》规定了在战时和平时特殊情况下的民用运力国防动员的准备、实施以及对民用运力的补偿和抚恤以及相关法律责任。《人民防空法》对人民防空洞通信、警报等进行了规定。《国家安全法》、《国家安全法实施细则》对保证国家安全工作、执行国家安全工作任务也做出了具体规定。

针对应对恐怖性突发事件，在我国参加或缔结的一些国际条约、协定中也有许多明确的规定。比如《关于制止非法劫持航空器的公约》、《制止危及海上航行安全非法行为公约》、《制止恐怖主义爆炸的国际公约》、《打击恐怖主义、分裂主义和极端主义上海公约》、《上海合作组织关于地区反恐怖机构的协定》等。

针对应对突发群体性事件，也有更为具体的法律制度规定，包括《戒严法》、《信访条例》、《集会游行示威法》、《公安机关处置群体性治安事件规定》、《人民警察使用警械和武器条例》等。

针对一些经济性突发事件，如信息安全事件、金融风险事件、对外贸易事件、跨国经济犯罪事件、财政能力事件等。其具体应对规范则散见于一些常态法制中，如《商业银行法》、《银行业监督管理法》等。

四 《突发事件应对法》内容解读与要点评述

《中华人民共和国突发事件应对法》(以下简称《突发事件应对法》)于2007年8月30日第十届全国人民代表大会常务委员会第二十九次会议通过,自2007年11月1日起施行。《突发事件应对法》是新时期的一部新法律,是我国突发事件应对工作不断成熟的经验总结,也是目前我国应急法律体系中起着总体指导作用的龙头性法律。《突发事件应对法》的颁布实施,标志着我国突发事件应对工作已全面迈入科学化、制度化、规范化、法制化的轨道。它从制定预案、建立队伍、开展宣教培训、经费保障四个方面作出了高效有序的制度性安排,并对应急预案建设、应急体制建设、应急制度建设和应急机制建设等“一案三制”内容做出了具体明确的规定,从而为今后有效应对各类突发事件提供了更加完备的法律依据和更加充分的法制保障。

1.《突发事件应对法》的立法背景和总体思路

国务院法制办副主任汪永清对突发事件应对法的立法背景和总体思路做了较为全面的介绍和说明。他撰文指出——

突发事件应对法的公布施行,是我国法制建设的一件大事,标志着突发事件应对工作全面纳入法制化轨道,也标志着依法行政进入更广阔的领域,对于提高全社会应对突发事件的能力,及时有效地控制、减轻和消除突发事件引起的严重社会危害,保护人民生命财产安全,维护国家安全、公共安全和环境安全,构建社会主义和谐社会,都具有重要意义。当前,学习好、宣传好、执行好这部法律,是各级国家行政机关的重要责任。

(1)关于突发事件应对法出台的背景

突发事件应对法是在党和国家推动科学发展、构建和谐社会的大背景下应运而生的,深刻反映了时代发展的要求和人民群众的愿望,顺应了党和政府工作与时俱进的要求和政府管理特点新变化,集中体现了我们对应急管理工作规律性认识的进一步深化。

①有效预防和及时应对各类突发事件已经成为治国理政的重要任务。

现代社会是个高风险的社会。我国又是一个自然灾害、公共卫生事件、事故灾难等突发事件较多的国家。每年约有20万人因此死亡,直接经济损失

3000亿元。2003年的“非典”、2004年的“禽流感”，其影响更加深远，损失难以统计。

现代社会中的突发事件，有着三个明显的特点：一是损失大。突发事件往往不仅造成财产损失，还造成人身损失；不仅造成眼前损失，还造成长远损失。二是影响广。突发事件不仅造成经济影响，还会产生社会影响、政治影响。三是社会关注程度高。随着社会的发展和进步，人民对生命的珍爱、对财产的关注、对行为的预期、对秩序的渴望，比以往任何时候都要高。因而，对政府如何应对突发事件的关注程度相应的也更高。

因此，能否有效预防和处置突发事件，直接考验着政府执政能力和应急管理能力，成为检验社会是否成熟的标志。纵观世界历史，因为突发事件导致政权更迭的不乏先例。

②应对突发事件需要从依靠经验向依靠法制转变。

应对突发事件不能仅仅依靠经验，更重要的应当依靠法制，这是我国在处置各类突发事件的实践中总结出来的经验和教训。事实证明，仅仅依靠经验和管理者的个人能力，不足以达到预防突发事件发生、控制突发事件危害的目的。现代社会应对突发事件有着自身规律，概括起来说，这就是要居安思危、有备无患，快速判断、果断处理，整合资源、协同应对。适应这种规律，就要求我们在工作中实现三个转变：

一是由单一常态管理向常态管理与应急管理相结合转变，在管理理念上做到居安思危，在工作布局上做到有备无患。

二是由自发应对向自觉应对的转变，在应对思维上做到有勇与有谋相结合，在应对方式上做到个别经验与规律认识相结合。

三是由个别理性向集体理性转变，以实现应对行动上的广泛参与与步调一致的统一、集中指挥与广集民智的统一。

这三个转变的根本点在于突发事件的应对要实现由个别调整向规范调整的转变，以减少突发事件应对工作中的任意和无预期，增强趋利避害、化险为夷、转危为安的能力，牢牢掌握应对突发事件的主动权。

③现行应急管理体制、机制和制度亟待进一步补充和完善。

总结我国在应对突发事件中的经验和教训可以看出，现阶段我国的应急管理体制、机制和制度仍然存在着如下缺陷：

一是，应对突发事件的责任不够明确，统一协调、灵敏应对突发事件的体制尚未形成。在应对突发事件中,哪些是政府的责任,哪些是社会的责任,界限不清楚。一旦出现问题相互推责、多头指挥,甚至互相埋怨的情况还较为普遍。

二是,一些行政机关应对突发事件的能力不够强、危机意识不够高。同时,依法可以采取的应急处置措施也不够充分、有力。

三是,突发事件的预防与应急准备、监测与预警、应急处置与救援等制度、机制不够完善,导致一些能够预防的突发事件未能得到有效预防,一些可以减少损失的突发事件未能有效控制危害的扩大、减少不必要的损失。

四是,社会广泛参与应对工作的机制还不够健全,公众危机意识有待提高,自救与互救能力不强。

这些问题的存在,使得一些不该发生的事件发生了,能够控制的危害没有得到有效地控制。一个值得我们思考的现象是,世界上有一些国家各类突发事件,尤其是自然灾害也不少,但是造成很大损失,尤其是重大人员伤亡的情况却不多。之所以能够做到这一点,最重要的就是这些国家有着相对完备和成熟的应急管理体制、机制和制度。

④实施依法治国方略要求突发事件应对工作做到权力有规、行为有序。

突发事件应对,尤其是应急处置,往往需要行政主导,以提高处置效率,减轻危害。这就需要赋予行政机关较大的权力。同时,需要更多地限制公民的权利。但是这种权力往往具有两面性,运用不当就会损害老百姓的合法权益。因此,无论是行政紧急权力的取得和运作,还是对公民权利的限制或者增加公民义务,都需要依法而行、按章办事。这些年,人民群众的法律意识、权利意识日益提高,这在我国是一个历史性进步。突发事件应对工作应当顺应这种历史的潮流。胡锦涛同志曾说,越是情况紧急,越要依法办事,就是这个道理。目前,国家已经相继出台了单行法律和行政法规 60 多部,部门规章 50 多件,有关文件 110 多件;一些地方也出台了相关地方法规和规章。这些法律、法规和规章在实践中发挥了重要作用。为了更好地深化突发事件应对规律的认识,提高应对工作的能力和水平,需要在总结实践经验教训的基础上,制定一部规范应对各类突发事件共同行为的法律。

(2)关于突发事件应对法的总体思路

①把突发事件的预防和应急准备放在优先的位置。

预防和应急准备,是应对突发事件的基础。一般而言,国家对社会的管理有两种,一种是常态管理,一种是非常态管理(危机管理)。相对而言,人类对常态管理具有较多的经验,形成了许多行之有效的制度和办法,而对危机管理,无论是从认识上,还是从制度上都还有一定差距。实际上,从管理的对象看,危机管理要比常态管理复杂得多、困难得多。从社会学角度看,人们的生性特点是适应常态的,而对非常态的环境和不可预测的发展,往往心理紧张,作为无序,内心焦躁不安,呈现一种不理性的内心和行为。其中最重要的就是预防和应急准备重视不够,做得不实。为了改变我国"有钱救灾,无钱防灾"的传统观念和做法,本法把预防和应急准备放在优先位置,规定了20多条,占全部条文的1/3。从如下几个方面做了规定:一是国家建立重大突发事件风险评估体系,对可能发生的突发事件进行综合性评估;二是建立了处置突发事件的组织体系和应急预案体系,为有效应对突发事件作了组织和制度准备;三是建立了突发事件监测网络、预警机制和信息收集与报告制度,为最大限度减少人员伤亡、减轻财产损失提供了前提;四是建立了应急救援物资、设备、设施的储备制度和经费保障制度,为有效处置突发事件提供了物资和经费保障;五是建立了社会公众学习安全常识和参加应急演练的制度,为应对突发事件提供了良好的社会基础;六是建立了由综合性应急救援队伍、专业性应急救援队伍、单位专职或者兼职应急救援队伍以及武装部队组成的应急救援队伍体系,为做好应急救援工作提供了可靠的人员保证。

②坚持有效控制危机和最小代价原则。

突发事件严重威胁、危害社会的整体利益。任何关于应急管理的制度设计都应当将有效地控制、消除危机作为基本的出发点,以有利于控制和消除面临的现实威胁。因此,在立法思路上必须坚持效率优先,根据中国国情授予行政机关充分的权力,以有效整合社会各种资源,协调指挥各种社会力量,确保危机最大限度地得以控制和消除。

同时,又必须坚持最小代价原则。控制危机不可能不付出代价,但必须最大限度地降低代价。具体要求是:a.在保障人的生命健康优先权的前提下,必须把对自由权、财产权的损害控制在最低限度;b.坚持常态措施用尽原则,即只有在常态措施不足以处理问题时,才启用应急处置措施;c.把对正常的生产、工作、学习和生活秩序的影响控制在最小范围,严格控制应急处置措施的适用对象和范围。为此,需要规定行政权力行使的规则和程序,以便将克服危机的代价降到最低限度。必须强调,缺乏权力行使规则的授权,会给授权本身带来巨大的风险。在制度上,决不允许为了克服危机不择手段,否则后果、危害会更加严重。因此,本法在对突发事件进行分类、分级、分期的基础上,确定突发事件的社会危害程度、授予行政机关与突发事件的种类、级别和时期相适应的职权。同时,有关预警期采取的措施和应急处置措施,在价值取向上都体现了最小代价原则。

③对公民权利依法予以限制和保护相统一。

在应急处置期间,为了维护公共利益和社会秩序,需要对公民个人的某些权利加以限制,或者增加公民的义务。但是,这种限制应当要有一个“度”,以保护公民的权利。因此,本法确立了比例原则,公民的财产被征用有获得补偿的权利,预警期间的措施主要是防范性、保护性措施等。

④建立统一领导、分级负责和综合协调的突发事件应对体制。

实行统一的领导体制,整合各种力量,是确保突发事件处置工作提高效率的根本举措。美、日、俄、英、意、加等国都相继整合各方面力量,建立了以政府主要负责人为首的突发事件应对机构,并在各级政府设立专门部门或者在政府办公厅设立专门办事机构,具体负责突发事件处置工作的综合协调,提供统一的信息和指挥平台。借鉴这些国家的经验,并根据我国的具体国情,本法规定,国家建立统一领导、综合协调、分类管理、分级负责、属地管理为主的应急管理体制。

所谓统一领导,是指在各级党委领导下,在中央,国务院是突发事件应急管理工作的最高行政领导机关;在地方,地方各级政府是本地区应急管理工作的行政领导机关,负责本行政区域各类突发事件应急管理工作,是负责此项工作的责任主体。在突发事件应对中,领导权主要表现为以相应责任为前提的指挥权、协调权。

所谓综合协调,有两层含义,一是政府对所属各有关部门、上级政府对下级各有关政府、政府与社会各有关组织、团体的协调;二是各级政府突发事件应急管理工作的办事机构进行的日常协调。综合协调的本质和取向是在分工负责的基础上,强化统一指挥、协同联动,以减少运行环节、降低行政成本,提高快速反应能力。

所谓分类管理,是指按照自然灾害、事故灾难、公共卫生事件和社会安全事件四类突发事件的不同特性实施应急管理,具体包括:根据不同类型的突发事件,确定管理规则,明确分级标准,开展预防和应急准备、监测与预警、应急处置与救援、事后恢复与重建等应对活动。此外，由于一类突发事件往往有一个或者几个相关部门牵头负责，因此分类管理实际上就是分类负责，以充分发挥诸如防汛抗旱、核应急、防震减灾、反恐等指挥机构及其办公室在相关领域应对突发事件中的作用。

所谓分级负责，主要是根据突发事件的影响范围和突发事件的级别不同，确定突发事件应对工作由不同层级的政府负责。一般来说，一般和较大的自然灾害、事故灾难、公共卫生事件的应急处置工作分别由发生地县级和设区的市级人民政府统一领导；重大和特别重大的，由省级人民政府统一领导，其中影响全国、跨省级行政区域或者超出省级人民政府处置能力的特别重大的突发事件应对工作，由国务院统一领导。社会安全事件由于其特殊性，原则上，也是由发生地的县级人民政府组织处置，但必要时上级人民政府可以直接处置。需要指出，履行统一领导职责的地方人民政府不能消除或者有效控制突发事件引起的严重社会危害的，应当及时向上一级人民政府报告，请求支持。接到下级人民政府的报告后，上级人民政府应当根据实际情况对下级人民政府提供人力、财力支持和技术指导，必要时可以启用储备的应急救援物资、生活必需品和应急处置装备；有关突发事件升级的，应当由相应的上级人民政府统一领导应急处置工作。

所谓属地管理为主，主要有两种含义：一是突发事件应急处置工作原则上由地方负责，即由突发事件发生地的县级以上地方人民政府负责。二是法律、行政法规规定由国务院有关部门对特定突发事件的应对工作负责的，就应当由国务院有关部门管理为主。比如，中国人民银行法规定，商业银行已经或者可能发生信用危机，严重影响存款人的利益时，由中国人民银行对该银行实行接管，采取必要措施，以保护存款人利益，恢复商业银行正常经营能力。再比如，《核电厂核事故应急管理条例》规定，全国的核事故应急管理工作由国务院指定的部门负责。

(3)关于实施突发事件应对法应当抓紧做好的工作

①认真宣传这部法律，做到家喻户晓。

这是一部涉及到全体社会成员的法，要贯彻好这部法律，首要的就是要让社会公众了解这部法律确立的原则和主要制度。宣传这部法律重在提高全社会的危机意识和责任意识。

②加大培训力度。

根据政府工作人员、有关专业人员的不同情况，进行有针对性的培训。培训工作重在提高有关人员应对突发事件的能力。

③完善制度和机制。

根据这部法律规定对相关的法规、规章和规定进行清理，同时抓紧制定相关的配套规定，如预警的分级标准、城市规划如何落实突发事件应对的要求等。实施好突发事件应对法还要进一步完善突发事件应对的领导体制和工作机制，为应对好突发事件提供组织保证。

④加强协同演练。

县级以上人民政府应当加强综合性应急救援队伍与专业应急救援队伍、专业应急救援队伍与非专业应急救援队伍的合作，加强协同演练，提高合成应急、协同应急的能力。

⑤建立督促落实的机制。

这部与人民群众生命安全息息相关的重要法律，有很强的操作性和实用性，在实践中不应被束之高阁。贯彻、落实这部法律也不应当仅仅成为各级法制机构和应急机构的责任。地方政府要建立起一套督促落实这部法律的工作机制，使突发事件应对法成为社会全体成员的行为准则，进而使突发事件应对工作成为全社会的共同责任。

2. 我国突发事件应对法的宣传要点

为使各级各部门、社会各界深刻领会《突发事件应对法》实质，规范和指导各级各部门做好突发事件应对法的宣传、教育、培训工作，确保法律的顺利贯彻实施，提高应急管理工作法制化、规范化水平，依法推进应急体系建设，现归纳出如下宣传要点：

(1)实施《突发事件应对法》的重要意义

突发事件应急管理是一项内容庞杂、情况多变，涉及各方面利益又需要各方面参与，理论性和实践性都很强的工作，必须在法律上对这项工作的各个方面、各个环节进行严格规范。据统计，在《突发事件应对法》出台前，全国已经制定涉及突发事件应对的法律 35 件、行政法规 37 件、部门规章 55 件。而制定和实施《突发事件应对法》，是国务院进一步加强应急管理法制建设的又一重要举措，使我国基本形成了以《突发事件应对法》为核心，以相关法律、法规和规章为基础，门类齐全、覆盖面广的应急管理法律体系。《突发事件应对法》的核心作用主要体现在以下几个方面：

①《突发事件应对法》是我国应急管理长期实践的高度总结。《突发事件应对法》提炼了近几年应急管理实践创新和理论创新的最新成果，很好地贯彻了科学发展观的基本内涵和根本要求。

②《突发事件应对法》确立了我国应急管理的基本制度。《突发事件应对法》从法律层面明确了我国统一领导、综合协调、分类管理、分级负责、属地为主的应急管理体制，以制度的形式建立了预防与应急准备、监测与预警、应急处置与救援等方面的机制，促进了党委领导下的行政领导责任制的进一步落实，从而在法律上确立了应急管理工作的基本制度。

③《突发事件应对法》是规范各方应对突发事件行为的基本法律。《突发事件应对法》既明确了政府在应急管理工作中的主体地位和作用，也规定了社会、公民参与突发事件应对活动的责任、权利和义务，形成了政府主导、社会支持、公众参与的应急管理工作基本格局。

④《突发事件应对法》是推动应急体系建设的强大动力。《突发事件应对法》对应急救援队伍、应急基础设施、物资储备、科技保障能力等应急体系建设工作作出了明确规定，这必将有力地推动各级人民政府应急体系建设。

(2)《突发事件应对法》的立法宗旨和适用范围

根据《突发事件应对法》第一条规定，该法的立法宗旨是预防和减少突发事件的发生，控制、减轻和消除突发事件引起的严重社会危害，规范突发事件应对活动，保护人民生命财产安全，维护国家安全、公共安全、环境安全和社会秩序。这充分体现了我国宪法确立的"国家尊重和保障人权"的人权原则，反映了贯彻科学发展观、推进构建社会主义和谐社会的必然要求。

根据《突发事件应对法》第二条规定，该法的适应范围是突发事件的预防与应急准备、监测与预警、应急处置与救援、事后恢复与重建等应对活动。也就是把应对突发事件的事前、事中、事后的全过程活动纳入该法的调整范围之内。

(3)我国应对突发事件工作的现状与存在的问题

我国是一个自然灾害、事故灾难、重大疫情等突发事件较多的国家。各种突发事件的频繁发生，给人民群众的生命财产造成了巨大损失。党和国家历来高度重视突发事件应对工作，采取了一系列措施，努力提高政府应对公共危机的能力。目前，全国已基本完善了各级应急预案体系，初步建立了突发事件应急管理体制机制,强化了各级应急队伍体系和保障能力建设,初步完善了应急管理法律体系。

但是,我国的突发事件应对工作还存在一些突出问题:一是应对突发事件的责任不够明确;二是不少政府部门应对突发事件的能力不够强,危机意识不够高,依法可以采取的应急处置措施不够充分,用于应急处置的资源不够充足;三是突发事件的预防与应急准备、监测与预警、处置与救援等机制不够完善,出现监测不到位、发现不及时、预防不得力的情况,有的突发事件引起的社会危害未能得到有效控制;四是社会广泛参与应对工作的机制不健全,公众危机意识不强、自救与互救能力不高。因此,政府、公众和社会各方面的应急能力都有待提高。

(4)国家对突发事件应对工作实行的管理体制和工作原则

《突发事件应对法》规定,国家对突发事件应对工作实行"统一领导、综合协调、分类管理、分级负责、属地管理为主"的应急管理体系。统一领导,就是突发事件应对工作必须在各级人民政府统一领导下进行;综合协调,就是由负责应对突发事件的人民政府,协调政府相关部门、企事业单位、基层自治组织、社会组织、公众等各方面力量有序参与突发事件应对工作。分类管理,就是按照突发事件的类型,由相应职能部门对各类突发事件实行专门管理,建立一定形式的指挥体制,收集、分析、报告相关信息,为政府提供决策咨询和建议。分级负责、属地为主,就是根据突发事件的不同等级和需要动用人力、物力的不同,指定由事发地的哪一级人民政府负责应对,但无论哪一级别的突发事件,当地基层政府都要迅速反应,全力投入应对工作。

按照《突发事件应对法》,突发事件应对工作实行预防为主、预防与应急相结合的原则。尽早发现、尽量消除重大突发事件风险隐患,有效预防重大突发事件的发生,最大限度地减轻重大突发事件的影响,永远都是突发事件应对工作的首要目标和核心工作。

(5)各级人民政府在应对突发事件中的职责和组织方式

《突发事件应对法》规定,国务院和县级以上地方各级人民政府是突发事件应对工作的行政领导机关。县级人民政府对本行政区域内突发事件的应对工作负责;涉及两个以上行政区域的,由有关行政区域共同的上一级人民政府负责,或由各有关行政区域的上一级人民政府共同负责。

国务院在总理领导下研究、决定和部署特别重大突发事件的应对工作;根据实际需要，设立国家突发事件应急指挥机构，负责突发事件应对工作。县级以上地方各级人民政府设立由本级人民政府主要负责人、相关部门负责人、驻当地中国人民解放军和武装警察部队有关负责人组成的突发事件应急指挥机构，统一领导、协调本级各有关部门和下级人民政府开展突发事件应对工作；同时也可根据实际需要，设立相关类别突发事件应急指挥机构。

(6)公民、法人和其他组织参与突发事件应对工作的义务

《突发事件应对法》规定：“公民、法人和其他组织有义务参与突发事件应对工作。”这符合宪法中有关公民、法人和其他组织不仅是权利主体、也是义务主体的规定。

在突发事件处置过程中，政府处置突发事件的权力具有优先权，公民、法人和其他组织要自觉接受这种紧急处置权力的限制，并负有较平时更多、更严格的法律义务，来配合应急权力的行使。这些法律义务包括四个层次：一是对突发事件应急状态高度关注的义务，即公众对可能威胁自身安全的突发事件，要主动了解、自觉接收相关信息，并做好自救、互救的准备。二是在应急时期主动接受政府各项应急措施，特别是各项管制的义务。比如，在突发事件发生过程中，公民要接受和服从政府强制疏散、撤离、安置的安排，不得拒绝执行和擅自行动。三是公民要接受其一些合法权利在应急状态下被政府限制的义务。四是主动参与突发事件应急处置各项工作的义务，这种义务主要包括参与突发事件预防、救援、恢复重建的义务，具体有：信息报告义务，制定并演练应急预案义务，排查和消除风险隐患义务，参加应急专兼职或志愿者救援队伍义务，为应急处置提供力所能及的支持义务，协助落实政府应急义务，执行有关决定和命令义务，等等。

(7)《突发事件应对法》对政府应急处置权力的限制原则

由于应对突发事件工作的特殊性，《突发事件应对法》以及其他涉及突发事件应对的相关法律法规，赋予有关人民政府及其部门可以采取的应对突发事件的措施具有很大的裁量自由，比如，《突发事件应对法》规定，有关人民政府及其部门在应对突发事件中，可以应急征用单位和个人的财产。但也根据行政合理原则对这种权力的行使作了合理性限制，比如，被征用的财产在使用完毕或者突发事件应急处置工作结束后，应当及时返还；财产被征用或者征用后毁损、灭失的，应当给予补偿。

对政府应急处置权力的限制遵循以下要求：一是，突发事件应对措施与应急响应紧密关联。不同类型突发事件根据其不同等级,应当由不同级别的政府或部门采取不同的应急响应措施,这是分级管理的核心内容。要保证行政合理原则在突发事件应急措施中得到落实,最重要的是严格落实各级、各类突发事件应急预案。二是,应当选择有利于最大程度地保护公民、法人和其他组织权益的措施。在一定应急级别下,相关人民政府或部门有多种措施可供选择的,应当选择有利于最大程度地保护公民、法人和其他组织权益的措施。

(8)突发事件预防和应急准备工作的主要内容

《突发事件应对法》规定,突发事件预防与应急准备工作主要包括:建立健全突发事件应急预案体系、建设城乡应急基础设施和应急避难场所、排查和治理突发事件风险隐患、组建培训专兼职应急队伍,建立应急物资储备保障制度、开展应急知识科普宣教等方面内容。

(9)应急预案体系建设的基本要求和内容

国家突发事件应急预案体系包括国务院突发事件应急预案体系和地方各级人民政府突发事件应急预案体系两个层次。国务院突发事件应急预案体系包括国家突发事件总体应急预案、专项应急预案和部门应急预案三个部分。地方各级人民政府和县级以上地方各级人民政府有关部门要根据相关法律、法规、规章,结合本地区实际,衔接上级人民政府及其有关部门的应急预案,制定本级突发事件应急预案体系,编制各类应急预案,并根据实际需要和情势变化,适时修订应急预案。

目前,国务院要求学校、企业等单位和村居两委会等基层自治组织都要从本单位、本区域安全情况出发,根据突发事件风险隐患排查情况,制定完善本单位、本区域应急预案,治理、消除安全隐患,落实安全防范措施,有效防止和及时制止突发事件。

制定应急预案应当根据法律、法规的规定,认真分析突发事件的性质、规律、特点和可能造成的社会危害,对突发事件应急处置的组织指挥体系、预防与预警机制、处置程序、应急保障措施及恢复重建等作出具体规定。

(10)企事业基层单位和基层组织预防突发事件的责任

《突发事件应对法》规定"公民、法人和其他组织有义务参与突发事件应对工作。"其中,做好预防工作是各企事业单位和基层组织力所能及和必须强化的。所有单位都负有预防突发事件的义务,应当建立健全安全管理制度,定期排查本单位的危险源、危险区域,检查各项安全防范措施的落实情况,及时消除事故隐患，掌握并及时处置可能引发社会安全事件的问题，防止矛盾激化和事态扩大，并定期将安全情况报告当地人民政府及其有关部门。

高危行业企业，特别是矿山、建筑施工单位和易燃易爆物品、危险化学品、放射性物品等危险物品的生产、经营、储运、使用单位，尤其要加强本单位安全生产工作，制定安全管理规章制度、操作规程和详细的应急预案，定期对生产经营场所、仓储设施及周边环境开展隐患排查，及时消除隐患，加强危险源监控，做好危险品管理，防止发生突发事件。

(11)《突发事件应对法》对应急管理宣传、培训的要求

《突发事件应对法》规定，县级以上人民政府应当建立健全应急管理培训制度，对人民政府及其有关部门负有处置突发事件职责的工作人员、专兼职应急救援队伍和志愿者队伍进行定期培训。基层人民政府和街道办事处应当组织开展应急知识的宣传普及活动和必要的应急演练。

中国人民解放军、中国人民武装警察部队和民兵组织应当有计划地组织开展应急救援的专门训练。

居民委员会、村民委员会、企事业单位应当根据当地人民政府的要求，结合各自实际，开展应急知识的宣传普及活动和必要的应急演练。

新闻媒体应当无偿开展突发事件预防与应急、公众自救与互救知识的公益宣传。

教育主管部门应当指导、监督各级各类学校开展应急知识教育。各级各类学校应当把应急知识教育纳入教学内容，对学生进行应急知识教育，培养学生的安全意识和自救、互救能力。

(12)突发事件监测与预警工作的主要内容

按照《突发事件应对法》，突发事件监测与预警工作主要包括建立突发事件监测制度、突发事件信息系统、突发事件预警制度等三个方面内容。

(13)突发事件监测与信息报告的相关规定

《突发事件应对法》规定，县级以上人民政府及其有关部门应当根据突发事件的类型和特点，建立完善监测网络，划分监测区域，确定监测站点，明确监测项目，安排必要装备，配备专门人员，对可能发生的突发事件进行密切监测。

县级以上地方各级人民政府应当建立本地区统一的突发事件信息系统，汇集、储存、分析、传输突发事件信息。县级以上人民政府及其有关部门、专业机构应当在当地居民委员会、村民委员会和有关单位建立专、兼职信息报告员制度，多种途径收集突发事件信息。

获悉突发事件信息的公民、法人或者其他组织，应当立即向当地人民政府及有关主管部门或者指定的专业机构报告。有关单位和人员报送、报告突发事件信息，应当做到及时、客观、真实，不得迟报、谎报、瞒报、漏报。地方各级人民政府应当及时汇总分析突发事件信息，会商、评估突发事件状态和影响，并按照规定向上级人民政府报送突发事件信息，并实时预警。

(14)国家突发事件预警制度的内容

《突发事件应对法》规定，可以预警的突发事件的预警级别，按照突发事件的紧急程度、发展势态和可能造成的危害程度分为一级、二级、三级和四级，分别用红色、橙色、黄色和蓝色标示，一级为最高级别。预警级别的划分标准由国务院或国务院确定的部门制定。

(15)突发事件预警等级及政府的响应措施

可以预警的突发事件即将发生或发生概率较大时，县级以上地方各级人民政府应当根据权限和程度，发布相应级别的警报，决定并宣布有关地区进入预警期，同时向上一级人民政府报告。

发布三级、四级警报，宣布进入预警期后，县级以上地方各级人民政府应当根据情况采取相应措施：一是启动应急预案；二是加强有关突发事件监测、预报和信息收集、报告工作；三是组织有关方面对突发事件信息进行分析评估，预测其发生概率、影响范围与强度；四是定时向社会发布与公众有关的突发事件预测信息和评估情况；五是向社会发布咨询电话和相关警示，宣传相关防灾、避灾常识。

发布一级、二级警报，宣布进入预警期后，县级以上地方各级人民政府除采取以上措施外，还可根据情况采取以下相应措施：一是责令应急救援队伍及相关人员进入待命状态，做好应急救援和处置准备；二是调集应急救援、处置所需物资，准备应急设施和避难场所；三是加强对重点单位、重要部位和重要基础设施的安全保卫，维护社会治安秩序；四是采取必要措施，确保城市交通、通信等生命线工程安全和正常运行；五是及时发布防灾、避灾的警示、劝告；六是转移、疏散危险地区人员和重要财产；七是关闭易受突发事件危害的场所，控制或限制公共场所活动。

(16)突发事件发生后，政府采取的应急处置与救援措施

突发事件发生后，负责处置的人民政府及其相关主管部门，应当针对突发事件发生情况，立即组织、调动应急救援队伍和社会力量，按照有关法规、法规、规章的规定，启动相关应急响应，采取相应应急处置措施：一是采取保障、控制等必要应急措施，保障人民群众的基本生活需要；二是根据需要向单位和个人征用应急救援设备、设施、场所、交通工具和其他物资，要求生产、供应生活必需品和应急救援物资的企业组织生产、保证供给，要求提供医疗、交通等公共服务的组织提供相应服务，组织运输经营单位优先运送处置突发事件所需物资、设备、工具、应急救援人员和受到突发事件危害的人员；三是按照有关规定，统一、准确、及时发布有关突发事件事态发展和应急处置工作的信息。

(17)公民、法人和其他组织在应急处置活动中的法律义务

发生自然灾害、事故灾难、公共卫生事件的单位，应当立即组织本单位应急救援队伍或工作人员，营救受害人员，疏散、撤离、安置受威胁人员，控制危险源，标明危险区域，封锁危险场所，采取必要措施防止危害扩大，同时向当地县级人民政府报告。对因本单位、本区域矛盾引发的，或者主体是本单位、本区域人员的社会安全事件，有关单位或居民委员会、村民委员会应立即上报情况，并迅速派出负责人赶赴事发现场开展劝解、疏导工作。

事发地其他单位或居民委员会、村民委员会应当按照当地人民政府的决定、命令，配合人民政府采取应急处置措施，动员、组织本单位、本区域群众开展自救和互救，协助维护社会秩序。

处于事发地的公民应当服从人民政府、居民委员会、村民委员会或所属单位的指挥和安排，配合人民政府采取应急处置措施，积极参加应急救援工作，协助维护社会秩序。

任何单位和个人不得编造、传播有关突发事件事态发展或者应急处置工作的虚假信息。

(18)专业应急救援人员和公民参与应急救援应当享受的保障

《突发事件应对法》规定，国务院有关部门、县级以上地方各级人民政府及其有关部门、有关单位应当为专业应急救援人员购买人身意外伤害保险，配备必要的防护装备和器材，减少应急救援人员的人身风险。

公民参加应急救援工作或者协助维护社会秩序期间，其在本单位的工资待遇和福利不变；表现突出、成绩显著的，由县级以上人民政府给予表彰或者奖励。

县级以上人民政府对在应急救援工作中伤亡的人员依法给予抚恤。

(19)突发事件处置后恢复与重建的主要内容

突发事件的威胁和危害得到控制或者消除后,负责处置突发事件的人民政府在停止执行相关应急处置措施的同时,应当开展恢复重建工作。其主要内容:一是采取或继续实施必要措施,防止发生自然灾害、事故灾难、公共卫生事件的次生、衍生灾害或者重新引发社会安全事件。二是评估突发事件造成的损失,制定恢复重建计划,组织受危害地区尽快恢复生产、生活、工作和社会秩序。三是组织和协调有关部门和单位,尽快修复被损坏的交通、通信、供排水、供电、供气、供热等公共设施。四是制定救助、补偿、抚慰、抚恤、安置等善后工作计划并组织实施。五是分析突发事件应急处置工作的过程,查明发生原因,总结经验和教训,制定改进措施,形成突发事件处置评估报告,报上一级人民政府。

(20)单位和个人违反《突发事件应对法》应负的法律责任

《突发事件应对法》规定,有关单位凡未按规定及时消除已发现的可能引发突发事件的隐患,未采取预防措施,导致发生严重突发事件的;未做好应急设备、设施日常维护、检测工作,导致发生严重突发事件或突发事件危害扩大的;不及时组织开展应急救援工作,造成严重后果的,由所在地负责应对突发事件的人民政府责令停产停业,暂扣或者吊销许可证或者营业执照,并处五万元以上二十万元以下的罚款,构成违反治安管理行为的,由公安机关依法给予处罚。

编造并传播有关突发事件事态发展或者应急处置工作的虚假信息,或者明知是突发事件虚假信息仍然传播的,责令改正,并给予警告;造成严重后果的,依法暂停其业务活动或者吊销其执业许可证;是国家工作人员的,要依法对其给予处分;构成违反治安管理行为的,由公安机关依法给予处罚。

单位或个人不服从所在地人民政府及其有关部门发布的决定、命令或者不配合其依法采取的措施,构成违反治安管理行为的,由公安机关依法给予处罚。单位或个人违反《突发事件应对法》规定,导致突发事件发生或者危害扩大,给他人人身、财产造成损害的,应当依法承担民事责任。

各级领导者应对和处置

突发事件

必备手册

下 篇

应对突发事件必知法规及相关文献汇编

· 中华人民共和国突发事件应对法
· 国家突发公共事件总体应急预案
· 国家特别重大、重大突发公共事件分级标准
· 中国各级各类突发事件应急管理预防
· 中国突发事件应急管理工作组织体系
· 突发事件自救互救常识
· 国家突发公共事件专项应急预案
· 北京市突发公共事件总体应急预案

GEJI LINGDAOZHE
YINGDUI HE
CHUZHI TUFASHIJIAN BIBEI SHOUCE

附录一

中华人民共和国突发事件应对法

（2007年8月30日第十届全国人民代表大会常务委员会第二十九次会议通过）

第一章　总则

第一条　为了预防和减少突发事件的发生，控制、减轻和消除突发事件引起的严重社会危害，规范突发事件应对活动，保护人民生命财产安全，维护国家安全、公共安全、环境安全和社会秩序，制定本法。

第二条　突发事件的预防与应急准备、监测与预警、应急处置与救援、事后恢复与重建等应对活动，适用本法。

第三条　本法所称突发事件，是指突然发生，造成或者可能造成严重社会危害，需要采取应急处置措施予以应对的自然灾害、事故灾难、公共卫生事件和社会安全事件。

按照社会危害程度、影响范围等因素，自然灾害、事故灾难、公共卫生事件分为特别重大、重大、较大和一般四级。法律、行政法规或者国务院另有规定的，从其规定。

突发事件的分级标准由国务院或者国务院确定的部门制定。

第四条　国家建立统一领导、综合协调、分类管理、分级负责、属地管理为主的应急管理体制。

第五条　突发事件应对工作实行预防为主、预防与应急相结合的原则。国家建立重大突发事件风险评估体系，对可能发生的突发事件进行综合性评估，减少重大突发事件的发生，最大限度地减轻重大突发事件的影响。

第六条　国家建立有效的社会动员机制，增强全民的公共安全和防范风险的意识，提高全社会的避险救助能力。

第七条　县级人民政府对本行政区域内突发事件的应对工作负责；涉及

两个以上行政区域的，由有关行政区域共同的上一级人民政府负责，或者由各有关行政区域的上一级人民政府共同负责。

突发事件发生后，发生地县级人民政府应当立即采取措施控制事态发展，组织开展应急救援和处置工作，并立即向上一级人民政府报告，必要时可以越级上报。

突发事件发生地县级人民政府不能消除或者不能有效控制突发事件引起的严重社会危害的，应当及时向上级人民政府报告。上级人民政府应当及时采取措施，统一领导应急处置工作。

法律、行政法规规定由国务院有关部门对突发事件的应对工作负责的，从其规定；地方人民政府应当积极配合并提供必要的支持。

第八条　国务院在总理领导下研究、决定和部署特别重大突发事件的应对工作；根据实际需要，设立国家突发事件应急指挥机构，负责突发事件应对工作；必要时，国务院可以派出工作组指导有关工作。

县级以上地方各级人民政府设立由本级人民政府主要负责人、相关部门负责人、驻当地中国人民解放军和中国人民武装警察部队有关负责人组成的突发事件应急指挥机构，统一领导、协调本级人民政府各有关部门和下级人民政府开展突发事件应对工作；根据实际需要，设立相关类别突发事件应急指挥机构，组织、协调、指挥突发事件应对工作。

上级人民政府主管部门应当在各自职责范围内，指导、协助下级人民政府及其相应部门做好有关突发事件的应对工作。

第九条　国务院和县级以上地方各级人民政府是突发事件应对工作的行政领导机关，其办事机构及具体职责由国务院规定。

第十条　有关人民政府及其部门作出的应对突发事件的决定、命令，应当及时公布。

第十一条　有关人民政府及其部门采取的应对突发事件的措施，应当与突发事件可能造成的社会危害的性质、程度和范围相适应；有多种措施可供选择的，应当选择有利于最大程度地保护公民、法人和其他组织权益的措施。

公民、法人和其他组织有义务参与突发事件应对工作。

第十二条　有关人民政府及其部门为应对突发事件，可以征用单位和个人的财产。被征用的财产在使用完毕或者突发事件应急处置工作结束后，应当及时返还。财产被征用或者征用后毁损、灭失的，应当给予补偿。

第十三条　因采取突发事件应对措施，诉讼、行政复议、仲裁活动不能正常进行的，适用有关时效中止和程序中止的规定，但法律另有规定的除外。

第十四条　中国人民解放军、中国人民武装警察部队和民兵组织依照本法和其他有关法律、行政法规、军事法规的规定以及国务院、中央军事委员会的命令，参加突发事件的应急救援和处置工作。

第十五条　中华人民共和国政府在突发事件的预防、监测与预警、应急处置与救援、事后恢复与重建等方面，同外国政府和有关国际组织开展合作与交流。

第十六条　县级以上人民政府作出应对突发事件的决定、命令，应当报本级人民代表大会常务委员会备案；突发事件应急处置工作结束后，应当向本级人民代表大会常务委员会作出专项工作报告。

第二章　预防与应急准备

第十七条　国家建立健全突发事件应急预案体系。

国务院制定国家突发事件总体应急预案，组织制定国家突发事件专项应急预案；国务院有关部门根据各自的职责和国务院相关应急预案，制定国家突发事件部门应急预案。

地方各级人民政府和县级以上地方各级人民政府有关部门根据有关法律、法规、规章、上级人民政府及其有关部门的应急预案以及本地区的实际情况，制定相应的突发事件应急预案。

应急预案制定机关应当根据实际需要和情势变化，适时修订应急预案。应急预案的制定、修订程序由国务院规定。

第十八条　应急预案应当根据本法和其他有关法律、法规的规定，针对突发事件的性质、特点和可能造成的社会危害，具体规定突发事件应急管理工作的组织指挥体系与职责和突发事件的预防与预警机制、处置程序、应急保障措施以及事后恢复与重建措施等内容。

第十九条　城乡规划应当符合预防、处置突发事件的需要，统筹安排应对突发事件所必需的设备和基础设施建设，合理确定应急避难场所。

第二十条　县级人民政府应当对本行政区域内容易引发自然灾害、事故灾难和公共卫生事件的危险源、危险区域进行调查、登记、风险评估，定期进行检查、监控，并责令有关单位采取安全防范措施。

省级和设区的市级人民政府应当对本行政区域内容易引发特别重大、重大突发事件的危险源、危险区域进行调查、登记、风险评估，组织进行检查、监控，并责令有关单位采取安全防范措施。

县级以上地方各级人民政府按照本法规定登记的危险源、危险区域，应当按照国家规定及时向社会公布。

第二十一条　县级人民政府及其有关部门、乡级人民政府、街道办事处、居民委员会、村民委员会应当及时调解处理可能引发社会安全事件的矛盾纠纷。

第二十二条　所有单位应当建立健全安全管理制度，定期检查本单位各项安全防范措施的落实情况，及时消除事故隐患；掌握并及时处理本单位存在的可能引发社会安全事件的问题，防止矛盾激化和事态扩大；对本单位可能发生的突发事件和采取安全防范措施的情况，应当按照规定及时向所在地人民政府或者人民政府有关部门报告。

第二十三条　矿山、建筑施工单位和易燃易爆物品、危险化学品、放射性物品等危险物品的生产、经营、储运、使用单位，应当制定具体应急预案，并对生产经营场所、有危险物品的建筑物、构筑物及周边环境开展隐患排查，及时采取措施消除隐患，防止发生突发事件。

第二十四条　公共交通工具、公共场所和其他人员密集场所的经营单位或者管理单位应当制定具体应急预案，为交通工具和有关场所配备报警装置和必要的应急救援设备、设施，注明其使用方法，并显著标明安全撤离的通道、路线，保证安全通道、出口的畅通。

有关单位应当定期检测、维护其报警装置和应急救援设备、设施，使其处于良好状态，确保正常使用。

第二十五条　县级以上人民政府应当建立健全突发事件应急管理培训制度，对人民政府及其有关部门负有处置突发事件职责的工作人员定期进行培训。

第二十六条　县级以上人民政府应当整合应急资源，建立或者确定综合性应急救援队伍。人民政府有关部门可以根据实际需要设立专业应急救援队伍。

县级以上人民政府及其有关部门可以建立由成年志愿者组成的应急救援

队伍。单位应当建立由本单位职工组成的专职或者兼职应急救援队伍。

县级以上人民政府应当加强专业应急救援队伍与非专业应急救援队伍的合作，联合培训、联合演练，提高合成应急、协同应急的能力。

第二十七条　国务院有关部门、县级以上地方各级人民政府及其有关部门、有关单位应当为专业应急救援人员购买人身意外伤害保险，配备必要的防护装备和器材，减少应急救援人员的人身风险。

第二十八条　中国人民解放军、中国人民武装警察部队和民兵组织应当有计划地组织开展应急救援的专门训练。

第二十九条　县级人民政府及其有关部门、乡级人民政府、街道办事处应当组织开展应急知识的宣传普及活动和必要的应急演练。

居民委员会、村民委员会、企业事业单位应当根据所在地人民政府的要求，结合各自的实际情况，开展有关突发事件应急知识的宣传普及活动和必要的应急演练。

新闻媒体应当无偿开展突发事件预防与应急、自救与互救知识的公益宣传。

第三十条　各级各类学校应当把应急知识教育纳入教学内容，对学生进行应急知识教育，培养学生的安全意识和自救与互救能力。

教育主管部门应当对学校开展应急知识教育进行指导和监督。

第三十一条　国务院和县级以上地方各级人民政府应当采取财政措施，保障突发事件应对工作所需经费。

第三十二条　国家建立健全应急物资储备保障制度，完善重要应急物资的监管、生产、储备、调拨和紧急配送体系。

设区的市级以上人民政府和突发事件易发、多发地区的县级人民政府应当建立应急救援物资、生活必需品和应急处置装备的储备制度。

县级以上地方各级人民政府应当根据本地区的实际情况，与有关企业签订协议，保障应急救援物资、生活必需品和应急处置装备的生产、供给。

第三十三条　国家建立健全应急通信保障体系，完善公用通信网，建立有线与无线相结合、基础电信网络与机动通信系统相配套的应急通信系统，确保突发事件应对工作的通信畅通。

第三十四条　国家鼓励公民、法人和其他组织为人民政府应对突发事件工作提供物资、资金、技术支持和捐赠。

第三十五条　国家发展保险事业，建立国家财政支持的巨灾风险保险体系，并鼓励单位和公民参加保险。

第三十六条　国家鼓励、扶持具备相应条件的教学科研机构培养应急管理专门人才，鼓励、扶持教学科研机构和有关企业研究开发用于突发事件预防、监测、预警、应急处置与救援的新技术、新设备和新工具。

第三章　监测与预警

第三十七条　国务院建立全国统一的突发事件信息系统。

县级以上地方各级人民政府应当建立或者确定本地区统一的突发事件信息系统，汇集、储存、分析、传输有关突发事件的信息，并与上级人民政府及其有关部门、下级人民政府及其有关部门、专业机构和监测网点的突发事件信息系统实现互联互通，加强跨部门、跨地区的信息交流与情报合作。

第三十八条　县级以上人民政府及其有关部门、专业机构应当通过多种途径收集突发事件信息。

县级人民政府应当在居民委员会、村民委员会和有关单位建立专职或者兼职信息报告员制度。

获悉突发事件信息的公民、法人或者其他组织，应当立即向所在地人民政府、有关主管部门或者指定的专业机构报告。

第三十九条　地方各级人民政府应当按照国家有关规定向上级人民政府报送突发事件信息。县级以上人民政府有关主管部门应当向本级人民政府相关部门通报突发事件信息。专业机构、监测网点和信息报告员应当及时向所在地人民政府及其有关主管部门报告突发事件信息。

有关单位和人员报送、报告突发事件信息，应当做到及时、客观、真实，不得迟报、谎报、瞒报、漏报。

第四十条　县级以上地方各级人民政府应当及时汇总分析突发事件隐患和预警信息，必要时组织相关部门、专业技术人员、专家学者进行会商，对发生突发事件的可能性及其可能造成的影响进行评估；认为可能发生重大或者特别重大突发事件的，应当立即向上级人民政府报告，并向上级人民政府有关部门、当地驻军和可能受到危害的毗邻或者相关地区的人民政府通报。

第四十一条　国家建立健全突发事件监测制度。

县级以上人民政府及其有关部门应当根据自然灾害、事故灾难和公共卫生事件的种类和特点，建立健全基础信息数据库，完善监测网络，划分监测区域，确定监测点，明确监测项目，提供必要的设备、设施，配备专职或者兼职人员，对可能发生的突发事件进行监测。

第四十二条　国家建立健全突发事件预警制度。

可以预警的自然灾害、事故灾难和公共卫生事件的预警级别，按照突发事件发生的紧急程度、发展势态和可能造成的危害程度分为一级、二级、三级和四级，分别用红色、橙色、黄色和蓝色标示，一级为最高级别。

预警级别的划分标准由国务院或者国务院确定的部门制定。

第四十三条　可以预警的自然灾害、事故灾难或者公共卫生事件即将发生或者发生的可能性增大时，县级以上地方各级人民政府应当根据有关法律、行政法规和国务院规定的权限和程序，发布相应级别的警报，决定并宣布有关地区进入预警期，同时向上一级人民政府报告，必要时可以越级上报，并向当地驻军和可能受到危害的毗邻或者相关地区的人民政府通报。

第四十四条　发布三级、四级警报，宣布进入预警期后，县级以上地方各级人民政府应当根据即将发生的突发事件的特点和可能造成的危害，采取下列措施：

（一）启动应急预案；

（二）责令有关部门、专业机构、监测网点和负有特定职责的人员及时收集、报告有关信息，向社会公布反映突发事件信息的渠道，加强对突发事件发生、发展情况的监测、预报和预警工作；

（三）组织有关部门和机构、专业技术人员、有关专家学者，随时对突发事件信息进行分析评估，预测发生突发事件可能性的大小、影响范围和强度以及可能发生的突发事件的级别；

（四）定时向社会发布与公众有关的突发事件预测信息和分析评估结果，并对相关信息的报道工作进行管理；

（五）及时按照有关规定向社会发布可能受到突发事件危害的警告，宣传避免、减轻危害的常识，公布咨询电话。

第四十五条　发布一级、二级警报，宣布进入预警期后，县级以上地方各级人民政府除采取本法第四十四条规定的措施外，还应当针对即将发生的突发事件的特点和可能造成的危害，采取下列一项或者多项措施：

（一）责令应急救援队伍、负有特定职责的人员进入待命状态，并动员后备人员做好参加应急救援和处置工作的准备；

（二）调集应急救援所需物资、设备、工具，准备应急设施和避难场所，并确保其处于良好状态、随时可以投入正常使用；

（三）加强对重点单位、重要部位和重要基础设施的安全保卫，维护社会治安秩序；

（四）采取必要措施，确保交通、通信、供水、排水、供电、供气、供热等公共设施的安全和正常运行；

（五）及时向社会发布有关采取特定措施避免或者减轻危害的建议、劝告；

（六）转移、疏散或者撤离易受突发事件危害的人员并予以妥善安置，转移重要财产；

（七）关闭或者限制使用易受突发事件危害的场所，控制或者限制容易导致危害扩大的公共场所的活动；

（八）法律、法规、规章规定的其他必要的防范性、保护性措施。

第四十六条　对即将发生或者已经发生的社会安全事件，县级以上地方各级人民政府及其有关主管部门应当按照规定向上一级人民政府及其有关主管部门报告，必要时可以越级上报。

第四十七条　发布突发事件警报的人民政府应当根据事态的发展，按照有关规定适时调整预警级别并重新发布。

有事实证明不可能发生突发事件或者危险已经解除的，发布警报的人民政府应当立即宣布解除警报，终止预警期，并解除已经采取的有关措施。

第四章　应急处置与救援

第四十八条　突发事件发生后，履行统一领导职责或者组织处置突发事件的人民政府应当针对其性质、特点和危害程度，立即组织有关部门，调动应急救援队伍和社会力量，依照本章的规定和有关法律、法规、规章的规定采取应急处置措施。

第四十九条　自然灾害、事故灾难或者公共卫生事件发生后，履行统一领导职责的人民政府可以采取下列一项或者多项应急处置措施：

（一）组织营救和救治受害人员，疏散、撤离并妥善安置受到威胁的人员以及采取其他救助措施；

（二）迅速控制危险源，标明危险区域，封锁危险场所，划定警戒区，实行交通管制以及其他控制措施；

（三）立即抢修被损坏的交通、通信、供水、排水、供电、供气、供热等公共设施，向受到危害的人员提供避难场所和生活必需品，实施医疗救护和卫生防疫以及其他保障措施；

（四）禁止或者限制使用有关设备、设施，关闭或者限制使用有关场所，中止人员密集的活动或者可能导致危害扩大的生产经营活动以及采取其他保护措施；

（五）启用本级人民政府设置的财政预备费和储备的应急救援物资，必要时调用其他急需物资、设备、设施、工具；

（六）组织公民参加应急救援和处置工作，要求具有特定专长的人员提供服务；

（七）保障食品、饮用水、燃料等基本生活必需品的供应；

（八）依法从严惩处囤积居奇、哄抬物价、制假售假等扰乱市场秩序的行为，稳定市场价格，维护市场秩序；

（九）依法从严惩处哄抢财物、干扰破坏应急处置工作等扰乱社会秩序的行为，维护社会治安；

（十）采取防止发生次生、衍生事件的必要措施。

第五十条　社会安全事件发生后，组织处置工作的人民政府应当立即组织有关部门并由公安机关针对事件的性质和特点，依照有关法律、行政法规和国家其他有关规定，采取下列一项或者多项应急处置措施：

（一）强制隔离使用器械相互对抗或者以暴力行为参与冲突的当事人，妥善解决现场纠纷和争端，控制事态发展；

（二）对特定区域内的建筑物、交通工具、设备、设施以及燃料、燃气、电力、水的供应进行控制；

（三）封锁有关场所、道路，查验现场人员的身份证件，限制有关公共场所内的活动；

（四）加强对易受冲击的核心机关和单位的警卫，在国家机关、军事机关、国家通讯社、广播电台、电视台、外国驻华使领馆等单位附近设置临时警戒线；

（五）法律、行政法规和国务院规定的其他必要措施。

严重危害社会治安秩序的事件发生时，公安机关应当立即依法出动警力，根据现场情况依法采取相应的强制性措施，尽快使社会秩序恢复正常。

第五十一条　发生突发事件，严重影响国民经济正常运行时，国务院或者国务院授权的有关主管部门可以采取保障、控制等必要的应急措施，保障人民群众的基本生活需要，最大限度地减轻突发事件的影响。

第五十二条　履行统一领导职责或者组织处置突发事件的人民政府，必要时可以向单位和个人征用应急救援所需设备、设施、场地、交通工具和其他物资，请求其他地方人民政府提供人力、物力、财力或者技术支援，要求生产、供应生活必需品和应急救援物资的企业组织生产、保证供给，要求提供医疗、交通等公共服务的组织提供相应的服务。

履行统一领导职责或者组织处置突发事件的人民政府，应当组织协调运输经营单位，优先运送处置突发事件所需物资、设备、工具、应急救援人员和受到突发事件危害的人员。

第五十三条　履行统一领导职责或者组织处置突发事件的人民政府，应当按照有关规定统一、准确、及时发布有关突发事件事态发展和应急处置工作的信息。

第五十四条　任何单位和个人不得编造、传播有关突发事件事态发展或者应急处置工作的虚假信息。

第五十五条　突发事件发生地的居民委员会、村民委员会和其他组织应当按照当地人民政府的决定、命令，进行宣传动员，组织群众开展自救和互救，协助维护社会秩序。

第五十六条　受到自然灾害危害或者发生事故灾难、公共卫生事件的单位，应当立即组织本单位应急救援队伍和工作人员营救受害人员，疏散、撤离、安置受到威胁的人员，控制危险源，标明危险区域，封锁危险场所，并采取其他防止危害扩大的必要措施，同时向所在地县级人民政府报告；对因本单位的问题引发的或者主体是本单位人员的社会安全事件，有关单位应当按照规定上报情况，并迅速派出负责人赶赴现场开展劝解、疏导工作。

突发事件发生地的其他单位应当服从人民政府发布的决定、命令，配合人民政府采取的应急处置措施，做好本单位的应急救援工作，并积极组织人员参加所在地的应急救援和处置工作。

第五十七条　突发事件发生地的公民应当服从人民政府、居民委员会、村民委员会或者所属单位的指挥和安排，配合人民政府采取的应急处置措施，积极参加应急救援工作，协助维护社会秩序。

第五章　事后恢复与重建

第五十八条　突发事件的威胁和危害得到控制或者消除后，履行统一领导职责或者组织处置突发事件的人民政府应当停止执行依照本法规定采取的应急处置措施，同时采取或者继续实施必要措施，防止发生自然灾害、事故灾难、公共卫生事件的次生、衍生事件或者重新引发社会安全事件。

第五十九条　突发事件应急处置工作结束后，履行统一领导职责的人民政府应当立即组织对突发事件造成的损失进行评估，组织受影响地区尽快恢复生产、生活、工作和社会秩序，制定恢复重建计划，并向上一级人民政府报告。

受突发事件影响地区的人民政府应当及时组织和协调公安、交通、铁路、民航、邮电、建设等有关部门恢复社会治安秩序，尽快修复被损坏的交通、通信、供水、排水、供电、供气、供热等公共设施。

第六十条　受突发事件影响地区的人民政府开展恢复重建工作需要上一级人民政府支持的，可以向上一级人民政府提出请求。上一级人民政府应当根据受影响地区遭受的损失和实际情况，提供资金、物资支持和技术指导，组织其他地区提供资金、物资和人力支援。

第六十一条　国务院根据受突发事件影响地区遭受损失的情况，制定扶持该地区有关行业发展的优惠政策。

受突发事件影响地区的人民政府应当根据本地区遭受损失的情况，制定救助、补偿、抚慰、抚恤、安置等善后工作计划并组织实施，妥善解决因处置突发事件引发的矛盾和纠纷。

公民参加应急救援工作或者协助维护社会秩序期间，其在本单位的工资待遇和福利不变；表现突出、成绩显著的，由县级以上人民政府给予表彰或者奖励。

县级以上人民政府对在应急救援工作中伤亡的人员依法给予抚恤。

第六十二条　履行统一领导职责的人民政府应当及时查明突发事件的发

生经过和原因，总结突发事件应急处置工作的经验教训，制定改进措施，并向上一级人民政府提出报告。

第六章　法律责任

第六十三条　地方各级人民政府和县级以上各级人民政府有关部门违反本法规定，不履行法定职责的，由其上级行政机关或者监察机关责令改正；有下列情形之一的，根据情节对直接负责的主管人员和其他直接责任人员依法给予处分：

（一）未按规定采取预防措施，导致发生突发事件，或者未采取必要的防范措施，导致发生次生、衍生事件的；

（二）迟报、谎报、瞒报、漏报有关突发事件的信息，或者通报、报送、公布虚假信息，造成后果的；

（三）未按规定及时发布突发事件警报、采取预警期的措施，导致损害发生的；

（四）未按规定及时采取措施处置突发事件或者处置不当，造成后果的；

（五）不服从上级人民政府对突发事件应急处置工作的统一领导、指挥和协调的；

（六）未及时组织开展生产自救、恢复重建等善后工作的；

（七）截留、挪用、私分或者变相私分应急救援资金、物资的；

（八）不及时归还征用的单位和个人的财产，或者对被征用财产的单位和个人不按规定给予补偿的。

第六十四条　有关单位有下列情形之一的，由所在地履行统一领导职责的人民政府责令停产停业，暂扣或者吊销许可证或者营业执照，并处五万元以上二十万元以下的罚款；构成违反治安管理行为的，由公安机关依法给予处罚：

（一）未按规定采取预防措施，导致发生严重突发事件的；

（二）未及时消除已发现的可能引发突发事件的隐患，导致发生严重突发事件的；

（三）未做好应急设备、设施日常维护、检测工作，导致发生严重突发事件或者突发事件危害扩大的；

（四）突发事件发生后，不及时组织开展应急救援工作，造成严重后果的。

前款规定的行为，其他法律、行政法规规定由人民政府有关部门依法决定处罚的，从其规定。

第六十五条　违反本法规定，编造并传播有关突发事件事态发展或者应急处置工作的虚假信息，或者明知是有关突发事件事态发展或者应急处置工作的虚假信息而进行传播的，责令改正，给予警告；造成严重后果的，依法暂停其业务活动或者吊销其执业许可证；负有直接责任的人员是国家工作人员的，还应当对其依法给予处分；构成违反治安管理行为的，由公安机关依法给予处罚。

第六十六条　单位或者个人违反本法规定，不服从所在地人民政府及其有关部门发布的决定、命令或者不配合其依法采取的措施，构成违反治安管理行为的，由公安机关依法给予处罚。

第六十七条　单位或者个人违反本法规定，导致突发事件发生或者危害扩大，给他人人身、财产造成损害的，应当依法承担民事责任。

第六十八条　违反本法规定，构成犯罪的，依法追究刑事责任。

第七章　附则

第六十九条　发生特别重大突发事件，对人民生命财产安全、国家安全、公共安全、环境安全或者社会秩序构成重大威胁，采取本法和其他有关法律、法规、规章规定的应急处置措施不能消除或者有效控制、减轻其严重社会危害，需要进入紧急状态的，由全国人民代表大会常务委员会或者国务院依照宪法和其他有关法律规定的权限和程序决定。

紧急状态期间采取的非常措施，依照有关法律规定执行或者由全国人民代表大会常务委员会另行规定。

第七十条　本法自2007年11月1日起施行。

附录二

国家突发公共事件总体应急预案

（国务院2006年1月8日发布）

1.总则

1.1 编制目的

提高政府保障公共安全和处置突发公共事件的能力，最大程度地预防和减少突发公共事件及其造成的损害，保障公众的生命财产安全，维护国家安全和社会稳定，促进经济社会全面、协调、可持续发展。

1.2 编制依据

依据宪法及有关法律、行政法规，制定本预案。

1.3 分类分级

本预案所称突发公共事件是指突然发生，造成或者可能造成重大人员伤亡、财产损失、生态环境破坏和严重社会危害，危及公共安全的紧急事件。

根据突发公共事件的发生过程、性质和机理，突发公共事件主要分为以下四类：

(1)自然灾害。主要包括水旱灾害，气象灾害，地震灾害，地质灾害，海洋灾害，生物灾害和森林草原火灾等。

(2)事故灾难。主要包括工矿商贸等企业的各类安全事故，交通运输事故，公共设施和设备事故，环境污染和生态破坏事件等。

(3)公共卫生事件。主要包括传染病疫情，群体性不明原因疾病，食品安全和职业危害，动物疫情，以及其他严重影响公众健康和生命安全的事件。

(4)社会安全事件。主要包括恐怖袭击事件，经济安全事件和涉外突发事件等。

各类突发公共事件按照其性质、严重程度、可控性和影响范围等因素，一般分为四级：Ⅰ级（特别重大）、Ⅱ级（重大）、Ⅲ级（较大）和Ⅳ级（一般）。

1.4　适用范围

本预案适用于涉及跨省级行政区划的,或超出事发地省级人民政府处置能力的特别重大突发公共事件应对工作。

本预案指导全国的突发公共事件应对工作。

1.5　工作原则

(1)以人为本,减少危害。切实履行政府的社会管理和公共服务职能,把保障公众健康和生命财产安全作为首要任务,最大程度地减少突发公共事件及其造成的人员伤亡和危害。

(2)居安思危,预防为主。高度重视公共安全工作,常抓不懈,防患于未然。增强忧患意识,坚持预防与应急相结合,常态与非常态相结合,做好应对突发公共事件的各项准备工作。

(3)统一领导,分级负责。在党中央、国务院的统一领导下,建立健全分类管理、分级负责,条块结合、属地管理为主的应急管理体制,在各级党委领导下,实行行政领导责任制,充分发挥专业应急指挥机构的作用。

(4)依法规范,加强管理。依据有关法律和行政法规,加强应急管理,维护公众的合法权益,使应对突发公共事件的工作规范化、制度化、法制化。

(5)快速反应,协同应对。加强以属地管理为主的应急处置队伍建设,建立联动协调制度,充分动员和发挥乡镇、社区、企事业单位、社会团体和志愿者队伍的作用,依靠公众力量,形成统一指挥、反应灵敏、功能齐全、协调有序、运转高效的应急管理机制。

(6)依靠科技,提高素质。加强公共安全科学研究和技术开发,采用先进的监测、预测、预警、预防和应急处置技术及设施,充分发挥专家队伍和专业人员的作用,提高应对突发公共事件的科技水平和指挥能力,避免发生次生、衍生事件;加强宣传和培训教育工作,提高公众自救、互救和应对各类突发公共事件的综合素质。

1.6　应急预案体系

全国突发公共事件应急预案体系包括:

(1)突发公共事件总体应急预案。总体应急预案是全国应急预案体系的总纲,是国务院应对特别重大突发公共事件的规范性文件。

(2)突发公共事件专项应急预案。专项应急预案主要是国务院及其有关部门为应对某一类型或某几种类型突发公共事件而制定的应急预案。

(3)突发公共事件部门应急预案。部门应急预案是国务院有关部门根据总体应急预案、专项应急预案和部门职责为应对突发公共事件制定的预案。

(4)突发公共事件地方应急预案。具体包括:省级人民政府的突发公共事件总体应急预案、专项应急预案和部门应急预案;各市(地)、县(市)人民政府及其基层政权组织的突发公共事件应急预案。上述预案在省级人民政府的领导下,按照分类管理、分级负责的原则,由地方人民政府及其有关部门分别制定。

(5)企事业单位根据有关法律法规制定的应急预案。

(6)举办大型会展和文化体育等重大活动,主办单位应当制定应急预案。

各类预案将根据实际情况变化不断补充、完善。

2. 组织体系

2.1　领导机构

国务院是突发公共事件应急管理工作的最高行政领导机构。在国务院总理领导下,由国务院常务会议和国家相关突发公共事件应急指挥机构(以下简称相关应急指挥机构)负责突发公共事件的应急管理工作;必要时,派出国务院工作组指导有关工作。

2.2　办事机构

国务院办公厅设国务院应急管理办公室,履行值守应急、信息汇总和综合协调职责,发挥运转枢纽作用。

2.3　工作机构

国务院有关部门依据有关法律、行政法规和各自的职责,负责相关类别突发公共事件的应急管理工作。具体负责相关类别的突发公共事件专项和部门应急预案的起草与实施,贯彻落实国务院有关决定事项。

2.4　地方机构

地方各级人民政府是本行政区域突发公共事件应急管理工作的行政领导机构,负责本行政区域各类突发公共事件的应对工作。

2.5　专家组

国务院和各应急管理机构建立各类专业人才库,可以根据实际需要聘请有关专家组成专家组,为应急管理提供决策建议,必要时参加突发公共事件的应急处置工作。

3. 运行机制

3.1　预测与预警

各地区、各部门要针对各种可能发生的突发公共事件，完善预测预警机制，建立预测预警系统，开展风险分析，做到早发现、早报告、早处置。

3.1.1　预警级别和发布

根据预测分析结果，对可能发生和可以预警的突发公共事件进行预警。预警级别依据突发公共事件可能造成的危害程度、紧急程度和发展势态，一般划分为四级：Ⅰ级（特别严重）、Ⅱ级（严重）、Ⅲ级（较重）和Ⅳ级（一般），依次用红色、橙色、黄色和蓝色表示。

预警信息包括突发公共事件的类别、预警级别、起始时间、可能影响范围、警示事项、应采取的措施和发布机关等。

预警信息的发布、调整和解除可通过广播、电视、报刊、通信、信息网络、警报器、宣传车或组织人员逐户通知等方式进行，对老、幼、病、残、孕等特殊人群以及学校等特殊场所和警报盲区应当采取有针对性的公告方式。

3.2　应急处置

3.2.1　信息报告

特别重大或者重大突发公共事件发生后，各地区、各部门要立即报告，最迟不得超过4小时，同时通报有关地区和部门。应急处置过程中，要及时续报有关情况。

3.2.2　先期处置

突发公共事件发生后，事发地的省级人民政府或者国务院有关部门在报告特别重大、重大突发公共事件信息的同时，要根据职责和规定的权限启动相关应急预案，及时、有效地进行处置，控制事态。

在境外发生涉及中国公民和机构的突发事件，我驻外使领馆、国务院有关部门和有关地方人民政府要采取措施控制事态发展，组织开展应急救援工作。

3.2.3　应急响应

对于先期处置未能有效控制事态的特别重大突发公共事件，要及时启动相关预案，由国务院相关应急指挥机构或国务院工作组统一指挥或指导有关地区、部门开展处置工作。

现场应急指挥机构负责现场的应急处置工作。

需要多个国务院相关部门共同参与处置的突发公共事件，由该类突发公共事件的业务主管部门牵头，其他部门予以协助。

3.2.4　应急结束

特别重大突发公共事件应急处置工作结束，或者相关危险因素消除后，现场应急指挥机构予以撤销。

3.3　恢复与重建

3.3.1　善后处置

要积极稳妥、深入细致地做好善后处置工作。对突发公共事件中的伤亡人员、应急处置工作人员，以及紧急调集、征用有关单位及个人的物资，要按照规定给予抚恤、补助或补偿，并提供心理及司法援助。有关部门要做好疫病防治和环境污染消除工作。保险监管机构督促有关保险机构及时做好有关单位和个人损失的理赔工作。

3.3.2　调查与评估

要对特别重大突发公共事件的起因、性质、影响、责任、经验教训和恢复重建等问题进行调查评估。

3.3.3　恢复重建

根据受灾地区恢复重建计划组织实施恢复重建工作。

3.4　信息发布

突发公共事件的信息发布应当及时、准确、客观、全面。事件发生的第一时间要向社会发布简要信息，随后发布初步核实情况、政府应对措施和公众防范措施等，并根据事件处置情况做好后续发布工作。

信息发布形式主要包括授权发布、散发新闻稿、组织报道、接受记者采访、举行新闻发布会等。

4. 应急保障

各有关部门要按照职责分工和相关预案做好突发公共事件的应对工作，同时根据总体预案切实做好应对突发公共事件的人力、物力、财力、交通运输、医疗卫生及通信保障等工作，保证应急救援工作的需要和灾区群众的基本生活，以及恢复重建工作的顺利进行。

4.1　人力资源

公安(消防)、医疗卫生、地震救援、海上搜救、矿山救护、森林消防、防洪抢险、核与辐射、环境监控、危险化学品事故救援、铁路事故、民航事故、基础信息网络和重要信息系统事故处置，以及水、电、油、气等工程抢险救援队伍是应急救援的专业队伍和骨干力量。地方各级人民政府和有关部门、单位要加强应急救援队伍的业务培训和应急演练，建立联动协调机制，提高装备水平；动员社会团体、企事业单位以及志愿者等各种社会力量参与应急救援工作；增进国际间的交流与合作。要加强以乡镇和社区为单位的公众应急能力建设，发挥其在应对突发公共事件中的重要作用。

中国人民解放军和中国人民武装警察部队是处置突发公共事件的骨干和突击力量，按照有关规定参加应急处置工作。

4.2　财力保障

要保证所需突发公共事件应急准备和救援工作资金。对受突发公共事件影响较大的行业、企事业单位和个人要及时研究提出相应的补偿或救助政策。要对突发公共事件财政应急保障资金的使用和效果进行监管和评估。

鼓励自然人、法人或者其他组织(包括国际组织)按照《中华人民共和国公益事业捐赠法》等有关法律、法规的规定进行捐赠和援助。

4.3　物资保障

要建立健全应急物资监测网络、预警体系和应急物资生产、储备、调拨及紧急配送体系，完善应急工作程序，确保应急所需物资和生活用品的及时供应，并加强对物资储备的监督管理，及时予以补充和更新。

地方各级人民政府应根据有关法律、法规和应急预案的规定，做好物资储备工作。

4.4　基本生活保障

要做好受灾群众的基本生活保障工作，确保灾区群众有饭吃、有水喝、有衣穿、有住处、有病能得到及时医治。

4.5　医疗卫生保障

卫生部门负责组建医疗卫生应急专业技术队伍，根据需要及时赴现场开展医疗救治、疾病预防控制等卫生应急工作。及时为受灾地区提供药品、器械等卫生和医疗设备。必要时，组织动员红十字会等社会卫生力量参与医疗卫生救助工作。

4.6　交通运输保障

要保证紧急情况下应急交通工具的优先安排、优先调度、优先放行，确保运输安全畅通；要依法建立紧急情况社会交通运输工具的征用程序，确保抢险救灾物资和人员能够及时、安全送达。

根据应急处置需要，对现场及相关通道实行交通管制，开设应急救援“绿色通道”，保证应急救援工作的顺利开展。

4.7　治安维护

要加强对重点地区、重点场所、重点人群、重要物资和设备的安全保护，依法严厉打击违法犯罪活动。必要时，依法采取有效管制措施，控制事态，维护社会秩序。

4.8　人员防护

要指定或建立与人口密度、城市规模相适应的应急避险场所，完善紧急疏散管理办法和程序，明确各级责任人，确保在紧急情况下公众安全、有序地转移或疏散。

要采取必要的防护措施，严格按照程序开展应急救援工作，确保人员安全。

4.9　通信保障

建立健全应急通信、应急广播电视保障工作体系，完善公用通信网，建立有线和无线相结合、基础电信网络与机动通信系统相配套的应急通信系统，确保通信畅通。

4.10　公共设施

有关部门要按照职责分工，分别负责煤、电、油、气、水的供给，以及废水、废气、固体废弃物等有害物质的监测和处理。

4.11　科技支撑

要积极开展公共安全领域的科学研究；加大公共安全监测、预测、预警、预防和应急处置技术研发的投入，不断改进技术装备，建立健全公共安全应急技术平台，提高我国公共安全科技水平；注意发挥企业在公共安全领域的研发作用。

5. 监督管理

5.1 预案演练

各地区、各部门要结合实际，有计划、有重点地组织有关部门对相关预案进行演练。

5.2 宣传和培训

宣传、教育、文化、广电、新闻出版等有关部门要通过图书、报刊、音像制品和电子出版物、广播、电视、网络等，广泛宣传应急法律法规和预防、避险、自救、互救、减灾等常识，增强公众的忧患意识、社会责任意识和自救、互救能力。各有关方面要有计划地对应急救援和管理人员进行培训，提高其专业技能。

5.3 责任与奖惩

突发公共事件应急处置工作实行责任追究制。

对突发公共事件应急管理工作中做出突出贡献的先进集体和个人要给予表彰和奖励。

对迟报、谎报、瞒报和漏报突发公共事件重要情况或者应急管理工作中有其他失职、渎职行为的，依法对有关责任人给予行政处分；构成犯罪的，依法追究刑事责任。

6. 附则

6.1 预案管理

根据实际情况的变化，及时修订本预案。

本预案自发布之日起实施。

附录三

国家特别重大、重大突发公共事件分级标准(试行)

根据有关法律、法规并结合实际,特制定本标准,作为各地区、各部门报送特别重大、重大突发公共事件信息的标准和按照突发公共事件总体应急预案、专项应急预案规定进行分级处置的依据。

一、自然灾害类

(一)水旱灾害。

特别重大水旱灾害包括:

1. 一个流域发生特大洪水,或多个流域同时发生大水;

2. 大江大河干流重要河段堤防发生决口;

3. 重点大型水库发生垮堤;

4. 洪水造成铁路繁忙干线、国家高速公路网和主要航道中断,48 小时无法恢复通行;

5. 多个省(区、市)发生特大干旱;

6. 多个大城市发生极度干旱。

重大水旱灾害包括:

1. 一个流域或其部分区域发生大洪水;

2. 大江大河干流一般河段及主要支流堤防发生决口或出现重大险情;

3. 数省(区、市)多个市(地)发生严重洪涝灾害;

4. 一般大中型水库发生垮坝或出现对下游安全造成直接影响的重大险情;

5. 洪水造成铁路干线、国家高速公路网和航道通行中断,24 小时无法恢复通行;

6. 数省(区、市)多个市(地)发生严重干旱,或一省(区、市)发生特大干旱；

7. 多个大城市发生严重干旱，或大中城市发生极度干旱。

（二）气象灾害。

特别重大气象灾害包括：

1. 特大暴雨、大雪、龙卷风、沙尘暴、台风等极端天气气候事件影响重要城市和50平方公里以上较大区域，造成30人以上死亡，或5000万元以上经济损失的气象灾害；

2. 一个或多个省（区、市）范围内将出现极端天气气候事件或极强灾害性天气过程，并会造成特大人员伤亡和巨大经济损失的气象灾害；

3. 在其他国家和地区发生的可能对我国经济社会产生重大影响的极端天气气候事件。

重大气象灾害包括：

1. 暴雨、冰雹、龙卷风、大雪、寒潮、沙尘暴、大风和台风等造成10人以上、30人以下死亡，或1000万元以上、5000万元以下经济损失的气象灾害；

2. 对社会、经济及群众生产生活等造成严重影响的高温、热浪、干热风、干旱、大雾、低温、霜冻、雷电、冰雹、雪崩等气候灾害；

3. 因各种气象原因，造成机场、港口、国家高速公路网线路连续封闭12小时以上的。

（三）地震灾害。

特别重大地震灾害包括：

1. 造成300人以上死亡，直接经济损失占该省（区、市）上年国内生产总值1%以上的地震；

2. 发生在人口较密集地区7.0级以上地震。

重大地震灾害包括：

1. 造成50人以上、300人以下死亡，或造成一定经济损失的地震；

2. 发生在首都圈、长江和珠江三角洲等人口密集地区4.0级以上地震；

3. 发生在国内其他地区（含港澳台地区）5.0级以上地震；

4. 发生在周边国家6.5级以上，其他国家和地区7.0级以上地震（无人地区和海域除外）；

5. 国内震级未达到上述标准但造成重大经济损失和人员伤亡损失或严重影响的地震。

（四）地质灾害。

特别重大地质灾害包括：

1. 因山体崩塌、滑坡、泥石流、地面塌陷、地裂缝等灾害造成30人以上死亡，或直接经济损失1000万元以上的地质灾害；

2. 受地质灾害威胁，需转移人数在1000人以上，或潜在可能造成的经济损失在1亿元以上的灾害险情；

3. 因地质灾害造成大江大河支流被阻断，严重影响群众生命财产安全。

重大地质灾害包括：

1. 因山体崩塌、滑坡、泥石流、地面塌陷、地裂缝等灾害造成10人以上、30人以下死亡，或因灾害造成直接经济损失500万元以上、1000万元以下的地质灾害；

2. 受地质灾害威胁需转移人数在500人以上、1000人以下，或潜在经济损失5000万元以上、1亿元以下的灾害险情；

3. 造成铁路繁忙干线、国家高速公路网线路、民航和航道中断，或严重威胁群众生命财产安全、有重大社会影响的地质灾害。

（五）海洋灾害。

特别重大海洋灾害包括：

1. 风暴潮、巨浪、海啸、赤潮、海冰等造成30人以上死亡，或5000万元以上经济损失的海洋灾害；

2. 对沿海重要城市或者50平方公里以上较大区域经济、社会和群众生产、生活等造成特别严重影响的海洋灾害。

重大海洋灾害包括：

1. 风暴潮、巨浪、海啸、赤潮、海冰等造成10人以上、30人以下死亡，或1000万元以上、5000万元以下经济损失的海洋灾害；

2. 对沿海经济、社会和群众生产、生活等造成严重影响的海洋灾害；

3. 对大型海上工程设施等造成重大损坏，或严重破坏海洋生态环境的海洋灾害。

（六）生物灾害。

特别重大生物灾害包括：

在2个以上省（区、市）病虫鼠草等有害生物暴发流行，或新传入我国的有害生物在2个以上省（区、市）内发生，或在1个省（区、市）内2个以上市（地）发生，对农业和林业造成巨大危害的生物灾害。

重大生物灾害包括：

1. 因蝗虫、稻飞虱、水稻螟虫、小麦条锈病、草地螟、草原毛虫、松毛虫、杨树食叶害虫和蛀干类害虫等大面积成灾并造成严重经济损失的生物灾害；

2. 新传入我国的有害生物发生、流行，对农业和林业生产等造成严重威胁的生物灾害。

（七）森林草原火灾。

特别重大森林草原火灾包括：

1. 受害森林面积超过1000公顷、火场仍未得到有效控制或受害草原面积8000公顷以上、明火尚未扑灭的火灾；

2. 造成30人以上死亡或造成重大影响和财产损失的森林火灾，造成10人以上死亡，或伤亡20人以上的草原火灾；

3. 距重要军事目标和大型军工、危险化学品生产企业不足1公里的森林草原火灾；

4. 严重威胁或烧毁城镇、居民地、重要设施和原始森林的或需要国家支援的森林草原火灾。

重大森林草原火灾包括：

1. 连续燃烧超过72小时没有得到控制的森林火灾，或距我国界5公里以内的国外草原燃烧面积蔓延500公里以上，或连续燃烧120小时没有得到控制的草原火灾；

2. 受害森林面积超过300公顷以上、1000公顷以下或受害草原面积2000公顷以上，8000公顷以下的火灾；

3. 造成10人以上、30人以下死亡的森林火灾，或者造成3人以上、10人以下死亡的草原火灾；

4. 威胁居民地、重要设施和原始森林，或位于省（区、市）交界地区，危险性较大的森林草原火灾。

二、事故灾难类

（一）安全事故。

特别重大安全事故包括：

1. 造成30人以上死亡（含失踪），或危及30人以上生命安全，或1亿元以上直接经济损失，或100人以上中毒（重伤），或需要紧急转移安置10万人以上的安全事故；

2. 国内外民用运输航空器在我国境内发生的，或我民用运输航空器在境外发生的坠机、撞机或紧急迫降等情况导致的特别重大飞行事故；

3. 危及30人以上生命安全的水上突发事件，或水上保安事件，或单船10000吨以上国内外民用运输船舶在我境内发生碰撞、触礁、火灾等对船舶及人员生命安全以及港口设施安全造成严重威胁的水上突发事件；

4. 铁路繁忙干线、国家高速公路网线路遭受破坏，造成行车中断，经抢修48小时内无法恢复通车；

5. 重要港口瘫痪或遭受灾难性损失，长江干线或黑龙江界河航道发生断航24小时以上；

6. 造成区域电网减供负荷达到事故前总负荷的30%以上，或造成重要政治、经济中心城市减供负荷达到事故前总负荷的50%以上；或因重要发电厂、变电站、输变电设备遭受毁灭性破坏或打击，造成区域电网大面积停电，减供负荷达到事故前的20%以上，对区域电网、跨区域电网安全稳定运行构成严重威胁；

7. 多省通信故障或大面积骨干网中断、通信枢纽遭到破坏等造成严重影响的事故；

8. 因自然灾害等不可抗拒的原因导致支付、清算系统国家处理中心发生故障或因人为破坏，造成整个支付、清算系统瘫痪的事故；

9. 城市5万户以上居民供气或供水连续停止48小时以上的事故；

10. 造成特别重大影响或损失的特种设备事故；

11. 大型集会和游园等群体性活动中，因拥挤、踩踏等造成30人以上死亡事故。

重大安全事故包括：

1. 造成10人以上、30人以下死亡（含失踪），或危及10人以上、30人以下生命安全，或直接经济损失5000万元以上、1亿元以下的事故，或50人以上、100人以下中毒（重伤），或需紧急转移安置5万人以上、10万人以下事故；

2. 国内外民用运输航空器在我国境内，或我民用运输航空器在境外发生重大飞行事故；

3. 危及10人以上、30人以下生命安全的水上突发事件或水上保安事件；3000吨以上、10000吨以下的非客船、非危险化学品船发生碰撞、触礁、火灾等对船舶及人员生命安全造成威胁的水上突发事件；

4. 铁路繁忙干线、国家高速公路网线路遭受破坏，或因灾严重损毁，造成通行中断，经抢修24小时内无法恢复通车；

5. 重要港口遭受严重损坏，长江干线或黑龙江界河等重要航道断航12小时以上、24小时以内；

6. 造成跨区电网或区域电网减供负荷达到事故前总负荷的10%以上、30%以下，或造成重要政治、经济中心城市减供负荷达到事故前总负荷的20%以上、50%以下；

7. 造成重大影响和损失的通信、信息网络、特种设备事故和城市轨道、道路交通、大中城市供水、燃气设施供应中断，或造成3万户以上居民停水、停气24小时以上的事故；

8. 大型集会和游园等群体性活动中，因拥挤、踩踏等造成10人以上、30人以下死亡的事故；

9. 其他一些无法量化但性质严重，对社会稳定、对经济建设造成重大影响的事故。

（二）环境污染和生态破坏事故。

特别重大环境污染和生态破坏事故包括：

1. 发生30人以上死亡，或100人以上中毒（重伤），或因环境事件需疏散、转移群众5万人以上，或直接经济损失1000万元以上，或区域生态功能严重丧失，或濒危物种生存环境遭到严重污染，或因环境污染使当地正常的经济、社会秩序受到严重影响，或1.2类放射源失控造成大范围严重辐射污染后果的；

2. 因环境污染造成重要城市主要水源地取水中断的污染事故；

3. 因危险化学品（含剧毒品）生产和贮运中发生泄漏，严重影响人民群众生产、生活的污染事故；

4. 核设施发生需要进入场外应急的严重核事故，或事故辐射后果可能影响邻省和境外的，或按照“国际核事件分级（INES）标准”3级以上的核事件；

5. 高致病病毒、细菌等微生物在实验室研究过程中造成的特大污染事故；

6. 转基因生物对人类、动物、植物、微生物和生态系统构成严重威胁，或造成高度侵袭性、传染性、转移性、致病性和破坏性的灾害；

7. 台湾省和周边国家核设施中发生的按照“国际核事件分级（INES）标准”属于4级以上的核事故；

8. 盗伐、滥伐、聚众哄抢森林、林木数量达5000立方米（幼树25万株）以上事件，毁林开垦、乱占林地、非法改变林地用途属防护林和特种用途林林地1500亩以上，属其他林地3000亩以上的事件。

重大环境污染和生态破坏事故包括：

1. 发生10人以上、30人以下死亡，或50人以上、100人以下中毒，或区域生态功能部分丧失或濒危物种生存环境受到污染；或因环境污染使当地经济、社会活动受到较大影响，疏散转移群众1万人以上、5万人以下的；或1、2类放射源丢失、被盗或失控；

2. 因环境污染造成重要河流、湖泊、水库及沿海水域大面积污染，或县级以上城镇水源地取水中断的污染事故；

3. 盗伐、滥伐、聚众哄抢森林、林木数量达1000～5000立方米（幼树5万～25万株）的事件，毁林开垦、乱占林地、非法改变林地用途属防护林和特种用途林林地500～1500亩，属其他林地1000～3000亩的事件；

4. 对国家级自然保护区和风景名胜区造成重大直接经济损失的环境污染事故，或资源开发造成严重环境污染和生态破坏，可能导致主要保护对象或其栖息地遭受毁灭性破坏，或直接威胁当地群众生产、生活和游客安全的事故；

5. 由于自然、生物、人为因素造成国家重点保护野生动（植）物种群大批死亡或可能造成物种灭绝事件；

6. 核设备和铀矿冶炼设施发生的，达到进入场区应急状态标准；

7. 进口再生原料严重环保超标和进口货物严重核辐射超标或含有爆炸物品的事件；

8. 非法倾倒、埋藏剧毒危险废物事件。

三、公共卫生事件类

(一)公共卫生事件。

特别重大公共卫生事件包括:

1. 肺鼠疫、肺炭疽在大、中城市发生,疫情有扩散趋势;或肺鼠疫、肺炭疽疫情波及2个以上的省份,并有进一步扩散趋势;

2. 发生传染性非典型肺炎、人感染高致病性禽流感病例,疫情有扩散趋势;

3. 涉及多个省份的群体性不明原因疾病,并有扩散趋势;

4. 发生新传染病,或我国尚未发现的传染病发生或传入,并有扩散趋势;或发现我国已消灭传染病重新流行;

5. 发生烈性病菌株、毒株、致病因子等丢失事件;

6. 对2个以上省(区、市)造成严重威胁,并有进一步扩散趋势的特别重大食品安全事故;

7. 周边以及与我国通航的国家和地区发生特大传染病疫情,并出现输入性病例,严重危及我国公共卫生安全的事件;

8. 发生跨地区(香港、澳门、台湾)、跨国食品安全事故,造成特别严重社会影响的;

9. 其他危害特别严重的突发公共卫生事件。

重大公共卫生事件包括:

1. 在1个县(市)范围内,1个平均潜伏期内发生5例以上肺鼠疫、肺炭疽病例,或相关联的疫情波及2个以上的县(市);

2. 腺鼠疫发生流行,在1个市(地)范围内,1个平均潜伏期内多点连续发病20例以上,或流行范围波及2个以上市(地);

3. 发生传染性非典型肺炎、人感染高致病性禽流感疑似病例;

4. 霍乱在1个市(地)范围内流行,1周内发病30例以上;或疫情波及2个以上市(地),有扩散趋势;

5. 乙类、丙类传染病疫情波及2个以上县(市),1周内发病水平超过前5年同期平均发病水平2倍以上;

6. 我国尚未发现的传染病发生或传入,尚未造成扩散;

7. 发生群体性不明原因疾病，扩散到县(市)以外地区；

8. 发生重大医源性感染事件；

9. 预防接种或群体性用药出现人员死亡事件；

10. 对1个省(区、市)内2个以上市(地)造成危害的重大食品安全事故；

11. 一次食物中毒人数超过100人并出现死亡病例，或出现10例以上死亡病例；

12. 一次发生急性职业中毒50人以上，或死亡5人以上；

13. 境内外隐匿运输、邮寄烈性生物病原体、生物毒素造成我境内人员感染或死亡的；

14. 其他危害严重的重大突发公共卫生事件。

(二)动物疫情。

特别重大动物疫情包括：

1. 高致病性禽流感在21日内，相邻省份有10个以上县(市)发生疫情；或在1个省(区、市)内有20个以上县(市)发生或10个以上县(市)连片发生疫情；或在数省内呈多发态势；

2. 口蹄疫在14日内，5个以上省份发生严重疫情，且疫区连片；

3. 动物暴发疯牛病等人畜共患病感染到人，并继续大面积扩散蔓延。

重人动物疫情包括：

1. 高致病性禽流感在21日内，1个省(区、市)内有2个以上市(地)发生疫情，或在1个省(区、市)内有20个以上疫点或5个以上、10个以下县(市)连片发生疫情；

2. 口蹄疫在14日内，在1个省(区、市)内有2个以上相邻市(地)或5个以上县(市)发生疫情，或有新的口蹄疫亚型出现并发生疫情；

3. 在1个平均潜伏期内，20个以上县(市)发生猪瘟、新城疫疫情，或疫点数达到30个以上；

4. 在我国已消灭的牛瘟、牛肺疫等又有发生，或我国尚未发生的疯牛病、非洲猪瘟、非洲马瘟等疫病传入或发生；

5. 在1个平均潜伏期内，布鲁氏菌病、结核病、狂犬病、炭疽等二类动物疫病呈暴发流行，波及3个以上地(市)，或其中的人畜共患病发生感染人的病例，并有继续扩散趋势。

四、社会安全事件类

（一）群体性事件。

特别重大群体性事件包括：

1. 一次参与人数5000人以上，严重影响社会稳定的事件；

2. 冲击、围攻县级以上党政军机关和要害部门，打、砸、抢、烧乡镇以上党政军机关事件；

3. 参与人员对抗性特征突出，已发生大规模的打、砸、抢、烧等违法犯罪行为；

4. 阻断铁路繁忙干线、国道、高速公路和重要交通枢纽、城市交通8小时停运，或阻挠、妨碍国家重点建设工程施工，造成24小时以上停工事件；

5. 造成10人以上死亡或30人以上受伤，严重危害社会稳定的事件；

6. 高校内聚集事件失控，并未经批准走出校门进行大规模游行、集会、绝食、静坐、请愿等行为，引发不同地区连锁反应，严重影响社会稳定；

7. 参与人数500人以上，或造成重大人员伤亡的群体性械斗、冲突事件；

8. 参与人数在10人以上的暴狱事件；

9. 出现全国范围或跨省（区、市），或跨行业的严重影响社会稳定的互动性连锁反应；

10. 其他视情况需要作为特别重大群体性事件对待的事件。

重大群体性事件包括：

1. 参与人数在1000人以上，5000人以下，影响较大的非法集会游行示威、上访请愿、聚众闹事、罢工（市、课）等，或人数不多但涉及面广和有可能进京的非法集会和集体上访事件；

2. 造成3人以上、10人以下死亡，或10人以上、30人以下受伤群体性事件；

3. 高校校园网上出现大范围串联、煽动和蛊惑信息，校内聚集规模迅速扩大并出现多校串联聚集趋势，学校正常教育教学秩序受到严重影响甚至瘫痪，或因高校统一招生试题泄密引发的群体性事件；

4. 参与人数200人以上、500人以下，或造成较大人员伤亡的群体性械斗、冲突事件；

5. 涉及境内外宗教组织背景的大型非法宗教活动，或因民族宗教问题引发的严重影响民族团结的群体性事件；

6. 因土地、矿产、水资源、森林、草原、水域等权属争议和环境污染、生态破坏引发的，造成严重后果的群体性事件；

7. 已出现跨省（区、市）或行业影响社会稳定的连锁反应，或造成了较严重的危害和损失，事态仍可能进一步扩大和升级；

8. 其他视情况需要作为重大群体性事件对待的事件。

（二）金融突发事件。

特别重大金融突发事件包括：

1. 具有全国性影响且涉及本地区银行业金融机构的突发事件；

2. 金融行业已出现或将要出现连锁反应，需要各有关部门协同配合共同处置的金融突发事件；

3. 国际上出现的，已经影响或极有可能影响国内宏观金融稳定的金融突发事件。

重大金融突发事件包括：

1. 对金融行业造成影响，但未造成全国性影响的金融突发事件；

2. 所涉及省（区、市）监管部门不能单独应对，需进行跨省（区、市）或跨部门协调的金融突发事件。

（三）涉外突发事件。

特别重大涉外突发事件包括：

1. 一次造成30人以上死亡或100人以上伤亡的境外涉我及境内涉外事件；

2. 造成我境外国家利益、机构和人员安全及财产重大损失，造成境内外国驻华外交机构、其他机构和人员安全及重大财产损失，并具有重大政治和社会影响的涉外事件；

3. 有关国家、地区发生特别重大突发事件，需要迅速撤离我驻外机构和人员、撤侨的涉外事件。

重大涉外突发事件包括：

1. 一次事件造成10人以上、30人以下死亡，或50人以上、100人以下伤亡的境外涉我及境内涉外事件；

2. 造成或可能造成我境外国家利益、机构和人员安全及较大财产损失，造成或可能造成外国驻华外交机构、其他机构和人员安全及财产较大损失，并具有较大政治和社会影响的涉外事件；

3. 有关国家、地区发生重大突发事件，需要尽快撤离我驻外部分机构和人员、部分撤侨的涉外事件。

（四）影响市场稳定的突发事件。

特别重大突发事件包括：

1. 2 个以上省（区、市）出现群众大量集中抢购、粮食脱销断档、价格大幅度上涨等粮食市场急剧波动的状况，以及超过省级人民政府处置能力和国务院认为需要按照国家级粮食应急状态来对待的情况；在直辖市发生重要生活必需品市场异常波动供应短缺；

2. 在 2 个以上省会城市或计划单列市发生重要生活必需品市场异常波动，供应短缺；

3. 在相邻省份的相邻区域有 2 个以上市（地）发生重要生活必需品市场异常波动，供应短缺；

4. 在数个省（区、市）内呈多发态势的重要生活必需的市场异常波动，供应短缺。

重大突发事件包括：

1. 在 1 个省（区、市）较大范围或省会等大中城市出现粮食市场急剧波动状况；

2. 在 1 个省会城市或计划单列市发生重要生活必需品市场异常波动，供应短缺；

3. 在 1 个省（区、市）内 2 个以上市（地）发生重要生活必需品市场异常波动，供应短缺。

（五）恐怖袭击事件。

1. 利用生物制剂、化学毒剂进行大规模袭击或攻击生产、贮存、运输生化毒物设施、工具的；

2. 利用核爆炸、核辐射进行袭击或攻击核设施、核材料装运工具的；

3. 利用爆炸手段，袭击党政军首脑机关、警卫现场、城市标志性建筑物、公众聚集场所、国家重要基础设施、主要军事设施、民生设施、航空器的；

4. 劫持航空器、轮船、火车等公共交通工具，造成严重危害后果的；

5. 袭击、劫持警卫对象、国内外重要知名人士及大规模袭击、劫持平民，造成重大影响和危害的；

6. 袭击外国驻华使领馆、国际组织驻华代表机构及其人员寓所等重要、敏感涉外场所的；

7. 大规模攻击国家机关、军队或民用计算机信息系统，构成重大危害的。

(六)刑事案件。

特别重大刑事案件包括：

1. 一次造成10人以上死亡的杀人、爆炸、纵火、毒气、投放危险物质和邮寄危险物品等案件，或在公共场所造成6人以上死亡的案件，或采取绑架、劫持人质等手段，造成恶劣社会影响或可能造成严重后果的案件；

2. 抢劫金融机构或运钞车，盗窃金融机构现金100万元以上的案件；

3. 在国内发生的劫持民用运输航空器、客轮和货轮等，或国内运输航空器、客轮和货轮等在境外被劫持案件；

4. 抢劫、走私、盗窃军(警)用枪械10支以上的案件；

5. 危害性大的放射性材料或数量特大的炸药或雷管被盗、丢失案件；

6. 走私危害性大的放射性材料，走私固体废物达100吨以上的案件；

7. 制服毒品(海洛因、冰毒)20公斤以上案件；

8. 盗窃、出卖、泄露及丢失国家秘密资料等可能造成严重后果的案件；

9. 攻击和破坏计算机网络、卫星通信、广播电视传输系统等，并对社会稳定造成特大影响的信息安全案件；

10. 在我国境内发生的涉外、涉港澳台侨重大刑事案件。

重大刑事案件包括：

1. 一次造成公共场所3人以上死亡，或学校内发生的造成人员伤亡、危害严重的杀人、爆炸、纵火、毒气、绑架、劫持人质和投入危险物质案件；

2. 劫持现金50万元以上或财物价值200万元以上，盗窃现金100万元以上的或财物价值300万元以上，或抢劫金融机构或运钞车，盗窃金融机构现金30万元以上的案件；

3. 有组织团伙性制售假劣药品、医疗器械和有毒有害食品，对人体健康和生命安全造成威胁的案件；

4. 案值数额在2000万元以上的走私、骗汇、逃汇、洗钱、金融诈骗案、增值税发票及其他票证案，面值在200万元以上的制贩假币案件；

5. 因假劣种子、化肥、农药等农用生产资料造成大面积绝收、减产的坑农案件；

6. 非法猎捕、采集国家重点保护野生动植物和破坏物种资源致使物种或种群面临灭绝危险的重大案件；

7. 重大制贩毒品（海洛因、冰毒）案件；

8. 涉及50人以上，或者偷渡人员较多，且有人员伤亡，在国际上造成一定影响的偷渡案件。

对一些比较敏感或发生在敏感地区、敏感时间，或可能演化为特别重大、重大突发公共事件的信息报送和分级处理，不受上述标准限制。

附录四

中国各级各类突发事件应急管理预防

国务院2006年1月8日发布《国家突发公共事件总体应急预案》,其目的在于,提高政府保障公共安全和处置突发公共事件的能力,最大程度地预防和减少突发公共事件及其造成的损害,保障公众的生命财产安全,维护国家安全和社会稳定,促进经济社会全面、协调、可持续发展。

国家已经发布或待发布的专项应急预案主要有:

(1)国家自然灾害救助应急预案

(2)国家防汛抗旱应急预案

(3)国家地震应急预案

(4)国家突发地质灾害应急预案

(5)国家处置重、特大森林火灾应急预案

(6)国家安全生产事故灾难应急预案

(7)国家处置铁路行车事故应急预案

(8)国家处置民用航空器飞行事故应急预案

(9)国家海上搜救应急预案

(10)国家处置城市地铁事故灾难应急预案

(11)国家处置电网大面积停电事件应急预案

(12)国家核应急预案

(13)国家突发环境事件应急预案

(14)国家通信保障应急预案

(15)国家突发公共卫生事件应急预案

(16)国家突发公共事件医疗卫生救援应急预案

(17)国家突发重大动物疫情应急预案

(18)国家重大食品安全事故应急预案

(19)国家粮食应急预案(待发布)

(20)国家金融突发事件应急预案(待发布)

(21)国家涉外突发事件应急预案(待发布)

不少省、市、自治区发布了省级总体应急预案。这些应急预案主要有:

(1)北京市突发公共事件总体应急预案

(2)天津市突发公共事件总体应急预案

(3)河北省突发公共事件总体应急预案

(4)山西省突发公共事件总体应急预案

(5)内蒙古自治区突发公共事件总体应急预案

(6)辽宁省突发公共事件总体应急预案

(7)吉林省突发公共事件总体应急预案

(8)黑龙江省突发公共事件总体应急预案

(9)上海市突发公共事件总体应急预案

(10)江苏省突发公共事件总体应急预案

(11)浙江省突发公共事件总体应急预案

(12)安徽省人民政府突发公共事件总体应急预案(试行)

(13)福建省人民政府突发公共事件总体应急预案

(14)江西省突发公共事件总体应急预案

(15)山东省突发公共事件总体应急预案

(16)河南省突发公共事件总体应急预案

(17)湖北省突发公共事件总体应急预案

(18)湖南省人民政府突发公共事件总体应急预案

(19)广东省突发公共事件总体应急预案

(20)广西壮族自治区突发公共事件总体应急预案(简本)

(21)海南省人民政府突发公共事件总体应急预案

(22)重庆市突发公共事件总体应急预案

(23)四川省突发公共事件总体应急预案

(24)贵州省突发公共事件总体应急预案

(25)云南省突发公共事件总体应急预案

(26)西藏自治区突发公共事件总体应急预案

(27)陕西省突发公共事件总体应急预案

(28)甘肃省人民政府突发公共事件总体应急预案

(29)青海人民政府突发公共事件总体应急预案

(30)宁夏回族自治区突发公共事件总体应急预案
(31)新疆维吾尔自治区突发公共事件总体应急预案
已经发布或待发布的国务院部门应急预案有：
(1)建设系统破坏性地震应急预案
(2)铁路防洪应急预案
(3)铁路破坏性地震应急预案
(4)铁路地质灾害应急预案
(5)农业重大自然灾害突发事件应急预案
(6)草原火灾应急预案
(7)农业重大有害生物及外来生物入侵突发事件应急预案
(8)农业转基因生物安全突发事件应急预案
(9)重大沙尘暴灾害应急预案
(10)重大外来林业有害生物应急预案
(11)重大气象灾害预警应急预案
(12)风暴潮、海啸、海水灾害应急预案
(13)赤潮灾害应急预案
(14)三峡葛洲坝梯级枢纽破坏性地震应急预案
(15)中国红十字总会自然灾害等突发公共事件应急预案
(16)国防科技工业重特大生产安全事故应急预案
(17)建设工程重大质量安全事故应急预案
(18)城市供气系统重大事故应急预案
(19)城市供水系统重大事故应急预案
(20)城市桥梁重大事故应急预案
(21)铁路交通伤亡事故应急预案
(22)铁路火灾事故应急预案
(23)铁路危险化学品运输事故应急预案
(24)铁路网络与信息安全事故应急预案
(25)水路交通突发公共事件应急预案
(26)公路交通突发公共事件应急预案
(27)互联网网络安全应急预案
(28)渔业船舶水上安全突发事件应急预案

(29)农业环境污染突发事件应急预案
(30)特种设备特大事故应急预案
(31)重大林业生态破坏事故应急预案
(32)矿山事故灾难应急预案
(33)危险化学品事故灾难应急预案
(34)陆上石油天然气开采事故灾难应急预案
(35)陆上石油天然气储运事故灾难应急预案
(36)海洋石油天然气作业事故灾难应急预案
(37)海洋石油勘探开发溢油事故应急预案
(38)国家医药储备应急预案
(39)铁路突发公共卫生事件应急预案
(40)水生动物疫病应急预案
(41)进出境重大动物疫情应急处置预案
(42)突发公共卫生事件民用航空器应急控制预案
(43)药品和医疗器械突发性群体不良事件应急预案
(44)国家发展改革委综合应急预案
(45)煤电油运综合协调应急预案
(46)国家物资储备应急预案
(47)教育系统突发公共事件应急预案
(48)司法行政系统突发事件应急预案
(49)生活必需品市场供应突发事件应急预案
(50)公共文化场所和文化活动突发事件应急预案
(51)海关系统突发公共事件应急预案
(52)工商行政管理系统市场监管应急预案
(53)大型体育赛事及群众体育活动突发公共事件应急预案
(54)旅游突发公共事件应急预案
(55)新华社突发公共事件新闻报道应急预案
(56)外汇管理突发事件应急预案
(57)人感染高致病性禽流感应急预案

附录五

中国突发事件应急管理工作组织体系

1. 领导机构

国务院是突发公共事件应急管理工作的最高行政领导机构。在国务院总理领导下,通过国务院常务会议和国家相关突发公共事件应急指挥机构,负责突发公共事件的应急管理工作;必要时,派出国务院工作组指导有关工作。

2. 办事机构

国务院办公厅设国务院应急管理办公室,履行值守应急。信息汇总和综合协调职责,发挥运转枢纽作用。

3. 工作机构

国务院有关部门依据有关法律、行政法规和各自职责,负责相关类别突发公共事件的应急管理工作。具体负责相关类别的突发公共事件专项和部门应急预案的起草与实施,贯彻落实国务院有关决定事项。

4. 地方机构

地方各级人民政府是本行政区域突发公共事件应急管理工作的行政领导机构,负责本行政区域各类突发公共事件的应对工作。

5. 专家组

国务院和各应急管理机构建立各类专业人才库,可以根据实际需要聘请有关专家组成专家组,为应急管理提供决策建议必要时参加突发公共事件的应急处置工作。

在突发事件发生后,应迅速启动应急联动机制,发挥突发事件应急管理工作组织体系各机构的作用。所谓应急联动,是指在突发公共事件应急处置过程中,各级人民政府及其部门联动,必要时,与军队、武警部队联动,互相支持,社会各方面密切配合、各司其职、协同作战,全力以赴做好各项应急处置工作的应急工作机制。

附录六

突发事件自救互救常识

一、呼救急救篇

1. 紧急呼救

(1)110 报警电话

· 发现杀人、抢劫、盗窃、强奸、放火、斗殴等刑事、治安案(事)件时,应立即报警。若情况紧急,无法及时报警,应在制服犯罪嫌疑人或脱离险情后,迅速报警。

· 发现自杀、坠楼、溺水者,老人、儿童或智障人员、精神疾病患者走失,公众遇到危难孤立无援,应拨打 110 电话报警。

· 要保护好现场,以便民警赶到现场提取痕迹、物证。

· 未成年人遇到刑事案件、治安案(事)件时,应首先保护好自身安全。

(2)交通事故报警电话

· 拨打 110 电话报警时,要准确报出事故发生的时间、地点及人员、车辆伤损情况。

· 在交通民警到来前,要保护好现场。

· 遇到肇事车逃逸时,要记下车牌号码、车型、颜色及特征 ,及时向当地机关举报。

· 交通事故造成人员伤亡时,应立即拨打 120 电话,不要随意移动伤员。

· 如因车辆变弄,人员被困车内,应立即拨打 110 电话求助。因抢救伤员需要变动现场位置的,应当做好标记。

(3)119 火灾报警电话

· 报警时,要讲清楚失火处的地址或地理位置及周围明显标志。

· 报警时,应讲清起火部位、面积大小、燃烧物质,有无人员被困等情况。同时,要派人到路口迎候、引导消防车到达现场。

· 在消防车到达现场前,设法利用就便器材灭火,控制火势蔓延。

(4)120 医疗急救求助电话

·拨通电话后,应说清楚病人所在地址、年龄、性别和病情。如不知道确切地址,应说明大致方位,如在哪条大街、哪幢标志性建筑物附近等。

·尽可能说明病人典型的病情,如肚子疼、意识不清、吐血、呕吐、呼吸困难等。

·尽可能说明病人患病或受伤的时间。如意外伤害,要说明伤害的性质,如触电、爆炸、塌方、溺水 、火灾、中毒、交通事故等,报告受害人受伤的身体部位等有关情况。

·尽可能说明您的特殊需要,并了解清楚救护车到达的大致时间,准备接车。

2. 急救常识

(1)人工呼吸法

·保持呼吸道打开的状态,用拇指、食指捏紧病人鼻孔,吸足一口气后,用嘴严密地包住病人的嘴,以中等力量将气吹病人口内,不要漏气。当看到病人的胸廓扩张时停止吹气,离开病人的口唇,松开手指,施救者再侧转头吸入新鲜空气。反复进行 2 次,每次成人 2 秒钟,儿童为 1 至 1.5 秒钟。

·吹气两次后,施救者将食指和中指放到病人的喉结处,再向外滑至同侧气管与颈部肌肉所形成的沟中,按压观察 10 秒钟,感觉颈动脉是否有搏动。如果没有搏动,应开始配合实施胸外按压。

(2)胸外按压法

·施救者以靠近病人下肢的手(又叫定位手)的中指沿病人的肋缘自下而上移动至肋缘交会处,伸出食指与中指并排,另一手掌根部置于此两指旁,再以定位手叠放于这只手的手背上,手指相扣,贴腕跷指,手指跷起不要压到胸肋,以髋关节(大胯)用力,肘关节伸直向下压(垂直用力),手掌下压深度为 3.5 至 4.5 厘米,每分钟约做 100 次。

·连续对病人实施心肺复苏法,尽量不要停止,直到病人恢复呼吸、脉搏,或有专业急救人员到达现场。

(3)溺水

·将溺水者平放在地面,迅速撬开嘴,清除口、鼻内的脏东西(如淤泥、杂草等),保持呼吸道通畅。

·意识丧失、尚有呼吸心中的溺水者要保持侧卧,并注意保暖。

·当溺水者呼吸极为微弱甚至停止时,应立即实施心肺复苏术。

·由于呼吸、心跳在短期恢复后还有可能再次停跳,应一直坚持救治到专业救护人员到来。

(4)呼吸道异物阻塞

·施救者站在病人身后,用双手抱病人的腰部,一手握拳,用拇指的一侧抵住病人的上腹部肚脐稍上处,另一只手压住握拳的手,两手用力快速地向内向上挤压。

·当病人昏迷倒地时,救护者应面向病人,两腿分开跪在病人身体两侧,双手叠放,下面手掌根放在病人的上腹部肚脐稍上处,两手用力快速地向内向上挤压。

·婴幼儿发生呼吸道异物阻塞时,须将孩子面朝下放在施救者的前臂上,再将前臂支撑在大腿上方,用另一只手拍击孩子两肩胛骨之间的背部,促使他吐出异物。如果无效,可将孩子翻转过来,面朝上,放在大腿上,托住背部,头低于身体,用食指和中指猛压他的下胸部(两乳头连线中点下方一横指处)。反复交替进行拍背和胸部压挤,直至异物排出。

·对呼吸停止者,在排出异物后应做人工呼吸。

(5)严重的胸、腹外伤

·及时拨打120急救电话。

已经刺入胸、腹部的利器,不要自己拔出。应设法固定利器,立即将病人送往医院。

·如果肠管流出体外,不要把肠管塞回肚子,也不要擦除肠管上的黏性物质。应在流出的肠管上覆盖消毒纱布,再用干净的碗或盆扣在伤口上,用绷带固定,迅速送医院抢救。

·转送时要让病人采取平卧、膝和髋关节处于半屈曲状,减少病人的痛苦。

(6)烫伤与烧伤

·首先隔断热源,远离造成烫、烧伤的炉子、火等。

·立即用清水反复冲洗伤口至少10分钟,使伤口冷却。不要涂抹酱油、牙膏。

·小心除去创面及周围的衣物、皮带、手表、项链、戒指、鞋等。

·烫烧伤严重的病人,用清洁的布料遮盖伤处,立即到医院救治。

(7)骨折

·用双手扶住骨折的部位,不要让它活动。垫高受伤的肢体,减轻肿胀。

·如果受伤的胳膊或腿已经扭曲,可以拉直;如果在拉直的过程中引起病人剧烈疼痛或皮肤变白,应马上停止。

·不要冲洗伤口中的脏东西,不要使用药物,也不要把裸露在伤口外的断骨复位。应在伤口上覆盖灭菌纱布,然后适度包扎固定。如果伤口中嵌入了异物,不要拔除,注意不要将异物压入伤口,应该压迫止血,包扎固定。

·骨折的现场固定方法:可就便选取棍、树枝、木板、拐杖、硬纸板等作为固定材料,长短要以能固定住骨折处上下两个关节或不使断骨错动为准。

·脊柱骨折或颈部骨折时,除非是室内失火等特殊情况,否则应让伤者留在原地,等待携有医疗器材的医护人员来搬动。

·从地上抬起伤者时,要多人同时缓缓用力平托。运送时,必须用木板或硬材料,不能用布担架或绳床。木板上可垫棉被,但不能用枕头,颈椎骨骨折伤者的头须放正,两旁用沙袋将头夹住,不能让头随便晃动。如果是胳膊受伤,就把这只胳膊曲肘,悬吊在胸前。

二、自然灾害篇

1. 地震

(1)室内

·选择厨房、卫生间等开间小的地方躲避。也可以躲在墙根、内墙角、坚固的家具旁边等易于形成三角空间的地方。远离外墙、门窗,不要使用电梯,不能跳楼。

·躲避时身体应采取的姿势是:蹲下或坐下,尽量蜷曲身体,降低身体重心,额头枕在大腿上,双手保护头部。如果有条件,还应该拿软性物品护住头部,用湿毛巾捂住口鼻。

·避开吊灯、电扇等悬挂物。

(2)户外

·就地选择开阔地带避险,蹲或趴下,以免摔倒。

·驾车行驶时,尽快降低车速,选择空旷处停车。

·避开高架桥、高烟囱、水塔等建筑物。

·避开玻璃幕墙、高门脸、女儿墙、广告牌、变压器等危险物。

·在野外，避开河岸、陡崖、山脚，以防坍塌、崩塌、滑坡和泥石流。

(3)震后自救

·被压埋后，如果能行动，应逐步清除压物，尽量挣脱出来。

·要尽力保证一定的呼吸空间，如有可能，用湿毛巾等捂住口鼻，避免灰尘呛闷发生窒息。

·注意外边动静，伺机呼救。尽量节省力气，不要长时间呼喊，可用敲击的方法呼救。

·尽量寻找水和食物，创造生存条件，耐心等待救援。

(4)震后互救

·根据房屋居住情况，以及家庭、邻里人员提供的信息判断，采取看、喊、听等方法寻找被埋压者。

·采用锹、镐、撬杠等工具，结合手扒方法挖掘被埋压者。

·在挖掘过程中，应首先找到被埋压者的头部，清理口腔、呼吸道异物，并依次按胸、腹、腰、腿的顺序将被埋压者挖出来。

·如被埋压者伤势严重，施救者不得强拉硬拖，应设法使被埋压者全身暴露出来，查明伤情，采取包扎固定或其他急救措施。

·对暂时无力救出的伤员，要使废墟下面的空间保持通风，递送食品，等时机再进行营救。

·对挖掘出的伤员进行人工呼吸、包扎、止血、镇痛等急救措施后，迅速送往医院。

·伤势非常严重的，要用硬板担架搬运，严禁人架方式，以免造成更大伤害。

2. 高温天气

·保证睡眠，多喝白开水、绿豆汤等防暑饮品，饮食以清淡为宜。

·白天尽量减少户外活动时间，外出要做好防晒措施，避免被阳光灼伤皮肤。

·如有人中暑，应将病人移至阴凉通风处，给病人服用防暑药品。如果病情严重，应立即送医院进行诊治。

3. 寒潮

·注意保暖，防止疾病乘虚而入。

·加固门窗、围板等易被大风吹动的设施。

·采取保护农作物、畜禽等措施。

·海上船只提前返港避风。

4. 雷电

·在室内、远离门窗、水管、煤气管、暖气管等金属物体，关闭家用电器，并拔掉电源插头。

·在室外，远离孤立的大树、高塔、电线杆、广告牌等。在野外应尽量寻找低洼处，降低身体高度。

·如遇被雷击的人员，立即采用心肺复苏法抢救。

5. 滑坡

·处于滑坡体上，感到地面有移动时，用最快的速度向两侧稳定地区撤离。

·处于滑坡体中部无法逃离时，找一块坡度较缓的开阔地停留，或可抱紧附近粗大的树木以求自保。

·处于滑坡体下方时，应该迅速沿滑坡体滑动方向两侧开阔空地撤离。

6. 泥石流

·发现有泥石流迹象，应立即观察地形，向沟谷两侧山坡或高地逃生。

·逃生时不要躲在有滚石和大量堆积物的陡峭山坡下面。

·不要停留在低洼的地方。

三、事故灾难篇

1. 火灾事故

(1)森林火灾

·发现森林火灾，应及时拨打报警电话，报告起火方位、面积及燃烧的植被种类。

·身处火场时，要判明火势大小、风向，用湿衣服包住头，逆风逃生。

·如果被大火包围，要迅速向植被稀少、地形坦开阔地段转移。如果被大火包围在半山腰，要往山下跑。

·当无法脱险时要选择植被少地的方卧倒，扒开浮土直到见着湿土，把脸贴近坑底，用衣服包住头，双手放在身体下面避开火头。

(2)家庭火灾

·发现火情,应该迅速采取措施,尽快扑灭初起之火,或设法延缓火势的发展蔓延。

·毗邻房间发生火灾,烟雾弥漫时,不要盲目开门,可向门上泼冷水降温,用浸湿的衣服、被褥堵住门窗缝隙。同时,应立刻向窗外挂出醒目物件,以示室内有人,也可以大声呼喊,便于营救。

·火势较大,可向头部、身上浇冷水或用湿毛巾、湿被单将头部包好,用湿棉被湿毯子将身体裹好,再冲出险区。

·如果浓烟太大,可用口罩或毛巾捂住口鼻,身体尽量贴近地面行进或者爬行,穿过险区。

·如住在比较低的楼层,可以利用结实的绳索或将床单、窗帘布撕成条拧成绳,拴在牢固的窗框、床架上,沿绳缓缓爬下。

(3)人员密集场所火灾

·发生火灾后,不要惊慌失措、盲目乱跑,应按照疏散指示标志有序逃生,切忌乘坐电梯。

·穿过浓烟时,要用湿毛巾、手帕、衣物等捂住口鼻,尽量使身体贴近地面,弯腰或匍匐前进,不要大声呼喊,以免吸入有毒气体。

·利用自制绳索、牢固的落水管、避雷网等可利用的条件逃生。

·当无法逃生时,应退至阳台或屋顶等安全区域,发出呼救信号等待救援。

·逃生时应随手关闭身后房门,防止浓烟尾随进入。

·逃生时不可互相推挤,不要急于跳楼。

(4)高楼火灾

·如果火势不大,应奋力将火控制、扑灭。

·逃生时,应用湿毛巾、口罩蒙口鼻,匍匐贴近地面撤离。也可向头部、身上浇冷水或用湿毛巾、湿棉被、湿毯子等将头、身裹好,再冲出去。若房门已烫手,应关紧迎火的门窗,打开背火的门窗,用湿毛巾、湿布封堵门缝,或用湿棉被蒙上门窗,然后不停地向房门淋水,防止烟火渗入,等待救援人员。

·被烟火围困时,应尽量在阳台、窗口等易于被发现和避免烟火近身的地方。白天,可以向窗外晃动鲜艳衣物;夜晚,可以用手电筒等在窗口闪动或者敲击窗栏,发出求救信号。

·身上着了火,不要惊跑或用手拍打,应设法脱掉衣服、就地打滚灭火,也可以跳进水中或向身上浇水。

(5)汽车火灾

·如果汽车发生火灾,应尽快报警,并尽可能利用车载灭火器做初期扑救。

·扑救汽车火灾时,应利用掩蔽物体保护自己,防止因燃油箱爆炸而受伤。

·汽车猛烈燃烧时,轮胎很容易发生爆破,人体如果靠近轮胎,有可能被击伤。

·汽车起火后,驾乘人员应将车停靠路边,立即开启车门逃生。

·如果火焰小但封住了车门,可用衣物蒙住头部,从车门冲下。如果车门开启不了,应砸开车窗逃生。

2. 交通事故

(1)机动车交通事故

·发生交通事故后应立即停车,保护现场,开启危险报警闪光灯,并在来车方向50米至100米处设置警示标志。

·发生未造成人身伤亡的交通事故时,当事人对事实无争议的,应记录交通事故的时间、地点、当事人的姓名和联系方式、机动车牌号、驾驶证号、保险凭证号、碰撞部位、共同签名后,撤出现场,自行协商损害赔偿事宜。

·车辆撞击失火时,驾驶员应立即熄火停车,切断油路、电源,让车内人员迅速离开车辆。

·车辆翻车时,驾驶人应抓紧方向盘,两脚钩住踏板,随车体旋转。车内乘客应趴到座椅上,抓住车内固定物。

·车辆落水时,若水较浅未全部淹没车辆,应设法从车门处逃生;若水较深,车门难以打开,可用锤子等铁器打开车门或车窗逃生。

·车辆突然爆胎时,不可急刹车,应缓慢放松油门,降低速度,再慢慢向右侧路边停靠。

·车辆在行进间制动失效时,应不断踩踏制动板,拉起驻车器,观察周围情况,并不断按喇叭以警告其他车辆和行人,同时要迅速换到低速档位,利用发动机的负驱动力减速,并利用上坡使车辆慢慢停下来。

(2)高速公路(快速路)交通事故

·发生交通事故后应立即停车，保护现场，开启危险报警闪光灯，并在来车方向150米以外设置警示标志。

·发生交通事故后车上人员应迅速转移到应急车道内。

3. 地铁事故

·地铁列车是在封闭状态下运营的大型载客交通工具，因设备故障、人为破坏、不可抗力等原因，均可能突发重大意外事故。

（1）地铁列车火灾

·用湿衣或毛巾捂住口鼻，防止烟雾进入呼吸道，贴近地面弯腰低姿疏散到安全地区。

·列车上发生火情时，乘客可迅速将列车上紧急对讲装置的塑料护板打碎，按下红色按钮后，与列车司机对话。

·可利用每节车厢内放置的干粉灭火器灭火。

·列车行驶至车站时失火，要听从车站工作人员统一指挥，按照车站的疏散标志指示方向疏散。如果火灾引起停电，可按应急灯指示标志有序逃生，并注意朝背离火源方向逃生。

·如果失火列车在隧道内无法运行时，乘客要注意收听列车上的广播，在工作人员的指引下，有序地通过车头或车尾疏散门进入隧道，向临近车站撤离。

（2）地铁列车内毒气侵袭、发现可疑物品

·确认地铁里发生了毒气袭击时，应当利用随身携带的手帕、餐巾纸、衣物等用品堵住品鼻、遮住裸露皮肤，如果有水或饮料，请将手帕、餐巾纸、衣物等用品浸湿。

·迅速朝远离毒源的方向撤离，有序地撤到空气流通处或毒源的上风口处躲避。

·如果乘客发现可疑物品，应立即报告工作人员，切勿自行处置。

·到达安全地点后，立即用流动水清洗身体裸露部分。

4. 民用航空事故

·遇空中减压，应立即戴上氧气面罩。飞机在海洋上空发生险情时，要立即穿上救生衣。

·空中遇险时，个人应将眼镜和假牙摘掉，衣裤袋里的尖利物品都应丢进垃圾袋，女士应脱去高跟鞋。

·遇有失事报警，赶紧准备一条湿毛巾，以备机舱内有烟雾时掩住口鼻。

·多数飞机每个座位上都有一条保暖用的小毛巾被，这时可将毛巾被的4个角，两两打成死结。太平门打开后，充气逃生梯会自动膨胀，这时两手各紧抓住毛巾被的一个死结举在头上，当作微型降落伞使用，可防止头部先着地。

·飞机紧急迫降后，要听从工作人员指挥，迅速有序地由紧急出口滑落至地面。

5. 铁路交通事故

·运输危险品货物的列车发生泄漏、火灾、爆炸时，车上人员应迅速向上风方向或高坡地段转移。

·发现电气化区段电网塌网、导线坠地、电杆倒杆等情况，及时向铁路部门报告或拨打110电话报警。

·发现跨越铁路的桥梁、高压线坍塌、倒地，大水冲毁桥梁或线路，机动车从桥上坠落或与铁路并行时侵入铁路限界，要及时向铁路部门报告或拨打110电话报警，并对列车来车方向使用红色信号（灯光）或物品，徒手可高举过头向两侧急剧摇动，提示列车停车。

·机动车在道口内熄火、断轴、装载的货物脱落，要及时报告铁路值班人员，由铁路值班人员作好防护或拦停列车后，再实施救援处理。

6. 水上交通事故

·加穿保温性好的衣服后，迅速穿上救生衣，根据船员的指挥，到救生艇、救生筏处集合。

·如时间允许，应尽量收集毛毯、衣服等保暖物品，并收集食物和淡水。

·优先让老人、妇女、儿童、体弱者登上救生艇、救生筏。

·情况紧急需跳水逃生时，应系紧救生衣，深吸气后右手将鼻口捂紧，左手紧握右上臂的救生衣，双腿并拢，身体保持垂直，两眼向前平视，入水时保持脚在下、头在上，两腿伸直夹紧，两手不能松开，直至身体重新浮出水面。

·如没能穿上救生衣，跳水前要拿上救生圈或其他漂浮物（如塑料泡沫、木板等）。落水者如没能找到漂浮物，可将裤子脱下，扎紧两裤管，迎风张开中，使两裤管胀满，扎紧裤腰便可做成一个临时浮具。

·在海上如水温较低，落水者应避免不必要的游泳，采取两腿弯曲并拢，两肘紧贴身旁，两臂交义抱住救生浮具的姿势漂浮，可减少身体热量的散失，延长生存时间,争取获救。

7. 危险品事故

(1)烟花爆竹燃放事故

· 点燃烟花爆竹后应迅速离开,在安全地带观看。一般情况下,距点燃的烟花爆竹至少5米以上。

· 燃放烟花时如发生不燃现象,不要靠近观察,等到15分钟后再处理。

· 未成年人必须在成人指导和监护下燃放烟花。

· 不可倒置、斜置燃放烟花爆竹,不可对人、对物燃放。

· 在燃放烟花爆竹中发生炸伤、崩伤或其他伤害事故,应立即将伤者送医院救治。

(2)危险化学品事故

· 发现可疑的危险化学品或遇化学品运输车发生事故时应立即报警。

· 发生危险化学品事故时,不要在现场逗留、围观,应沿上风或侧上风路线迅速撤离。

· 发生毒气或有害气体泄漏事故时,应立即用手帕、衣物等物品捂住口鼻。如有水最好把衣物浸湿后,捂住口鼻。

· 撤离危险地后,要及时脱云被污染的衣服,用流动无污染的水冲洗身体。

· 受到危险化学品伤害时,应立即到医院救治,中毒人员等待救援时应保持平静,避免剧烈运动。

8. 家庭电、气、水事故

(1)燃气事故

· 居民家中发现燃气泄漏,应立即关闭燃气阀门,切断气源,打开门窗通风换气。液化气泄漏,还应沿地面挥动扫帚,稀释燃气浓度。

· 发现家中燃气泄漏,不要开启或关闭任何电器设备,不要在室内使用固定或移动电话,避免产生火花引起火灾或爆炸。

· 液化气钢瓶着火时,可用湿毛巾从后向前盖住阀门将火扑灭,关闭阀门。火焰扑灭后,如果阀门失灵,可用湿毛巾、肥皂等将漏气处堵住,将液化气钢瓶迅速搬到室外空旷处,等待专业人员到场处理。

· 居民无论在何地发现燃气泄漏和由此引发的火灾或爆炸,均应在安全区域及时拨打电话报警。

(2)触电事故

·户外发生触电事故,应立即拨打120急救电话,并通知电力部门。在不清楚现场是否断电情况下,应与伤者保持18米以上距离。

·居民室内发生触电事故,应迅速切断电源。如无法立即找到电源开关,可利用可燥的木棍、竹竿、橡胶制品、塑料制品等绝缘物挑开触电者身上的电线、灯、插座等带电物品。严禁直接接触或使用潮湿物品接触触电者,否则会造成抢救者触电。

·要设法保持触电者呼吸畅通,并检查呼吸、脉搏情况。如伤者呼吸、心跳停止应立即进行心肺复苏,坚持长时间抢救。可用冷水对伤者伤处进行降温,并立即拨打120急救电话。

9. 电梯事故

·被困电梯内时,应立即用电梯内的警铃、对讲机或电话与外界联系等待救援。如果报警无效,可以大声呼叫或间歇性地拍打电梯门。

·电梯突然停运时,不要试图扒门爬出,以防电梯突然开动。

·如果电梯运行中发生火灾,应将电梯停在就近楼层,并迅速利用楼梯逃生。

·运行中的电梯进水,应将电梯开到顶层,并通知维修人员。

·电梯下降速度突然加快或失去控制时,乘客应两腿微弯,上身向前倾斜,以减少电梯坠落受到的冲击。

四、公共卫生事件篇

1. 中毒事故

(1)食物中毒

·立即停止食用可疑食品。

·大量喝水,稀释毒素。

·用筷子、勺把或手指压舌根部,轻轻刺激咽喉引起呕吐。

·误食强酸、强碱后,及时服用稠米汤、鸡蛋清、豆浆、牛奶等,以保护胃黏膜。用塑料袋留好可疑食物、呕吐物或排泄物,供化验使用。

·尽早把病人送往医院诊治。

(2)农药中毒

·迅速把病人转移至有毒环境的上风方向通风处。

·立即脱云被污染的衣物，用微温（忌用热水）的肥皂水、稀释碱水反复冲洗体表10分钟以上（敌百虫中毒用清水冲洗）。

·眼部被污染的，立即用清水冲洗，至少冲洗10分钟。

·口服农药后神志清醒的中毒者，立即催吐、洗胃，越早越彻底越好。

·昏迷的中毒者出现频繁呕吐时，救护者要将他的头放低，并偏向一侧，以防止呕吐物阻塞呼吸道引起窒息。

·中毒者呼吸、心跳停止时，立即在现场施行人工呼吸和胸外心脏按压，待恢复呼吸心跳后，再送医院治疗。

2. 传染性疾病

（1）流行性感冒

·有流感症状时，要及时去医院治疗，切勿带病上班或上课，以免传染他人。

·流感病人要注意多休息、多喝水。

·流感病人应与家人分开吃住。

·流感病人的擤鼻涕纸和吐痰纸要包好，扔进加盖的垃圾桶或直接扔进抽水马桶用水冲走。

（2）病毒性肝炎

·出现上述症状时，应立即到医院就诊，并根据病情的需要进行隔离。

·对肝炎病人用过的餐具要消毒，在开水中煮15分钟以上。不要与肝炎病人共用生活用品，对其接触过的公共物品和生活物品要在疾病预防控制人员的指导下进行消毒。如果与肝炎病人共用同一个厕所，要用漂白粉消毒便池。

·不要与乙型、丙型、丁型肝炎病人及病毒携带者共用剃刀、牙具；与乙肝病人发生性关系时，要使用避孕套或提前接种乙肝疫苗。

·食品加工和销售、水源管理、托幼保教等工作岗位，不得聘用肝炎病人或病毒携带者。

（3）流行性出血性结膜炎（红眼病）

·患上红眼病应及时到医院治疗。病人所有生活用具应单独使用，最好能洗净晒干后再用。

·病人使用的毛巾，要用蒸煮15分钟的方法进行消毒。

·病人尽量不要去人群聚集的商场、游泳池、公共浴池、工作单位等公共场所，以免传染他人。

·病人应少看电视，防止引起眼睛疲劳而加重病情。

(4)狂犬病

·被宠物咬伤、抓伤后，首先要挤出污血，用肥皂水反复冲洗伤口。然后用清水冲洗干净，冲洗伤口至少要20分钟。最后涂擦浓度75%的酒精(药店有售)或者2% -5%的碘酒(药店有售)。只要未大量出血，切记不要包扎伤口。

·尽快到疾病防控制中心或各卫生院的狂犬病免疫预防门诊接种狂犬病疫苗。第1次注射狂犬病疫苗的最佳时间是被咬伤后的24小时内。

·如果一处或多处皮肤被咬穿，伤口被犬的唾液污染，必须立刻注射疫苗和抗狂犬病血清。

·将攻击人的宠物暂时单独隔离，尽快带到附近的动物医院诊断，并向动物防疫部门报告。

五、社会安全事件篇

1.公共场所突发险情

(1)球场骚乱事件

·遇到少数人起哄、煽动闹事时，不要盲目跟从。

·周围人群处于混乱时，应选择安全地点停留(如待在自己的座位上)，以保证自己不被挤伤。

·不要在看台上来回跑动。要迅速、有序地向自己所在看台的安全出口疏散。

·远离栏杆，以免栏杆被挤折而伤及自身。

·不要在看台上拥挤或翻越栏杆，以免造成人员伤亡。

·疏散时应注意礼让和保护老人、儿童、妇女等弱势群体。

(2)游乐设施事故

·在游玩过程中感到身体不适或难以承受时，应立即大声告知工作人员停机。

·出现险情时，千万不要乱动和自行解除安全装置，应保持镇静，听从工作人员指挥,等待救援。

·出现意外伤亡情况时,切忌恐慌、拥挤,应及时疏散、撤离。

(3)公共场所险情

·发生拥挤或遇到紧急情况时,应保持镇静,在相对安全地地点做短暂停留。

·人群拥挤时,要用双手抱住胸口,防止内脏被挤压受伤。

·在人群中不小心跌倒时,应立即收缩身体,紧抱着头,尽量减少伤害。

·注意收听广播,服从现场工作人员引导,尽快就近从安全出口有序疏散。

·切勿逆着人流行进或抄近路。行走时尽量靠边,保护好自己。

(4)人防工程内发生火灾时,应用毛巾、衣物、手帕等捂住口鼻,低姿、快速有序地沿着地面或侧墙,朝有安全疏散指示标志的方向疏散。

·若被火灾困在人防工程内,应通过不断敲击水管方法发出呼救信号或拨打电话报警;在有采光窗井的地方,也可进入窗井并通过窗井向外界呼救。

·发生险情后应听从工作人员指挥,快速有序撤离,切忌在工程出口拥堵,影响出逃速度。

当工程局部发生坍塌、漏毒等意外情况时,要就近、就地利用简易防护器材进行个人防护,有秩序地转移或进行隔绝防护工作。

2. 非法侵害事件

(1)街头抢劫

·在人员聚集的地区遭到抢劫时,被害人应大声呼救,并尽快报警。

·在僻静的地方或无力抵抗时,应保持镇静,不要与歹徒纠缠,宁可失去财物,也要保全人身安全。待处于安全状态后,尽快报警。

·应尽量记清歹徒的人数、容貌、声音等特征,及作案车辆车牌号码、车型、车辆颜色和逃跑方向,并尽量留住现场见证人。

·发现歹徒尾随跟踪时,应快步向明亮的公共场所、人多的地方或到最近的住户按铃求援;或乘公交车、出租车离开,摆脱歹徒;或尽快拨打110电话,报警求助。

(2)入室盗窃与抢劫

·发现家中被盗,应立即报警,并保护现场。

·夜间发现有人入室盗窃,在能力允许的情况下将其制服或报警求助。

不要一时冲动，造成不必要的人身伤害。

·遇到入室抢劫，在无抵抗能力的情况下，切勿激怒歹徒，应尽量与歹徒周旋，寻找机会脱身。

·记住歹徒的体貌特征、人数、口音、作案工具及作案用车辆车型、车牌号码和逃跑方向。

(3)绑架

·被绑架时，人质应保持冷静，设法了解自己的位置。若被蒙住双眼，可通过计数的方法，估算车辆行驶的时间和路程距离，记住转弯的次数和大致的方向，尽量用耳听取沿途的声音变化和被扣押场所周围传来的各种声音(如音乐、工地噪音等)，并记住这些情况。

·千万不要与绑匪发生争执，以免激怒绑匪。若绑匪问家中电话、地址，须据实相告，让家人及警方知情后实施营救。

·在确保自身不会受到更大伤害的情况下，尽可能与绑匪巧妙周旋。如设法利用绑匪同意让人质与亲属通话的时机，巧妙将自己的位置、现状、绑匪等情况告诉亲属。

·记住绑匪的容貌、特征、使用的车型、车牌号码及绑匪的对话内容。

·采取自救措施时，要抓住任何可逃生的机会，如借机要求上厕所等，在确保安全的情况下，乘隙逃到附近人多的地方或其他安全地方。逃脱后，要立即报警，向警方提供绑匪的有关情况。

·案发后，人质亲属应立即以隐蔽的方式向警方报案，提供人质的年龄、体貌特征、生活习惯、活动规律、手机号码、随身物品、近期照片，以及绑匪使用的电话号码等。案发前后的有关反常情况，如可疑的人、可疑电话及可疑车辆等。案发后绑匪要求人质亲属做什么，如什么时间联系、在何地点以何种方式交接赎金等。

3. 恐怖袭击事件

·发生恐怖袭击事件时，要迅速撤离到安全区域，同时拨打报警救助电话，等待救援人员救助。

·地铁、轻轨等人员聚集场所发生恐怖袭击事件时，应迅速从危险区域脱身，服从救援人员引导或按照疏散标示有序疏散。暂时无法快速疏散的，应寻找相对安全地点暂避，同时利用一切方法迅速报警救助。

·遇倒塌、烟火或刺激性气味气体时，应根据具体情况，采取衣物蒙住鼻子、遮盖裸露皮肤、匍匐前进等自救手段迅速撤离。

· 在撤离危险区域时,应尽量向明亮、空旷和上风方向区域疏散。在建筑物中疏散时,要选择楼梯通道,不要乘坐电梯,疏散中切忌拥堵,保持有序撤离。

附录七

国家突发公共事件专项应急预案

第一节　自然灾害类

一、国家自然灾害救助应急预案

1　总则

1.1　编制目的

建立健全应对突发重大自然灾害紧急救助体系和运行机制，规范紧急救助行为，提高紧急救助能力，迅速、有序、高效地实施紧急救助，最大程度地减少人民群众的生命和财产损失，维护灾区社会稳定。

1.2　编制依据

依据《中华人民共和国宪法》、《中华人民共和国公益事业捐赠法》、《中华人民共和国防洪法》、《中华人民共和国防震减灾法》、《中华人民共和国气象法》、《国家突发公共事件总体应急预案》、《中华人民共和国减灾规划(1998－2010年)》、国务院有关部门"三定"规定及国家有关救灾工作方针、政策和原则，制定本预案。

1.3　适用范围

凡在我国发生的水旱灾害，台风、冰雹、雪、沙尘暴等气象灾害，火山、地震灾害，山体崩塌、滑坡、泥石流等地质灾害，风暴潮、海啸等海洋灾害，森林草原火灾和重大生物灾害等自然灾害及其他突发公共事件达到启动条件的，适用于本预案。

1.4　工作原则

(1)以人为本，最大程度地保护人民群众的生命和财产安全。

(2)政府统一领导，分级管理，条块结合，以块为主。

(3)部门密切配合，分工协作，各司其职，各尽其责。

(4)依靠群众，充分发挥基层群众自治组织和公益性社会团体的作用。

2　启动条件

出现下列任何一种情况,启动本预案。

2.1　某一省(区、市)行政区域内,发生水旱灾害,台风、冰雹、雪、沙尘暴等气象灾害,山体崩塌、滑坡、泥石流等地质灾害,风暴潮、海啸等海洋灾害,森林草原火灾和重大生物灾害等自然灾害,一次灾害过程出现下列情况之一的:

因灾死亡30人以上;

因灾紧急转移安置群众10万人以上;

因灾倒塌房屋1万间以上。

2.2　发生5级以上破坏性地震,造成20人以上人员死亡或紧急转移安置群众10万人以上或房屋倒塌和严重损坏1万间以上。

2.3　事故灾难、公共卫生事件、社会安全事件等其他突发公共事件造成大量人员伤亡、需要紧急转移安置或生活救助,视情况启动本预案。

2.4　对救助能力特别薄弱的地区等特殊情况,上述标准可酌情降低。

2.5　国务院决定的其他事项。

3　组织指挥体系及职责任务

国家减灾委员会(以下简称"减灾委")为国家自然灾害救助应急综合协调机构,负责研究制定国家减灾工作的方针、政策和规划,协调开展重大减灾活动,指导地方开展减灾工作,推进减灾国际交流与合作,组织、协调全国抗灾救灾工作。

减灾委办公室、全国抗灾救灾综合协调办公室设在民政部。减灾委各成员单位按各自的职责分工承担相应任务。

4　应急准备

4.1　资金准备

民政部组织协调发展改革委、财政部等部门,根据国家发展计划和《中华人民共和国预算法》规定,安排中央救灾资金预算,并按照救灾工作分级负责、救灾资金分级负担,以地方为主的原则,督促地方政府加大救灾资金投入力度。

4.1.1　按照救灾工作分级负责,救灾资金分级负担的原则,中央和地方各级财政都应安排救灾资金预算。

4.1.2　中央财政每年根据上年度实际支出安排特大自然灾害救济补助资金,专项用于帮助解决严重受灾地区群众的基本生活困难。

4.1.3　中央和地方政府应根据财力增长、物价变动、居民生活水平实际状况等因素逐步提高救灾资金补助标准，建立救灾资金自然增长机制。

4.1.4　救灾预算资金不足时，中央和地方各级财政安排的预备费要重点用于灾民生活救助。

4.2　物资准备

整合各部门现有救灾储备物资和储备库规划，分级、分类管理储备救灾物资和储备库。

4.2.1　按照救灾物资储备规划，在完善天津、沈阳、哈尔滨、合肥、武汉、长沙、郑州、南宁、成都、西安等10个中央救灾物资储备库的基础上，根据需要，科学选址，进一步建立健全中央救灾物资储备库。各省、自治区、直辖市及灾害多发地、县建立健全物资储备库、点。各级储备库应储备必需的救灾物资。

4.2.2　每年年初购置救灾帐篷、衣被、净水设备（药品）等救灾物资。

4.2.3　建立救助物资生产厂家名录，必要时签订救灾物资紧急购销协议。

4.2.4　灾情发生时，可调用邻省救灾储备物资。

4.2.5　建立健全救灾物资紧急调拨和运输制度。

4.2.6　建立健全救灾物资应急采购和调拨制度。

4.3　通信和信息准备

通信运营部门应依法保障灾害信息的畅通。自然灾害救助信息网络应以公用通信网为基础，合理组建灾害信息专用通信网络，确保信息畅通。

4.3.1　加强中央级灾害信息管理系统建设，指导地方建设并管理覆盖省、地、县三级的救灾通信网络，确保中央和地方各级政府及时准确掌握重大自然灾害信息。

4.3.2　以国家减灾中心为依托，建立部门间灾害信息共享平台，提供信息交流服务，完善信息共享机制。

4.3.3　充分发挥环境与灾害监测预报小卫星星座、气象卫星、海洋卫星、资源卫星等对地监测系统的作用，建立基于遥感和地理信息系统技术的灾害监测、预警、评估以及灾害应急辅助决策系统。

4.4　救灾装备准备

4.4.1　中央各有关部门应配备救灾管理工作必需的设备和装备。

4.4.2　民政部、省级民政部门及灾害频发市、县民政局应配备救灾必需的设备和装备。

4.5　人力资源准备

4.5.1　完善民政灾害管理人员队伍建设，提高其应对自然灾害的能力。

4.5.2　建立健全专家队伍。组织民政、卫生、水利、气象、地震、海洋、国土资源等各方面专家，重点开展灾情会商、赴灾区的现场评估及灾害管理的业务咨询工作。

4.5.3　建立健全与军队、公安、武警、消防、卫生等专业救援队伍的联动机制。

4.5.4　培育、发展非政府组织和志愿者队伍，并充分发挥其作用。

4.6　社会动员准备

4.6.1　建立和完善社会捐助的动员机制、运行机制、监督管理机制，规范突发自然灾害社会捐助工作。

4.6.2　完善救灾捐赠工作应急方案，规范救灾捐赠的组织发动、款物接收和分配以及社会公示、表彰等各个环节的工作。

4.6.3　在已有2.1万个社会捐助接收站、点的基础上，继续在大中城市和有条件的小城市建立社会捐助接收站、点，健全经常性社会捐助接收网络。

4.6.4　完善社会捐助表彰制度，为开展社会捐助活动创造良好的社会氛围。

4.6.5　健全北京、天津、上海、江苏、浙江、福建、山东、广东8省(市)和深圳、青岛、大连、宁波4市对内蒙古、江西、广西、四川、云南、贵州、陕西、甘肃、宁夏和新疆10省(区)的对口支援机制。

4.7　宣传、培训和演习

4.7.1　开展社区减灾活动，利用各种媒体宣传灾害知识，宣传灾害应急法律法规和预防、避险、避灾、自救、互救、保险的常识，增强人民的防灾减灾意识。

4.7.2　每年至少组织2次省级灾害管理人员的培训。每两年至少组织1次地级灾害管理人员的集中培训。省或地市级民政部门每年至少组织1次县级及乡镇民政助理员的业务培训。不定期开展对政府分管领导、各类专业紧急救援队伍、非政府组织和志愿者组织的培训。

4.7.3　每年在灾害多发地区，根据灾害发生特点，组织1－2次演习，检验并提高应急准备、指挥和响应能力。

5　预警预报与信息管理

5.1　灾害预警预报

5.1.1　根据有关部门提供的灾害预警预报信息，结合预警地区的自然条件、人口和社会经济背景数据库，进行分析评估，及时对可能受到自然灾害威胁的相关地区和人口数量做出灾情预警。

5.1.2　根据灾情预警，自然灾害可能造成严重人员伤亡和财产损失，大量人员需要紧急转移安置或生活救助，国家和有关省（区、市）应做好应急准备或采取应急措施。

5.2　灾害信息共享

减灾委办公室、全国抗灾救灾综合协调办公室及时汇总各类灾害预警预报信息，向成员单位和有关地方通报信息。

5.3　灾情信息管理

5.3.1　灾情信息报告内容：包括灾害发生的时间、地点、背景，灾害造成的损失（包括人员受灾情况、人员伤亡数量、农作物受灾情况、房屋倒塌、损坏情况及造成的直接经济损失），已采取的救灾措施和灾区的需求。

5.3.2　灾情信息报告时间

（1）灾情初报。县级民政部门对于本行政区域内突发的自然灾害，凡造成人员伤亡和较大财产损失的，应在第一时间了解掌握灾情，及时向地（市）级民政部门报告初步情况，最迟不得晚于灾害发生后2小时。对造成死亡（含失踪）10人以上或其他严重损失的重大灾害，应同时上报省级民政部门和民政部。地（市）级民政部门在接到县级报告后，在2小时内完成审核、汇总灾情数据的工作，向省级民政部门报告。省级民政部门在接到地（市）级报告后，应在2小时内完成审核、汇总灾情数据的工作，向民政部报告。民政部接到重、特大灾情报告后，在2小时内向国务院报告。

（2）灾情续报。在重大自然灾害灾情稳定之前，省、地（市）、县三级民政部门均须执行24小时零报告制度。县级民政部门每天9时之前将截止到前一天24时的灾情向地（市）级民政部门上报，地（市）级民政部门每天10时之前向省级民政部门上报，省级民政部门每天12时之前向民政部报告情况。特大灾情根据需要随时报告。

（3）灾情核报。县级民政部门在灾情稳定后，应在2个工作日内核定灾情，向地（市）级民政部门报告。地（市）级民政部门在接到县级报告后，应在3个工作日内审核、汇总灾情数据，将全地（市）汇总数据（含分县灾情数据）向省级民政部门报告。省级民政部门在接到地（市）级的报告后，应在5个工作日内审核、汇总灾情数据，将全省汇总数据（含分市、分县数据）向民政部报告。

5.3.3　灾情核定

（1）部门会商核定。各级民政部门协调农业、水利、国土资源、地震、气象、统计等部门进行综合分析、会商，核定灾情。

（2）民政、地震等有关部门组织专家评估小组，通过全面调查、抽样调查、典型调查和专项调查等形式对灾情进行专家评估，核实灾情。

6　应急响应

按照“条块结合，以块为主”的原则，灾害救助工作以地方政府为主。灾害发生后，乡级、县级、地级、省级人民政府和相关部门要根据灾情，按照分级管理、各司其职的原则，启动相关层级和相关部门应急预案，做好灾民紧急转移安置和生活安排工作，做好抗灾救灾工作，做好灾害监测、灾情调查、评估和报告工作，最大程度地减少人民群众生命和财产损失。根据突发性自然灾害的危害程度等因素，国家设定四个响应等级。

6.1　Ⅰ级响应

6.1.1　灾害损失情况

（1）某一省（区、市）行政区域内，发生水旱灾害，台风、冰雹、雪、沙尘暴，山体崩塌、滑坡、泥石流，风暴潮、海啸，森林草原火灾和生物灾害等特别重大自然灾害。

（2）事故灾难、公共卫生事件、社会安全事件等其他突发公共事件造成大量人员伤亡、需要紧急转移安置或生活救助，视情况启动本预案。

（3）对救助能力特别薄弱的地区等特殊情况，启动标准可酌情降低。

（4）国务院决定的其他事项。

6.1.2　启动程序

减灾委接到灾情报告后第一时间向国务院提出启动一级响应的建议，由国务院决定进入Ⅰ级响应。

6.1.3　应急响应

由减灾委主任统一领导、组织抗灾救灾工作。

民政部接到灾害发生信息后,2 小时内向国务院和减灾委主任报告,之后及时续报有关情况。灾害发生后 24 小时内商财政部下拨中央救灾应急资金,协调铁路、交通、民航等部门紧急调运救灾物资;组织开展全国性救灾捐赠活动,统一接收、管理、分配国际救灾捐赠款物;协调落实党中央、国务院关于抗灾救灾的指示。

6.1.4　响应的终止

灾情和救灾工作稳定后,由减灾委主任决定终止一级响应。

6.2　Ⅱ级响应

6.2.1　灾害损失情况

(1)某一省(区、市)行政区域内,发生水旱灾害,台风、冰雹、雪、沙尘暴,山体崩塌、滑坡、泥石流,风暴潮、海啸,森林草原火灾和生物灾害等重大自然灾害。

(2)事故灾难、公共卫生事件、社会安全事件等其他突发公共事件造成大量人员伤亡、需要紧急转移安置或生活救助,视情况启动本预案。

(3)对救助能力特别薄弱的地区等特殊情况,启动标准可酌情降低。

(4)国务院决定的其他事项。

6.2.2　启动程序

减灾委秘书长(民政部副部长)在接到灾情报告后第一时间向减灾委副主任(民政部部长)提出启动Ⅱ级响应的建议,由减灾委副主任决定进入Ⅱ级响应。

6.2.3　响应措施

由减灾委副主任组织协调灾害救助工作。

民政部成立救灾应急指挥部,实行联合办公,组成紧急救援(综合)组、灾害信息组、救灾捐赠组、宣传报道组和后勤保障组等抗灾救灾工作小组,统一组织开展抗灾救灾工作。

灾情发生后 24 小时内,派出抗灾救灾联合工作组赶赴灾区慰问灾民,核查灾情,了解救灾工作情况,了解灾区政府的救助能力和灾区需求,指导地方开展救灾工作,紧急调拨救灾款物。

及时掌握灾情和编报救灾工作动态信息,并在民政部网站发布。

向社会发布接受救灾捐赠的公告,组织开展跨省(区、市)或全国性救灾捐赠活动。

经国务院批准,向国际社会发出救灾援助呼吁。

公布接受捐赠单位和账号,设立救灾捐赠热线电话,主动接受社会各界的救灾捐赠;每日向社会公布灾情和灾区需求情况;及时下拨捐赠款物,对全国救灾捐赠款物进行调剂;定期对救灾捐赠的接收和使用情况向社会公告。

6.2.4　响应的终止

灾情和救灾工作稳定后,由减灾委副主任决定终止Ⅱ级响应。

6.3　Ⅲ级响应

6.3.1　灾害损失情况

(1)某一省(区、市)行政区域内,发生水旱灾害,台风、冰雹、雪、沙尘暴,山体崩塌、滑坡、泥石流,风暴潮、海啸,森林草原火灾和生物灾害等较大自然灾害。

(2)事故灾难、公共卫生事件、社会安全事件等其他突发公共事件造成大量人员伤亡、需要紧急转移安置或生活救助,视情况启动本预案。

(3)对救助能力特别薄弱的"老、少、边、穷"地区等特殊情况,启动标准可酌情降低。

(4)国务院决定的其他事项。

6.3.2　启动程序

减灾委办公室在接到灾情报告后第一时间向减灾委秘书长(民政部副部长)提出启动Ⅲ级响应的建议,由减灾委秘书长决定进入Ⅲ级响应。

6.3.3　响应措施

由减灾委员会秘书长组织协调灾害救助工作。

减灾委办公室、全国抗灾救灾综合协调办公室及时与有关成员单位联系,沟通灾害信息;组织召开会商会,分析灾区形势,研究落实对灾区的抗灾救灾支持措施;组织有关部门共同听取有关省(区、市)的情况汇报;协调有关部门向灾区派出联合工作组。

灾情发生后24小时内,派出由民政部工作组赶赴灾区慰问灾民,核查灾情,了解救灾工作情况,了解灾区政府的救助能力和灾区需求,指导地方开展救灾工作。

灾害损失较大时,灾情发生后48小时内,协调有关部门组成全国抗灾救灾综合协调工作组赴灾区,及时调拨救灾款物。

掌握灾情和救灾工作动态信息,并在民政部网站发布。

6.3.4　响应的终止

灾情和救灾工作稳定后，由减灾委秘书长决定终止Ⅲ级响应，报告减灾委副主任。

6.4　Ⅳ级响应

6.4.1　灾害损失情况

(1)某一省(区、市)行政区域内，发生水旱灾害，台风、冰雹、雪、沙尘暴，山体崩塌、滑坡、泥石流，风暴潮、海啸，森林草原火灾和生物灾害等一般自然灾害。

(2)事故灾难、公共卫生事件、社会安全事件等其他突发公共事件造成大量人员伤亡、需要紧急转移安置或生活救助，视情况启动本预案。

(3)对救助能力特别薄弱的“老、少、边、穷”地区等特殊情况，启动标准可酌情降低。

(4)国务院决定的其他事项。

6.4.2　启动程序

减灾委办公室在接到灾情报告后第一时间决定进入Ⅳ级响应。

6.4.3　响应措施

由减灾委办公室、全国抗灾救灾综合协调办公室主任组织协调灾害救助工作。减灾委办公室、全国抗灾救灾综合协调办公室及时与有关成员单位联系，沟通灾害信息；商有关部门落实对灾区的抗灾救灾支持；视情况向灾区派出工作组。

灾情发生后24小时内，派出民政部工作组赶赴灾区慰问灾民，核查灾情，了解救灾工作情况，了解灾区政府的救助能力和灾区需求，指导地方开展救灾工作，调拨救灾款物。

掌握灾情动态信息，并在民政部网站发布。

6.4.4　响应的终止

灾情和救灾工作稳定后，由减灾委办公室、全国抗灾救灾综合协调办公室主任决定终止Ⅳ级响应，报告减灾委秘书长。

6.5　信息发布

6.5.1　信息发布坚持实事求是、及时准确的原则。要在第一时间向社会发布简要信息，并根据灾情发展情况做好后续信息发布工作。

6.5.2　信息发布的内容主要包括：受灾的基本情况、抗灾救灾的动态及成效、下一步安排、需要说明的问题。

7 灾后救助与恢复重建

7.1 灾后救助

7.1.1 县级民政部门每年调查冬令(春荒)灾民生活困难情况,建立需政府救济人口台账。

7.1.2 民政部会同省级民政部门,组织有关专家赴灾区开展灾民生活困难状况评估,核实情况。

7.1.3 制定冬令(春荒)救济工作方案。

7.1.4 根据各省、自治区、直辖市人民政府向国务院要求拨款的请示,结合灾情评估情况,会同财政部下拨特大自然灾害救济补助费,专项用于帮助解决冬春灾民吃饭、穿衣等基本生活困难。

7.1.5 灾民救助全面实行《灾民救助卡》管理制度。对确认需政府救济的灾民,由县级民政部门统一发放《灾民救助卡》,灾民凭卡领取救济粮和救济金。

7.1.6 向社会通报各地救灾款下拨进度,确保冬令救济资金在春节前发放到户。

7.1.7 对有偿还能力但暂时无钱购粮的缺粮群众,实施开仓借粮。

7.1.8 通过开展社会捐助、对口支援、紧急采购等方式解决灾民的过冬衣被问题。

7.1.9 发展改革、财政、农业等部门落实好以工代赈政策、灾歉减免,粮食部门确保粮食供应。

7.2 恢复重建

灾后恢复重建工作坚持“依靠群众,依靠集体,生产自救,互助互济,辅之以国家必要的救济和扶持”的救灾工作方针,灾民倒房重建应由县(市、区)负责组织实施,采取自建、援建和帮建相结合的方式,以受灾户自建为主。建房资金应通过政府救济、社会互助、邻里帮工帮料、以工代赈、自行借贷、政策优惠等多种途径解决。房屋规划和设计要因地制宜,合理布局,科学规划,充分考虑灾害因素。

7.2.1 组织核查灾情。灾情稳定后,县级民政部门立即组织灾情核定,建立因灾倒塌房屋台账。省级民政部门在灾情稳定后10日内将全省因灾倒塌房屋等灾害损失情况报民政部。

7.2.2　开展灾情评估。重大灾害发生后，民政部会同省级民政部门，组织有关专家赴灾区开展灾情评估，全面核查灾情。

7.2.3　制定恢复重建工作方案。根据全国灾情和各地实际，制定恢复重建方针、目标、政策、重建进度、资金支持、优惠政策和检查落实等工作方案。

7.2.4　根据各省、自治区、直辖市人民政府向国务院要求拨款的请示，结合灾情评估情况，民政部会同财政部下拨特大自然灾害救济补助费，专项用于各地灾民倒房恢复重建。

7.2.5　定期向社会通报各地救灾资金下拨进度和恢复重建进度。

7.2.6　向灾区派出督查组，检查、督导恢复重建工作。

7.2.7　商有关部门制定优惠政策，简化手续，减免税费，平抑物价。

7.2.8　卫生部门做好灾后疾病预防和疫情监测工作。组织医疗卫生人员深入灾区，提供医疗卫生服务，宣传卫生防病知识，指导群众搞好环境卫生，实施饮水和食品卫生监督，实现大灾之后无大疫。

7.2.9　发展改革、教育、财政、建设、交通、水利、农业、卫生、广播电视等部门，以及电力、通信等企业，金融机构做好救灾资金（物资）安排，并组织做好灾区学校、卫生院等公益设施及水利、电力、交通、通信、供排水、广播电视设施的恢复重建工作。

8　附则

8.1　名词术语解释

自然灾害：指给人类生存带来危害或损害人类生活环境的自然现象，包括洪涝、干旱灾害，台风、冰雹、雪、沙尘暴等气象灾害，火山、地震灾害，山体崩塌、滑坡、泥石流等地质灾害，风暴潮、海啸等海洋灾害，森林草原火灾和重大生物灾害等自然灾害。

灾情：指自然灾害造成的损失情况，包括人员伤亡和财产损失等。

灾情预警：指根据气象、水文、海洋、地震、国土等部门的灾害预警、预报信息，结合人口、自然和社会经济背景数据库，对灾害可能影响的地区和人口数量等损失情况作出分析、评估和预警。

环境与灾害监测预报小卫星星座：为满足我国环境与灾害监测的需要，2003 年 2 月，国务院正式批准“环境与灾害监测预报小卫星星座”的立项。根据国家计划，小卫星星座系统拟采用分步实施战略：“十五”期间，采用“2 + 1”方案，即发射两颗光学小卫星和一颗合成孔径雷达小卫星，初步实现对灾害和环境进行监测的能力;“十一五”期间,实施“4 +4”方案,即发射四颗光学小卫星和四颗合成孔径雷达小卫星组成的星座,实现对我国及周边国家、地区灾害和环境的动态监测。

本预案有关数量的表述中,“以上”含本数,“以下”不含本数。

8.2　国际沟通与协作

按照国家外事纪律的有关规定,积极开展国际间的自然灾害救助交流,借鉴发达国家自然灾害救助工作的经验,进一步做好我国自然灾害突发事件防范与处置工作。

8.3　奖励与责任

对在自然灾害救助工作中作出突出贡献的先进集体和个人,由人事部和民政部联合表彰;对在自然灾害救助工作中英勇献身的人员,按有关规定追认烈士;对在自然灾害救助工作中玩忽职守造成损失的,依据国家有关法律法规追究当事人的责任,构成犯罪的,依法追究其刑事责任。

8.4　预案管理与更新

本预案由减灾委办公室、全国抗灾救灾综合协调办公室负责管理。预案实施后,减灾委办公室、全国抗灾救灾综合协调办公室应适时召集有关部门和专家进行评估,并视情况变化做出相应修改后报国务院。各省、自治区、直辖市自然灾害救助应急综合协调机构根据本预案制定本省(区、市)自然灾害救助应急预案。

8.5　预案生效时间

本预案自印发之日起生效。

二、国家防汛抗旱应急预案

1　总则

1.1　编制目的

做好水旱灾害突发事件防范与处置工作,使水旱灾害处于可控状态,保证抗洪抢险、抗旱救灾工作高效有序进行,最大程度地减少人员伤亡和财产损失。

1.2　编制依据

依据《中华人民共和国水法》、《中华人民共和国防洪法》和《国家突发公共事件总体应急预案》等,制定本预案。

1.3　适用范围

本预案适用于全国范围内突发性水旱灾害的预防和应急处置。突发性水旱灾害包括:江河洪水、渍涝灾害、山洪灾害(指由降雨引发的山洪、泥石流、滑坡灾害)、台风暴潮灾害、干旱灾害、供水危机以及由洪水、风暴潮、地震、恐怖活动等引发的水库垮坝、堤防决口、水闸倒塌供水水质被侵害等次生衍生灾害。

1.4　工作原则

1.4.1　坚持以"三个代表"重要思想为指导,以人为本,树立和落实科学发展观,防汛抗旱并举,努力实现由控制洪水向洪水管理转变,由单一抗旱向全面抗旱转变,不断提高防汛抗旱的现代化水平。

1.4.2　防汛抗旱工作实行各级人民政府行政首长负责制,统一指挥,分级分部门负责。

1.4.3　防汛抗旱以防洪安全和城乡供水安全、粮食生产安全为首要目标,实行安全第一,常备不懈,以防为主,防抗结合的原则。

1.4.4　防汛抗旱工作按照流域或区域统一规划,坚持因地制宜,城乡统筹,突出重点,兼顾一般,局部利益服从全局利益。

1.4.5　坚持依法防汛抗旱,实行公众参与,军民结合,专群结合,平战结合。中国人民解放军、中国人民武装警察部队主要承担防汛抗洪的急难险重等攻坚任务。

1.4.6　抗旱用水以水资源承载能力为基础,实行先生活、后生产,先地表、后地下,先节水、后调水,科学调度,优化配置,最大程度地满足城乡生活、生产、生态用水需求。

1.4.7　坚持防汛抗旱统筹,在防洪保安的前提下,尽可能利用洪水资源;以法规约束人的行为,防止人对水的侵害,既利用水资源又保护水资源,促进人与自然和谐相处。

2　组织指挥体系及职责

国务院设立国家防汛抗旱指挥机构,县级以上地方人民政府、有关流域设立防汛抗旱指挥机构,负责本行政区域的防汛抗旱突发事件应对工作。有关单位可根据需要设立防汛抗旱指挥机构,负责本单位防汛抗旱突发事件应对工作。

国家防汛抗旱总指挥部(以下简称国家防总)负责领导、组织全国的防汛抗旱工作,其办事机构国家防总办公室设在水利部。国家防总主要职责是拟订国家防汛抗旱的政策、法规和制度等,组织制订大江大河防御洪水方案和跨省、自治区、直辖市行政区划的调水方案,及时掌握全国汛情、旱情、灾情并组织实施抗洪抢险及抗旱减灾措施,统一调控和调度全国水利、水电设施的水量,做好洪水管理工作,组织灾后处置,并做好有关协调工作。

长江、黄河、松花江、淮河等流域设立流域防汛总指挥部,负责指挥所管辖范围内的防汛抗旱工作。流域防汛总指挥部由有关省、自治区、直辖市人民政府和该江河流域管理机构的负责人等组成,其办事机构设在流域管理机构。

有防汛抗旱任务的县级以上地方人民政府设立防汛抗旱指挥部,在上级防汛抗旱指挥机构和本级人民政府的领导下,组织和指挥本地区的防汛抗旱工作。防汛抗旱指挥部由本级政府和有关部门、当地驻军、人民武装部负责人等组成,其办事机构设在同级水行政主管部门。

水利部门所属的各流域管理机构、水利工程管理单位、施工单位以及水文部门等,汛期成立相应的专业防汛抗灾组织,负责本流域、本单位的防汛抗灾工作;有防洪任务的重大水利水电工程、有防洪任务的大中型企业根据需要成立防汛指挥部。针对重大突发事件,可以组建临时指挥机构,具体负责应急处理工作。

3　预防和预警机制

3.1　预防预警信息

3.1.1　气象水文海洋信息

各级气象、水文、海洋部门应加强对当地灾害性天气的监测和预报,并将结果及时报送有关防汛抗旱指挥机构。当预报即将发生严重水旱灾害和风暴潮灾害时,当地防汛抗旱指挥机构应提早预警,通知有关区域做好相关准备。当江河发生洪水时,水文部门应加密测验时段,及时上报测验结果,雨情、水情应在2小时内报到国家防总,重要站点的水情应在30分钟内报到国家防总,为防汛抗旱指挥机构适时指挥决策提供依据。

3.1.2　工程信息

当江河出现警戒水位以上洪水时,各级堤防管理单位应加强工程监测,并将堤防、涵闸、泵站等工程设施的运行情况报上级工程管理部门和同级防汛抗旱指挥机构。大江大河干流重要堤防、涵闸等发生重大险情应在险情发生后4小时内报到国家防总。

当堤防和涵闸、泵站等穿堤建筑物出现险情或遭遇超标准洪水袭击，以及其他不可抗拒因素而可能决口时，工程管理单位应迅速组织抢险，并在第一时间向可能淹没的有关区域预警，同时向上级堤防管理部门和同级防汛抗旱指挥机构准确报告。

当水库水位超过汛限水位时，水库管理单位应按照有管辖权的防汛抗旱指挥机构批准的洪水调度方案调度，其工程运行状况应向防汛抗旱指挥机构报告。当水库出现险情时，水库管理单位应立即在第一时间向下游预警，并迅速处置险情，同时向上级主管部门和同级防汛抗旱指挥机构报告。大型水库发生重大险情应在险情发生后4小时内上报到国家防总。当水库遭遇超标准洪水或其他不可抗拒因素而可能溃坝时，应提早向水库溃坝洪水风险图确定的淹没范围发出预警，为群众安全转移争取时间。

3.1.3　洪涝灾情信息

(1)洪涝灾情信息主要包括：灾害发生的时间、地点、范围、受灾人口以及群众财产、农林牧渔、交通运输、邮电通信、水电设施等方面的损失。

(2)洪涝灾情发生后，有关部门及时向防汛抗旱指挥机构报告洪涝受灾情况，防汛抗旱指挥机构应收集动态灾情，全面掌握受灾情况，并及时向同级政府和上级防汛抗旱指挥机构报告。对人员伤亡和较大财产损失的灾情，应立即上报，重大灾情在灾害发生后4小时内将初步情况报到国家防总，并对实时灾情组织核实，核实后及时上报，为抗灾救灾提供准确依据。

(3)地方各级人民政府、防汛抗旱指挥机构应按照规定上报洪涝灾情。

3.1.4　旱情信息

(1)旱情信息主要包括：干旱发生的时间、地点、程度、受旱范围、影响人口，以及对工农业生产、城乡生活、生态环境等方面造成的影响。

(2)防汛抗旱指挥机构应掌握水雨情变化、当地蓄水情况、农田土壤墒情和城乡供水情况，加强旱情监测，地方各级人民政府防汛抗旱指挥机构应按照规定上报受旱情况。遇旱情急剧发展时应及时加报。

3.2　预防预警行动

3.2.1　预防预警准备工作

(1)思想准备。加强宣传，增强全民预防水旱灾害和自我保护的意识，做好防大汛抗大旱的思想准备。

(2)组织准备。建立健全防汛抗旱组织指挥机构，落实防汛抗旱责任人、防汛抗旱队伍和山洪易发重点区域的监测网络及预警措施,加强防汛专业机动抢险队和抗旱服务组织的建设。

(3)工程准备。按时完成水毁工程修复和水源工程建设任务,对存在病险的堤防、水库、涵闸、泵站等各类水利工程设施实行应急除险加固,在有堤防防护的大中城市及时封闭穿越堤防的输排水管道、交通路口和排水沟;对跨汛期施工的水利工程和病险工程,要落实安全度汛方案。

(4)预案准备。修订完善各类江河湖库和城市防洪预案、台风暴潮防御预案、洪水预报方案、防洪工程调度规程、堤防决口和水库垮坝应急方案、蓄滞洪区安全转移预案、山区防御山洪灾害预案和抗旱预案、城市抗旱预案。研究制订防御超标准洪水的应急方案,主动应对大洪水。针对江河堤防险工险段,还要制订工程抢险方案。

(5)物料准备。按照分级负责的原则,储备必需的防汛物料,合理配置。在防汛重点部位应储备一定数量的抢险物料,以应急需。

(6)通信准备。充分利用社会通信公网,确保防汛通信专网、蓄滞洪区的预警反馈系统完好和畅通。健全水文、气象测报站网,确保雨情、水情、工情、灾情信息和指挥调度指令的及时传递。

(7)防汛抗旱检查。实行以查组织、查工程、查预案、查物资、查通信为主要内容的分级检查制度,发现薄弱环节,要明确责任、限时整改。

(8)防汛日常管理工作。加强防汛日常管理工作,对在江河、湖泊、水库、滩涂、人工水道、蓄滞洪区内建设的非防洪建设项目应当编制洪水影响评价报告,对未经审批并严重影响防洪的项目,依法强行拆除。

3.2.2 江河洪水预警

(1)当江河即将出现洪水时,各级水文部门应做好洪水预报工作,及时向防汛抗旱指挥机构报告水位、流量的实测情况和洪水走势,为预警提供依据。

(2)各级防汛抗旱指挥机构应按照分级负责原则,确定洪水预警区域、级别和洪水信息发布范围,按照权限向社会发布。

(3)水文部门应跟踪分析江河洪水的发展趋势,及时滚动预报最新水情,为抗灾救灾提供基本依据。

3.2.3 渍涝灾害预警

当气象预报将出现较大降雨时,各级防汛抗旱指挥机构应按照分级负责原则,确定渍涝灾害预警区域、级别,按照权限向社会发布,并做好排涝的有关准备工作。必要时，通知低洼地区居民及企事业单位及时转移财产。

3.2.4　山洪灾害预警

(1)凡可能遭受山洪灾害威胁的地方，应根据山洪灾害的成因和特点，主动采取预防和避险措施。水文、气象、国土资源等部门应密切联系，相互配合，实现信息共享，提高预报水平，及时发布预报警报。

(2)凡有山洪灾害的地方，应由防汛抗旱指挥机构组织国土资源、水利、气象等部门编制山洪灾害防御预案，绘制区域内山洪灾害风险图，划分并确定区域内易发生山洪灾害的地点及范围，制订安全转移方案，明确组织机构的设置及职责。

(3)山洪灾害易发区应建立专业监测与群测群防相结合的监测体系，落实观测措施，汛期坚持24小时值班巡逻制度，降雨期间，加密观测、加强巡逻。每个乡镇、村、组和相关单位都要落实信号发送员，一旦发现危险征兆，立即向周边群众报警，实现快速转移，并报本地防汛抗旱指挥机构，以便及时组织抗灾救灾。

3.2.5　台风暴潮灾害预警

(1)根据中央气象台发布的台风(含热带风暴、热带低压等)信息，省级及其以下有关气象管理部门应密切监视，做好未来趋势预报，并及时将台风中心位置、强度、移动方向和速度等信息报告同级人民政府和防汛抗旱指挥机构。

(2)可能遭遇台风袭击的地方，各级防汛抗旱指挥机构应加强值班，跟踪台风动向，并将有关信息及时向社会发布。

(3)水利部门应根据台风影响的范围，及时通知有关水库、主要湖泊和河道堤防管理单位，做好防范工作。各工程管理单位应组织人员分析水情和台风带来的影响，加强工程检查，必要时实施预泄预排措施。

(4)预报将受台风影响的沿海地区，当地防汛抗旱指挥机构应及时通知相关部门和人员做好防台风工作。

(5)加强对城镇危房、在建工地、仓库、交通道路、电信电缆、电力电线、户外广告牌等公用设施的检查和采取加固措施，组织船只回港避风和沿海养殖人员撤离工作。

3.2.6　蓄滞洪区预警

(1)蓄滞洪区管理单位应拟订群众安全转移方案。

(2)蓄滞洪区工程管理单位应加强工程运行监测，发现问题及时处理，并报告上级主管部门和同级防汛抗旱指挥机构。

(3)运用蓄滞洪区,当地人民政府和防汛抗旱指挥机构应把人民的生命安全放在首位,迅速启动预警系统,按照群众安全转移方案实施转移。

3.2.7　干旱灾害预警

(1)各级防汛抗旱指挥机构应针对干旱灾害的成因、特点,因地制宜采取预警防范措施。

(2)各级防汛抗旱指挥机构应建立健全旱情监测网络和干旱灾害统计队伍,随时掌握实时旱情灾情,并预测干旱发展趋势,根据不同干旱等级,提出相应对策,为抗旱指挥决策提供科学依据。

(3)各级防汛抗旱指挥机构应当加强抗旱服务网络建设,鼓励和支持社会力量开展多种形式的社会化服务组织建设,以防范干旱灾害的发生和蔓延。

3.2.8　供水危机预警

当因供水水源短缺或被破坏、供水线路中断、供水水质被侵害等原因而出现供水危机,由当地防汛抗旱指挥机构向社会公布预警,居民、企事业单位做好储备应急用水的准备,有关部门做好应急供水的准备。

3.3　预警支持系统

3.3.1　洪水、干旱风险图

(1)各级防汛抗旱指挥机构应组织工程技术人员,研究绘制本地区的城市洪水风险图、蓄滞洪区洪水风险图、流域洪水风险图、山洪灾害风险图、水库洪水风险图和干旱风险图。

(2)防汛抗旱指挥机构应以各类洪水、干旱风险图作为抗洪抢险救灾、群众安全转移安置和抗旱救灾决策的技术依据。

3.3.2　防御洪水方案

防汛抗旱指挥机构应根据需要,编制和修订防御江河洪水方案,主动应对江河洪水。

3.3.3　抗旱预案

各级防汛抗旱指挥机构应编制抗旱预案,以主动应对不同等级的干旱灾害。

4　应急响应

4.1　应急响应的总体要求

4.1.1　按洪涝、旱灾的严重程度和范围,将应急响应行动分为四级。

4.1.2　进入汛期、旱期，各级防汛抗旱指挥机构应实行24小时值班制度，全程跟踪雨情、水情、工情、旱情、灾情，并根据不同情况启动相关应急程序。

4.1.3　国务院和国家防总或流域防汛指挥机构负责关系重大的水利、防洪工程调度；其他水利、防洪工程的调度由所属地方人民政府和防汛抗旱指挥机构负责，必要时，视情况由上一级防汛抗旱指挥机构直接调度。防总各成员单位应按照指挥部的统一部署和职责分工开展工作并及时报告有关工作情况。

4.1.4　洪涝、干旱等灾害发生后，由地方人民政府和防汛抗旱指挥机构负责组织实施抗洪抢险、排涝、抗旱减灾和抗灾救灾等方面的工作。

4.1.5　洪涝、干旱等灾害发生后，由当地防汛抗旱指挥机构向同级人民政府和上级防汛抗旱指挥机构报告情况。造成人员伤亡的突发事件，可越级上报，并同时报上级防汛抗旱指挥机构。任何个人发现堤防、水库发生险情时，应立即向有关部门报告。

4.1.6　对跨区域发生的水旱灾害，或者突发事件将影响到邻近行政区域的，在报告同级人民政府和上级防汛抗旱指挥机构的同时，应及时向受影响地区的防汛抗旱指挥机构通报情况。

4.1.7　因水旱灾害而衍生的疾病流行、水陆交通事故等次生灾害，当地防汛抗旱指挥机构应组织有关部门全力抢救和处置，采取有效措施切断灾害扩大的传播链，防止次生或衍生灾害的蔓延，并及时向同级人民政府和上级防汛抗旱指挥机构报告。

4.2　Ⅰ级应急响应

4.2.1　出现下列情况之一者，为Ⅰ级响应

(1)某个流域发生特大洪水；

(2)多个流域同时发生大洪水；

(3)大江大河干流重要河段堤防发生决口；

(4)重点大型水库发生垮坝；

(5)多个省(区、市)发生特大干旱；

(6)多座大型以上城市发生极度干旱。

4.2.2　Ⅰ级响应行动

(1)国家防总总指挥主持会商，防总成员参加。视情启动国务院批准的

防御特大洪水方案,作出防汛抗旱应急工作部署,加强工作指导,并将情况上报党中央、国务院。国家防总密切监视汛情、旱情和工情的发展变化,做好汛情、旱情预测预报,做好重点工程调度,并在24小时内派专家组赴一线加强技术指导。国家防总增加值班人员,加强值班,每天在中央电视台发布《汛(旱)情通报》,报道汛(旱)情及抗洪抢险、抗旱措施。财政部门为灾区及时提供资金帮助。国家防总办公室为灾区紧急调拨防汛抗旱物资;铁路、交通、民航部门为防汛抗旱物资运输提供运输保障。民政部门及时救助受灾群众。卫生部门根据需要,及时派出医疗卫生专业防治队伍赴灾区协助开展医疗救治和疾病预防控制工作。国家防总其他成员单位按照职责分工,做好有关工作。

(2)相关流域防汛指挥机构按照权限调度水利、防洪工程;为国家防总提供调度参谋意见。派出工作组、专家组,支援地方抗洪抢险、抗旱。

(3)相关省、自治区、直辖市的流域防汛指挥机构,省、自治区、直辖市的防汛抗旱指挥机构启动Ⅰ级响应,可依法宣布本地区进入紧急防汛期,按照《中华人民共和国防洪法》的相关规定,行使权力。同时,增加值班人员,加强值班,动员部署防汛抗旱工作;按照权限调度水利、防洪工程;根据预案转移危险地区群众,组织强化巡堤查险和堤防防守,及时控制险情,或组织强化抗旱工作。受灾地区的各级防汛抗旱指挥机构负责人、成员单位负责人,应按照职责到分管的区域组织指挥防汛抗旱工作,或驻点具体帮助重灾区做好防汛抗旱工作。各省、自治区、直辖市的防汛抗旱指挥机构应将工作情况上报当地人民政府和国家防总。相关省、自治区、直辖市的防汛抗旱指挥机构成员单位全力配合做好防汛抗旱和抗灾救灾工作。

4.3　Ⅱ级应急响应

4.3.1　出现下列情况之一者,为Ⅱ级响应

(1)一个流域发生大洪水;

(2)大江大河干流一般河段及主要支流堤防发生决口;

(3)数省(区、市)多个市(地)发生严重洪涝灾害;

(4)一般大中型水库发生垮坝;

(5)数省(区、市)多个市(地)发生严重干旱或一省(区、市)发生特大干旱;

(6)多个大城市发生严重干旱,或大中城市发生极度干旱。

4.3.2　Ⅱ级响应行动

(1)国家防总副总指挥主持会商,作出相应工作部署,加强防汛抗旱工作指导,在2小时内将情况上报国务院并通报国家防总成员单位。国家防总加强值班,密切监视汛情、旱情和工情的发展变化,做好汛情旱情预测预报,做好重点工程的调度,并在24小时内派出由防总成员单位组成的工作组、专家组赴一线指导防汛抗旱。国家防总办公室不定期在中央电视台发布汛(旱)情通报。民政部门及时救助灾民。卫生部门派出医疗队赴一线帮助医疗救护。国家防总其他成员单位按照职责分工,做好有关工作。

(2)相关流域防汛指挥机构密切监视汛情、旱情发展变化,做好洪水预测预报,派出工作组、专家组,支援地方抗洪抢险、抗旱;按照权限调度水利、防洪工程;为国家防总提供调度参谋意见。

(3)相关省、自治区、直辖市防汛抗旱指挥机构可根据情况,依法宣布本地区进入紧急防汛期,行使相关权力。同时,增加值班人员,加强值班。防汛抗旱指挥机构具体安排防汛抗旱工作,按照权限调度水利、防洪工程,根据预案组织加强防守巡查,及时控制险情,或组织加强抗旱工作。受灾地区的各级防汛抗旱指挥机构负责人、成员单位负责人,应按照职责到分管的区域组织指挥防汛抗旱工作。相关省级防汛抗旱指挥机构应将工作情况上报当地人民政府主要领导和国家防总。相关省、自治区、直辖市的防汛抗旱指挥机构成员单位全力配合做好防汛抗旱和抗灾救灾工作。

4.4　Ⅲ级应急响应

4.4.1　出现下列情况之一者,为Ⅲ级响应

(1)数省(区、市)同时发生洪涝灾害;

(2)一省(区、市)发生较大洪水;

(3)大江大河干流堤防出现重大险情;

(4)大中型水库出现严重险情或小型水库发生垮坝;

(5)数省(区、市)同时发生中度以上的干旱灾害;

(6)多座大型以上城市同时发生中度干旱;

(7)一座大型城市发生严重干旱。

4.4.2　Ⅲ级响应行动

(1)国家防总秘书长主持会商,作出相应工作安排,密切监视汛情、旱情发展变化,加强防汛抗旱工作的指导,在2小时内将情况上报国务院并通报国家防总成员单位。国家防总办公室在24小时内派出工作组、专家组,指导地

方防汛抗旱。

(2)相关流域防汛指挥机构加强汛(旱)情监视,加强洪水预测预报,做好相关工程调度,派出工作组、专家组到一线协助防汛抗旱。

(3)相关省、自治区、直辖市的防汛抗旱指挥机构具体安排防汛抗旱工作;按照权限调度水利、防洪工程;根据预案组织防汛抢险或组织抗旱,派出工作组、专家组到一线具体帮助防汛抗旱工作,并将防汛抗旱的工作情况上报当地人民政府分管领导和国家防总。省级防汛指挥机构在省级电视台发布汛(旱)情通报;民政部门及时救助灾民。卫生部门组织医疗队赴一线开展卫生防疫工作。其他部门按照职责分工,开展工作。

4.5　Ⅳ级应急响应

4.5.1　出现下列情况之一者,为Ⅳ级响应

(1)数省(区、市)同时发生一般洪水;

(2)数省(区、市)同时发生轻度干旱;

(3)大江大河干流堤防出现险情;

(4)大中型水库出现险情;

(5)多座大型以上城市同时因旱影响正常供水。

4.5.2　Ⅳ级响应行动

(1)国家防总办公室常务副主任主持会商,作出相应工作安排,加强对汛(旱)情的监视和对防汛抗旱工作的指导,并将情况上报国务院并通报国家防总成员单位。

(2)相关流域防汛指挥机构加强汛情、旱情监视,做好洪水预测预报,并将情况及时报国家防总办公室。

(3)相关省、自治区、直辖市的防汛抗旱指挥机构具体安排防汛抗旱工作;按照权限调度水利、防洪工程;按照预案采取相应防守措施或组织抗旱;派出专家组赴一线指导防汛抗旱工作;并将防汛抗旱的工作情况上报当地人民政府和国家防总办公室。

4.6　信息报送和处理

4.6.1　汛情、旱情、工情、险情、灾情等防汛抗旱信息实行分级上报,归口处理,同级共享。

4.6.2　防汛抗旱信息的报送和处理,应快速、准确、翔实,重要信息应立即上报,因客观原因一时难以准确掌握的信息,应及时报告基本情况,同时抓

紧了解情况，随后补报详情。

4.6.3　属一般性汛情、旱情、工情、险情、灾情，按分管权限，分别报送本级防汛抗旱指挥机构值班室负责处理。凡因险情、灾情较重，按分管权限一时难以处理，需上级帮助、指导处理的，经本级防汛抗旱指挥机构负责同志审批后，可向上一级防汛抗旱指挥机构值班室上报。

4.6.4　凡经本级或上级防汛抗旱指挥机构采用和发布的水旱灾害、工程抢险等信息，当地防汛抗旱指挥机构应立即调查，对存在的问题，及时采取措施，切实加以解决。

4.6.5　国家防总办公室接到特别重大、重大的汛情、旱情、险情、灾情报告后应立即报告国务院，并及时续报。

4.7　指挥和调度

4.7.1　出现水旱灾害后，事发地的防汛抗旱指挥机构应立即启动应急预案，并根据需要成立现场指挥部。在采取紧急措施的同时，向上一级防汛抗旱指挥机构报告。根据现场情况，及时收集、掌握相关信息，判明事件的性质和危害程度，并及时上报事态的发展变化情况。

4.7.2　事发地的防汛抗旱指挥机构负责人应迅速上岗到位，分析事件的性质，预测事态发展趋势和可能造成的危害程度，并按规定的处置程序，组织指挥有关单位或部门按照职责分工，迅速采取处置措施，控制事态发展。

4.7.3　发生重大水旱灾害后，上一级防汛抗旱指挥机构应派出工作组赶赴现场指导工作，必要时成立前线指挥部。

4.8　抢险救灾

4.8.1　出现水旱灾害或防洪工程发生重大险情后，事发地的防汛抗旱指挥机构应根据事件的性质，迅速对事件进行监控、追踪，并立即与相关部门联系。

4.8.2　事发地的防汛抗旱指挥机构应根据事件具体情况，按照预案立即提出紧急处置措施，供当地政府或上一级相关部门指挥决策。

4.8.3　事发地防汛抗旱指挥机构应迅速调集本部门的资源和力量，提供技术支持；组织当地有关部门和人员，迅速开展现场处置或救援工作。大江大河干流堤防决口的堵复、水库重大险情的抢护应按照事先制定的抢险预案进行，并由防汛机动抢险队或抗洪抢险专业部队等实施。

4.8.4　处置水旱灾害和工程重大险情时，应按照职能分工，由防汛抗旱指挥机构统一指挥，各单位或各部门应各司其职，团结协作，快速反应，高效处置，最大程度地减少损失。

4.9　安全防护和医疗救护

4.9.1　各级人民政府和防汛抗旱指挥机构应高度重视应急人员的安全，调集和储备必要的防护器材、消毒药品、备用电源和抢救伤员必备的器械等，以备随时应用。

4.9.2　抢险人员进入和撤出现场由防汛抗旱指挥机构视情况作出决定。抢险人员进入受威胁的现场前，应采取防护措施以保证自身安全。参加一线抗洪抢险的人员，必须穿救生衣。当现场受到污染时，应按要求为抢险人员配备防护设施，撤离时应进行消毒、去污处理。

4.9.3　出现水旱灾害后，事发地防汛抗旱指挥机构应及时做好群众的救援、转移和疏散工作。

4.9.4　事发地防汛抗旱指挥机构应按照当地政府和上级领导机构的指令，及时发布通告，防止人、畜进入危险区域或饮用被污染的水源。

4.9.5　对转移的群众，由当地人民政府负责提供紧急避难场所，妥善安置灾区群众，保证基本生活。

4.9.6　出现水旱灾害后，事发地人民政府和防汛抗旱指挥机构应组织卫生部门加强受影响地区的疾病和突发公共卫生事件监测、报告工作，落实各项防病措施，并派出医疗小分队，对受伤的人员进行紧急救护。必要时，事发地政府可紧急动员当地医疗机构在现场设立紧急救护所。

4.10　社会力量动员与参与

4.10.1　出现水旱灾害后，事发地的防汛抗旱指挥机构可根据事件的性质和危害程度，报经当地政府批准，对重点地区和重点部位实施紧急控制，防止事态及其危害的进一步扩大。

4.10.2　必要时可通过当地人民政府广泛调动社会力量积极参与应急突发事件的处置，紧急情况下可依法征用、调用车辆、物资、人员等，全力投入抗洪抢险。

4.11　信息发布

4.11.1　防汛抗旱的信息发布应当及时、准确、客观、全面。

4.11.2　汛情、旱情及防汛抗旱动态等，由国家防总统一审核和发布；涉及水旱灾情的，由国家防办会同民政部审核和发布。

4.11.3　信息发布形式主要包括投权发布、散发新闻稿、组织报道、接受记者采访、举行新闻发布会等。

4.11.4　地方信息发布：重点汛区、灾区和发生局部汛情的地方，其汛情、旱情及防汛抗旱动态等信息，由各地防汛抗旱指挥机构审核和发布；涉及水旱灾情的，由各地防汛指挥部办公室会同民政部门审核和发布。

4.12　应急结束

4.12.1　当洪水灾害、极度缺水得到有效控制时，事发地的防汛抗旱指挥机构可视汛情旱情，宣布结束紧急防汛期或紧急抗旱期。

4.12.2　依照有关紧急防汛、抗旱期规定征用、调用的物资、设备、交通运输工具等，在汛期、抗旱期结束后应当及时归还；造成损坏或者无法归还的，按照国务院有关规定给予适当补偿或者作其他处理。

4.12.3　紧急处置工作结束后，事发地防汛抗旱指挥机构应协助当地政府进一步恢复正常生活、生产、工作秩序，修复水毁基础设施，尽可能减少突发事件带来的损失和影响。

5　应急保障

5.1　通信与信息保障

5.1.1　任何通信运营部门都有依法保障防汛抗旱信息畅通的责任。

5.1.2　防汛抗旱指挥机构应按照以公用通信网为主的原则，合埋组建防汛专用通信网络，确保信息畅通。

5.1.3 出　现突发事件后，通信部门应启动应急通信保障预案，迅速调集力量抢修损坏的通信设施，努力保证防汛抗旱通信畅通。必要时，调度应急通信设备，为防汛通信和现场指挥提供通信保障。

5.1.4　在紧急情况下，应充分利用公共广播和电视等媒体以及手机短信等手段发布信息，通知群众快速撤离，确保人民生命的安全。

5.2　应急支援与装备保障

5.2.1　现场救援和工程抢险保障

(1)对历史上的重点险工险段或易出险的水利工程设施，应提前编制工程应急抢险预案，以备紧急情况下因险施策；当出现新的险情后，应派工程技术人员赶赴现场，研究优化除险方案，并由防汛行政首长负责组织实施。

(2)防汛抗旱指挥机构和防洪工程管理单位以及受洪水威胁的其他单位，储备的常规抢险机械、抗旱设备、物资和救生器材，应能满足抢险急需。

5.2.2　应急队伍保障

任何单位和个人都有依法参加防汛抗洪的义务。解放军、武警部队和民兵是抗洪抢险的重要力量。防汛抢险队伍分为:群众抢险队伍、非专业部队抢险队伍和专业抢险队伍。

在抗旱期间,地方各级人民政府和防汛抗旱指挥机构应组织动员社会公众力量投入抗旱救灾工作。

5.2.3　供电保障

电力部门主要负责抗洪抢险、抢排渍涝、抗旱救灾等方面的供电需要和应急救援现场的临时供电。

5.2.4　交通运输保障

交通运输部门主要负责优先保证防汛抢险人员、防汛抗旱救灾物资运输;蓄滞洪区分洪时,负责群众安全转移所需地方车辆、船舶的调配;负责分泄大洪水时河道航行和渡口的安全;负责大洪水时用于抢险、救灾车辆、船舶的及时调配。

5.2.5　医疗保障

医疗卫生防疫部门主要负责水旱灾区疾病防治的业务技术指导;组织医疗卫生队赴灾区巡医问诊,负责灾区防疫消毒、抢救伤员等工作。

5.2.6　治安保障

公安部门主要负责做好水旱灾区的治安管理工作,依法严厉打击破坏抗洪抗旱救灾行动和工程设施安全的行为,保证抗灾救灾工作的顺利进行;负责组织搞好防汛抢险、分洪爆破时的戒严、警卫工作,维护灾区的社会治安秩序。

5.2.7　物资保障

防汛抗旱指挥机构、重点防洪工程管理单位以及受洪水威胁的其他单位应按规范储备防汛抢险物资,并做好生产流程和生产能力储备的有关工作。防汛物资管理部门应及时掌握新材料、新设备的应用情况,及时调整储备物资品种,提高科技含量。

干旱频繁发生地区县级以上地方人民政府应当贮备一定数量的抗旱物资,由本级防汛抗旱指挥机构负责调用。

严重缺水城市应当建立应急供水机制,建设应急供水备用水源。

5.2.8　资金保障

(1)中央财政安排特大防汛抗旱补助费,用于补助遭受特大水旱灾害的省、自治区、直辖市，以及计划单列市、新疆生产建设兵团进行防汛抢险、抗旱及中央直管的大江大河防汛抢险。省、自治区、直辖市人民政府应当在本级财政预算中安排资金，用于本行政区域内遭受严重水旱灾害的工程修复补助。

(2)国家设立中央水利建设基金，专项用于大江大河重点治理工程维护和建设，以及其他规定的水利工程的维护和建设。

5.2.9　社会动员保障

(1)防汛抗旱是社会公益性事业，任何单位和个人都有保护水利工程设施和防汛抗旱的责任。

(2)汛期或旱季，各级防汛抗旱指挥机构应根据水旱灾害的发展，做好动员工作，组织社会力量投入防汛抗旱。

(3)各级防汛抗旱指挥机构的组成部门，在严重水旱灾害期间，应按照分工，特事特办，急事急办，解决防汛抗旱的实际问题，同时充分调动本系统的力量，全力支持抗灾救灾和灾后重建工作。

(4)各级人民政府应加强对防汛抗旱工作的统一领导，组织有关部门和单位，动员全社会的力量，做好防汛抗旱工作。在防汛抗旱的关键时刻，各级防汛抗旱行政首长应靠前指挥，组织广大干部群众奋力抗灾减灾。

5.3　技术保障

建设国家防汛抗旱指挥系统，形成覆盖国家防总、流域机构和各省、自治区、直辖市防汛抗旱部门的计算机网络系统，提高信息传输的质量和速度。

各级防汛抗旱指挥机构应建立专家库，当发生水旱灾害时，由防汛抗旱指挥机构统一调度，派出专家组，指导防汛抗旱工作。

5.4　宣传、培训和演习

5.4.1　公众信息交流

(1)汛情、旱情、工情、灾情及防汛抗旱工作等方面的公众信息交流，实行分级负责制，一般公众信息可通过媒体向社会发布。

(2)当主要江河发生超警戒水位以上洪水，呈上涨趋势；山区发生暴雨山洪，造成较为严重影响；出现大范围的严重旱情，并呈发展趋势时，按分管权限，由本地区的防汛抗旱指挥部统一发布汛情、旱情通报，以引起社会公众关注，参与防汛抗旱救灾工作。

5.4.2　培训

(1)采取分级负责的原则，由各级防汛抗旱指挥机构统一组织培训。

(2)培训工作应做到合理规范课程、考核严格、分类指导，保证培训工作质量。

(3)培训工作应结合实际，采取多种组织形式，定期与不定期相结合，每年汛前至少组织一次培训。

5.4.3 演习

(1)各级防汛抗旱指挥机构应定期举行不同类型的应急演习，以检验、改善和强化应急准备和应急响应能力。

(2)专业抢险队伍必须针对当地易发生的各类险情有针对性地每年进行抗洪抢险演习。

(3)多个部门联合进行的专业演习，一般2~3年举行一次，由省级防汛抗旱指挥机构负责组织。

6 善后工作

发生水旱灾害的地方人民政府应组织有关部门做好灾区生活供给、卫生防疫、救灾物资供应、治安管理、学校复课、水毁修复、恢复生产和重建家园等善后工作。

6.1 救灾

6.1.1 民政部门负责受灾群众生活救助。应及时调配救灾款物，组织安置受灾群众，作好受灾群众临时生活安排，负责受灾群众倒塌房屋的恢复重建，保证灾民有粮吃、有衣穿、有房住，切实解决受灾群众的基本生活问题。

6.1.2 卫生部门负责调配医务技术力量，抢救因灾伤病人员，对污染源进行消毒处理，对灾区重大疫情、病情实施紧急处理，防止疫病的传播、蔓延。

6.1.3 当地政府应组织对可能造成环境污染的污染物进行清除。

6.2 防汛抢险物料补充

针对当年防汛抢险物料消耗情况，按照分级筹措和常规防汛的要求，及时补充到位。

6.3 水毁工程修复

6.3.1 对影响当年防洪安全和城乡供水安全的水毁工程，应尽快修复。防洪工程应力争在下次洪水到来之前，做到恢复主体功能；抗旱水源工程应尽快恢复功能。

6.3.2 遭到毁坏的交通、电力、通信、水文以及防汛专用通信设施，应尽快组织修复，恢复功能。

6.4　蓄滞洪区补偿

全国重点蓄滞洪区分洪运用后，按照《蓄滞洪区补偿暂行办法》进行补偿。其他蓄滞洪区由地方人民政府参照《蓄滞洪区补偿暂行办法》补偿。

6.5　灾后重建

各相关部门应尽快组织灾后重建工作。灾后重建原则上按原标准恢复，在条件允许情况下，可提高标准重建。

6.6　防汛抗旱工作评价

每年各级防汛抗旱部门应针对防汛抗旱工作的各个方面和环节进行定性和定量的总结、分析、评估。引进外部评价机制，征求社会各界和群众对防汛抗旱工作的意见和建议，总结经验，找出问题，从防洪抗旱工程的规划、设计、运行、管理以及防汛抗旱工作的各个方面提出改进建议，以进一步做好防汛抗旱工作。

7　附则

7.1　名词术语定义

7.1.1　洪水风险图：是融合地理、社会经济信息、洪水特征信息，通过资料调查、洪水计算和成果整理，以地图形式直观反映某一地区发生洪水后可能淹没的范围和水深，用以分析和预评估不同量级洪水可能造成的风险和危害的工具。

7.1.2　干旱风险图：是融合地理、社会经济信息、水资源特征信息，通过资料调查、水资源计算和成果整理，以地图形式直观反映某一地区发生干旱后可能影响的范围，用以分析和预评估不同干旱等级造成的风险和危害的工具。

7.1.3　防御洪水方案：是有防汛抗洪任务的县级以上地方人民政府根据流域综合规划、防洪工程实际状况和国家规定的防洪标准，制定的防御江河洪水（包括对特大洪水）、山洪灾害（山洪、泥石流、滑坡等）、台风暴潮灾害等方案的统称。

7.1.4　抗旱预案：是在现有工程设施条件和抗旱能力下，针对不同等级、程度的干旱，而预先制定的对策和措施，是各级防汛抗旱指挥部门实施指挥决策的依据。

7.1.5　抗旱服务组织：是由水利部门组建的事业性服务实体，以抗旱减灾为宗旨，围绕群众饮水安全、粮食用水安全、经济发展用水安全和生态环境用水安全开展抗旱服务工作。国家支持和鼓励社会力量兴办各种形式的抗旱社会化服务组织。

7.1.6　一般洪水:洪峰流量或洪量的重现期5~10年一遇的洪水。

7.1.7　较大洪水:洪峰流量或洪量的重现期10~20年一遇的洪水。

7.1.8　大洪水:洪峰流量或洪量的重现期20~50年一遇的洪水。

7.1.9　特大洪水:洪峰流量或洪量的重现期大于50年一遇的洪水。

7.1.10　轻度干旱:受旱区域作物受旱面积占播种面积的比例在30%以下;以及因旱造成农(牧)区临时性饮水困难人口占所在地区人口比例在20%以下。

7.1.11　中度干旱:受旱区域作物受旱面积占播种面积的比例达31%-50%;以及因旱造成农(牧)区临时性饮水困难人口占所在地区人口比例达21%—40%。

7.1.12　严重干旱:受旱区域作物受旱面积占播种面积的比例达51%-80%;以及因旱造成农(牧)区临时性饮水困难人口占所在地区人口比例达41%—60%。

7.1.13　特大干旱:受旱区域作物受旱面积占播种面积的比例在80%以上;以及因旱造成农(牧)区临时性饮水困难人口占所在地区人口比例高于60%。

7.1.14　城市干旱:因遇枯水年造成城市供水水源不足,或者由于突发性事件使城市供水水源遭到破坏,导致城市实际供水能力低于正常需求,致使城市实际供水能力低于正常需求,致使城市的生产、生活和生态环境受到影响。

7.1.15　城市轻度干旱:因旱城市供水量低于正常需求量的5%-10%,出现缺水现象,居民生活、生产用水在受到一定程度影响。

7.1.16　城市中度干旱:因旱城市供水量低于正常日用水量的10%-20%,出现明显的缺水现象,居民生活、生产用水受到较大影响。

7.1.17　城市重度干旱:因旱城市供水量低于正常日用水量的20%-30%,出现明显缺水现象,城市生活、生产用水受到严重影响。

7.1.18　城市极度干旱:因旱城市供水量低于正常日用水量的30%,出现极为严重的缺水局面或发电供水危 机,城市生活、生产用水受到极大影响。

7.1.19　大型城市:指非农业人口在50万以上的城市。

7.1.20　紧急防汛期:根据《中华人民共和国防洪 法》规定,当江河、湖泊的水情接近保证水位或者安全流量,水库水位接近设计洪水位,或者防洪工程设施发生重大险情时，有关县级以上人民政府防汛指挥机构可以宣布进入紧急防汛期。

本预案有关数量的表述中，“以上”含本数，“以下”不含本数。

7.2　预案管理与更新

本预案由国家防总办公室负责管理，并负责组织对预案进行评估。每5年对本预案评审一次，并视情况变化作出相应修改。各流域管理机构，各省、自治区、直辖市防汛抗旱指挥机构根据本预案制定相关江河、地区和重点工程的防汛抗旱应急预案。

7.3　国际沟通与协作

积极开展国际间的防汛抗旱减灾交流，借鉴发达国家防汛抗旱减灾工作的经验，进一步做好我国水旱灾害突发事件防范与处置工作。

7.4　奖励与责任追究

对防汛抢险和抗旱工作作出突出贡献的劳动模范、先进集体和个人，由人事部和国家防总联合表彰；对防汛抢险和抗旱工作中英勇献身的人员，按有关规定追认为烈士；对防汛抗旱工作中玩忽职守造成损失的，依据《中华人民共和国防洪法》、《中华人民共和国防汛条例》、《公务员管理条例》追究当事人的责任，并予以处罚，构成犯罪的，依法追究其刑事责任。

7.5　预案实施时间

本预案自印发之日起实施。

三、国家地震应急预案

1　总则

1.1　编制目的

使地震应急能够协调、有序和高效进行，最大程度地减少人员伤亡、减轻经济损失和社会影响。

1.2　编制依据

依据《中华人民共和国防震减灾法》、《破坏性地震应急条例》和《国家突发公共事件总体应急预案》，制定本预案。

1.3　适用范围

本预案适用于我国处置地震灾害事件（含火山灾害事件）的应急活动。

1.4　工作原则

地震灾害事件发生后，有关各级人民政府立即自动按照预案实施地震应急，处置本行政区域地震灾害事件。

省级人民政府是处置本行政区域重大、特别重大地震灾害事件的主体。视省级人民政府地震应急的需求，国家地震应急给予必要的协调和支持，发生特别重大地震灾害事件由国务院实施国家地震应急，发生重大地震灾害事件由中国地震局实施国家地震应急，国务院有关部门和单位按照职责分工密切配合、信息互通、资源共享、协同行动。

地震应急依靠人民群众并建立广泛的社会动员机制，依靠和发挥人民解放军和武警部队在处置地震灾害事件中的骨干作用和突击队作用，依靠科学决策和先进技术手段。

2　组织指挥体系及职责

2.1　国务院抗震救灾指挥部

发生特别重大地震灾害，经国务院批准，由平时领导和指挥调度防震减灾工作的国务院防震减灾工作联席会议，转为国务院抗震救灾指挥部，统一领导、指挥和协调地震应急与救灾工作。国务院抗震救灾指挥部办公室设在中国地震局。

2.2　中国地震局

中国地震局负责国务院抗震救灾指挥部办公室的日常事务，汇集地震灾情速报，管理地震灾害调查与损失评估工作，管理地震灾害紧急救援工作。

3　预警和预防机制

3.1　信息监测与报告

各级地震监测台网对地震监测信息（含火山监测信息）进行检测、传递、分析、处理、存贮和报送；群测群防网观测地震宏观异常并及时上报。中国地震台网中心对全国各类地震观测信息进行接收、质量监控、存储、常规分析处理，进行震情跟踪。

3.2　预警预防行动

中国地震局在划分地震重点危险区的基础上，组织震情跟踪工作，提出短期地震预测意见，报告预测区所在的省（区、市）人民政府；省（区、市）人民政府决策发布短期地震预报，及时做好防震准备。

在短期地震预报的基础上，中国地震局组织震情跟踪工作，提出临震预测意见，报告预测区所在的省（区、市）人民政府；省（区、市）人民政府决策发布临震预报，宣布预报区进入临震应急期。预报区所在的市（地、州、盟）、县（市、区、旗）人民政府采取应急防御措施，主要内容是：地震部门加强震情监视，随时报告震情变化；根据震情发展和建筑物抗震能力以及周围工程设施情况，发布避震通知，必要时组织避震疏散；要求有关部门对生命线工程和次生灾害源采取紧急防护措施；督促检查抢险救灾的准备工作；平息地震谣传或误传，保持社会安定。

4　应急响应

4.1　分级响应

4.1.1　地震灾害事件分级

特别重大地震灾害，是指造成300人以上死亡，或直接经济损失占该省（区、市）上年国内生产总值1%以上的地震；发生在人口较密集地区7.0级以上地震，可初判为特别重大地震灾害。

重大地震灾害，是指造成50人以上、300人以下死亡，或造成一定经济损失的地震；发生在人口较密集地区6.5—7.0级地震，可初判为重大地震灾害。

较大地震灾害，是指造成20人以上、50人以下死亡，或造成一定经济损失的地震；发生在人口较密集地区6.0—6.5级地震，可初判为较大地震灾害。

一般地震灾害，是指造成20人以下死亡，或造成一定经济损失的地震；发生在人口较密集地区5.0—6.0级地震，可初判为一般地震灾害。

4.1.2　地震应急响应分级和启动条件

应对特别重大地震灾害，启动Ⅰ级响应。由灾区所在省（区、市）人民政府领导灾区的地震应急工作；国务院抗震救灾指挥部统一组织领导、指挥和协调国家地震应急工作。

应对重大地震灾害，启动Ⅱ级响应。由灾区所在省（区、市）人民政府领导灾区的地震应急工作；中国地震局在国务院领导下，组织、协调国家地震应急工作。

应对较大地震灾害，启动Ⅲ级响应。在灾区所在省（区、市）人民政府的领导和支持下，由灾区所在市（地、州、盟）人民政府领导灾区的地震应急工作；中国地震局组织、协调国家地震应急工作。

应对一般地震灾害，启动Ⅳ级响应。在灾区所在省（区、市）人民政府和市（地、州、盟）人民政府的领导和支持下，由灾区所在县（市、区、旗）人民政府领导灾区的地震应急工作；中国地震局组织、协调国家地震应急工作。

如果地震灾害使灾区丧失自我恢复能力、需要上级政府支援，或者地震灾害发生在边疆地区、少数民族聚居地区和其他特殊地区，应根据需要相应提高响应级别。

4.2　信息报送和处理

震区地方各级人民政府迅速调查了解灾情，向上级人民政府报告并抄送地震部门；重大地震灾害和特别重大地震灾害情况可越级报告。

国务院民政、公安、安全生产监管、交通、铁道、水利、建设、教育、卫生等有关部门迅速了解震情灾情，及时报国务院办公厅并抄送国务院抗震救灾指挥部办公室、中国地震局和民政部。

中国地震局负责汇总灾情、社会影响等情况，收到特别重大、重大地震信息后，应在4小时内报送国务院办公厅并及时续报；同时向新闻宣传主管部门通报情况。

国务院抗震救灾指挥部办公室、中国地震局和有关省（区、市）地震局依照有关信息公开规定，及时公布震情和灾情信息。在地震灾害发生1小时内，组织关于地震时间、地点和震级的公告；在地震灾害发生24小时内，根据初步掌握的情况，组织灾情和震情趋势判断的公告；适时组织后续公告。

4.3　通信

及时开通地震应急通信链路，利用公共网络、通讯卫星等，实时获得地震灾害现场的情况。

地震现场工作队携带海事卫星、VSAT卫星地面站等设备赶赴灾害现场，并架通通信链路，保持灾害现场与国务院抗震救灾指挥部的实时联络。灾区信息产业部门派出移动应急通信车，及时采取措施恢复地震破坏的通信线路和设备，确保灾区通信畅通。

4.4　指挥与协调

4.4.1　Ⅰ级响应

由灾区所在省（区、市）人民政府领导灾区的地震应急工作；国务院抗震救灾指挥部统一组织领导、指挥和协调国家地震应急工作。

（1）灾区所在省（区、市）人民政府领导灾区的地震应急工作

省（区、市）人民政府了解震情和灾情，确定应急工作规模，报告国务院并抄送国务院抗震救灾指挥部办公室、中国地震局和民政部，同时通报当地驻军领导机关；宣布灾区进入震后应急期；启动抗震救灾指挥部部署本行政区域内

的地震应急工作；必要时决定实行紧急应急措施。

省（区、市）抗震救灾指挥部组织指挥部成员单位和非灾区对灾区进行援助，组成现场抗震救灾指挥部直接组织灾区的人员抢救和工程抢险工作。

（2）国务院抗震救灾指挥部统一组织领导、指挥和协调国家地震应急工作

中国地震局向国务院报告震情和灾情并建议国务院抗震救灾指挥部开始运作；经国务院批准，由国务院抗震救灾指挥部统一组织领导、指挥和协调国家地震应急工作。中国地震局履行国务院抗震救灾指挥部办公室职责；国务院有关部门设立部门地震应急机构负责本部门的地震应急工作，派出联络员参加国务院抗震救灾指挥部办公室工作。

4.4.2　Ⅱ级响应

由灾区所在省（区、市）人民政府领导灾区的地震应急工作；中国地震局在国务院领导下，组织、协调国家地震应急工作。

（1）灾区所在省（区、市）人民政府领导灾区的地震应急工作

省（区、市）人民政府了解震情和灾情，确定应急工作规模，报告国务院并抄送中国地震局和民政部，同时通报当地驻军领导机关；宣布灾区进入震后应急期；启动抗震救灾指挥部部署本行政区域内的地震应急工作；必要时决定实行紧急应急措施。

省（区、市）抗震救灾指挥部组织指挥部成员单位和非灾区对灾区进行援助，组成现场抗震救灾指挥部直接组织灾区的人员抢救和工程抢险工作。

（2）中国地震局在国务院领导下，组织、协调国家地震应急工作

中国地震局向国务院报告震情和灾情、提出地震趋势估计并抄送国务院有关部门；派出中国地震局地震现场应急工作队；向国务院建议派遣国家地震灾害紧急救援队，经批准后，组织国家地震灾害紧急救援队赴灾区；及时向国务院报告地震应急工作进展情况。

根据灾区的需求，调遣公安消防部队等灾害救援队伍和医疗救护队伍赴灾区、组织有关部门对灾区紧急支援。

当地震造成大量人员被压埋，调遣解放军和武警部队参加抢险救灾。

当地震造成两个以上省（区、市）受灾，或者地震发生在边疆地区、少数民族聚居地区并造成严重损失，国务院派出工作组前往灾区。

中国地震局对地震灾害现场的国务院有关部门工作组和各级各类救援队

伍、支援队伍、保障队伍的活动进行协调。

4.4.3 Ⅲ级响应

在灾区所在省(区、市)人民政府的领导和支持下,由灾区所在市(地、州、盟)人民政府领导灾区的地震应急工作;中国地震局组织、协调国家地震应急工作。

(1)灾区所在市(地、州、盟)人民政府领导灾区的地震应急工作

市(地、州、盟)人民政府了解震情和灾情,确定应急工作规模,报告省(区、市)人民政府并抄送地震局和民政厅,同时通报当地驻军领导机关;启动抗震救灾指挥部部署本行政区域内的地震应急工作。

市(地、州、盟)抗震救灾指挥部组织人员抢救和工程抢险工作;组织指挥部成员单位和非灾区对灾区进行援助。

(2)中国地震局组织、协调国家地震应急工作

中国地震局向国务院报告震情灾情、提出地震趋势估计并抄送国务院有关部门;派出中国地震局地震现场应急工作队;适时向国务院报告地震应急工作进展情况。

当地震造成较多人员被压埋并且难以营救,派遣国家地震灾害紧急救援队;经批准后,组织国家地震灾害紧急救援队赴灾区。

视地震灾区的需求,中国地震局与有关部门协商对灾区紧急支援。

中国地震局对地震灾害现场的国务院有关部门工作组和各级各类救援队伍、支援队伍、保障队伍的活动进行协调。

4.4.4 Ⅳ级响应

在灾区所在省(区、市)人民政府和市(地、州、盟)人民政府的领导和支持下,由灾区所在县(市、区、旗)人民政府领导灾区的地震应急工作;中国地震局组织、协调国家地震应急工作。

(1)灾区所在县(市、区、旗)人民政府领导灾区的地震应急工作

县(市、区、旗)人民政府了解震情和灾情,确定应急工作规模,报告市(地、州、盟)人民政府并抄送地震局和民政局;启动抗震救灾指挥部部署本行政区域内的地震应急工作。

(2)中国地震局组织、协调国家地震应急工作

中国地震局向国务院报告震情灾情、提出地震趋势估计并抄送国务院有关部门;派出中国地震局地震现场应急工作队;应急结束后,向国务院汇报地

震应急工作。

中国地震局对地震灾害现场的国务院有关部门工作组的活动进行协调。

4.5　紧急处置

地震灾害现场实行政府统一领导、地震部门综合协调、各部门参与的应急救援工作体制。

现场紧急处置的主要内容是:沟通汇集并及时上报信息,包括地震破坏、人员伤亡和被压埋的情况、灾民自救互救成果、救援行动进展情况;分配救援任务、划分责任区域,协调各级各类救援队伍的行动;组织查明次生灾害危害或威胁;组织采取防御措施,必要时疏散居民;组织力量消除次生灾害后果;组织协调抢修通信、交通、供水、供电等生命线设施;估计救灾需求的构成与数量规模,组织援助物资的接收与分配;组织建筑物安全鉴定工作;组织灾害损失评估工作。各级各类救援队伍要服从现场指挥部的指挥与协调。

4.6　人员抢救与工程抢险

中国地震局协调组织地震灾害紧急救援队开展灾区搜救工作;协调国际搜救队的救援行动。

解放军和武警部队赶赴灾区,抢救被压埋人员,进行工程抢险。

公安部门组织调动公安消防部队赶赴灾区,扑灭火灾和抢救被压埋人员。

卫生部门组织医疗救护和卫生防病队伍抢救伤员。

不同救援队伍之间要积极妥善地处理各种救援功能的衔接与相互配合;相邻队伍之间要划分责任区边界,同时关注结合部;区块内各队伍之间要协商解决道路、电力、照明、有线电话、网络、水源等现场资源的共享或分配;各队伍之间保持联系,互通有无,互相支援,遇有危险时传递警报并共同防护。

4.7　应急人员的安全防护

对震损建筑物能否进入、能否破拆进行危险评估;探测泄漏危险品的种类、数量、泄漏范围、浓度,评估泄漏的危害性,采取处置措施;监视余震、火灾、爆炸、放射性污染、滑坡崩塌等次生灾害、损毁高大构筑物继续坍塌的威胁和因破拆建筑物而诱发的坍塌危险,及时向救援人员发出警告,采取防范措施。

4.8　群众的安全防护

民政部门做好灾民的转移和安置工作。

当地政府具体制定群众疏散撤离的方式、程序的组织指挥方案,规定疏散撤离的范围、路线、避难场所和紧急情况下保护群众安全的必要防护措施。

4.9　次生灾害防御

公安部门协助灾区采取有效措施防止火灾发生,处置地震次生灾害事故。

水利部、国防科工、建设、信息产业、民航部门对处在灾区的易于发生次生灾害的设施采取紧急处置措施并加强监控;防止灾害扩展,减轻或消除污染危害。

环保总局加强环境的监测、控制。

国土资源部门会同建设、水利、交通等部门加强对地质灾害险情的动态监测。

发展改革、质检、安全监管部门督导和协调灾区易于发生次生灾害的地区、行业和设施采取紧急处置。

4.10　地震现场监测与分析预报

中国地震局向震区派出地震现场工作队伍,布设或恢复地震现场测震和前兆台站,增强震区的监测能力,协调震区与邻省的监测工作,对震区地震类型、地震趋势、短临预报提出初步判定意见。

4.11　社会力量动员与参与

特别重大地震灾害事件发生后,地震灾区的各级人民政府组织各方面力量抢救人员,组织基层单位和人员开展自救和互救;灾区所在的省(区、市)人民政府动员非灾区的力量,对灾区提供救助;邻近的省(区、市)人民政府根据灾情,组织和动员社会力量,对灾区提供救助;其他省(区、市)人民政府视情况开展为灾区人民捐款捐物的活动。

重大地震灾害事件发生后,地震灾区的各级人民政府组织各方面力量抢救人员,并组织基层单位和人员开展自救和互救;灾区所在的市(地、州、盟)人民政府动员非灾区的力量,对灾区提供救助;邻近灾区的市(地、州、盟)人民政府根据灾情,组织和动员社会力量,对灾区提供救助;灾区所在的省(区、市)人民政府视情况开展为灾区人民捐款捐物的活动。

4.12　地震灾害调查与灾害损失评估

中国地震局开展地震烈度调查,确定发震构造,调查地震宏观异常现象、工程结构震害特征、地震社会影响和各种地震地质灾害等。

中国地震局负责会同国务院有关部门,在地方各级政府的配合下,共同开展地震灾害损失评估。

4.13　信息发布

信息发布要坚持实事求是、及时准确的工作原则，中国地震局、民政部按照《国家突发公共事件新闻发布应急预案》和本部门职责做好信息发布工作。

4.14　应急结束

应急结束的条件是：地震灾害事件的紧急处置工作完成；地震引发的次生灾害的后果基本消除；经过震情趋势判断，近期无发生较大地震的可能；灾区基本恢复正常社会秩序。达到上述条件，由宣布灾区进入震后应急期的原机关宣布灾区震后应急期结束。有关紧急应急措施的解除，由原决定机关宣布。

5　后期处置

5.1　善后处置

因救灾需要临时征用的房屋、运输工具、通信设备等应当及时归还；造成损坏或者无法归还的，按照国务院有关规定给予适当补偿或者作其他处理。

5.2　社会救助

民政部门负责接受并安排社会各界的捐赠。

5.3　保险

保险监管机构依法做好灾区有关保险理赔和给付的监管。

5.4　调查和总结

由中国地震局负责对地震灾害事件进行调查，总结地震应急响应工作并提出改进建议，及时上报。

6　保障措施

6.1　通信与信息保障

建设并完善通信网络，存储指挥部成员单位和应急救灾相关单位的通讯录并定期更新。各级信息产业部门做好灾时启用应急机动通信系统的准备。

电信运营企业尽快恢复受到破坏的通信设施，保证抗震救灾通信畅通。自有通信系统的部门尽快恢复本部门受到破坏的通信设施，协助保障抗震救灾通信畅通。

6.2　应急支援与装备保障

6.2.1　地震救援和工程抢险装备保障

中国地震局储备必要的地震救援和工程抢险装备，建立救援资源数据库储存重点监视防御区和重点监视防御城市所拥有的云梯车、挖掘机械、起重机械、顶升设备及特种救援设备的性能、数量、存放位置等数据并定期更新。

6.2.2　应急队伍保障

应急队伍资源及其组织方案如下表：

	先期处置队伍	第一支援梯队	第二支援梯队
人员抢救队伍	社区志愿者队伍	地方救援队 国家地震救援队 当地驻军部队	邻省地震救援队
工程抢险队伍	当地抢险队伍	行业专业抢险队伍	邻省抢险队伍
次生灾害特种救援队伍	消防部队	行业特种救援队伍	邻省特种救援队伍
医疗救护队伍	当地的急救医疗队伍	当地医院的后备医疗队	附近军队医疗队
地震现场应急队伍	省地震局现场应急队伍	中国地震局现场应急队伍	邻省地震局现场应急队伍
建筑物安全鉴定队伍	省地震局建设厅建筑物安全鉴定队伍	中国地震局和建设部建筑物安全鉴定队伍	邻省地震局和建设厅建筑物安全鉴定队伍

6.2.3　交通运输保障

铁道、交通、民航部门组织对被毁坏的铁道、公路、港口、空港和有关设施的抢险抢修；协调运力，保证应急抢险救援人员、物资的优先运输和灾民的疏散。

6.2.4　电力保障

发展改革部门指导、协调、监督灾区所在省级电力主管部门尽快恢复被破坏的电力设施和电力调度通信系统功能等，保障灾区电力供应。

6.2.5　城市基础设施抢险与应急恢复

建设部门组织力量对灾区城市中被破坏的给排水、燃气热力、公共客货交通、市政设施进行抢排险，尽快恢复上述基础设施功能。

6.2.6　医疗卫生保障

卫生部门对灾区可能发生的传染病进行预警并采取有效措施防止和控制暴发流行；检查、监测灾区的饮用水源、食品等。

发展改革部门协调灾区所需药品、医疗器械的紧急调用。

食品药品监管部门组织、协调相关部门对灾区进行食品安全监督；对药品、医药器械的生产、流通、使用进行监督和管理。

其他部门应当配合卫生、医药部门，做好卫生防疫以及伤亡人员的抢救、处理工作，并向受灾人员提供精神、心理卫生方面的帮助。

6.2.7　治安保障

武警部队加强对首脑机关、要害部门、金融单位、救济物品集散点、储备仓库、监狱等重要目标的警戒。

公安部门、武警部队协助灾区加强治安管理和安全保卫工作，预防和打击各种违法犯罪活动，维护社会治安，维护道路交通秩序，保证抢险救灾工作顺利进行。

6.2.8　物资保障

发展改革、粮食部门调运粮食，保障灾区粮食供应。

商务部门组织实施灾区生活必需品的市场供应。

民政部门调配救济物品，保障灾民的基本生活。

6.2.9　经费保障

财政部门负责中央应急资金以及应急拨款的准备。

民政部门负责中央应急救济款的发放。

6.2.10　社会动员保障

地方人民政府建立应对突发公共事件社会动员机制。

6.2.11　紧急避难场所保障

重点地震监视防御城市和重点地震监视防御区的城市结合旧城改造和新区建设，利用城市公园、绿地、广场、体育场、停车场、学校操场和其他空地设立紧急避难场所；公共场所和家庭配置避险救生设施和应急物品。

6.2.12　呼吁与接受外援

外交、民政、商务部门按照国家有关规定呼吁国际社会提供援助。

民政部负责接受国际社会提供的紧急救助款物。

中国地震局、外交部负责接受和安排国际社会提供的紧急救援队伍。

中国红十字会总会向国际对口组织发出提供救灾援助的呼吁；接受境外红十字总会和国际社会通过中国红十字会总会提供的紧急救助。

6.3　技术储备与保障

地震应急专家队伍作为地震应急的骨干技术力量，包括各级抗震救灾指挥部技术系统和地震现场应急工作队、地震灾害紧急救援队以及后备队伍的专家群体，服务于应急指挥辅助决策、地震监测和趋势判断、地震灾害紧急救援、灾害损失评估、地震烈度考察、房屋安全鉴定。

各级抗震救灾指挥部技术系统是地震应急指挥的技术平台，综合利用自动监测、通信、计算机、遥感等高新技术，实现震情灾情快速响应、应急指挥决策、灾害损失快速评估与动态跟踪、地震趋势判断的快速反馈，保障各级人民政府在抗震救灾中进行合理调度、科学决策和准确指挥。

中国地震局各研究机构开展地震监测、地震预测、地震区划、防灾规划、应急处置技术、搜索与营救等方面的研究；中国建筑设计研究院等的有关研究机构负责建筑物抗震技术研究。

6.4　宣传、培训和演习

公众信息交流：各级地震、科技、教育、文化、出版、广播电视、新闻等相关部门通力协作，开展防震减灾科学知识普及和宣传教育，使公众树立科学的灾害观。在提高公众减灾意识和心理承受能力的基础上，逐步实行把地震重点监视防御区和地震重点危险区的判定信息向社会发布，动员社会公众积极参与防震减灾活动。最大程度公布地震应急预案信息，宣传和解释地震应急预案以及相关的地震应急法律法规，增强社会公众的地震应急意识，提高自防、自救、互救能力。

培训：各级人民政府定期组织各级应急管理、救援人员和志愿者进行业务知识及技能的培训。

演习：各级人民政府和各有关部门、行业、单位要按照预案要求，协调整合各种应急救援力量，根据各自的实际情况开展不同形式和规模的地震应急演习。

6.5　监督检查

由中国地震局会同国务院有关部门，对《国家地震应急预案》实施的全过程进行监督检查，保证应急措施到位。

7　对香港、澳门和台湾发生地震的应急反应

7.1　国家对香港澳门特别行政区发生地震的应急反应

当香港、澳门发生地震以及珠江三角洲地区发生对于香港或澳门有较大影响的地震时，中国地震局向国务院报告震情并组织地震趋势判断。港澳办了解灾情并询问特别行政区的请求；国务院组织有关部门和省份进行紧急

支援。

7.2　祖国大陆对台湾发生地震的应急反应

当台湾发生特别重大地震灾害事件，祖国大陆对台湾地震灾区人民表示慰问，视地震灾区需求提供地震监测信息和趋势判断意见，派遣救援队和医疗队，援助款物，为有关国家和地区对台湾地震灾区的人道主义援助提供便利。

8　其他地震事件处置

包括有感地震应急、平息地震谣言、特殊时期戒备、应对毗邻震灾。

9　火山灾害预防和应急反应

当火山喷发或出现多种强烈临喷异常现象，中国地震局派出火山现场应急工作队，进行火山喷发实时监测和地球物理、地球化学监测，判定火山灾害类型和影响范围，划定隔离带，必要时向灾区所在县（市、区、旗）人民政府提出人口迁移的建议，开展火山灾害损失评估。灾区所在县（市、区、旗）人民政府组织火山灾害预防和救援工作，必要时组织人口迁移，保持社会秩序的稳定。

10　附则

10.1　名词术语、缩写语和编码的定义与说明

次生灾害：地震造成工程结构、设施和自然环境破坏而引发的灾害。如火灾、爆炸、瘟疫、有毒有害物质污染以及水灾、泥石流和滑坡等对居民生产和生活的破坏。

生命线设施：指电力、供水、排水、燃气、热力、供油系统以及通信、交通等公用设施。

直接经济损失：指地震及地震地质灾害、地震次生灾害造成的物质破坏，包括房屋和其他工程结构设施、物品等破坏引起的经济损失，建筑物和其他工程结构、设施、设备、财物等破坏而引起的经济损失，以重置所需费用计算。不包括文物古迹和非实物财产，如货币、有价证券等损失。场地和文物古迹破坏不折算为经济损失，只描述破坏状态。

本预案有关数量的表述中"以上"含本数，"以下"不含本数。

10.2　预案管理与更新

适应地震灾害事件应急对策的不断完善和地震应急机构的调整，需及时对预案进行修订。预案的更新期限为5年。

地震应急预案的日常管理工作由中国地震局承担。

10.3 国际沟通与协作

地震救援行动中需要与有关国际机构和组织进行沟通和协作。

10.4 奖励与责任

依据《中华人民共和国防震减灾法》和《破坏性地震应急条例》的有关规定，对本预案实施中的行为进行奖惩。

10.5 预案实施时间

本预案自印发之日起施行。

四、国家突发地质灾害应急预案

1 总则

1.1 编制目的

高效有序地做好突发地质灾害应急防治工作，避免或最大程度地减轻灾害造成的损失，维护人民生命、财产安全和社会稳定。

1.2 编制依据

依据《地质灾害防治条例》、《国家突发公共事件总体应急预案》、《国务院办公厅转发国土资源部建设部关于加强地质灾害防治工作意见的通知》，制定本预案。

1.3 适用范围

本预案适用于处置自然因素或者人为活动引发的危害人民生命和财产安全的山体崩塌、滑坡、泥石流、地面塌陷等与地质作用有关的地质灾害。

1.4 工作原则

预防为主，以人为本。建立健全群测群防机制，最大程度地减少突发地质灾害造成的损失，把保障人民群众的生命财产安全作为应急工作的出发点和落脚点。

统一领导、分工负责。在各级党委、政府统一领导下，有关部门各司其职，密切配合，共同做好突发地质灾害应急防治工作。

分级管理，属地为主。建立健全按灾害级别分级管理、条块结合、以地方人民政府为主的管理体制。

2 组织体系和职责

国务院国土资源行政主管部门负责全国地质灾害应急防治工作的组织、协调、指导和监督。

出现超出事发地省级人民政府处置能力，需要由国务院负责处置的特大型地质灾害时，根据国务院国土资源行政主管部门的建议，国务院可以成立临时性的地质灾害应急防治总指挥部，负责特大型地质灾害应急防治工作的指挥和部署。

省级人民政府可以参照国务院地质灾害应急防治总指挥部的组成和职责，结合本地实际情况成立相应的地质灾害应急防治指挥部。

发生地质灾害或者出现地质灾害险情时，相关市、县人民政府可以根据地质灾害抢险救灾的需要，成立地质灾害抢险救灾指挥机构。

3　预防和预警机制

3.1　预防预报预警信息

3.1.1　监测预报预警体系建设

各级人民政府要加快建立以预防为主的地质灾害监测、预报、预警体系建设，开展地质灾害调查，编制地质灾害防治规划，建设地质灾害群测群防网络和专业监测网络，形成覆盖全国的地质灾害监测网络。国务院国土资源、水利、气象、地震部门要密切合作，逐步建成与全国防汛监测网络、气象监测网络、地震监测网络互联，连接国务院有关部门、省（区、市）、市（地、州）、县（市）的地质灾害信息系统，及时传送地质灾害险情灾情、汛情和气象信息。

3.1.2　信息收集与分析

负责地质灾害监测的单位，要广泛收集整理与突发地质灾害预防预警有关的数据资料和相关信息，进行地质灾害中、短期趋势预测，建立地质灾害监测、预报、预警等资料数据库，实现各部门间的共享。

3.2　预防预警行动

3.2.1　编制年度地质灾害防治方案

县级以上地方人民政府国土资源主管部门会同本级地质灾害应急防治指挥部成员单位，依据地质灾害防治规划，每年年初拟订本年度的地质灾害防治方案。年度地质灾害防治方案要标明辖区内主要灾害点的分布，说明主要灾害点的威胁对象和范围，明确重点防范期，制订具体有效的地质灾害防治措施，确定地质灾害的监测、预防责任人。

3.2.2　地质灾害险情巡查

地方各级人民政府国土资源主管部门要充分发挥地质灾害群测群防和专业监测网络的作用，进行定期和不定期的检查，加强对地质灾害重点地区的监测和防范,发现险情时,要及时向当地人民政府和上一级国土资源主管部门报告。当地县级人民政府要及时划定灾害危险区,设置危险区警示标志,确定预警信号和撤离路线。根据险情变化及时提出应急对策,组织群众转移避让或采取排险防治措施,情况危急时,应强制组织避灾疏散。

3.2.3 “防灾明白卡”发放

为提高群众的防灾意识和能力,地方各级人民政府要根据当地已查出的地质灾害危险点、隐患点,将群测群防工作落实到具体单位,落实到乡(镇)长和村委会主任以及受灾害隐患点威胁的村民,要将涉及地质灾害防治内容的“明白卡”发到村民手中。

3.2.4 建立地质灾害预报预警制度

地方各级人民政府国土资源主管部门和气象主管机构要加强合作,联合开展地质灾害气象预报预警工作,并将预报预警结果及时报告本级人民政府,同时通过媒体向社会发布。当发出某个区域有可能发生地质灾害的预警预报后,当地人民政府要依照群测群防责任制的规定,立即将有关信息通知到地质灾害危险点的防灾责任人、监测人和该区域内的群众;各单位和当地群众要对照“防灾明白卡”的要求,做好防灾的各项准备工作。

3.3 地质灾害速报制度

3.3.1 速报时限要求

县级人民政府国土资源主管部门接到当地出现特大型、大型地质灾害报告后,应在4小时内速报县级人民政府和市级人民政府国土资源主管部门,同时可直接速报省级人民政府国土资源主管部门和国务院国土资源主管部门。国土资源部接到特大型、大型地质灾害险情和灾情报告后,应立即向国务院报告。

县级人民政府国土资源主管部门接到当地出现中、小型地质灾害报告后,应在12小时内速报县级人民政府和市级人民政府国土资源主管部门,同时可直接速报省级人民政府国土资源主管部门。

3.3.2 速报的内容

灾害速报的内容主要包括地质灾害险情或灾情出现的地点和时间、地质灾害类型、灾害体的规模、可能的引发因素和发展趋势等。对已发生的地质灾害,速报内容还要包括伤亡和失踪的人数以及造成的直接经济损失。

4 地质灾害险情和灾情分级

地质灾害按危害程度和规模大小分为特大型、大型、中型、小型地质灾害险情和地质灾害灾情四级：

（1）特大型地质灾害险情和灾情（Ⅰ级）。

受灾害威胁，需搬迁转移人数在 1000 人以上或潜在可能造成的经济损失 1 亿元以上的地质灾害险情为特大型地质灾害险情。

因灾死亡 30 人以上或因灾造成直接经济损失 1000 万元以上的地质灾害灾情为特大型地质灾害灾情。

（2）大型地质灾害险情和灾情（Ⅱ级）。

受灾害威胁，需搬迁转移人数在 500 人以上、1000 人以下，或潜在经济损失 5000 万元以上、1 亿元以下的地质灾害险情为大型地质灾害险情。

因灾死亡 10 人以上、30 人以下，或因灾造成直接经济损失 500 万元以上、1000 万元以下的地质灾害灾情为大型地质灾害灾情。

（3）中型地质灾害险情和灾情（Ⅲ级）。

受灾害威胁，需搬迁转移人数在 100 人以上、500 人以下，或潜在经济损失 500 万元以上、5000 万元以下的地质灾害险情为中型地质灾害险情。

因灾死亡 3 人以上、10 人以下，或因灾造成直接经济损失 100 万元以上、500 万元以下的地质灾害灾情为中型地质灾害灾情。

（4）小型地质灾害险情和灾情（Ⅳ级）。

受灾害威胁，需搬迁转移人数在 100 人以下，或潜在经济损失 500 万元以下的地质灾害险情为小型地质灾害险情。

因灾死亡 3 人以下，或因灾造成直接经济损失 100 万元以下的地质灾害灾情为小型地质灾害灾情。

5　应急响应

地质灾害应急工作遵循分级响应程序，根据地质灾害的等级确定相应级别的应急机构。

5.1　特大型地质灾害险情和灾情应急响应（Ⅰ级）

出现特大型地质灾害险情和特大型地质灾害灾情的县（市）、市（地、州）、省（区、市）人民政府立即启动相关的应急防治预案和应急指挥系统，部署本行政区域内的地质灾害应急防治与救灾工作。

地质灾害发生地的县级人民政府应当依照群测群防责任制的规定，立即将有关信息通知到地质灾害危险点的防灾责任人、监测人和该区域内的群众，对是否转移群众和采取的应急措施做出决策；及时划定地质灾害危险区，设立明显的危险区警示标志，确定预警信号和撤离路线，组织群众转移避让或采取排险防治措施，根据险情和灾情具体情况提出应急对策，情况危急时应强制组织受威胁群众避灾疏散。特大型地质灾害险情和灾情的应急防治工作，在本省（区、市）人民政府的领导下，由本省（区、市）地质灾害应急防治指挥部具体指挥、协调、组织财政、建设、交通、水利、民政、气象等有关部门的专家和人员，及时赶赴现场，加强监测，采取应急措施，防止灾害进一步扩大，避免抢险救灾可能造成的二次人员伤亡。

国土资源部组织协调有关部门赴灾区现场指导应急防治工作，派出专家组调查地质灾害成因，分析其发展趋势，指导地方制订应急防治措施。

5.2　大型地质灾害险情和灾情应急响应（Ⅱ级）

出现大型地质灾害险情和大型地质灾害灾情的县（市）、市（地、州）、省（区、市）人民政府立即启动相关的应急预案和应急指挥系统。

地质灾害发生地的县级人民政府应当依照群测群防责任制的规定，立即将有关信息通知到地质灾害危险点的防灾责任人、监测人和该区域内的群众，对是否转移群众和采取的应急措施做出决策；及时划定地质灾害危险区，设立明显的危险区警示标志，确定预警信号和撤离路线，组织群众转移避让或采取排险防治措施，根据险情和灾情具体情况提出应急对策，情况危急时应强制组织受威胁群众避灾疏散。

大型地质灾害险情和大型地质灾害灾情的应急工作，在本省（区、市）人民政府的领导下，由本省（区、市）地质灾害应急防治指挥部具体指挥、协调、组织财政、建设、交通、水利、民政、气象等有关部门的专家和人员，及时赶赴现场，加强监测，采取应急措施，防止灾害进一步扩大，避免抢险救灾可能造成的二次人员伤亡。

必要时，国土资源部派出工作组协助地方政府做好地质灾害的应急防治工作。

5.3　中型地质灾害险情和灾情应急响应（Ⅲ级）

出现中型地质灾害险情和中型地质灾害灾情的县（市）、市（地、州）人民政府立即启动相关的应急预案和应急指挥系统。

地质灾害发生地的县级人民政府应当依照群测群防责任制的规定，立即将有关信息通知到地质灾害危险点的防灾责任人、监测人和该区域内的群众，对是否转移群众和采取的应急措施做出决策；及时划定地质灾害危险区，设立明显的危险区警示标志，确定预警信号和撤离路线，组织群众转移避让或采取排险防治措施，根据险情和灾情具体情况提出应急对策，情况危急时应强制组织受威胁群众避灾疏散。

中型地质灾害险情和中型地质灾害灾情的应急工作，在本市（地、州）人民政府的领导下，由本市（地、州）地质灾害应急防治指挥部具体指挥、协调、组织建设、交通、水利、民政、气象等有关部门的专家和人员，及时赶赴现场，加强监测，采取应急措施，防止灾害进一步扩大，避免抢险救灾可能造成的二次人员伤亡。

必要时，灾害出现地的省（区、市）人民政府派出工作组赶赴灾害现场，协助市（地、州）人民政府做好地质灾害应急工作。

5.4　小型地质灾害险情和灾情应急响应（Ⅳ级）

出现小型地质灾害险情和小型地质灾害灾情的县（市）人民政府立即启动相关的应急预案和应急指挥系统，依照群测群防责任制的规定，立即将有关信息通知到地质灾害危险点的防灾责任人、监测人和该区域内的群众，对是否转移群众和采取的应急措施作出决策；及时划定地质灾害危险区，设立明显的危险区警示标志，确定预警信号和撤离路线，组织群众转移避让或采取排险防治措施，根据险情和灾情具体情况提出应急对策，情况危急时应强制组织受威胁群众避灾疏散。

小型地质灾害险情和小型地质灾害灾情的应急工作，在本县（市）人民政府的领导下，由本县（市）地质灾害应急指挥部具体指挥、协调、组织建设、交通、水利、民政、气象等有关部门的专家和人员，及时赶赴现场，加强监测，采取应急措施，防止灾害进一步扩大，避免抢险救灾可能造成的二次人员伤亡。

必要时，灾害出现地的市（地、州）人民政府派出工作组赶赴灾害现场，协助县（市）人民政府做好地质灾害应急工作。

5.5　应急响应结束

经专家组鉴定地质灾害险情或灾情已消除，或者得到有效控制后，当地县级人民政府撤销划定的地质灾害危险区，应急响应结束。

6　应急保障

6.1　应急队伍、资金、物资、装备保障

加强地质灾害专业应急防治与救灾队伍建设，确保灾害发生后应急防治与救灾力量及时到位。专业应急防治与救灾队伍、武警部队、乡镇(村庄、社区)应急救援志愿者组织等,平时要有针对性地开展应急防治与救灾演练,提高应急防治与救灾能力。

地质灾害应急防治与救灾费用按《财政应急保障预案》规定执行。

地方各级人民政府要储备用于灾民安置、医疗卫生、生活必需等必要的抢险救灾专用物资。保证抢险救灾物资的供应。

6.2 通信与信息传递

加强地质灾害监测、预报、预警信息系统建设,充分利用现代通信手段,把有线电话、卫星电话、移动手机、无线电台及互联网等有机结合起来,建立覆盖全国的地质灾害应急防治信息网,并实现各部门间的信息共享。

6.3 应急技术保障

6.3.1 地质灾害应急防治专家组

国土资源部和省(区、市)国土资源行政主管部门分别成立地质灾害应急防治专家组,为地质灾害应急防治和应急工作提供技术咨询服务。

6.3.2 地质灾害应急防治科学研究

国土资源部及有关单位要开展地质灾害应急防治与救灾方法、技术的研究,开展应急调查、应急评估、地质灾害趋势预测、地质灾害气象预报预警技术的研究和开发,各级政府要加大对地质灾害预报预警科学研究技术开发的工作力度和投资,同时开展有针对性的应急防治与救灾演习和培训工作。

6.4 宣传与培训

加强公众防灾、减灾知识的宣传和培训,对广大干部和群众进行多层次多方位的地质灾害防治知识教育,增强公众的防灾意识和自救互救能力。

6.5 信息发布

地质灾害灾情和险情的发布按《国家突发公共事件新闻发布应急预案》执行。

6.6 监督检查

国土资源部会同有关部门对上述各项地质灾害应急防治保障工作进行有效的督导和检查,及时总结地质灾害应急防治实践的经验和教训。

地方各级人民政府应组织各部门、各单位负责落实相关责任。

7 预案管理与更新

7.1 预案管理

可能发生地质灾害地区的县级以上地方人民政府负责管理地质灾害防治工作的部门或者机构,应当会同有关部门参照国家突发地质灾害应急预案,制定本行政区域内的突发地质灾害应急预案,报本级人民政府批准后实施。各省(区、市)的应急预案应当报国务院国土资源主管部门备案。

7.2　预案更新

本预案由国土资源部负责每年评审一次,并根据评审结果进行修订或更新后报国务院批准。

突发地质灾害应急预案的更新期限最长为5年。

8　责任与奖惩

8.1　奖励

对在地质灾害应急工作中贡献突出需表彰奖励的单位和个人,按照《地质灾害防治条例》相关规定执行。

8.2　责任追究

对引发地质灾害的单位和个人的责任追究,按照《地质灾害防治条例》相关规定处理;对地质灾害应急防治中失职、渎职的有关人员按国家有关法律、法规追究责任。

9　附则

9.1　名词术语的定义与说明

地质灾害易发区:指具备地质灾害发生的地质构造、地形地貌和气候条件,容易发生地质灾害的区域。

地质灾害危险区:指已经出现地质灾害迹象,明显可能发生地质灾害且将可能造成人员伤亡和经济损失的区域或者地段。

次生灾害:指由地质灾害造成的工程结构、设施和自然环境破坏而引发的灾害,如水灾、爆炸及剧毒和强腐蚀性物质泄漏等。

生命线设施:指供水、供电、粮油、排水、燃料、热力系统及通信、交通等城市公用设施。

直接经济损失:指地质灾害及次生灾害造成的物质破坏,包括建筑物和其他工程结构、设施、设备、物品、财物等破坏而引起的经济损失,以重新修复所需费用计算。不包括非实物财产,如货币、有价证券等损失。

本预案有关数量的表述中,“以上”含本数,“以下”不含本数。

9.2　预案的实施

本预案自印发之日起实施。

五、国家处置重、特大森林火灾应急预案

1　总则

1.1　编制目的

贯彻落实“预防为主、积极消灭”的森林防火工作方针，切实做好各项应急处置重、特大森林火灾的工作，正确处理因森林火灾引发的紧急事务，确保国家在处置重、特大森林火灾时反应及时、准备充分、决策科学、措施有力，把森林火灾造成的损失降到最低程度。

1.2　编制依据

依据《中华人民共和国森林法》、《森林防火条例》和《国家突发公共事件总体应急预案》，制定本预案。

1.3　适用范围

本预案适用于在中华人民共和国境内发生的重、特大森林火灾的应急工作。

1.4　基本原则

1.4.1　在国务院统一领导下，国家林业局负责制订和协调组织实施本预案，本预案在具体实施时应遵循统一领导、分级负责的原则，落实各项责任制。

1.4.2　本预案涉及的国家相关部门，应根据本部门在森林防火工作中应履行的职责，落实各项支持保障措施，尽职尽责、密切协作、形成合力，确保在处置重、特大森林火灾时作出快速应急反应。

1.4.3　在处置重、特大森林火灾，保护森林资源安全时，要坚持以人为本，把保护人民群众生命安全放在首位，努力保护人民群众财产和公共设施的安全，把森林火灾的损失降到最低程度。

1.4.4　各级人民政府和森林经营单位不仅要落实预防森林火灾的各项措施，更要做好紧急应对突发重、特大森林火灾的思想准备、机制准备和工作准备，建立应对重、特大森林火灾的有效机制，做到常备不懈，快速反应，处置得当。

1.5　预案启动条件

重要火情报告国务院后，国家林业局密切注视火情动态变化，如果火场持续 72 小时仍未得到有效控制；对林区居民地、重要设施构成极大威胁；造成重

大人员伤亡或重大财产损失；地方政府请求救助或国务院提出要求时，经国家林业局主要负责人批准，立即启动本预案，采取应急处置措施。

2　组织指挥体系及职责任务

本预案启动后，国家林业局立即成立"国家林业局扑火指挥部"具体承担应急处置重、特大森林火灾的各项组织指挥工作。各相关支持保障部门应快速响应，按职责任务，积极配合国家林业局做好各阶段的扑火救灾工作。

2.1　国家林业局扑火指挥部

在国务院统一领导下，国家林业局扑火指挥部积极协调有关部门，调动扑火力量，采取行之有效的应对措施，协助地方政府尽快扑灭火灾。具体承担：综合调度、后勤保障、技术咨询和现场督导等工作。

2.2　国家相关应急支持保障部门

本预案启动后，国家林业局扑火指挥部及时将火灾情况和各部门应承担的任务函告国家相关应急支持保障部门，各有关部门按照预定方案立即行动，积极配合国家林业局扑火指挥部做好各阶段扑救工作。

3　预警、监测、信息报告和处理

3.1　森林火灾预防

全国各级森林防火部门开展经常性的森林防火宣传教育，提高全民的森林防火意识；严格控制和管理野外火源，规范生产、生活用火行为；加强对高火险时段和危险区域检查监督，消除各项火灾隐患；有计划地烧除可燃物，开设防火阻隔带；加强森林防火基础设施建设，全面提高预防森林火灾的综合能力。

3.2　火险预测预报

依据气象部门气候中长期预报，国家林业局分析各重点防火期的森林火险形势，向全国发布火险形势宏观预测报告；气象部门依据天气预报信息，制作全国24小时森林火险天气预报，国家林业局通过森林防火网站向全国发布；遇有高火险天气时，在中央电视台的天气预报等栏目中向全国发布高火险天气警报；在森林火灾发生后，气象部门全面监测火场天气实况，提供火场天气形势预报。

3.3　林火监测

利用卫星林火监测系统，及时掌握热点变化情况，制作卫星热点监测图像及监测报告；通过森林消防飞机巡护侦察火场发展动态，绘制火场态势图；火灾发生地的地面了望台、巡护人员密切监视火场周围动态。

3.4　人工影响天气

由气象部门根据天气趋势,针对重点火场的地理位置制订人工影响天气方案,适时实施人工增雨作业,为尽快扑灭森林火灾创造有利条件。

3.5　信息报告和处理

3.5.1　一般火情,由省级森林防火指挥部按照林火日报、林火月报的规定进行统计,上报国家林业局。出现重大火情时,省级森林防火指挥部应立即核准情况后报告国家林业局。

3.5.2　出现特别重大火情时,国家林业局应立即如实向国务院报告,最迟不得超过4小时。

4　火灾扑救

4.1　分级响应

根据森林火灾发展态势,按照分级响应的原则,及时调整扑火组织指挥机构的级别和相应的职责。一般情况,随着灾情的不断加重,扑火组织指挥机构的级别也相应提高。森林火灾的响应级别按由高到低分为三级。

4.1.1　Ⅰ级响应

当出现受害森林面积1000公顷以上,火场仍未得到有效控制;造成30人以上死亡或造成重大影响和财产损失;严重威胁或烧毁城镇、居民地、重要设施和原始森林;以及需要国家支援的森林火灾等四种火情之一时,国务院可根据有关省(区、市)人民政府或国家林业局的请示,授权国家林业局局长组织协调指挥火灾扑救工作。如出现特殊情况需要采取进一步措施时,国家林业局另行请示国务院。

4.1.2　Ⅱ级响应

当出现火场持续72小时仍未得到有效控制;受害森林面积300公顷以上;造成10人以上、30人以下死亡或重大财产损失;威胁居民地、重要设施和原始森林,或者发生在省、自治区、直辖市交界地区、危险性较大的森林火灾;国外大面积火场距我国界或实际控制线5公里以内,并对我境内森林构成较大威胁的火灾等五种火情之一时,国家林业局立即进入紧急工作状态,及时向国务院和有关支持保障部门报告(通报)情况,拟订扑救方案,调动扑火力量,下达扑救任务,国家林业局工作组人员立即赶赴火场。

4.1.3　Ⅲ级响应

发现火情，当地森林防火部门立即组织扑救。县级森林防火指挥部必须在火场设立扑火前线指挥部；24 小时后火场没有得到控制，市级扑火前线指挥部要组建到位；48 小时后火场还没有得到控制或需要跨区支援扑救的火场，要建立省级扑火前线指挥部，进行规范化的调度和科学的组织指挥。

4.2　扑火指挥

扑救森林火灾由当地人民政府森林防火指挥部统一组织和指挥，参加扑火的所有单位和个人必须服从扑火前线指挥部的统一指挥。各级领导靠前指挥到位，随着火情趋于严重，扑火前线指挥部的级别随之提高，人员组成相应调整，但要坚持由上到下的逐级指挥体系。根据火场情况划分战区后，各项工作分指挥部按照总指挥部的统一部署可以全权负责本战区的组织指挥。武警森林部队在执行灭火任务时，内部设立相应级别的扑火指挥机构，在当地政府扑火前线指挥部的统一领导下，具体负责部队的组织指挥工作。

4.3　扑火原则

4.3.1　在扑火过程中，首先要保护人民生命财产、扑火人员、居民点和重要设施的安全。

4.3.2　在扑火战略上，尊重自然规律，采取"阻、打、清"相结合，做到快速出击、科学扑火，集中优势兵力打歼灭战。

4.3.3　在扑火战术上，要采取整体围控，各个歼灭；重兵扑救，彻底清除；阻隔为主，正面扑救为辅等多种方式和手段进行扑救，减少森林资源损失。

4.3.4　在扑火力量使用上，坚持以专业（半专业）森林消防队、武警森林部队等专业力量为主，其他经过训练的或有组织的非专业力量为辅的原则。

4.3.5　在落实责任制上，采取分段包干、划区包片的办法，建立扑火、清理和看守火场的责任制。

4.4　应急通信

在充分利用当地森林防火通信网的基础上，当地电信部门要建立火场应急通信系统，保障在紧急状态下扑救森林火灾时的通信畅通。必要时，国家林业局调派通信指挥车到火场提供应急通信辅助保障。

4.5　扑火安全

现场指挥员必须认真分析地理环境和火场态势，在扑火队伍行进、驻地选择和扑火作战时，要时刻注意观察天气和火势的变化，确保扑火人员的安全。

4.6　居民点及群众安全防护

地方各级人民政府应在林区居民点周围开设防火隔离带，预先制订紧急疏散方案，落实责任人，明确安全撤离路线。当居民点受到森林火灾威胁时，要及时果断地采取有效阻火措施，有组织、有秩序地及时疏散居民，确保群众生命安全。

4.7 医疗救护

因森林火灾造成人员伤亡时，火灾发生地政府要积极开展救治工作。伤员由当地医疗部门进行救治，必要时卫生部组织医疗专家协助进行救治；死难者由当地人民政府根据有关规定进行妥善处置。

4.8 扑火力量组织与动员

4.8.1 扑火力量的组成。扑救森林火灾应以当地专业（半专业）森林消防队、武警森林部队、驻军、武警部队、民兵、预备役部队等专业扑火力量为主，必要时可动员当地林区职工、机关干部及当地群众等非专业力量参加扑救工作。

4.8.2 跨区增援机动力量的组成。如当地扑火力量不足时，根据省级森林防火指挥部提出的申请，国家林业局扑火指挥部可调动其他省区的扑火队伍实施跨区域支援扑火。原则上以武警森林部队为主，地方专业森林消防队和军队为辅；就近增援为主，远距离增援为辅；从低火险区调集为主，高火险区调集为辅。可视当时各地火险程度和火灾发生情况，调整增援梯队顺序。

4.8.3 兵力及携行装备运输。跨区增援扑火的兵力及携行装备的运输以铁路输送方式为主，特殊情况请求民航部门支持实施空运。

4.9 火案查处

国家林业局森林公安局负责指导当地森林公安机关进行森林火灾案件的查处工作，未设森林公安机构的由当地公安机关负责案件查处工作。

4.10 信息发布

4.10.1 重、特大森林火灾的信息发布应当及时、准确、客观、全面。

4.10.2 重、特大森林火灾和扑火动态等信息由国家林业局发布。

4.10.3 信息发布形式主要包括授权发布、散发新闻稿、组织报道、接受记者采访、举行新闻发布会等。

4.11 应急结束

重、特大森林火灾得到有效控制后，根据实际情况，由国家林业局适时宣布结束应急期的工作，恢复正常森林防火工作秩序。

5　后期处置

5.1　火灾评估

国家林业局根据飞机拍摄的火场照片和省级森林防火指挥部上报的过火面积、森林受害面积，评估森林资源损失情况。

5.2　灾民安置及灾后重建

火灾发生地的人民政府根据有关规定妥善处理灾民安置和灾后重建工作，确保受灾群众有饭吃、有水喝、有衣穿、有住处、有病能得到及时医治，并重点保证基础设施和安居工程的恢复重建。

5.3　工作总结

扑火工作结束后，要及时进行全面工作总结，重点是总结分析火灾发生的原因和应吸取的经验教训，提出改进措施。国家林业局上报重、特大森林火灾突发事件调查报告。

6　综合保障

6.1　通信与信息保障

各地应建立省、市、县、林场与火场的森林防火通信网络和火场应急通信保障体系，配备与扑火需要相适应的通信设备和通信指挥车。要充分利用现代通信手段，把有线电话、卫星电话、移动手机、无线电台及互联网等有机结合起来，发挥社会基础通信设施的作用，为扑火工作提供通信与信息保障。国家林业局森林防火网站负责发布天气形势分析数据（气象局提供）、卫星林火监测云图、火场实况图片图像、电子地图、火情调度等信息，为扑火指挥提供辅助决策信息支持。

6.2　后备力量保障

加强各级专业森林消防队伍建设，在坚持重点武装专业扑火力量的同时，也要重视后备扑火力量的准备，保证有足够的扑火梯队。各种扑火力量要在当地森林防火指挥部的统一组织指挥下，互相支援、积极配合、协同作战。

6.3　扑火物资储备保障

省、市、县三级森林防火指挥部根据各自行政区域的森林防火任务，建立相应的森林防火物资储备库，储备所需的扑火机具和扑火装备。国家林业局在重点林区设立的森林防火物资储备库，储备一定量的扑火机具、防护装备、通信器材，用于各地扑救重、特大森林火灾的补给。

6.4　资金保障

处置突发事件所需财政经费,按《财政应急保障预案》执行。

6.5　技术保障

各级气象部门为扑火工作提供火场气象服务,包括火场天气实况、天气预报、高火险警报、人工降雨等技术保障;林业院校和森林防火科研机构的森林防火专家提供灭火技术咨询和现场指导。国家林业局防火办建立森林防火专家信息库,汇集各个领域能够为森林防火提供技术支持的专家学者的全面信息,为扑火工作提供技术保障。

6.6　培训演练

6.6.1　各级森林防火指挥部有计划地开展扑火指挥员和扑火队员以及林区广大干部职工、群众的扑火指挥、扑火技战术和安全知识的培训,加强实战训练和扑火演习,提高扑火队伍的综合素质和扑火作战能力,对人民群众普及避火安全常识。同时,对林区应急分队配备必需的扑火机具,进行必要的扑火知识讲座,以保证高素质的扑火后备力量。

6.6.2　为保证本预案的顺利实施,国家林业局组织有关单位按照预案的内容开展培训和演练。

7　附则

7.1　术语说明

本预案所称"重、特大森林火灾"是指出现下列重要火情之一的森林火灾:燃烧蔓延超过72小时没有得到控制的森林火灾;受害森林面积超过300公顷尚未扑灭的森林火灾;造成10人以上死亡或造成重大影响和财产损失的森林火灾;威胁或烧毁林区居民地及重要设施的森林火灾;国外火场距我国界或实际控制线5公里以内,并对我境内森林构成较大威胁的火灾。不是灾后进行森林火灾统计意义上的森林火灾分类。

本预案有关数量的表述中,"以上"含本数,"以下"不含本数。

7.2　预案管理

本预案是国家处置重、特大森林火灾的应急措施,预案实施后应组织评估并视情及时修订。

7.3　奖励与责任追究

对在扑火工作中贡献突出的单位和个人的表彰奖励,依据《森林防火条例》相关规定执行;对在扑火工作中牺牲人员需追认烈士的,依据国家相关规定由地方民政部门和部队系统办理;对火灾肇事者的责任追究,由当地司法部门依法审理；对火灾事故负有行政领导责任的追究，依据国务院《关于特大安全事故行政责任追究的规定》及相关规定执行。

7.4　预案生效时间

本预案自印发之日起实施。

第二节　事故灾难类

一、国家安全生产事故灾难应急预案

1　总则

1.1　编制目的

规范安全生产事故灾难的应急管理和应急响应程序，及时有效地实施应急救援工作，最大程度地减少人员伤亡、财产损失，维护人民群众的生命安全和社会稳定。

1.2　编制依据

依据《中华人民共和国安全生产法》、《国家突发公共事件总体应急预案》和《国务院关于进一步加强安全生产工作的决定》等法律法规及有关规定，制定本预案。

1.3　适用范围

本预案适用于下列安全生产事故灾难的应对工作：

(1)造成30人以上死亡(含失踪)，或危及30人以上生命安全，或者100人以上中毒(重伤)，或者需要紧急转移安置10万人以上，或者直接经济损失1亿元以上的特别重大安全生产事故灾难。

(2)超出省(区、市)人民政府应急处置能力，或者跨省级行政区、跨多个领域(行业和部门)的安全生产事故灾难。

(3)需要国务院安全生产委员会(以下简称国务院安委会)处置的安全生产事故灾难。

1.4　工作原则

(1)以人为本，安全第一。把保障人民群众的生命安全和身体健康、最大程度地预防和减少安全生产事故灾难造成的人员伤亡作为首要任务。切实加强应急救援人员的安全防护。充分发挥人的主观能动性，充分发挥专业救援

力量的骨干作用和人民群众的基础作用。

(2)统一领导,分级负责。在国务院统一领导和国务院安委会组织协调下,各省(区、市)人民政府和国务院有关部门按照各自职责和权限,负责有关安全生产事故灾难的应急管理和应急处置工作。企业要认真履行安全生产责任主体的职责,建立安全生产应急预案和应急机制。

(3)条块结合,属地为主。安全生产事故灾难现场应急处置的领导和指挥以地方人民政府为主,实行地方各级人民政府行政首长负责制。有关部门应当与地方人民政府密切配合,充分发挥指导和协调作用。

(4)依靠科学,依法规范。采用先进技术,充分发挥专家作用,实行科学民主决策。采用先进的救援装备和技术,增强应急救援能力。依法规范应急救援工作,确保应急预案的科学性、权威性和可操作性。

(5)预防为主,平战结合。贯彻落实"安全第一,预防为主"的方针,坚持事故灾难应急与预防工作相结合。做好预防、预测、预警和预报工作,做好常态下的风险评估、物资储备、队伍建设、完善装备、预案演练等工作。

2　组织体系及相关机构职责

2.1　组织体系

全国安全生产事故灾难应急救援组织体系由国务院安委会、国务院有关部门、地方各级人民政府安全生产事故灾难应急领导机构、综合协调指挥机构、专业协调指挥机构、应急支持保障部门、应急救援队伍和生产经营单位组成。

国家安全生产事故灾难应急领导机构为国务院安委会,综合协调指挥机构为国务院安委会办公室,国家安全生产应急救援指挥中心具体承担安全生产事故灾难应急管理工作,专业协调指挥机构为国务院有关部门管理的专业领域应急救援指挥机构。

地方各级人民政府的安全生产事故灾难应急机构由地方政府确定。

应急救援队伍主要包括消防部队、专业应急救援队伍、生产经营单位的应急救援队伍、社会力量、志愿者队伍及有关国际救援力量等。

国务院安委会各成员单位按照职责履行本部门的安全生产事故灾难应急救援和保障方面的职责,负责制订、管理并实施有关应急预案。

2.2　现场应急救援指挥部及职责

现场应急救援指挥以属地为主,事发地省(区、市)人民政府成立现场应急救援指挥部。现场应急救援指挥部负责指挥所有参与应急救援的队伍和人员，及时向国务院报告事故灾难事态发展及救援情况，同时抄送国务院安委会办公室。

涉及多个领域、跨省级行政区或影响特别重大的事故灾难，根据需要由国务院安委会或者国务院有关部门组织成立现场应急救援指挥部，负责应急救援协调指挥工作。

3　预警预防机制

3.1　事故灾难监控与信息报告

国务院有关部门和省（区、市）人民政府应当加强对重大危险源的监控，对可能引发特别重大事故的险情，或者其他灾害、灾难可能引发安全生产事故灾难的重要信息应及时上报。

特别重大安全生产事故灾难发生后，事故现场有关人员应当立即报告单位负责人，单位负责人接到报告后，应当立即报告当地人民政府和上级主管部门。中央企业在上报当地政府的同时应当上报企业总部。当地人民政府接到报告后应当立即报告上级政府，国务院有关部门、单位、中央企业和事故灾难发生地的省（区、市）人民政府应当在接到报告后2小时内，向国务院报告，同时抄送国务院安委会办公室。

自然灾害、公共卫生和社会安全方面的突发事件可能引发安全生产事故灾难的信息，有关各级、各类应急指挥机构均应及时通报同级安全生产事故灾难应急救援指挥机构，安全生产事故灾难应急救援指挥机构应当及时分析处理，并按照分级管理的程序逐级上报，紧急情况下，可越级上报。

发生安全生产事故灾难的有关部门、单位要及时、主动向国务院安委会办公室、国务院有关部门提供与事故应急救援有关的资料。事故灾难发生地安全监管部门提供事故前监督检查的有关资料，为国务院安委会办公室、国务院有关部门研究制订救援方案提供参考。

3.2　预警行动

各级、各部门安全生产事故灾难应急机构接到可能导致安全生产事故灾难的信息后，按照应急预案及时研究确定应对方案，并通知有关部门、单位采取相应行动预防事故发生。

4　应急响应

4.1　分级响应

Ⅰ级应急响应行动(具体标准见1.3)由国务院安委会办公室或国务院有关部门组织实施。当国务院安委会办公室或国务院有关部门进行Ⅰ级应急响应行动时,事发地各级人民政府应当按照相应的预案全力以赴组织救援,并及时向国务院及国务院安委会办公室、国务院有关部门报告救援工作进展情况。

Ⅱ级及以下应急响应行动的组织实施由省级人民政府决定。地方各级人民政府根据事故灾难或险情的严重程度启动相应的应急预案,超出其应急救援处置能力时,及时报请上一级应急救援指挥机构启动上一级应急预案实施救援。

4.1.1 国务院有关部门的响应

Ⅰ级响应时,国务院有关部门启动并实施本部门相关的应急预案,组织应急救援,并及时向国务院及国务院安委会办公室报告救援工作进展情况。需要其他部门应急力量支援时,及时提出请求。

根据发生的安全生产事故灾难的类别,国务院有关部门按照其职责和预案进行响应。

4.1.2 国务院安委会办公室的响应

(1)及时向国务院报告安全生产事故灾难基本情况、事态发展和救援进展情况。

(2)开通与事故灾难发生地的省级应急救援指挥机构、现场应急救援指挥部、相关专业应急救援指挥机构的通信联系,随时掌握事态发展情况。

(3)根据有关部门和专家的建议,通知相关应急救援指挥机构随时待命,为地方或专业应急救援指挥机构提供技术支持。

(4)派出有关人员和专家赶赴现场参加、指导现场应急救援,必要时协调专业应急力量增援。

(5)对可能或者已经引发自然灾害、公共卫生和社会安全突发事件的,国务院安委会办公室要及时上报国务院,同时负责通报相关领域的应急救援指挥机构。

(6)组织协调特别重大安全生产事故灾难应急救援工作。

(7)协调落实其他有关事项。

4.2 指挥和协调

进入Ⅰ级响应后,国务院有关部门及其专业应急救援指挥机构立即按照预案组织相关应急救援力量,配合地方政府组织实施应急救援。

国务院安委会办公室根据事故灾难的情况开展应急救援协调工作。通知有关部门及其应急机构、救援队伍和事发地毗邻省（区、市）人民政府应急救援指挥机构，相关机构按照各自应急预案提供增援或保障。有关应急队伍在现场应急救援指挥部统一指挥下，密切配合，共同实施抢险救援和紧急处置行动。

现场应急救援指挥部负责现场应急救援的指挥，现场应急救援指挥部成立前，事发单位和先期到达的应急救援队伍必须迅速、有效地实施先期处置，事故灾难发生地人民政府负责协调，全力控制事故灾难发展态势，防止次生、衍生和耦合事故（事件）发生，果断控制或切断事故灾难链。

中央企业发生事故灾难时，其总部应全力调动相关资源，有效开展应急救援工作。

4.3　紧急处置

现场处置主要依靠本行政区域内的应急处置力量。事故灾难发生后，发生事故的单位和当地人民政府按照应急预案迅速采取措施。

根据事态发展变化情况，出现急剧恶化的特殊险情时，现场应急救援指挥部在充分考虑专家和有关方面意见的基础上，依法及时采取紧急处置措施。

4.4　医疗卫生救助

事发地卫生行政主管部门负责组织开展紧急医疗救护和现场卫生处置工作。

卫生部或国务院安委会办公室根据地方人民政府的请求，及时协调有关专业医疗救护机构和专科医院派出有关专家、提供特种药品和特种救治装备进行支援。

事故灾难发生地疾病控制中心根据事故类型，按照专业规程进行现场防疫工作。

4.5　应急人员的安全防护

现场应急救援人员应根据需要携带相应的专业防护装备，采取安全防护措施，严格执行应急救援人员进入和离开事故现场的相关规定。

现场应急救援指挥部根据需要具体协调、调集相应的安全防护装备。

4.6　群众的安全防护

现场应急救援指挥部负责组织群众的安全防护工作，主要工作内容如下：

（1）企业应当与当地政府、社区建立应急互动机制，确定保护群众安全需要采取的防护措施。

(2)决定应急状态下群众疏散、转移和安置的方式、范围、路线、程序。

(3)指定有关部门负责实施疏散、转移。

(4)启用应急避难场所。

(5)开展医疗防疫和疾病控制工作。

(6)负责治安管理。

4.7　社会力量的动员与参与

现场应急救援指挥部组织调动本行政区域社会力量参与应急救援工作。

超出事发地省级人民政府处置能力时,省级人民政府向国务院申请本行政区域外的社会力量支援,国务院办公厅协调有关省级人民政府、国务院有关部门组织社会力量进行支援。

4.8　现场检测与评估

根据需要,现场应急救援指挥部成立事故现场检测、鉴定与评估小组,综合分析和评价检测数据,查找事故原因,评估事故发展趋势,预测事故后果,为制订现场抢救方案和事故调查提供参考。检测与评估报告要及时上报。

4.9　信息发布

国务院安委会办公室会同有关部门具体负责特别重大安全生产事故灾难信息的发布工作。

4.10　应急结束

当遇险人员全部得救,事故现场得以控制,环境符合有关标准,导致次生、衍生事故隐患消除后,经现场应急救援指挥部确认和批准,现场应急处置工作结束,应急救援队伍撤离现场。由事故发生地省级人民政府宣布应急结束。

5　后期处置

5.1　善后处置

省级人民政府会同相关部门(单位)负责组织特别重大安全生产事故灾难的善后处置工作,包括人员安置、补偿,征用物资补偿,灾后重建,污染物收集、清理与处理等事项。尽快消除事故影响,妥善安置和慰问受害及受影响人员,保证社会稳定,尽快恢复正常秩序。

5.2　保险

安全生产事故灾难发生后,保险机构及时开展应急救援人员保险受理和受灾人员保险理赔工作。

5.3　事故灾难调查报告、经验教训总结及改进建议

特别重大安全生产事故灾难由国务院安全生产监督管理部门负责组成调查组进行调查；必要时，国务院直接组成调查组或者授权有关部门组成调查组。

安全生产事故灾难善后处置工作结束后，现场应急救援指挥部分析总结应急救援经验教训，提出改进应急救援工作的建议，完成应急救援总结报告并及时上报。

6　保障措施

6.1　通信与信息保障

建立健全国家安全生产事故灾难应急救援综合信息网络系统和重大安全生产事故灾难信息报告系统；建立完善救援力量和资源信息数据库；规范信息获取、分析、发布、报送格式和程序，保证应急机构之间的信息资源共享，为应急决策提供相关信息支持。

有关部门应急救援指挥机构和省级应急救援指挥机构负责本部门、本地区相关信息收集、分析和处理，定期向国务院安委会办公室报送有关信息，重要信息和变更信息要及时报送，国务院安委会办公室负责收集、分析和处理全国安全生产事故灾难应急救援有关信息。

6.2　应急支援与保障

6.2.1　救援装备保障

各专业应急救援队伍和企业根据实际情况和需要配备必要的应急救援装备。专业应急救援指挥机构应当掌握本专业的特种救援装备情况，各专业队伍按规程配备救援装备。

6.2.2　应急队伍保障

矿山、危险化学品、交通运输等行业或领域的企业应当依法组建和完善救援队伍。各级、各行业安全生产应急救援机构负责检查并掌握相关应急救援力量的建设和准备情况。

6.2.3　交通运输保障

发生特别重大安全生产事故灾难后，国务院安委会办公室或有关部门根据救援需要及时协调民航、交通和铁路等行政主管部门提供交通运输保障。地方人民政府有关部门对事故现场进行道路交通管制，根据需要开设应急救援特别通道，道路受损时应迅速组织抢修，确保救灾物资、器材和人员运送及

时到位，满足应急处置工作需要。

6.2.4　医疗卫生保障

县级以上各级人民政府应当加强急救医疗服务网络的建设，配备相应的医疗救治药物、技术、设备和人员，提高医疗卫生机构应对安全生产事故灾难的救治能力。

6.2.5　物资保障

国务院有关部门和县级以上人民政府及其有关部门、企业，应当建立应急救援设施、设备、救治药品和医疗器械等储备制度，储备必要的应急物资和装备。

各专业应急救援机构根据实际情况，负责监督应急物资的储备情况、掌握应急物资的生产加工能力储备情况。

6.2.6　资金保障

生产经营单位应当做好事故应急救援必要的资金准备。安全生产事故灾难应急救援资金首先由事故责任单位承担，事故责任单位暂时无力承担的，由当地政府协调解决。国家处置安全生产事故灾难所需工作经费按照《财政应急保障预案》的规定解决。

6.2.7　社会动员保障

地方各级人民政府根据需要动员和组织社会力量参与安全生产事故灾难的应急救援。国务院安委会办公室协调调用事发地以外的有关社会应急力量参与增援时，地方人民政府要为其提供各种必要保障。

6.2.8　应急避难场所保障

直辖市、省会城市和大城市人民政府负责提供特别重大事故灾难发生时人员避难需要的场所。

6.3　技术储备与保障

国务院安委会办公室成立安全生产事故灾难应急救援专家组，为应急救援提供技术支持和保障。要充分利用安全生产技术支撑体系的专家和机构，研究安全生产应急救援重大问题，开发应急技术和装备。

6.4　宣传、培训和演习

6.4.1　公众信息交流

国务院安委会办公室和有关部门组织应急法律法规和事故预防、避险、避灾、自救、互救常识的宣传工作，各种媒体提供相关支持。

地方各级人民政府结合本地实际，负责本地相关宣传、教育工作，提高全民的危机意识。

企业与所在地政府、社区建立互动机制，向周边群众宣传相关应急知识。

6.4.2　培训

有关部门组织各级应急管理机构以及专业救援队伍的相关人员进行上岗前培训和业务培训。

有关部门、单位可根据自身实际情况，做好兼职应急救援队伍的培训，积极组织社会志愿者的培训，提高公众自救、互救能力。

地方各级人民政府将突发公共事件应急管理内容列入行政干部培训的课程。

6.4.3　演习

各专业应急机构每年至少组织一次安全生产事故灾难应急救援演习。国务院安委会办公室每两年至少组织一次联合演习。各企事业单位应当根据自身特点，定期组织本单位的应急救援演习。演习结束后应及时进行总结。

6.5　监督检查

国务院安委会办公室对安全生产事故灾难应急预案实施的全过程进行监督检查。

7　附则

7.1　预案管理与更新

随着应急救援相关法律法规的制定、修改和完善，部门职责或应急资源发生变化，以及实施过程中发现存在问题或出现新的情况，应及时修订完善本预案。

本预案有关数量的表述中，“以上”含本数，“以下”不含本数。

7.2　奖励与责任追究

7.2.1　奖励

在安全生产事故灾难应急救援工作中有下列表现之一的单位和个人，应依据有关规定给予奖励：

(1)出色完成应急处置任务，成绩显著的。

(2)防止或抢救事故灾难有功，使国家、集体和人民群众的财产免受损失或者减少损失的。

(3)对应急救援工作提出重大建议，实施效果显著的。

(4)有其他特殊贡献的。

7.2.2　责任追究

在安全生产事故灾难应急救援工作中有下列行为之一的,按照法律、法规及有关规定,对有关责任人员视情节和危害后果,由其所在单位或者上级机关给予行政处分;其中,对国家公务员和国家行政机关任命的其他人员,分别由任免机关或者监察机关给予行政处分;属于违反治安管理行为的,由公安机关依照有关法律法规的规定予以处罚;构成犯罪的,由司法机关依法追究刑事责任:

(1)不按照规定制订事故应急预案,拒绝履行应急准备义务的。

(2)不按照规定报告、通报事故灾难真实情况的。

(3)拒不执行安全生产事故灾难应急预案,不服从命令和指挥,或者在应急响应时临阵脱逃的。

(4)盗窃、挪用、贪污应急工作资金或者物资的。

(5)阻碍应急工作人员依法执行任务或者进行破坏活动的。

(6)散布谣言,扰乱社会秩序的。

(7)有其他危害应急工作行为的。

7.3　国际沟通与协作

国务院安委会办公室和有关部门积极建立与国际应急机构的联系,组织参加国际救援活动,开展国际间的交流与合作。

7.4　预案实施时间

本预案自印发之日起施行。

二、国家处置城市地铁事故灾难应急预案

1　总则

1.1　编制目的

做好城市地铁事故灾难的防范与处置工作,保证及时、有序、高效、妥善地处置城市地铁事故灾难,最大程度地减少人员伤亡和财产损失,维护社会稳定,支持和保障经济发展。

1.2　编制依据

依据《中华人民共和国安全生产法》、《中华人民共和国消防法》、《突发公共卫生事件应急条例》、《国务院关于特大安全事故行政责任追究的规定》和

《国家突发公共事件总体应急预案》,制定本预案。

1.3　适用范围

本预案适用于我国地铁(包括轻轨)发生的特别重大事故灾难,致使人民群众生命财产和地铁的正常运营受到严重威胁,具备下列条件之一的:

(1)造成30人以上死亡(含失踪),或危及30人以上生命安全,或者100人以上中毒(重伤),或者直接经济损失1亿元以上;

(2)需要紧急转移安置10万人以上;

(3)超出省级人民政府应急处置能力;

(4)跨省级行政区、跨领域(行业和部门);

(5)国务院认为需要国务院或建设部响应。

1.4　工作原则

(1)以人为本、科学决策

发挥政府公共服务职能,把保障人民群众的生命安全、最大程度地减少事故灾难造成的损失放在首位。运用先进技术,充分发挥专家作用,实行科学民主决策。

(2)统一指挥、分级负责

在国务院的统一领导下,由建设部牵头负责,省(区、市)人民政府和国务院其他有关部门、军队、武警按照各自的职责分工和权限,负责有关地铁事故灾难的应急管理和特别重大、重大事故灾难的应急处置工作。

(3)属地为主、分工协作

地铁事故灾难应急处置实行属地负责制,城市人民政府是处置事故灾难的主体,要承担处置的首要责任。国务院各有关部门、军队、武警、省(区、市)人民政府要主动配合、密切协作、整合资源、信息共享、形成合力,保证事故灾难信息的及时准确传递、快速有效处置。

(4)应急处置与日常建设相结合、有效应对

国务院各有关部门、军队、武警和省(区、市)人民政府,尤其是地铁所在地城市人民政府,对事故灾难要有充分的思想准备,调动全社会力量,建立应对事故灾难的有效机制,做到常备不懈。应急机制建设和资源准备要坚持应急处置与日常建设相结合,降低运行成本。

2　组织机构与职责

2.1　国家应急机构

国务院或国务院授权建设部设立城市地铁事故灾难应急领导小组(以下简称“领导小组”)。领导小组下设办公室、联络组和专家组。

领导小组办公室设在建设部质量安全司,具体负责全国地铁事故灾难应急工作。领导小组联络组由各成员单位指派的人员组成。领导小组专家组由地铁、公安、消防、安全生产、卫生防疫、防化等方面的专家组成。

2.2　省级、市级地铁事故灾难应急机构

省级、市级地铁事故灾难应急机构应比照国家地铁事故灾难应急机构的组成、职责,结合本地实际情况确定。

2.3　城市地铁企业事故灾难应急机构

城市地铁企业应建立由企业主要负责人、分管安全生产的负责人、有关部门参加的地铁事故灾难应急机构。

3　预警预防机制

3.1　监测机构

城市人民政府建设行政主管部门负责城市地铁的运行监测、预警工作,建立城市地铁监测体系和运行机制;对检测信息进行汇总分析;对城市地铁运行状况进行收集、汇总分析并做出报告,每半年向国家和省级地铁应急机构做出书面报告。

3.2　监测网络

由省级、市级建设行政主管部门、城市地铁企业组成监测网络,省级、市级建设行政主管部门设立城市地铁监察员对城市地铁进行检查监督。

3.3　监测内容

城市地铁的规章制度、强制性标准、设施设备及安全运营管理。

4　应急响应

4.1　分级响应

Ⅰ级响应行动(响应标准见1.3)由领导小组组织实施,当领导小组进入Ⅰ级响应行动时,事发地各级政府应当按照相应的预案全力以赴组织救援,并及时向领导小组报告救援工作进展情况。

Ⅱ级以下应急响应行动的组织实施,由省级人民政府决定。城市人民政府可根据事故灾难的严重程度启动相应的应急预案,超出本级应急处置能力时,及时报请上一级应急机构启动上一级应急预案实施救援。

4.1.1　领导小组的响应

建设部在接到特别重大事故灾难报告2小时内，决定是否启动Ⅰ级响应。

Ⅰ级响应时，领导小组启动并实施本预案。及时将事故灾难的基本情况、事态发展和救援进展情况报告国务院并抄报国家安全监管总局；开通与国务院有关部门、军队、武警等有关方面的通信联系；开通与事故灾难发生地的省级应急机构、事发地城市政府应急机构、现场应急机构、相关专业应急机构的通信联系，随时掌握事态进展情况；派出有关人员和专家赶赴现场，参加、指导应急工作；需要其他部门应急力量支援时，向国务院提出请求。

Ⅱ级以下响应时，及时开通与事故灾难发生地的省级应急机构、事发地城市政府应急机构的通信联系，随时掌握事态进展情况；根据有关部门和专家的建议，为地方应急指挥救援工作提供协调和技术支持；必要时，派出有关人员和专家赶赴现场，参加、指导应急工作。

4.1.2　国务院有关部门、军队、武警的响应

Ⅰ级响应时，国务院有关部门、军队、武警按照预案规定的职责参与应急工作，启动并实施本部门相关的应急预案。

4.2　不同事故灾难的应急响应措施

4.2.1　火灾应急响应措施

(1)城市地铁企业要制定完善的消防预案，针对不同车站、列车运行的不同状态以及消防重点部位制定具体的火灾应急响应预案；

(2)贯彻“救人第一，救人与灭火同步进行”的原则，积极施救；

(3)处置火灾事件应坚持快速反应的原则，做到反应快、报告快、处置快，把握起火初期的关键时间，把损失控制在最低程度；

(4)火灾发生后，工作人员应立即向“119”、“110”报告。同时组织做好乘客的疏散、救护工作，积极开展灭火自救工作；

(5)地铁企业事故灾难应急机构及市级地铁事故灾难应急机构，接到火灾报告后，应立即组织启动相应应急预案。

4.2.2　地震应急响应措施

(1)地震灾害紧急处理的原则：

a. 实行高度集中，统一指挥。各单位、各部门要听从事发地省、直辖市人民政府指挥，各司其职，各负其责；

b. 抓住主要矛盾，先救人、后救物，先抢救通信、供电等要害部位，后抢救一般设施。

(2)市级地铁事故灾难应急机构及地铁企业负责制定地震应急预案，做好应急物资的储备及管理工作。

(3)发布破坏性地震预报后，即进入临震应急状态。省级人民政府建设主管部门采取相应措施：

a. 根据震情发展和工程设施情况，发布避震通知，必要时停止运营和施工，组织避震疏散；

b. 对有关工程和设备采取紧急抗震加固等保护措施；

c. 检查抢险救灾的准备工作；

d. 及时准确通报地震信息，保护正常工作秩序。

(4)地震发生时，省级人民政府建设主管部门及时将灾情报有关部门，同时做好乘客疏散和地铁设备、设施保护工作。

(5)地铁企业事故灾难应急机构及市级地铁事故灾难应急机构，接到地震报告后，应立即组织启动相应应急预案。

4.2.3 地铁爆炸应急响应措施

(1)迅速反应，及时报告，密切配合，全力以赴疏散乘客、排除险情，尽快恢复运营；

(2)地铁企业应针对地铁列车、地铁车站、地铁主变电站、地铁控制中心，以及地铁车辆段等重点防范部位制订防爆措施；

(3)地铁内发现的爆炸物品、可疑物品应由专业人员进行排除，任何非专业人员不得随意触动；

(4)地铁爆炸案件一旦发生，市级建设主管部门应立即报告当地公安部门、消防部门、卫生部门，组织开展调查处理和应急工作；

(5)地铁企业事故灾难应急机构及市级地铁事故灾难应急机构，接到爆炸报告后，应立即组织启动相应应急预案。

4.2.4 地铁大面积停电应急响应措施

(1)地铁企业应贯彻预防为主、防救结合的原则，重点做好日常安全供电保障工作，准备备用电源，防止停电事件的发生；

(2)停电事件发生后，地铁企业要做好信息发布工作，做好乘客紧急疏散、安抚工作，协助做好地铁的治安防护工作；

(3)供电部门在事故灾难发生后，应根据事故灾难性质、特点，立即实施事故灾难抢修、抢险有关预案，尽快恢复供电；

(4)地铁企业事故灾难应急机构及市级地铁事故灾难应急机构,接到停电报告后,应立即组织启动相应应急预案。

4.3　应急情况报告

应急情况报告的基本原则是:快捷、准确、直报、续报。

4.3.1　快捷

最先接到事故灾难信息的单位应在第一时间报告,最迟不能超过1小时。

4.3.2　准确

报告内容要真实,不得瞒报、虚报、漏报。

4.3.3　直报

发生特别重大事故灾难,要直报领导小组办公室,同时报省、市地铁事故灾难应急机构。紧急情况下,可越级上报国务院,并及时通报有关部门。

4.3.4　续报

在事故灾难发生一段时间内,要连续上报事故灾难应急处置的进展情况及有关内容。

4.3.5　报告内容

特别重大事故灾难快报及续报应当包括以下内容:

(1)事件单位的名称、负责人、联系电话及地址;

(2)事件发生的时间、地点;

(3)事件造成的危害程度、影响范围、伤亡人数、直接经济损失;

(4)事件的简要经过;

(5)其他需上报的有关事项。

4.4　报告程序

4.4.1　地铁事故灾难发生后,现场人员必须立即报警,并报告地铁企业应急机构。有关部门接到报告后,应迅速确认事故灾难性质和等级,立即启动相应的预案,并向上级地铁应急机构报告。

4.4.2　特别重大事故灾难发生单位、属地政府及其相关行政主管部门,接报后必须做到:

(1)迅速采取有效措施,组织抢救,防止事故灾难扩大;

(2)严格保护事故灾难现场;

(3)迅速派人赶赴事故灾难现场,负责维护现场秩序和证据收集工作;

(4)服从地方政府统一部署和指挥,了解掌握事故灾难情况,协调组织事件抢险救灾和调查处理等事宜,并及时报告事态趋势及状况。

4.4.3　因抢救人员、防止事故灾难扩大、恢复生产以及疏通交通等原因,需要移动现场物件的,应当做好标志,采取拍照、摄像、绘图等方法详细记录事故灾难现场的原貌,妥善保存现场重要痕迹、物证。

4.4.4　发生特别重大事故灾难的单位及城市地铁事故灾难应急机构应在事故灾难发生后4小时内写出事故灾难快报,分别报送国家、省地铁事故灾难应急机构。

4.5　情况接报

4.5.1　领导小组办公室获悉发生城市地铁事故灾难后,迅速通知领导小组,并根据事故灾难的性质和严重程度提出启动预案的建议。

4.5.2　领导小组接到报告后,应将有关情况上报国务院,同时通报国务院有关部门。

4.6　紧急处置

紧急处置应按照属地为主的原则,依靠本行政区域的力量。事故灾难发生后,地铁企业和当地人民政府应立即启动应急预案,并按照应急预案迅速采取措施,使事故灾难损失降到最低。

根据事态发展情况,出现急剧恶化的特殊险情时,现场应急指挥机构在充分考虑专家和有关方面意见的基础上,及时制定应急处置方案,依法采取紧急处置措施。

4.7　医疗卫生救助

各级卫生行政部门要根据《国家突发公共事件医疗卫生救援应急预案》,组织做好应急准备,在应急响应时,组织、协调开展应急医疗卫生救援工作,保护人民群众的健康和生命安全。

4.8　应急人员的安全防护

现场处置人员应根据需要佩带相应的专业防护装备,采取安全防护措施,严格执行应急人员进入和离开事故灾难现场的相关规定。

现场应急机构根据需要具体协调、调集相应的安全防护装备。城市人民政府应事先为城市地铁企业配备响应的专业防护装备。

4.9　群众的安全防护

现场应急机构负责组织群众的安全防护工作,主要工作内容如下:

(1)根据事故灾难的特点,确定保护群众安全需要采取的防护措施;

(2)决定紧急状态下群众疏散、转移和安置的方式、范围、路线和程序,指定有关部门具体负责实施疏散、转移和安置;

(3)启用应急避难场所;

(4)维护事发现场的治安秩序。

4.10　社会力量的动员与参与

现场应急机构组织调动本行政区域社会力量参与应急工作。超出事发地省级人民政府的处置能力时,省级人民政府向国务院申请本行政区域外的社会力量支援。

4.11　现场检测与评估

根据需要,现场应急机构成立事故灾难现场检测与评估小组,负责检测、分析和评估工作,查找事故灾难的原因和评估事态的发展趋势,预测事故灾难的后果,为现场应急决策提供参考。检测与评估报告要及时上报领导小组办公室。

4.12　信息发布

城市地铁事故灾难应急信息的公开发布由各级城市地铁事故灾难应急机构决定。对城市地铁事故灾难和应急响应的信息实行统一、快速、有序、规范管理。

信息发布应明确事件的地点、事件的性质、人员伤亡和财产损失情况、救援进展情况、事件区域交通管制情况以及临时交通措施等。

4.13　应急结束

Ⅰ级响应行动由领导小组决定终止。

Ⅱ级以下响应行动的终止由省级人民政府决定。

5　后期处置

5.1　善后处置

事发地的城市人民政府负责组织地铁事故灾难的善后处置工作,包括治安管理、人员安置、补偿、征用物资补偿、救援物资供应和及时补充、恢复生产等事项。尽快消除事故灾难影响,妥善安置和慰问受害及受影响人员,保证社会稳定,尽快恢复地铁正常运营秩序。

5.2　保险理赔

地铁事故灾难发生后,保险机构及时开展应急人员保险受理和受灾人员保险理赔工作。

5.3　调查报告

属于Ⅰ级响应行动的地铁事故灾难由领导小组牵头组成调查组进行调查；必要时，国务院可以直接组成调查组。属于Ⅱ级以下响应行动的地铁事故灾难调查工作由省级人民政府规定；必要时，领导小组可以牵头组成调查组。

应急状态解除后，现场地铁事故灾难应急机构应整理和审查所有的应急记录和文件等资料；总结和评价导致应急状态的事故灾难原因和在应急期间采取的主要行动；必要时，修订城市地铁应急预案，并及时作出书面报告。

(1)应急状态终止后的两个月内，现场地铁事故灾难应急机构应向领导小组提交书面总结报告。

(2)总结报告应包括以下内容：发生事故灾难的地铁基本情况，事故灾难原因、发展过程及造成的后果(包括人员伤亡、经济损失)分析、评价，采取的主要应急响应措施及其有效性，主要经验教训和事故灾难责任人及其处理结果等。

6　保障措施

6.1　通信与信息保障

领导小组应指定专门场所并建设相应的设施满足进行决策、指挥和对外应急联络的需要。

逐步建立并完善全国地铁安全信息库、救援力量和资源信息库，规范信息获取、分析、发布、报送格式和程序，保证国务院及国务院有关部门、省级、市级应急机构之间的信息资源共享。

保证应急响应期间领导小组同国务院，省级、市级和地铁企业事故灾难应急机构、应急支援单位通信联络的需要；明确联系人、联系方式。

能够接受、显示和传达地铁事故灾难信息，为应急决策和专家咨询提供依据；能够接受、传递省级、市级地铁应急机构应急响应的有关信息；能够为地铁事故灾难应急指挥、与有关部门的信息传输提供条件；对省级、市级和地铁企业事故灾难应急机构预案及地铁企业基本情况进行备案。

6.2　应急支援与装备保障

6.2.1　救援装备保障

有地铁运营的城市人民政府负责地铁应急装备的保障。领导小组负责指导、监督地铁应急装备保障工作。

6.2.2　应急队伍保障

领导小组和国务院有关部门、军队、武警根据本预案规定的职责分工，做好应急支援力量准备。地方人民政府建立并完善以消防部队为骨干的应急队伍。

6.2.3　交通运输保障

发生事故灾难后，事发地人民政府有关部门负责对事发现场和相关区域进行交通管制，根据需要开设应急特别通道，确保救灾物资、器材和人员运送及时到位，满足应急处置需要。

6.2.4　医疗卫生保障

各级卫生行政部门，要按照《国家突发公共事件医疗卫生救援应急预案》落实医疗卫生应急的各项保障措施。

6.2.5　治安秩序保障

应急响应时，事发地公安机关负责事故灾难现场的治安秩序保障工作。

6.2.6　物资保障

省级人民政府和城市人民政府及其有关部门，应建立应急设备、救治药物和医疗器械等储备制度。

领导小组根据实际情况，负责监督应急物资的储备情况。

国家发展改革委、商务部协调有关省级人民政府跨地区的物资调用。

6.2.7　资金保障

城市人民政府应当做好事故灾难应急资金准备。领导小组应急处置资金按照《财政应急保障预案》的规定解决。

6.2.8　社会动员保障

事发地人民政府根据需要动员和组织社会力量参与地铁事故灾难的应急。领导小组协调事发地以外的社会力量参与救援。

6.2.9　紧急避难场所保障

城市人民政府负责规划与建设能够基本满足事故灾难发生时人员避难需要的场所。

6.2.10　应急保障的衔接

省级、市级的应急保障按国家有关法律、法规、标准的规定及各自批准的应急预案进行。应急保障应为各自所需的应急响应能力提供保证，并保证各级响应的相互衔接与协调。

6.3　技术储备与保障

领导小组专家组对应急提供技术支持和保障。省级人民政府应比照领导小组专家组的设置,建立相应的机构,对应急提供技术支持和保障。

国务院有关部门和省级、市级人民政府要组织地铁安全保障技术的研究,开发应急技术和装备。

6.4　宣传、培训和演习

6.4.1　公众信息交流

公众信息交流工作由城市人民政府和地铁企业负责,主要内容是城市地铁安全运营及应急的基本常识和救助知识等。城市人民政府组织制订宣传内容、方式等,并组织地铁企业实施。

6.4.2　培训

对所有参与城市地铁事故灾难应急准备与响应的人员进行培训。

6.4.3　演习

省级人民政府地铁事故灾难应急机构应每年组织一次应急演习。城市(含直辖市)人民政府应每半年组织一次应急演习。

6.5　监督检查

领导小组对地铁事故灾难应急预案实施的全过程进行监督。

7　附则

7.1　名词解释

7.1.1　地铁

本预案所称地铁是指承担城市公共客运的城市轨道交通系统,包括地上形式和地下形式。

7.1.2　特别重大、重大事故灾难

本预案所称的特别重大、重大事故灾难是指需要启动本预案中规定的Ⅲ级以上应急响应的灾难事故。

特别重大、重大事故灾难类型主要包括:

(1)地铁遭受火灾、爆炸等事故灾难;

(2)地铁发生大面积停电;

(3)地铁发生一条线路全线停运或两条以上线路同时停运;

(4)地铁车站内发生聚众闹事等突发事件;

(5)地铁遭受台风、水灾、地震等自然灾害的侵袭。

7.1.3　本预案有关数量的表述中,“以上”含本数,“以下”不含本数。

7.2　预案管理与更新

建设部根据国家应急管理的有关法律、法规和应急资源的变化情况，以及预案实施过程中发现的问题或出现的新情况，及时修订完善本预案。

7.3　奖励与责任追究

7.3.1　奖励

在地铁事故灾难应急工作中有下列表现之一的单位和个人，应根据有关规定予以奖励：

(1)出色完成应急任务，成绩显著的；

(2)防止或挽救事故灾难有功，使人民群众的生命和国家、集体财产免受损失或减少损失的；

(3)对应急准备或响应提出重大建议，实施效果显著的；

(4)有其他特殊贡献的。

7.3.2　责任追究

在地铁事故灾难应急工作中有下列行为之一的，按照法律、法规及有关规定，对有关责任人视情节和危害后果，由其所在单位或上级机关给予行政处分；其中，对国家公务人员和国家机关任命的其他人员，分别由任免机关或监察机关给予行政处分；属于违反治安管理行为的，由公安机关依法予以治安处罚；构成犯罪的，由司法机关依法追究刑事责任：

(1)不按照规定制定事故灾难应急预案，拒绝履行应急准备义务的；

(2)不按照规定报告、通报事故灾难真实情况的；

(3)拒不执行地铁事故灾难应急预案，不服从命令和指挥，或者在应急响应时临阵脱逃的；

(4)盗窃、挪用、贪污应急工作资金或物资的；

(5)阻碍应急工作人员依法执行任务或者进行破坏活动的；

(6)散布谣言，扰乱社会秩序的；

(7)有其他危害应急工作行为的。

7.4　国际交流与合作

领导小组要积极建立与国际地铁应急机构的联系，开展国际间的交流与合作活动。

7.5　预案实施时间

本预案自印发之日起实施。(完)

三、国家处置电网大面积停电事件应急预案

1 总则

1.1 编制目的

正确、有效和快速地处理大面积停电事件,最大程度地减少大面积停电造成的影响和损失,维护国家安全、社会稳定和人民生命财产安全。

1.2 编制依据

依据《中华人民共和国安全生产法》、《中华人民共和国电力法》和《国家突发公共事件总体应急预案》,制定本预案。

1.3 适用范围

(1)本预案适用于国家应对和处理因电力生产重特大事故、电力设施大范围破坏、严重自然灾害、电力供应持续危机等引起的对国家安全和社会稳定以及人民群众生产生活构成重大影响和严重威胁的大面积停电事件。

(2)本预案用于规范在电网发生大面积停电事件下,各相关地区、各有关部门组织开展社会救援、事故抢险与处置、电力供应恢复等工作。

(3)本预案中大面积停电是指:电力生产受严重自然灾害影响或发生重特大事故,引起连锁反应,造成区域电网、省电网或重要中心城市电网减供负荷而引起的大面积停电事件。

1.4 工作原则

(1)预防为主。坚持"安全第一、预防为主"的方针,加强电力安全管理,落实事故预防和隐患控制措施,有效防止重特大电力生产事故发生;加强电力设施保护宣传工作和行政执法力度,提高公众保护电力设施的意识;协调发电燃料供给,规范电力市场秩序,避免发生电力供应危机;开展大面积停电恢复控制研究,制订科学有效的电网恢复预案;开展停电救援和紧急处置演习,提高对大面积停电事件处理和应急救援综合处置能力。

(2)统一指挥。在国家统一指挥和协调下,通过应急指挥机构和电网调度机构,组织开展事故处理、事故抢险、电网恢复、应急救援、维护社会稳定、恢复生产等各项应急工作。

(3)分工负责。按照分层分区、统一协调、各负其责的原则建立事故应急处理体系。电网企业按照电网结构和调度管辖范围,制订和完善电网应急处理和恢复预案,保证电网尽快恢复供电。发电企业完善保"厂用电"措施,确

保机组的启动能力和电厂自身安全。电力用户根据重要程度，自备必要的保安措施，避免在突然停电情况下发生次生灾害。各省（区、市）人民政府、国务院有关部门按各自职责，组织做好电网大面积停电事件应急准备和处置工作。

（4）保证重点。在电网事故处理和控制中，将保证大电网的安全放在第一位，采取各种必要手段，防止事故范围进一步扩大，防止发生系统性崩溃和瓦解。在电网恢复中，优先保证重要电厂厂用电源和主干网架、重要输变电设备恢复，提高整个系统恢复速度。在供电恢复中，优先考虑对重点地区、重要城市、重要用户恢复供电，尽快恢复社会正常秩序。

2　组织机构

2.1　国家应急机构

2.1.1　电网大面积停电应急领导小组

国家成立电网大面积停电事件应急领导小组（以下简称应急领导小组），统一领导指挥大面积停电事件应急处置工作。

2.1.2　应急领导小组办公室

应急领导小组下设办公室，负责日常工作。办公室设在电监会安全监管局。

2.1.3　相关部门（应急机构）

发展改革、公安、财政、铁道、交通、商务、安全生产监督管理等部门或单位按照国务院大面积停电应急协调机构、应急领导小组、各级人民政府的统一部署和各自职责配合做好大面积停电应急工作。

2.2　地方应急指挥机构

各省（区、市）人民政府比照国家处置电网大面积停电事件应急预案，结合本地实际制定预案并成立相应的电网大面积停电应急指挥机构，建立和完善相应的电网停电应急救援与处置体系。

2.3　电力调度机构、电力企业、重要用户

2.3.1　电力调度机构

各级电力调度机构是电网事故处理的指挥中心，值班调度员是电网事故处理的指挥员，统一指挥调度管辖范围内的电网事故处理。

2.3.2　电力企业

有关电网企业、发电企业成立大面积停电应急指挥机构，负责本企业的事故抢险和应急处理工作。

2.3.3　重要用户

负责本单位事故抢险和应急处理。

3　事件分级

按照电网停电范围和事故严重程度,将大面积停电分为Ⅰ级停电事件和Ⅱ级停电事件两个状态等级。

3.1　Ⅰ级停电事件

发生下列情况之一,电网进入Ⅰ级停电事件状态:

(1)因电力生产发生重特大事故,引起连锁反应,造成区域电网大面积停电,减供负荷达到事故前总负荷的30%以上;

(2)因电力生产发生重特大事故,引起连锁反应,造成重要政治、经济中心城市减供负荷达到事故前总负荷的50%以上;

(3)因严重自然灾害引起电力设施大范围破坏,造成省电网大面积停电,减供负荷达到事故前总负荷的40%以上,并且造成重要发电厂停电、重要输变电设备受损,对区域电网、跨区电网安全稳定运行构成严重威胁;

(4)因发电燃料供应短缺等各类原因引起电力供应严重危机,造成省电网60%以上容量机组非计划停机,省电网拉限负荷达到正常值的50%以上,并且对区域电网、跨区电网正常电力供应构成严重影响;

(5)因重要发电厂、重要变电站、重要输变电设备遭受毁灭性破坏或打击,造成区域电网大面积停电,减供负荷达到事故前总负荷的20%以上,对区域电网、跨区电网安全稳定运行构成严重威胁。

3.2　Ⅱ级停电事件

发生下列情况之一,电网进入Ⅱ级停电事件状态:

(1)因电力生产发生重特大事故,造成区域电网减供负荷达到事故前总负荷的10%以上,30%以下;

(2)因电力生产发生重特大事故,造成重要政治、经济中心城市减供负荷达到事故前总负荷的20%以上,50%以下;

(3)因严重自然灾害引起电力设施大范围破坏,造成省电网减供负荷达到事故前总负荷的20%以上,40%以下;

(4)因发电燃料供应短缺等各类原因引起电力供应危机,造成省电网40%以上,60%以下容量机组非计划停机。

4　应急响应

4.1　Ⅰ级停电事件响应

4.1.1　事件报告

(1)发生Ⅰ级停电事件时,电网企业应急指挥机构应将停电范围、停电负荷、发展趋势等有关情况立即报告应急领导小组办公室。

(2)应急领导小组组长主持召开紧急会议,就有关重大应急问题作出决策和部署,并将有关情况向国务院汇报。同时宣布启动预案。

4.1.2　事件通告

(1)发生Ⅰ级停电事件后,应急领导小组办公室负责召集有关部门(单位),就事故影响范围、发展过程、抢险进度、预计恢复时间等内容及时通报,使有关部门(单位)和公众对停电情况有客观的认识和了解。在Ⅰ级停电事件应急状态宣布解除后,及时向有关部门(单位)和公众通报信息。

(2)在大面积停电期间,要加强信息发布和舆论宣传工作,各级政府要积极组织力量,发动群众,坚决打击造谣惑众、散布谣言、哄抬物价、偷盗抢劫等各种违法违纪行为,减少公众恐慌情绪,维护社会稳定。

4.1.3　应急处置

(1)电网与供电恢复:发生Ⅰ级停电事件后,电力调度机构和有关电力企业要尽快恢复电网运行和电力供应。

——在电网恢复过程中,电力调度机构负责协调电网、电厂、用户之间的电气操作、机组启动、用电恢复,保证电网安全稳定留有必要裕度。在条件具备时,优先恢复重点地区、重要城市、重要用户的电力供应。

——在电网恢复过程中,各发电厂严格按照电力调度命令恢复机组并网运行,调整发电出力。

——在供电恢复过程中,各电力用户严格按照调度计划分时分步地恢复用电。

(2)社会应急:发生Ⅰ级停电事件后,受影响或受波及的地方各级政府、各有关部门、各类电力用户要按职责分工立即行动,组织开展社会停电应急救援与处置工作。

——对停电后易造成重大影响和生命财产损失的单位、设施等电力用户,按照有关技术要求迅速启动保安电源,避免造成更大影响和损失。

——地铁、机场、高层建筑、商场、影剧院、体育场(馆)等各类人员聚集场所的电力用户,停电后应迅速启用应急照明,组织人员有组织、有秩序地集中或疏散，确保所有人员人身安全。

——公安、武警等部门在发生停电的地区要加强对关系国计民生、国家安全和公共安全的重点单位的安全保卫工作，加强社会巡逻防范工作，严密防范和严厉打击违法犯罪活动，维护社会稳定。

——消防部门做好各项灭火救援应急准备工作，及时扑灭大面积停电期间发生的各类火灾。

——交通管理部门组织力量，加强停电地区道路交通指挥和疏导，缓解交通堵塞，避免出现交通混乱，保障各项应急工作的正常进行。

——物资供应部门要迅速组织有关应急物资的加工、生产、运输和销售，保证居民在停电期间的基本生活资料供给。

——停电地区各类电力用户要及时启动相应停电预案，有效防止各种次生灾害的发生。

——电力企业迅速组织力量开展事故抢险救灾，修复被损电力设施，恢复灾区电力供应工作。

4.1.4　应急结束

在同时满足下列条件下，应急领导小组经研究决定宣布解除Ⅰ级停电事件状态：

(1)电网主干网架基本恢复正常接线方式，电网运行参数保持在稳定限额之内，主要发电厂机组运行稳定；

(2)停电负荷恢复80%以上，重点地区、重要城市负荷恢复90%以上；

(3)发电燃料恢复正常供应、发电机组恢复运行，燃料储备基本达到规定要求；

(4)无其他对电网安全稳定运行和正常电力供应存在重大影响或严重威胁的事件。

4.2　Ⅱ级停电事件响应

发生Ⅱ级停电事件时，由电网企业应急指挥机构和省级人民政府就有关应急问题作出决策和部署，按本级应急处置预案进行处置，同时立即将有关情况向应急领导小组办公室报告。

对Ⅱ级停电事件，由应急领导小组办公室或经授权的地方政府与电监会区域电监局共同负责通报事故情况，发布事故信息。

5　应急保障

5.1　技术保障

全面加强技术支持部门的应急基础保障工作。电力管理部门应聘请电力生产、管理、科研等各方面专家，组成大面积停电处置专家咨询小组，对应急处置进行技术咨询和决策支持。电力企业应认真分析和研究电网大面积停电可能造成的社会危害和损失，增加技术投入，研究、学习国际先进经验，不断完善电网大面积停电应急技术保障体系。

5.2　装备保障

各相关地区、各有关部门以及电力企业在积极利用现有装备的基础上，根据应急工作需要，建立和完善救援装备数据库和调用制度，配备必要的应急救援装备。各应急指挥机构应掌握各专业的应急救援装备的储备情况，并保证救援装备始终处在随时可正常使用的状态。

5.3　人员保障

加强电力企业的电力调度、运行值班、抢修维护、生产管理、事故救援队伍建设，通过日常技能培训和模拟演练等手段提高各类人员的业务素质、技术水平和应急处置能力。

6　宣传、培训和演习

6.1　宣传

各电力企业和重要电力用户应对全体员工加强防范事故的安全生产教育和应急救援教育，并通过各种新闻媒体向全社会宣传出现大面积停电的紧急情况下如何采取正确措施处置，增强公众的自我保护意识。

6.2　培训

各电力企业和重要电力用户应认真组织员工对应急预案的学习和演练，并通过专业人员的技术交流和研讨，提高应急救援的业务知识水平。

6.3　演习

应急领导小组办公室至少每年协调组织一次应急联合演习，加强和完善各电力企业之间的协调配合工作。各电力企业应根据自身特点，定期组织本企业的应急救援演习。

7　信息发布

应急领导小组办公室负责对事故信息统一对外发布，并负责拟定信息发布方案，及时采用适当方式发布信息，组织报道。

8　后期处置

8.1 事故调查

大面积停电之后，由国务院有关部门组成事故调查组进行事故调查。各相关地区、各有关部门和单位认真配合调查组的工作，客观、公正、准确地查清事故原因、发生过程、恢复情况、事故损失等。

事故调查应与现场应急处置工作有机结合。事故调查组到达现场后应认真听取现场应急处置工作情况介绍，并与现场应急指挥机构协调，参与现场应急处置工作。

事故调查工作包括：调查组的组成，应急救援情况的调查，事故现场调查，技术分析，事故原因的判定，事故性质和责任的查明，编写事故调查报告，提出安全预防措施建议。

8.2 改进措施

（1）大面积停电之后，电力企业应及时组织生产、运行、科研等部门联合攻关，研究事故发生机理，分析事故发展过程，吸取事故教训，提出具体措施，进一步完善和改进电力应急预案。

（2）各相关地区、各有关部门应及时总结社会应急救援工作的经验和教训，进一步完善和改进社会停电应急救援、事故抢险与紧急处置体系。

9 附则

9.1 预案管理与更新

随着应急救援相关法律法规的制定和修订，部门职责或应急资源发生变化，以及实施过程中发现存在问题或出现的情况，及时修订完善本预案。

本预案有关数量的表述中，“以上”含本数，“以下”不含本数。

9.2 预案实施时间

本预案自印发之日起实施。（完）

四、国家处置民用航空器飞行事故应急预案

1 总则

1.1 编制目的

建立健全民用航空器飞行事故应急机制，提高政府应对突发危机事件的能力，保证民用航空器飞行事故应急工作协调、有序和高效进行，最大程度地减少人员伤亡，保护国家和公众财产安全，维护社会稳定，促进航空安全。

1.2 编制依据

《中华人民共和国安全生产法》、《中华人民共和国民用航空法》、《国家突发公共事件总体应急预案》和《中华人民共和国搜寻救援民用航空器规定》及《国际民用航空公约附件6－航空器运行》、《国际民用航空公约附件12－搜寻与救援》、《国际民用航空公约附件13－航空器事故/事故征候调查》、《国际民用航空公约附件14－机场》等。

1.3　适用范围

——民用航空器特别重大飞行事故。

——民用航空器执行专机任务发生飞行事故。

——民用航空器飞行事故死亡人员中有国际、国内重要旅客。

——军用航空器与民用航空器发生空中相撞。

——外国民用航空器在中华人民共和国境内发生飞行事故，并造成人员死亡。

——由中国运营人使用的民用航空器在中华人民共和国境外发生飞行事故，并造成人员死亡。

——民用航空器发生爆炸、空中解体、坠机等，造成重要地面设施巨大损失，并对设施使用、环境保护、公众安全、社会稳定等造成巨大影响。

1.4　工作原则

民用航空器飞行事故应急处置工作要遵循以下原则：

——以人为本，避免和最大程度地减少人员伤亡。

——统一指挥、分级管理、分级响应。

——职责明确、分工协作、反应及时、措施果断、运转高效。

——预防为主、常备不懈、信息互通、资源共享，依靠科学、依法处置。

2　组织指挥体系及职责

2.1　应急体系框架

2.1.1　应急组织体系

国家处置民用航空器飞行事故应急救援组织体系由领导协调指挥机构、执行办事机构和应急救援队伍及力量组成。应急救援领导协调指挥机构为国务院民用航空主管部门及其他相关部门组成的国家处置民用航空器飞行事故应急指挥部（以下简称国家处置飞行事故指挥部），执行办事机构为国家处置飞行事故指挥部办公室；应急救援队伍及力量包括民用航空器搜寻救援队伍和地方人民政府、民用航空企事业单位应急救援、消防、医疗救护、环境保护队伍及社会力量等。

2.1.2　应急预案体系

民用航空器飞行事故应急预案体系由本预案、国务院相关部门应急预案、有关地方人民政府应急预案、民用航空地区管理机构及其派出机构民用航空器飞行事故应急预案、民用运输机场应急救援预案、民用航空相关企事业单位应急预案等组成。飞行事故发生时，有关各级政府和部门、单位、组织应各司其职，按照各自预案及时有效地开展应急处置工作。

2.2　组织机构及职责

国家处置飞行事故指挥部设在国务院民用航空主管部门，负责组织、协调、指挥本预案适用范围内的民用航空器飞行事故应急处置工作。国家处置飞行事故指挥部下设国家处置飞行事故指挥部办公室，作为国家处置飞行事故指挥部的执行和办事机构。

各民用航空地区管理机构设立地区民用航空器飞行事故应急指挥部，负责所辖范围内的民用航空器飞行事故应急指挥工作。

3　应急响应

3.1　应急响应分级

按民用航空器飞行事故的可控性、严重程度和影响范围，应急响应分为四个等级。

3.1.1　Ⅰ级应急响应

发生本预案“1.3 适用范围”内的民用航空器飞行事故为Ⅰ级应急响应。

3.1.2　Ⅱ级应急响应

凡属下列情况之一者为Ⅱ级应急响应：

——民用航空器发生重大飞行事故。

——民用航空器在运行过程中发生严重的不正常紧急事件，可能导致重大以上飞行事故发生，或可能对重要地面设施、环境保护、公众安全、社会稳定等造成重大影响或损失。

3.1.3　Ⅲ级应急响应

凡属下列情况之一者为Ⅲ级应急响应：

——民用航空器发生较大飞行事故。

——民用航空器在运行过程中发生严重的不正常紧急事件，可能导致较大以上飞行事故发生，或可能对地面设施、环境保护、公众安全、社会稳定等造成较大影响或损失。

3.1.4　Ⅳ级应急响应

凡属下列情况之一者为Ⅳ级应急响应：

——民用航空器发生一般飞行事故。

——民用航空器在运行过程中发生严重的不正常紧急事件，可能导致一般以上飞行事故发生，或可能对地面设施、环境保护、公众安全、社会稳定等造成一定影响或损失。

3.2　应急分级响应

——发生Ⅰ级应急响应事件时，启动本预案和国务院相关部门、省级人民政府应急预案。

——发生Ⅱ级应急响应事件时，启动国务院民用航空主管部门应急预案和相关省级人民政府应急预案。

——发生Ⅲ级应急响应事件时，启动民用航空地区管理机构应急预案和相关市（地）级人民政府应急预案。

——发生Ⅳ级应急响应事件时，启动民用运输机场应急预案、民用航空相关企事业单位应急预案、民用航空地方安全监察办公室应急预案和相关市（地）级人民政府应急预案。

启动本级应急预案时，本级应急指挥机构应向上一级应急指挥机构报告，必要时申请启动上一级应急预案。

启动本级应急预案时，相应的下级应急预案应提前或同时启动。

3.3　应急响应内容

3.3.1　应急响应程序

（1）启动本预案后，国家处置飞行事故指挥部办公室按下列程序和内容响应：

——开通与国务院相关部门、事故发生地省级应急指挥机构、事故现场应急指挥部、事故发生地所属民用航空地区管理机构应急指挥机构、民用航空器搜救中心等的通信联系，收集相关信息，随时掌握事故进展情况。

——及时报告民用航空器飞行事故基本情况和应急救援的进展情况。

——视情况通知有关成员组成国家处置飞行事故指挥部。

——通知相关应急机构随时待命，为地方应急指挥机构提供技术建议，协调事故现场应急指挥部提出的支援请求。

——组织有关人员、专家赶赴现场参加、指导现场应急救援。

——召集专家咨询组成员，提出应急救援方案建议。

——协调落实其他有关事项。

(2)相关部门应急指挥机构接到飞行事故信息后，按下列程序和内容响应：

——启动并实施本部门应急预案，并向国家处置飞行事故指挥部报告。

——协调组织应急救援力量开展应急救援工作。

——需要其他部门应急力量支援时，向国家处置飞行事故指挥部提出请求。

(3)省级人民政府应急指挥机构接到飞行事故信息后，按下列程序和内容响应：

——启动并实施省级及相关市(地)应急预案，及时向国家处置飞行事故指挥部报告。

——组织应急救援力量开展先期现场应急救援工作。

——需要其他应急力量支援时，向国家处置飞行事故指挥部提出请求。

3.3.2　信息报告和通报

(1)信息报告。

民用航空地区管理机构接到事故相关信息后，应立即报告国务院民用航空主管部门，同时通报事故发生地人民政府；事故发生地人民政府在接到事故相关信息后立即报告上一级人民政府和当地民用航空管理机构；国务院民用航空主管部门在接到事故相关信息后应立即报告国务院及安全生产监督和新闻宣传主管部门，并做好续报工作。

国务院民用航空主管部门在接到重大以上飞行事故信息后应立即报告国务院及安全生产监督主管部门，并在2小时内以书面形式上报有关事故情况。事故发生所在地人民政府在接到事故报告后应立即报告上一级人民政府和当地民用航空管理机构，并在2小时内以书面形式上报有关事故情况。

发生民用航空器飞行事故的相关单位要及时、主动向国家处置飞行事故指挥部办公室提供事故航空器相关资料，民用航空相关管理部门提供事故前的监督检查有关资料，为国家处置飞行事故指挥部办公室研究救援方案提供依据。

(2)信息通报。

国务院民用航空主管部门接到事故相关信息后，进行确认汇总，通报国务院相关部门、事故发生地省级人民政府及民用航空有关单位，做好事故应急救援准备。

3.3.3　通信

国家处置飞行事故指挥部办公室负责组织建立国家处置飞行事故指挥部与应急救援各相关部门的通信联系。事故现场应急指挥部负责组织落实事故现场信息通信保障工作。

3.3.4　现场指挥和协调

国家处置飞行事故指挥部负责民用航空器飞行事故应急统一指挥、协调和作出重大决策。

各应急机构接到事故信息和指挥命令后，立即派出有关人员赶赴现场，在事故现场应急指挥部统一指挥下，按照各自的预案和处置规程，协同配合，共同实施搜救和紧急处置行动。

事故现场应急指挥部由地方人民政府、民用航空地区管理机构及其派出机构和参加现场应急救援主要机构的负责人组成。

事故现场应急指挥部成立前，各应急救援队伍必须在当地政府和民用航空地区管理机构或其派出机构的协调指挥下坚决、迅速地实施先期处置，全力控制事故态势，防止次生、衍生和耦合事件的发生。

国家处置飞行事故指挥部统一指挥协调相关部门、地方应急资源，实施紧急处置行动。

3.3.5　航空器搜救

民用航空器搜救包括陆上搜救和海上搜救。

国家处置飞行事故指挥部负责统一指导全国范围的搜救民用航空器工作。

民用航空地区管理机构负责拟订陆上使用航空器搜救民用航空器的方案，协调当地政府和有关部门搜救民用航空器的工作。

(1)陆上搜救。

省、市(地)、县人民政府负责本行政区域内民用航空器的搜救工作。

(2)海上搜救。

国家海上搜救部门负责海上搜救民用航空器的工作。

沿海省(区、市)海上搜救机构负责拟订在海上使用船舶、航空器搜救民用航空器的方案，参加海上搜救民用航空器的工作。

民用航空器搜救工作依照《中华人民共和国搜寻援救民用航空器规定》执行。

3.3.6　现场紧急处置

现场处置主要依靠事发地人民政府和民用运输机场应急处置力量进行。

国家处置飞行事故指挥部协调相关部门及民用航空其他专业应急救援力量增援。

参加现场应急救援的队伍和人员在事故现场应急指挥部统一协调下进行应急救援和处置工作。

现场应急救援时，应优先将旅客、机组人员及其他机上人员撤离、疏散到安全区域，及时救助机上及地面受伤人员和幸存人员。

及时掌握机上运载的货物及危险品、航空器危险品及周边地面设施危险品的情况，根据现场情况迅速探明危险品状态，并立即采取保护、防护措施，必要时调集专业救援队伍进行处理。

当飞行事故发生在民用运输机场区域内时，机场应急指挥中心应按有关规定及机场应急救援预案迅速组织实施应急救援工作。在不影响应急救援工作及事故调查的前提下，尽快搬移、清理停留在机场道面上的事故航空器或其残骸，尽早恢复机场的正常运行，避免机场长时间关闭。相关空中交通管制部门应根据情况，及时调配与本机场运行有关的航班。机场及相关航空运输企业负责组织、疏导、安置因民用航空器飞行事故滞留机场的旅客，维护机场运行秩序。

3.3.7　医疗卫生

事发地卫生行政部门负责组织开展紧急医疗救护和现场卫生处置工作。

上级卫生部门根据需要派出专家和专业防治队伍进行支援。

特殊情况下，国家处置飞行事故指挥部根据事故现场需求，及时协调卫生部门组织有关专业医疗救护中心和专科医院，派出有关专家、调用特种药品和特种救治装备进行支援。

现场防疫工作依托事故发生地疾病控制中心，根据事故类型，按照专业规程，进行现场防疫工作。

3.3.8　应急人员的防护

现场应急救援工作必须在确保现场人员安全的情况下实施。参加现场应急救援的指挥人员、事故调查人员应按有关规定佩戴具有明显标识的专业防护服装及装备。事故现场应急指挥部负责组织采取各种现场安全防护措施，严格执行应急人员进出事故现场的管理程序。

3.3.9　群众的安全防护

事故现场应急指挥部负责组织事故发生区域群众的安全防护工作。

事故现场应急指挥部根据事故具体情况，明确群众安全防护的必要措施，决定应急状态下群众疏散的范围、方式、程序并组织实施，协调卫生部门组织医疗防疫与疾病控制。事故发生地公安部门负责现场治安管理。

3.3.10　社会力量动员和参与

事故现场应急指挥部协调地方政府组织调动本行政区域社会力量参与应急救援工作。

根据需要，国家处置飞行事故指挥部协调相关部门、省（区、市）人民政府组织有关社会力量进行支援。

3.3.11　信息发布

国家处置飞行事故指挥部负责民用航空器飞行事故信息的统一对外发布。

3.3.12　应急终止

（1）应急终止条件。

——事故航空器的搜救工作已经完成。

——机上幸存人员已撤离、疏散。

——伤亡人员已得到妥善救治和处理，重要财产已进行必要保护。

——对事故现场、应急人员和群众已采取有效防护措施。

——事故所造成的各种危害已被消除，并无继发可能。

——事故现场的各种应急处置行动已无继续的必要。

——受影响的民用运输机场已恢复正常运行。

——事故现场及其周边得到了有效控制，对重要地面设施、环境保护、公众安全、社会稳定等的影响已降至最小程度。

（2）应急终止程序。

事故现场应急指挥部确认符合应急终止条件，并选择适当终止时机，报国家处置飞行事故指挥部批准应急终止。国家处置飞行事故指挥部办公室根据应急指挥部指令，向事故现场应急指挥部下达应急终止通知。

应急工作终止后,及时分析评估本单位(部门)应急救援工作,总结经验教训,提出改进建议,修订完善应急预案。

4　后期处置

4.1　善后处置

事故发生地人民政府组织协调善后处置工作,尽快消除事故后果和影响,安抚受害人员,保证社会稳定,尽快恢复正常秩序。国家处置飞行事故指挥部办公室负责协调有关工作。

民用航空器飞行事故发生后,发生事故的民航运输企业按有关法律、法规,及时对受害旅客、货主进行赔偿,对地面受损害的单位和个人进行赔偿;通知有关保险机构及时派员赶赴事故现场,按有关航空保险规定办理事故理赔工作。

4.2　事故调查

民用航空器飞行事故调查应与现场应急处置工作有机结合,事故调查的内容包括对应急救援情况的调查。

民用航空器飞行事故调查工作按照《民用航空器飞行事故调查规定》和《国际民用航空公约》附件 13 的要求进行。事故调查工作包括:调查组的组成,事故现场调查,技术实验验证,事故原因分析,编写事故调查报告,提出安全预防建议。

事故调查组应掌握事故应急处置工作的情况,并对现场应急工作提出意见和建议。事故调查组到达现场后应听取现场应急处置工作情况介绍,与现场应急指挥部协调,参与现场应急处置工作。

与现场应急处置工作相结合,需要完成的主要调查任务有:现场监管保护,初始证据接收,证人和目击者询问,危险源的探测、排除、监护,现场人员防护等。

4.3　应急救援调查报告及评估

在民用航空器飞行事故应急处置结束后,事故现场应急指挥部应向国家处置飞行事故指挥部办公室提交应急救援总结报告。国家处置飞行事故指挥部办公室组织对应急处置工作进行分析评估,总结经验教训,提出改进意见,并对应急预案进行修订完善。

5　应急保障

5.1　装备保障

各级民用航空行政管理部门及相关部门要充分发挥职能作用，在积极利用现有检验、鉴定、监测力量的基础上，根据工作需要和职责要求，建立和完善专家数据库和民用航空安全信息数据库系统，增加应急处置、快速机动和自身防护装备、物资的储备，不断提高应急检验、鉴定和监测的能力，保障民用航空器飞行事故应急工作的顺利进行。

5.2　通信保障

建立和完善民用航空器飞行事故应急指挥的通信保障和信息管理系统，利用先进的计算机技术、网络技术、无线通信技术、卫星技术等现代化手段，配备必要的有线、无线通信器材和计算机网络软、硬件设备，确保民用航空器飞行事故应急处置工作中，各方面的联络畅通、迅速、高效且形式多样。

5.3　人力资源保障

加强民用航空器飞行事故应急处置队伍的建设，通过经常性的培训、演练提高应急处置人员的业务素质和技术水平。

5.4　技术保障

加强技术支持部门的应急基础建设工作，增加技术投入，研究吸收国际先进经验，随时为处置可能发生的民用航空器飞行事故提供技术支持与保障。

6　宣传、培训和演练

6.1　宣传

各级民用航空行政管理部门以及民航各企事业单位应加强对职工的防范事故安全教育和应急处置工作教育，通过各种新闻媒体向社会公众宣传航空器出现紧急情况时应采取的正确处置措施，增强公众的自我保护意识，提高自救、互救能力，尽量减少人员伤亡和财产损失。

6.2　培训

各级民用航空行政管理部门应组织民用航空应急预案的学习和培训，加强国内外技术交流和研讨，提高应急处置、事故调查等专业技术人员的业务知识水平。

6.3　演练

国家处置飞行事故指挥部办公室至少每年协调组织一次针对民用航空器飞行事故的应急综合演练，加强和完善相关部门的协调配合工作。

各级民用航空行政管理部门应定期组织不同类型的民用航空器飞行事故应急演练，以检验、改善和强化各方面的应急准备、应急响应和应急管理能力，提高工作效率,不断完善应急预案。

7　附则

7.1　名词解释

航空器:凡能从空气的反作用而不是从空气对地面的反作用,在大气中获得支承的机器。

机场及其邻近区域:指机场围界以内及距机场基准位置点8公里范围内的区域。

7.2　预案管理与更新

随着应急救援相关法律法规的制定、修订和完善,部门职责的变化,以及应急过程中存在的问题和出现的新情况,国务院民用航空主管部门应及时组织修订完善本预案。

7.3　奖励与责任追究

7.3.1　奖励

在民用航空器飞行事故的应急处置工作中作出突出贡献的单位及个人,国务院民用航空主管部门、有关部门、相关地方人民政府等应给予奖励:

——由于报告及时,避免了民用航空器飞行事故的发生或减轻了民用航空器飞行事故所造成的人员伤亡和财产损失。

——由于处置措施适当,避免了民用航空器飞行事故的发生或减轻了民用航空器飞行事故所造成的人员伤亡和财产损失。

——其他在民用航空器飞行事故应急处置工作中作出突出贡献的。

7.3.2　责任追究

——对未及时报告民用航空器飞行事故,导致国家利益和人民生命财产受到重大损失,构成犯罪的,依法追究刑事责任;情节较轻,尚不构成犯罪的,由其所在单位或者上级主管机关给予行政处分。

——在对民用航空器飞行事故的应急处置工作中,玩忽职守,导致国家利益和人民生命财产受到重大损失,构成犯罪的,依法追究刑事责任;情节较轻,尚不构成犯罪的,由其所在单位或者上级主管机关给予行政处分。

7.4　预案实施时间

本预案自印发之日起实施。

五、国家处置铁路行车事故应急预案

1　总则

1.1　编制目的

预防和最大程度地减少铁路行车事故造成的人员伤亡、财产损失和对公共安全的影响，及时有效处置铁路行车事故，尽快恢复铁路运输正常秩序。

1.2　编制依据

依据《中华人民共和国安全生产法》、《中华人民共和国铁路法》、《中华人民共和国消防法》、《国家突发公共事件总体应急预案》、《特别重大事故调查程序暂行规定》、《铁路技术管理规程》、《铁路行车事故处理规则》等法律法规和有关规定，制定本预案。

1.3　适用范围

本预案适用于铁路发生特别重大行车事故，即造成30人以上死亡（含失踪）、或危及30人以上生命安全，或100人以上中毒（重伤）、或紧急转移人员超过10万、或直接经济损失超过1亿元、或繁忙干线中断行车48小时以上的事故；以及在国家铁路、国家铁路控股的合资铁路开行的旅客列车，国家铁路、国家铁路控股的合资铁路并往地方铁路或非国家铁路控股的合资铁路的旅客列车，发生重大行车事故，即造成10人以上、30人以下死亡（含失踪），或危及10人以上、30人以下生命安全，或50人以上、100人以下中毒（重伤），或直接经济损失在5000万元以上、1亿元以下，或繁忙干线中断行车24小时以上的事故。

地方铁路和非国家铁路控股的合资铁路发生上述行车事故时，按管理权限，由所在地省级人民政府制定相应应急预案，并按其规定组织处置。

1.4　工作原则

（1）坚持以人为本。以保障人民群众生命财产安全为出发点和落脚点，最大程度地减少行车事故造成的人员伤亡和财产损失。

（2）尽快恢复运输。分秒必争，快速抢通线路，尽快恢复通车和运输秩序。

（3）实行分工负责。在国务院统一领导下，铁道部和国务院有关部门、事发地人民政府按照各自职责、分工、权限和本预案的规定，共同做好铁路行车事故应急救援处置工作。

(4)坚持预防为主。积极采用先进的预测、预防、预警和应急处置技术，提高行车事故防范水平；不断完善铁路应急救援体系建设，提高救援装备技术水平和应急救援能力。

2　组织指挥体系及职责

在发生铁路Ⅰ级应急响应的行车事故时，根据需要，铁道部报请国务院领导组织、指导、协调应急救援工作，由国务院或国务院授权铁道部成立非常设的国家处置铁路行车事故应急救援领导小组，成员单位根据铁路行车事故的严重程度、影响范围和应急处置的需要确定。铁道部成立铁路行车事故应急指挥小组，下设行车事故灾难应急协调办公室，负责协助部领导处理有关事故灾难、信息收集和协调指挥等工作。

国家处置铁路行车事故应急救援领导小组根据铁道部建议以及相关部门和单位意见，作出应急支援决定。国务院各有关部门和地方人民政府依据分工，分头组织实施应急支援行动。事发地省级人民政府成立现场救援指挥部，具体负责事故现场群众疏散安置、社会救援力量支援等方面的现场指挥和后勤保障工作；负责组织处置地方铁路和非国家铁路控股的合资铁路发生的行车事故。

3　预防预警

3.1　行车事故信息报告与管理

铁道部负责本预案规定处理权限的铁路行车事故信息的收集、调查、处理、统计、分析、总结和报告，同时预测事故发展趋势，发布安全预警信息，制订相应预防措施。

铁路行车事故信息按《铁路行车事故处理规则》规定进行报告。当铁路行车事故发生后，有关人员应立即上报铁道部，最迟不得超过事故发生后2小时；铁道部按有关规定上报国务院，最迟不得超过接报后2小时；按本预案要求通知铁道部应急指挥小组成员。

对需要地方人民政府协助救援、协调伤员救治、现场群众疏散等工作以及可能产生较大社会影响的行车事故，发生事故的铁路运输企业，应按地方人民政府和铁路运输企业铁路行车事故应急预案规定程序，立即向事发地人民政府应急机构通报，地方人民政府应按有关程序进行处置。

地方铁路和非国家铁路控股的合资铁路发生Ⅰ、Ⅱ级应急响应的行车事故时，由事发地省级人民政府在事故发生后2小时内报铁道部行车事故灾难应急协调办公室。

3.2　行车事故预防预警系统

根据铁路行车事故特点和规律，适应提高科技保障安全能力的需要，铁路部门应进一步加大投入，研制开发和引进先进的安全技术装备，进一步整合和完善铁路现有各项安全检测、监控技术装备；依托现代网络技术和移动通信技术，构建完整的铁路行车安全监控信息网络，实现各类安全监测信息的自动收集与集成；逐步建立防止各类铁路行车事故的安全监控系统、事故救援指挥系统和铁路行车安全信息综合管理系统。在此基础上，逐步建成集监测、控制、管理和救援于一体的高度信息化的铁路行车安全预防预警体系。

4　应急响应

4.1　分级响应

按铁路行车事故灾难的可控性、严重程度和影响范围，应急响应级别原则上分为Ⅰ、Ⅱ、Ⅲ、Ⅳ级。当达到本预案应急响应条件时，应启动本预案。

4.1.1　Ⅰ级应急响应

(1)出现下列情况之一，为Ⅰ级应急响应：

①造成30人以上死亡(含失踪)，或危及30人以上生命安全，或100人以上中毒(重伤)的铁路行车事故。

②直接经济损失超过1亿元的铁路行车事故。

③铁路沿线群众需要紧急转移10万人以上的铁路行车事故。

④铁路繁忙干线遭受破坏，造成行车中断，经抢修在48小时内无法恢复通车。

⑤需要启动Ⅰ级应急响应的其他铁路行车事故。

(2)Ⅰ级响应行动。

①Ⅰ级应急响应由铁道部报请国务院启动，或由国务院授权铁道部启动。

②铁道部接到事故报告后，立即报告国务院，同时根据事故情况，通知国务院应急救援领导小组有关成员，组成国家处置铁路行车事故应急救援领导小组。

③铁道部开通与国务院有关部门、事发地省级应急救援指挥机构以及现场救援指挥部的通信联系通道，随时掌握事故进展情况。

④通知有关专家对应急救援方案提供咨询。

⑤铁道部根据专家的建议以及国务院其他部门的意见提出建议，国务院

应急救援领导小组确定事故救援的支援和协调方案。

⑥派出有关人员和专家赶赴现场参加、指导现场应急救援。

⑦协调事故现场救援指挥部提出的其他支援请求。

4.1.2　Ⅱ级应急响应

(1)符合下列情况之一,为Ⅱ级应急响应:

①造成10人以上、30人以下死亡(含失踪),或危及10人以上、30人以下生命安全,或50人以上、100人以下中毒(重伤)的铁路行车事故。

②直接经济损失为5000万元以上、1亿元以下的铁路行车事故。

③铁路沿线群众需要紧急转移5万人以上、10万人以下的铁路行车事故。④铁路繁忙干线遭受破坏,造成行车中断,经抢修24小时内无法恢复通车。

⑤需要启动Ⅱ级应急响应的其他铁路行车事故。

(2)Ⅱ级响应行动

① Ⅱ级应急响应由铁道部负责启动。

②铁道部行车事故灾难应急协调办公室立即通知铁道部应急指挥小组有关成员前往指挥地点,并根据事故具体情况通知有关专家参加。

③应急指挥小组根据事故情况设立行车指挥、事故救援、事故调查、医疗救护、后勤保障、善后处理、宣传报道、治安保卫等应急协调组和现场救援指挥部。

④开通与事发地铁路运输企业应急救援指挥机构、事故现场救援指挥部、各应急协调组的通信联系通道,随时掌握事故进展情况。

⑤根据专家和各应急协调组的建议,应急指挥小组确定事故救援的支援和协调方案。

⑥派出有关人员和专家赶赴现场参加、指导现场应急救援工作。

⑦协调事故现场救援指挥部提出的支援请求。

⑧向国务院报告有关事故情况。

⑨超出本级应急救援处置能力时,及时报告国务院。

4.1.3　发生Ⅲ级以下应急响应的行车事故,由铁路运输企业按其制定的应急预案启动。

4.2　信息共享和处理

4.2.1　铁道部通过现代网络技术,构建铁路行车安全信息管理体系,实现铁路行车安全信息集中管理、资源共享。

4.2.2　国际联运列车在境外发生行车事故时，铁道部及时与有关部门联系，了解事故情况。

4.2.3　发生Ⅰ、Ⅱ级应急响应的行车事故时，发生事故的铁路运输企业在报告铁道部的同时，应按有关规定抄报事发地省级人民政府。

4.3　通信

4.3.1　铁道部负责组织协调建立通信联系，保障事故现场信息和国务院各应急协调指挥机构的通信，必要时承担开设现场应急救援指挥机动通信枢纽的任务。

4.3.2　铁路系统内部以行车调度电话为主通信方式，各级值班电话为辅助通信方式。4.3.3 行车事故发生后，根据事故应急处理需要，设置事故现场指挥电话和图像传输设备，确定现场联系方式，确保应急指挥联络的畅通。

4.4　指挥和协调

4.4.1　铁道部指挥协调工作

(1)进入应急状态，铁道部应急指挥小组代表铁道部全权负责行车事故应急协调指挥工作。

(2)铁道部应急指挥小组根据行车事故情况，提出事故现场控制行动原则和要求，调集相邻铁路运输企业救援队伍，商请有关部门派出专业救援人员；各应急机构接到事故信息和支援命令后，要立即派出有关人员和队伍赶赴现场。现场救援指挥部根据铁道部应急指挥小组的授权，统一指挥事故现场救援。各应急救援力量要按照批准的方案，相互配合，密切协作，共同实施救援起复和紧急处置行动。

(3)现场救援指挥部成立前，由事发地铁路运输企业应急领导小组指定人员任组长并组织有关单位组成事故现场临时调查处理小组，按《铁路行车事故处理规则》的规定，开展事故现场人员救护、事故救援、机车、车辆起复和事故调查等工作，全力控制事故态势，防止事故扩大。

(4)行车事故发生后，铁路行车指挥部门要立即封锁事故影响的区间(站场)，全面做好防护工作，防止次生、衍生事故的发生和人员伤亡、财产损失的扩大。

应急状态时，铁道部有关司局和专家，要及时、主动向行车事故灾难应急协调办公室提供事故应急救援有关基础资料以及事故发生前设备技术状态和相关情况，并迅速对事故灾难信息进行分析、评估，提出应急处置方案和建议，供铁道部应急指挥小组领导决策参考。

4.4.2　事发地人民政府指挥协调工作

地方人民政府应急指挥机构根据铁路行车事故情况，对铁路沿线群众安全防护和疏散、事故造成的伤亡人员救护和安置、事故现场的治安秩序以及有关救援力量的增援提出现场行动原则和要求，并迅速组织救援力量实施救援行动。

4.5　紧急处置

4.5.1　现场处置主要依靠事发地铁路运输企业应急处置力量。事故发生后，当地铁路单位和列车工作人员应立即组织开展自救、互救，并根据《铁路行车事故处理规则》迅速上报。

4.5.2　发生铁路行车事故需要启动本预案时，铁道部、国务院有关部门和地方人民政府分别按权限组织处置。根据事故具体情况和实际需要调动应急队伍，集结专用设备、器械和药品等救援物资，落实处置措施。公安、武警对现场施行保护、警戒和协助抢救。

4.5.3　铁道部应急指挥小组根据现场请求，负责紧急调集铁路内部救援力量、专用设备和物资，参与应急处置；并通过国家处置铁路行车事故应急救援领导小组，协调组织有关部委的专业救援力量、专用设备和物资实施紧急支援。

4.5.4　涉及跨省级行政区域、影响严重的事故紧急处置方案，由铁道部提出并协调实施；必要时，报国务院决定。

4.6　救护和医疗

4.6.1　行车事发地人民政府负责现场组织协调有关医疗救护工作。

4.6.2　卫生部门根据铁道部应急指挥小组的请求，负责协调组织医疗救护、医疗专家、特种药品和特种救治装备进行支援，协调组织现场卫生防疫有关工作。

4.6.3　事发地铁路运输企业按照本单位应急预案中确定的医疗救护网点，迅速联系地方医疗机构，配合协助医疗部门开展紧急医疗救护和现场卫生处置。

4.6.4　对可能导致疫病发生的行车事故，铁路运输企业应立即通知卫生防疫部门采取防疫措施。

4.7 应急人员的防护

应急救援起复方案，必须在确保现场人员安全的情况下实施。应急救援人员的自身安全防护，必须按设备、设施操作规程和标准执行。参加应急救援和现场指挥、事故调查处理的人员，必须佩戴具有明显标识并符合防护要求的安全帽、防护服、防护靴等。根据需要，由铁道部应急指挥小组和事发地人民政府具体协调调集相应的安全防护装备。

4.8 群众的安全防护

4.8.1 凡旅客列车发生的行车事故需要应急救援时，必须先将旅客和列车乘务人员疏散到安全区域后方准开始应急救援。

4.8.2 凡需要对旅客进行安全防护、疏散时，由铁路运输企业按其应急救援预案进行安全防护和疏散。需要对沿线群众进行安全防护、疏散时，铁路运输企业应立即通知事发地人民政府，由地方人民政府负责进行安全防护和疏散。

4.8.3 旅客、群众安全防护和事故处理期间的治安管理，由公安机关和武警部队负责。

4.9 社会力量的动员与参与

需社会力量参与时，由铁道部应急指挥小组协调地方人民政府实施，并纳入地方人民政府应急救援预案。社会力量参与应急救援，应在现场救援指挥部统一领导下开展工作。

4.10 突发事件的调查处理及损失评估

Ⅰ级应急响应的铁路行车事故调查处理，由国务院或国务院授权组织调查组负责。其他铁路行车事故的调查处理，按《铁路行车事故处理规则》有关规定，由铁道部负责。

行车事故的损失评估，按铁路有关规定执行。

4.11 信息发布

铁道部或被授权的铁路局负责行车事故的信息发布工作。如发生影响较大的行车事故，要及时发布准确、权威的信息，正确引导社会舆论。要指定专人负责信息舆论工作，迅速拟订信息发布方案，确定发布内容，及时采用适当方式发布信息，并组织好相关报道。4.12 应急结束 当行车事故发生现场对人员、财产、公共安全的危害性消除，伤亡人员和旅客、群众已得到医疗救护和安置，财产得到妥善保护，列车恢复正常运输后，经现场救援指挥部批准，现场应急救援工作结束。应急救援队伍撤离现场，按“谁启动、谁结束”的原则，宣布应急结束。完成行车事故救援起复后期处置工作后，现场救援指挥部要对整个应急救援情况进行总结，并写出报告报送铁道部行车事故灾难应急协调办公室。

5　后期处置

5.1　善后处理

事发地铁路运输企业负责按照法律法规规定，及时对受害旅客、货主、群众及其家属进行补偿或赔偿；负责清除事故现场有害残留物，或将其控制在安全允许的范围内。铁道部和地方人民政府应急指挥机构共同协调处理好有关工作。

5.2　保价保险

铁路行车事故发生后，由善后处理组通知有关保险机构及时赶赴事故现场，开展应急救援人员现场保险及伤亡人员和财产保险的理赔工作；对涉及保价运输的货物损失，由善后处理组按铁路有关保价规定理赔。

5.3　铁路行车事故应急经验教训总结及改进建议

按照《铁路行车事故处理规则》规定，根据现场救援指挥部提交的铁路行车事故报告和应急救援总结报告，铁道部行车事故灾难应急协调办公室组织总结分析应急救援经验教训，提出改进应急救援工作的意见和建议，报送铁道部应急指挥小组。

铁道部、国务院有关部门和事发地省级人民政府应急指挥机构，应根据实际应急救援行动情况进行总结分析，并提交总结报告。

6　保障措施

6.1　通信与信息保障

铁道部负责组织协调通信工作，保证应急救援时通信的畅通。

铁道部负责组织建立统一的国家铁路和国家铁路控股的合资铁路行车事故灾难应急救援指挥系统，逐步整合行车设备状态信息、地理信息、沿线视频信息，并结合行车事故灾难现场动态图像信息和救援预案，建立铁路运输安全综合信息库，为抢险救援提供决策支持。

6.2　救援装备和应急队伍保障

铁道部根据铁路救援体系建设规划，协调、检查、促进铁路应急救援基地建设，强化完善救援队伍建设，保证应急状态时的调用。

铁道部要进一步优化和强化以救援列车、救援队、救援班为主体的救援抢险网络，合理配置救援资源；采用先进的救援装备和安全防护器材，制订各类救援起复专业技术方案；积极开展技能培训和演练，提高快速反应和救援起复能力。

6.3　交通运输保障

启动应急预案期间，事发地人民政府和铁路运输企业按管理权限调动管辖范围内的交通工具，任何单位和个人不得拒绝。根据现场需要，由地方人民政府协调地方公安交通管理部门实行必要的交通管制，维持应急处置期间的交通运输秩序。

6.4　医疗卫生保障

地方卫生行政部门应制定相应的医疗卫生保障应急预案，明确铁路沿线可用于应急救援的医疗救治资源和卫生防疫机构能力与分布情况，提出可调用方案，检查监督本行政区域内医疗卫生防疫单位的应急准备保障措施。

各铁路运输企业在制定应急预案时，应按照地方卫生行政部门确定的承担铁路行车事故医疗卫生防疫机构名录，明确不同地区、不同线路发生行车事故时医疗卫生机构地址、联系方式，并制订应急处置行动方案，确保应急处置及时有效。

6.5　治安保障

各级应急处置预案中，要明确事故现场负责治安保障的公安机关负责人，安排足够的警力做好应急期间各阶段、各场所的治安保障工作。

6.6　物资保障

铁路运输企业要按规定备足必需的应急抢险路料及备用器材、设施，专人负责，定期检查。

6.7　资金保障

铁路运输企业财会部门要采取得力措施，确保铁路行车事故应急处置的资金需求。铁路行车事故应急救援费用、善后处理费用和损失赔偿费用由事故责任单位承担，事故责任单位无力承担的，由地方人民政府和铁道部按管理权限协调解决。应急处置工作经费保障按《财政应急保障预案》规定实施。

6.8　技术储备与保障

铁道部行车事故灾难应急协调办公室负责专家库、技术资料等的建立、完善和更新。

7 宣传、培训和演习

7.1 宣传教育

地方各级人民政府要积极利用电视、广播、报刊等新闻媒体,广泛宣传应急法律法规和公众避险、自救、互救知识,提高公众自我保护能力和守法意识。

铁道部要结合铁路行业实际,全面开展宣传教育工作,提高全体职工和公众的安全意识。

7.2 培训

按照分级管理的原则,铁道部、国务院有关部门和地方人民政府要组织各级应急管理机构以及专业救援队伍的人员进行上岗前培训,定期进行救援知识的专业培训,提高救援技能。

7.3 演练

铁道部要有计划地按应急救援要求每年进行一次演习和演练。根据需要,可开展国内外的工作交流,提高铁路行业应急处置实战能力。

8 附则

8.1 名词术语的定义与说明

铁路行车事故性质按《铁路行车事故处理规则》规定的构成条件确定。

本预案有关数量的表述中,“以上”含本数,“以下”不含本数。

8.2 预案管理与更新

随着应急救援法律法规的制定和完善、部门职责的变化以及应急过程中存在的问题和出现的新情况,铁道部应及时修订完善本预案。

8.3 奖励与责任追究

对实施本应急预案行动中表现突出的单位和人员,由各级应急领导(指挥)小组给予表彰和奖励;在应急处置中因公殉职的人员需追认烈士时,由地方人民政府负责按有关程序办理。对玩忽职守、严重失职造成事故的责任人,根据国家有关法律法规的规定,按照管理权限,给予行政处罚;构成犯罪的,依法追究刑事责任。

8.4 预案实施时间

本预案自印发之日起实施。

六、国家海上搜救应急预案

1 总则

1.1　编制目的

建立国家海上搜救应急反应机制，迅速、有序、高效地组织海上突发事件的应急反应行动，救助遇险人员，控制海上突发事件扩展，最大程度地减少海上突发事件造成的人员伤亡和财产损失。

履行中华人民共和国缔结或参加的有关国际公约；实施双边和多边海上搜救应急反应协定。

1.2　编制依据

1.2.1　国内法律、行政法规及有关规定

《中华人民共和国海上交通安全法》、《中华人民共和国安全生产法》、《中华人民共和国内河交通安全管理条例》、《中华人民共和国无线电管理条例》和《国家突发公共事件总体应急预案》等。

1.2.2　我国加入或缔结的国际公约、协议

《联合国海洋法公约》、《1974 年国际海上人命安全公约》、《国际民航公约》、《1979 年国际海上搜寻救助公约》、《中美海上搜救协定》、《中朝海上搜救协定》等我国加入或缔结的有关国际公约、协议。

1.3　适用范围

1.3.1　我国管辖水域和承担的海上搜救责任区内海上突发事件的应急反应行动。

1.3.2　发生在我国管辖水域和搜救责任区外，涉及中国籍船舶、船员遇险或可能对我国造成重大影响或损害的海上突发事件的应急反应行动。

1.3.3　参与海上突发事件应急行动的单位、船舶、航空器、设施及人员。

1.4　工作原则

(1)政府领导，社会参与，依法规范。

政府领导：政府对海上搜救工作实行统一领导，形成高效应急反应机制，及时、有效地组织社会资源，形成合力。

社会参与：依照海上突发事件应急组织体系框架，形成专业力量与社会力量相结合，多部门参加，多学科技术支持，全社会参与的应对海上突发事件机制。

依法规范：依照有关法律、法规，明确各相关部门、单位、个人的责任、权利和义务，规范应急反应的组织、协调、指挥行为。

(2)统一指挥，分级管理，属地为主。

统一指挥：对海上突发事件应急反应行动实行统一指挥，保证搜救机构组织的各方应急力量行动协调，取得最佳效果。

分级管理：根据海上突发事件的发生区域、性质、程度与实施救助投入的力量所需，实施分级管理。

属地为主：由海上突发事件发生地海上搜救机构实施应急指挥，确保及时分析判断形势，正确决策，相机处置，提高应急反应行动的及时性和有效性。

(3)防应结合，资源共享，团结协作。

防应结合："防"是指做好自然灾害的预警工作，减少自然灾害引发海上突发事件的可能；"应"是指保证海上突发事件发生后，及时对海上遇险人员进行救助，减少损失。防应并重，确保救助。

资源共享：充分利用常备资源，广泛调动各方资源，避免重复建设，发挥储备资源的作用。

团结协作：充分发挥参与救助各方力量的自身优势和整体效能，相互配合，形成合力。

(4)以人为本，科学决策，快速高效。

以人为本：充分履行政府公共服务职能，快速高效地救助人命。

科学决策：运用现代科技手段，保证信息畅通；充分发挥专家的咨询作用，果断决策，保证应急指挥的权威性。

快速高效：建立应急机制，保证指挥畅通；强化人员培训，提高从业人员素质；提高应急力量建设，提高应急反应的效能和水平。

2　国家海上搜救应急组织指挥体系及职责任务

国家海上搜救应急组织指挥体系由应急领导机构、运行管理机构、咨询机构、应急指挥机构、现场指挥、应急救助力量等组成。

2.1　应急领导机构

建立国家海上搜救部际联席会议制度，研究、议定海上搜救重要事宜，指导全国海上搜救应急反应工作。在交通部设立中国海上搜救中心，作为国家海上搜救的指挥工作机构，负责国家海上搜救部际联席会议的日常工作，并承担海上搜救运行管理机构的工作。

部际联席会议成员单位根据各自职责，结合海上搜救应急反应行动实际情况，发挥相应作用，承担海上搜救应急反应、抢险救灾、支持保障、善后处理等应急工作。

2.2　运行管理机构

中国海上搜救中心以交通部为主承担海上搜救的运行管理工作。

2.3　咨询机构

咨询机构包括海上搜救专家组和其他相关咨询机构。

2.3.1　搜救专家组

国家海上搜救专家组由航运、海事、航空、消防、医疗卫生、环保、石油化工、海洋工程、海洋地质、气象、安全管理等行业专家、专业技术人员组成，负责提供海上搜救技术咨询。

2.3.2　其他相关咨询机构

其他相关咨询机构应中国海上搜救中心要求，提供相关的海上搜救咨询服务。

2.4　应急指挥机构

应急指挥机构包括：中国海上搜救中心及地方各级政府建立的海上搜救机构。

沿海及内河主要通航水域的各省（区、市）成立以省（区、市）政府领导任主任，相关部门和当地驻军组成的省级海上搜救机构。根据需要，省级海上搜救机构可设立搜救分支机构。

2.4.1　省级海上搜救机构

省级海上搜救机构承担本省（区、市）海上搜救责任区的海上应急组织指挥工作。

2.4.2　海上搜救分支机构

海上搜救分支机构是市（地）级或县级海上应急组织指挥机构，其职责由省级海上搜救机构确定。

2.5　现场指挥（员）

海上突发事件应急反应的现场指挥（员）由负责组织海上突发事件应急反应的应急指挥机构指定，按照应急指挥机构指令承担现场协调工作。

2.6　海上应急救助力量

海上应急救助力量包括各级政府部门投资建设的专业救助力量和军队、武警救助力量，政府部门所属公务救助力量，其他可投入救助行动的民用船舶与航空器，企事业单位、社会团体、个人等社会人力和物力资源。

服从应急指挥机构的协调、指挥，参加海上应急行动及相关工作。

3　预警和预防机制

预警和预防是通过分析预警信息，作出相应判断，采取预防措施，防止自然灾害造成事故或做好应急反应准备。

3.1　信息监测与报告

预警信息包括：气象、海洋、水文、地质等自然灾害预报信息；其他可能威胁海上人命、财产、环境安全或造成海上突发事件发生的信息。

预警信息监测部门根据各自职责分别通过信息播发渠道向有关方面发布气象、海洋、水文、地质等自然灾害预警信息。

3.2　预警预防行动

3.2.1　从事海上活动的有关单位、船舶和人员应注意接收预警信息，根据不同预警级别，采取相应的防范措施，防止或减少海上突发事件对人命、财产和环境造成危害。

3.2.2　各级海上搜救机构，根据风险信息，有针对性地做好应急救助准备。

3.3　预警支持系统

预警支持系统由公共信息播发系统、海上安全信息播发系统等组成，相关风险信息发布责任部门应制定预案，保证信息的及时准确播发。

4　海上突发事件的险情分级与上报

4.1　海上突发事件险情分级

根据国家突发事件险情上报的有关规定，并结合海上突发事件的特点及突发事件对人命安全、海洋环境的危害程度和事态发展趋势，将海上突发事件险情信息分为特大、重大、较大、一般四级。

4.2　海上突发事件险情信息的处理

海上搜救机构接到海上突发事件险情信息后，对险情信息进行分析与核实，并按照有关规定和程序逐级上报。

中国海上搜救中心按照有关规定，立即向国务院报告，同时通报国务院有关部门。

5　海上突发事件的应急响应和处置

5.1　海上遇险报警

5.1.1　发生海上突发事件时，可通过海上通信无线电话、海岸电台、卫星地面站、应急无线电示位标或公众通信网（海上救助专用电话号“12395”）等方式报警。

5.1.2　发送海上遇险信息时，应包括以下内容：

(1)事件发生的时间、位置。

(2)遇险状况。

(3)船舶、航空器或遇险者的名称、种类、国籍、呼号、联系方式。

5.1.3　报警者尽可能提供下列信息：

(1)船舶或航空器的主要尺度、所有人、代理人、经营人、承运人。

(2)遇险人员的数量及伤亡情况。

(3)载货情况，特别是危险货物，货物的名称、种类、数量。

(4)事发直接原因、已采取的措施、救助请求。

(5)事发现场的气象、海况信息，包括风力、风向、流向、流速、潮汐、水温、浪高等。

5.1.4　使用的报警设备应按规定做好相关报警与信息的预设工作。

5.2　海上遇险信息的分析与核实

海上搜救机构通过直接或间接的途径对海上遇险信息进行核实与分析。

5.3　遇险信息的处置

(1)发生海上突发事件，事发地在本责任区的，按规定启动本级预案。

(2)发生海上突发事件，事发地不在本责任区的，接警的海上搜救机构应立即直接向所在责任区海上搜救机构通报并同时向上级搜救机构报告。

(3)中国海上搜救中心直接接到的海上突发事件报警，要立即通知搜救责任区的省级海上搜救机构和相关部门。

(4)海上突发事件发生在香港特别行政区水域、澳门特别行政区水域和台湾、金门、澎湖、马祖岛屿附近水域的，可由有关省级搜救机构按照已有搜救联络协议进行通报，无联络协议的，由中国海上搜救中心予以联络。

(5)海上突发事件发生地不在我国海上搜救责任区的，中国海上搜救中心应通报有关国家的海上搜救机构。有中国籍船舶、船员遇险的，中国海上搜救中心除按上述(2)、(3)项报告外，还应及时与有关国家的海上搜救机构或我驻外使领馆联系，通报信息，协助救助，掌握救助进展情况，并与外交部互通信息。

(6)涉及海上保安事件，按海上保安事件处置程序处理和通报。

涉及船舶造成污染的，按有关船舶油污应急反应程序处理和通报。

5.4 指挥与控制

5.4.1 最初接到海上突发事件信息的海上搜救机构自动承担应急指挥机构的职责，并启动预案反应，直至海上突发事件应急反应工作已明确移交给责任区海上搜救机构或上一级海上搜救机构指定新的应急指挥机构时为止。

5.4.2 应急指挥机构按规定程序向上一级搜救机构请示、报告和做出搜救决策。实施应急行动时，应急指挥机构可指定现场指挥。

5.5 紧急处置

5.5.1 应急指挥机构的任务

在险情确认后，承担应急指挥的机构立即进入应急救援行动状态：

(1)按照险情的级别通知有关人员进入指挥位置。

(2)在已掌握情况基础上，确定救助区域，明确实施救助工作任务与具体救助措施。

(3)根据已制定的应急预案，调动应急力量执行救助任务。

(4)通过船舶报告系统调动事发附近水域船舶前往实施救助。

(5)建立应急通信机制。

(6)指定现场指挥。

(7)动用航空器实施救助的，及时通报空管机构。

(8)事故救助现场需实施海上交通管制的，及时由责任区海事管理机构发布航行通(警)告并组织实施管制行动。

(9)根据救助情况，及时调整救助措施。

5.5.2 搜救指令的内容

对需动用的、当时有能力进行海上搜救的救助力量，搜救机构应及时下达行动指令，明确任务。

5.5.3 海上突发事件处置保障措施

根据救助行动情况及需要，搜救机构应及时对下列事项进行布置：

(1)遇险人员的医疗救护。

(2)当险情可能对公众造成危害时，通知有关部门组织人员疏散或转移。

(3)做出维护治安的安排。

(4)指令有关部门提供海上突发事件应急反应的支持保障。

5.5.4 救助力量与现场指挥的任务

(1)专业救助力量应将值班待命的布设方案和值班计划按搜救机构的要

求向搜救机构报告，值班计划临时调整的，应提前向搜救机构报告，调整到位后，要进行确认报告。

（2）救助力量与现场指挥应执行搜救机构的指令，按搜救机构的要求将出动情况、已实施的行动情况、险情现场及救助进展情况向搜救机构报告，并及时提出有利于应急行动的建议。

5.6　分级响应

海上突发事件应急反应按照海上搜救分支机构、省级海上搜救机构、中国海上搜救中心从低到高依次响应。

（1）任何海上突发事件，搜救责任区内最低一级海上搜救机构应首先进行响应。

（2）责任区海上搜救机构应急力量不足或无法控制事件扩展时，请求上一级海上搜救机构开展应急响应。

（3）上一级搜救机构应对下一级搜救机构的应急响应行动给予指导。

（4）无论何种情况，均不免除各省级搜救机构对其搜救责任区内海上突发事件全面负责的责任，亦不影响各省级搜救机构先期或将要采取的有效救助行动。

5.7　海上应急反应通信

海上搜救机构在实施海上应急行动时，可根据现场具体情况，指定参加应急活动所有部门的应急通信方式。通信方式包括：

（1）海上通信，常用海上遇险报警、海上突发事件应急反应通信方式。

（2）公众通信网，包括电话、传真、因特网。

（3）其他一切可用手段。

5.8　海上医疗援助

5.8.1　医疗援助的方式

各级海上搜救机构会同当地卫生主管部门指定当地具备一定医疗技术和条件的医疗机构承担海上医疗援助任务。

5.8.2　医疗援助的实施

海上医疗援助一般由实施救助行动所在地的医疗机构承担，力量不足时，可通过海上搜救机构逐级向上请求支援。

5.9　应急行动人员的安全防护

（1）参与海上应急行动的单位负责本单位人员的安全防护。各级海上搜救机构应对参与救援行动单位的安全防护工作提供指导。

(2)化学品应急人员进入和离开现场应先登记,进行医学检查,有人身伤害立即采取救治措施。

(3)参与应急行动人员的安全防护装备不足时,实施救助行动的海上搜救机构可请求上一级海上搜救机构协调解决。

5.10 遇险旅客及其他人员的安全防护

在实施救助行动中,应根据险情现场与环境情况,组织做好遇险旅客及其他人员的安全防护工作,告知旅客及其他人员可能存在的危害和防护措施,及时调集应急人员和防护器材、装备、药品。

5.10.1 海上搜救机构要对海上突发事件可能次生、衍生的危害采取必要的措施,对海上突发事件可能影响的范围内船舶、设施及人员的安全防护、疏散方式做出安排。

5.10.2 在海上突发事件影响范围内可能涉及陆上人员安全的情况下,海上搜救机构应通报地方政府采取防护或疏散措施。

5.10.3 船舶、浮动设施和民用航空器的所有人、经营人应制订在紧急情况下对遇险旅客及其他人员采取的应急防护、疏散措施;在救助行动中要服从海上搜救机构的指挥,对遇险旅客及其他人员采取应急防护、疏散措施,并做好安置工作。

5.11 社会力量动员与参与

5.11.1 社会动员

(1)各级人民政府可根据海上突发事件的等级、发展趋势、影响程度等在本行政区域内依法发布社会动员令。

(2)当应急力量不足时,由当地政府动员本地区机关、企事业单位、各类民间组织和志愿人员等社会力量参与或支援海上应急救援行动。

5.11.2 社会动员时海上搜救机构的行动

(1)指导所动员的社会力量,携带必要的器材、装备赶赴指定地点。

(2)根据参与应急行动人员的具体情况进行工作安排与布置。

5.12 救助效果评估与处置方案调整

5.12.1 目的

跟踪应急行动的进展,查明险情因素和造成事件扩展和恶化因素,控制危险源和污染源,对措施的有效性进行分析、评价,调整应急行动方案,以便有针对性地采取有效措施，尽可能减少险情造成的损失和降低危害，提高海上突发事件应急反应效率和救助成功率。

5.12.2　方式

由海上搜救机构在指挥应急行动中组织、实施，具体包括：

（1）指导救援单位组织专人，使用专用设备、仪器进行现场检测、分析。

（2）组织专家或专业咨询机构对事件进行分析、研究。

（3）使用计算机辅助支持系统进行分析、评估。

5.12.3　内容

（1）调查险情的主要因素。

（2）判断事件的发展趋势。

（3）采取有针对性措施对危险源进行控制、处置。

（4）对现场进行检测，分析、评价措施的有效性。

（5）针对海上突发事件衍生出的新情况、新问题，采取进一步的措施。

（6）对应急行动方案进行调整和完善。

5.13　海上应急行动的终止

负责组织指挥海上突发事件应急反应的海上搜救机构，根据下列情况决定是否终止应急行动：

（1）所有可能存在遇险人员的区域均已搜寻。

（2）幸存者在当时的气温、水温、风、浪条件下得以生存的可能性已完全不存在。

（3）海上突发事件应急反应已获得成功或紧急情况已不复存在。

（4）海上突发事件的危害已彻底消除或已控制，不再有扩展或复发的可能。

5.14　信息发布

中国海上搜救中心负责向社会发布海上突发事件的信息，必要时可授权下级海上搜救应急指挥机构向社会发布本责任区内海上突发事件的信息。

信息发布要及时、主动、客观、准确。信息发布通过新闻发布会、电视、广播、报刊、杂志等媒体作用，邀请记者现场报道形式进行。

6　后期处置

6.1　善后处置

6.1.1　伤员的处置

当地医疗卫生部门负责获救伤病人员的救治。

6.1.2 获救人员的处置

当地政府民政部门或获救人员所在单位负责获救人员的安置；港澳台或外籍人员，由当地政府港澳台办或外事办负责安置；外籍人员由公安部门或外交部门负责遣返。

6.1.3 死亡人员的处置

当地政府民政部门或死亡人员所在单位负责死亡人员的处置；港澳台或外籍死亡人员，由当地政府港澳台办或外事办负责处置。

6.2 社会救助

对被救人员的社会救助，由当地政府民政部门负责组织。

6.3 保险

6.3.1 参加现场救助的政府公务人员由其所在单位办理人身意外伤害保险。

6.3.2 参加救助的专业救助人员由其所属单位办理人身意外伤害保险。

6.3.3 国家金融保险机构要及时介入海上突发事件的处置工作，按规定开展赔付工作。

6.4 搜救效果和应急经验总结

6.4.1 搜救效果的总结评估

(1)海上搜救机构负责搜救效果的调查工作，实行分级调查的原则。

(2)海上交通事故的调查处理，按照国家有关规定处理。

6.4.2 应急经验总结和改进建议

(1)海上搜救机构负责应急经验的总结工作，实行分级总结的原则。

(2)海上搜救分支机构负责一般和较大应急工作的总结；省级海上搜救机构负责重大应急工作的总结；中国海上搜救中心负责特大应急工作的总结。

7 应急保障

7.1 通信与信息保障

各有关通信管理部门、单位均应按照各自的职责要求，制订有关海上应急通信线路、设备、设施等使用、管理、保养制度；落实责任制，确保海上应急通信畅通。

7.2 应急力量与应急保障

7.2.1 应急力量和装备保障

(1)省级海上搜救机构收集本地区可参与海上应急行动人员的数量、专长、通信方式和分布情况信息。

(2)专业救助力量应按照海上搜救机构的要求配备搜救设备和救生器材。

(3)省级海上搜救机构依据《海上搜救力量指定指南》,收集本地区应急设备的类型、数量、性能和布局信息。

7.2.2　交通运输保障

(1)建立海上应急运输保障机制,为海上应急指挥人员赶赴事发现场,以及应急器材的运送提供保障。

(2)省级海上搜救机构及其分支机构应配备应急专用交通工具,确保应急指挥人员、器材及时到位。

(3)省级海上搜救机构及其分支机构应与本地区的运输部门建立交通工具紧急征用机制,为应急行动提供保障。

7.2.3　医疗保障

建立医疗联动机制,明确海上医疗咨询、医疗援助或医疗移送和收治伤员的任务。

7.2.4　治安保障

(1)省级海上搜救机构及其分支机构与同级公安部门建立海上应急现场治安秩序保障机制,保障海上应急行动的顺利开展。

(2)相关公安部门应为海上应急现场提供治安保障。

7.2.5　资金保障

(1)应急资金保障由各级财政部门纳入财政预算,按照分级负担的原则,合理承担应由政府承担的应急保障资金。具体参照《财政应急保障预案》有关规定执行。

(2)中国海上搜救中心、省级海上搜救机构及其分支机构应按规定使用、管理搜救经费,定期向同级政府汇报经费的使用情况,接受政府部门的审计与监督。

7.2.6　社会动员保障

当应急力量不足时,由当地政府动员本地区机关、企事业单位、各类民间组织和志愿人员等社会力量参与或支援海上应急救援行动。

7.3　宣传、培训与演习

7.3.1 公众信息交流

公众信息交流的目的是使公众了解海上安全知识,提高公众的安全意识,增强应对海上突发事件能力。

(1)海上搜救机构要组织编制海上险情预防、应急等安全知识宣传资料,通过媒体主渠道和适当方式开展海上安全知识宣传工作。

(2)海上搜救机构要通过媒体和适当方式公布海上应急预案信息,介绍应对海上突发事件的常识。

7.3.2 培训

(1)海上搜救机构工作人员应通过专业培训和在职培训,掌握履行其职责所需的相关知识。

(2)专业救助力量、有关人员的适任培训由应急指挥机构认可的机构进行,并应取得应急指挥机构颁发的相应证书。

(3)被指定为海上救援力量的相关人员的应急技能和安全知识培训,由各自单位组织,海上搜救机构负责相关指导工作。

7.3.3 演习

中国海上搜救中心应举行如下海上搜救演习:

(1)每两年举行一次综合演习。不定期与周边国家、地区海上搜救机构举行海上突发事件应急处置联合演习。

(2)每年举行一次海上搜救项目的单项演习,并将海上医疗咨询和医疗救援纳入演习内容。

(3)每半年举行一次由各成员单位和各级海上搜救机构参加的应急通信演习。

8 附则

8.1 名词术语和缩写的定义与说明

(1)海上突发事件是指船舶、设施在海上发生火灾、爆炸、碰撞、搁浅、沉没,油类物质或危险化学品泄漏以及民用航空器海上遇险造成或可能造成人员伤亡、财产损失的事件。

(2)海上搜救责任区是指由一搜救机构所承担的处置海上突发事件的责任区域。

(3)本预案中所指“海上”包括内河水域。

(4)本预案有关数量的表述中,“以上”含本数,“以下”不含本数。

8.2　预案管理与更新

(1)交通部负责国家海上搜救应急预案的编制及修改工作。

(2)本应急预案的附录,属技术指导性文件的,由中国海上搜救中心审定;属行政规章的,其修改工作由发布机关负责。

(3)省级海上搜救机构及其分支机构负责编制各自的海上应急反应预案,报同级人民政府批准,并及时报送中国海上搜救中心。

(4)专业搜救力量制定的预案应报同级应急指挥机构批准后实施,并接受应急指挥机构的监督检查。

8.3　国际协作

(1)收到周边国家或地区请求对在其搜救责任区开展的海上突发事件应急反应给予救援时,视情提供包括船舶、航空器、人员和设备的援助。

(2)在其他国家的救助机构提出外籍船舶或航空器为搜寻救助海难人员的目的进入或越过我国领海或领空的申请时,要及时与国家有关主管部门联系,并将是否准许情况回复给提出请求的搜救机构。

(3)与周边国家共同搜救区内的海上突发事件应急反应,需协调有关国家派出搜救力量,提供必要的援助。

(4)与周边国家搜救机构一起做出搜救合作和协调的行动计划和安排。

(5)为搜寻海上突发事件发生地点和救助海上突发事件遇险人员,救助力量需进入或越过其他国家领海或领空,由中国海上搜救中心与有关国家或地区海上搜救机构联系,说明详细计划和必要性。

8.4　奖励与责任追究

8.4.1　在参加海上应急行动中牺牲的军人或其他人员,由军事部门或省、自治区、直辖市人民政府,按照《革命烈士褒扬条例》的规定批准为革命烈士。

8.4.2　军人或其他人员参加海上应急行动致残的,由民政部门按相关规定给予抚恤优待。

8.4.3　对海上应急工作作出突出贡献的人员,由中国海上搜救中心或省级海上搜救机构报交通部或省级人民政府按照规定,给予奖励。

8.4.4　对按海上搜救机构协调参加海上搜救的船舶,由中国海上搜救中心或省级海上搜救中心给予适当的奖励、补偿或表扬。奖励、补偿或表扬的具体规定由中国海上搜救中心另行制订。

8.4.5　对推诿、故意拖延、不服从、干扰海上搜救机构协调指挥，未按本预案规定履行职责或违反本预案有关新闻发布规定的单位、责任人，由海上搜救机构予以通报，并建议其上级主管部门依照有关规定追究行政责任或给予党纪处分；对违反海事管理法律、法规的，由海事管理机关给予行政处罚；构成犯罪的，依法追究刑事责任。

8.4.6　对滥用职权、玩忽职守的搜救机构工作人员，依照有关规定给予行政和党纪处分；构成犯罪的，依法追究刑事责任。

8.5　预案实施时间

本预案自印发之日起施行。

七、国家核应急预案

1　总则

1.1　根据国务院《核电厂核事故应急管理条例》（以下简称《条例》）和《国家突发公共事件总体应急预案》的规定，为使我国政府在核设施一旦发生严重核事故时，能迅速采取必要和有效的应急响应行动，保护工作人员、保护公众和保护环境，制定本应急预案（也称应急计划）。

1.2　本预案主要适用于国家针对核电厂可能发生严重核事故的应急准备和应急响应。我国其他核设施、核活动发生的核或辐射事故和其他国家发生的对我国造成或可能造成辐射影响的核或辐射事故，参照本预案实施。

1.3　实施本预案要认真贯彻执行我国核应急管理工作"常备不懈，积极兼容，统一指挥，大力协同，保护公众，保护环境"的方针。

1.4　本预案是我国进行核应急准备和响应的工作文件，有关地区、部门和单位要遵照执行。

1.5　本预案定期进行复审和修订。

2　技术基础

2.1　应急状态分级

2.1.1　核电厂

核电厂的应急状态分为四级，即：应急待命、厂房应急、场区应急和场外应急（总体应急）。

（1）应急待命。出现可能危及核电厂安全的工况或事件的状态。宣布应急待命后，应迅速采取措施缓解后果和进行评价，加强营运单位的响应准备，并视情况加强地方政府的响应准备。

(2)厂房应急。放射性物质的释放已经或者可能即将发生,但实际的或者预期的辐射后果仅限于场区局部区域的状态。宣布厂房应急后,营运单位应迅速采取行动缓解事故后果和保护现场人员。

(3)场区应急。事故的辐射后果已经或者可能扩大到整个场区,但场区边界处的辐射水平没有或者预期不会达到干预水平的状态。宣布场区应急后,应迅速采取行动缓解事故后果和保护场区人员,并根据情况作好场外采取防护行动的准备。

(4)场外应急。事故的辐射后果已经或者预期可能超越场区边界,场外需要采取紧急防护行动的状态。宣布场外应急后,应迅速采取行动缓解事故后果,保护场区人员和受影响的公众。

2.1.2　其他核设施

其他核设施的应急状态一般分为三级,即:应急待命、厂房应急、场区应急。潜在危险较大的核设施可能实施场外应急。

2.2　应急计划区划分

2.2.1　核电厂

应急计划区划分为烟羽应急计划区和食入应急计划区。前者针对放射性烟羽产生的直接外照射、吸入放射性烟羽中放射性核素产生的内照射和沉积在地面的放射性核素产生的外照射;后者则针对摄入被事故释放的放射性核素污染的食物和水而产生的内照射。

烟羽应急计划区系以核电厂为中心、半径为7至10公里划定的需做好撤离、隐蔽和服碘防护的区域。这种应急计划区又可分为内、外两区,内区的半径为3至5公里,撤离(包括预防性撤离)准备一般主要在内区进行。食入应急计划区系以核电厂为中心、半径为30至50公里划定的区域。在这个区域内要做好事故情况下食物和饮水的辐射监测和控制的应急准备。

另外,事故情况下根据需要,也可能在应急计划区的部分区域采取临时避迁和永久再定居等长期防护行动。

划分应急计划区并进行相应的应急准备,其目的是:在应急干预的情况下便于迅速组织有效的应急响应行动,最大程度地降低事故对公众和环境可能产生的影响。在多数事故情况下,需要采取应急响应行动的区域可能只局限于相应应急计划区的一部分,但在发生严重核事故的极个别情况下,也有可能需要在相应应急计划区之外的区域采取应急响应行动,由于出现这种极个别情况的概率极小,因此,应急准备只在应急计划区内进行。

2.2.2 其他核设施

应在危险分析的基础上确定核燃料循环设施与研究堆等其他核设施的应急计划区及应急准备的内容。

2.3 干预原则

在应急干预的决策过程中,既要考虑辐射剂量的降低,也要考虑实施防护措施的困难和代价,因此,应遵循下列原则,并综合考虑社会、经济、政治和外交等方面的因素:

(1)干预的正当性原则。干预应是正当的,拟议中的干预应利大于弊,即由于降低辐射剂量而减少的危害,应当足以说明干预本身带来的危害与代价(包括社会代价在内)是值得的。

(2)干预的最优化原则。干预的形式、规模和持续时间应是最优化的,使降低辐射剂量而获得的净利益在通常的社会、经济情况下从总体上考虑达到最大。

(3)应当尽可能防止公众成员因辐射照射而产生严重确定性健康效应。

3 应急组织

根据《条例》的规定,我国的核应急实行三级应急组织体系,即国家核应急组织、核电厂所在省(区、市)(以下简称省)核应急组织和核电厂营运单位应急组织。

3.1 国家核应急组织

3.1.1 国家核应急协调委

国家核应急协调委的成员单位包括18个部门,国防科工委为牵头单位。

必要时,由国务院领导、组织、协调全国的核应急管理工作。

3.1.2 国家核事故应急办公室

国家核事故应急办公室(以下简称国家核应急办)是全国核应急工作的行政管理机构,设在国防科工委。

3.1.3 国家核应急协调委联络员组

国家核应急协调委联络员组由各成员单位指派的人员组成。各单位指派的联络员应有替代人员,以确保联络员组的有效活动。

3.1.4 国家核应急协调委专家咨询组

国家核应急协调委专家咨询组由国内核工程、电力工程、核安全、辐射防护、环境保护、放射医学、气象学等方面的专家组成。

3.2　省核应急组织

核电厂所在省核应急组织包括省核应急委员会和省核应急办公室，以及专家咨询组和若干应急专业组。省核应急委员会由省人民政府领导和政府有关部门及军队等单位的领导组成。省核应急办公室设在省人民政府指定的一个部门，由若干专职人员组成。

必要时，由省人民政府领导、组织、协调本行政区域内的核应急工作。

3.3　核电厂营运单位（或核电基地）核应急组织

核电厂营运单位（或核电基地）核应急组织包括核电厂营运单位（或核电基地）应急指挥部和下设的应急办公室（或处、科）及若干应急专业组。

4　应急准备

4.1　国家核应急组织的应急准备

4.1.1　建设与维护国家核应急响应中心

满足进行应急决策、指挥和作为国家核应急信息管理中心及对外核应急联络点的需要：

（1）接受、显示和传递核电厂运行及事故信息；

（2）接受、传递省核应急组织应急响应的有关信息；

（3）为核应急信息传输和进行国际通报提供条件；

（4）提供工作环境，保障应急指挥迅速、有效地实施。

4.1.2　通信保障

（1）建设国家核应急通信系统，并建立相应的通信能力保障制度，以保证应急响应期间通信联络的需要。

（2）应急响应时在事故现场的通信需要，由核电厂所在省的核应急组织和核电厂营运单位负责保障。

（3）核电厂之外的其他核设施发生核事故以及其他辐射紧急情况时，尽可能利用国家和当地已建成的通信手段进行联络。

（4）应急响应通信能力不足时，根据有关方面提出的要求，采取临时紧急措施加以解决。必要时，动用国家救灾通信保障系统。

4.1.3　建立和保持必要的核应急技术支持体系

根据积极兼容原则，充分利用现有条件，建立和保持必要的应急技术支持中心或后援单位，如应急决策支持、辐射监测、医疗救治、气象服务、核电厂运行评估等技术支持中心或后援单位，以形成国家核应急技术支持体系，保障国家的核应急响应能力。

4.1.4 应急支援力量与物资器材准备

国家核应急协调委有关成员单位根据分工，准备好各种必要的应急支援力量与物资器材，以保证应急响应时省核应急组织或核电厂营运单位提出紧急支援请求时，能及时调用，提供支援。其中包括：辐射监测支援、医学应急支援、应急交通支援、气象支援、工程抢险支援和应急物资器材准备。

4.1.5 应急培训与演习

(1)培训

应对所有参与核应急准备与响应的人员进行培训和定期再培训。

(2)演习

定期举行不同类型的应急演习，以检验、改善和强化应急准备和应急响应能力。

4.1.6 公众信息交流

公众信息交流的对象应包括一般公众和新闻界。在平时，进行交流的内容主要是核能以及核安全、辐射防护与核应急的基本概念与知识。

4.2 核电厂所在省的核应急组织及核电厂营运单位的应急准备

核电厂所在省的核应急组织及核电厂营运单位的应急准备按国家有关法规、标准的规定及各自经批准的应急预案进行。两者的应急准备应为各自所需的应急响应能力提供保证，并应保证两者应急响应的相互衔接和协调。

4.3 应急准备资金的安排、使用与管理

国家、省及核电厂营运单位的应急准备应充分利用现有组织机构、人员、设施和设备，努力提高核应急准备资金的使用效益，并使核应急准备工作与有关发展规划相结合。

5 应急响应

5.1 核电厂应急响应基本程序和响应活动

5.1.1 核电厂进入应急待命状态时，核电厂营运单位的应急组织进入有准备的状态，采取缓解措施，并向场外通告；省核应急组织和国家核应急办及时报告情况，加强值班。

5.1.2 核电厂进入厂房应急状态时，营运单位应实施应急预案，采取措施使核电厂恢复安全状态，同时按规定向场外报告事故的情况；省核应急组织启动省级核应急指挥中心，及时报告情况，有关省级应急专业组进入待命状态；国家核应急办启动国家核应急响应中心，按规定向国家核应急协调委报告并向有关部门和专家通报情况，加强与营运单位的联系，并做好实施应急支援准备。

5.1.3　核电厂进入场区应急状态时，营运单位实施应急预案，采取措施使核电厂恢复安全状态，撤离场内非重要人员，按规定向场外报告事故情况，在核电厂附近的场外区域实施辐射监测；省核应急组织有关领导到省应急中心指导应急响应工作，向国家核应急办报告有关情况，各应急专业组进入待命状态，并根据需要开始行动；国家核应急办按规定向国家核应急协调委报告，通知有关部门并做好实施紧急支援的准备，国家核应急协调委领导进入国家核应急响应中心，及时向国务院报告事故情况。

5.1.4　当发生严重核事故，需要进入场外应急（总体应急）状态时，核电厂营运单位向省核应急组织及时提出进入场外应急状态的建议；省核应急组织向国家核应急协调委提出请求批准进入场外应急状态的报告；国家核应急协调委审批进入场外应急状态。在事故情景十分危急时，省核应急组织可先决定进入场外应急状态，尔后立即向国家核应急协调委报告。国家核应急协调委及时向国务院报告进入场外应急状态，必要时请求协调应急响应。

5.1.5　当事故辐射后果影响或可能影响邻近省时，由核电厂所在省的核应急组织负责向有关省政府通报事故情况，并提出相应建议；国家核应急协调委负责指导有关省政府采取适当措施。

5.1.6　当核电厂营运单位和省核应急组织的应急力量不足需要国家支援时，由国家核应急办根据支援请求按规定的程序报批，通知和要求被调用力量的单位及其上级部门，组织实施支援。可能需要提供的支援包括：辐射监测、气象资料、事故后果评价、工程检验、医疗救治、交通支援等。应急支援力量进入现场执行任务，有关调动、联络、指挥程序及协调事宜等，均按批准的应急预案执行。

5.1.7　对核事故和应急响应的信息实行集中统一的规范化管理，信息渠道、信息分类和信息发布等应符合有关规定的要求。

5.1.8　当核事故的辐射影响可能或已经超越国界，按《及早通报核事故公约》的要求实施通报。

5.1.9 当事故得到缓解,已恢复到安全状态,终止场外应急状态。核电厂营运单位和省政府组织各自的恢复工作。按《及早通报核事故公约》向国际原子能机构提供有关终止应急状态的信息。

5.2 其他核设施、核活动核事故及影响境内的境外核事故与核动力卫星事故的应急响应

5.2.1 其他核设施、核活动核事故及其他辐射紧急情况的应急响应

核燃料循环设施和研究堆等其他核设施、核活动核事故及其他辐射紧急情况的应急响应参照本预案执行。

5.2.2 我国台湾省核事故时的应急响应

我国台湾省发生核事故可能或已经对大陆造成辐射影响时,参照本预案的有关规定和执行程序组织应急响应。

涉及台湾省核事故的国际通报及紧急援助的有关事宜,按我国外交部与国际原子能机构1992年12月以互换照会形式确认的谅解备忘录(CPM-92-081)执行。

5.2.3 我国周边国家核事故及核动力卫星事故影响境内时的应急响应

我国周边国家发生核事故及核动力卫星事故可能或已经对我国大陆产生辐射影响时,参照本预案有关规定及执行程序组织应急响应。这种情况下的应急响应主要涉及辐射监测、饮水和食品控制、卫星污染碎片搜寻等,除受影响省人民政府组织的应急响应外,国家级的响应按规定的职责任务分工实施。

6 应急终止和恢复正常秩序

6.1 终止应急状态的程序和条件

6.1.1 终止应急状态的程序

(1)应急待命:核电厂(或核设施)营运单位应急指挥部根据核电厂(或核设施)的特定状态,决定并发布应急状态的终止,并向省核应急组织和国家核应急办报告。

(2)厂房应急:核电厂(或核设施)营运单位应急指挥部根据核电厂(或核设施)的特定状态,决定并发布应急状态的终止,并向省核应急组织和国家核应急办报告。

(3)场区应急:核电厂(或核设施)营运单位应急指挥部根据核电厂(或核设施)的特定状态,将终止应急状态的报告报省核应急组织和国家核应急办后,由营运单位应急总指挥宣布。

(4)场外应急:核电厂营运单位根据核电厂的状态,将终止场外应急状态的建议报省核应急组织,经省核应急组织审定后上报国家核应急协调委,经协调委批准后,由省核应急组织发布。

6.1.2　终止场外应急状态的条件

国家核应急协调委在批准终止场外应急状态之前,必须获得足够的情况,确信该核电厂事故已切实得到控制,而且几乎已恢复到安全状态,特别要确认满足下列条件:

(1)核电厂放射性物质的释放已经停止或者已经控制到低于可接受的水平;

(2)为使公众免受放射性污染,并使事故的长期后果可能引起的照射降至尽量低的水平,已经采取并继续采取一切必要的防护措施。

为保证条件(2)得到满足,只要有必要,省核应急组织应加强有关巡测、采样分析和评价等工作。

6.2　应急终止后的行动和总结报告

6.2.1　应急终止后的行动

在解除应急状态后,国家核应急办进行下列工作:

(1)整理和审查所有的应急记录和文件等资料;

(2)总结和评价导致应急状态的事故情况和在应急期间采取的主要行动;

(3)必要时修订国家核应急预案。

6.2.2　应急响应总结报告

应急状态终止后,各有关部门和单位按有关规定及时做出书面总结报告。

总结报告应包括下列基本内容:发生事故的核设施基本情况,事故原因、发展过程及造成的后果(包括人员伤亡、经济损失)分析、评价,采取的主要应急响应措施及其有效性,主要经验教训和事故责任人及其处理等。总结报告的具体内容和格式按规定执行。

6.3　恢复正常秩序

6.3.1　场内恢复正常秩序

发生核事故的核电厂营运单位应采取积极有效措施,清除场内放射性污染,恢复核电厂的正常运行。当核事故使核安全重要物项的安全功能达不到国家标准时,核电厂的重新启动计划应当按照国家的有关规定审查批准。

6.3.2 场外恢复正常状态

发生核事故的核电厂所在省核应急委员会应当根据受影响地区的放射性水平,采取有效的恢复正常秩序的措施:一方面对直接受影响的人员采取防护措施(如控制进入污染区,控制食物和水污染,去污,固定剩余放射性物质等);另一方面为恢复环境和公众正常生活条件采取各种有效措施(如在应急状态终止后在受控制条件下允许部分或全部撤离人员返回受影响的原先居住的区域等)。为此,省核应急组织应制定恢复计划和明确进行恢复工作的机构,报国家核应急协调委批准。国家核应急办检查、指导、协调和组织支援省核应急组织恢复计划的实施。

7 附则

7.1 术语解释

7.1.1 核设施

需要考虑核安全问题的规模生产、加工或操作放射性物质或易裂变材料的设施(包括其场地、建筑物和设备)。如铀富集设施,铀、钚加工与燃料生产、贮存及后处理设施,研究堆,核动力厂,放射性废物管理设施等。

7.1.2 核活动

任何研究、生产、提取、加工、处理、应用、搬运、贮存或处置放射性物质或核材料的活动,以及在陆上、水上或空中交通线上运输放射性物质或核材料的活动,或任何其他转移或使用放射性物质或核材料的活动。

7.1.3 核燃料循环

特指除核电厂和研究堆运行之外的与核能生产有关的所有活动,包括铀或钍的采矿、选冶、富集与加工、核燃料制造、核燃料后处理、放射性废物管理等各种活动,以及与上述各种活动有关的研究和开发活动。

7.1.4 核电厂

用一个或几个动力反应堆发电或供热的动力厂。

7.1.5 场区

具有确定的边界,受营运单位有效控制的核设施所在区域。

7.1.6 场外

场区以外的区域。

7.1.7 核事故

核电厂或其他核设施中很少发生的严重偏离运行工况的状态;在这种状

态下，放射性物质的释放可能或已经失去应有的控制，达到不可接受的水平。

7.1.8　应急

需要立即采取某些超出正常工作程序的行动，以避免事故发生或减轻事故后果的状态，有时也称为紧急状态；同时也泛指立即采取超出正常工作程序的行动。

7.1.9　应急预案（应急计划）

一份经过审批的文件，它描述了文件的编制与实施单位的应急响应功能、组织、设施和设备，以及与外部应急组织间的协调和相互支持关系。该文件应有专门的执行程序加以补充。

7.1.10　应急准备

为应付核事故或辐射应急而进行的准备工作，包括制定应急预案，建立应急组织，准备必要的应急设施、设备与物资，以及进行人员培训与演习等。

7.1.11　应急计划区

为在核电厂发生事故时能及时有效地采取保护公众的防护行动，事先在核电厂周围建立的、制定有应急预案并做好应急准备的区域。

7.1.12　危险

一个表示与实际发生的或可能发生的照射有关的危害、损害或损伤的可能性和伤害后果等的多属性量，它与诸如特定有害后果可能发生的概率及此类后果的大小和特性等量有关。

7.1.13　应急响应

为控制或减轻核事故或辐射应急状态的后果而采取的紧急行动。

7.1.14　（应急）防护措施

应急状态下为避免或减少工作人员和公众可能接受的剂量而采取的保护措施，如隐蔽、撤离、服碘防护、通道控制、食物和饮水控制、去污，以及临时避迁、永久再定居等。有时也称为防护行动。

7.1.15　隐蔽

指人员停留在或进入室内，关闭门窗及通风系统，以减少烟羽中放射性物质的吸入和外照射，并减少来自放射性沉积物的外照射。

7.1.16　撤离

指将人们由受影响地区紧急转移，以避免或减少来自烟羽或高水平放射性沉积物引起的大剂量照射。该措施为短期措施，预期人们在预计的某一有限时间内可返回原住地。

7.1.17 服碘防护

当事故已经或可能导致释放碘的放射性同位素的情况下，将含有非放射性碘的化合物作为一种防护药物分发给居民服用，以降低甲状腺的受照剂量。

7.1.18 临时避迁

指人们自受污染地区临时迁出，以避免或减少地面放射性沉积物质照射的长期累积剂量，其返回原住地的时间或为几个月至2年，或难以确切预计返回时间而暂不考虑返回。

7.1.19 永久再定居

指人们为避免或减少地面放射性沉积物质照射的长期累积剂量自受污染地区迁出，而又无法预计能否在可预见的将来返回原住地。

7.1.20 去污

利用物理或化学的方法去除或降低放射性污染。

7.1.21 干预水平

指针对核及辐射应急情况所制定的可防止剂量水平，当达到这种水平时应考虑采取相应的防护行动。

7.1.22 行动水平

指在核及辐射应急情况下，应考虑采取防护行动的剂量（率）水平或活度浓度水平。

7.1.23 （辐射）后果

指放射性物质释放到环境中引起的结果或影响，用以度量的量是预计的或实际引起的剂量或剂量率。

7.1.24 应急（辐射）监测

在核及辐射应急情况下，为发现和查明放射性污染情况和辐射水平而进行的辐射监测。

7.1.25 应急培训

根据应急工作的需要，对管理人员或专业人员进行的教学与训练。

7.1.26 应急演习

为检验应急预案的有效性、应急准备的完善性、应急响应能力的适应性和应急人员的协同性而进行的一种模拟应急响应的实践活动，根据所涉及的内容和范围的不同，可以分为单项演习（练习）、综合演习和场内、场外应急组织联合进行的联合演习。

7.1.27　辐射损伤

机体受电离辐射照射而产生的各种类型的某种程度的有害变化。

7.2　预案实施时间

本预案自印发之日起实施。（完）

八、国家突发环境事件应急预案

1　总则

1.1　编制目的

建立健全突发环境事件应急机制，提高政府应对涉及公共危机的突发环境事件的能力，维护社会稳定，保障公众生命健康和财产安全，保护环境，促进社会全面、协调、可持续发展。

1.2　编制依据

依据《中华人民共和国环境保护法》、《中华人民共和国海洋环境保护法》、《中华人民共和国安全生产法》和《国家突发公共事件总体应急预案》及相关的法律、行政法规，制定本预案。

1.3　事件分级

按照突发事件严重性和紧急程度，突发环境事件分为特别重大环境事件（Ⅰ级）、重大环境事件（Ⅱ级）、较大环境事件（Ⅲ级）和一般环境事件（Ⅳ级）四级。

1.3.1　特别重大环境事件（Ⅰ级）。

凡符合下列情形之一的，为特别重大环境事件：

（1）发生30人以上死亡，或中毒（重伤）100人以上；

（2）因环境事件需疏散、转移群众5万人以上，或直接经济损失1000万元以上；

（3）区域生态功能严重丧失或濒危物种生存环境遭到严重污染；

（4）因环境污染使当地正常的经济、社会活动受到严重影响；

（5）利用放射性物质进行人为破坏事件，或1、2类放射源失控造成大范围严重辐射污染后果；

（6）因环境污染造成重要城市主要水源地取水中断的污染事故；

（7）因危险化学品（含剧毒品）生产和贮运中发生泄漏，严重影响人民群众生产、生活的污染事故。

1.3.2 重大环境事件(Ⅱ级)。

凡符合下列情形之一的,为重大环境事件:

(1)发生10人以上、30人以下死亡,或中毒(重伤)50人以上、100人以下;

(2)区域生态功能部分丧失或濒危物种生存环境受到污染;

(3)因环境污染使当地经济、社会活动受到较大影响,疏散转移群众1万人以上、5万人以下的;

(4)1、2类放射源丢失、被盗或失控;

(5)因环境污染造成重要河流、湖泊、水库及沿海水域大面积污染,或县级以上城镇水源地取水中断的污染事件。

1.3.3 较大环境事件(Ⅲ级)。

凡符合下列情形之一的,为较大环境事件:

(1)发生3人以上、10人以下死亡,或中毒(重伤)50人以下;

(2)因环境污染造成跨地级行政区域纠纷,使当地经济、社会活动受到影响;

(3)3类放射源丢失、被盗或失控。

1.3.4 一般环境事件(Ⅳ级)。

凡符合下列情形之一的,为一般环境事件:

(1)发生3人以下死亡;

(2)因环境污染造成跨县级行政区域纠纷,引起一般群体性影响的;

(3)4、5类放射源丢失、被盗或失控。

1.4 适用范围

本预案适用于应对以下各类事件应急响应,核事故的应急响应遵照国家核应急协调委有关规定执行:

1.4.1 超出事件发生地省(区、市)人民政府突发环境事件处置能力的应对工作;

1.4.2 跨省(区、市)突发环境事件应对工作;

1.4.3 国务院或者全国环境保护部际联席会议需要协调、指导的突发环境事件或者其他突发事件次生、衍生的环境事件。

1.5 工作原则

以邓小平理论和“三个代表”重要思想为指导，坚持以人为本，树立全面、协调、可持续的科学发展观，提高政府社会管理水平和应对突发事件的能力。

(1)坚持以人为本，预防为主。加强对环境事件危险源的监测、监控并实施监督管理，建立环境事件风险防范体系，积极预防、及时控制、消除隐患，提高环境事件防范和处理能力，尽可能地避免或减少突发环境事件的发生，消除或减轻环境事件造成的中长期影响，最大程度地保障公众健康，保护人民群众生命财产安全。

(2)坚持统一领导，分类管理，属地为主，分级响应。在国务院的统一领导下，加强部门之间协同与合作，提高快速反应能力。针对不同污染源所造成的环境污染、生态污染、放射性污染的特点，实行分类管理，充分发挥部门专业优势，使采取的措施与突发环境事件造成的危害范围和社会影响相适应。充分发挥地方人民政府职能作用，坚持属地为主，实行分级响应。

(3)坚持平战结合，专兼结合，充分利用现有资源。积极做好应对突发环境事件的思想准备、物资准备、技术准备、工作准备，加强培训演练，充分利用现有专业环境应急救援力量，整合环境监测网络，引导、鼓励实现一专多能，发挥经过专门培训的环境应急救援力量的作用。

2　组织指挥与职责

2.1　组织体系

国家突发环境事件应急组织体系由应急领导机构、综合协调机构、有关类别环境事件专业指挥机构、应急支持保障部门、专家咨询机构、地方各级人民政府突发环境事件应急领导机构和应急救援队伍组成。

在国务院的统一领导下，全国环境保护部际联席会议负责统一协调突发环境事件的应对工作，各专业部门按照各自职责做好相关专业领域突发环境事件应对工作，各应急支持保障部门按照各自职责做好突发环境事件应急保障工作。

专家咨询机构为突发环境事件专家组。

地方各级人民政府的突发环境事件应急机构由地方人民政府确定。

突发环境事件国家应急救援队伍由各相关专业的应急救援队伍组成。环保总局应急救援队伍由环境应急与事故调查中心、中国环境监测总站、核安全中心组成。

2.2　综合协调机构

全国环境保护部际联席会议负责协调国家突发环境事件应对工作。贯彻执行党中央、国务院有关应急工作的方针、政策，认真落实国务院有关环境应急工作指示和要求；建立和完善环境应急预警机制，组织制定(修订)国家突发环境事件应急预案；统一协调重大、特别重大环境事件的应急救援工作；指导地方政府有关部门做好突发环境事件应急工作；部署国家环境应急工作的公众宣传和教育，统一发布环境污染应急信息；完成国务院下达的其他应急救援任务。

各有关成员部门负责各自专业领域的应急协调保障工作。

2.3 有关类别环境事件专业指挥机构

全国环境保护部际联席会议有关成员单位之间建立应急联系工作机制，保证信息通畅，做到信息共享；按照各自职责制定本部门的环境应急救援和保障方面的应急预案，并负责管理和实施；需要其他部门增援时，有关部门向全国环境保护部际联席会议提出增援请求。必要时，国务院组织协调特别重大突发环境事件应急工作。

2.4 地方人民政府突发环境事件应急领导机构

环境应急救援指挥坚持属地为主的原则，特别重大环境事件发生地的省(区、市)人民政府成立现场应急救援指挥部。所有参与应急救援的队伍和人员必须服从现场应急救援指挥部的指挥。现场应急救援指挥部为参与应急救援的队伍和人员提供工作条件。

2.5 专家组

全国环境保护部际联席会议设立突发环境事件专家组，聘请科研单位和军队有关专家组成。

主要工作为：参与突发环境事件应急工作；指导突发环境事件应急处置工作；为国务院或部际联席会议的决策提供科学依据。

3 预防和预警

3.1 信息监测

3.1.1 全国环境保护部际联席会议有关成员单位按照早发现、早报告、早处置的原则，开展对国内(外)环境信息、自然灾害预警信息、常规环境监测数据、辐射环境监测数据的综合分析、风险评估工作。

3.1.2 国务院有关部门和地方各级人民政府及其相关部门，负责突发环境事件信息接收、报告、处理、统计分析，以及预警信息监控。

（1）环境污染事件、生物物种安全事件、辐射事件信息接收、报告、处理、统计分析由环保部门负责；

（2）海上石油勘探开发溢油事件信息接收、报告、处理、统计分析由海洋部门负责；

（3）海上船舶、港口污染事件信息接收、报告、处理、统计分析由交通部门负责。

3.1.3　环境污染事件和生物物种安全预警信息监控由环保总局负责；海上石油勘探开发溢油事件预警信息监控由海洋局负责；海上船舶、港口污染事件信息监控由交通部负责；辐射环境污染事件预警信息监控由环保总局（核安全局）负责。特别重大环境事件预警信息经核实后，及时上报国务院。

3.2　预防工作

（1）开展污染源、放射源和生物物种资源调查。开展对产生、贮存、运输、销毁废弃化学品、放射源的普查，掌握全国环境污染源的产生、种类及地区分布情况。了解国内外的有关技术信息、进展情况和形势动态，提出相应的对策和意见。

（2）开展突发环境事件的假设、分析和风险评估工作，完善各类突发环境事件应急预案。

（3）加强环境应急科研和软件开发工作。研究开发并建立环境污染扩散数字模型，开发研制环境应急管理系统软件。

3.3　预警及措施

按照突发事件严重性、紧急程度和可能波及的范围，突发环境事件的预警分为四级，预警级别由低到高，颜色依次为蓝色、黄色、橙色、红色。根据事态的发展情况和采取措施的效果，预警颜色可以升级、降级或解除。

收集到的有关信息证明突发环境事件即将发生或者发生的可能性增大时，按照相关应急预案执行。

进入预警状态后，当地县级以上人民政府和政府有关部门应当采取以下措施：

（1）立即启动相关应急预案。

（2）发布预警公告。蓝色预警由县级人民政府负责发布。黄色预警由市（地）级人民政府负责发布。橙色预警由省级人民政府负责发布。红色预警由事件发生地省级人民政府根据国务院授权负责发布。

（3）转移、撤离或者疏散可能受到危害的人员，并进行妥善安置。

（4）指令各环境应急救援队伍进入应急状态，环境监测部门立即开展应急监测，随时掌握并报告事态进展情况。

（5）针对突发事件可能造成的危害，封闭、隔离或者限制使用有关场所，中止可能导致危害扩大的行为和活动。

（6）调集环境应急所需物资和设备，确保应急保障工作。

3.4　预警支持系统

3.4.1　建立环境安全预警系统。建立重点污染源排污状况实时监控信息系统、突发事件预警系统、区域环境安全评价科学预警系统、辐射事件预警信息系统；建设重大船舶污染事件应急设备库和海空一体化船舶污染快速反应系统；建立海洋环境监测系统。

3.4.2　建立环境应急资料库。建立突发环境事件应急处置数据库系统、生态安全数据库系统、突发事件专家决策支持系统、环境恢复周期检测反馈评估系统、辐射事件数据库系统。

3.4.3　建立应急指挥技术平台系统。根据需要，结合实际情况，建立有关类别环境事件专业协调指挥中心及通讯技术保障系统。

4　应急响应

4.1　分级响应机制

突发环境事件应急响应坚持属地为主的原则，地方各级人民政府按照有关规定全面负责突发环境事件应急处置工作，环保总局及国务院相关部门根据情况给予协调支援。

按突发环境事件的可控性、严重程度和影响范围，突发环境事件的应急响应分为特别重大（Ⅰ级响应）、重大（Ⅱ级响应）、较大（Ⅲ级响应）、一般（Ⅳ级响应）四级。超出本级应急处置能力时，应及时请求上一级应急救援指挥机构启动上一级应急预案。Ⅰ级应急响应由环保总局和国务院有关部门组织实施。

4.2　应急响应程序

4.2.1　Ⅰ级响应时，环保总局按下列程序和内容响应：

（1）开通与突发环境事件所在地省级环境应急指挥机构、现场应急指挥部、相关专业应急指挥机构的通信联系，随时掌握事件进展情况；

（2）立即向环保总局领导报告，必要时成立环境应急指挥部；

(3)及时向国务院报告突发环境事件基本情况和应急救援的进展情况；

(4)通知有关专家组成专家组，分析情况。根据专家的建议，通知相关应急救援力量随时待命，为地方或相关专业应急指挥机构提供技术支持；

(5)派出相关应急救援力量和专家赶赴现场参加、指导现场应急救援，必要时调集事发地周边地区专业应急力量实施增援。

4.2.2　有关类别环境事件专业指挥机构接到特别重大环境事件信息后，主要采取下列行动：

(1)启动并实施本部门应急预案，及时向国务院报告并通报环保总局；

(2)启动本部门应急指挥机构；

(3)协调组织应急救援力量开展应急救援工作；

(4)需要其他应急救援力量支援时，向国务院提出请求。

4.2.3　省级地方人民政府突发环境事件应急响应，可以参照Ⅰ级响应程序，结合本地区实际，自行确定应急响应行动。需要有关应急力量支援时，及时向环保总局及国务院有关部门提出请求。

4.3　信息报送与处理

4.3.1　突发环境事件报告时限和程序

突发环境事件责任单位和责任人以及负有监管责任的单位发现突发环境事件后，应在1小时内向所在地县级以上人民政府报告，同时向上一级相关专业主管部门报告，并立即组织进行现场调查。紧急情况下，可以越级上报。

负责确认环境事件的单位，在确认重大(Ⅱ级)环境事件后，1小时内报告省级相关专业主管部门，特别重大(Ⅰ级)环境事件立即报告国务院相关专业主管部门，并通报其他相关部门。

地方各级人民政府应当在接到报告后1小时内向上一级人民政府报告。省级人民政府在接到报告后1小时内，向国务院及国务院有关部门报告。

重大(Ⅱ级)、特别重大(Ⅰ级)突发环境事件，国务院有关部门应立即向国务院报告。

4.3.2　突发环境事件报告方式与内容

突发环境事件的报告分为初报、续报和处理结果报告三类。初报从发现事件后起1小时内上报；续报在查清有关基本情况后随时上报；处理结果报告在事件处理完毕后立即上报。

初报可用电话直接报告，主要内容包括：环境事件的类型、发生时间、地点、污染源、主要污染物质、人员受害情况、捕杀或砍伐国家重点保护的野生动植物的名称和数量、自然保护区受害面积及程度、事件潜在的危害程度、转化方式趋向等初步情况。

续报可通过网络或书面报告,在初报的基础上报告有关确切数据,事件发生的原因、过程、进展情况及采取的应急措施等基本情况。

处理结果报告采用书面报告,处理结果报告在初报和续报的基础上,报告处理事件的措施、过程和结果,事件潜在或间接的危害、社会影响、处理后的遗留问题,参加处理工作的有关部门和工作内容,出具有关危害与损失的证明文件等详细情况。

4.4 指挥和协调

4.4.1 指挥和协调机制

根据需要,国务院有关部门和部际联席会议成立环境应急指挥部,负责指导、协调突发环境事件的应对工作。

环境应急指挥部根据突发环境事件的情况通知有关部门及其应急机构、救援队伍和事件所在地毗邻省(区、市)人民政府应急救援指挥机构。各应急机构接到事件信息通报后,应立即派出有关人员和队伍赶赴事发现场,在现场救援指挥部统一指挥下,按照各自的预案和处置规程,相互协同,密切配合,共同实施环境应急和紧急处置行动。现场应急救援指挥部成立前,各应急救援专业队伍必须在当地政府和事发单位的协调指挥下坚决、迅速地实施先期处置,果断控制或切断污染源,全力控制事件态势,严防二次污染和次生、衍生事件发生。

应急状态时,专家组组织有关专家迅速对事件信息进行分析、评估,提出应急处置方案和建议,供指挥部领导决策参考。根据事件进展情况和形势动态,提出相应的对策和意见;对突发环境事件的危害范围、发展趋势作出科学预测,为环境应急领导机构的决策和指挥提供科学依据;参与污染程度、危害范围、事件等级的判定,对污染区域的隔离与解禁、人员撤离与返回等重大防护措施的决策提供技术依据;指导各应急分队进行应急处理与处置;指导环境应急工作的评价,进行事件的中长期环境影响评估。

发生环境事件的有关部门、单位要及时、主动向环境应急指挥部提供应急救援有关的基础资料,环保、海洋、交通、水利等有关部门提供事件发生前的有关监管检查资料,供环境应急指挥部研究救援和处置方案时参考。

4.4.2　指挥协调主要内容

环境应急指挥部指挥协调的主要内容包括：

(1)提出现场应急行动原则要求；

(2)派出有关专家和人员参与现场应急救援指挥部的应急指挥工作；

(3)协调各级、各专业应急力量实施应急支援行动；

(4)协调受威胁的周边地区危险源的监控工作；

(5)协调建立现场警戒区和交通管制区域，确定重点防护区域；

(6)根据现场监测结果，确定被转移、疏散群众返回时间；

(7)及时向国务院报告应急行动的进展情况。

4.5　应急监测

环保总局环境应急监测分队负责组织协调突发环境事件地区环境应急监测工作，并负责指导海洋环境监测机构、地方环境监测机构进行应急监测工作。

(1)根据突发环境事件污染物的扩散速度和事件发生地的气象和地域特点，确定污染物扩散范围。

(2)根据监测结果，综合分析突发环境事件污染变化趋势，并通过专家咨询和讨论的方式，预测并报告突发环境事件的发展情况和污染物的变化情况，作为突发环境事件应急决策的依据。

4.6　信息发布

全国环境保护部际联席会议负责突发环境事件信息对外统一发布工作。突发环境事件发生后，要及时发布准确、权威的信息，正确引导社会舆论。

4.7　安全防护

4.7.1　应急人员的安全防护

现场处置人员应根据不同类型环境事件的特点，配备相应的专业防护装备，采取安全防护措施，严格执行应急人员出入事发现场程序。

4.7.2　受灾群众的安全防护

现场应急救援指挥部负责组织群众的安全防护工作，主要工作内容如下：

(1)根据突发环境事件的性质、特点，告知群众应采取的安全防护措施；

(2)根据事发时当地的气象、地理环境、人员密集度等，确定群众疏散的方式，指定有关部门组织群众安全疏散撤离；

(3)在事发地安全边界以外，设立紧急避难场所。

4.8 应急终止

4.8.1 应急终止的条件

符合下列条件之一的,即满足应急终止条件:

(1)事件现场得到控制,事件条件已经消除;

(2)污染源的泄漏或释放已降至规定限值以内;

(3)事件所造成的危害已经被彻底消除,无继发可能;

(4)事件现场的各种专业应急处置行动已无继续的必要;

(5)采取了必要的防护措施以保护公众免受再次危害,并使事件可能引起的中长期影响趋于合理且尽量低的水平。

4.8.2 应急终止的程序

(1)现场救援指挥部确认终止时机,或事件责任单位提出,经现场救援指挥部批准;

(2)现场救援指挥部向所属各专业应急救援队伍下达应急终止命令;

(3)应急状态终止后,相关类别环境事件专业应急指挥部应根据国务院有关指示和实际情况,继续进行环境监测和评价工作,直至其他补救措施无需继续进行为止。

4.8.3 应急终止后的行动

(1)环境应急指挥部指导有关部门及突发环境事件单位查找事件原因,防止类似问题的重复出现。

(2)有关类别环境事件专业主管部门负责编制特别重大、重大环境事件总结报告,于应急终止后上报。

(3)应急过程评价。由环保总局组织有关专家,会同事发地省级人民政府组织实施。

(4)根据实践经验,有关类别环境事件专业主管部门负责组织对应急预案进行评估,并及时修订环境应急预案。

(5)参加应急行动的部门负责组织、指导环境应急队伍维护、保养应急仪器设备,使之始终保持良好的技术状态。

5 应急保障

5.1 资金保障

部际联席会议各成员单位根据突发环境事件应急需要,提出项目支出预算报财政部审批后执行。具体情况按照《财政应急保障预案》执行。

5.2 装备保障

各级环境应急相关专业部门及单位要充分发挥职能作用,在积极发挥现有检验、鉴定、监测力量的基础上,根据工作需要和职责要求,加强危险化学品检验、鉴定和监测设备建设。增加应急处置、快速机动和自身防护装备、物资的储备,不断提高应急监测,动态监控的能力,保证在发生环境事件时能有效防范对环境的污染和扩散。

5.3 通信保障

各级环境应急相关专业部门要建立和完善环境安全应急指挥系统、环境应急处置全国联动系统和环境安全科学预警系统。配备必要的有线、无线通信器材,确保本预案启动时环境应急指挥部和有关部门及现场各专业应急分队间的联络畅通。

5.4 人力资源保障

有关类别环境应急专业主管部门要建立突发环境事件应急救援队伍;各省(区、市)加强各级环境应急队伍的建设,提高其应对突发事件的素质和能力;在计划单列市、省会城市和环境保护重点城市培训一支常备不懈,熟悉环境应急知识,充分掌握各类突发环境事件处置措施的预备应急力量;对各地所属大中型化工等企业的消防、防化等应急分队进行组织和培训,形成由国家、省、市和相关企业组成的环境应急网络。保证在突发事件发生后,能迅速参与并完成抢救、排险、消毒、监测等现场处置工作。

5.5 技术保障

建立环境安全预警系统,组建专家组,确保在启动预警前、事件发生后相关环境专家能迅速到位,为指挥决策提供服务。建立环境应急数据库,建立健全各专业环境应急队伍,地区核安全监督站和地区专业技术机构随时投入应急的后续支援和提供技术支援。

5.6 宣传、培训与演练

5.6.1 各级环保部门应加强环境保护科普宣传教育工作,普及环境污染事件预防常识,编印、发放有毒有害物质污染公众防护“明白卡”,增强公众的防范意识和相关心理准备,提高公众的防范能力。

5.6.2 各级环保部门以及有关类别环境事件专业主管部门应加强环境事件专业技术人员日常培训和重要目标工作人员的培训和管理,培养一批训练有素的环境应急处置、检验、监测等专门人才。

5.6.3　各级环保部门以及有关类别环境事件专业主管部门,按照环境应急预案及相关单项预案,定期组织不同类型的环境应急实战演练,提高防范和处置突发环境事件的技能,增强实战能力。

5.7　应急能力评价

为保障环境应急体系始终处于良好的战备状态,并实现持续改进,对各级环境应急机构的设置情况、制度和工作程序的建立与执行情况、队伍的建设和人员培训与考核情况、应急装备和经费管理与使用情况等,在环境应急能力评价体系中实行自上而下的监督、检查和考核工作机制。

6　后期处置

6.1　善后处置

地方各级人民政府做好受灾人员的安置工作,组织有关专家对受灾范围进行科学评估,提出补偿和对遭受污染的生态环境进行恢复的建议。

6.2　保险

应建立突发环境事件社会保险机制。对环境应急工作人员办理意外伤害保险。可能引起环境污染的企业事业单位,要依法办理相关责任险或其他险种。

7　附则

7.1　名词术语定义

环境事件:是指由于违反环境保护法律法规的经济、社会活动与行为,以及意外因素的影响或不可抗拒的自然灾害等原因致使环境受到污染,人体健康受到危害,社会经济与人民群众财产受到损失,造成不良社会影响的突发性事件。

突发环境事件:指突然发生,造成或者可能造成重大人员伤亡、重大财产损失和对全国或者某一地区的经济社会稳定、政治安定构成重大威胁和损害,有重大社会影响的涉及公共安全的环境事件。

环境应急:针对可能或已发生的突发环境事件需要立即采取某些超出正常工作程序的行动,以避免事件发生或减轻事件后果的状态,也称为紧急状态;同时也泛指立即采取超出正常工作程序的行动。

预案分类:根据突发环境事件的发生过程、性质和机理,突发环境事件主要分为三类:突发环境污染事件、生物物种安全环境事件和辐射环境污染事件。突发环境污染事件包括重点流域、敏感水域水环境污染事件;重点城市光化学烟雾污染事件;危险化学品、废弃化学品污染事件;海上石油勘探开发溢油事件;突发船舶污染事件等。生物物种安全环境事件主要是指生物物种受到不当采集、猎杀、走私、非法携带出入境或合作交换、工程建设危害以及外来入侵物种对生物多样性造成损失和对生态环境造成威胁和危害事件;辐射环境污染事件包括放射性同位素、放射源、辐射装置、放射性废物辐射污染事件。

泄漏处理:泄漏处理是指对危险化学品、危险废物、放射性物质、有毒气体等污染源因事件发生泄漏时的所采取的应急处置措施。泄漏处理要及时、得当,避免重大事件的发生。泄漏处理一般分为泄漏源控制和泄漏物处置两部分。

应急监测:环境应急情况下,为发现和查明环境污染情况和污染范围而进行的环境监测。包括定点监测和动态监测。

应急演习:为检验应急计划的有效性、应急准备的完善性、应急响应能力的适应性和应急人员的协同性而进行的一种模拟应急响应的实践活动,根据所涉及的内容和范围的不同,可分为单项演习(演练)、综合演习和指挥中心、现场应急组织联合进行的联合演习。

本预案有关数量的表述中,“以上”含本数,“以下”不含本数。

7.2　预案管理与更新

随着应急救援相关法律法规的制定、修改和完善,部门职责或应急资源发生变化,或者应急过程中发现存在的问题和出现新的情况,应及时修订完善本预案。

7.3　国际沟通与协作

建立与国际环境应急机构的联系,组织参与国际救援活动,开展与国际间的交流与合作。

7.4　奖励与责任追究

7.4.1　奖励

在突发环境事件应急救援工作中,有下列事迹之一的单位和个人,应依据有关规定给予奖励:

(1)出色完成突发环境事件应急处置任务,成绩显著的;

(2)对防止或挽救突发环境事件有功,使国家、集体、和人民群众的生命财产免受或者减少损失的;

(3)对事件应急准备与响应提出重大建议,实施效果显著的;

(4)有其他特殊贡献的。

7.4.2 责任追究

在突发环境事件应急工作中,有下列行为之一的,按照有关法律和规定,对有关责任人员视情节和危害后果,由其所在单位或者上级机关给予行政处分;其中,对国家公务员和国家行政机关任命的其他人员,分别由任免机关或者监察机关给予行政处分;构成犯罪的,由司法机关依法追究刑事责任:

(1)不认真履行环保法律、法规,而引发环境事件的;

(2)不按照规定制定突发环境事件应急预案,拒绝承担突发环境事件应急准备义务的;

(3)不按规定报告、通报突发环境事件真实情况的;

(4)拒不执行突发环境事件应急预案,不服从命令和指挥,或者在事件应急响应时临阵脱逃的;

(5)盗窃、贪污、挪用环境事件应急工作资金、装备和物资的;

(6)阻碍环境事件应急工作人员依法执行职务或者进行破坏活动的;

(7)散布谣言,扰乱社会秩序的;

(8)有其他对环境事件应急工作造成危害行为的。

7.5 预案实施时间

本预案自印发之日起实施。(完)

九、国家通信保障应急预案

1 总则

1.1 编制目的

建立健全国家通信保障和通信恢复应急工作机制,提高应对突发事件的组织指挥能力和应急处置能力,保证应急通信指挥调度工作迅速、高效、有序地进行,满足突发情况下通信保障和通信恢复工作的需要,确保通信的安全畅通。

1.2 编制依据

依据《中华人民共和国电信条例》、《中华人民共和国无线电管理条例》和《国家突发公共事件总体应急预案》等有关法规和规章制度,制定本预案。

1.3 适用范围

本预案适用于下述情况下的重大通信保障或通信恢复工作。

(1)特大通信事故;

(2)特别重大自然灾害、事故灾难、突发公共卫生事件、突发社会安全事件;

(3)党中央、国务院交办的重要通信保障任务。

1.4　工作原则

在党中央、国务院领导下,通信保障和通信恢复工作坚持统一指挥、分级负责,严密组织、密切协同,快速反应、保障有力的原则。

2　组织指挥体系及职责

2.1　国家通信保障应急组织机构及职责

信息产业部设立国家通信保障应急领导小组,负责领导、组织和协调全国的通信保障和通信恢复应急工作。

国家通信保障应急领导小组下设国家通信保障应急工作办公室,负责日常联络和事务处理工作。

2.2　组织体系框架描述

国家通信保障应急领导小组和国家通信保障应急工作办公室负责组织、协调相关省(区、市)通信管理局和基础电信运营企业通信保障应急管理机构,进行重大突发事件的通信保障和通信恢复应急工作。

各省(区、市)通信管理局设立电信行业省级通信保障应急工作管理机构,负责组织和协调本省(区、市)各基础电信运营企业通信保障应急管理机构,进行本省(区、市)的通信保障和通信恢复应急工作。

各基础电信运营企业总部和省级公司设立相应的通信保障应急工作管理机构,负责组织本企业内的通信保障和通信恢复应急工作。各基础电信运营企业省级公司受当地省(区、市)通信管理局和各基础电信运营企业总部的双重领导。

3　预防和预警机制

各级电信主管部门和基础电信运营企业应从制度建立、技术实现、业务管理等方面建立健全通信网络安全的预防和预警机制。

3.1　预防机制

各级电信主管部门要加强对各基础电信运营企业网络安全防护工作和应急处置准备工作的监督检查,保障通信网络的安全畅通。

3.2　预警监测

各级电信主管部门通信保障应急管理机构及基础电信运营企业都要建立相应的预警监测机制,加强通信保障预警信息的监测收集工作。

预警信息分为外部预警信息和内部预警信息两类。外部预警信息指电信行业外突发的可能需要通信保障或可能对通信网产生重大影响的事件警报。内部预警信息指电信行业内通信网上的事故征兆或部分通信网突发事故可能对其他通信网造成重大影响的事件警报。

各级电信主管部门要与国家、地方政府有关部门建立有效的信息沟通渠道,各级基础电信运营企业网络运行管理维护部门要对电信网络日常运行状况实时监测分析,及时发现预警信息。

3.3　预防预警行动

信息产业部获得外部预警信息后,通信保障应急领导小组应立即召开会议,研究部署通信保障应急工作的应对措施,通知相关基础电信运营企业做好预防和通信保障应急工作的各项准备工作。

基础电信运营企业通过监测获得内部预警信息后,应对预警信息加以分析,按照早发现、早报告、早处置的原则,对可能演变为严重通信事故的情况,及时报告国家通信保障应急工作办公室。国家通信保障应急工作办公室接到预警信息后,立即进行分析核实,经确认后,通知可能受到影响的其他基础电信运营企业,做好预防和应急准备工作。

3.4　预警分级和发布

3.4.1　预警分级

预警划分为四个等级:

Ⅰ级:因特别重大突发公共事件引发的,有可能造成多省(区、市)通信故障或大面积骨干网中断、通信枢纽楼遭到破坏等情况,及需要通信保障应急准备的重大情况;通信网络故障可能升级造成多省(区、市)通信故障或大面积骨干网中断的情况。

Ⅱ级:因重大突发公共事件引发的,有可能造成该省(区、市)多个基础电信运营企业所属网络通信故障的情况,及需要通信保障应急准备的情况;通信网络故障可能升级造成该省(区、市)多个基础电信运营企业所属网络通信故障的情况。

Ⅲ级:因较大突发公共事件引发的,有可能造成该省(区、市)某基础电信运营企业所属网络多点通信故障的情况；通信网络故障可能升级造成该省（区、市）某基础电信运营企业所属网络多点通信故障的情况。

Ⅳ级：因一般突发公共事件引发的，有可能造成该省（区、市）某基础电信运营企业所属网络局部通信故障的情况。

3.4.2　预警发布

国家通信保障应急领导小组可以确认并发布Ⅰ级预警信息；省（区、市）通信管理局通信保障应急管理机构可以确认并发布Ⅱ级、Ⅲ级和Ⅳ级预警信息。

各级通信保障应急管理机构应根据国家通信保障应急领导小组发布的预警信息，做好相应的通信保障应急准备工作。

4　应急响应

4.1　响应分级

突发事件发生时，按照分级负责、快速反应的原则，通信保障和通信恢复应急响应工作划分为四个等级：

Ⅰ级：突发事件造成多省通信故障或大面积骨干网中断、通信枢纽楼遭到破坏等重大影响，及国家有关部门下达的重要通信保障任务，由国家通信保障应急领导小组负责组织和协调，启动本预案。

Ⅱ级：突发事件造成某省（区、市）多基础电信运营企业通信故障或地方政府有关部门下达通信保障任务时，由各省（区、市）通信管理局的通信保障应急管理机构负责组织和协调，启动省（区、市）通信管理局通信保障应急预案，同时报国家通信保障应急工作办公室。

Ⅲ级：突发事件造成某省（区、市）某基础电信运营企业多点通信故障时，由相应基础电信运营企业通信保障应急管理机构负责相关的通信保障和通信恢复应急工作，启动基础电信运营企业相应的通信保障应急预案，同时报本省（区、市）通信管理局应急通信管理机构。

Ⅳ级：突发事件造成某省（区、市）某基础电信运营企业局部通信故障时，由相应基础电信运营企业通信保障应急管理机构负责相关的通信保障和通信恢复应急工作，启动基础电信运营企业相应的通信保障应急预案。

4.2　应急处置

本预案重点考虑发生Ⅰ级突发事件时的应急处置工作。

4.2.1　信息上报和处理

突发事件发生时,出现重大通信中断和通信设施损坏的企业和单位,应立即将情况上报信息产业部。信息产业部接到报告后,应在1小时内报国务院。

国家通信保障应急工作办公室获得突发事件信息后,应立即分析事件的严重性,及时向国家通信保障应急领导小组提出处理建议,由国家通信保障应急领导小组进行决策,并启动本预案。需要国务院进行协调的,应立即上报国务院。

启动本预案时,相应的通信管理局和基础电信运营企业的通信保障应急管理机构应提前或同时启动下级预案。

4.2.2　信息通报

在处置Ⅰ级突发事件过程中,国家通信保障应急领导小组应加强与通信保障应急任务下达单位或部门及相关基础电信运营企业的信息沟通,及时通报应急处置过程中的信息,提高通信保障和通信恢复工作效率。

基础电信运营企业应将相关信息及时通报与突发事件有关的政府部门、重要单位和用户。

4.2.3　通信保障应急任务下达

发生Ⅰ级突发事件时,国家通信保障应急工作办公室按照国家通信保障应急领导小组的指示,以书面或传真形式向有关省(区、市)通信管理局和基础电信运营企业下达任务通知书。接到任务通知书后,各单位应立即传达贯彻,成立现场通信保障应急指挥机构,并组织相应人员进行通信保障和通信恢复工作。

4.2.4　通信保障应急工作要求

相关省(区、市)通信管理局通信保障应急管理机构和基础电信运营企业收到任务通知书后,应立即开展通信保障和通信恢复应急工作。具体要求如下:

(1)通信保障及抢修遵循先中央、后地方,先重点、后一般的原则;

(2)应急通信系统应保持良好状态,实行24小时值班,所有人员应坚守工作岗位待命;

(3)主动与上级有关部门联系,及时通报有关情况;

(4)相关电信运营企业在执行通信保障任务和通信恢复过程中,应顾全大局,积极搞好企业间的协作配合,必要时由国家通信保障应急工作办公室进行统一协调;

(5)在组织执行任务过程中,现场通信保障应急指挥机构应及时上报任务执行情况。

4.2.5　通信保障应急任务结束

通信保障和通信恢复应急工作任务完成后,由国家通信保障应急领导小组下达解除任务通知书,现场应急通信指挥机构收到通知书后,任务正式结束。

4.2.6　调查、处理、后果评估与监督检查

信息产业部负责对特大通信事故原因进行调查、分析和处理,对事故后果进行评估,并对事故责任处理情况进行监督检查。

4.2.7　信息发布

由信息产业部负责有关的信息发布工作,必要时可授权省(区、市)通信管理局进行信息发布工作。

4.2.8　通信联络

在突发事件应急响应过程中,要确保应急处置系统内部机构之间和部门之间的通信联络畅通。通信联络方式主要采用固定电话、移动电话、会议电视、传真等。

5　后期处置

5.1　情况汇报和经验总结

通信保障和通信恢复应急任务结束后,信息产业部应做好突发事件中公众电信网络设施损失情况的统计、汇总,及任务完成情况总结和汇报,不断改进通信保障应急工作。

5.2　奖惩评定及表彰

为提高通信保障应急工作的效率和积极性,按照有关规定,对在通信保障和通信恢复应急过程中表现突出的单位和个人给予表彰,对保障不力,给国家和企业造成损失的单位和个人进行惩处。

6　保障措施

6.1　通信保障应急队伍

通信保障应急队伍由基础电信运营企业的网络管理、运行维护、工程及应急机动通信保障机构组成。各基础电信运营企业应不断加强通信保障应急队伍的建设,以满足国家通信保障和通信恢复应急工作的需要。

6.2　物资保障

基础电信运营企业应建立必要的通信保障应急资源的保障机制，并按照通信保障应急工作需要配备必要的通信保障应急装备，加强对应急资源及装备的管理、维护和保养，以备随时紧急调用。

6.3　必备资料

各基础电信运营企业应急管理机构必须备有地图、各种通信保障应急预案、通信调度预案和异常情况处理流程图、物资储备清单和相关单位、部门及主管领导联系方式。

6.4　技术储备与保障

信息产业部在平时应加强技术储备与保障管理工作，建立通信保障应急管理机构与专家的日常联系和信息沟通机制，在决策重大通信保障和通信恢复方案过程中认真听取专家意见和建议。

适时组织相关专家和机构分析当前通信网络安全形势，对通信保障应急预案及实施进行评估，开展通信保障的现场研究，加强技术储备。

6.5　宣传、培训和演习

各级通信保障应急管理机构应加强对通信网络安全和通信保障应急的宣传教育工作，定期或不定期地对有关通信保障应急指挥管理机构和保障人员进行技术培训和应急演练，保证应急预案的有效实施，不断提高通信保障应急的能力。

6.6　通信保障应急工作监督检查制度

各级通信保障应急管理机构应加强对通信保障应急工作的监督和检查，做到居安思危、常备不懈。

6.7　需要其他部门保障的工作

6.7.1　交通运输保障

为了保证突发事件发生时通信保障应急车辆及通信物资能够迅速抵达事发地点，国家或地方交通管理部门为应急通信车辆配置执行应急任务特许通行证。在特殊情况下，国家或地方交通部门应负责为应急通信物资的调配提供必要的交通运输工具支持，以保证应急物资迅速到达。

6.7.2　电力保障

突发事件发生时，国家或地方电力部门优先保证通信设施的供电需求。

6.7.3　经费保障

因通信事故造成的通信保障处置费用，由电信运营企业承担；处置突发事件产生的通信保障费用,参照《国家财政应急保障预案》执行。

7 附则

7.1 名词术语说明

(1)通信是指电信网络。

(2)特大通信事故是指由突发事件造成的通信枢纽楼破坏、大面积骨干网中断等情况。

(3)各基础电信运营企业是指中国电信集团公司、中国网络通信集团公司、中国移动通信集团公司、中国联合通信有限公司、中国卫星通信集团公司、中国铁通集团有限公司等。

7.2 预案管理与更新

本预案由信息产业部负责管理和更新,由国家通信保障应急工作办公室根据国家通信保障应急领导小组的命令和指示启动。预案坚持周期性的评审原则,每年一次,根据需要及时进行修改。

7.3 预案生效

本预案自印发之日起生效。

第三节 公共卫生事件类

一、国家突发公共事件医疗卫生救援应急预案

1 总则

1.1 编制目的

保障自然灾害、事故灾难、公共卫生、社会安全事件等突发公共事件(以下简称突发公共事件)发生后,各项医疗卫生救援工作迅速、高效、有序地进行,提高卫生部门应对各类突发公共事件的应急反应能力和医疗卫生救援水平,最大程度地减少人员伤亡和健康危害,保障人民群众身体健康和生命安全,维护社会稳定。

1.2 编制依据

依据《中华人民共和国传染病防治法》、《中华人民共和国食品卫生法》、《中华人民共和国职业病防治法》、《中华人民共和国放射性污染防治法》、《中华人民共和国安全生产法》以及《突发公共卫生事件应急条例》、《医疗机构管

理条例》、《核电厂核事故应急管理条例》和《国家突发公共事件总体应急预案》,制定本预案。

1.3　适用范围

本预案适用于突发公共事件所导致的人员伤亡、健康危害的医疗卫生救援工作。突发公共卫生事件应急工作按照《国家突发公共卫生事件应急预案》的有关规定执行。

1.4　工作原则

统一领导、分级负责;属地管理、明确职责;依靠科学、依法规范;反应及时、措施果断;整合资源、信息共享;平战结合、常备不懈;加强协作、公众参与。

2　医疗卫生救援的事件分级

根据突发公共事件导致人员伤亡和健康危害情况将医疗卫生救援事件分为特别重大(Ⅰ级)、重大(Ⅱ级)、较大(Ⅲ级)和一般(Ⅳ级)四级。

2.1　特别重大事件(Ⅰ级)

(1)一次事件出现特别重大人员伤亡,且危重人员多,或者核事故和突发放射事件、化学品泄漏事故导致大量人员伤亡,事件发生地省级人民政府或有关部门请求国家在医疗卫生救援工作上给予支持的突发公共事件。

(2)跨省(区、市)的有特别严重人员伤亡的突发公共事件。

(3)国务院及其有关部门确定的其他需要开展医疗卫生救援工作的特别重大突发公共事件。

2.2　重大事件(Ⅱ级)

(1)一次事件出现重大人员伤亡,其中,死亡和危重病例超过5例的突发公共事件。

(2)跨市(地)的有严重人员伤亡的突发公共事件。

(3)省级人民政府及其有关部门确定的其他需要开展医疗卫生救援工作的重大突发公共事件。

2.3　较大事件(Ⅲ级)

(1)一次事件出现较大人员伤亡,其中,死亡和危重病例超过3例的突发公共事件。

(2)市(地)级人民政府及其有关部门确定的其他需要开展医疗卫生救援工作的较大突发公共事件。

2.4　一般事件(Ⅳ级)

(1)一次事件出现一定数量人员伤亡,其中,死亡和危重病例超过1例的突发公共事件。

(2)县级人民政府及其有关部门确定的其他需要开展医疗卫生救援工作的一般突发公共事件。

3　医疗卫生救援组织体系

各级卫生行政部门要在同级人民政府或突发公共事件应急指挥机构的统一领导、指挥下,与有关部门密切配合、协调一致,共同应对突发公共事件,做好突发公共事件的医疗卫生救援工作。

医疗卫生救援组织机构包括:各级卫生行政部门成立的医疗卫生救援领导小组、专家组和医疗卫生救援机构[指各级各类医疗机构,包括医疗急救中心(站)、综合医院、专科医院、化学中毒和核辐射事故应急医疗救治专业机构、疾病预防控制机构和卫生监督机构]、现场医疗卫生救援指挥部。

3.1　医疗卫生救援领导小组

国务院卫生行政部门成立突发公共事件医疗卫生救援领导小组,领导、组织、协调、部署特别重大突发公共事件的医疗卫生救援工作。国务院卫生行政部门卫生应急办公室负责日常工作。

省、市(地)、县级卫生行政部门成立相应的突发公共事件医疗卫生救援领导小组,领导本行政区域内突发公共事件医疗卫生救援工作,承担各类突发公共事件医疗卫生救援的组织、协调任务,并指定机构负责日常工作。

3.2　专家组

各级卫生行政部门应组建专家组,对突发公共事件医疗卫生救援工作提供咨询建议、技术指导和支持。

3.3　医疗卫生救援机构

各级各类医疗机构承担突发公共事件的医疗卫生救援任务。其中,各级医疗急救中心(站)、化学中毒和核辐射事故应急医疗救治专业机构承担突发公共事件现场医疗卫生救援和伤员转送;各级疾病预防控制机构和卫生监督机构根据各自职能做好突发公共事件中的疾病预防控制和卫生监督工作。

3.4　现场医疗卫生救援指挥部

各级卫生行政部门根据实际工作需要在突发公共事件现场设立现场医疗卫生救援指挥部,统一指挥、协调现场医疗卫生救援工作。

4　医疗卫生救援应急响应和终止

4.1 医疗卫生救援应急分级响应

4.1.1 Ⅰ级响应

(1)Ⅰ级响应的启动

符合下列条件之一者,启动医疗卫生救援应急的Ⅰ级响应:

a. 发生特别重大突发公共事件,国务院启动国家突发公共事件总体应急预案。

b. 发生特别重大突发公共事件,国务院有关部门启动国家突发公共事件专项应急预案。

c. 其他符合医疗卫生救援特别重大事件(Ⅰ级)级别的突发公共事件。

(2)Ⅰ级响应行动

国务院卫生行政部门接到关于医疗卫生救援特别重大事件的有关指示、通报或报告后,应立即启动医疗卫生救援领导小组工作,组织专家对伤病员及救治情况进行综合评估,组织和协调医疗卫生救援机构开展现场医疗卫生救援,指导和协调落实医疗救治等措施,并根据需要及时派出专家和专业队伍支援地方,及时向国务院和国家相关突发公共事件应急指挥机构报告和反馈有关处理情况。凡属启动国家总体应急预案和专项应急预案的响应,医疗卫生救援领导小组按相关规定启动工作。

事件发生地的省(区、市)人民政府卫生行政部门在国务院卫生行政部门的指挥下,结合本行政区域的实际情况,组织、协调开展突发公共事件的医疗卫生救援。

4.1.2 Ⅱ级响应

(1)Ⅱ级响应的启动

符合下列条件之一者,启动医疗卫生救援应急的Ⅱ级响应:

a. 发生重大突发公共事件,省级人民政府启动省级突发公共事件应急预案。

b. 发生重大突发公共事件,省级有关部门启动省级突发公共事件专项应急预案。

c. 其他符合医疗卫生救援重大事件(Ⅱ级)级别的突发公共事件。

(2)Ⅱ级响应行动

省级卫生行政部门接到关于医疗卫生救援重大事件的有关指示、通报或报告后,应立即启动医疗卫生救援领导小组工作,组织专家对伤病员及救治情况进行综合评估。同时,迅速组织医疗卫生救援应急队伍和有关人员到达突发公共事件现场,组织开展医疗救治,并分析突发公共事件的发展趋势,提出应急处理工作建议,及时向本级人民政府和突发公共事件应急指挥机构报告有关处理情况。凡属启动省级应急预案和省级专项应急预案的响应,医疗卫生救援领导小组按相关规定启动工作。

国务院卫生行政部门对省级卫生行政部门负责的突发公共事件医疗卫生救援工作进行督导,根据需要和事件发生地省级人民政府和有关部门的请求,组织国家医疗卫生救援应急队伍和有关专家进行支援,并及时向有关省份通报情况。

4.1.3　Ⅲ级响应

(1) Ⅲ级响应的启动

符合下列条件之一者,启动医疗卫生救援应急的Ⅲ级响应:

a. 发生较大突发公共事件,市(地)级人民政府启动市(地)级突发公共事件应急预案。

b. 其他符合医疗卫生救援较大事件(Ⅲ级)级别的突发公共事件。

(2) Ⅲ级响应行动

市(地)级卫生行政部门接到关于医疗卫生救援较大事件的有关指示、通报或报告后,应立即启动医疗卫生救援领导小组工作,组织专家对伤病员及救治情况进行综合评估。同时,迅速组织开展现场医疗卫生救援工作,并及时向本级人民政府和突发公共事件应急指挥机构报告有关处理情况。凡属启动市(地)级应急预案的响应,医疗卫生救援领导小组按相关规定启动工作。

省级卫生行政部门接到医疗卫生救援较大事件报告后,要对事件发生地突发公共事件医疗卫生救援工作进行督导,必要时组织专家提供技术指导和支持,并适时向本省(区、市)有关地区发出通报。

4.1.4　Ⅳ级响应

(1) Ⅳ级响应的启动

符合下列条件之一者,启动医疗卫生救援应急的Ⅳ级响应:

a. 发生一般突发公共事件,县级人民政府启动县级突发公共事件应急预案。

b. 其他符合医疗卫生救援一般事件(Ⅳ级)级别的突发公共事件。

(2) Ⅳ级响应行动

县级卫生行政部门接到关于医疗卫生救援一般事件的有关指示、通报或报告后，应立即启动医疗卫生救援领导小组工作，组织医疗卫生救援机构开展突发公共事件的现场处理工作，组织专家对伤病员及救治情况进行调查、确认和评估，同时向本级人民政府和突发公共事件应急指挥机构报告有关处理情况。凡属启动县级应急预案的响应，医疗卫生救援领导小组按相关规定启动工作。

市（地）级卫生行政部门在必要时应当快速组织专家对突发公共事件医疗卫生救援进行技术指导。

4.2　现场医疗卫生救援及指挥

医疗卫生救援应急队伍在接到救援指令后要及时赶赴现场，并根据现场情况全力开展医疗卫生救援工作。在实施医疗卫生救援的过程中，既要积极开展救治，又要注重自我防护，确保安全。

为了及时准确掌握现场情况，做好现场医疗卫生救援指挥工作，使医疗卫生救援工作紧张有序地进行，有关卫生行政部门应在事发现场设置现场医疗卫生救援指挥部，主要或分管领导同志要亲临现场，靠前指挥，减少中间环节，提高决策效率，加快抢救进程。现场医疗卫生救援指挥部要接受突发公共事件现场处置指挥机构的领导，加强与现场各救援部门的沟通与协调。

4.2.1　现场抢救

到达现场的医疗卫生救援应急队伍，要迅速将伤员转送出危险区，本着“先救命后治伤、先救重后救轻”的原则开展工作，按照国际统一的标准对伤病员进行检伤分类，分别用蓝、黄、红、黑四种颜色，对轻、重、危重伤病员和死亡人员作出标志（分类标记用塑料材料制成腕带），扣系在伤病员或死亡人员的手腕或脚踝部位，以便后续救治辨认或采取相应的措施。

4.2.2　转送伤员

当现场环境处于危险或在伤病员情况允许时，要尽快将伤病员转送并做好以下工作：

（1）对已经检伤分类待送的伤病员进行复检。对有活动性大出血或转运途中有生命危险的急危重症者，应就地先予抢救、治疗，做必要的处理后再进行监护下转运。

（2）认真填写转运卡提交接纳的医疗机构，并报现场医疗卫生救援指挥部汇总。

(3)在转运中,医护人员必须在医疗仓内密切观察伤病员病情变化,并确保治疗持续进行。

(4)在转运过程中要科学搬运,避免造成二次损伤。

(5)合理分流伤病员或按现场医疗卫生救援指挥部指定的地点转送,任何医疗机构不得以任何理由拒诊、拒收伤病员。

4.3　疾病预防控制和卫生监督工作

突发公共事件发生后,有关卫生行政部门要根据情况组织疾病预防控制和卫生监督等有关专业机构和人员,开展卫生学调查和评价、卫生执法监督,采取有效的预防控制措施,防止各类突发公共事件造成的次生或衍生突发公共卫生事件的发生,确保大灾之后无大疫。

4.4　信息报告和发布

医疗急救中心(站)和其他医疗机构接到突发公共事件的报告后,在迅速开展应急医疗卫生救援工作的同时,立即将人员伤亡、抢救等情况报告现场医疗卫生救援指挥部或当地卫生行政部门。

现场医疗卫生救援指挥部、承担医疗卫生救援任务的医疗机构要每日向上级卫生行政部门报告伤病员情况、医疗救治进展等,重要情况要随时报告。有关卫生行政部门要及时向本级人民政府和突发公共事件应急指挥机构报告有关情况。

各级卫生行政部门要认真做好突发公共事件医疗卫生救援信息发布工作。

4.5　医疗卫生救援应急响应的终止

突发公共事件现场医疗卫生救援工作完成,伤病员在医疗机构得到救治,经本级人民政府或同级突发公共事件应急指挥机构批准,或经同级卫生行政部门批准,医疗卫生救援领导小组可宣布医疗卫生救援应急响应终止,并将医疗卫生救援应急响应终止的信息报告上级卫生行政部门。

5　医疗卫生救援的保障

突发公共事件应急医疗卫生救援机构和队伍的建设,是国家突发公共卫生事件预防控制体系建设的重要组成部分,各级卫生行政部门应遵循"平战结合、常备不懈"的原则,加强突发公共事件医疗卫生救援工作的组织和队伍建设,组建医疗卫生救援应急队伍,制订各种医疗卫生救援应急技术方案,保证突发公共事件医疗卫生救援工作的顺利开展。

5.1　信息系统

在充分利用现有资源的基础上建设医疗救治信息网络，实现医疗机构与卫生行政部门之间，以及卫生行政部门与相关部门间的信息共享。

5.2　急救机构

各直辖市、省会城市可根据服务人口和医疗救治的需求，建立一个相应规模的医疗急救中心（站），并完善急救网络。每个市（地）、县（市）可依托综合力量较强的医疗机构建立急救机构。

5.3　化学中毒与核辐射医疗救治机构

按照“平战结合”的原则，依托专业防治机构或综合医院建立化学中毒医疗救治和核辐射应急医疗救治专业机构，依托实力较强的综合医院建立化学中毒、核辐射应急医疗救治专业科室。

5.4　医疗卫生救援应急队伍

各级卫生行政部门组建综合性医疗卫生救援应急队伍，并根据需要建立特殊专业医疗卫生救援应急队伍。

各级卫生行政部门要保证医疗卫生救援工作队伍的稳定，严格管理，定期开展培训和演练，提高应急救治能力。

医疗卫生救援演练需要公众参与的，必须报经本级人民政府同意。

5.5　物资储备

卫生行政部门提出医疗卫生救援应急药品、医疗器械、设备、快速检测器材和试剂、卫生防护用品等物资的储备计划建议。发展改革部门负责组织应急物资的生产、储备和调运，保证供应，维护市场秩序，保持物价稳定。应急储备物资使用后要及时补充。

5.6　医疗卫生救援经费

财政部门负责安排应由政府承担的突发公共事件医疗卫生救援所必需的经费，并做好经费使用情况监督工作。

自然灾害导致的人员伤亡，各级财政按照有关规定承担医疗救治费用或给予补助。

安全生产事故引起的人员伤亡，事故发生单位应向医疗急救中心（站）或相关医疗机构支付医疗卫生救援过程中发生的费用，有关部门应负责督促落实。

社会安全突发事件中发生的人员伤亡，由有关部门确定的责任单位或责任人承担医疗救治费用,有关部门应负责督促落实。各级财政可根据有关政策规定或本级人民政府的决定对医疗救治费用给予补助。

各类保险机构要按照有关规定对参加人身、医疗、健康等保险的伤亡人员,做好理赔工作。

5.7 医疗卫生救援的交通运输保障

各级医疗卫生救援应急队伍要根据实际工作需要配备救护车辆、交通工具和通讯设备。

铁路、交通、民航、公安(交通管理)等有关部门,要保证医疗卫生救援人员和物资运输的优先安排、优先调度、优先放行,确保运输安全畅通。情况特别紧急时,对现场及相关通道实行交通管制,开设应急救援“绿色通道”,保证医疗卫生救援工作的顺利开展。

5.8 其他保障

公安机关负责维护突发公共事件现场治安秩序,保证现场医疗卫生救援工作的顺利进行。

科技部门制定突发公共事件医疗卫生救援应急技术研究方案,组织科研力量开展医疗卫生救援应急技术科研攻关,统一协调、解决检测技术及药物研发和应用中的科技问题。

海关负责突发公共事件医疗卫生救援急需进口特殊药品、试剂、器材的优先通关验放工作。

食品药品监管部门负责突发公共事件医疗卫生救援药品、医疗器械和设备的监督管理,参与组织特殊药品的研发和生产,并组织对特殊药品进口的审批。

红十字会按照《中国红十字会总会自然灾害与突发公共事件应急预案》,负责组织群众开展现场自救和互救,做好相关工作。并根据突发公共事件的具体情况,向国内外发出呼吁,依法接受国内外组织和个人的捐赠,提供急需的人道主义援助。

总后卫生部负责组织军队有关医疗卫生技术人员和力量,支持和配合突发公共事件医疗卫生救援工作。

6 医疗卫生救援的公众参与

各级卫生行政部门要做好突发公共事件医疗卫生救援知识普及的组织工作;中央和地方广播、电视、报刊、互联网等媒体要扩大对社会公众的宣传教育;各部门、企事业单位、社会团体要加强对所属人员的宣传教育;各医疗卫生机构要做好宣传资料的提供和师资培训工作。在广泛普及医疗卫生救援知识的基础上逐步组建以公安干警、企事业单位安全员和卫生员为骨干的群众性救助网络,经过培训和演练提高其自救、互救能力。

7　附则

7.1　责任与奖惩

突发公共事件医疗卫生救援工作实行责任制和责任追究制。

各级卫生行政部门,对突发公共事件医疗卫生救援工作作出贡献的先进集体和个人要给予表彰和奖励。对失职、渎职的有关责任人,要依据有关规定严肃追究责任,构成犯罪的,依法追究刑事责任。

7.2　预案制定与修订

本预案由国务院卫生行政部门组织制定并报国务院审批发布。各地区可结合实际制定本地区的突发公共事件医疗卫生救援应急预案。

本预案定期进行评审,根据突发公共事件医疗卫生救援实施过程中发现的问题及时进行修订和补充。

7.3　预案实施时间

本预案自印发之日起实施。

二、国家突发公共卫生事件应急预案

1　总则

1.1　编制目的

有效预防、及时控制和消除突发公共卫生事件及其危害,指导和规范各类突发公共卫生事件的应急处理工作,最大程度地减少突发公共卫生事件对公众健康造成的危害,保障公众身心健康与生命安全。

1.2　编制依据

依据《中华人民共和国传染病防治法》、《中华人民共和国食品卫生法》、《中华人民共和国职业病防治法》、《中华人民共和国国境卫生检疫法》、《突发公共卫生事件应急条例》、《国内交通卫生检疫条例》和《国家突发公共事件总体应急预案》,制定本预案。

1.3　突发公共卫生事件的分级

根据突发公共卫生事件性质、危害程度、涉及范围,突发公共卫生事件划分为特别重大（Ⅰ级）、重大（Ⅱ级）、较大（Ⅲ级）和一般（Ⅳ级）四级。

其中，特别重大突发公共卫生事件主要包括：

（1）肺鼠疫、肺炭疽在大、中城市发生并有扩散趋势，或肺鼠疫、肺炭疽疫情波及2个以上的省份，并有进一步扩散趋势。

（2）发生传染性非典型肺炎、人感染高致病性禽流感病例，并有扩散趋势。

（3）涉及多个省份的群体性不明原因疾病，并有扩散趋势。

（4）发生新传染病或我国尚未发现的传染病发生或传入，并有扩散趋势，或发现我国已消灭的传染病重新流行。

（5）发生烈性病菌株、毒株、致病因子等丢失事件。

（6）周边以及与我国通航的国家和地区发生特大传染病疫情，并出现输入性病例，严重危及我国公共卫生安全的事件。

（7）国务院卫生行政部门认定的其他特别重大突发公共卫生事件。

1.4　适用范围

本预案适用于突然发生，造成或者可能造成社会公众身心健康严重损害的重大传染病、群体性不明原因疾病、重大食物和职业中毒以及因自然灾害、事故灾难或社会安全等事件引起的严重影响公众身心健康的公共卫生事件的应急处理工作。

其他突发公共事件中涉及的应急医疗救援工作，另行制定有关预案。

1.5　工作原则

（1）预防为主，常备不懈。提高全社会对突发公共卫生事件的防范意识，落实各项防范措施，做好人员、技术、物资和设备的应急储备工作。对各类可能引发突发公共卫生事件的情况要及时进行分析、预警，做到早发现、早报告、早处理。

（2）统一领导，分级负责。根据突发公共卫生事件的范围、性质和危害程度，对突发公共卫生事件实行分级管理。各级人民政府负责突发公共卫生事件应急处理的统一领导和指挥，各有关部门按照预案规定，在各自的职责范围内做好突发公共卫生事件应急处理的有关工作。

（3）依法规范，措施果断。地方各级人民政府和卫生行政部门要按照相关法律、法规和规章的规定，完善突发公共卫生事件应急体系，建立健全系统、规范的突发公共卫生事件应急处理工作制度，对突发公共卫生事件和可能发生的公共卫生事件做出快速反应，及时、有效开展监测、报告和处理工作。

（4）依靠科学，加强合作。突发公共卫生事件应急工作要充分尊重和依靠科学，要重视开展防范和处理突发公共卫生事件的科研和培训，为突发公共卫生事件应急处理提供科技保障。各有关部门和单位要通力合作、资源共享，有效应对突发公共卫生事件。要广泛组织、动员公众参与突发公共卫生事件的应急处理。

2　应急组织体系及职责

2.1　应急指挥机构

卫生部依照职责和本预案的规定，在国务院统一领导下，负责组织、协调全国突发公共卫生事件应急处理工作，并根据突发公共卫生事件应急处理工作的实际需要，提出成立全国突发公共卫生事件应急指挥部。

地方各级人民政府卫生行政部门依照职责和本预案的规定，在本级人民政府统一领导下，负责组织、协调本行政区域内突发公共卫生事件应急处理工作，并根据突发公共卫生事件应急处理工作的实际需要，向本级人民政府提出成立地方突发公共卫生事件应急指挥部的建议。

各级人民政府根据本级人民政府卫生行政部门的建议和实际工作需要，决定是否成立国家和地方应急指挥部。

地方各级人民政府及有关部门和单位要按照属地管理的原则，切实做好本行政区域内突发公共卫生事件应急处理工作。

2.1.1　全国突发公共卫生事件应急指挥部的组成和职责

全国突发公共卫生事件应急指挥部负责对特别重大突发公共卫生事件的统一领导、统一指挥，作出处理突发公共卫生事件的重大决策。指挥部成员单位根据突发公共卫生事件的性质和应急处理的需要确定。

2.1.2　省级突发公共卫生事件应急指挥部的组成和职责

省级突发公共卫生事件应急指挥部由省级人民政府有关部门组成，实行属地管理的原则，负责对本行政区域内突发公共卫生事件应急处理的协调和指挥，作出处理本行政区域内突发公共卫生事件的决策，决定要采取的措施。

2.2　日常管理机构

国务院卫生行政部门设立卫生应急办公室（突发公共卫生事件应急指挥中心），负责全国突发公共卫生事件应急处理的日常管理工作。

各省、自治区、直辖市人民政府卫生行政部门及军队、武警系统要参照国务院卫生行政部门突发公共卫生事件日常管理机构的设置及职责，结合各自实际情况，指定突发公共卫生事件的日常管理机构，负责本行政区域或本系统内突发公共卫生事件应急的协调、管理工作。

各市（地）级、县级卫生行政部门要指定机构负责本行政区域内突发公共卫生事件应急的日常管理工作。

2.3　专家咨询委员会

国务院卫生行政部门和省级卫生行政部门负责组建突发公共卫生事件专家咨询委员会。

市（地）级和县级卫生行政部门可根据本行政区域内突发公共卫生事件应急工作需要，组建突发公共卫生事件应急处理专家咨询委员会。

2.4　应急处理专业技术机构

医疗机构、疾病预防控制机构、卫生监督机构、出入境检验检疫机构是突发公共卫生事件应急处理的专业技术机构。应急处理专业技术机构要结合本单位职责开展专业技术人员处理突发公共卫生事件能力培训，提高快速应对能力和技术水平，在发生突发公共卫生事件时，要服从卫生行政部门的统一指挥和安排，开展应急处理工作。

3　突发公共卫生事件的监测、预警与报告

3.1　监测

国家建立统一的突发公共卫生事件监测、预警与报告网络体系。各级医疗、疾病预防控制、卫生监督和出入境检疫机构负责开展突发公共卫生事件的日常监测工作。

省级人民政府卫生行政部门要按照国家统一规定和要求，结合实际，组织开展重点传染病和突发公共卫生事件的主动监测。

国务院卫生行政部门和地方各级人民政府卫生行政部门要加强对监测工作的管理和监督，保证监测质量。

3.2　预警

各级人民政府卫生行政部门根据医疗机构、疾病预防控制机构、卫生监督机构提供的监测信息，按照公共卫生事件的发生、发展规律和特点，及时分析其对公众身心健康的危害程度、可能的发展趋势，及时做出预警。

3.3　报告

任何单位和个人都有权向国务院卫生行政部门和地方各级人民政府及其

有关部门报告突发公共卫生事件及其隐患,也有权向上级政府部门举报不履行或者不按照规定履行突发公共卫生事件应急处理职责的部门、单位及个人。

县级以上各级人民政府卫生行政部门指定的突发公共卫生事件监测机构、各级各类医疗卫生机构、卫生行政部门、县级以上地方人民政府和检验检疫机构、食品药品监督管理机构、环境保护监测机构、教育机构等有关单位为突发公共卫生事件的责任报告单位。执行职务的各级各类医疗卫生机构的医疗卫生人员、个体开业医生为突发公共卫生事件的责任报告人。

突发公共卫生事件责任报告单位要按照有关规定及时、准确地报告突发公共卫生事件及其处置情况。

4　突发公共卫生事件的应急反应和终止

4.1　应急反应原则

发生突发公共卫生事件时,事发地的县级、市(地)级、省级人民政府及其有关部门按照分级响应的原则,作出相应级别应急反应。同时,要遵循突发公共卫生事件发生发展的客观规律,结合实际情况和预防控制工作的需要,及时调整预警和反应级别,以有效控制事件,减少危害和影响。要根据不同类别突发公共卫生事件的性质和特点,注重分析事件的发展趋势,对事态和影响不断扩大的事件,应及时升级预警和反应级别;对范围局限、不会进一步扩散的事件,应相应降低反应级别,及时撤销预警。

国务院有关部门和地方各级人民政府及有关部门对在学校、区域性或全国性重要活动期间等发生的突发公共卫生事件,要高度重视,可相应提高报告和反应级别,确保迅速、有效控制突发公共卫生事件,维护社会稳定。

突发公共卫生事件应急处理要采取边调查、边处理、边抢救、边核实的方式,以有效措施控制事态发展。

事发地之外的地方各级人民政府卫生行政部门接到突发公共卫生事件情况通报后,要及时通知相应的医疗卫生机构,组织做好应急处理所需的人员与物资准备,采取必要的预防控制措施,防止突发公共卫生事件在本行政区域内发生,并服从上一级人民政府卫生行政部门的统一指挥和调度,支援突发公共卫生事件发生地区的应急处理工作。

4.2　应急反应措施

4.2.1　各级人民政府

(1)组织协调有关部门参与突发公共卫生事件的处理。

(2)根据突发公共卫生事件处理需要,调集本行政区域内各类人员、物资、交通工具和相关设施、设备参加应急处理工作。涉及危险化学品管理和运输安全的,有关部门要严格执行相关规定,防止事故发生。

(3)划定控制区域:甲类、乙类传染病暴发、流行时,县级以上地方人民政府报经上一级地方人民政府决定,可以宣布疫区范围;经省、自治区、直辖市人民政府决定,可以对本行政区域内甲类传染病疫区实施封锁;封锁大、中城市的疫区或者封锁跨省(区、市)的疫区,以及封锁疫区导致中断干线交通或者封锁国境的,由国务院决定。对重大食物中毒和职业中毒事故,根据污染食品扩散和职业危害因素波及的范围,划定控制区域。

(4)疫情控制措施:当地人民政府可以在本行政区域内采取限制或者停止集市、集会、影剧院演出,以及其他人群聚集的活动;停工、停业、停课;封闭或者封存被传染病病原体污染的公共饮用水源、食品以及相关物品等紧急措施;临时征用房屋、交通工具以及相关设施和设备。

(5)流动人口管理:对流动人口采取预防工作,落实控制措施,对传染病病人、疑似病人采取就地隔离、就地观察、就地治疗的措施,对密切接触者根据情况采取集中或居家医学观察。

(6)实施交通卫生检疫:组织铁路、交通、民航、质检等部门在交通站点和出入境口岸设置临时交通卫生检疫站,对出入境、进出疫区和运行中的交通工具及其乘运人员和物资、宿主动物进行检疫查验,对病人、疑似病人及其密切接触者实施临时隔离、留验和向地方卫生行政部门指定的机构移交。

(7)信息发布:突发公共卫生事件发生后,有关部门要按照有关规定作好信息发布工作,信息发布要及时主动、准确把握,实事求是,正确引导舆论,注重社会效果。

(8)开展群防群治:街道、乡(镇)以及居委会、村委会协助卫生行政部门和其他部门、医疗机构,做好疫情信息的收集、报告、人员分散隔离及公共卫生措施的实施工作。

(9)维护社会稳定:组织有关部门保障商品供应,平抑物价,防止哄抢;严厉打击造谣传谣、哄抬物价、囤积居奇、制假售假等违法犯罪和扰乱社会治安的行为。

4.2.2　卫生行政部门

(1)组织医疗机构、疾病预防控制机构和卫生监督机构开展突发公共卫生事件的调查与处理。

(2)组织突发公共卫生事件专家咨询委员会对突发公共卫生事件进行评估,提出启动突发公共卫生事件应急处理的级别。

(3)应急控制措施:根据需要组织开展应急疫苗接种、预防服药。

(4)督导检查:国务院卫生行政部门组织对全国或重点地区的突发公共卫生事件应急处理工作进行督导和检查。省、市(地)级以及县级卫生行政部门负责对本行政区域内的应急处理工作进行督察和指导。

(5)发布信息与通报:国务院卫生行政部门或经授权的省、自治区、直辖市人民政府卫生行政部门及时向社会发布突发公共卫生事件的信息或公告。国务院卫生行政部门及时向国务院各有关部门和各省、自治区、直辖市卫生行政部门以及军队有关部门通报突发公共卫生事件情况。对涉及跨境的疫情线索,由国务院卫生行政部门向有关国家和地区通报情况。

(6)制订技术标准和规范:国务院卫生行政部门对新发现的突发传染病、不明原因的群体性疾病、重大中毒事件,组织力量制订技术标准和规范,及时组织全国培训。地方各级卫生行政部门开展相应的培训工作。

(7)普及卫生知识。针对事件性质,有针对性地开展卫生知识宣教,提高公众健康意识和自我防护能力,消除公众心理障碍,开展心理危机干预工作。

(8)进行事件评估:组织专家对突发公共卫生事件的处理情况进行综合评估,包括事件概况、现场调查处理概况、病人救治情况、所采取的措施、效果评价等。

4.2.3 医疗机构

(1)开展病人接诊、收治和转运工作,实行重症和普通病人分开管理,对疑似病人及时排除或确诊。

(2)协助疾控机构人员开展标本的采集、流行病学调查工作。

(3)做好医院内现场控制、消毒隔离、个人防护、医疗垃圾和污水处理工作,防止院内交叉感染和污染。

(4)做好传染病和中毒病人的报告。对因突发公共卫生事件而引起身体伤害的病人,任何医疗机构不得拒绝接诊。

(5)对群体性不明原因疾病和新发传染病做好病例分析与总结,积累诊断治疗的经验。重大中毒事件,按照现场救援、病人转运、后续治疗相结合的原则进行处置。

(6)开展科研与国际交流：开展与突发事件相关的诊断试剂、药品、防护用品等方面的研究。开展国际合作，加快病源查寻和病因诊断。

4.2.4　疾病预防控制机构

(1)突发公共卫生事件信息报告：国家、省、市（地）、县级疾控机构做好突发公共卫生事件的信息收集、报告与分析工作。

(2)开展流行病学调查：疾控机构人员到达现场后，尽快制订流行病学调查计划和方案，地方专业技术人员按照计划和方案，开展对突发事件累及人群的发病情况、分布特点进行调查分析，提出并实施有针对性的预防控制措施；对传染病病人、疑似病人、病原携带者及其密切接触者进行追踪调查，查明传播链，并向相关地方疾病预防控制机构通报情况。

(3)实验室检测：中国疾病预防控制中心和省级疾病预防控制机构指定的专业技术机构在地方专业机构的配合下，按有关技术规范采集足量、足够的标本，分送省级和国家应急处理功能网络实验室检测，查找致病原因。

(4)开展科研与国际交流：开展与突发事件相关的诊断试剂、疫苗、消毒方法、医疗卫生防护用品等方面的研究。开展国际合作，加快病源查寻和病因诊断。

(5)制订技术标准和规范：中国疾病预防控制中心协助卫生行政部门制订全国新发现的突发传染病、不明原因的群体性疾病、重大中毒事件的技术标准和规范。

(6)开展技术培训：中国疾病预防控制中心具体负责全国省级疾病预防控制中心突发公共卫生事件应急处理专业技术人员的应急培训。各省级疾病预防控制中心负责县级以上疾病预防控制机构专业技术人员的培训工作。

4.2.5　卫生监督机构

(1)在卫生行政部门的领导下，开展对医疗机构、疾病预防控制机构突发公共卫生事件应急处理各项措施落实情况的督导、检查。

(2)围绕突发公共卫生事件应急处理工作，开展食品卫生、环境卫生、职业卫生等的卫生监督和执法稽查。

(3)协助卫生行政部门依据《突发公共卫生事件应急条例》和有关法律法规，调查处理突发公共卫生事件应急工作中的违法行为。

4.2.6　出入境检验检疫机构

(1)突发公共卫生事件发生时，调动出入境检验检疫机构技术力量，配合当地卫生行政部门做好口岸的应急处理工作。

(2)及时上报口岸突发公共卫生事件信息和情况变化。

4.2.7　非事件发生地区的应急反应措施

未发生突发公共卫生事件的地区应根据其他地区发生事件的性质、特点、发生区域和发展趋势,分析本地区受波及的可能性和程度,重点做好以下工作:

(1)密切保持与事件发生地区的联系,及时获取相关信息。

(2)组织做好本行政区域应急处理所需的人员与物资准备。

(3)加强相关疾病与健康监测和报告工作,必要时,建立专门报告制度。

(4)开展重点人群、重点场所和重点环节的监测和预防控制工作,防患于未然。

(5)开展防治知识宣传和健康教育,提高公众自我保护意识和能力。

(6)根据上级人民政府及其有关部门的决定,开展交通卫生检疫等。

4.3　突发公共卫生事件的分级反应

特别重大突发公共卫生事件(具体标准见1.3)应急处理工作由国务院或国务院卫生行政部门和有关部门组织实施,开展突发公共卫生事件的医疗卫生应急、信息发布、宣传教育、科研攻关、国际交流与合作、应急物资与设备的调集、后勤保障以及督导检查等工作。国务院可根据突发公共卫生事件性质和应急处置工作,成立全国突发公共卫生事件应急处理指挥部,协调指挥应急处置工作。事发地省级人民政府应按照国务院或国务院有关部门的统一部署,结合本地区实际情况,组织协调市(地)、县(市)人民政府开展突发公共事件的应急处理工作。

特别重大级别以下的突发公共卫生事件应急处理工作由地方各级人民政府负责组织实施。超出本级应急处置能力时,地方各级人民政府要及时报请上级人民政府和有关部门提供指导和支持。

4.4　突发公共卫生事件应急反应的终止

突发公共卫生事件应急反应的终止需符合以下条件:突发公共卫生事件隐患或相关危险因素消除,或末例传染病病例发生后经过最长潜伏期无新的病例出现。

特别重大突发公共卫生事件由国务院卫生行政部门组织有关专家进行分析论证,提出终止应急反应的建议,报国务院或全国突发公共卫生事件应急指挥部批准后实施。

特别重大以下突发公共卫生事件由地方各级人民政府卫生行政部门组织专家进行分析论证，提出终止应急反应的建议，报本级人民政府批准后实施，并向上一级人民政府卫生行政部门报告。

上级人民政府卫生行政部门要根据下级人民政府卫生行政部门的请求，及时组织专家对突发公共卫生事件应急反应的终止的分析论证提供技术指导和支持。

5　善后处理

5.1　后期评估

突发公共卫生事件结束后，各级卫生行政部门应在本级人民政府的领导下，组织有关人员对突发公共卫生事件的处理情况进行评估。评估内容主要包括事件概况、现场调查处理概况、病人救治情况、所采取措施的效果评价、应急处理过程中存在的问题和取得的经验及改进建议。评估报告上报本级人民政府和上一级人民政府卫生行政部门。

5.2　奖励

县级以上人民政府人事部门和卫生行政部门对参加突发公共卫生事件应急处理作出贡献的先进集体和个人进行联合表彰；民政部门对在突发公共卫生事件应急处理工作中英勇献身的人员，按有关规定追认为烈士。

5.3　责任

对在突发公共卫生事件的预防、报告、调查、控制和处理过程中，有玩忽职守、失职、渎职等行为的，依据《突发公共卫生事件应急条例》及有关法律法规追究当事人的责任。

5.4　抚恤和补助

地方各级人民政府要组织有关部门对因参与应急处理工作致病、致残、死亡的人员，按照国家有关规定，给予相应的补助和抚恤；对参加应急处理一线工作的专业技术人员应根据工作需要制订合理的补助标准，给予补助。

5.5　征用物资、劳务的补偿

突发公共卫生事件应急工作结束后，地方各级人民政府应组织有关部门对应急处理期间紧急调集、征用有关单位、企业、个人的物资和劳务进行合理评估，给予补偿。

6　突发公共卫生事件应急处置的保障

突发公共卫生事件应急处理应坚持预防为主，平战结合，国务院有关部门、地方各级人民政府和卫生行政部门应加强突发公共卫生事件的组织建设，组织开展突发公共卫生事件的监测和预警工作，加强突发公共卫生事件应急处理队伍建设和技术研究，建立健全国家统一的突发公共卫生事件预防控制体系，保证突发公共卫生事件应急处理工作的顺利开展。

6.1　技术保障

6.1.1　信息系统

国家建立突发公共卫生事件应急决策指挥系统的信息、技术平台，承担突发公共卫生事件及相关信息收集、处理、分析、发布和传递等工作，采取分级负责的方式进行实施。

要在充分利用现有资源的基础上建设医疗救治信息网络，实现卫生行政部门、医疗救治机构与疾病预防控制机构之间的信息共享。

6.1.2　疾病预防控制体系

国家建立统一的疾病预防控制体系。各省（区、市）、市（地）、县（市）要加快疾病预防控制机构和基层预防保健组织建设，强化医疗卫生机构疾病预防控制的责任；建立功能完善、反应迅速、运转协调的突发公共卫生事件应急机制；健全覆盖城乡、灵敏高效、快速畅通的疫情信息网络；改善疾病预防控制机构基础设施和实验室设备条件；加强疾病控制专业队伍建设，提高流行病学调查、现场处置和实验室检测检验能力。

6.1.3　应急医疗救治体系

按照“中央指导、地方负责、统筹兼顾、平战结合、因地制宜、合理布局”的原则，逐步在全国范围内建成包括急救机构、传染病救治机构和化学中毒与核辐射救治基地在内的，符合国情、覆盖城乡、功能完善、反应灵敏、运转协调、持续发展的医疗救治体系。

6.1.4　卫生执法监督体系

国家建立统一的卫生执法监督体系。各级卫生行政部门要明确职能，落实责任，规范执法监督行为，加强卫生执法监督队伍建设。对卫生监督人员实行资格准入制度和在岗培训制度，全面提高卫生执法监督的能力和水平。

6.1.5　应急卫生救治队伍

各级人民政府卫生行政部门按照“平战结合、因地制宜，分类管理、分级负责，统一管理、协调运转”的原则建立突发公共卫生事件应急救治队伍，并加强管理和培训。

6.1.6　演练

各级人民政府卫生行政部门要按照“统一规划、分类实施、分级负责、突出重点、适应需求”的原则，采取定期和不定期相结合的形式，组织开展突发公共卫生事件的应急演练。

6.1.7　科研和国际交流

国家有计划地开展应对突发公共卫生事件相关的防治科学研究，包括现场流行病学调查方法、实验室病因检测技术、药物治疗、疫苗和应急反应装备、中医药及中西医结合防治等，尤其是开展新发、罕见传染病快速诊断方法、诊断试剂以及相关的疫苗研究，做到技术上有所储备。同时，开展应对突发公共卫生事件应急处理技术的国际交流与合作，引进国外的先进技术、装备和方法，提高我国应对突发公共卫生事件的整体水平。

6.2　物资、经费保障

6.2.1　物资储备

各级人民政府要建立处理突发公共卫生事件的物资和生产能力储备。发生突发公共卫生事件时，应根据应急处理工作需要调用储备物资。卫生应急储备物资使用后要及时补充。

6.2.2　经费保障

应保障突发公共卫生事件应急基础设施项目建设经费，按规定落实对突发公共卫生事件应急处理专业技术机构的财政补助政策和突发公共卫生事件应急处理经费。应根据需要对边远贫困地区突发公共卫生事件应急工作给予经费支持。国务院有关部门和地方各级人民政府应积极通过国际、国内等多渠道筹集资金，用于突发公共卫生事件应急处理工作。

6.3　通信与交通保障

各级应急医疗卫生救治队伍要根据实际工作需要配备通信设备和交通工具。

6.4　法律保障

国务院有关部门应根据突发公共卫生事件应急处理过程中出现的新问题、新情况，加强调查研究，起草和制订并不断完善应对突发公共卫生事件的法律、法规和规章制度，形成科学、完整的突发公共卫生事件应急法律和规章体系。

国务院有关部门和地方各级人民政府及有关部门要严格执行《突发公共卫生事件应急条例》等规定，根据本预案要求，严格履行职责，实行责任制。对履行职责不力，造成工作损失的，要追究有关当事人的责任。

6.5 社会公众的宣传教育

县级以上人民政府要组织有关部门利用广播、影视、报刊、互联网、手册等多种形式对社会公众广泛开展突发公共卫生事件应急知识的普及教育，宣传卫生科普知识，指导群众以科学的行为和方式对待突发公共卫生事件。要充分发挥有关社会团体在普及卫生应急知识和卫生科普知识方面的作用。

7 预案管理与更新

根据突发公共卫生事件的形势变化和实施中发现的问题及时进行更新、修订和补充。

国务院有关部门根据需要和本预案的规定，制定本部门职责范围内的具体工作预案。

县级以上地方人民政府根据《突发公共卫生事件应急条例》的规定，参照本预案并结合本地区实际情况，组织制定本地区突发公共卫生事件应急预案。

8 附则

8.1 名词术语

重大传染病疫情是指某种传染病在短时间内发生、波及范围广泛，出现大量的病人或死亡病例，其发病率远远超过常年的发病率水平的情况。

群体性不明原因疾病是指在短时间内，某个相对集中的区域内同时或者相继出现具有共同临床表现病人，且病例不断增加，范围不断扩大，又暂时不能明确诊断的疾病。

重大食物和职业中毒是指由于食品污染和职业危害的原因而造成的人数众多或者伤亡较重的中毒事件。

新传染病是指全球首次发现的传染病。

我国尚未发现传染病是指埃博拉、猴痘、黄热病、人变异性克雅氏病等在其他国家和地区已经发现，在我国尚未发现过的传染病。

我国已消灭传染病是指天花、脊髓灰质炎等传染病。

8.2 预案实施时间

本预案自印发之日起实施。

三、国家重大食品安全事故应急预案

1　总则

1.1　工作目的

建立健全应对突发重大食品安全事故的救助体系和运行机制，规范和指导应急处理工作，有效预防、积极应对、及时控制重大食品安全事故，高效组织应急救援工作，最大限度地减少重大食品安全事故的危害，保障公众身体健康与生命安全，维护正常的社会秩序。

1.2　编制依据

依据《中华人民共和国食品卫生法》、《中华人民共和国产品质量法》、《突发公共卫生事件应急条例》、《国家突发公共事件总体应急预案》和《国务院关于进一步加强食品安全工作的决定》，制定本预案。

1.3　事故分级

按食品安全事故的性质、危害程度和涉及范围，将重大食品安全事故分为特别重大食品安全事故（Ⅰ级）、重大食品安全事故（Ⅱ级）、较大食品安全事故（Ⅲ级）和一般食品安全事故（Ⅳ级）四级。

1.4　适用范围

在食物（食品）种植、养殖、生产加工、包装、仓储、运输、流通、消费等环节中发生食源性疾患，造成社会公众大量病亡或者可能对人体健康构成潜在的重大危害，并造成严重社会影响的重大食品安全事故适用本预案。

1.5　工作原则

按照“全国统一领导、地方政府负责、部门指导协调、各方联合行动”的食品安全工作原则，根据食品安全事故的范围、性质和危害程度，对重大食品安全事故实行分级管理；有关部门按照本预案规定，落实各自的职责。坚持群防群控，加强日常监测，及时分析、评估和预警。对可能引发的重大食品安全事故，要做到早发现、早报告、早控制。采用先进科学技术，充分发挥专家作用，实行科学民主决策，依法规范应急救援工作，确保应急预案的科学性、权威性和可操作性。对重大食品安全事故要作出快速反应，及时启动应急预案，严格控制事故发展，有效开展应急救援工作，做好重大食品安全事故的善后处理及整改督查工作。

2　应急处理指挥机构

2.1　国家重大食品安全事故应急指挥部

特别重大食品安全事故发生后，根据需要成立国家重大食品安全事故应急指挥部（以下简称“国家应急指挥部”），负责对全国重大食品安全事故应急处理工作的统一领导和指挥。国家应急指挥部办公室设在食品药品监管局。国家应急指挥部成员单位根据重大食品安全事故的性质和应急处理工作的需要确定。

2.2　地方各级应急指挥部

重大食品安全事故发生后，事故发生地县级以上地方人民政府应当按事故级别成立重大食品安全事故应急指挥部，在上级应急指挥机构的指导和本级人民政府的领导下，组织和指挥本地区的重大食品安全事故应急救援工作。重大食品安全事故应急指挥部由本级政府有关部门组成，其日常办事机构设在食品安全综合监管部门。

2.3　重大食品安全事故日常管理机构

食品药品监管局负责国家重大食品安全事故的日常监管工作。地方各级食品安全综合监管部门，要结合本地实际，负责本行政区域内重大食品安全事故应急救援的组织、协调以及管理工作。

2.4　专家咨询委员会

各级食品安全综合监管部门建立重大食品安全事故专家库，在重大食品安全事故发生后，从专家库中确定相关专业专家，组建重大食品安全事故专家咨询委员会对重大食品安全事故应急工作提出咨询和建议，进行技术指导。

3　监测、预警与报告

3.1　监测系统

国家建立统一的重大食品安全事故监测、报告网络体系，加强食品安全信息管理和综合利用，构建各部门间信息沟通平台，实现互联互通和资源共享。建立畅通的信息监测和通报网络体系，形成统一、科学的食品安全信息评估和预警指标体系，及时研究分析食品安全形势，对食品安全问题做到早发现、早预防、早整治、早解决。设立全国统一的举报电话。加强对监测工作的管理和监督，保证监测质量。

3.2　预警系统

3.2.1　加强日常监管

卫生、工商、质检、农业、商务、海关、环保、教育等部门应当按照各自职责，加强对重点品种、重点环节、重点场所，尤其是高风险食品种植、养殖、生产、加工、包装、贮藏、经营、消费等环节的食品安全日常监管；建立健全重大食品安全信息数据库和信息报告系统，及时分析对公众健康的危害程度、可能的发展趋势，及时作出预警，并保障系统的有效运行。

3.2.2　建立通报制度

(1)通报范围：

a. 对公众健康造成或者可能造成严重损害的重大食品安全事故；

b. 涉及人数较多的群体性食物中毒或者出现死亡病例的重大食品安全事故。

(2)通报方式：

a. 接到重大食品安全事故报告后，应当在 2 小时内向与事故有关地区的食品安全综合监管部门和国务院有关部门通报，有蔓延趋势的还应向地方各级食品安全综合监管部门通报，加强预警预防工作。

b. 根据重大食品安全事故危险源监控信息，对可能引发的重大食品安全事故的险情，食品药品监管部门应当及时通报，必要时及时上报。

涉及港、澳、台地区人员或者外国公民，或者事故可能影响到境外，及时向香港、澳门、台湾地区有关机构或者有关国家通报。

3.2.3　建立举报制度

任何单位和个人有权向国务院有关部门举报重大食品安全事故和隐患，以及相关责任部门、单位、人员不履行或者不按规定履行食品安全事故监管职责的行为。

国务院有关部门接到举报后，应当及时组织或者通报有关部门，对举报事项进行调查处理。

3.2.4　应急准备和预防

及时对可能导致重大食品安全事故信息进行分析，按照应急预案的程序及时研究确定应对措施。

接到可能导致重大食品安全事故的信息后，应密切关注事态发展，并按照预案做好应急准备和预防工作；事态严重时及时上报，做好应急准备工作。做好可能引发重大食品安全事故信息的分析、预警工作。

3.3　报告制度

食品药品监管部门会同有关部门建立、健全重大食品安全事故报告系统。

县级以上地方人民政府食品安全综合监管部门应当按照重大食品安全事故报告的有关规定，主动监测，按规定报告。

3.3.1　重大食品安全事故发生（发现）单位报告

重大食品安全事故发生（发现）后，事故现场有关人员应当立即报告单位负责人，单位负责人接到报告后，应当立即向当地政府、食品安全综合监管部门及有关部门报告，也可以直接向食品药品监管局或者省级食品安全综合监管部门报告。

3.3.2　报告范围

（1）对公众健康造成或者可能造成严重损害的重大食品安全事故；

（2）涉及人数较多的群体性食物中毒或者出现死亡病例的重大食品安全事故。

3.3.3　下级向上级报告

地方人民政府和食品安全综合监管部门接到重大食品安全事故报告后，应当立即向上级人民政府和上级食品安全综合监管部门报告，并在2小时内报告至省（区、市）人民政府。地方人民政府和食品安全综合监管部门也可以直接向国务院和食品药品监管局以及相关部门报告。食品药品监管局和相关部门、事故发生地的省（区、市）人民政府在接到重大食品安全事故报告后，应当在2小时内向国务院报告。

3.3.4　责任报告单位

（1）食品种植、养殖、生产、加工、流通企业及餐饮单位；

（2）食品检验机构、科研院所以及与食品安全有关的单位；

（3）重大食品安全事故发生（发现）单位；

（4）地方各级食品安全综合监管部门和有关部门。

3.3.5　责任报告人

（1）行使职责的地方各级食品安全综合监管部门和相关部门的工作人员；

（2）从事食品行业的工作人员；

（3）消费者。

任何单位和个人对重大食品安全事故不得瞒报、迟报、谎报或者授意他人瞒报、迟报、谎报，不得阻碍他人报告。

3.3.6　报告时限要求

事故发生地人民政府或有关部门应在知悉重大食品安全事故后1小时内作出初次报告；根据事故处理的进程或者上级的要求随时作出阶段报告；在事故处理结束后10日内作出总结报告。

3.3.7　初次报告

应尽可能报告事故发生的时间、地点、单位、危害程度、死亡人数、事故报告单位及报告时间、报告单位联系人员及联系方式、事故发生原因的初步判断、事故发生后采取的措施及事故控制情况等，如有可能应当报告事故的简要经过。

3.3.8　阶段报告

既要报告新发生的情况，也要对初次报告的情况进行补充和修正，包括事故的发展与变化、处置进程、事故原因等。

3.3.9　总结报告

包括重大食品安全事故鉴定结论，对事故的处理工作进行总结，分析事故原因和影响因素，提出今后对类似事故的防范和处置建议。

4　重大食品安全事故的应急响应

4.1　分级响应

Ⅰ级应急响应由国家应急指挥部或办公室组织实施。其中，重大食物中毒的应急响应与处置按《国家突发公共卫生事件应急预案》实施。当组织实施Ⅰ级应急响应行动时，事发地人民政府应当按照相应的预案全力以赴地组织救援，并及时报告救援工作进展情况。

Ⅱ级以下应急响应行动的组织实施由省级人民政府决定。各省（区、市）人民政府在国家应急指挥部的统一领导和指挥下，结合本地区的实际情况，组织协调市（地）、县（区）人民政府开展重大食品安全事故的应急处理工作。地方各级人民政府根据事故的严重程度启动相应的应急预案，超出本级应急救援处置能力时，及时报请上一级政府和有关部门启动相应的应急预案。

重大食品安全事故发生后，地方各级人民政府及有关部门应当根据事故发生情况，及时采取必要的应急措施，做好应急处理工作。

4.1.1　特别重大食品安全事故的应急响应（Ⅰ级）

（1）特别重大食品安全事故发生后，国家应急指挥部办公室应当及时向国家应急指挥部报告基本情况、事态发展和救援进展等。

（2）向指挥部成员单位通报事故情况，组织有关成员单位立即进行调查确认，对事故进行评估，根据评估确认的结果，启动国家重大食品安全事故应急预案，组织应急救援。

(3)组织指挥部成员单位迅速到位，立即启动事故处理机构的工作；迅速开展应急救援和组织新闻发布工作，并部署省(区、市)相关部门开展应急救援工作。

(4)开通与事故发生地的省级应急救援指挥机构、现场应急救援指挥部、相关专业应急救援指挥机构的通信联系，随时掌握事故发展动态。

(5)根据有关部门和专家的建议，通知有关应急救援机构随时待命，为地方或专业应急救援指挥机构提供技术支持。

(6)派出有关人员和专家赶赴现场参加、指导现场应急救援，必要时协调专业应急力量救援。

(7)组织协调事故应急救援工作，必要时召集国家应急指挥部有关成员和专家一同协调指挥。

4.1.2　重大食品安全事故的应急响应(Ⅱ级)

(1)省级人民政府应急响应：

省级人民政府根据省级食品安全综合监管部门的建议和食品安全事故应急处理的需要，成立食品安全事故应急处理指挥部，负责行政区域内重大食品安全事故应急处理的统一领导和指挥；决定启动重大食品安全事故应急处置工作。

(2)省级食品安全综合监管部门应急响应：

接到重大食品安全事故报告后，省级食品安全综合监管部门应当立即进行调查确认，对事故进行评估，根据评估确认的结果，按规定向上级报告事故情况；提出启动省级重大食品安全事故应急指挥部工作程序，提出应急处理工作建议；及时向其他有关部门、毗邻或可能涉及的省(区、市)相关部门通报情况；有关工作小组立即启动，组织、协调、落实各项应急措施；指导、部署市(地)相关部门开展应急救援工作。

(3)省级以下地方人民政府应急响应：

重大食品安全事故发生地人民政府及有关部门在省级人民政府或者省级应急指挥部的统一指挥下，按照要求认真履行职责，落实有关工作。

(4)食品药品监管局应急响应：

加强对省级食品安全综合监管部门的督导，根据需要会同国务院有关部门赴事发地指导督办应急处理工作。

4.1.3　较大食品安全事故的应急响应（Ⅲ级）

（1）市（地）级人民政府应急响应：

市（地）级人民政府负责组织发生在本行政区域内的较大食品安全事故的统一领导和指挥，根据食品安全综合监管部门的报告和建议，决定启动较大食品安全事故的应急处置工作。

（2）市（地）级食品安全综合监管部门应急响应：

接到较大食品安全事故报告后，市（地）级食品安全综合监管部门应当立即进行调查确认，对事故进行评估，根据评估确认的结果，按规定向上级报告事故情况；提出启动市（地）级较大食品安全事故应急救援工作，提出应急处理工作建议，及时向其他有关部门、毗邻或可能涉及的市（地）相关部门通报有关情况；相应工作小组立即启动工作，组织、协调、落实各项应急措施；指导、部署相关部门开展应急救援工作。

（3）省级食品安全综合监管部门应急响应：

加强对市（地）级食品安全综合监管部门应急救援工作的指导、监督，协助解决应急救援工作中的困难。

4.1.4　一般食品安全事故的应急响应（Ⅳ级）

一般食品安全事故发生后，县级人民政府负责组织有关部门开展应急救援工作。县级食品安全综合监管部门接到事故报告后，应当立即组织调查、确认和评估，及时采取措施控制事态发展；按规定向同级人民政府报告，提出是否启动应急救援预案，有关事故情况应当立即向相关部门报告、通报。

市（地）级食品安全综合监管部门应当对事故应急处理工作给予指导、监督和有关方面的支持。

4.1.5　响应的升级与降级

当重大食品安全事故随时间发展进一步加重，食品安全事故危害特别严重，并有蔓延扩大的趋势，情况复杂难以控制时，应当上报指挥部审定，及时提升预警和反应级别；对事故危害已迅速消除，并不会进一步扩散的，应当上报指挥部审定，相应降低反应级别或者撤销预警。

4.2　指挥协调

进入Ⅰ级响应后，国家应急指挥部办公室及有关专业应急救援机构立即按照预案组织相关应急救援力量，配合地方政府组织实施应急救援。

国家应急指挥部办公室根据重大食品安全事故的情况协调有关部门及其应急机构、救援队伍和事发地毗邻省(区、市)人民政府应急救援指挥机构,相关机构按照各自应急预案提供增援或保障,有关应急队伍在现场应急救援指挥部统一指挥下,密切配合,共同实施救援和紧急处理行动。

事发地省级人民政府负责成立现场应急指挥机构,在国家应急指挥部或者指挥部工作组的指挥或指导下,负责现场应急处置工作;现场应急指挥机构成立前,先期到达的各应急救援队伍和事故单位的救援力量必须迅速、有效地实施先期处置;事故发生地人民政府负责协调,全力控制事态发展,防止次生、衍生和耦合事故(事件)发生,果断控制或切断事故危害链。

重大食品安全事故应急预案启动后,上一级应急指挥部办公室应当指导事故发生地人民政府实施重大食品安全事故应急处理工作。

4.3 紧急处置

现场处置主要依靠本行政区域内的应急处置力量。重大食品安全事故发生后,发生事故的单位和当地人民政府按照应急预案迅速采取措施。

事态出现急剧恶化的情况时,现场应急救援指挥部在充分考虑专家和有关方面意见的基础上,及时制定紧急处置方案,依法采取紧急处置措施。

4.4 响应终结

重大食品安全事故隐患或相关危险因素消除后,重大食品安全事故应急救援终结,应急救援队伍撤离现场。应急指挥部办公室组织有关专家进行分析论证,经现场检测评价确无危害和风险后,提出终止应急响应的建议,报应急指挥部批准宣布应急响应结束。

5 后期处置

5.1 善后处置

省级人民政府负责组织重大食品安全事故的善后处置工作,包括人员安置、补偿,征用物资补偿,污染物收集、清理与处理等事项。尽快消除事故影响,妥善安置和慰问受害和受影响人员,尽快恢复正常秩序,保证社会稳定。

重大食品安全事故发生后,保险机构及时开展应急救援人员保险受理和受灾人员保险理赔工作。

造成重大食品安全事故的责任单位和责任人应当按照有关规定对受害人给予赔偿。

5.2 责任追究

对在重大食品安全事故的预防、通报、报告、调查、控制和处理过程中，有玩忽职守、失职、渎职等行为的，依据有关法律法规追究有关责任人的责任。

5.3　总结报告

重大食品安全事故善后处置工作结束后，地方应急救援指挥部总结分析应急救援经验教训，提出改进应急救援工作的建议，完成应急救援总结报告并及时上报。

6　应急保障

6.1　信息保障

食品安全综合监管部门建立重大食品安全事故的专项信息报告系统。重大食品安全事故发生后，应急指挥部应当及时向社会发布食品安全事故信息。

6.2　医疗保障

重大食品安全事故造成人员伤害的，卫生系统应急救援工作应当立即启动，救治人员应当立即赶赴现场，开展医疗救治工作。

6.3　人员保障

应急指挥部办公室负责组织食品安全监察专员及相关部门人员、专家参加事故处理。

6.4　技术保障

重大食品安全事故的技术鉴定工作必须由有资质的检测机构承担。当发生重大食品安全事故时，受重大食品安全事故指挥部或者食品安全综合监管部门委托，立即采集样本，按有关标准要求实施检测，为重大食品安全事故定性提供科学依据。

6.5　物资保障

各级人民政府应当保障重大食品安全事故应急处理所需设施、设备和物资，保障应急物资储备，提供应急救援资金，所需经费列入同级人民政府财政预算。

6.6　演习演练

各级人民政府及有关部门要按照“统一规划、分类实施、分级负责、突出重点、适应需求”的原则，采取定期和不定期相结合形式，组织开展突发重大食品安全事故的应急演习演练。

食品药品监管局会同国务院有关部门指导突发重大食品安全事故的应急救援演习演练工作。组织全国性和区域性突发重大食品安全事故的应急演习演练,以检验和强化应急准备、协调和应急响应能力,并对演习演练结果进行总结和评估,进一步完善应急预案。

省级食品安全综合监管部门要根据本地区实际情况和工作需要,结合应急预案,统一组织突发重大食品安全事故的应急演习演练。

有关企事业单位应当根据自身特点,定期或不定期组织本单位的应急救援演习演练。

6.7 宣教培训

各级人民政府及其相关部门应当加强对广大消费者进行食品安全知识的教育,提高消费者的风险和责任意识,正确引导消费。

7 附则

7.1 名词术语

食品安全:是指食品中不应包含有可能损害或威胁人体健康的有毒、有害物质或不安全因素,不可导致消费者急性、慢性中毒或感染疾病,不能产生危及消费者及其后代健康的隐患。

食品安全的范围:包括食品数量安全、食品质量安全、食品卫生安全。本预案涉及到的食品安全主要是指食品质量卫生安全。

食源性疾患:亦称食源性疾病。凡是致病因素通过食物进入人体,使人体罹患感染性或中毒性疾病的,都称之为食源性疾患。

高风险食品:可能发生较高程度污染和危害的食品。

本预案有关数量的表述中,“以上”含本数,“以下”不含本数。

7.2 预案实施时间

本预案自印发之日起实施。

四、国家突发重大动物疫情应急预案

1 总则

1.1 编制目的

及时、有效地预防、控制和扑灭突发重大动物疫情,最大程度地减轻突发重大动物疫情对畜牧业及公众健康造成的危害,保持经济持续稳定健康发展,保障人民身体健康安全。

1.2 编制依据

依据《中华人民共和国动物防疫法》、《中华人民共和国进出境动植物检疫法》和《国家突发公共事件总体应急预案》,制定本预案。

1.3　突发重大动物疫情分级

根据突发重大动物疫情的性质、危害程度、涉及范围,将突发重大动物疫情划分为特别重大(Ⅰ级)、重大(Ⅱ级)、较大(Ⅲ级)和一般(Ⅳ级)四级。

1.4　适用范围

本预案适用于突然发生,造成或者可能造成畜牧业生产严重损失和社会公众健康严重损害的重大动物疫情的应急处理工作。

1.5　工作原则

(1)统一领导,分级管理。各级人民政府统一领导和指挥突发重大动物疫情应急处理工作;疫情应急处理工作实行属地管理;地方各级人民政府负责扑灭本行政区域内的突发重大动物疫情,各有关部门按照预案规定,在各自的职责范围内做好疫情应急处理的有关工作。根据突发重大动物疫情的范围、性质和危害程度,对突发重大动物疫情实行分级管理。

(2)快速反应,高效运转。各级人民政府和兽医行政管理部门要依照有关法律、法规,建立和完善突发重大动物疫情应急体系、应急反应机制和应急处置制度,提高突发重大动物疫情应急处理能力;发生突发重大动物疫情时,各级人民政府要迅速作出反应,采取果断措施,及时控制和扑灭突发重大动物疫情。

(3)预防为主,群防群控。贯彻预防为主的方针,加强防疫知识的宣传,提高全社会防范突发重大动物疫情的意识;落实各项防范措施,做好人员、技术、物资和设备的应急储备工作,并根据需要定期开展技术培训和应急演练;开展疫情监测和预警预报,对各类可能引发突发重大动物疫情的情况要及时分析、预警,做到疫情早发现、快行动、严处理。突发重大动物疫情应急处理工作要依靠群众,全民防疫,动员一切资源,做到群防群控。

2　应急组织体系及职责

2.1　应急指挥机构

农业部在国务院统一领导下,负责组织、协调全国突发重大动物疫情应急处理工作。

县级以上地方人民政府兽医行政管理部门在本级人民政府统一领导下,负责组织、协调本行政区域内突发重大动物疫情应急处理工作。

国务院和县级以上地方人民政府根据本级人民政府兽医行政管理部门的

建议和实际工作需要,决定是否成立全国和地方应急指挥部。

2.1.1 全国突发重大动物疫情应急指挥部的职责

国务院主管领导担任全国突发重大动物疫情应急指挥部总指挥,国务院办公厅负责同志、农业部部长担任副总指挥,全国突发重大动物疫情应急指挥部负责对特别重大突发动物疫情应急处理的统一领导、统一指挥,作出处理突发重大动物疫情的重大决策。指挥部成员单位根据突发重大动物疫情的性质和应急处理的需要确定。

指挥部下设办公室,设在农业部。负责按照指挥部要求,具体制定防治政策,部署扑灭重大动物疫情工作,并督促各地各有关部门按要求落实各项防治措施。

2.1.2 省级突发重大动物疫情应急指挥部的职责

省级突发重大动物疫情应急指挥部由省级人民政府有关部门组成,省级人民政府主管领导担任总指挥。省级突发重大动物疫情应急指挥部统一负责对本行政区域内突发重大动物疫情应急处理的指挥,作出处理本行政区域内突发重大动物疫情的决策,决定要采取的措施。

2.2 日常管理机构

农业部负责全国突发重大动物疫情应急处理的日常管理工作。

省级人民政府兽医行政管理部门负责本行政区域内突发重大动物疫情应急的协调、管理工作。

市(地)级、县级人民政府兽医行政管理部门负责本行政区域内突发重大动物疫情应急处置的日常管理工作。

2.3 专家委员会

农业部和省级人民政府兽医行政管理部门组建突发重大动物疫情专家委员会。

市(地)级和县级人民政府兽医行政管理部门可根据需要,组建突发重大动物疫情应急处理专家委员会。

2.4 应急处理机构

2.4.1 动物防疫监督机构:主要负责突发重大动物疫情报告,现场流行病学调查,开展现场临床诊断和实验室检测,加强疫病监测,对封锁、隔离、紧急免疫、扑杀、无害化处理、消毒等措施的实施进行指导、落实和监督。

2.4.2 出入境检验检疫机构:负责加强对出入境动物及动物产品的检验

检疫、疫情报告、消毒处理、流行病学调查和宣传教育等。

3 突发重大动物疫情的监测、预警与报告

3.1 监测

国家建立突发重大动物疫情监测、报告网络体系。农业部和地方各级人民政府兽医行政管理部门要加强对监测工作的管理和监督,保证监测质量。

3.2 预警

各级人民政府兽医行政管理部门根据动物防疫监督机构提供的监测信息,按照重大动物疫情的发生、发展规律和特点,分析其危害程度、可能的发展趋势,及时做出相应级别的预警,依次用红色、橙色、黄色和蓝色表示特别严重、严重、较重和一般四个预警级别。

3.3 报告

任何单位和个人有权向各级人民政府及其有关部门报告突发重大动物疫情及其隐患,有权向上级政府部门举报不履行或者不按照规定履行突发重大动物疫情应急处理职责的部门、单位及个人。

3.3.1 责任报告单位和责任报告人

(1)责任报告单位

a. 县级以上地方人民政府所属动物防疫监督机构;

b. 各动物疫病国家参考实验室和相关科研院校;

c. 出入境检验检疫机构;

d. 兽医行政管理部门;

e. 县级以上地方人民政府;

f. 有关动物饲养、经营和动物产品生产、经营的单位,各类动物诊疗机构等相关单位。

(2)责任报告人

执行职务的各级动物防疫监督机构、出入境检验检疫机构的兽医人员;各类动物诊疗机构的兽医;饲养、经营动物和生产、经营动物产品的人员。

3.3.2 报告形式

各级动物防疫监督机构应按国家有关规定报告疫情;其他责任报告单位和个人以电话或书面形式报告。

3.3.3 报告时限和程序

发现可疑动物疫情时,必须立即向当地县(市)动物防疫监督机构报告。

县（市）动物防疫监督机构接到报告后，应当立即赶赴现场诊断，必要时可请省级动物防疫监督机构派人协助进行诊断，认定为疑似重大动物疫情的，应当在2小时内将疫情逐级报至省级动物防疫监督机构，并同时报所在地人民政府兽医行政管理部门。省级动物防疫监督机构应当在接到报告后1小时内，向省级兽医行政管理部门和农业部报告。省级兽医行政管理部门应当在接到报告后的1小时内报省级人民政府。特别重大、重大动物疫情发生后，省级人民政府、农业部应当在4小时内向国务院报告。

认定为疑似重大动物疫情的应立即按要求采集病料样品送省级动物防疫监督机构实验室确诊，省级动物防疫监督机构不能确诊的，送国家参考实验室确诊。确诊结果应立即报农业部，并抄送省级兽医行政管理部门。

3.3.4　报告内容

疫情发生的时间、地点、发病的动物种类和品种、动物来源、临床症状、发病数量、死亡数量、是否有人员感染、已采取的控制措施、疫情报告的单位和个人、联系方式等。

4　突发重大动物疫情的应急响应和终止

4.1　应急响应的原则

发生突发重大动物疫情时，事发地的县级、市（地）级、省级人民政府及其有关部门按照分级响应的原则作出应急响应。同时，要遵循突发重大动物疫情发生发展的客观规律，结合实际情况和预防控制工作的需要，及时调整预警和响应级别。要根据不同动物疫病的性质和特点，注重分析疫情的发展趋势，对势态和影响不断扩大的疫情，应及时升级预警和响应级别；对范围局限、不会进一步扩散的疫情，应相应降低响应级别，及时撤销预警。

突发重大动物疫情应急处理要采取边调查、边处理、边核实的方式，有效控制疫情发展。

未发生突发重大动物疫情的地方，当地人民政府兽医行政管理部门接到疫情通报后，要组织做好人员、物资等应急准备工作，采取必要的预防控制措施，防止突发重大动物疫情在本行政区域内发生，并服从上一级人民政府兽医行政管理部门的统一指挥，支援突发重大动物疫情发生地的应急处理工作。

4.2　应急响应

4.2.1　特别重大突发动物疫情（Ⅰ级）的应急响应

确认特别重大突发动物疫情后，按程序启动本预案。

(1)县级以上地方各级人民政府

a. 组织协调有关部门参与突发重大动物疫情的处理。

b. 根据突发重大动物疫情处理需要,调集本行政区域内各类人员、物资、交通工具和相关设施、设备参加应急处理工作。

c. 发布封锁令,对疫区实施封锁。

d. 在本行政区域内采取限制或者停止动物及动物产品交易、扑杀染疫或相关动物,临时征用房屋、场所、交通工具;封闭被动物疫病病原体污染的公共饮用水源等紧急措施。

e. 组织铁路、交通、民航、质检等部门依法在交通站点设置临时动物防疫监督检查站,对进出疫区、出入境的交通工具进行检查和消毒。

f. 按国家规定做好信息发布工作。

g. 组织乡镇、街道、社区以及居委会、村委会,开展群防群控。

h. 组织有关部门保障商品供应,平抑物价,严厉打击造谣传谣、制假售假等违法犯罪和扰乱社会治安的行为,维护社会稳定。

必要时,可请求中央予以支持,保证应急处理工作顺利进行。

(2)兽医行政管理部门

a. 组织动物防疫监督机构开展突发重大动物疫情的调查与处理;划定疫点、疫区、受威胁区。

b. 组织突发重大动物疫情专家委员会对突发重大动物疫情进行评估,提出启动突发重大动物疫情应急响应的级别。

c. 根据需要组织开展紧急免疫和预防用药。

d. 县级以上人民政府兽医行政管理部门负责对本行政区域内应急处理工作的督导和检查。

e. 对新发现的动物疫病,及时按照国家规定,开展有关技术标准和规范的培训工作。

f. 有针对性地开展动物防疫知识宣教,提高群众防控意识和自我防护能力。

g. 组织专家对突发重大动物疫情的处理情况进行综合评估。

(3)动物防疫监督机构

a. 县级以上动物防疫监督机构做好突发重大动物疫情的信息收集、报告与分析工作。

b. 组织疫病诊断和流行病学调查。

c. 按规定采集病料，送省级实验室或国家参考实验室确诊。

d. 承担突发重大动物疫情应急处理人员的技术培训。

(4)出入境检验检疫机构

a. 境外发生重大动物疫情时，会同有关部门停止从疫区国家或地区输入相关动物及其产品；加强对来自疫区运输工具的检疫和防疫消毒；参与打击非法走私入境动物或动物产品等违法活动。

b. 境内发生重大动物疫情时，加强出口货物的查验，会同有关部门停止疫区和受威胁区的相关动物及其产品的出口；暂停使用位于疫区内的依法设立的出入境相关动物临时隔离检疫场。

c. 出入境检验检疫工作中发现重大动物疫情或者疑似重大动物疫情时，立即向当地兽医行政管理部门报告，并协助当地动物防疫监督机构做好疫情控制和扑灭工作。

4.2.2　重大突发动物疫情(Ⅱ级)的应急响应

确认重大突发动物疫情后，按程序启动省级疫情应急响应机制。

(1)省级人民政府

省级人民政府根据省级人民政府兽医行政管理部门的建议，启动应急预案，统一领导和指挥本行政区域内突发重大动物疫情应急处理工作。组织有关部门和人员扑疫；紧急调集各种应急处理物资、交通工具和相关设施设备；发布或督导发布封锁令，对疫区实施封锁；依法设置临时动物防疫监督检查站查堵疫源；限制或停止动物及动物产品交易、扑杀染疫或相关动物；封锁被动物疫源污染的公共饮用水源等；按国家规定做好信息发布工作；组织乡镇、街道、社区及居委会、村委会，开展群防群控；组织有关部门保障商品供应，平抑物价，维护社会稳定。必要时，可请求中央予以支持，保证应急处理工作顺利进行。

(2)省级人民政府兽医行政管理部门

重大突发动物疫情确认后，向农业部报告疫情。必要时，提出省级人民政府启动应急预案的建议。同时，迅速组织有关单位开展疫情应急处置工作。组织开展突发重大动物疫情的调查与处理；划定疫点、疫区、受威胁区；组织对突发重大动物疫情应急处理的评估；负责对本行政区域内应急处理工作的督导和检查；开展有关技术培训工作；有针对性地开展动物防疫知识宣教，提高群众防控意识和自我防护能力。

(3)省级以下地方人民政府

疫情发生地人民政府及有关部门在省级人民政府或省级突发重大动物疫情应急指挥部的统一指挥下，按照要求认真履行职责，落实有关控制措施。具体组织实施突发重大动物疫情应急处理工作。

(4)农业部

加强对省级兽医行政管理部门应急处理突发重大动物疫情工作的督导，根据需要组织有关专家协助疫情应急处置；并及时向有关省份通报情况。必要时，建议国务院协调有关部门给予必要的技术和物资支持。

4.2.3　较大突发动物疫情(Ⅲ级)的应急响应

(1)市(地)级人民政府

市(地)级人民政府根据本级人民政府兽医行政管理部门的建议，启动应急预案，采取相应的综合应急措施。必要时，可向上级人民政府申请资金、物资和技术援助。

(2)市(地)级人民政府兽医行政管理部门

对较大突发动物疫情进行确认，并按照规定向当地人民政府、省级兽医行政管理部门和农业部报告调查处理情况。

(3)省级人民政府兽医行政管理部门

省级兽医行政管理部门要加强对疫情发生地疫情应急处理工作的督导，及时组织专家对地方疫情应急处理工作提供技术指导和支持，并向本省有关地区发出通报，及时采取预防控制措施，防止疫情扩散蔓延。

4.2.4　一般突发动物疫情(Ⅳ级)的应急响应

县级地方人民政府根据本级人民政府兽医行政管理部门的建议，启动应急预案，组织有关部门开展疫情应急处置工作。

县级人民政府兽医行政管理部门对一般突发重大动物疫情进行确认，并按照规定向本级人民政府和上一级兽医行政管理部门报告。

市(地)级人民政府兽医行政管理部门应组织专家对疫情应急处理进行技术指导。

省级人民政府兽医行政管理部门应根据需要提供技术支持。

4.2.5　非突发重大动物疫情发生地区的应急响应

应根据发生疫情地区的疫情性质、特点、发生区域和发展趋势，分析本地区受波及的可能性和程度，重点做好以下工作：

(1)密切保持与疫情发生地的联系，及时获取相关信息。

(2)组织做好本区域应急处理所需的人员与物资准备。

(3)开展对养殖、运输、屠宰和市场环节的动物疫情监测和防控工作，防止疫病的发生、传入和扩散。

(4)开展动物防疫知识宣传，提高公众防护能力和意识。

(5)按规定做好公路、铁路、航空、水运交通的检疫监督工作。

4.3 应急处理人员的安全防护

要确保参与疫情应急处理人员的安全。针对不同的重大动物疫病，特别是一些重大人畜共患病，应急处理人员还应采取特殊的防护措施。

4.4 突发重大动物疫情应急响应的终止

突发重大动物疫情应急响应的终止需符合以下条件：疫区内所有的动物及其产品按规定处理后，经过该疫病的至少一个最长潜伏期无新的病例出现。

特别重大突发动物疫情由农业部对疫情控制情况进行评估，提出终止应急措施的建议，按程序报批宣布。

重大突发动物疫情由省级人民政府兽医行政管理部门对疫情控制情况进行评估，提出终止应急措施的建议，按程序报批宣布，并向农业部报告。

较大突发动物疫情由市(地)级人民政府兽医行政管理部门对疫情控制情况进行评估，提出终止应急措施的建议，按程序报批宣布，并向省级人民政府兽医行政管理部门报告。

一般突发动物疫情，由县级人民政府兽医行政管理部门对疫情控制情况进行评估，提出终止应急措施的建议，按程序报批宣布，并向上一级和省级人民政府兽医行政管理部门报告。

上级人民政府兽医行政管理部门及时组织专家对突发重大动物疫情应急措施终止的评估提供技术指导和支持。

5 善后处理

5.1 后期评估

突发重大动物疫情扑灭后，各级兽医行政管理部门应在本级政府的领导下，组织有关人员对突发重大动物疫情的处理情况进行评估，提出改进建议和应对措施。

5.2　奖励

县级以上人民政府对参加突发重大动物疫情应急处理作出贡献的先进集体和个人，进行表彰；对在突发重大动物疫情应急处理工作中英勇献身的人员，按有关规定追认为烈士。

5.3　责任

对在突发重大动物疫情的预防、报告、调查、控制和处理过程中，有玩忽职守、失职、渎职等违纪违法行为的，依据有关法律法规追究当事人的责任。

5.4　灾害补偿

按照各种重大动物疫病灾害补偿的规定，确定数额等级标准，按程序进行补偿。

5.5　抚恤和补助

地方各级人民政府要组织有关部门对因参与应急处理工作致病、致残、死亡的人员，按照国家有关规定，给予相应的补助和抚恤。

5.6　恢复生产

突发重大动物疫情扑灭后，取消贸易限制及流通控制等限制性措施。根据各种重大动物疫病的特点，对疫点和疫区进行持续监测，符合要求的，方可重新引进动物，恢复畜牧业生产。

5.7　社会救助

发生重大动物疫情后，国务院民政部门应按《中华人民共和国公益事业捐赠法》和《救灾救济捐赠管理暂行办法》及国家有关政策规定，做好社会各界向疫区提供的救援物资及资金的接收，分配和使用工作。

6　突发重大动物疫情应急处置的保障

突发重大动物疫情发生后，县级以上地方人民政府应积极协调有关部门，做好突发重大动物疫情处理的应急保障工作。

6.1　通信与信息保障

县级以上指挥部应将车载电台、对讲机等通讯工具纳入紧急防疫物资储备范畴，按照规定做好储备保养工作。

根据国家有关法规对紧急情况下的电话、电报、传真、通讯频率等予以优先待遇。

6.2　应急资源与装备保障

6.2.1　应急队伍保障

县级以上各级人民政府要建立突发重大动物疫情应急处理预备队伍，具体实施扑杀、消毒、无害化处理等疫情处理工作。

6.2.2　交通运输保障

运输部门要优先安排紧急防疫物资的调运。

6.2.3　医疗卫生保障

卫生部门负责开展重大动物疫病（人畜共患病）的人间监测，作好有关预防保障工作。各级兽医行政管理部门在做好疫情处理的同时应及时通报疫情，积极配合卫生部门开展工作。

6.2.4　治安保障

公安部门、武警部队要协助做好疫区封锁和强制扑杀工作，做好疫区安全保卫和社会治安管理。

6.2.5　物资保障

各级兽医行政管理部门应按照计划建立紧急防疫物资储备库，储备足够的药品、疫苗、诊断试剂、器械、防护用品、交通及通信工具等。

6.2.6　经费保障

各级财政部门为突发重大动物疫病防治工作提供合理而充足的资金保障。

各级财政在保证防疫经费及时、足额到位的同时，要加强对防疫经费使用的管理和监督。

各级政府应积极通过国际、国内等多渠道筹集资金，用于突发重大动物疫情应急处理工作。

6.3　技术储备与保障

建立重大动物疫病防治专家委员会，负责疫病防控策略和方法的咨询，参与防控技术方案的策划、制定和执行。

设置重大动物疫病的国家参考实验室，开展动物疫病诊断技术、防治药物、疫苗等的研究，作好技术和相关储备工作。

6.4　培训和演习

各级兽医行政管理部门要对重大动物疫情处理预备队成员进行系统培训。

在没有发生突发重大动物疫情状态下，农业部每年要有计划地选择部分地区举行演练，确保预备队扑灭疫情的应急能力。地方政府可根据资金和实际需要的情况，组织训练。

6.5　社会公众的宣传教育

县级以上地方人民政府应组织有关部门利用广播、影视、报刊、互联网、手册等多种形式对社会公众广泛开展突发重大动物疫情应急知识的普及教育，宣传动物防疫科普知识，指导群众以科学的行为和方式对待突发重大动物疫情。要充分发挥有关社会团体在普及动物防疫应急知识、科普知识方面的作用。

7　各类具体工作预案的制定

农业部应根据本预案，制定各种不同重大动物疫病应急预案，并根据形势发展要求，及时进行修订。

国务院有关部门根据本预案的规定，制定本部门职责范围内的具体工作方案。

县级以上地方人民政府根据有关法律法规的规定，参照本预案并结合本地区实际情况，组织制定本地区突发重大动物疫情应急预案。

8　附则

8.1　名词术语和缩写语的定义与说明

重大动物疫情：是指陆生、水生动物突然发生重大疫病，且迅速传播，导致动物发病率或者死亡率高，给养殖业生产安全造成严重危害，或者可能对人民身体健康与生命安全造成危害的，具有重要经济社会影响和公共卫生意义。

我国尚未发现的动物疫病：是指疯牛病、非洲猪瘟、非洲马瘟等在其他国家和地区已经发现，在我国尚未发生过的动物疫病。

我国已消灭的动物疫病：是指牛瘟、牛肺疫等在我国曾发生过，但已扑灭净化的动物疫病。

暴发：是指一定区域，短时间内发生波及范围广泛、出现大量患病动物或死亡病例，其发病率远远超过常年的发病水平。

疫点：患病动物所在的地点划定为疫点，疫点一般是指患病禽类所在的禽场（户）或其他有关屠宰、经营单位。

疫区：以疫点为中心的一定范围内的区域划定为疫区，疫区划分时注意考虑当地的饲养环境、天然屏障（如河流、山脉）和交通等因素。

受威胁区：疫区外一定范围内的区域划定为受威胁区。

本预案有关数量的表述中，“以上”含本数，“以下”不含本数。

8.2　预案管理与更新

预案要定期评审，并根据突发重大动物疫情的形势变化和实施中发现的问题及时进行修订。

8.3　预案实施时间

本预案自印发之日起实施。

附录八

北京市突发公共事件总体应急预案

1 总则

1.1　北京市应对突发公共事件的工作要求

1.1.1　北京是我国的首都，是全国的政治中心、文化中心，是世界著名的古都和国际化大都市。

1.1.2　北京位于华北地区，属暖温带半湿润大陆性季风气候，地处Ⅷ度高地震烈度地区，水资源短缺，受多种气象灾害影响，存在诸多产生突发公共事件的自然条件。北京城乡发展不平衡，中心城区人口密集，经济、社会活动集中；城乡结合部流动人口多，管理比较混乱；远郊地区经济社会发展相对落后，存在诸多产生突发公共事件的社会因素。

1.1.3　当前，北京正处于“新北京，新奥运”的发展阶段，制定北京市突发公共事件总体应急预案，积极防范和及时处置重大突发公共事件，增强党委和政府的应急反应能力，对保证经济正常运行和维护社会稳定，提高北京城市现代化管理水平，加快现代化国际大都市建设步伐，成功举办2008年奥运会，努力实现经济、社会、人口、资源、环境的协调、可持续发展，具有重大意义。

1.2　北京突发公共事件的现状、特点及发展趋势

1.2.1　北京是一个突发公共事件频发的城市，主要突发公共事件可划分为自然灾害、事故灾难、公共卫生事件和社会安全事件4大类13分类34种（见下表）。

北京市主要突发公共事件（略）

1.2.2　北京突发公共事件的特点。由于北京是首都，是特大型城市，具有特殊的地位，人口稠密、建筑密集、经济要素高度积聚，政治、文化及国际交往活动频繁，形成了以非自然因素为主，灾害种类多、损失重、影响大、连发性强、处置难度大等城市灾害的显著特点。

人为致灾因素突出。随着北京城市建设步伐的加快，道路交通、生命线工程、安全生产、环境污染、化学、火灾等事故灾难频发。重大群体上访事件、高校群体性事件、民族宗教问题引发的群体性事件、群体性食物中毒以及涉外突

发公共事件呈上升趋势。在今后很长一段时间内,这些仍将是北京发生频率高、伤亡多、危害大的灾害事故。

危害程度严重。由于突发公共事件的连发性强,损失的放大效应显著,往往会对社会秩序、社会功能、环境与资源等造成严重的破坏,给人民群众的生产生活、经济社会的正常运转造成强烈的冲击。

处置难度大。北京有众多的中央国家机关、驻京部队、境外驻京机构和大量流动人口,机构和人员情况复杂,增加了处置突发公共事件的难度。

1.2.3 大风及沙尘暴、浓雾、冰雪、强降雨和雷电等气象灾害仍将是北京城市的主要自然灾害。环境灾害、地质灾害、地震、信息灾害、超大地下空间、超高层建筑等特殊场所综合事故、城市工业化灾害与重大危险源、传染病疫情等将是主要潜在灾害。

1.3 指导思想和基本原则

1.3.1 指导思想

以邓小平理论和"三个代表"重要思想为指导,从维护广大人民群众的生命和财产安全,确保首都公共安全,实现经济社会全面、协调、可持续发展,建设现代化国际大都市和成功举办2008年奥运会的需要出发,构建"集中领导、统一指挥、结构完整、功能全面、反应灵敏、运转高效"的突发公共事件应急体系,全面提高党委和政府应对突发公共事件的能力。

1.3.2 基本原则

坚持以人为本的原则。维护广大人民群众的根本利益,保护人民生命财产安全,是党委和政府应急工作的出发点和落脚点。充分依靠群众,积极预防和最大限度地减少突发公共事件对人民群众的危害,是各级党委和政府的重要职责。

坚持预防为主的原则。把应对突发公共事件管理的各项工作落实在日常管理之中,加强基础工作,完善网络建设,增强预警分析,做好预案演练,提高防范意识,将预防与应急处置有机结合起来,有效控制危机,力争实现早发现、早报告、早控制、早解决,将突发公共事件造成的损失减少到最低程度。

坚持资源整合的原则。按照资源整合和降低成本的要求,实现组织、资源、信息的有机整合,充分利用现有资源,进一步理顺体制、机制,努力实现部门之间的协调联动。

坚持属地为主的原则。实行属地管理,专业处置,由地方政府统一指挥协调所辖地区的中央机关、企事业单位。建立市区两级突发公共事件应急指挥机构，形成市、区两级管理，分级负责、分类指挥、综合协调、逐级提升的突发公共事件处置体系。

坚持社会广泛参与的原则。调动全社会各方面的积极性，把社会、民众的参与同政府管理有效地结合起来，形成政府、企事业单位和志愿者队伍相结合的突发公共事件应对体制，实现突发公共事件应对的社会化。

1.4　目的和依据

1.4.1　目的

针对北京突发公共事件的现状和特点，通过编制预案，要达到以下目的：

· 整合现有突发公共事件组织管理机构和信息等资源，建立应对突发公共事件防范、指挥、处置体制和机制；

· 通过规范突发公共事件的等级分类，确定不同等级突发公共事件的启动程序，明确各级政府及相关组织的职责和权利；

· 通过整合现有突发公共事件紧急处置资源，建立分工明确、责任到人、优势互补、常备不懈的突发公共事件处置保障体系；

· 通过整合现有突发公共事件的信息资源，实现信息资源共享，形成机制优化、反应灵敏的信息支撑系统；

通过总体预案的实施，切实加强基础工作，理顺管理体制和机制，实现防范系统化、决策科学化、指挥智能化、保障统筹化，从而进一步提高北京城市应对突发公共事件的能力。

1.4.2　依据

以国家和地方政府有关法律、法规、规章和相关政策为依据，严格实行依法行政，依法实施。

1.5　适用范围

本预案主要用于指导预防和处置发生在北京地区应由北京市处置的各类突发公共事件。

1.6　事件等级

为了有效处置各类突发公共事件，依据突发公共事件可能造成的危害程度、波及范围、影响力大小、人员及财产损失等情况，由高到低划分为特别重大（Ⅰ级）、重大（Ⅱ级）、较大（Ⅲ级）、一般（Ⅳ级）四个级别。

特别重大突发公共事件（Ⅰ级）：是指突然发生，事态非常复杂，对北京市公共安全、政治稳定和社会经济秩序带来严重危害或威胁，已经或可能造成特别重大人员伤亡、特别重大财产损失或重大生态环境破坏，需要市委、市政府统一组织协调，调度首都各方面资源和力量进行应急处置的紧急事件。

重大突发公共事件（Ⅱ级）：指突然发生，事态复杂，对一定区域内的公共安全、政治稳定和社会经济秩序造成严重危害或威胁，已经或可能造成重大人员伤亡、重大财产损失或严重生态环境破坏，需要调度多个部门、区县和相关单位力量和资源进行联合处置的紧急事件。

较大突发公共事件（Ⅲ级）：指突然发生，事态较为复杂，对一定区域内的公共安全、政治稳定和社会经济秩序造成一定危害或威胁，已经或可能造成较大人员伤亡、较大财产损失或生态环境破坏，需要调度个别部门、区县力量和资源进行处置的事件。

一般突发公共事件（Ⅳ级）：指突然发生，事态比较简单，仅对较小范围内的公共安全、政治稳定和社会经济秩序造成严重危害或威胁，已经或可能造成人员伤亡和财产损失，只需要调度个别部门或区县的力量和资源能够处置的事件。

2　组织机构与职责

2.1　应急组织机构与职责

2.1.1　设立北京市突发公共事件应急委员会，统一领导全市突发公共事件应对工作。

2.1.2　市突发公共事件应急委员会主任由北京市市长担任，副主任按处置自然灾害、事故灾难、公共卫生和社会安全四类突发公共事件的分工，由分管市领导担任（见分工图），市委、市政府秘书长、分管副秘书长、市各突发公共事件专项指挥部、相关委办局、北京卫戍区、武警北京总队负责人为成员。

市政府秘书长作为总协调人，市委、市政府主管副秘书长配合，市委、市政府办公厅主管副主任协助，协调突发公共事件应对工作。

委员会的职责是：

·研究确定全市应对突发公共事件重大决策和指导意见；

·审定市突发公共事件总体应急预案；

·开展特别重大、重大突发公共事件的组织指挥；

·应对突发公共事件工作中协调与中央、国家机关、驻京部队等有关部门的关系；

·当突发公共事件超出北京市处置能力时，依程序请求国务院支援；

·根据有关情况建议市政府依程序报国务院宣布部分地区进入紧急状态，如需全市进入紧急状态，则报国务院并经全国人大批准实施；

·分析总结年度全市突发公共事件应对工作。

2.1.3　当事件超出北京市控制范围时，提请党中央、国务院批准成立"首都突发公共事件应急委员会"，由党中央、国务院指定一名负责同志或授权中央政治局委员、北京市委书记任主任，中央国家机关、驻京部队及北京市委、市政府有关领导为成员，统一指挥协调首都突发公共事件应对工作。

总协调人人选由主任决定，市政府秘书长配合，市委、市政府主管副秘书长和办公厅主管副主任协助，协调突发公共事件应对工作。

2.1.4　北京市突发公共事件应急委员会下设办公室，作为日常办事机构。办公室设在市政府办公厅，加挂市应急指挥中心牌子。市应急指挥中心备有指挥场所和相应的设备设施，作为突发事件发生时委员会的指挥平台。

市应急委员会办公室的主要职责是：

·执行市突发公共事件应急委员会的决定，统一组织、协调、指导、检查北京市突发公共事件应对工作；

·收集分析国内外和北京市各区县、各专业指挥部、相关委办局报送的北京地区社会安全相关信息，特别重大、重大突发公共事件预警信息，上报市突发公共事件应急委员会，并根据委员会的决定发布警情；

·定期组织修订北京市突发公共事件总体应急预案，审定各类突发公共事件专项应急预案、分应急预案和应急保障预案，督促检查预案演习工作；

·负责建立健全和完善突发公共事件信息网络系统，实现各突发公共事件专项指挥部、各区县政府和相关委办局信息共享，保障网络畅通；

·维护指挥平台，保证其正常运转；发生特别重大、重大突发公共事件时，为领导提供信息、通信、预案、咨询和指挥场所等；

·组织协调有关应对突发公共事件的宣传教育和培训工作；

·承担市委、市政府交办的其它应急事项。

2.1.5　北京市突发公共事件应急委员会聘请专家顾问组成市突发公共事件专家顾问组。

其主要职责是：

·为北京地区中长期公共安全规划、信息系统的建设与管理、灾害科学最新发展趋势的跟踪等方面提供意见和建议；

·对特别重大、重大突发公共事件的发生和发展趋势、救灾方案、处置办法、灾害损失和恢复方案等进行研究、评估，并提出相关建议；

·发生重大公共安全事件时，向突发公共事件应急委员会提供科学而有效的决策咨询方案。

2.1.6　整合我市与各类突发公共事件处置有关的各领导小组、指挥部，建立健全各类突发公共事件专项指挥部，补充其职能、强化其作用、规范其名称，完善我市应急体制。

2.1.7　各突发公共事件专项指挥部和相关委办局分别按照各自职责和业务范围，密切配合，具体负责突发公共事件预防、指挥和处置等工作。

2.1.8　各区县建立相应的突发公共事件工作体制和工作机制。各区县成立突发公共事件应急委员会，区县委员会办公室可设在区县政府办公室。可借用人防现有设施作为指挥平台。

2.1.9　市人防办职能逐步向民防转变，并在突发公共事件应急委员会领导下，协助市应急委员会办公室开展有关应对突发公共事件的宣传教育和培训等工作。

市人防办指挥部是市突发公共事件应急委员会备份指挥平台。

2.2　组织体系框架

2.2.1　各突发公共事件专项指挥部、相关委办局和区县按照“统一指挥、分级负责、资源共享、条块结合”的原则，开展突发公共事件应对工作。

2.2.2　组织体系框架图（见框架图）

2.2.3　应急联动机制

按照属地为主的原则，在将要发生或已经发生特别重大或重大突发公共事件时，北京市突发公共事件应急委员会负责与在京国家机关、北京卫戍区、武警部队的沟通与协调。在京国家机关、北京卫戍区和武警部队在北京市统一指挥协调下，共同处置应对突发公共事件的工作。

2.2.4　突发公共事件处置分工

各类突发事件处置牵头部门为主责部门；专项预案规定的参与突发公共事件处置的部门为协作部门；市财政局、市商务局、市民政局、市委宣传部和保险机构是处置各类突发公共事件的保障部门。

北京卫戍区和武警北京总队的应急救援任务在各类突发公共事件应急预

案中规定。

各类突发公共事件主责部门和预测部门分工见下表。

市领导处置突发公共事件分工图(略)

3　预测、预警

3.1　预警

3.1.1　市应急委员会办公室负责全市各类突发公共事件的预防、监督和管理工作。突发公共事件专项指挥部、各区县和相关委办局应依据各自职责分工,并按照突发公共事件发生、发展的等级、趋势和危害程度,及时向市应急委员会办公室提出相应的预警建议。

3.1.2　突发公共事件专项指挥部、各区县和相关委办局,在确认可能引发某类突发公共事件的预警信息后,应根据各自制定的分预案或专项预案及时开展部署,迅速通知各相关单位和部门采取行动,防止事件的发生或事态的进一步扩大。

3.1.3　市报警服务中心应逐步整合全市各类紧急报警服务号码,承担起全市范围内涉及刑事和治安案件、交通和火灾事故,以及其他重大、紧急案(事)件的报警受理和先期处置工作。对于发生的各类突发公共事件,应将情况及时通报给各相关单位。涉及较大以上的突发公共事件,应立即上报市应急委员会办公室。

3.1.4　预测将有较大以上突发公共事件发生时,市应急委员会办公室应密切关注事态的发展趋势,根据事件的发展状况和严重程度,及时将信息通报给各相关部门,并适时建议委员会启动专家顾问组。

3.2　预警级别及发布

3.2.1　依据突发公共事件即将造成的危害程度、发展情况和紧迫性等因素,由低到高划分为一般(Ⅳ级)、较重(Ⅲ级)、严重(Ⅱ级)、特别严重(Ⅰ级)四个预警级别,并依次采用蓝色、黄色、橙色和红色来加以表示。

蓝色等级(Ⅳ级):预计将要发生一般(Ⅳ级)以上突发公共安全事件,事件即将临近,事态可能会扩大。

黄色等级(Ⅲ级):预计将要发生较大(Ⅲ级)以上突发公共安全事件,事件已经临近,事态有扩大的趋势。

橙色等级(Ⅱ级):预计将要发生重大(Ⅱ级)以上突发公共安全事件,事件即将发生,事态正在逐步扩大。

红色等级（Ⅰ级）：预计将要发生特别重大（Ⅰ级）以上突发公共安全事件，事件会随时发生，事态正在不断蔓延。

3.2.2　各突发公共事件专项指挥部、各区县和相关委办局在制定各类突发公共事件分预案或专项预案过程中，应依照以上预警级别的划分标准，在各自制定的预案中，对各类突发公共事件的预警级别具体加以细化。

3.2.3　预警级别首先由主要承担突发公共事件处置的突发公共事件专项指挥部、相关委办局或区县，依照各自制定的分预案、专项预案中所确定的预警等级提出预警建议，并报市应急委员会办公室批准。

3.2.4　一般或较重级别的预警，由提出预警建议的部门按照有关规定，组织对外发布或宣布取消。严重或特别严重级别的突发公共事件的预警信息发布，需报请市主要领导批准，由市应急委员会办公室负责组织，统一对外发布或宣布取消。

3.2.5　预警信息发布后，市应急委员会办公室、各突发公共事件专项指挥部、各区县和相关委办局应立即做出响应，进入相应的应急工作状态。同时各部门应依据已发布的预警级别，适时启动相应的突发公共事件应急处置预案，履行各自所应承担的职责。

3.2.6　预警信息发布单位要密切关注事件进展情况，并依据事态变化情况和专家顾问组提出的预警建议，适时调整预警级别，并将调整结果及时通报各相关部门。

3.2.7　市应急委员会办公室有权依据突发公共事件的变化情况，变更各突发公共事件专项指挥部、区县或相关委办局所提出的预警建议，适时提高或降低预警级别，并对应急工作状态做出适当调整。

3.3　预测预警支持系统

3.3.1　加强突发公共事件的预测预警体系建设，建立健全本市各突发公共事件的预警指数和等级标准。由市信息办牵头，制定全市综合预警体系建设的技术标准，充分利用现代化的技术监测手段，特别加强交通、公共卫生、安全生产、气象、市政、环保、地震、森林火灾等专业部门的数字化监测基础设施建设，强化专业预警预报信息系统建设。

3.3.2　由市应急委员会办公室会同市信息办，建立北京市应急指挥综合信息管理系统，逐步实现跨区县、跨部门对各类突发公共事件预警信息实施有效管理和使用。

3.3.3　各突发公共事件专项指挥部、各区县和相关委办局提高信息收集、分析和处理能力，及时预测不同等级突发公共事件出现的可能性，提出预防或采取应急措施的建议，做到对可能发生的突发公共事件的及时预警。

4　应急响应

4.1　分级响应

4.1.1　预案启动

特别重大突发公共事件（Ⅰ级）：由市应急委员会办公室报请市主要领导批准后启动应急预案，市委书记、市长或分管市领导应赶赴现场，并成立由各突发公共事件专项指挥部、相关委办局和属地区县政府组成的现场指挥部。其中：市委书记、市长或分管市领导任总指挥，负责参与制定方案，指导、协调、督促有关部门开展工作；各突发公共事件专项指挥部、相关委办局和事件属地区县相关领导任执行总指挥，负责事件的具体指挥和处置工作。

重大突发公共事件（Ⅱ级）：由市应急委员会办公室或各突发公共事件专项指挥部负责启动应急预案。分管市领导或副秘书长应赶赴现场，并成立由各突发公共事件专项指挥部、相关委办局和区县组成的现场指挥部。其中：分管市领导或副秘书长任总指挥，负责参与制定方案，协调有关部门开展工作；各突发公共事件专项指挥部、相关委办局和区县的相关负责同志任执行总指挥，负责事件的具体指挥和处置工作。

较大突发公共事件（Ⅲ级）：由各突发公共事件专项指挥部、相关委办局或区县负责启动应急预案。由各突发公共事件专项指挥部、相关委办局和区县负责全权指挥。必要时分管副秘书长或市应急委员会办公室派人到场，参与制定方案，并协调有关部门配合开展工作。

一般突发公共事件（Ⅳ级）：由相关委办局或区县负责启动应急预案。整个事件由相关委办局或区县全权负责处置。

4.2　基本响应程序

4.2.1　基本应急

（1）当确认突发公共事件即将或已经发生时，事发地的区县和市、区县所属各相关委办局应立即做出响应，按照“统一指挥、属地为主、专业处置”的要求，成立由各部门领导同志参加的现场指挥部，确定联系人和通信方式，指挥协调公安、交通、消防和医疗急救等部门应急队伍先期开展救援行动，组织、动员和帮助群众开展防灾、减灾和救灾工作。

(2)现场指挥部应维护好事发地区治安秩序,做好交通保障、人员疏散、群众安置等各项工作,尽全力防止紧急事态的进一步扩大。及时掌握事件进展情况,随时向市应急委员会办公室报告。同时结合现场实际情况,尽快研究确定现场应急事件处置方案。

(3)参与突发公共事件处置的各相关委办局,应立即调动有关人员和处置队伍赶赴现场,在现场指挥部的统一指挥下,按照专项预案分工和事件处置规程要求,相互配合、密切协作,共同开展应急处置和救援工作。

(4)市应急委员会办公室应依据突发公共事件的级别和种类,适时建议派出由该领域具有丰富应急处置经验人员和相关科研人员组成的专家顾问组,共同参与事件的处置工作。专家顾问组应根据上报和收集掌握的情况,对整个事件进行分析判断和事态评估,研究并提出减灾、救灾等处置措施,为现场指挥部提供决策咨询。

(5)现场指挥部应随时跟踪事态的进展情况,一旦发现事态有进一步扩大的趋势,有可能超出自身的控制能力,这时应立即向市应急委员会办公室发出请求,由市委、市政府协助调配其他应急资源参与处置工作。同时应及时向事件可能波及的地区通报有关情况,必要时可通过媒体向社会发出预警。

(6)与突发公共事件有关的各单位和部门,应主动向现场指挥部和参与事件处置的相关委办局提供与应急处置有关的基础资料,尽全力为实施应急处置、开展救援等工作提供各种便利条件。

(7)发生涉外突发公共事件时,市政府外办、市外宣办等相关部门应根据应急处置工作的需要和职责分工,派人参与现场指挥部工作,并负责承办相关事项。

4.2.2 扩大应急

(1)预计将要发生或已经发生特别重大、重大突发公共事件时,由市应急委员会办公室报请委员会主要领导批准,决定启动相应的应急预案。依据事件等级,市委书记、市长或分管市领导坐镇市应急指挥中心,统一领导突发公共事件的处置工作。

(2)如果突发公共事件的事态进一步扩大,预计凭北京市现有应急资源和人力难以实施有效处置,这时应以市突发公共事件应急委员会的名义,协同中央国家在京单位、北京卫戍区、武警北京总队参与处置工作。

(3)当突发公共事件已经波及到本市大部分地区,造成的危害程度已十分严重，超出北京市自身控制能力，需要国家或其他省市提供援助和支持，这时市突发公共事件应急委员会应将情况立即上报党中央、国务院，请求成立首都突发事件应急委员会，由党中央、国务院直接指挥或授权北京市指挥，统一协调、调动北京地区各方面应急资源共同参与事件的处置工作。

4.2.3　社会动员

（1）突发公共事件社会动员是指应对突发公共事件时，各级人民政府、社会团体、企事业单位在政治、经济、科技、教育等方面统一组织的动员准备、实施和恢复活动。

（2）依据突发公共事件的危险程度、波及范围、人员伤亡等情况，确定社会动员的等级。在启动全市或部分地区应急处置预案时，发布社会动员令，向社会公众发布事件信息，实施现场动员，提供有关保障，组织人员疏散、隐蔽和隔离等。

（3）全市范围内的社会动员，由市政府报请国务院批准。市应急委员会办公室负责全市社会动员工作，会同宣传部门搞好宣传教育，制定社会动员方案，协调各相关委办局开展工作。区县范围内的社会动员，由各区县政府报请市政府批准，报国务院备案。局部小范围内的社会动员，由各区县决定并组织实施，报市政府备案。

4.3　应急结束

4.3.1　突发公共事件处置工作已基本完成，次生、衍生和事件危害被基本消除，应急处置工作即告结束。

4.3.2　突发公共事件应急处置工作结束后，承担事件处置工作的市各突发公共事件专项指挥部、区县、相关委办局和现场指挥部，需将应急处置工作的总结报告上报市应急委员会办公室，报请委员会主要领导批准后，做出同意应急结束的决定。

4.3.3　一般和较大突发公共事件由发布启动预案的突发公共事件专项指挥部、区县或相关委办局宣布应急结束。重大、特别重大突发公共事件由发布启动预案的各突发公共事件专项指挥部或市应急委员会办公室宣布应急结束。

4.3.4　突发公共事件应急处置工作结束后，应将情况及时通知参与事件处置的各相关部门，必要时还应通过新闻媒体同时向社会发布应急结束消息。

5　后期处置

5.1 善后处置

5.1.1 善后处置工作在市委、市政府统一领导下，由市相关委办局和区县负责组织实施。

5.1.2 市相关委办局和区县要组织力量全面开展突发事件损害核定工作，及时收集、清理和处理污染物，对事件情况、人员补偿、征用物资补偿、重建能力、可利用资源等做出评估，制定补偿标准和事后恢复计划，并迅速实施。

5.2 社会救助

5.2.1 接到特别重大、重大突发公共事件预警或发生特别重大、重大突发公共事件后，民政部门应会同相关部门，迅速引导群众转移，安置到指定场所，及时组织救灾物资和生活必需品的调拨，保障群众基本生活。

5.2.2 民政部门应组织力量，对损失情况进行评估，并逐户核实等级，登记造册，并组织实施救助工作。

5.2.3 各级接受救灾捐赠部门应立即开通24小时捐赠热线，启动社会募捐机制，动员社会各界提供援助。接受捐赠款物坚持“专款专用、尊重捐赠者意愿”的原则，按照规定程序安排使用。同时，各级民政部门要进一步推动接受捐赠工作的制度化和经常化，为灾后社会救助工作的开展提供更加充实的物资和资金保障。

5.2.4 红十字会、慈善协会等社会公益性组织应在各自工作条例规定的范围内开展互助互济和经常性救灾捐赠活动。加强与国际红十字会等国际组织的交流与合作，积极吸纳国际捐赠的救助款物。

5.3 保险

突发公共事件发生后，保险机构应立即赶赴现场开展保险受理、赔付工作。

5.4 调查和总结

5.4.1 现场指挥部适时成立事件原因调查小组，组织专家调查和分析事件发生的原因和发展趋势，预测事故后果，报市应急委员会办公室。处置结束一周内，现场指挥部应将总结报告报送市突发公共事件应急委员会，由市应急委员会办公室备案。

5.4.2 在突发公共事件处置结束的同时，市应急委员会办公室组织有关专家顾问成立事故处置调查小组，对应急处置工作进行全面客观地评估，并在20天内将评估报告报送市突发公共事件应急委员会。

5.4.3 市突发公共事件应急委员会根据以上报告，总结经验教训，提出改进工作的要求和建议。

6 信息管理

6.1 信息监测与报告

6.1.1 建立信息监测制度，规范信息的获取、报送、分析、发布格式和程序。各突发公共事件专项指挥部、各区县和相关委办局严格按照相关程序报送信息。

6.1.2 各相关机构和部门应根据各自职责分工，及时收集、分析、汇总本地区、本部门或本系统各类影响公共安全的信息，并负责收集、整理和研究发生在国内外可能对本市造成重大影响的重大突发公共事件信息，按照早发现、早报告、早处置的原则，预测可能发生的情况，及时上报市应急委员会办公室，并及时通报给各相关委办局。

6.1.3 各部门上报涉及各类突发公共事件信息的内容应包括：时间、地点、事件的性质、危害程度、等级、采取的措施和后续进展情况等。

6.1.4 由市应急委员会办公室负责组织全市突发公共事件信息的汇总、分析和处理。

6.1.5 重大以上突发公共事件发生后，各地区、各部门要立即上报，详细信息最迟不得晚于事件发生后2小时。市应急委员会办公室对于接报的重大以上突发公共事件信息，在报请市突发公共事件应急委员主要领导批准后，及时向国务院报告。

6.1.6 对于涉密的重要信息，负责收集数据的部门应遵守相关的管理规定，做好信息的保密工作。

6.1.7 对于各类突发公共事件，以及可能导致其发生的各种隐患，北京地区任何单位和个人都有义务向市、区县、各相关委办局和各突发公共事件专项指挥部报告，并有权对相关部门的工作过失和不当处置行为进行举报。

6.2 信息共享和处理

6.2.1 由市信息办负责建立信息共享机制，由各突发公共事件专项指挥部、各区县和相关委办局提供必要的基础数据。

6.2.2 突发公共事件中伤亡、失踪、被困人员中如包括港澳台人员或外国人，或者事件可能影响到境外，需要向香港、澳门、台湾地区有关机构或有关国家、国际组织进行通报时，市应急委员会办公室应与市政府台办、市政府外办、市外宣办等部门密切配合，报请国务院港澳办、国务院台办或外交部批准，启动相关处置预案。

6.2.3　需要国际社会的援助时，市应急委员会办公室应与市政府外办、市外宣办密切配合，积极与外交部联系，并按照新闻发布的有关规定，由指定机构向国际社会发出呼吁。

6.3　信息发布和新闻报道

6.3.1　突发公共事件的信息发布和新闻报道工作，应按照党中央、国务院和北京市相关规定，由市应急委员会办公室会同市委宣传部对发布和报道工作进行管理与协调。

6.3.2　发生较大以上突发公共事件，市应急委员会办公室在上报市应急委员会领导的同时，应向市委宣传部通报相关情况。

6.3.3　全市性特别重大、重大突发公共事件发生后，在市委宣传部的组织、协调下，承担突发公共事件处置的主责单位应指派专人负责新闻报道工作，并负责起草新闻发布稿和突发公共事件情况公告，及时、准确报道突发公共事件信息，正确引导舆论导向。

6.3.4　对于可能产生国际影响的重大突发公共事件，对外报道应由市应急委员会办公室会同市委宣传部、市外宣办、市政府外办等单位共同组织，各新闻媒体要严格遵守突发事件新闻报道的若干规定。

7　保障措施

7.1　指挥系统技术保障

7.1.1　市应急委员会办公室建立应急指挥技术支撑体系，以满足各种复杂情况下处置各类突发公共事件的指挥要求。主要包含：有线通信系统、无线指挥调度系统、图像监控系统、突发公共事件快速评估系统、信息报送系统、基于地理信息系统的分析决策支持系统、视频会议系统、移动指挥系统等。

7.1.2　市信息办负责组织，各突发公共事件专项指挥部、相关委办局和区县配合建设统一标准、全市共享的基础电子地图。各突发公共事件专项指挥部、相关委办局建立支持应急指挥决策的基础地理信息系统，并动态更新。

7.1.3　各突发公共事件专项指挥部、相关委办局和各区县逐步建立和完善应急指挥基础信息数据库。建立各类事故隐患和危险源监控数据库、统一规范的专业数据库、基于空间位置的应急预案库、应急决策咨询专家库、辅助决策知识库以及危机管理信息资源目录体系，做到及时维护更新，确保数据的质量，实现对突发公共危机事件应急指挥的可视化定位与分析决策支持。

7.2　通信保障

7.2.1　市信息办负责，市通信管理局配合成立联合指挥协调机构，统一组织本市各电信运营公司、北京市有线政务专网和无线政务专网等运行部门，建立北京市信息通信应急保障队伍。

7.2.2　市信息办牵头，各相关单位参与，整合完善应急指挥通信网络系统。以北京市电子政务有线和无线专网为核心，整合社保社区网等其他社会公共网络资源，形成覆盖市、区县、街道（乡镇）、社区（村）的四级网络传输体系，建立跨部门、多路由、有线和无线相结合的稳定可靠的应急通信系统。

7.2.3　由市通信管理局组织和协调相关公司，在通信干线中断或现有网络盲区时，利用卫星、微波等通信手段，保障事件现场与市应急委员会办公室及相关专项应急指挥部之间的联系。

7.2.4　市信息办配合市公安局，以市公安局已经建成的图像监控系统为骨干，整合其他图像监控资源，建立图像监控网络。

7.3　现场救援和工程抢险装备保障

7.3.1　各专业部门根据自身应急救援业务需求，采取平战结合的原则，配备现场救援和工程抢险装备和器材，建立相应的维护、保养和调用等制度，保障各种相关灾害事件的抢险和救援。

7.3.2　大型现场救援和工程抢险装备，由市应急委员会办公室与相关企业签订应急保障服务协议，采取政府资助、合同、委托等方式，每年由政府提供一定的设备维护、保养补助费用，紧急情况下市应急委员会办公室可代表市委、市政府直接调用。

7.3.3　按照统一格式标准建立救援和抢险装备信息数据库并及时维护更新，保障应急指挥调度的准确和高效。

7.4　应急队伍保障

7.4.1　专业应急队伍组建

公安、消防、交管、医疗急救、市政等队伍是基本的抢险救援队伍，北京卫戍区、武警北京总队和民兵预备役部队是抢险救援的后备力量。

人防、地震、防汛、森林消防、矿山、建筑工程等专业救灾队伍，是突发公共事件应急行动的骨干力量。各专业部门要落实先期处置队伍和增援队伍的组织保障方案。

7.4.2　社区和志愿者应急队伍

健全社会动员机制，发挥机关、企事业单位、城市社区、公益团体等社会力量作用，组建具有一定救援知识和技能的志愿者队伍，以在第一时间减少突发公共事件的损失。

在志愿者队伍的组织、技术装备、培训、应急预案演练、救援行动人身保险等方面，由区县和相关委办局给予支持和帮助。

7.4.3　应急队伍调动

一般和较大的突发公共事件发生时，由各突发公共事件专项指挥部和相关委办局按照预案调动自己的应急队伍进行处置。

重大以上突发公共事件，按照专业队伍为主体、群众性队伍为辅助的原则，由市应急委员会办公室统一协调调动应急处置队伍。国内外增援的应急处置队伍，由市突发公共事件应急委员会统一调动。

7.4.4　应急队伍演练

各类应急处置队伍要结合本单位的工作和生产，积极开展专业技能培训和演练；并依据专项应急预案进行短期脱产训练。

市应急委员会办公室定期组织全市跨部门、跨行业的应对重大、特别重大突发公共事件的演练，检验应急队伍的快速反应能力，提高各部门之间协调配合和现场处置能力，实现对突发公共事件管理的规范化和程序化。

7.5　交通运输保障

7.5.1　由市交通委牵头，市公安局公安交通管理局、市运输管理局、地铁运营公司、市公交总公司、北京铁路分局和民航华北管理局配合，建立健全公共交通线路规划和突发公共事件现场的交通管制等保障制度。建立与北京铁路分局和民航华北管理局的沟通和联动机制。

7.5.2　突发公共事件发生后，要根据需要和可能开设应急救援“绿色通道”；市交通委、市建委和市市政管委组织专业队伍，尽快恢复被毁坏的公路、交通干线、地铁、铁路、空港及有关设施，保障交通路线的畅通。必要时，可紧急动员和征用其他部门及社会的交通设施装备。

7.6　医疗卫生保障

7.6.1　根据“分级救治”原则，按照现场抢救、院前急救、专科治疗几个阶段组织实施救护。北京急救中心(120)和北京市红十字会紧急救援中心(999)负责应急处置工作中的院前急救工作；各级医院负责后续救治；红十字会等群众性救援组织和队伍应积极配合专业医疗队伍，开展群众性卫生救护工作。市、区县疾病预防控制中心（CDC）、卫生监督所、各级各类医疗机构、出入境检验检疫部门及其他相关部门负责做好疾病控制和卫生防疫准备，并严密组织实施。

7.6.2　发生特别重大或重大事件后，市卫生局快速组织医疗救护队伍进入救灾现场，对伤员进行救治。采取有效措施防止和控制灾区传染病的爆发流行；及时检查、监测灾区的食品、饮用水源、放射源的安全情况。市商务局、市药品监督管理局负责迅速组织向突发公共事件影响地区提供所需药品、医疗器械。

7.6.3　在北京急救中心（120）和远郊区县急救分中心基础上，建设城近郊区社区卫生服务中心急救点和远郊区县乡镇急救点，共同构成院前急救体系。

7.6.4　市卫生局负责公共卫生信息系统建设。准确掌握本市急救资源状况（院前急救、综合医院急诊科、急救队伍等），建立动态数据库，明确医疗救治和疾病预防控制机构的资源分布、救治能力和专长等，全面提高城市公共卫生管理和紧急处置能力。

7.7　治安保障

7.7.1　突发公共事件发生后，由属地公安部门和基层政府负责治安保障，立即在突发公共事件处置现场周围设立警戒区和警戒哨，做好现场控制、交通管制、疏散救助群众、维护公共秩序等工作。

7.7.2　由市公安局负责，武警北京总队予以协助和配合，承担对重要场所、目标和救灾设施的警卫；突发公共事件发生地的基层政府和社区组织要积极发动和组织社会力量开展自救互救，群防群治，全力维护突发公共事件地区的社会稳定。

7.7.3　重大以上突发公共事件发生后，如现场有起火、存有易燃易爆危险品、漏电、漏水、漏气等情况发生，现场先期处置人员要立即通知有关主管部门实施灭火、排爆、断电、断水、断气等措施，清除现场危险品，避免次生危害的出现。

7.8　物资保障

7.8.1　建立应急救援物资储备制度。各突发公共事件专项指挥部、区县和相关委办局要根据不同危机事件和灾害种类，制定本地区救灾物资生产、储存、调拨体系和方案。

7.8.2　加强对储备物资的管理，防止储备物资被盗用、挪用、流失和失效，对各类物资及时予以补充和更新；建立与其它省市和地区物资调剂供应的渠道，以备本地区物资短缺时，可迅速调入。

7.8.3　应急救援物资的调用由市应急委员会办公室统一协调，由市商务局、市民政局负责组织应急救援物资的储存、调拨和紧急供应，市药品监督管理局负责药品的储存和供应。

7.8.4　市商务局、市农委、市工商局、市质量技术监督局、市发展改革委、市农业局、市粮食局等部门掌握本市生活必需品市场的总需求及储备库存、经营库存、生产能力和销售、价格的变化情况，负责应急机制启动后的市场监测和市场异常情况下的应急方案实施，调动生活必需品大型生产企业、经营企业的现有库存投放市场，组织郊区生产基地和社会商业库存充实零售市场。

各区县负责本地区物资保障应急方案的实施，落实应急货源渠道和分销网络。

7.9　资金保障

7.9.1　根据《中华人民共和国预算法》有关条款，每年按照财政支出额的适当比例安排政府预备费，作为公共财政应急储备资金。市政府和区县政府财政部门要在一般支出预算中增设突发公共事件应急专项准备资金，并根据城市公共安全管理的需求，逐步提高资金提取比例。

7.9.2　发生突发公共事件后，一是根据实际情况调整部门预算内部结构，削减部门支出预算，集中财力应对突发公共事件；二是经政府批准启动应急专项准备资金，必要时动用公共财政应急储备资金。

7.9.3　按照“急事急办”原则，简化工作环节，凡市政府批准的拨款事宜，在一个工作日内完成相关手续，确保突发公共事件处置工作的顺利进行。

7.9.4　鼓励自然灾害多发地区的公民、法人单位和其他组织购买财产和人身意外伤害保险。从事高风险活动的企业应当购买财产保险，并为其员工购买人身意外伤害保险。鼓励公民、法人和其他组织为应对突发公共事件提供资金援助。

7.9.5　市政府和区县政府财政部门负责应急专项准备资金和公共财政应急储备资金管理，突发公共事件发生后重大资金动用由市突发公共事件应急委员会审批。

7.10　应急避难场所保障

7.10.1　各相关部门和各区县依据北京城市规划，在市民生活、工作地点周围，规划、建设和维护城市应急避难场所，保障在紧急情况下为市民提供疏散、临时生活的安全场所。

7.10.2　应急避难场所内设置应急指挥部、应急棚宿区、应急供水、应急照明用电、通讯、物资供应、广播、卫生防疫和应急厕所等必需的预留位置和基本保障设施，并按照北京市地方标准《地震应急避难场所标志》（DB11/224－2004）的规定设置标志牌。

7.11　技术开发与储备

由市科委负责，依托首都科研机构，加强应对突发公共事件技术支撑体系研究，建立突发公共事件管理技术的开发体系和储备机制；制订研发计划，借鉴国际先进经验，重点加强智能化的应急指挥通信技术装备、辅助决策技术装备、特种救援技术装备的研制工作，科学合理地进行配备。

各突发公共事件专项指挥部、区县和相关委办局结合日常工作，开展预警、分析、评估模型研究，提高防范和处置重大突发公共事件的决策水平。

7.12　法制保障

7.12.1　待国家《突发事件和紧急状态处置法》正式颁布后，本市据此制定地方性法规、规章。

7.12.2　在实行紧急状态期间，市政府依法制定紧急条例、发布紧急决定和命令；有关行政机关行使行政处罚权或者采取要求公民、法人和其他组织履行有关义务的相关措施，不能按照调查取证、陈述、申辩、决定、听证等法定程序履行职责的，可以直接做出有关决定或采取有关措施。

7.12.3　制定突发公共事件社会动员相关法规和保障制度。

8　宣传教育、培训和演习

8.1　宣传教育

8.1.1　应对突发公共事件教育

市应急委员会办公室组织协调，各突发公共事件专项指挥部、各区县和相关委办局制定应对突发公共事件教育规划，编制公众应对突发公共事件专业技术教材和社区应急手册。

政府机关、社会团体、企事业单位、社区居委会和村委会负责组织本单位、本地区的人员进行应急法律法规和预防、避险、自救、互救等常识的宣传教育。

各级教育主管部门和学校组织实施在校学生相关应急知识的教育。

充分利用广播、电视、报纸、互联网等新闻媒体,开展应急教育,增强公民防范意识,学习掌握应急基本知识和技能。

8.1.2　开设《北京市综合减灾信息网站》

在北京市政府《首都之窗》网站上,开设"北京市应对突发公共事件信息网站"。由市应急委员会办公室牵头,各突发公共事件专项指挥部和相关委办局参与,市信息办负责开发,宣传党和国家公共安全管理与应急工作的方针、政策、法律、法规和规章;发布权威预警信息,报道本市公共安全工作动态;提供其他相关信息等内容。开展面向农村和社区的远程应对突发公共事件教育信息服务。

8.2　培训

8.2.1　公职人员的培训

市应急委员会办公室负责组织协调各相关委办局开展面向公职人员的应对突发公共事件相关知识培训。将突发公共事件预防、应急指挥、综合协调等作为重要内容,以增加公职人员应对突发公共事件的知识和能力。

8.2.2　市民的培训

各相关委办局结合自身业务领域,利用现有设施有组织、有计划地为市民提供应对突发公共事件预防与应急、自救与互救知识和技能的培训。各乡、镇、街道、社区、企事业单位和其它组织根据政府的要求,结合本单位的实际情况,加强自救、互救和逃生的知识和技能培训。

8.3　演习

8.3.1　各突发公共事件专项指挥部、各区县和相关委办局根据预案,定期组织专业性和综合性的应急演习,做好跨部门之间的协调配合及通信联络,确保各种紧急状态下的有效沟通和统一指挥。

8.3.2　各区县有关部门组织本区域单位和群众应对突发公共事件的分项演练。

8.3.3　应急演习包括准备、实施和总结三个阶段。通过应急演习,培训应急队伍、落实岗位责任、熟悉应急工作的指挥机制、决策、协调和处置的程序,识别资源需求、评价应急准备状态、检验预案的可行性和改进应急预案。

9　附则

9.1　名词术语、缩写语的说明

突发公共事件:指突然发生,造成或者可能造成重大伤亡、重大财产损失和重大社会影响,危及公共安全的事件。

总体应急预案:是市委、市政府组织管理、指挥协调相关应急资源和应急行动的整体计划和程序规范。

专项应急预案:是总体预案的组成部分,是各委办局针对各类突发公共事件制定的各种行动方案、相关保障方案和操作手册。

分应急预案:是由区县为应对本地区各类突发公共事件制定的组织管理、指挥协调相关应急资源和应急行动的整体计划和程序规范。

应急保障预案:是在预案保障措施部分涉及到的由相关委办局制定的指挥系统技术、通信、现场救援和工程抢险装备、应急队伍、交通运输、医疗卫生、治安、物资、资金和应急避难场所等保障预案。

应急储备资金:是根据《中华人民共和国预算法》有关条款,每年按照财政支出额的适当比例安排政府预备费,主要作为公共财政应急储备资金。

应急专项准备资金:是市政府和区县政府财政部门在一般支出预算"其他支出"中增设的应对突发公共事件的专项准备资金。

突发公共事件专项指挥部:指为应对某类突发公共事件成立的指挥部、领导小组等机构。如市防汛抗旱指挥部、市安全生产委员会。

相关委办局:指与突发事件的预测、预警、处置、善后、保障等各环节有关的市属各委办局,包括主责部门、预测部门和协作部门。

9.2　预案管理

9.2.1　应急预案制定

(1)全市各类突发公共事件预案应分为市总体应急预案、专项应急预案、分应急预案和应急保障预案四种。其中:

市总体应急预案由市委、市政府依据国务院印发的《省(区、市)人民政府突发公共事件总体应急预案框架指南》的各项要求,负责制定和修订;

专项应急预案由市各类突发公共事件专项指挥部和相关委办局,依据突发公共事件分工,根据市总体应急预案中的规定,分别负责制定和修订;

分应急预案由各区县,根据市总体应急预案中的规定,结合本地区实际负责制定和修订。

应急保障预案由各类突发公共事件应急保障部门,根据市总体应急预案中的规定,结合本部门实际负责制定和修订。

(2)各区县、各突发公共事件专项指挥部和相关委办局在制定各突发公共事件分应急预案、专项应急预案和应急保障预案的过程中,应依照全市总体应急预案事件等级划分标准,在各自的分应急预案和专项应急预案当中,对各类突发公共事件的等级标准具体加以细化。

9.2.2　应急预案审查

为确保应急预案的科学性、合理性和可操作性,市应急委员会办公室应依据我国有关应急的法律、法规和相关政策文件,组织政府有关部门、专家开展总体应急预案的评审工作,并报国务院备案。

各突发公共事件专项指挥部、各区县和相关委办局,依据总体应急预案,组织制定专项应急预案、分应急预案和应急保障预案,由市应急委员会办公室组织审查,报市突发事件应急委员会备案。

9.2.3　应急预案公布

总体应急预案经过市委、市政府审查通过后,由市长签署后对外发布。专项应急预案、分应急预案和应急保障预案,除涉密内容外,应广泛向社会进行宣传发布。

9.2.4　应急预案修订

随着相关法律法规的制定、修改和完善,机构调整或应急资源发生变化,以及应急处置过程中和各类应急演习中发现的问题和出现的新情况,各突发公共事件专项指挥部、各区县和相关委办局应适时对各类应急预案进行修订,上报市应急委员会办公室备案。

总体应急预案原则上每三年修订一次。

9.3　监督检查与奖惩

各部门应根据应急预案的要求,定期检查本部门应急人员、设施、装备等资源的落实情况,并制定相应奖惩制度。

9.4　北京市突发公共事件应急预案目录。

序号　　　　　　名称

1. 北京市破坏性地震应急预案
2. 北京市突发性地质灾害应急预案
3. 北京市水旱灾害应急预案
4. 北京市大风及沙尘暴天气应急预案

5. 北京市浓雾天气应急预案
6. 北京市冰雪天气应急预案
7. 北京市暴雨雷电天气应急预案
8. 北京市森林火灾扑救应急预案
9. 北京市危险化学品事故应急救援预案
10. 北京市矿山事故应急救援预案
11. 北京市特种设备事故应急预案
12. 北京市轨道交通运营突发事件应急工作预案
13. 北京市道路抢险应急预案
14. 北京市桥梁突发事故应急预案
15. 北京市人防工程事故灾难处置预案
16. 北京市道路交通处置救援应急预案
17. 北京市火灾事故灭火救援预案
18. 北京市建筑施工突发事故应急预案
19. 北京市城市公共供水突发事件应急预案
20. 北京市城市排水突发事件应急预案
21. 北京地区重、特大电力突发事件应急处置预案
22. 北京市燃气事故应急预案
23. 北京市供热事故应急预案
24. 北京市环境污染和生态破坏突发事件应急预案
25. 北京市食物中毒事件应急预案
26. 北京市职业中毒事件应急预案
27. 北京市重特大传染病疫情应急预案
28. 北京市防治重大动物疫病应急预案
29. 北京市处置突发恐怖袭击事件和重大刑事案件工作预案
30. 北京市处置重大群体性上访事件应急预案
31. 北京市处置公共场所滋事事件应急预案
32. 北京市民族宗教群体性突发事件应急预案
33. 北京市涉外突发事件应急预案
34. 北京市影响校园安全稳定事件应急预案
35. 区县突发公共事件应急预案

9.5　制定与解释

本预案由北京市人民政府负责制订，市突发公共事件应急委员会负责维护和解释。

9.6　预案实施时间

本预案自发布之日起正式实施。